2012中国粮食年鉴
CHINA GRAIN YEARBOOK 2012

主　编　聂振邦

副主编　任正晓　郐建伟　张桂凤　杨　兵　曾丽瑛

　　　　吴子丹　赵中权

图书在版编目（CIP）数据

2012中国粮食年鉴 / 聂振邦主编. —北京：经济管理出版社，2012.12

ISBN 978-7-5096-2231-5

Ⅰ . ①2… Ⅱ . ①聂… Ⅲ . ①粮食—工作—中国—2012—年鉴 Ⅳ . ① F 326.11-54

中国版本图书馆CIP数据核字（2012）第286378号

出版发行：经济管理出版社

北京市海淀区北蜂窝8号中雅大厦11层

电话：（010）51915602　邮编：100038

印刷：北京盛天行健艺术印刷有限公司　　　　经销：新华书店

责任编辑：张　艳

技术编辑：乔　炜

880mm×1230mm/16	36.5印张　1050千字
2012年12月第1版	2012年12月第1次印刷
印数：1—3000册	定价：380.00元

书号：ISBN 978-7-5096-2231-5

聂振邦同志在内蒙古调研秋粮生产和收购情况

聂振邦同志陪同全国人大农委调研组在北京考察调研《粮食法》立法工作

任正晓同志在新疆调研粮食工作

任正晓同志在内蒙古调研军粮供应与粮食质量保障工作

张桂凤同志在河北调研粮食工作

杨兵同志在辽宁调研粮食工作

曾丽瑛同志就夏粮收购情况接受中央电视台采访

吴子丹同志在河南调研粮食流通工作

2012
中国粮食年鉴编辑委员会

主　任

聂振邦　　　国家粮食局原党组书记、局长

副主任

任正晓　　　国家粮食局党组书记、局长（2012年3月任现职）
郄建伟　　　国家粮食局原党组成员、副局长（2011年5月退休）
张桂凤（女）　国家粮食局党组成员、副局长（2012年10月退休）
杨　兵　　　国家粮食局原党组成员、
　　　　　　中央纪委驻国家粮食局纪检组原组长
　　　　　　（2011年11月退休）
曾丽瑛（女）　国家粮食局党组成员、副局长
吴子丹　　　国家粮食局党组成员、副局长（2011年5月任现职）
赵中权　　　国家粮食局党组成员、
　　　　　　中央纪委驻国家粮食局纪检组组长
　　　　　　（2011年11月任现职）

委　员

刘小南	国家发展和改革委员会经济贸易司副司长
方　言（女）	国家发展和改革委员会农村经济司副司长
曹长庆	国家发展和改革委员会价格司司长
叶贞琴	农业部种植业管理司司长
盛来运	国家统计局国民经济综合统计司司长
赵建华	国家统计局农村社会经济调查司副司长
孙鉴奇	国家粮食局办公室主任
徐京华	国家粮食局人事司司长
刘　韧	国家粮食局外事司司长
卢景波	国家粮食局调控司司长
	（2012年10月任国家粮食局党组成员、副局长）
颜　波	国家粮食局政策法规司司长
程传秀（女）	国家粮食局监督检查司司长
贾　骞	国家粮食局财务司司长
何　毅	国家粮食局流通与科技发展司司长
金　刚	国家粮食局直属机关党委常务副书记
辛志光	中纪委、监察部驻国家粮食局纪检组副组长、监察局局长
张　普	国家粮食局离退休干部办公室主任
王亚平	国家粮食局机关服务中心主任
何贤雄	国家粮食局军粮供应中心主任
尚强民	国家粮油信息中心主任
唐瑞明	国家粮食局标准质量中心主任
杜　政	国家粮食局科学研究院院长
夏吉贤	中国粮食经济杂志社社长兼主编
何松森	中国粮食研究培训中心主任
田雨军	国家粮食局发展交流中心主任
宋丹丕	中国粮食行业协会副会长兼秘书长
胡承淼	中国粮油学会副理事长兼秘书长
李广禄	北京市粮食局局长
马春波	天津市粮食局局长
徐受棠	河北省粮食局局长
杨随亭	山西省粮食局局长
冯有恩	内蒙古自治区粮食局局长
刘长江	辽宁省农村经济委员会主任、粮食局局长
祝业辉	吉林省粮食局局长

委 员

胡东胜	黑龙江省粮食局局长
王建忠	上海市粮食局副局长
王元慧（女）	江苏省粮食局局长
韩鹤忠	浙江省粮食局副局长
孙良龙	安徽省粮食局局长
陈则生	福建省粮食局局长
熊根泉	江西省粮食局局长
张 斌	山东省粮食局副局长
苗永清	河南省粮食局局长
孙永平	湖北省粮食局局长
夏文星	湖南省粮食局局长
张 军	广东省发展和改革委员会副主任、粮食局局长
庞栋春	广西壮族自治区粮食局局长
杨树岷	海南省粮食局局长
周克勤	重庆市商业委员会主任
张书冬	四川省粮食局局长
沈 健	贵州省粮食局局长
苏全忠	云南省粮食局局长
达 拥（女）	西藏自治区粮食局副局长
王成文	陕西省发展和改革委员会副主任、粮食局局长
何水清	甘肃省粮食局局长
顾艳华	青海省粮食局局长
刘金定	宁夏回族自治区粮食局局长
米尔扎依·杜斯买买提	新疆维吾尔自治区粮食局局长
闫海燕（女）	新疆生产建设兵团发展和改革委员会(粮食局)副主任
张跃良	大连市服务业委员会主任、粮食局局长
何开波	青岛市粮食局办公室主任
杜钧宝	宁波市粮食局局长
林勇鹏	厦门市粮食局副局长
谢建民	深圳市经济贸易和信息化委员会副主任

撰稿人员
（按姓氏笔画为序）

丁 杰	丁保春	卜轶彪	万劲松	于 涛	于振峰	马 君	马新华
卜丽华	孔伟娟	尹 坚	尹成林	方 言	王 弘	王 江	王 松
王 萍	王 静	王日宁	王世祥	王正友	王永圣	王仲涛	王金云
王国强	王建强	王骄阳	王鸿鸣	王耀鹏	付艳丽	兰录平	卢景波
史京华	宁丽丽	玄红建	石恩祥	龙伶俐	任昌坤	伍佳丽	关浚哲
刘 韧	刘中平	刘冬竹	刘仲秋	刘全光	刘宇宁	刘妍杉	刘青青
刘莉华	刘淑云	刘绪斌	刘惠标	匡广忠	向玉旭	孙丽娟	孙春艳
孙洪波	安海东	成 军	曲贵强	朱 勋	朱之光	朱六九	许 策
许正斌	齐朝富	严 虹	何 毅	何秉成	余 莲	吴永顺	吴国梁
吴征光	张 云	张 凯	张永强	张永福	张亚奇	张庆娥	张延华
张成志	张步先	张前锋	张树森	张美勇	张瑞强	李 可	李 伟
李 玥	李 洵	李 涛	李金团	李美琴	李桂萍	李寅铨	李瑜辉
杜建斌	杜维春	杨卫路	杨文利	杨代春	杨绪珍	杨雪丽	肖 玲
肖春阳	邱 杰	邹 炜	闵 松	陈 华	陈书玉	陈加乐	陈正义
陈玉中	陈军生	陈成云	陈秀玲	陈学坪	陈家积	周 波	周 辉
周冠华	周晓耘	周聪颖	林 华	林 燕	林风刚	林明亮	林善为
欧立中	罗文娟	罗俊雄	郁士祥	金 刚	金 贤	金巍巍	鱼金明
姚秀敏	姜在峰	洪 荣	祝志光	胡连峰	胡承淼	胡瑶庆	贺 伟
赵 奕	赵宇红	赵素丽	原海明	唐 茂	唐继发	唐铁军	唐瑞明
徐志宇	徐京华	徐春春	秦玉云	耿晓顿	袁玉生	贾 骞	郭晓虹
陶 英	高 丽	高 波	寇 荣	曹颖君	梅 伟	符 俊	符永光
阎豫桂	麻 婷	麻国杰	黄 辉	黄加才	黄培根	龚娣群	彭 波
智振华	曾令清	曾丽明	曾衍德	曾晓辉	程传秀	程继伟	蒋心宏
蒋寿光	韩兆轩	韩继志	蒲 新	熊国锋	谭本刚	樊宗贤	颜 波
黎 霆	魏 然						

编审组
（按姓氏笔画为序）

卢景波 孙鉴奇 严 涛 何松森 夏吉贤 颜 波

编辑部

主　任：何松森

工作人员：刘珊珊 崔菲菲 朱 蓉

编写说明

为全面、准确地反映国家和地方粮食工作,国家粮食局从2006年开始组织编撰《中国粮食年鉴》。《中国粮食年鉴》是经新闻出版总署批准出版、由国家粮食局主办并委托中国粮食研究培训中心组编的政府部门年鉴,是粮食行业实用性、资料性工具书。

《中国粮食年鉴》全面、系统地记述了上一年度中国粮食工作的主要情况,刊载有重要的粮食政策法规文件和统计资料,与国家粮食局主办并委托中国粮食研究培训中心组编的《中国粮食发展报告》成为姊妹篇。本期年鉴由综述、专文、全国粮食工作、各地粮食工作、粮食政策与法规文件、附录等六部分组成。年鉴收集的数据和资料均未包括我国香港特别行政区、澳门特别行政区和台湾省。各省(自治区、直辖市)的排列顺序,按照全国行政区划的统一规定排列。年鉴涉及的单位名称、人员姓名和职务均以截稿日期为准。

本期年鉴在编辑出版过程中得到了国家粮食局、国家发展和改革委员会、农业部、国家统计局以及各省(自治区、直辖市)、计划单列市及新疆生产建设兵团粮食行政管理部门的大力支持,在此,我们表示衷心的感谢!不足和疏漏之处,敬请读者批评指正。

《2012中国粮食年鉴》编辑委员会
中国粮食研究培训中心
二〇一二年十月

目 录

第五篇 粮食政策与法规文件 401

附 录 471

1

第一篇

综　述

2011年全国粮食工作综述

国家粮食局原党组书记、局长 聂振邦
2012年12月5日

2011年，是"十二五"的开局之年。各级粮食部门认真贯彻落实党的十七大及历次全会、中央经济工作会议、中央农村工作会议精神，深入学习实践科学发展观，认真执行中央关于粮食工作的方针政策，切实抓好粮食收购、市场调控、产业发展、市场监管、体制改革、法治建设等重点工作，实现了"稳市场、保安全、强产业、惠民生"的工作目标，为保障国家粮食安全，实现国家宏观调控目标，促进国民经济平稳较快发展作出了积极贡献。

一　高度重视农业生产，粮食产量实现"八连增"

2011年，中央进一步加大强农惠农富农工作力度，大幅增加涉农补贴资金投入，粮食生产稳步发展，粮食综合生产能力稳定跃上新台阶。2011年中央财政用于"三农"的支出首次超过万亿元，达到10419亿元，比上年增加1839亿元，增长21.4%。全额取消粮食主产区粮食风险基金地方配套并增加粮食风险基金规模。继续落实粮食直补政策。完善农资综合补贴动态调整机制和农业保险保费补贴政策，稳定农作物良种补贴政策，进一步扩大农机购置补贴范围。加大农业技术推广力度，推动现代农业和农民专业合作组织发展。改造中低产田、建设高标准农田2428.7万亩。中央一系列强农惠农富农政策的实施，进一步激发了种粮农民的积极性，促进了粮食生产持续发展和种粮农民收入持续增加。据统计，2011年，全国粮食总产量达到11424亿斤，创历史新高，比上年增加496亿斤，粮食产量实现了历史罕见的"八连增"；农村居民人均纯收入达6977元，比上年增加1058元，剔除价格因素影响，实际增长11.4%。

二　认真落实保供稳价措施，维护粮食市场稳定

认真按照中央关于把稳定物价总水平作为宏观调控首要任务的要求，适时适量安排政策性粮食投放市场。2011年，采取竞价销售、定向销售和邀标销售等方式，累计销售成交国家政策性粮食780亿斤，食用植物油152万吨；全国14个省（区、市）与国家协同运作，共向市场投放地方储备粮21.6亿斤，食用植物油2.3万吨，保障了居民口粮和企业用粮需要。在各地的积极配合下，国家向华北、西北和南方主销区安排小麦跨省移库计划56亿斤，向西南、西北旱灾地区调运粮食20亿斤，充实了薄弱地区粮食库存，保证了灾区粮食供应。举办各类粮食产销衔接会、贸易洽谈会，粮油产品交易总量达460亿斤，促进了产区粮食有稳定的销路，销区粮源有可靠的保障。

国家采取直接收购、自主轮换收购、商品粮就地划转和进口划转等多种方式补充中央储备和国家临时存储库存。调整中央储备品种结构，适当增加粳稻收储数量。及时下达中央储备粮年度轮换计划并指导和督促落实，及时追加玉米轮换计划，满足饲料和养殖企业用粮。各地按照国家部署，落实粮食省长负责制，进一步充实地方粮油储备，增加成品粮油和小包装粮油储备，东南沿海等主销区

调整地方储备结构，增加粳稻储备数量。2011年底，全国地方储备粮、油库存同比分别增长6.5%、15.9%，其中成品粮、油储备库存分别增长18%、16.5%。储备库存的充实和品种结构的调整，为保障供应、稳定市场奠定了坚实的物质基础。

粮食应急、军供和粮食统计、市场监测工作进一步加强。截至2011年底，各地确定的粮油应急加工定点企业增加到5799家，应急供应定点企业增加到16038家。军粮供应管理工作制度化建设、全天候军粮供应战备应急保障体系建设得到加强，进一步提升了军粮供应管理水平、服务水平和保障能力。认真履行全社会粮食流通统计职能，完善调查方案，改进调查方法，加强分析研究和对国内外粮油市场的动态实时监测预测，为国家宏观调控提供可靠的决策依据。

三　切实抓好粮食收购，有效保护种粮农民利益

为切实保护种粮农民利益、增加种粮农民收入，国家继续在主产区执行小麦、稻谷最低收购价政策，最低收购价水平比上年提高了5.6%到21.9%；继续对油菜籽、大豆实行临时收储政策，价格比上年分别提高0.35元/斤、0.10元/斤，还对新疆的小麦和东北地区的玉米实行了临时收储政策。各级粮食部门认真贯彻落实国家粮食收购政策，加强形势分析和科学研判，及时提供粮食市场信息，强化督导检查，确保全年收购工作顺利完成。据统计，2011年全国各类粮食经营企业收购粮食6224亿斤，同比增加175亿斤，其中国有粮食企业收购2534亿斤，同比减少136亿斤；全年收购托市粮76亿斤，油料68亿斤。初步测算，由于收购价格提高，促进农民增收约300亿元，有效地保护了种粮农民利益和生产积极性，有力地促进了粮食生产的"八连增"。

四　加强粮食流通监督检查，积极推进依法管粮

经国务院批准，2011年开展了新中国成立以来首次全国食用植物油库存清查，共检查企业5243家，油罐24506个，圆满完成了清查任务。清查结果显示，全国各类油脂库存数量真实，质量总体良好，储存比较安全。继续开展全国粮食库存年度例行检查，及时组织对最低收购价、国家临时收储等政策落实情况以及政策性粮食销售出库的监督检查。继续巩固和完善监督检查体系，加强对全社会粮食流通的监督检查，累计参加检查人员45.06万人次，检查企业39.25万家次，查处纠正违法违规行为2.05万例，维护了正常的粮食流通秩序。

进一步加强粮食质量监管工作，扎实做好粮食质量安全检验监测和库存粮食、食用植物油的质量安全抽查。建立粮食质量安全监管考核评价等制度，落实监管责任，组织对东北三省的食品安全督查。认真做好粮油标准制修订工作，完成标准制修订27项，发布实施标准62项。积极推进粮食质量监测体系建设，安排中央专项补助投资，加强检验监测能力建设。

认真组织开展收购资格审核和中央储备粮代储资格审核，加强对资格企业的检查和指导，规范收购市场秩序和代储行为。截至2011年底，全国具有粮食收购资格的经营者达到8.6万家，其中国有及国有控股企业1.64万家，其他经济组织等多元主体6.96万家。共有1841户企业取得中央储备粮代储资格，其中粮食类企业1665户，取得资格仓容1802亿斤；油脂类企业176户，取得资格罐容268万吨。基本完成粮油储藏技术规范制修订工作，14个省份出台了《粮油仓储单位备案管理办法》。各地区、各单位高度重视安全生产工作，加大安全生产培训力度，加强监督检查，认真排查治理安全生产隐患。

认真做好《粮食法》的起草和报审工作。贯彻落实国务院的部署，研究制定粮食行政管理部门深入推进依法行政的意见，发布实施粮食行业"六五"普法规划。推进两部《条例》的实施，加强督促检查和指导，粮食最低、最高库存制度得到较好落实。

| 五 | 加强行业发展的规划指导，现代粮食流通产业实力得到提升 |

2011年，国家发展改革委、国家粮食局联合发布《粮食行业"十二五"发展规划纲要》，明确粮食行业主要任务是"深化一项改革，健全六大体系，重点建设六大工程"。编制发布粮食基础设施建设、市场体系建设、加工业发展、科技发展等四个专项规划，加强对现代粮食流通产业科学发展的规划指导。

加强粮食流通基础设施和物流体系建设，2011年国家有关部门安排中央补助投资24.78亿元，用于粮油仓储设施、粮食现代物流项目、农户科学储粮专项以及实施最低收购价政策地区仓房的维修改造。与有关部门联合印发了"十二五"农户科学储粮专项规划和管理办法，2011年下达的141.8万套标准化农户储粮专项进展顺利，2012年夏粮收购前投入使用。完善全国统一粮食竞价交易系统，国家粮食交易中心总数达到25个，在国家宏观调控中发挥了"稳定器"的作用。粮食收购、零售、批发、期货市场稳步发展，大中型区域性、专业性粮食批发市场70家，各类粮食批发市场448家，年交易量超过2200亿斤，在保障当地城镇居民口粮供应和应急保障中发挥积极作用。粮油市场信息体系基本形成，大型批发市场电子商务交易信息系统快速发展，地方粮食信息网络继续保持良好发展势头。

粮食加工业和产业化经营稳步发展，截至2011年6月底，粮油加工业重点企业主要产品产量同比增幅超过15%，产品销售收入同比增长26.7%，粮油加工业继续保持平稳较快发展势头。稻谷、小麦、油脂加工龙头企业建设取得明显进展，促进了产业结构调整和升级。截至2011年底，全国国有粮食企业中规模以上产业化龙头企业达到1012家，同比增加83家。配合有关部门严格控制玉米深加工用粮和产能增长初见成效，加强对稻谷、大豆加工产业政策的研究并开展专项调查，有关政策建议纳入国家产业结构调整指导目录。制定《放心粮油示范企业经营服务规范》等行规行约，开展放心粮油示范企业创建和信用评价试点工作。继续深入推广"放心粮油"进农村进社区工程，各地共发展销售服务网点近20万个，其中农村网点6万多个。

积极推进粮食科技创新，实施以节能增效和产后减损为主要内容的"十二五"科技项目，以RFID技术为核心的信息技术在江苏试点成功并逐步全面推广，积极推广以生物科学为主的绿色环保储粮技术在粮食储藏和质量检测的应用，国家发展改革委批准的5个粮食产后国家工程实验室建设全面启动，粮食流通社会化科技创新体系初步形成。

| 六 | 积极推进粮食流通体制改革，国有粮食企业改革和发展取得新成效 |

国有粮食企业改革和发展环境得到改善，2011年中央财政安排924.1亿元，帮助主产省（区）消化1998年以前的政策性粮食财务挂账，从2011年起将全国粮食风险基金规模从302亿元增加到382亿元。协调有关部门对储备粮承储企业免征印花税、房产税、城镇土地使用税和财政补贴收入免征所得税，明确从2011年起将中央政策性粮食保管费用补贴标准统一提高到每年每斤0.05元。

加强国有企业扭亏增盈信息通报和重点企业经营情况定期分析，进一步完善重点国有企业联系制度，及时推广典型经验，国有粮食企业改革和发展迈出新步伐。截至2011年底，全国国有粮食企业通过改制重组调整到15472个，同比减少1077个，企业布局、结构和资产进一步优化，市场竞争力和影响力不断增强，经营管理水平进一步提高。据统计，2011年全国纳入统计的国有粮食企业实现统算盈利66.7亿元，其中国有粮食购销企业统算盈利52.3亿元。

积极组织开展粮食产销和成本利润调研，在全国23个省（区、市），对8个主要粮油品种进行深入调研，加强对粮食产销和成本收益变化情况的分析，研究提出最低收购价原则和完善粮食支持保护政策的措施建议，为稳步提高小麦、稻谷最低收购价水平和合理确定玉米、大豆、油菜籽临时收储价格提供决策依据。

七　加强党风廉政建设和人才队伍建设，促进粮食流通各项工作全面协调发展

深入开展创先争优和庆祝建党90周年活动，全面推进党的思想、组织、作风、制度和反腐倡廉建设。粮食系统各级纪检监察机构深入贯彻十七届中央纪委六次全会、国务院第四次廉政工作会议精神，围绕确保粮食安全，服务粮食工作大局，纠正行业不正之风，扎实推进反腐倡廉各项工作。抓好干部培养锻炼，开展行业高级职称评审和高层次专业技术人才队伍培训，继续做好高技能人才培养工作。成立全国粮食行业职业教育教学指导委员会，加强行业人才交流，组建示范性全国粮食行业职业教育集团。紧密结合保障国家粮食安全和深化粮食流通体制改革、发展现代粮食流通产业的实际，加强粮食战略性问题研究。积极采取多种方式，宣传国家粮食政策和粮食流通各项工作。成功举办"世界粮食日"、行业会展和"全国爱粮节粮宣传周"等活动，首次建设中小学生爱粮节粮教育社会实践基地，增强社会公众的爱粮节粮意识。继续加强粮食储藏、物流、加工、科技、信息和生物技术等方面的对外交流与合作，扩大国际合作领域。

第二篇

专 文

稳市场保安全 强产业惠民生
努力做好"十二五"开局之年的粮食流通工作

——在全国粮食局长会议暨全国粮食系统先进集体和劳动模范（先进工作者）表彰大会上的工作报告

国家粮食局党组书记、局长 聂振邦
2011年1月20日

这次会议是经国务院批准召开的。会议的主要任务是，认真贯彻落实党的十七届五中全会和中央经济工作会议、中央农村工作会议精神，总结"十一五"以来粮食流通工作，分析当前和今后一个时期面临的新形势，研究提出"十二五"粮食流通工作的基本思路，表彰全国粮食系统先进集体和劳动模范（先进工作者），全面部署2011年粮食流通各项工作。

一　深化改革、加强调控，"十一五"粮食流通工作成效显著

"十一五"时期，粮食部门深入学习贯彻实践科学发展观，认真落实党中央、国务院关于粮食工作的方针政策，深化体制改革，加强宏观调控，发展流通产业，推进依法行政，加强行业建设，积极应对全球金融危机、粮食危机的冲击和影响，保护了种粮农民利益，保证了粮食供应和市场稳定，为确保国家粮食安全和促进国民经济平稳较快发展作出了重要贡献。

（一）加强和改善粮食宏观调控，确保粮食市场和价格基本稳定

"十一五"期间，国家实施了一系列有力、有效的粮食宏观调控措施，粮食市场经受住了国际金融危机、粮食危机、粮价大幅波动，以及国内粮食价格上涨压力加大、自然灾害多发重发的严峻考验，保证了粮食供求总量、品种结构的基本平衡和市场价格的基本稳定。

一是多措并举做好保证供应和稳定粮油价格工作。粮食部门认真贯彻落实国家保证粮油供应和稳定消费价格总水平、保障群众基本生活的部署，把握政策性粮油销售节奏和力度，五年间共投放政策性粮食4898.4亿斤、食用植物油70.2万吨。2010年进一步加大宏观调控力度，安排销售政策性粮食1626.6亿斤、食用植物油50.2万吨。指导和督促做好中央储备粮油轮换工作，在市场粮价过高时果断停止中央储备粮企业入市收购。适时增加玉米投放数量，加强竞买企业资格审核，保证饲料和养殖企业的玉米需要。定向销售最低收购价小麦55.6亿斤，指定大型骨干面粉加工企业按国家要求加工小麦粉投放市场。各地按照国务院关于"把握节奏、保持力度"的要求，与国家调控政策相配合，京、津、沪、浙等粮食主销区加大地方储备粳稻投放力度，有些省增加了大豆、食用植物油投放。这些措施的实施，有力、有效地保证了粮食市场供应，维护了粮价基本稳定，为国家管理好通胀预期发挥了重要作用。

二是搭建平台产销对接促进粮食区域平衡。为解决我国粮食日益凸显的区域供求不平衡矛盾，"十一五"期间共落实政策性粮食跨省移库计划628亿斤，充实了薄弱地区的粮食库存。不断健全产

销衔接机制，深化产销合作，黑龙江金秋粮食交易合作洽谈会、福建七省市粮食产销协作洽谈会、中国国际粮油产品及设备技术展览会等产销合作机制不断发展，五年累计签订粮食购销协议约1500亿斤，促进了产区粮食有稳定的销路，销区粮源有可靠的保障。

三是加强军粮供应和粮食应急体系建设。根据新时期军粮供应的特点，积极采取有力措施，保障了部队日常供应，圆满完成了各项重大应急保障任务。粮食应急体系初步形成，各地已确定粮油应急加工定点企业3521家，应急供应定点企业11142家，有效保障了南方低温雨雪冰冻灾害、汶川地震、玉树地震、舟曲泥石流等受灾地区的粮油供应，粮食系统广大干部职工在抗灾救灾中发挥了重要作用。2010年国家专项安排向西南、西北旱灾地区调运粮食28.4亿斤，指定企业限时加工中央储备粳稻5000万斤投放云南市场，及时将7352万斤救灾用粮发放到地震、泥石流灾区的灾民手中。北京、上海、广东等地精心组织安排，保障了北京奥运会、上海世博会、广州亚运会等重大活动的粮油供应和质量安全。

四是充实粮油储备优化布局结构。进一步加强中央储备粮行政管理，调整中央储备粮品种结构和区域布局，提高了中央储备食用油、大豆的比重，增加了西南、西北等地区的库存量。利用粮食连年丰收的有利时机，充实地方粮油储备，地方储备粮和食用油比"十五"末分别增加26%和208%。小包装成品粮油储备从无到有，并逐步充实，保障了应急供应需要。

（二）切实抓好粮食收购，有效地保护了种粮农民利益

一是稳步提高粮食收购价格。"十一五"期间，国家综合考虑粮食生产成本、供求形势、价格走势和经济形势等因素，2010年稻谷和小麦平均价格较2005年提高25%～40%，临时收储价格也逐步提高。为了做好这项工作，在全国25个省（区、市）对8个主要粮油品种进行产销和成本利润调查，各地做了大量基础性工作，为合理确定价格水平提供了可靠依据。

二是完善粮食最低收购价预案和临时收储工作方案。认真研究粮食产需和市场形势，会同有关部门在新粮上市前研究制定并及时公布小麦、早籼稻、中晚稻最低收购价执行预案和玉米、大豆、油菜籽临时收储工作方案，扩大政策性粮油收购范围，完善启动、监管和补贴机制，根据粮油市场情况适时在主产区启动最低收购价和临时收储，稳定了市场价格，保护了农民利益。

三是切实落实粮食收购各项政策措施。各级粮食部门始终把落实国家粮食收购政策，抓好粮食收购，作为工作的重中之重。指导和督促国有粮食企业带头执行收购政策，引导和规范多元市场主体有序收购，合理布局收购网点，不断提高服务水平，方便农民售粮。五年间，全国各类企业共收购粮食26286亿斤（原粮，下同），其中国有粮食企业收购14212亿斤，比"十五"时期增加23%，继续发挥主渠道作用；多元市场主体共收购粮食12074亿斤，占46%，搞活了粮食流通。五年间，按最低收购价、临时收储和补贴收购政策共收购粮油5348亿斤，有力地促进了粮食稳定增产和农民持续增收。

2010年粮食市场形势极为复杂。针对前期市场粮价涨幅较大、多元市场主体入市收购粮食意愿强烈等不同于往年的特殊情况，各级粮食部门认真贯彻落实国务院关于继续做好秋粮收购工作的部署，深入基层企业和农户调研，多次召开座谈会，分析研判粮油生产和收购形势，安排和指导粮食收购工作。健全粮食企业最低最高库存量制度，逐户核定企业最高库存量，全面开展收购资格核查，督促和引导企业均衡收购，防止和打击囤积居奇，有效稳定了市场预期，维护了收购市场秩序。在各级粮食部门的共同努力和有关部门的大力支持下，有力、有效地保证了粮食收购工作顺利进行，全年全国各类粮食企业收购粮食6022亿斤，其中国有粮食企业收购2686亿斤，托市收购粮食（含油料）613亿斤，为市场调控提供了重要的物质基础。

（三）粮食购销市场化改革不断深化，新的粮食流通体制基本建立

一是转变粮食行政管理职能。各级粮食部门认真落实国务院的总体部署，积极推进粮食流通体制改革，结合各地实际情况，不断完善政策措施，加快推进政企分开，规范政府调控与企业经营之间的关系，粮食行政管理部门工作重心转到了市场调控、监管和行业指导、服务上，粮食企业真正建立了自主经营、自负盈亏的经营机制。

二是完善粮价形成机制。粮食价格主要由市场供求形成，在粮价过低时，认真落实国家粮食最低收购价政策，并采取临时收储、补贴收购等措施，保护种粮农民利益；在粮价过高时，通过批发市场公开竞价销售政策性粮食，稳定市场粮价。浙江、福建、广西、新疆等省区积极探索价外补贴的方式，通过订单收购掌握储备粮轮换粮源。

三是形成了以国有粮食企业为主导、多元市场主体共同参与的粮食流通新格局。五年来，国有粮食企业的"三老"问题基本解决，累计分流安置职工49.4万人，政策性财务挂账已剥离上划到粮食行政管理部门集中管理，1994亿斤"老粮"进行了销售处理，经营性挂账累计消化251亿元，其中吉林、辽宁、安徽分别消化63亿元、39亿元、33亿元。截至2010年底，国有粮食企业通过改制改组调整到16549家，企业结构和布局优化，市场竞争力不断提高，资产规模达到8291.6亿元，净资产达到936.7亿元，比"十五"末分别增加352.3亿元和967.8亿元；五年累计实现统算盈利90.1亿元，比"十五"时期减亏增盈897亿元。同时，其他多元主体获得了快速发展，到2010年底取得收购资格的多元主体达到7万多家。

四是粮食市场体系建设步伐加快。粮食收购、零售、批发、期货市场稳步发展，经营规模进一步扩大，结构布局逐步优化，服务功能进一步完善。建立健全全国统一的粮食竞价交易系统，在配置粮食资源、服务宏观调控中发挥了重要作用。

五是粮食安全责任进一步落实。广东、浙江、云南等地实行了粮食安全行政首长负责制考核制度，福建将落实地方储备规模纳入行政首长政绩考核内容。各地高度重视地方粮食储备建设，五年间地方粮油储备规模稳步增加，地方储备粮管理逐步完善，调控区域市场的能力显著增强。

（四）加强粮食流通基础设施建设，现代粮食流通产业长足发展

一是粮食流通基础设施条件进一步改善。"十一五"期间，粮食流通基础设施建设由以国家全额投资为主逐步转变为以企业投资为主、中央和地方政府给予适当补助投资支持的新模式，五年间中央财政共安排资金约100亿元，地方和企业投资约700亿元，用于粮食仓库设施、物流设施建设和仓房维修改造。截至2010年末，全国粮食仓储企业有效仓容、罐容、粮食烘干能力、散粮中转设施接收能力分别达到3.2亿吨、1178.4万吨、7.1万吨/小时和47.7万吨/小时，分别比"十五"末增加23.1%、145.3%、47.9%和53.9%。"农户科学储粮专项"成效显著，累计为农户建设新型小粮仓约200万个，每年可减少农户存粮损失约5.1亿斤。

二是粮油加工业快速发展。2009年规模以上粮油加工企业实现工业总产值2.5万亿元，占食品工业总产值的49.7%，销售收入2.3万亿元，利税总额2500多亿元，分别比2005年增长1.7倍、1.5倍、2.2倍。

三是粮油科技创新体系初步建立。五年间粮食科技总投入达61亿元，实施相关科研项目510项，取得科研成果400多项，粮食行业科研单位及企业共计申请专利201项，储藏、信息、生物等高技术应用方面取得明显突破，获得国家级奖励73项，其中国家科技进步一等奖1项、二等奖4项，省部级及其他奖励81项。

四是粮食产业化经营快速发展。"十一五"期间，国家粮食局会同中国农业发展银行两次确认1000多家重点支持的粮食产业化龙头企业，在信贷资金上给予优先支持，各地还积极争取财政资金支持，推动粮食产业化龙头企业加快发展。目前规模以上国有粮食产业化龙头企业达到929个，产业链条不断延伸和完善，促进了农民增收、企业增效和粮食流通产业发展。

五是"放心粮油"工程不断推进。据不完全统计，全国建立各类"放心粮油"销售网点17万多个，其中农村网点6万多个，粮油产品总体合格率提高到目前的95%以上。

（五）加强依法行政和依法管粮，有效维护粮食流通市场秩序

一是粮食流通法制体系建设积极推进。粮食部门深入贯彻《粮食流通管理条例》和《中央储备粮管理条例》，积极制修订相关配套制度办法，依法履行工作职责。各地加快粮食立法进程，出台相应的地方法规、规章和规范性文件，为推进粮食依法行政提供制度保障。在《粮食法》列入十一届全国人大立法规划后，国家发展改革委、国家粮食局会同有关部门，坚持开门立法、民主立法和科学立法的原则，广泛深入调查研究，多方征求意见建议，各级粮食部门积极建言献策，给予了大力支持，目前《粮食法》研究起草工作进展顺利，已取得阶段性成果。

二是粮食监督检查工作逐步形成长效机制。监督检查工作体系逐步健全，截至2010年底，全国省、市、县三级粮食行政管理部门设立监督检查机构的比例分别达到100%、84.1%、71.8%，取得粮食行政执法资格的人员共计2.59万人。粮食监督检查工作实现了经常化、制度化、规范化，2009年由国务院十部门组织开展的全国粮食清仓查库，进一步核实了粮食库存；2010年完成了食用植物油库存检查试点工作，为今年全国范围内的检查打下基础。在历次粮食库存检查中，各地精心组织，抽调骨干力量，认真组织自查、复查，积极配合国家有关部门开展抽查，为确保库存粮食数量真实、质量良好作出了积极贡献。

三是粮食质量监管工作取得明显成效。全国粮食质量监测体系基本建成，截至2010年底，隶属于各级粮食行政管理部门的粮油检验机构达793个。五年间，完成了379项粮油国家标准的审定和报批，制定发布了粮油行业标准84项，废止行业标准53项；《稻谷》、《小麦》等一批重要产品和监测方法国家标准相继实施；国家粮食局每年对不少于25%中央储备粮承储库点和部分地方储备粮承储库点进行质量专项抽查，各地粮食部门每年定期对地方储备粮进行质量普查，促进了储备粮质量合格率和宜存率的提高。组织开展粮食收获质量和卫生调查、监测，为制定粮食收购质价政策和加强质量安全管理提供重要依据。

四是加强粮食仓储规范化和粮食安全生产管理。制定并实施《粮油仓储管理办法》，各地和企业积极建立和完善粮油仓储管理规章制度，开展粮油仓储规范化管理活动，规范仓储管理行为。针对2009年粮食行业安全生产事故较多的情况，各级粮食部门采取切实有效的措施，强化安全生产工作，有效提高全行业安全生产水平，2010年粮食安全生产形势明显好转，未发生重大粮食安全生产事故。

五是加强粮食收购资格审核和中央储备粮代储资格认定工作。截至2010年底，全国具有粮食收购资格的经营者8.75万家；具有中央储备粮（油）代储资格的企业1906户，资格仓容（罐容）9564.9万吨，企业布局趋于合理。

2010年，粮食监督检查工作力度进一步加大。认真组织开展最低收购价和国家临时收储政策落实情况的监督检查，会同有关部门严厉查处损害农民利益、扰乱市场秩序以及"转圈粮"等违法违规行为，促进国家粮食收购政策落到实处。进一步加强对政策性粮食销售出库的监督检查，加大对"出库难"问题的查处力度。据统计，2010年，各级粮食部门共开展监督检查行政执法活动10.8万次，参加

人员43.8万人次，检查企业36.7万户次，执法活动次数和检查企业户次分别比上年增加5.2%、7.7%，严厉查处违法违规案件19789件，有效维护了粮食流通市场秩序。

（六）加强党的建设、廉政建设和干部职工队伍建设，粮食行业整体素质逐步提高

五年来，各级粮食部门始终高度重视行业建设，为做好粮食流通工作提供了重要保障。一是紧紧围绕中心、服务大局，深入开展学习实践科学发展观、先进性教育和创先争优活动，全面推进粮食系统党的建设，不断推动粮食流通工作科学发展。二是坚持标本兼治、综合治理、惩防并举、注重预防的方针，通过制度建设、加强教育和大力查办案件等方式，促进行业党风廉政建设和反腐败工作。三是认真贯彻落实中央新疆工作座谈会议精神，组织粮食系统积极开展对口支援工作，推动粮食流通工作跨越式发展。积极采取措施，支持西藏、宁夏、青海、甘肃等西部地区粮食流通工作发展。四是大力实施人才兴粮战略，有针对性地开展粮食行业职工培训教育，大规模开展职业技能培训和鉴定工作，举办全行业职业技能大赛，建立人才评价机制和激励体系，人才队伍建设取得显著成绩。五是紧紧围绕中心工作，加强粮食重大战略性问题研究、软科学课题研究和统计信息、供需平衡等调查工作，推进粮油市场监测预测预警信息体系建设，积极开展对外交流与合作，认真举办世界粮食日、科技活动周和《粮食流通管理条例》宣传等活动。六是认真研究编制《粮食行业"十二五"发展规划纲要》及相关专项规划，提出粮食行业发展重要指标、重大战略任务和重大工程项目、重大改革和政策。七是加大新闻宣传和政务信息公开工作力度，重点做好粮食收购、保供稳价、抗震救灾、节约粮食等宣传报道，正确引导舆论，稳定市场预期。

总结"十一五"时期的粮食流通工作，有几条基本经验应当坚持：一是坚持以科学发展观为指导，处理好大胆探索与稳步推进的关系；二是坚持粮食购销市场化，处理好放开市场与加强调控监管的关系；三是坚持发挥国有粮食企业主渠道作用和粮食市场主体多元化，处理好主渠道与多渠道的关系；四是坚持立足国内粮食基本自给，处理好国内与国际两个市场的关系；五是坚持为耕者谋利、为食者造福的理念，处理好促农增收与保护消费者利益的关系；六是坚持充分发挥中央和地方两个积极性，处理好国家宏观调控与落实粮食省长负责制的关系。

二　分析形势、把握重点，明确"十二五"粮食流通工作基本思路

"十二五"时期是深入贯彻落实科学发展观、全面建设小康社会的关键时期，是深化改革开放、加快转变经济发展方式的攻坚时期。粮食部门必须把思想统一到中央对"十二五"时期经济社会发展的总体判断和部署上来，深入分析粮食流通工作面临的新形势，落实经济社会发展对粮食工作提出的新要求，准确把握工作重点，明确基本思路。

（一）"十二五"时期粮食流通工作面临的新形势

"十二五"时期，粮食流通工作机遇和挑战同在。机遇方面：一是党中央、国务院高度重视粮食工作，国家强农惠农政策不断加强，粮食省长负责制进一步强化，取消主产区粮食风险基金配套，1000亿斤粮食增产工程的实施和粮食科技进步，都将进一步调动农民种粮和地方抓粮积极性，促进粮食生产发展，为做好粮食流通工作奠定了重要基础。二是我国粮食生产连续7年丰收，粮食供需基本平衡，库存充裕，加上国家积极财政政策、稳健货币政策和一系列有针对性、灵活性、有效性宏观调控政策的实施，有利于促进粮食市场和价格的基本稳定，为粮食流通健康发展创造了有利条件。三是国家调整经济结构和转变经济发展方式力度加大，以及居民生活水平的提高和消费结构的升级，有利

于促进粮食流通产业结构调整和优化升级，为粮食流通产业发展提供了契机。四是现代科学技术日新月异，交通运输网络快速发展，将进一步推进粮食仓储、物流、加工的技术升级和条件改善，为降低粮食流通成本、提高粮食流通效率提供了科技支撑。五是粮食法治工作和粮食行业党风廉政、人才队伍建设不断加强，为粮食流通工作科学发展提供了重要保障。

挑战方面：一是粮食市场形势复杂。"十二五"期间，国际国内市场联系将日益紧密，国际市场粮食供求和价格变化，将增加稳定国内市场的难度。国内粮食区域布局和品种结构矛盾仍然比较突出。从区域布局看，北方地区粮食生产占全国的比重逐年上升，主销区产消缺口仍呈扩大趋势，省际间粮食流通量增大。从品种结构看，小麦消费需求稳中略增，当前库存虽有所下降，但仍超过一年的消费量；大米口粮消费的比重逐步提高，粳米消费仍将继续增长；养殖业、工业用玉米增长较快，大豆、食用植物油消费依然保持增长势头，粮食宏观调控的难度增大。

二是粮食监管任务艰巨。粮食市场主体不断发展，多元市场主体更加活跃，违规违纪行为时有发生，监管难度进一步增大，公众对粮食质量安全的要求进一步提高，粮食监督检查体系和质量安全体系需进一步健全和加强。

三是粮食流通基础设施亟待加强。粮油仓储设施区域布局不平衡，城市应急设施不足，基层粮库仓储设施陈旧老化现象比较突出，散粮运输、粮食流通基础设施等仍难以满足保护农民利益、增强粮食宏观调控能力、发展现代粮食流通产业的需要。

四是国有粮食企业改革还需进一步深化。在传统的遍布农村乡镇以粮库、粮管站（所）为基础的农村粮食购销网络打破之后，方便农民售粮、市场秩序规范的新型农村粮食购销服务网络体系亟待建立。国有粮食企业历史遗留问题仍需进一步解决，主渠道作用、骨干作用和市场竞争力需要进一步增强。国内粮食企业迫切需要做大做优做强，战略性重组的任务艰巨。

（二）"十二五"时期粮食流通工作的总体要求和基本思路

党的十七届五中全会明确了"十二五"时期我国经济社会发展的奋斗目标，为谋划粮食流通工作指明了方向。按照中央部署，针对粮食流通工作面临的新形势，"十二五"时期粮食流通工作的总体要求和基本思路是：高举中国特色社会主义伟大旗帜，以邓小平理论和"三个代表"重要思想为指导，深入贯彻落实科学发展观，积极应对国内外粮食流通形势新变化，不断满足广大消费者对粮食需求的新期待，以科学发展为主题，以加快转变经济发展方式为主线，保护种粮农民利益，提高粮食宏观调控和监管能力，保持粮食供求基本平衡和粮食市场稳定，加快发展现代粮食流通产业，保障国家粮食安全。

一是坚持抓好收购，促农增收，切实保护种粮农民利益。不断完善粮食最低收购价和临时收储政策，稳步提高最低收购价格水平，健全托市收购政策的启动、补贴和监管机制。指导和督促国有粮食企业继续发挥主渠道作用，引导和规范多元市场主体入市收购，确保不出现农民"卖粮难"。严格执行粮食质价政策，维护粮食收购市场秩序，保护种粮农民利益和生产积极性。

二是坚持保障供给，稳定市场，加强和改善粮食宏观调控。服务国家宏观调控目标，按照调控有力、高效灵活、规范运作的原则，优化储备粮油区域布局和品种结构，进一步健全储备调节机制。继续加强产销衔接，引导和支持粮食产销区建立长期稳定的合作关系。进一步完善粮食市场监测预警体系和应急体系，保障大中城市、敏感地区、困难群体和突发事件状态下的粮食供应。继续完善军粮供应管理办法，建立军粮粮源统筹和应急保障长效机制。

三是坚持依法行政，依法管粮，推进粮食法制建设。加强调研论证和协调配合，力争《粮食法》

早日出台，并及早着手研究制定相关配套制度办法，完成两部条例的修订工作。完善粮食收购资格审核、中央储备粮代储资格认定制度，加强资格企业管理，优化布局。健全粮食仓储规范化管理长效机制，提升企业规范化管理水平。加强粮食流通监督检查工作体系、质量安全体系和制度建设，加大监督检查工作力度，提升粮食市场监管和质量安全检验检测水平。

四是坚持夯实基础，加大投入，加强现代粮食流通产业建设。加快粮食流通基础设施建设，优化仓储设施布局。发展粮食现代物流体系，打通"北粮南运"物流瓶颈，发展多种形式联运，提高粮食流通效率。加快粮食市场体系建设，形成以粮食收购市场和零售市场为基础、国家粮食交易中心为龙头、批发市场为骨干、期货市场为先导，统一开放、竞争有序的现代粮食市场体系。增强粮食科技创新能力，提升粮食流通产业和粮油加工科技水平，优化结构布局，提高资源综合利用率。全面实施农户科学储粮专项，减少粮食产后损失。

五是坚持转变职能，科学发展，继续深化粮食流通体制改革。进一步推进政企分开，促进粮食行政管理部门职能转变。建立健全方便农民售粮、市场秩序规范的新型粮食购销服务网络体系。构建以中央粮食企业为龙头，以大中型粮食企业为骨干，以基层粮食购销企业为基础，优势互补、灵活有效的粮食流通体系。继续推进国有粮食企业改革和发展，进一步巩固和加强国有粮食企业主渠道地位，优化粮食资源配置，促进企业做大做优做强，提高经济效益和市场竞争实力。

三　稳定市场、做强产业，扎实做好今年的粮食流通工作

2011年是"十二五"的开局之年，做好粮食流通各项工作至关重要。今年工作的总体要求是：全面贯彻落实党的十七大和十七届三中、四中、五中全会精神，以邓小平理论和"三个代表"重要思想为指导，深入贯彻落实科学发展观，紧紧围绕以科学发展为主题、以加快转变经济发展方式为主线，认真落实中央经济工作会议、中央农村工作会议的部署和全国发展改革工作会议的要求，以"稳市场、保安全、强产业、惠民生"为目标，继续抓好粮食收购、市场调控、储备管理、市场监管、体制改革、产业发展、法制建设等重点工作，为保护种粮农民利益、稳定粮食市场、保障国家粮食安全和促进国民经济平稳较快发展作出新的贡献。具体任务是：

（一）抓好粮食收购，促进粮食生产

一是完善最低收购价执行预案和临时收储政策。今年国家将继续实行粮食最低收购价政策，小麦最低收购价格水平已经公布，稻谷最低收购价也将进一步提高。要在认真总结近几年最低收购价政策及临时收储、补贴收购等政策执行情况的基础上，进一步完善相关政策，创新收储方式，发挥市场机制作用，调动各方面参与托市收购的积极性。

二是继续抓好粮食收购。各地要高度重视粮食收购工作，认真分析生产和购销形势，及早做好准备，确保国家粮食收购政策落到实处。指导和督促国有粮食企业严格执行收购政策，既不能压级压价损害农民利益，也不能抬级抬价扰乱市场秩序。采取有效措施为各类粮油经营企业提供信息服务，引导和规范各类粮食经营和加工企业入市收购。在收购期间，各级粮食部门要深入一线，加强指导，及时研究解决存在的问题和矛盾。继续开展粮食收购政策落实情况的监督检查，维护粮食收购市场正常秩序。

三是提高服务水平方便农民售粮。加大政策宣传力度，及时将中央各项强农惠农政策传导到基层，让农民家喻户晓。指导和督促粮食企业进一步强化为农服务意识，改善服务方式，提高服务质

量，做到理解政策无偏差，落实政策不走样，让售粮农民交上舒心粮。执行最低收购价和临时收储政策的地区，粮食部门要加强与有关部门和单位的沟通协调，相互支持，密切配合，合理布设收购库点，尽量满足农民售粮需要，确保收购工作顺利进行。各中央粮食企业和地方国有粮食企业要带头执行国家宏观调控政策，在粮食收购工作中作出表率。

（二）加强宏观调控，维护市场稳定

一是切实保障粮食供应。认真落实中央关于"保持物价总水平基本稳定"的部署，采取切实有效的宏观调控措施，防止因供应不畅引起粮食价格异常波动。根据宏观调控需要和市场价格情况，继续分期分批安排政策性粮食竞价销售，适时调整销售品种、数量和底价，保证市场供应，稳定市场预期。对供需偏紧的粮食品种，要上下联动，继续做好中央和地方储备投放工作，重点保障主销区和大城市的市场供应，维护粮食市场和价格基本稳定。进一步完善政策性粮食销售交易规则，严厉查处各种违法违规案件，确保交易活动正常进行和已销售粮食及时出库。加强粮食产销合作，指导销区有序到产区采购，适时组织好政策性粮食的调运，优化库存地区布局，促进粮食区域平衡。

二是切实加强储备粮管理。进一步健全制度，提高中央储备粮管理能力和水平。按照"优先保证口粮安全，同时兼顾其他用粮"的原则，优化储备粮品种结构。各地要在加强地方储备粮管理、完善制度办法、创新购销和轮换机制的同时，择机充实地方粮油储备规模。粮食销区要根据辖区内人口数量和消费需求的变化，适时调整储备粮规模、品种结构和原粮、成品粮比例，切实保障调控市场的需要。

三是加强粮食应急体系和统计制度建设。各地要进一步细化粮食应急预案，完善应急工作制度；继续充实成品粮油应急储备，按照粮食应急日加工能力基本满足辖区内口粮需求的原则合理布局粮食加工企业，按照"每10万人口至少设立1个应急供应点"的要求选择应急供应点。进一步修改完善粮食流通统计制度，加大对统计人员的培训力度，着力推进统计信息化建设，逐步完善统计信息发布制度。加强军粮供应工作，推动百强军供站建设，提升应急保障能力。

（三）推进依法管粮，规范流通秩序

一是加强粮食法制建设。落实《国务院关于加强法制政府建设的意见》，研究提出粮食部门贯彻实施意见，并组织实施。继续加强对《粮食法》起草有关重大问题的调查研究和论证，做好部门间沟通协调，配合有关部门做好草案稿的修改完善和报审工作。着手研究《粮食流通管理条例》和《中央储备粮管理条例》的修改完善工作。各地也要加快法制建设进程，根据粮食流通工作新形势，结合本地区实际，制修订相关配套文件，推进依法管粮。

二是加强粮食监督检查和标准质量工作。各地要继续巩固和扩大监督检查体系建设成果，强化行政执法队伍，健全各项配套制度。继续开展粮食库存例行检查，进一步加强对最低收购价和临时收储等政策性粮食购销活动的检查，认真做好全国食用植物油库存检查工作，加大对违法违规行为的查处力度。继续做好国家粮油标准制修订工作，积极参与食品安全标准的清理和制定，积极完善谷物与豆类国际标准体系，确保我国承担的国际标准项目顺利完成。继续开展收购、储存环节粮食质量安全监测与抽查，推进国家粮食质量监测体系建设，进一步落实粮食质量安全监管责任制，加强粮食检验人员操作培训，提升检验能力。

三是推进粮食仓储管理和安全生产工作。继续完善粮食仓储管理制度体系和技术标准体系建设。各地要深入贯彻《粮油仓储管理办法》，建立健全规章制度，积极开展备案监管工作。继续推进粮油仓储企业规范化管理，提高管理水平。按规定程序开展中央储备粮代储资格认定，加强对资格企业的

监督检查。针对进出粮作业、药剂熏蒸、设施安全等重点环节，抓好安全生产工作。

（四）深化体制改革，促进企业发展

一是进一步深化粮食流通体制改革。加快转变粮食行政管理部门职能，全面落实对全社会粮食流通监管、储备粮行政管理、收购市场准入、质量监管和流通统计等各项职责。结合当前粮食流通的新形势新情况，加强对重大问题的深入研究，进一步完善粮食流通体系的政策措施，推动国有粮食企业深化改革。加强对基层粮食流通体制改革工作的指导，及时总结推广好的做法和经验。进一步理顺政府粮食宏观调控和企业经营的关系，完善粮食政策性业务由政府委托和企业代理的运作机制。继续加强粮食产销和成本利润调查工作，为完善粮食价格形成机制和研究制定粮食支持保护政策提供依据。认真贯彻落实国务院有关文件的要求，积极争取地方党委、政府和有关部门的支持，落实粮食行政管理部门的机构、职能、人员和经费。

二是继续解决国有粮食企业历史遗留问题。争取政府和有关部门支持，多渠道筹措资金，解决国有粮食企业富余职工分流安置的资金缺口，落实社会保障和再就业政策。认真总结借鉴各地行之有效的措施和办法，采取多种形式做好企业经营性挂账的消化处理工作。

三是进一步推进企业产权制度改革。以骨干优势粮食企业为主体，加大对基层粮食购销企业的产权制度改革力度，实行跨区域兼并重组，组建公司制、股份制粮食购销企业，以此为依托构建区域性粮食购销网络。鼓励大型国有粮食企业对基层粮食购销企业的兼并重组，延伸购销网络，增强服务功能。理顺国债投资建设粮库的产权关系。各地要加强对国有粮食购销企业改革的指导，根据实际需要，掌握一部分地方储备粮企业，作为地方政府调控粮食市场的重要抓手，确保区域粮食安全。

四是加强对国有粮食企业经营管理工作的指导。进一步建立健全扭亏增盈考核制度，强化扭亏增盈信息通报制度和重点企业经营情况分析制度。协调落实粮食收购资金，支持基层粮食购销企业创新经营方式，摆脱经营困境。指导企业研判市场形势，积极开展粮食购销，规避经营风险，巩固和扩大经营管理成果。督促企业进一步加强内部管理，规范财务核算，努力增收节支，不断提高企业经营管理水平。

（五）加快发展产业，壮大产业实力

一是加强粮食流通基础设施和物流体系建设。继续落实好国债投资储备仓容和油罐建设任务，切实完成好2010年安排的粮食现代物流项目、主产区仓房维修改造和受灾省区因灾受损仓房维修建设任务，确保今年夏收前投入使用。做好有关项目前期工作，继续加大仓储物流设施建设和仓房维修改造投资，加强与铁路、交通等部门的协作，推进散粮火车"入关"，建设"北粮南运"物流主通道，在全国范围推进"四散化"流通。

二是推进粮食市场体系和信息体系建设。完善全国粮食竞价交易系统运行机制，扩大交易市场联网范围，进一步推进国家粮食交易中心组建工作，提升服务功能，拓宽业务范围，规范交易行为。继续完善重点粮食市场联系制度，健全动态调整机制，积极争取政策支持大中城市成品粮批发市场设施升级改造。服从国家粮食宏观调控需要，进一步加强粮油市场信息工作，准确分析和预测粮食市场形势，及时发布信息，引导和促进粮食流通。

三是推动粮油加工业发展和科技创新。协调有关部门，争取组织实施一批粮油加工技术改造投资补助项目，推进节能减排和副产品综合利用。加强对粮油加工企业的引导，配合有关部门加大对玉米深加工已建在建项目的检查力度。加快粮食科技创新体系建设，加强粮食科技自主创新工作，继续开展行业共性关键技术研发，做好组建国家工程实验室等相关工作。继续做好行业科技管理工作，支持

重点研发课题成果转化，加强高水平科技人才队伍建设，继续推进科普工作。

四是积极发展粮食产业化经营。进一步加大粮食产业化龙头企业支持力度，积极落实信贷资金，支持粮食产业化龙头企业固定资产购置、技术升级改造、技术引进、粮食生产基地建设和产业结构调整。继续争取财政专项补助或贷款贴息等办法，支持重点粮食产业化龙头企业发展。落实国家对粮食产业化龙头企业的税收政策。

五是抓好"农户科学储粮专项"和"放心粮油"工程。各地要采取有效措施，确保138万套标准化农户科学储粮装具在今年夏收前投入使用，抓紧落实好今年农户安排方案和地方配套资金。要依靠有关科研院所和国有粮食企业，建立农户储粮技术服务体系，开展种粮大户新型储粮设施建设试点。总结放心粮油示范企业试点工作经验，进一步规范企业质量管理和经营服务活动。继续加强放心粮油宣传推广和食品安全法规、标准的宣贯工作，搞好"放心粮油宣传日"活动。继续加强城乡销售服务网络建设，推进放心粮油进农村进社区。

（六）加强行业建设，提高行业素质

紧紧围绕服务中心、建设队伍两大任务，以建设为民、务实、清廉机关为目标，以庆祝建党90周年为契机，全面推进机关党的思想、组织、作风、制度和反腐倡廉建设。认真组织学习贯彻十七届五中全会精神，深入开展创先争优活动，积极推进学习型组织建设。认真解决反腐倡廉建设中群众反映的突出问题，坚决纠正损害群众利益的不正之风，加大违法违纪案件查处力度。继续加强行业人才队伍和职业资格制度建设，深入开展职业技能培训和鉴定工作。编制好《粮食行业"十二五"发展规划纲要》及专项规划。继续加强粮食战略性问题研究。加强新闻宣传和电子政务建设，充分发挥粮食行业协会、粮食贸促会、粮油学会、粮经学会等社团组织的作用，加强对外交流与合作，服务粮食流通中心工作。

粮食行业广大干部职工以对党和人民高度负责的精神，以服务"三农"和广大消费者、确保国家粮食安全为己任，锐意改革，开拓创新，艰苦奋斗，勤奋工作，涌现出了一大批先进集体和劳动模范（先进工作者）。经过县、市、省三级层层推荐选拔，今天，人力资源和社会保障部、国家粮食局联合，对87个先进集体和129名劳动模范（先进工作者）予以表彰，他（她）们是全国粮食行业的优秀代表，在各自的岗位上为粮食行业的改革和发展作出了突出的贡献。国家粮食局、财政部、总后勤部还联合表彰了一批全国军粮供应管理工作先进单位和先进个人。让我们以热烈的掌声，向他（她）们表示诚挚的祝贺和衷心的感谢。各级粮食部门要组织宣传和学习这些优秀代表的先进事迹，结合本职工作深入开展创先争优活动，推动粮食行业整体素质的进一步提高，促进粮食流通事业的科学发展。

同志们，2011年粮食流通工作形势复杂，任务艰巨。让我们紧密团结在以胡锦涛同志为总书记的党中央周围，认真落实党的十七届五中全会和中央经济工作会议、中央农村工作会议精神，突出重点，统筹兼顾，扎实工作，继往开来，全力做好"十二五"开局之年的粮食流通工作，为确保国家粮食安全、促进经济平稳较快发展和社会和谐稳定作出新的贡献，以优异成绩迎接中国共产党成立90周年！

在全国粮食系统纪检监察工作会议上的讲话

国家粮食局党组书记、局长　聂振邦
2011年4月20日

同志们：

中央纪委第十七届六次全会和国务院第四次廉政工作会议召开后，国家粮食局党组认真学习胡锦涛总书记、温家宝总理的重要讲话和贺国强同志的工作报告精神，研究部署了今年国家粮食局机关和全国粮食系统的党风廉政建设和反腐败工作，并决定召开这次全国粮食系统纪检监察工作会议，进一步学习贯彻中央领导同志讲话精神，总结2010年全国粮食系统党风廉政建设和反腐败工作，部署2011年任务。局党组成员、中纪委驻局纪检组组长杨兵同志将作工作报告，请大家回去后结合本地的实际情况认真贯彻落实。下面我讲几点意见。

一　认真学习贯彻胡锦涛总书记讲话精神，充分认识粮食系统党风廉政建设和反腐败斗争的形势

胡锦涛总书记在中纪委六次全会上的重要讲话，从党和国家事业发展全局和战略的高度，全面总结了党风廉政建设和反腐败斗争取得的成效和经验，科学分析了当前的反腐倡廉形势，明确提出了今年党风廉政建设和反腐败工作的主要任务，深刻阐述了切实把以人为本、执政为民贯彻落实到党风廉政建设和反腐败斗争之中的重要性、紧迫性以及总体要求、工作重点，强调要把实现好、维护好、发展好最广大人民根本利益作为一切工作的出发点和落脚点，坚持权为民所用、情为民所系、利为民所谋，着力加强以人为本、执政为民教育，着力建立健全体现以人为本、执政为民要求的决策机制，着力按照法律法规和政策开展工作，着力维护人民群众权益，着力查处损害群众切身利益的案件，着力加强基层干部队伍作风建设，以党风廉政建设和反腐败斗争的实际成效取信于民。胡锦涛总书记的重要讲话，是指导当前和今后一个时期党的作风建设和反腐倡廉建设的纲领性文献，对于深入推进党风廉政建设和反腐败斗争，全面做好党和国家各项工作，顺利完成"十二五"时期经济社会发展目标任务，具有重大而深远的意义。温家宝总理在国务院第四次廉政会议上强调指出，政府机关要着力强化对行政权力监督制约、加强政府机关领导干部和国有企业领导人员廉洁自律、进一步做好政府机关厉行节约工作，加快政府机关惩治和预防腐败体系建设。粮食系统的广大干部要认真学习深刻领会胡锦涛总书记和温家宝总理重要讲话精神，结合粮食部门实际，坚决贯彻执行。

刚刚过去的2010年，是新世纪以来我国经济形势最为复杂的一年。面对复杂多变的国内外形势和重大自然灾害的挑战，我们认真贯彻党中央、国务院决策部署，注重围绕中心、服务大局，注重标本兼治、惩防并举，注重完善制度、规范权力，注重维护民利、保障民生，注重整体推进、突出重点，注重深化改革、开拓创新，加快推进惩治和预防腐败体系建设，粮食部门的党风廉政建设和反腐败斗争取得了新的成效。一是围绕粮食流通中心工作，加强监管，确保中央政令畅通。做到理解政策无偏差，执行政策不走样，把国家粮食宏观调控政策和各项强农惠农政策落到实处。二是认真落实《廉政

准则》，分析易发生腐败行为的风险点和粮食管理工作的重点岗位，加强对权力的监控和制约，加强对领导干部的教育和监督。三是加强国有粮食企业反腐倡廉建设，及时解决农民"卖粮难"和粮食"出库难"等问题，切实纠正损害群众利益的不正之风。四是认真开展专项治理工作，认真改进工作作风，加强廉政勤政，大力精简会议和文件，严格控制庆典、论坛等活动，严格控制"三公"消费，坚持勤俭节约、反对铺张浪费。五是推进反腐倡廉制度建设，坚决查处违纪违法行为，切实提高制度的执行力。六是配合监督检查取得明显成效。2010年粮食系统各级纪检监察部门积极协助支持监督检查行政执法活动107650次，出动人员437933次，检查企业367445户次。总之，去年粮食系统的各级党组织和纪检监察部门整体推进反腐倡廉建设，取得了显著成绩，有效保证了国家粮食宏观调控政策措施的落实，有效保护了粮食生产者和消费者利益，为维护粮食市场稳定、保障国家粮食安全作出重要贡献。

但同时必须清醒地看到，全国粮食系统党风廉政建设和反腐败工作中仍然面临着一些突出问题，需要引起我们的高度重视。一是违纪违法案件在粮食系统仍然易发多发，有的省、市粮食部门领导干部违纪案件时有发生，不断出现小官大贪现象，特别是粮食企业负责人的违法案件呈上升趋势。2010年粮食系统立案25件，大多数案件均已结案，处分14人，其中县处级7人，科级3人，其余人员4人。二是一些涉粮案件发生在部门的主要领导干部，违纪违法情节严重，一些腐败分子同时具有多种违纪违法行为。三是利用职权和职务影响为他人谋利收受钱财等违纪违法行为日趋复杂化。四是在粮食储存和交易中个别企业还存在"转圈粮"、"出库难"、以次充好等问题。另外，还有的粮食基层部门领导干部对群众漠不关心、态度粗暴；有的单位存在用人上的不正之风。这些情况表明，反腐倡廉形势仍然严峻，任务仍然十分繁重。我们要认真学习贯彻中央领导同志重要讲话精神，努力完成中央纪委六次全会和国务院第四次廉政工作会议部署的工作任务，全面把握形势，充分认识反腐败斗争的长期性、复杂性、艰巨性，分析和查找出现腐败行为深层次原因，牢固树立共产主义的坚定信念和宗旨意识，增强拒腐防变的能力，坚持教育、制度和监督并重，坚持警钟长鸣，坚决反对腐败。全国粮食系统各级党组织必须认清大局，把握大局，把反腐倡廉建设放在更加突出的位置，以更加坚定的信心、更加坚定的态度、更加有力的措施、更加扎实的工作，加紧解决反腐倡廉建设中群众反映强烈的突出问题，以党风廉政建设的成效取信于民，坚定不移地把党风廉政建设和反腐败斗争推向前进。

二　坚持不懈地开展党风廉政建设和反腐败斗争，切实推进粮食系统2011年反腐倡廉工作

（一）严明党的政治纪律，加强监督检查，保证党的十七届五中全会精神和中央重大决策部署的贯彻落实

我们要按照中央五中全会、中央经济工作会议、中纪委六次全会和国务院廉政会议的要求，坚定政治立场，自觉同以胡锦涛同志为总书记的党中央保持高度一致。坚持把维护党的政治纪律摆在首位，加强对政治纪律执行情况的监督检查，坚决维护党的集中统一。坚决纠正粮食系统中存在的有令不行、有禁不止的现象，保证中央政令畅通，维护中央权威。

要紧紧围绕粮食流通中心工作，以"稳市场、保安全、强产业、惠民生"为重点，加强对国家粮食宏观调控政策措施执行情况的监督检查，依法管粮，维护粮食市场流通秩序；开展粮食最低收购

价、临时收储、补贴收购等政策执行情况的监督检查，规范收购行为，提高服务水平，方便农民售粮，保护农民利益，切实把中央的强农惠农政策落到实处；认真开展粮食、食用植物油的库存情况的检查，确保数量准确、质量完好，保障国家粮食安全。

（二）加强作风建设，认真解决反腐倡廉建设中人民群众反映强烈的突出问题

粮食系统的各级领导干部要结合创先争优活动，切实加强党的作风建设。大力弘扬密切联系群众的优良作风，认真落实中央关于加强和改进群众工作的各项要求，改进群众工作方式方法，建立健全服务群众、联系群众和保障群众权益的制度，密切党群干群关系。大力弘扬求真务实、艰苦奋斗的优良作风，坚决纠正不切实际，不顾民力，急功近利的决策和乱铺摊子、乱上项目、劳民伤财的行为，坚决克服官僚主义、形式主义、弄虚作假、铺张浪费等问题。严格执行财经制度和经济工作制度，向社会主动公开预决算信息，促进依法理财、民主理财和廉洁政府建设。大力弘扬批评和自我批评的优良作风，反对上下级和干部之间逢迎讨好、互相吹捧等庸俗作风，自觉克服好人主义。坚持以人为本、执政为民，在切实解决群众反映的突出问题上下功夫。

一是深入推进专项治理工作。深化工程建设领域突出问题专项治理。认真贯彻《关于解决当前政府投资工程建设中带有普遍性问题的意见》，排查工程建设领域重点部位和关键环节存在的突出问题，严肃查处违纪违法案件。深化"小金库"专项治理。巩固治理成果，加强整改落实，推动完善防治"小金库"长效机制。认真开展庆典、研讨会、论坛过多过滥问题的专项治理，要严格审批程序，加强经费监管，规范领导干部行为。未经批准的，各级粮食部门一律不得举办和参与举办庆典、研讨、论坛等活动。经批准举办的，要纳入财政预算，接受审计监督；各级领导干部未经批准不得出席此类活动。认真开展公务用车问题的专项治理，认真落实新发布的党政机关和领导干部公务用车配备使用管理办法，开展机关公务用车专项治理。纠正和严禁超标配车、违规换车、借车、摊派款项购车、豪华装饰及公车私用等问题。规范公车管理，积极推进公务用车改革。

二是认真落实《廉政准则》，着力解决党员领导干部在廉洁自律方面的突出问题。认真落实领导干部报告个人有关事项等两项制度。全面落实《关于领导干部报告个人有关事项的规定》和《关于对配偶子女均已移居国（境）外的国家工作人员加强管理的暂行规定》。领导干部要按照规定，主动、如实报告有关内容。坚决整治领导干部违规收受礼金问题。严禁领导干部以各种名义接收管理和服务对象以及其他与行使职权有关系的单位或者个人的礼金和各种有价证券、支付凭证、商业预付卡。对违反规定构成违纪的，严肃追究党纪政纪责任；涉嫌犯罪的，移送司法机关处理。巩固党政机关厉行节约、制止奢侈浪费工作成果。完善因公出国（境）管理制度，建立禁止公款出国（境）旅游长效机制。严格公务接待管理规定。继续严格控制党政机关办公楼等楼堂馆所建设。治理违反规定多占住房、买卖经济适用房或租赁租住房等保障性住房。严禁领导干部干预、操纵招投标活动，这要作为一条"高压线"谁碰就处理谁。整治利用职务之便接受可能影响公正执行公务的宴请以及旅游、健身、娱乐等活动安排，利用内幕信息谋取利益等问题。推进规范公务员津贴补贴工作。落实中央关于领导干部离职或退休后从业的有关规定。开展《廉政准则》执行情况专项检查。

三是重视和加强粮食系统基层反腐倡廉工作。要高度重视粮食系统国有企业党风建设和反腐倡廉工作。加强国有粮食企业负责人的廉洁自律。严格规范国有粮食企业负责人职务消费行为，坚决制止与企业经营管理无关的职务消费行为。禁止国有粮食企业负责人通过同业经营或关联交易为本人、亲属或特定关系人谋取不正当利益。严格执行《国有企业领导人员廉洁自律从业若干规定》，要推进国有粮食企业贯彻落实"三重一大"决策制度，加强对经营管理者履职行为的监督。着力解决发生

在群众身边的腐败问题。深化推进基层事务公开和透明，落实《关于党的基层组织实行党务公开的意见》。加强对基层干部的教育、培训和管理，依照党纪条规和监察法规加强对国有仓储企业主要负责人的监督，加大对粮食购销活动中损害群众利益行为的问责力度，畅通群众反映问题、表达合理诉求的渠道。

（三）深化改革和制度创新，加强对领导干部的教育和监督

以理想信念教育和党性党风党纪教育为重点，深入开展示范教育、警示教育和岗位廉政教育，引导党员干部讲党性、重品行、做表率。推进廉政文化建设，增强反腐倡廉教育的针对性和实效性。认真贯彻党内监督条例，严格执行领导干部、诫勉谈话、函询等制度。加强对民主集中制执行情况的监督检查，提高民主生活会质量。认真落实领导干部经济责任审计制度。

结合粮食流通工作，配合有关部门深化行政管理体制、干部人事制度和国有资产管理体制改革。建立健全防止利益冲突制度。推行廉政风险防控管理及行政权力、公共服务、公开透明运行。同时，要加强行业自律和社会诚信建设。

（四）加大查办违纪违法案件工作力度，坚决纠正损害群众利益的不正之风

始终保持查办案件的强劲势头，对腐败分子要一查到底，绝不姑息，绝不让任何腐败分子逃脱党纪国法的惩处。严肃查办发生在粮食系统领导机关和领导干部中贪污贿赂、失职渎职的案件，严重违反政治纪律和组织人事纪律的案件、重大责任事故和群体性事件涉及的失职渎职及背后腐败案件。要严肃查办发生在粮食基层单位和重点岗位以权谋私、滥用职权案件；严肃查办发生在粮食系统的严重侵害群众利益的案件，严肃查办在中央和地方储备粮购销活动中弄虚作假套取费用补贴、挪用侵吞中央、地方储备粮和临时存储粮粮款、私自倒卖库存粮食非法谋利的案件。要改进信访举报、案件审理和案件监督管理工作，建立健全腐败案件及时揭露、发现、查处机制，严格依纪依法、安全文明办案，进一步发挥查办案件的治本功能。

坚决查处不执行国家粮食收购政策，压级压价等损害农民利益的问题。加强对收购库点的资格审查，合理布设收购库点，方便农民售粮，及时解决农民交售难的问题。要严肃查处"出库难"、"转圈粮"问题。严肃查处掺杂使假、以次充好、克扣数量、销售不符合卫生标准的粮油等损害消费者利益的行为。加强对军粮、救灾等政策性用粮购销活动的监督检查。要关注社会保障和再就业政策落实情况，维护职工合法权益。深入开展行风评议，办好"行风热线"，继续推进"放心粮油"进农村进社区活动，构建城乡"放心粮油"营销网络，落实节约粮食反对铺张浪费措施，加强农户安全储粮指导和服务工作。

三　切实把以人为本、执政为民贯彻到粮食系统的党风廉政建设和反腐败斗争之中

充分认识把以人为本、执政为民贯彻落实到党风廉政建设和反腐败斗争之中的重要性、紧迫性以及总体要求、工作重点，把实现好、维护好、发展好最广大人民根本利益作为一切工作的出发点和落脚点，坚持权为民所用、情为民所系、利为民所谋，自觉把以人为本、执政为民贯彻到粮食系统党风廉政建设的指导原则、工作部署中去。认真解决损害群众利益的突出问题和反腐倡廉建设中群众反映强烈的突出问题，切实维护社会公平正义；大力加强干部队伍作风建设，保持党同人民群众的血肉联系；紧紧依靠人民群众支持和参与，充分发挥人民群众在党风廉政建设和反腐败斗争中的积极作用；

坚决反对腐败、严厉惩治腐败分子，以党风廉政建设和反腐败斗争的实际成效取信于民。

（一）着力加强以人为本、执政为民教育

粮食系统的党员干部要做到以人为本、执政为民，最根本的是要牢固树立和自觉实践以人为本、执政为民的理念。这就需要持之以恒开展思想政治建设，加强党的性质和宗旨教育，牢固树立群众观点、坚持党的群众路线，自觉地站在群众的立场上，坚持思想上尊重群众、感情上贴近群众、工作上依靠群众，真诚倾听群众呼声，真实反映群众愿望，真情关心群众疾苦。要加强科学发展观教育，引导党员干部深刻理解科学发展观的核心是以人为本、时刻把人民利益放在第一位，多干惠民生的好事实事。加强责任意识、公仆意识、服务意识教育，引导党员干部理解权力就是责任、干部就是公仆、领导就是服务，凡是对群众有利的事情都要全力做好，凡是对群众不利的事情都坚决不做。粮食系统的各级领导干部要以身作则、言传身教，做以人为本、执政为民的表率。

（二）着力建立健全体现以人为本、执政为民要求的决策机制

粮食系统的各级干部在粮食购销工作中要坚持把人民拥护不拥护、赞成不赞成、高兴不高兴、答应不答应作为制定政策的依据，坚持问政于民、问需于民、问计于民，建立畅通无阻、运转协调、规范有效的民意反映机制，准确掌握群众所思、所忧、所盼，让群众更多地参与到与他们自身利益相关的决策过程中来。要坚持科学决策、民主决策、依法决策，不断完善决策机制。凡涉及群众切身利益的重要改革方案、重大政策措施、重点工程项目在决策前都要广泛征求群众意见，了解群众真实想法和意愿，全面评估可能影响群众利益的各种问题。对决策程度不合法、政策措施不合理导致群众利益受损的，要坚决制止和纠正。

（三）着力按照法律法规和政策开展工作

严格按照法律法规和政策办事是坚持以人为本、执政为民的必然要求，也是维护群众权益的必然要求。粮食系统的各级党员干部认真学习和准确掌握宪法、法律、法规和政策规定，提高法律素养。要以事实为依据，以法律为准绳，正确处理粮食工作中的各种问题，做到严格、规范、公正、文明执法。要大力实施各项公开制度，加强对各级粮食机关及其工作人员履行职责行为的有效监督，保证权力在阳光下运行，防止违法行为发生，防止群众利益受损。

（四）着力维护人民群众权益

群众利益无小事。各级粮食部门要切实解决损害群众利益的突出问题，深入剖析群众反映强烈的突出问题产生的原因，采取得力措施集中加以整治，让群众实实在在感受到我们的工作成效。切实健全维护群众权益机制，健全群众利益协调机制、诉求表达机制、矛盾调处机制、权益保障机制，全面落实领导干部定期接待群众制度，健全信访工作责任制。认真排查化解由损害群众利益问题引发的矛盾纠纷，使惠民政策落到实处，把好事办好，把实事办实。

（五）着力加强基层干部队伍作风建设

我们要从巩固党的执政基础的高度，充分认识基层工作的极端重要性，大力加强粮食系统的基层干部队伍作风建设。要坚持以推动科学发展、促进社会和谐、服务人民群众为主题，深入一线，深入实际，开展创先争优活动，加强对基层干部的思想教育和作风整顿，加强党性修养，继承和发扬党的优良传统和作风，着力解决办事不公、作风粗暴等问题。要坚持把治理庸懒散问题作为加强基层干部队伍作风建设的突破口，以治庸提能力、以治懒增效率、以治散止风气，促进基层干部始终怀着对人民群众的深厚感情，怀着服务群众、造福百姓的强烈责任感，满腔热情做好服务群众各项工作。要坚持加强对基层干部的教育、管理、监督，完善基层干部联系群众、服务群众制度，健全群众民主评议

和民主测评制度，完善基层干部考核评价体系，有效防范各种苗头性和倾向性问题。同时，我们要理解基层工作的困难、体谅基层干部的艰辛，真正重视、真情关怀、真心爱护粮食系统的基层干部，做到政治上关心、工作上支持、生活上照顾、精神上激励，使他们不断为党和人民作出新的工作业绩。

四   求真务实，狠抓落实，以改革创新的精神推动党风廉政建设

（一）继续落实党风廉政建设责任制

要以贯彻落实新修订的"党风廉政建设责任制"为契机，继续坚持和完善反腐败领导体制和工作机制。领导班子要高度重视并自觉承担起推进反腐倡廉建设的政治责任和领导责任。粮食系统各级部门的主要领导要认真履行第一责任人的职责，对重要工作和重大问题要亲自部署、过问、协调和督办。领导班子其他成员要抓好自己职责范围内的反腐倡廉建设。要适时召开专题工作会议，及时掌握落实情况，切实解决突出问题。各级粮食纪检监察机关要认真履行组织协调职责，积极协助党委（党组）研究、部署、检查、考核反腐倡廉各项工作，并把检查考核结果作为对领导班子总体评价和领导干部业绩评定、奖励惩处、选拔任用的重要依据。要进一步加大责任追究力度。

（二）加大改革创新力度，努力提高反腐倡廉建设科学化水平

要围绕实施"十二五"规划、加快转变经济发展方式的新要求，及时总结推广基层单位创造的新鲜经验，借鉴国（境）外反腐败的有益做法，大力推进反腐倡廉理念思路、工作内容、方式方法和体制机制创新。要自觉把科学发展观的要求贯穿于反腐倡廉建设的全过程和各个方面，正确处理治标和治本、惩治和预防的关系。要坚持以改革的精神、创新的思路、发展的办法解决滋生腐败的深层次矛盾和问题，不断深化改革，最大限度地减少体制障碍和制度漏洞。要切实转变工作方式方法，坚持用系统的思维、统筹的观念、科学的方法推进反腐倡廉建设，不断增强惩治和预防腐败的有效性。要深入调查，加强理论政策研究，深化对新形势下粮食系统反腐倡廉工作特点和规律的认识，使反腐倡廉建设不断体现时代性、把握规律性、富于创造性。

（三）坚持把以人为本、执政为民贯彻到纪检监察队伍建设中去

各级纪检监察机关认真开展"做党的忠诚卫士、当群众的贴心人"主题实践活动，促进了纪检监察队伍整体素质和能力的提高。各级纪检监察机关和广大纪检监察干部要坚持用以人为本、执政为民统一思想、指导实践，以更高的标准、更严的要求切实履行党和人民赋予的职责。要充分认识对党负责和人民负责的一致性，把忠诚于党和服务人民统一起来，把增强履行职责能力和提高服务群众能力统一起来，刻苦钻研纪检监察业务和各方面知识，自觉加强实践锻炼，着力提高维护群众利益、保障群众权益的本领。要保持谦虚谨慎、艰苦奋斗、奋发有为的精神状态和坚持原则、恪尽职守、秉公执纪的职业操守，带着感情和责任做群众工作，真正同群众打成一片，进一步树立可亲、可信、可敬的良好形象。要增强政治意识，坚持党性原则，忠实履行职责，同腐败分子和消极腐败现象进行坚决斗争；要增强表率意识，带头讲党性、重品行、作表率，刚直不阿，一身正气，清正廉洁，树立可亲、可信、可敬的形象；要增强法治意识，带头遵守和维护党纪政纪国法，坚决维护党的集中统一，依纪依法履行职责，自觉接受组织和群众的监督；要增强创新意识，不断学习新知识、研究新问题、增长新本领，加强实践，加强锻炼，不断提高工作能力和水平。

同志们，今年是建党90周年、全面贯彻落实党的十七届五中全会精神、加强和改进新形势下党的建设的重要一年，是夺取应对国际金融危机冲击全面胜利、继续保持粮食稳定发展、实现"十二五"

良好开局的关键之年。让我们在以胡锦涛同志为总书记的党中央领导下，高举中国特色社会主义的伟大旗帜，以邓小平理论和"三个代表"重要思想为指导，深入贯彻落实科学发展观，以更加坚定的态度和更加有力的措施，振奋精神，求真务实，开拓创新，努力完成党风廉政建设和反腐败斗争的各项任务，推进粮食流通工作的健康发展，以优异成绩迎接建党90周年。

在全国食用植物油库存抽查动员会议上的讲话

国家粮食局党组书记、局长　聂振邦
2011年6月21日

同志们：

再过几天，我们就要迎来举国欢庆的中国共产党建党90周年华诞。在这个重要的历史时刻，国家发展改革委、国家粮食局、财政部和中国农业发展银行等部门共同组织这次油脂库存抽查，以扎实有效的工作向党的生日献礼。这次抽查是国家有关部门首次组织新中国成立以来规模最大、内容最全的全国油脂库存检查的重要组成部分，对开创粮食行业管理新篇章，全面摸清油脂库存家底，夯实宏观调控物质基础，推动粮油库存整体管理上水平，实现当前粮油市场保供稳价和油脂行业科学发展，都具有十分重要的意义。油脂库存现场检查工作从5月下旬就已全面铺开，企业自查和省级普查扎实有序，目前已基本完成预定任务。这次，国家有关部门将组成联合工作组，对重点省份进行随机抽查，分析评估普查工作的质量和效果。今天会议的主题，主要是对联合抽查工作进行动员和部署。在此，我主要讲三点意见。

一　全国油脂库存检查工作进展总体平稳有序

开展全国食用植物油库存检查工作，是今年全国粮食局长工作会议确定的一项重要工作。为确保这项工作顺利进行，国家有关部门和单位、地方各级有关部门与油脂企业按照国家有关部门总体部署，积极行动，狠抓落实，总体看，各项工作平稳有序。

（一）准备扎实充分

为搞好这次检查，国家有关部门从2010年年初即着手准备，深入组织调研，广泛征求意见，制定了科学严谨的检查方案和方法，开展了检查试点和差率试验工作，在中央财政的大力支持下，落实了检查经费，对各地油脂库存和储油设施进行了详细摸底，还统一了检查专用设备标准，编制了培训教材，为检查工作的顺利启动提供了坚实基础。

今年3月，国家发展改革委、国家粮食局、财政部、中国农业发展银行《关于开展全国食用植物油库存检查工作的通知》（国粮检〔2011〕32号）下发后，特别是4月27日全国油脂库存检查工作动员会议以来，各省级有关部门高度重视，积极采取措施，认真贯彻落实国家有关部门文件和会议精神，做了大量扎实和富有成效的准备工作。吉林、山东等省成立了由省政府负责同志牵头的油脂库存检查工作领导小组或联席会议，其他省（区、市）也相继成立了有关部门牵头的工作领导小组，加强组织协调。认真制定并印发了检查实施方案，并通过动员培训、监督检查会议等多种形式具体部署检查工作。参照国家培训的模式和规定的授课内容，省级有关部门对参加督导企业自查和省级普查的检查人员统一进行了集中培训，初步统计，各省（区、市）共培训检查业务骨干7323人，还组织3135人参加了现场实地演练，提高培训质量和效果。为确保库存检查结果的准确性，各省还专门购置2306套油脂库存专用检查工具，配发到市、县基层监管部门，不少地方还利用4月末统计库存数据进行分解整合演练。各地还积极落实专项检查经费，截至目前，已落实5362.58万元，为检查工作的顺利开展奠定了良好基础。

（二）清查稳步有序

5月25日，各地各有关部门迅速行动起来，按照国家有关部门统一部署，全面启动了油脂库存检查工作。全国县级有关部门共派出5242人，组成992个督导组，督导辖区内油脂企业开展自查。截至6月5日，企业自查工作全部结束。从6月8日开始，各地相继转入省级普查。截至6月20日，全国31个省份基本完成了普查阶段的现场检查工作。在普查阶段，全国共出动2304人，组成218个普查组，对辖区内油脂承储库点进行了全面清查。各地采取省内综合交叉的检查方式，对检查人员实行统一抽调、混合编组、集中培训、综合交叉、本地回避，做到了"有罐必到、有油必查、有账必核、查必彻底"；同时，对非政策性油脂承储企业商品油库存开展了摸底调查。省级普查阶段，安排各地共扦取油脂质量检验样品1500份，并按要求实行跨省交叉检验。在省级有关部门普查阶段，各地注重发挥市（地）级有关部门的作用，共同搞好普查工作；同时，加强检查纪律约束，明确责任追究办法，确保依规检查、廉洁清查，确保了检查结果的真实可靠。

（三）督促指导有力

在库存检查各阶段，地方有关部门和单位负责同志深入基层指导检查工作，派出巡视工作组进行现场督导，及时协调解决检查中存在的具体问题。有关部门共同努力、密切配合，加强组织协调，落实专项经费，积极选派业务骨干督导企业自查，参加省级普查。河南、山东等夏粮收购任务比较繁重的省份，积极指导各地正确处理好油脂库存检查和夏粮收购的关系，做到了科学安排、周密部署、统筹兼顾、协调配合。为增强检查工作透明度，地方有关部门还邀请人大代表、政协委员参与监督。初步统计，各地邀请人大代表和政协委员监督检查工作581人次。在各地库存检查期间，国家有关部门也派出多个工作组，到重点省份开展调研和督导，及时采取措施，解决各地在油脂库存检查中遇到的困难和问题。

由于领导高度重视，部门密切配合，各项措施得当，总体上看，检查工作扎实规范，各阶段环环相扣，进展平稳有序，检查工作质量和效果总体是好的。

二　提高对油脂库存抽查工作重要性的认识

这次油脂库存现场检查分为县级有关部门督导企业自查、省级有关部门全面普查和国家有关部门联合抽查三个阶段。联合抽查是今年油脂库存现场检查的最后一个环节，也是夯实国家油脂库存基础的最后一道检查关口，对全面完成好首次全国油脂库存检查任务，发挥油脂库存检查的示范引领作用，具有十分重要的意义。

（一）联合抽查是落实国家宏观调控政策措施的重要手段

当前，我国粮油市场面临着较为复杂的国际、国内形势。从国际看，以美国为首的主要发达经济体进一步推动宽松货币政策，全球流动性过剩，欧元区主权债务危机影响不断蔓延，中东北非的紧张局势，推动了石油等大宗商品价格上涨，连带推动粮油等大宗农产品价格高位运行，我国面临着输入性通胀的压力。从国内看，夏粮有望再获丰收，但是一些地方特别是长江流域多省区先后出现严重旱情和洪涝灾害，全年粮食生产不确定性因素增多。受灾情影响，今年以来食品价格上涨预期压力增大，CPI涨幅连续维持高位。在这种背景下，实现今年年初国务院确定的"千方百计保持物价总水平基本稳定"的宏观调控任务难度加大。过去多年的实践证明，粮油价格的上涨对于物价总水平的推动作用影响较大。粮食部门作为粮油流通管理的重要部门，要不折不扣地贯彻落实国务院的全面部署，努力保持粮油市场稳定，确保粮油价格在合理区间基本稳定，而真实有效的粮油库存又是确保市场供应和价格稳定的基石。这就要求我们沉着冷静应对，多措并举，在大力发展粮油生产、抓好政策性粮油收购、加大对粮食市场调控力度的同时，切实加强储备粮油的管理，夯实稳定粮油市场的物质基础。这次大家到地方开展油脂库存抽查，就是要看看当前全国各级政策性油脂库存管理情况怎么样，油脂库存是否数量真实、质量良好、储存安全，各项政策、制度是否得到很好落实，各地普查工作是否到位，等等。因此，本次抽查至关重要，有利于我们全面摸清库存家底、准确判断国内粮油供求形势，有利于合理配置粮油资源，稳定市场供应和预期。这对圆满完成国务院交给的宏观调控任务、确保国家粮食安全、保持经济平稳较快发展具有十分重要的现实意义。

（二）国家有关部门联合抽查是整个油脂库存检查工作的重要阶段

联合抽查是检验评估各地油脂库存普查工作质量的重要环节。这次油脂库存检查，国家有关部门按照在地原则将普查任务交给了省级有关部门，要求全面摸清辖区内油脂库存底数，并对检查结果的真实性负责。由于以前国家和地方都没有开展过全面的油脂库存检查，没有现成的检查经验可以借鉴，对各地来讲，是一项崭新的开创性业务，大家都是在摸着石头过河，各地贯彻落实国家有关部门油脂库存检查工作部署的情况如何，有待于抽查工作的检验。这次抽查就是要严格依照国家有关部门的总体部署，对各地检查工作的重要阶段和关键环节进行抽查评估。具体包括：准备阶段，制订方案是否符合要求，检查人员、专项经费、设备工具、油脂库存数据分解登统等重点工作是否落实到位；自查阶段，县级有关部门督导企业自查是否细致全面，运用方法是否科学周全，基础工作是否扎实；省级普查阶段，人员分组是否规范，检查内容是否全面，检查方法是否正确，检查程序是否规范，检查结果是否真实准确，是否做到了"有库（点）必到、有油必查、查必彻底"，不留死角。要通过抽查，分析验证被抽查省份检查工作的质量和效果，进一步对全国的油脂库存检查结果的准确性作出科学判断和客观评价，真正做到心中有数，为国家交一本明白账、放心账。

联合抽查是推动油脂承储企业提高管理水平的重要途径。从我国粮食流通体制改革的历史进程看，我国油脂市场放开的时间比粮食早，一些地方或多或少地出现重粮轻油的倾向，油脂库存管理还存在一些不可忽视的问题，主要表现为，一些地区油脂储备规模偏小，品种结构和布局与消费需求还不完全适应，相关管理政策制度不尽完善，标准和技术规范不够健全，企业内部管理制度缺失的问题仍比较严重，储油安全存在不同程度的隐患。这次抽查，要全面了解储油企业库存管理工作的真实状况，认真总结各地科学保管、规范经营的好做法、好经验，发现管理的漏洞和薄弱环节，为政府有关部门建立和完善油脂库存管理制度、国家标准、技术规范提供借鉴，督促引导油脂经营和加工企业健全内部管理制度，提高库存管理人员的综合业务素质，促进储油企业油脂库存管理水平的提升，确保各级储备油管得好，在国家需要时调得动、用得上。

联合抽查是推动油脂库存监管常态化、规范化的重要抓手。《粮食流通管理条例》以及国务院相关文件都赋予了粮食和其他相关部门对粮食和油脂库存监督检查的职责。各级粮食部门按照有关规定，因地制宜地制定了一些油脂库存监管的制度和方法，并积极组织开展相关工作，取得了一定的成效和经验。但总体上看，国家和地方都没有开展过系统的油脂库存全面检查，有关制度还不够完善，管理方法也有待整合、统一，甚至发生由于少数地方监管工作不到位，个别企业受利益驱动，出现违规经营的问题，在社会上造成不良影响。因此，我们这次抽查，一方面要发现和纠正违反国家有关油脂库存管理法规政策的行为，分析问题成因和程度，实行检查问责。同时，了解各地前期清查发现问题的整改情况，督促地方将各项整改措施落实到位，避免检查工作走过场。另一方面，要通过油脂库存检查，经过全体检查人员的努力，将国家油脂库存监管的方法、标准和规范带到地方、带到承储企业，变成基层企业维护国家粮油安全、承担社会责任、加强内部管理的自觉行动，从而推动油脂库存监管的规范化、制度化、常态化，加快构建油脂库存监管长效机制，促进油脂产业健康发展，保障供给安全。

总之，大家一定要充分认识这次联合抽查工作的重要性，切实把自己的思想统一到国家有关部门决策部署中来，用我们的敬业精神、专业基础、工作能力、政策水平，扎扎实实做好联合抽查每个岗位的工作，为今后参与油脂库存检查的人员和被查企业竖起一支标杆，为国家粮油安全建立起坚实的屏障。

三	做好联合抽查工作的几点要求

综合各方面的因素，我们确定了上海、江苏、安徽、山东、湖北、广东、四川、陕西8个省（市）作为抽查省份，这些省份大都是油脂库存总量较大及近两年执行国家油菜籽临时收储政策的地区，代表了我国目前油脂库存管理的总体状况。由于这次油脂库存检查时间紧、任务重、专业性强，工作要求高，大家要利用短短一周左右的时间，采取随机选择库点和样本分析等方式，抽检政策性油脂承储库点不少于6个，非政策性油脂企业不少于4个，其中，原则上还应有一个纳入统计范围的中外合资或外资企业。我们一定要以对国家和人民负责、对历史负责的态度，严格按照检查方案的要求和有关检查方法，认真仔细地开展抽查工作。在此，我提几点要求。

（一）严格按照检查内容和方法高质量地开展抽查工作

国家有关部门制定的油脂库存实物、账务、质量、仓储管理方面的检查方法，是我们检查和分析评价的重要依据。

在检查内容上，实物库存检查要按在地原则，对被检查企业的全部油罐无一遗漏地进行彻底清查，并与保管账、卡核对；统计账重点检查统计数据是否存在错统、漏统或重复统计等问题，统计账务处理是否正确、及时；会计账重点检查与油脂库存密切相关的购销、轮换业务，以及财政补贴和库存占用贷款等账务资料，核实库存统计数据的真实性和准确性。油脂质量重点检查中央储备油、地方储备油和国家临时存储油的质量合格率。仓储管理重点核查承储企业储油设施设备、执行仓储管理制度规范、安全生产，以及承储政策性油脂的资格条件等情况。

在检查方法上，抽查人员要根据各自承担的具体检查工作，严格按照检查的内容和方法，深入细致地开展库存实物、账务、质量、仓储管理等各项检查，对每个油罐、每笔账目都要认真仔细检查核对，如实、准确填写有关工作底稿并签字确认，做到运用方法不走样、执行标准无偏差。对抽查中发现的问题，要及时提出整改意见。不得降低抽查工作要求，缩小抽查范围，减少抽查内容。检查人员要坚持原则，坚决杜绝填报虚假数据、故意掩盖问题等现象。

（二）做好抽查的配合协作

这次联合抽查时间紧、任务重，不仅要查清各类政策性油脂的库存数量、质量和储存状况，而且要查清各类政策性油脂承储企业自营商品油的数量、质量状况；同时，还要对非政策性油脂承储企业执行粮食流通统计制度以及库存管理情况开展摸底调查。因此，不同专业的检查人员加强配合协作显得非常重要。这次参与抽查的人员有的来自国家部门，有的来自中央企业，但更多的同志来自基层，机关的同志熟悉政策，基层的同志具有丰富的实践经验，每个人的业务特长、工作方法、生活习惯会有差别，大家要相互关心、相互支持、相互帮助、相互包容，发挥各自优势，心往一处想，劲往一处使，形成工作合力。在具体抽查工作中，一定要周密筹划工作进度，科学调配抽查人员，合理安排抽查任务。实物、账务、质量、仓储管理等检查人员不仅要按照规定的方法和程序开展抽查工作，还要注意搞好和其他专业检查人员之间的衔接，发扬团队精神，共同履行好检查职责。

（三）工作组组长对抽查工作质量和效果负全责

明确的责任是保证抽查工作质量的重要保证。这次抽查实行组长负责制。各工作组组长作为抽查工作第一责任人，对抽查结果的真实性和准确性负全责。各组组长要切实负起组织领导责任，亲自深入一线开展检查工作，要切实履行职责，科学指挥调度，把握工作进度，严格检查要求。到省里分组后，各小组负责同志还要履行好独立指挥检查小组工作的职责，并及时向大组组长汇报和沟通情况。组长要制订详尽的工作方案，明确职责和分工，安排落实好各项抽查任务，把工作做实做细。抽查的面不能太窄，随机选择的库点要有代表性。抽查工作结束后，对抽查省份总体抽查状况和相关数据汇总结果签字负责，各小组组长对本小组抽查结果负责。对于抽查工作走过场，因故意或过失造成重大问题未能及时发现，重大隐患未及时处理，检查结果和实际情况不符，或者检查人员故意隐瞒真相、掩盖问题的，要首先追究抽查工作组组长的相关责任。抽查人员要服从指挥和安排，配合组长做好各方面的检查工作。希望大家务必以高度的使命感和责任感，以严谨的态度、扎实的作风完成此次抽查任务。

（四）自觉遵守检查工作纪律

我们每一个抽查人员是代表国家在履行油脂库存检查的职责，大家的一言一行体现着部门和行业的形象和作风。因此，在抽查中，大家一定要自觉遵守工作和廉政纪律，不得参加任何与油脂库存检查工作无关的活动，无特殊理由不得擅自离岗，不准吃请、受礼，不准在地方报销任何费用。对违反纪律、造成不良影响的，将通报其所在单位，并按照有关规定严肃处理。

（五）切实加强安全防护管理

安全重于泰山。在这里，我要特别强调一下加强安全防护问题。与粮食库存检查相比，油脂库存难度更大，危险性高。当前，各地已陆续进入高温、雨水天气，给安全抽查增添了不少不确定因素，为切实加强安全防护工作，前期国家有关部门通过下发文件等多种方式，均要求各地建立健全严密的安全制度规章，把检查作业安全教育作为检查培训工作的重要内容，切实加大对安全隐患的排查力度。这次我们也做了充分的准备工作，为抽查人员购买人身安全保险，购置了必需的检查工作服装、医药包、胶底鞋等劳保用品。尽管如此，抽查期间，各抽查工作组还要高度重视安全工作，提高安全意识，科学合理安排检查程序、步骤和方法，严格遵守相关技术操作规程，把安全防护责任落实到检查工作的每一个环节、每一个细节，坚决杜绝任何形式的安全事故发生，确保实现零事故。

最后，预祝大家抽查工作顺利，圆满完成各项抽查任务！

谢谢大家！

在2011年全国食用植物油库存检查动员培训会议上的讲话

国家粮食局党组成员、副局长 任正晓
2011年4月27日

同志们：

继2009年国务院统一部署开展全国粮食库存大检查取得明显成效和经验之后，今年，经国务院批准，国家发展改革委、国家粮食局、财政部和中国农业发展银行又决定共同组织开展全国食用植物油库存大检查，这也是新中国成立以来首次组织的全国性食用植物油库存大普查。开展这次大检查，对于加强粮油库存管理、夯实国家粮食宏观调控的物质基础，确保市场供应和粮油价格基本稳定，实现"稳市场、保安全、强产业、惠民生"的目标都具有十分重要的意义。我们今天召开的会议，既是今年全国食用植物油库存大检查的动员部署，也是这次大检查师资培训的开班动员。国家粮食局党组对食用植物油库存检查工作高度重视，党组书记、局长聂振邦同志亲自修改、审定了会议的主要文件。云南省政府对这次会议给予了高度关注和大力支持。下面，我根据国务院领导同志的重要批示精神和国家发展改革委、国家粮食局、财政部和中国农业发展银行联合下发的《关于开展全国食用植物油库存检查工作的通知》要求，讲以下四点意见。

一、进一步提高对粮油库存管理重要性的认识，扎实做好新形势下粮油库存检查工作

（一）充足的粮油库存，是推动经济平稳较快发展和建设和谐社会的重要物质基础

粮油是关系国计民生的重要商品。对我们这个拥有13亿多人口的发展中大国来说，保证粮油正常供应和价格基本稳定，确保国家粮食安全，始终是治国安邦的头等大事。

粮食流通管理部门作为联结生产和消费的桥梁和纽带，既承担着促进粮食生产、帮助种粮农民增收、尽可能多收购掌握粮源的重任，也担负着稳定市场粮价、确保粮油正常供应、维护市场秩序和社会稳定的责任。科学、规范的粮油库存管理，是我们准确判断国内粮油供求形势，合理配置粮油资源，稳定市场供应和预期，增强应对危机、战胜困难、保持经济平稳较快发展能力的重要条件。因此，摸清粮油库存家底，管住管实管好国家粮油库存，始终做到让政府心中有数，让群众感到放心，既是党中央、国务院交给各级粮食部门的重要任务，也是粮食部门责无旁贷的职责，更是粮食部门为促进经济又好又快发展、确保国家粮食安全的光荣使命。

（二）真实的粮油库存，是确保宏观调控应急需要和保供稳价的最基本前提条件

去年以来，全球流动性过剩，粮食因灾减产，国际市场货币汇率和粮油价格波动加剧，使得国内经济发展面临输入型通胀压力，农产品特别是粮油流通领域面临严峻的挑战。目前，国际市场部分

粮油品种价格已经接近2008年最高点，今年3月底，世界粮农组织谷物价格指数为252点，同比上涨了60%；食用植物油价格指数为260点，同比上涨了48.6%。在控制通胀成为今年宏观调控首要任务的情况下，确保粮油价格在合理区间基本稳定，成为今年粮食工作的重要任务。在国际金融危机影响尚未完全消除、自然灾害频发、世界局部发生战乱、国际热钱四处游走的大背景下，需要我们沉着应对，在大力发展粮油生产的同时，积极掌握调控粮源，有效投放粮油储备，保障粮油市场供给，稳住粮油价格。因此，确保粮油库存数量真实、质量良好、储存安全，需要时调得动、用得上，对于国家有效实施宏观调控，实现保供稳价目标具有极为重要的意义。

（三）粮油库存检查，是粮食部门转变职能，提高管理水平的重要抓手

市场经济越发达，政府对市场的调控、监管和规制就越重要。粮食购销市场化改革以来，市场机制对粮油资源的基础性配置作用不断增强，市场主体日益多元化，粮权关系关联交叉，粮食经济关系日趋复杂，监管难度越来越大。各级粮食部门要切实转变观念和工作思路，主动按照加快建立以"经济调节、市场监管、社会管理、公共服务"为主要目标的公共服务型政府的要求，积极发挥粮食流通监督检查职能作用，加大粮食监督检查体系建设力度，构建权责一致、分工合理、决策科学、行为规范、执行顺畅的监督检查工作体制机制，为管好粮食库存，维护正常粮食流通秩序，保障国家粮食安全作出新的重要贡献。监督检查工作，作为保障国家宏观调控的重要抓手，要以粮油库存检查为主线，以国家宏观调控、粮食流通管理各项政策执行情况检查为重要内容，促进粮食行政管理从管理国有粮食企业真正向管理全社会粮食流通的职能转变。

目前，我国粮食库存检查机制已比较完善。自2000年以来，国家有关部门和单位每年都组织开展全国粮食库存检查工作，其中，2001年和2009年是由国务院直接部署和组织的。连续11年粮食库存检查，不仅摸清了国有粮食家底，掌握了国有粮食库存的数量、质量及仓储管理情况，做到了"让政府心中有数，让群众感到放心"，而且发现了库存管理的薄弱环节和主要问题，并有针对性地加以整改，逐步形成了一整套比较科学、完善的检查制度和检查方法，基本实现了粮食库存监管工作的规范化、常态化。相对于粮食库存检查，食用植物油库存检查则处于刚刚起步的阶段，特别需要通过今年对食用植物油库存的首次全面检查，发现和整改库存管理上存在的突出问题，并进一步建立和完善食用植物油库存管理的制度。今后，粮油库存检查要形成一年以查粮为主，一年以查油为主，粮油检查同步推进的粮油库存监督检查新格局。通过常态化的库存检查，进一步夯实依法管粮、依法管油的工作基础，推动整个粮食、食用植物油库存管理水平的提升。

二　扎实准备、周密部署，保质保量完成今年食用植物油库存检查

（一）积极探索加强食用植物油库存管理的方式方法，高度重视今年食用植物油库存检查工作

我国是食用植物油生产大国和消费大国，但单产低，油料出油率低，产需缺口较大。食用植物油和油料作为粮食流通体制改革最早放开的品种，对外依存度高，目前已经达到60%以上。为维护食用植物油供应和价格的稳定，2008年国务院出台了《关于促进食用植物油产业健康发展保障供给安全的意见》（国发〔2008〕36号），强调要大力促进国内油料生产，大规模增加政府储备和临时收储，大力推动对国内食用植物油和油料市场的监督检查，进而稳定市场供应和食用油价格。

为切实落实国务院关于保障食用植物油供给安全的部署、全面摸清全国食用植物油库存家底、推动食用植物油库存检查长效机制的建立，经国务院批准同意，国家发展改革委、粮食局、财政部和

农发行共同组织，对今年全国食用植物油库存进行一次全面检查。对此，国家有关部门高度重视，从2010年初即着手准备，广泛调研，深入了解情况，确定了"先试点、后铺开"的原则，去年10月，在湖北省成功开展了检查试点，同时安排各地组织开展食用植物油实物测量合理误差试验，积累了宝贵的实践经验，对检查方案和检查方法的科学性、实用性、可操作性进行了全面验证。为搞好今年的检查工作，国家有关部门还对食用植物油库存和储油设施进行了摸底调查、统一配备检查设备、编写了专业培训教材。这些工作，为确保今年检查和本次培训工作顺利开展打下了良好基础。各级粮食行政管理部门和食用植物油行业相关企业，要高度重视这次检查工作，不仅要查清各类政策性食用植物油的库存数量、质量和储存状况，而且要查清各类政策性食用植物油承储企业自营商品油的数量、质量和储存状况；同时，还要对未存储政策性食用植物油但已纳入国家食用植物油库存统计的各类食用植物油企业库存情况进行摸底调查。总之，要通过这次全面检查，为今后食用植物油库存检查的长效化、制度化、规范化打下扎实的工作基础。

（二）明确任务，明确要求，确保检查工作取得实效

今年食用植物油库存检查，是国家第一次大规模组织对全国范围内食用植物油库存进行的全面清查，时间紧，任务重，政策性强，技术要求高。各地务必扎实准备，精心组织，周密部署，按照国家四部门、单位联合下发的国粮检〔2011〕32号文件的部署，将检查工作的各项要求落到实处，保证检查工作的质量和效果。

这次检查以2011年5月25日为时点，检查工作分准备、县级有关部门督导企业自查、省级有关部门普查、国家有关部门联合抽查和总结上报五个阶段。准备阶段要切实做到人员培训到位、检查设备到位、检查各项基础工作到位。为确保省级普查工作质量，在企业自查阶段，要充分发挥县级部门的督导作用，从一开始就要介入企业的自查工作。省级普查要重视发挥市级部门作用，切实做到"有库（点）必到、有油必查、查必彻底"，不留死角，坚决杜绝走过场和弄虚作假。同时要按照国务院食品安全委员会的总体部署，做好食用油库存质量卫生扦样检验工作，确保样品的代表性和检验结果的真实性。国家有关部门的抽查工作要突出重点，抓住关键地区、关键企业和关键环节，坚持随机选点和突击检查。各阶段检查结果要相互印证，数据汇总要及时准确，发现问题要在报告中如实反映。检查工作全过程都要突出边检查边整改，以检查促整改，以整改促管理。具体来说，要落实以下七个方面的要求：

一要精心组织实施。这次库存检查规模大，任务重，参与部门多，各省（区、市）都要成立联合检查工作机构，合理制订检查方案，周密部署各阶段工作，积极提供条件保障，及时协调和解决检查中出现的各类问题。各相关部门既要明确分工、落实责任，又要加强配合、形成合力。地方各级粮食部门要加强对清查工作的组织协调，切实承担起组织清查的具体任务，包括库存实物清查、账务核查、数据审核、汇总整改等各环节的工作。要充分发挥中储粮分支机构的作用，做好库存统计账的分解整合等基础工作，督促中储粮直属企业积极配合，确保检查工作顺利开展，检查结果真实可靠。

二要切实整改问题。各阶段检查发现问题的，由检查组现场下达整改通知书，并通报主管部门，监督企业落实整改措施，整改结果要限时报送主管部门，有关情况要逐级汇总上报。现场发现重大储油安全隐患的，要责成企业立即纠正、全面整改；发现有严重质量安全问题的，应立即封存实物，正在出库的要停止出库。对由于体制机制原因一时难以解决的问题，要提出有针对性的政策建议，在总结报告中予以反映，逐级上报。

三要严格执行纪律。要加强对检查人员的廉洁自律教育，严明工作纪律，坚决做到阳光检查，

廉洁清查，依规核查。要认真落实检查工作责任制、责任追究制。省级普查和国家抽查实行工作组组长负责制，全体检查人员都要按照职责分工，对检查结果的真实性和准确性负责。要严格遵守保密规定，落实检查数据传递的保密措施，防止泄密事件发生。对弄虚作假、违反检查纪律和廉政要求的，一经发现，严肃处理。

四要做好保障工作。重点是落实经费、人员和设备。目前，中央财政已将检查经费拨付各地，各省级粮食部门也要主动向省级政府汇报，主动争取省级财政部门必要的经费支持。要本着勤俭节约、提高效率的原则，合理安排各项支出，加强经费使用监督，提前将费用拨付到各个检查环节，确保检查工作顺利启动。要切实抽调精兵强将，将政治素质好、业务水平高、责任心强的同志安排到检查一线，确保检查方法运用正确，检查工作统一规范。各地订购的食用植物油库存检查专用设备，近期将陆续到位，要抓紧按照食用植物油检查专用设备的技术要求做好验收工作，尽快配发到各级检查机构，合理调剂使用，使之最大限度地发挥效用。

五要加强对重大违规案件的及时查处。各级检查机构要设立举报专线，接受社会对食用植物油库存管理和检查工作的监督和举报，切实做到"有诉必应，有案必查，有查必果"。对检查工作中发现的问题，检查人员要督促企业限期整改。对案情重大、现场难以查清的，可由省级有关部门即派工作组进行专门核查。必要时可公开一些典型案件，以提升库存清查的权威性和威慑力，提高社会对检查结果的认可度。

六要充分发挥各级人大、政协和社会监督的作用。为强化对检查工作质量的监督，提高清查工作的透明度和社会公信力，在督导企业自查、省级普查和国家有关部门联合抽查等各个检查阶段，要注重接受人民群众的监督，各地可以邀请人大代表、政协委员监督检查工作的全过程，同时充分发挥媒体舆论的监督作用。要制定严格的信息发布纪律和程序，实行分级负责、分级审核，按照权限和内容进行分级发布，适时适度地做好宣传报道。

七要统筹兼顾其他粮食工作。今年食用植物油库存检查期间正值夏粮上市、收购工作启动之时。各地要统筹安排好油脂库存检查和夏粮收购等其他重点工作，既要秉承"对人民负责，对国家粮食安全负责"的精神，扎实搞好食用植物油库存检查，确保检查标准不降低，检查过程不走样，也要认真贯彻落实国家夏粮收购政策，搞好政策性粮油收购，充实各级粮油储备，增强粮食调控能力。

三　精心组织人员培训，切实提高粮油库存检查人员的政治素质和业务技能

粮食库存检查的实践证明，一支政治过硬、业务精通、吃苦耐劳的检查队伍，是保证检查工作出实效的关键所在。搞好人员培训是有效开展检查工作的基础和前提。当前，食用植物油库存检查人员基础比较薄弱，现有的检查制度、检查方法刚刚建立，能不能让检查人员熟练掌握食用植物油库存的各项制度、规章、办法和方法，准确把握检查工作要点，系统运用检查具体方法，关系到整个食用植物油库存检查工作的成败。今天开始的国家培训，主要目的是为各地培养省级培训的师资人员和开展检查工作的骨干力量。

首先是要扎实搞好这次国家层面的集中培训，发挥示范、引领作用。

由于目前各地食用植物油库存检查人员比较短缺，搞好师资培训就显得特别重要。为确保这次培训班成功，国家有关部门做了大量精心准备，专门编印了《2011年全国食用植物油库存检查培训教材》，对食用植物油基础知识、库存管理体制、库存检查的组织、各项检查的具体步骤、操作方法进

行了详细讲解。同时还邀请了国家有关部门和单位主管相关业务的司处级干部承担本次培训的授课任务。为搞好这次国家层面的集中培训，我强调以下三点：

一是授课老师要精心授课。根据食用植物油库存检查工作的需要，这次培训共安排了七个方面的培训内容，即食用植物油库存检查方案讲解、实物检查方法、统计账检查方法、会计账检查方法、库贷挂钩情况检查方法、质量卫生检查方法、仓储管理检查方法。请所有参加授课的老师注重授课技巧和方法，既要讲透这次全国食用植物油检查的相关政策要求，也要讲清各个环节的具体操作方法；既要讲授各个环节，也要突出重点、讲清难点、答疑解惑，使学员在较短时间内真正掌握政策精神实质、检查方案和方法的操作要领。

二是全体学员要刻苦学习。这次来参加培训学习的同志都是各地选派的业务骨干，大多数同志还参加过全国粮食库存检查，有粮食查库的经验和经历，具有较好的政策理论水平和专业技能。这次学习培训回去后，大家就是所在省份的师资力量，希望大家一定要集中精力，狠下工夫，刻苦学习，把培训的内容特别是具体检查方法吃透学精，融会贯通，真正使自己成为食用植物油库存检查和管理工作的精兵强将、行家里手。

三是要安全无误地组织好现场演练。为使大家全面掌握检查方法，联系实际，学以致用，本次培训我们专门组织了实地演练。会务组要制定周密的分组操作演练方案，落实职责分工，强化安全防范措施，使学员在安全稳妥的环境条件下，真正掌握检查方法的操作要领。学员在现场演练过程中，要遵守纪律，服从指挥，有条不紊地开展现场演练；同时，要认真思考，把培训课堂学到的内容与演练实际工作进行对照，积极与授课老师进行沟通，学员之间也要广泛交流，把检查实际工作中可能遇到的问题解决在演练现场，为大规模开展检查工作积累实战经验。

其次是要认真搞好省级培训和动员，为搞好省级普查遴选配备检查队伍。

省级培训是食用植物油库存检查培训的主体环节，也是保质保量完成全国食用植物油库存检查工作任务的基本保障。各地要贯彻本次会议要求，精心组织，确保省级培训取得实效。

一是要细化培训方案，按时完成培训任务。本次动员培训后，各省（区、市）粮食局领队的负责同志要及时向局党组汇报这次国家层面动员培训会议的主要精神，及时会同省级有关部门制定培训、检查工作方案，并及时向省级政府做好报告。要抓紧与有关部门一道搞好检查培训，要集中力量，精心组织，确保省级普查全体人员、县级督导企业自查工作人员和纳入检查范围企业自查主要工作人员在5月中旬前全部培训完毕。

二是要全面讲授和贯彻检查方法。在各省的培训过程中，授课老师一定要把这次培训学习到的内容，全面准确地讲授给参加省级培训的检查人员。要认真备课，讲透清查政策和具体方法，把参训人员的思想认识统一到国务院的统一部署和国家有关部门的具体安排上来，增强工作的积极性和责任感，提高大家搞好食用植物油库存检查和管理的内在动力。为了保证地方人员培训工作的质量和时效要求，要求地方培训原则上以省级为单位开展，不要层层下放到市县搞培训。

三是要结合省级培训，完成省级普查人员的抽调、编组。本次食用植物油库存普查时间紧、工作量大、动用人员多，各地在开展省级培训工作的同时，要根据辖区内食用植物油库存的数量、品种、性质及地域分布等实际情况，结合参加培训人员的年龄、地区、专业方向，严格按照"统一抽调、混合编组、综合交叉、本地回避"的原则，认真搞好普查工作人员的抽调和编组，为普查工作打下坚实基础。

四　高度重视安全防范工作，确保食用植物油库存检查安全万无一失

　　与粮食库存检查相比，食用植物油库存检查难度更大，危险性高，往往要攀爬到数米，甚至十多米高的油罐上进行测量和扦样。检查时段正值春末夏初，各地气温逐渐升高，南方地区陆续进入雨季，因此，我们要高度重视安全防护工作，切实采取更为严密、更为有力、更为有效的安全措施，真正做到"防患于未然"，确保人身安全，绝不允许检查过程中发生安全事故。

　　（一）要建立健全严密的安全制度规章

　　严密规范的规章制度是安全操作的根本保障。各级粮食部门要从实际出发，根据食用植物油库存检查的特点，建立和严格落实安全防护规章制度，科学合理安排检查程序、步骤和方法，严格遵守相关技术操作规程。切实把安全防护工作责任落实到具体的部门、单位和责任人，落实到每个企业，落实到检查工作的每一个环节、每一个细节。要制定突发事件防范和应急处置预案，充分预想可能发生的重大安全问题，有针对性地制定有效防范和应急处置具体措施。

　　（二）要加强安全教育，落实安全责任

　　扎实进行安全教育，落实安全防范责任，是确保这次食用植物油库存检查安全无误、切实保护检查人员人身安全的重要环节。各级粮食部门要把检查作业安全教育作为检查培训工作的重要内容，结合食用植物油储存设施特点，有针对性地开展安全教育，务必使罐上检查人员掌握安全操作技能，了解作业场所可能存在的危险因素，高度注意防火、防暑、防高空跌落、防罐顶沉陷，务必增强安全意识和遵章守纪意识，为安全检查营造良好的氛围，促进和提高检查人员和企业生产人员的安全防范意识。各级检查工作机构要制定严格的安全防范操作措施，明确负责安全保障的负责人，各现场检查组要明确负责安全工作的安全员。

　　（三）搞好检查人员的安全防护措施

　　各地粮食部门要督促储油企业切实加强对安全防护设施的修复和维护。在检查工作前，要为一线检查人员购置安全帽、防护带和防滑手套、防滑橡胶底鞋等必需的安全防护用品。严禁在高温、雨雪、大雾、沙尘、风力超过4级等恶劣天气下进行作业。要注重罐上检查的事前科学布局，保障作业现场文明有序。对检查中发现的油罐安全隐患，要责令企业负责人立即整改，确保企业储油管理现场工作人员的人身安全。

　　（四）切实加大对基层储油企业安全隐患的排查、处置力度

　　各级粮食部门特别是县级粮食部门要切实加大对安全隐患的排查和处置力度，要利用这次督导储油企业自查的时机，扎实开展安全隐患排查，责任分解落实到人，分片分区对所有地区、所有企业和所有罐区，尤其是对民营加工企业储油设施设备进行彻底的安全检查，发现重大隐患及时报告、及时处置，认真制定和实施具体的整改措施。对一时不能立即彻底整改的，要采取设置警告牌、加固、防护、拆除、封闭等安全防范措施，严防安全事故的发生。

　　同志们，今年是中国共产党成立90周年，是"十二五"的开局之年。全面做好包括粮油库存检查在内的粮食流通工作，意义重大，责任重大。我们一定要按照中央经济工作会议、中央农村工作会议精神，认真落实全国粮食局长会议提出的各项要求，切实搞好这次全国食用植物油库存检查工作，为确保国家粮食安全作出新的更大的贡献！

在全国粮食质量安全监管工作会议上的讲话

国家粮食局党组成员、副局长 任正晓
2011年2月28日

同志们:

我们这次会议的主要任务,是认真贯彻落实国务院食品安全委员会第三次全体会议和全国粮食局长会议精神,总结交流"十一五"时期全国粮食标准质量工作的成绩和经验,安排部署"十二五"时期粮食标准质量工作的目标任务和今年的粮食质量安全监管工作。刚才,我们传达贯彻了国务院食品安全委员会第三次会议的重要精神,特别是认真学习领会了李克强副总理的重要讲话精神,杜政同志按照聂振邦局长审定的意见对今年的粮食质量安全监管重点工作作出了部署。下面,我从总结"十一五"、展望"十二五"的角度,对全国粮食标准质量工作作些回顾、谈点体会,特别是对"十二五"时期全面提升粮食质量安全监管能力的问题,讲几点意见,供大家参考。

一 "十一五"时期,我国粮食标准质量事业得到长足发展,粮食质量安全监管工作稳步推进

首先是粮食标准质量事业得到长足发展。"十五"时期,经历新一轮粮改,粮食流通体制和粮食管理机构都发生了很大调整,粮食检验体系一度受到削弱,质检队伍人员流失严重,全国粮食标准质量工作面临重新定位的局面。在各级党委、政府和有关部门的重视、支持下,各级粮食部门迎难而上,励精图治,奋发有为,使质检机构和人员逐步得到恢复和加强。"十一五"时期是一个扭转颓势、起步发展的重要时期,粮食标准质量事业得到了长足发展。这主要表现在四个方面:

一是检验能力建设成绩显著。据统计,到2010年底,全国粮食检验监测机构达到763个,其中省级32个,地市级227个,县级504个。"十一五"期间先后恢复及新建粮食检验监测机构228个,占检验机构总数的30%。各级财政累计投入2.97亿元,用于新增仪器设备8348台套,新增实验室及办公面积13.9万平方米。目前粮食行业质检人员共有86664名,其中专业检验机构质检人员9952名,分别比"十五"期末增加了21572人和1049人。在专业检验机构中,具有高、中级技术职称的占40%。机构增加,装备加强,检验队伍壮大,整体检验检测能力特别是卫生指标检验能力显著提升。

二是质量管理制度日臻完善。"十一五"期间,为全面履行《粮食流通管理条例》、《中央储备粮管理条例》赋予粮食部门的监管职责,国家粮食局先后出台了《粮食流通监督检查暂行办法》、《粮食质量监管实施办法》、《粮食库存检查暂行办法》、《粮食监督检查工作规程》、《中央储备粮油质量检查抽样检验管理办法》和《国家粮食质量检验监测机构管理暂行办法》等管理制度。各地通过地方法规、规章以及规范性文件等方式,都相继出台了一系列制度性文件,为依法开展粮食质量安全监管、规范粮食经营活动、维护粮食流通正常秩序提供了制度依据。

三是粮油标准体系全面建立。"十一五"期间,通过高密度、高强度的标准制修订工作,粮油标准化工作得到跨越式发展。先后审定通过了384项国家和行业标准、发布了243项国家和行业标准。目

前，由国家粮食局归口管理的粮油标准有441项，包括国家标准257项和行业标准184项。特别是对20世纪的粮油标准进行了全面清理，消除了标龄过长的现象，形成了包括产品标准、检验方法标准、储运加工机械设备和检验仪器标准、行业技术规范标准的比较完整的粮油标准体系。粮油标准技术水平基本与国际标准和发达国家标准接轨，采标率达90%以上，为规范粮油产品市场、科学监督检查粮油产品质量提供了技术支撑。

四是国际标准化工作初显成效。"十一五"期间，我国正式取得了国际标准化组织谷物与豆类委员会秘书处承担国地位，初步掌握了粮食国际标准制修订的话语权和主动权。五年来，我们组织成员国家积极开展国际谷物标准制修订工作，启动了3项停滞多年的标准制修订老项目，提出了15项标准制修订新项目，发布了22项国际标准。组织了11个国家的92个实验室开展了8项国际标准环形试验，解决了57个分歧较大的关键性技术问题，成立了4个标准专项工作组，任命了7个成员国的40人次专家作为项目负责人承担国际标准项目的制修订工作；同时，我国还首次承担了《小麦规格》和《稻谷潜在出米率测定方法》2项国际标准的制修订工作。我国在国际标准化舞台的作用日益显现，在国际标准化领域中的地位显著提升。

其次是粮食质量安全监管工作稳步推进。我认为，这也可以从四个方面来回顾：一是积极开展原粮卫生调查监测与技术服务。"十一五"期间，对收购、储存环节粮食中农药残留、真菌毒素、重金属污染情况进行了全面监测，共计采集监测样品6万份，取得检验数据46万个，基本掌握了全国原粮卫生状况，及时发现了存在的质量安全隐患，为指导粮食收购，完善粮食质量安全标准，从源头上加强粮食质量安全监管与控制提供了重要依据。同时，依托粮食行业优势，积极开展技术服务，完成地方或其他部门单位委托的检验业务50多万份，为实时掌握粮食质量动态、保障社会粮食质量安全提供了强有力的支撑。二是规范开展收获粮食质量调查与品质测报。经过多年的努力，逐步建立了全国粮食收获质量调查与品质测报体系。"十一五"期间，国家粮食局和地方粮行政管理部门坚持组织开展了分层次的调查测报和会检工作，每年有20多个省份、200多个地市、900多个市县开展收获粮食质量调查和品质测报，累计采集和检测样品近10万份，取得检验数据近100万个，及时向社会和有关方面提供、发布粮食质量和品质信息，为完善粮食收购政策、优化粮食种植结构、帮助农民增产增收、促进粮食产销衔接和有效实施粮食质量安全监管提供了基础依据、发挥了重要作用。三是切实加强库存粮食质量监督抽查。"十一五"期间，各级粮食部门认真组织开展了各级储备粮、政策性用粮以及国有粮食企业商品粮库存的质量监督检查，实现了粮食库存质量检查的制度化、规范化，确保了国家粮食库存数量真实、质量良好和储存安全，库存粮食质量达标率和品质宜存率逐年提高。中央储备粮的质量达标率和品质宜存率从2006年的77.4%和97.8%，提高到2010年的97.3%和99.2%；地方储备粮两项指标也分别从2006年的80.4%和96.5%，提高到2010年的96.9%和98.8%。库存粮食质量监管工作取得显著成效。这里特别值得一提的是，我们依靠全系统上下长期以来的艰苦努力，一方面切实加强对库存粮食的科学保管与质量管理，另一方面科学修订了粮食储存品质判定标准，以"重度不宜存"取代了原标准中容易引起歧义和误解的"陈化"指标，从根本上消除了"陈化粮"的概念，同时也有力地推动了广大储粮企业加强粮食轮换，提升库存粮食的质量水平。针对库存粮食可能受到化学药剂和真菌毒素污染的状况，相继增加了对农药残留和真菌毒素污染项目的监督抽查，为有效监控库存粮食卫生安全状况起到了重要保障作用。四是切实加强了对粮食质量安全事故的处置。近几年，我们通过检测、抽检及时发现了一些有毒有害的粮食，第一时间启动就地封存、追踪粮源等应急措施，有效地防止了有毒有害的粮食进入口粮市场，切实维护了人民群众的口粮安全。

"十一五"时期粮食标准质量工作所取得的上述这些成绩，确实来之不易。如果我们从这些年的工作实践中来总结一下这些年粮食标准质量工作所积累的经验，我认为，首先是归功于党中央、国务院对食品安全工作的高度重视，得益于各级党委、政府的正确领导和各有关部门的大力支持，除此之外，我觉得还有几点值得总结，对于推进今后的工作将是有益的：

第一，服务"三农"、保障民生，是推动粮食标准质量工作科学发展的根本方向。这些年来，我们牢牢把握了粮食标准质量工作服务"三农"、保障民生这一始终不渝的根本方向。2008年，新的小麦国家标准全面实施。在小麦收购中全面推广了小麦硬度指数和快速仪器检验方法，结束了长期以来在收购现场只凭手摸牙咬对小麦进行定等的检验方法，消除了人为因素对依质定价的影响，受到广大农民、企业和各级政府的一致赞扬。针对东北地区冰冻高水分玉米收购过程中的水分测定难问题，组织认定和推广了新型快速水分测定仪，发布了行业标准，解决了收购冰冻高水分玉米现场测定水分的难题，有效地维护了种粮农民的利益。我们还积极推动了在小麦粉中禁止添加增白剂的工作，开展了调和油、地沟油成分鉴定等一系列涉及粮油食用安全的检验方法的研究，并取得了初步成效，从根本上守护了人民群众的食用安全。事实证明，工作方向对头，路子就越走越宽广。

第二，主动作为、奋发有为，是促进粮食标准质量工作走出低谷、求得发展的内生动力。在前些年粮食检验机构职责定位、人员编制、设备场地、经费保障、检验业务都面临严重困难的状态下，各级粮食部门知难而进、不等不靠、奋发有为、开拓创新，始终围绕服务"三农"、保障人民群众粮油食用安全的大局，积极探索，主动作为，依靠我们扎实有效的工作业绩赢得各方面的重视与支持，逐步恢复和重树了粮食标准质量工作的社会形象，使得我们在"十五"基本摆脱颓势、"十一五"开始起步发展。主动作为、奋发有为是我们走出困境，求得发展的正确选择。

第三，上下联动、打造网络，是构建中国特色粮食质量安全监管体系的成功模式。近几年，在各地粮食检验机构不健全，粮食质量安全监管缺乏上下联动的监管体系的条件下，我们采取了国家层面和地方层面同时推进、并指为拳、连线结网的体系构建方略。即由国家粮食局牵头建立国家粮食质量监测体系，在地方现有的质量检验机构中择优选定、授权挂牌，将其纳入国家层面的质量监测体系，同时保持所选地方机构的行政管理隶属关系不变。在选用质检机构时，对所选机构设定了机构性质、人员编制、资质认定、经费保障、技术力量等方面的"门槛"，条件具备一个、省级粮食局就申报一个，国家粮食局分批验收审核，分期分批逐步形成权责明确、上下联动的质量监测检验体系。实践证明，这是一种符合我国粮食行业实际的、打造有中国粮情特点的粮食质量安全监管体系的成功模式。在这种体系建设模式下，比较好地调动了中央与地方两个积极性，有效地解决了质检机构建设中一些长期难以解决的实际困难和问题，加快了粮食质量安全监管体系建设的步伐。在"十二五"期间，我们还要继续沿用这一模式，把全国粮食质量安全监管体系建设得更加完善，使整体检验监测能力得到质的提升。

第四，以标促管、以管强标，是做好提升粮食标准质量工作水准的有效方法。这些年，我们在粮食质量安全监管的工作思路上，坚持了标准为先的原则。先动员全行业以至于全社会的力量，科学严谨地制定好、修订好每一个粮油标准，建立起一个科学完整的粮油标准体系，使粮食质量安全监管有据可依、有章可循。同时，又通过粮食质量安全监管的实践，发现粮油标准需要进一步修改、完善的薄弱环节，从而进一步提升粮油标准的科学性、针对性、适用性。这样，就形成一个以标促管、以管强标、标管并进的工作思路和有效方法。

以上这几条行之有效的经验，是这些年各级粮食行政管理部门和全国粮食标准质量战线在工作实践中探索、总结出来的，我们必须在今后的实际工作中继续加以完善深化、发扬光大。

二

我国粮食安全形势总体平稳，但正面临数量与质量的双重挑战，粮食质量安全监管面临前所未有的考验

我刚讲的第一个问题主要是从总结成绩和经验的角度而言的，下面我想从分析当前我国粮食安全的总体形势特别是粮食质量安全所面临的严峻挑战的角度，谈点个人的看法和体会。

（一）从全局来看，当前我国的粮食安全形势总体是平稳向好的

第一，2010年，有几个数据足以表明我国粮食安全稳定的形势。粮食总产量达到10928亿斤，实现了连续7年增产，也是连续4年总产超过1万亿斤，粮食收购总量去年首次突破6000亿斤，达到6022亿斤。这些难能可贵的成果极大地丰富了粮食安全的物质基础，引导了市场预期，也提振了国民的信心。这是最根本的一条。第二，我国粮食库存充裕，目前的粮食库存消费比大大高于国际公认的安全线和全球各国的平均水平。这也是我们判定粮食安全形势的一个重要标志。第三，国家的粮食宏观调控适时适度，"保供稳价"的举措收到了良好的效果，并将持续发挥稳定市场的作用。第四，中央已连续几年较大幅度地提高各大粮食品种的最低收购价，特别是今年的中央"一号文件"又传递出"大兴农田水利建设"等政策利好消息，这也给今年的春播夏种，乃至以后的粮食生产发展带来了新的动力和希望。从这些方面看，我国当前的粮食安全形势总体平稳向好，我们对保障国家粮食安全充满信心。

（二）我国粮食安全面临数量与质量的双重挑战

关于粮食数量安全方面的挑战，我认为主要表现为：第一，从目前的库存状况分析，我国现有的粮食库存总量虽然充裕，但库存的品种、区域结构不尽合理，特别是粳稻、玉米库存已经出现大幅下降的局面，库存的地区分布也不均衡，有的地方粮食库存已经接近历史最低水平。第二，从粮食产能上分析，粮食生产受自然和社会多重因素的制约。耕地减少过多过快，人均耕地只有1.37亩，随着工业化、城镇化的持续推进，守住18亿亩耕地红线的难度越来越大，同时地力也在下降。淡水资源严重不足，人均淡水资源只有世界人均水平的28%，而且水资源分布与土地资源不相匹配。地和水两大粮食生产要素的严峻形势，都将直接影响我国粮食产能的稳定和提升。第三，从农户对种粮的投入看，不仅物化成本投入在下降，更令人担忧的是活劳动投入的降低，在一些农业主产区，惜地种粮、精耕细作的农耕传统正在经受离土离乡、进城打工的挑战。这不能不引起我们的警觉，如果不重视和加强对后续农业劳力资源的培育和开发，将会在很大程度上给国家粮食安全带来严重的影响。第四，从消费方面分析，全国总人口每年净增七八百万，近些年由农村转移增加的城市人口达2.4亿，据有关方面预计，到2030年，我国总人口将接近15亿左右，城市化率将达到55%，人口增长将直接带来粮食消费的刚性增长。而随着人们生活水平的提升，直接的粮食消费少了，但间接的粮食消费大大增加。还有工业性粮食消费的增长也将给口粮安全带来直接影响。第五，从国际市场的影响看，全球粮食形势越来越直接地传导和影响我国粮食市场与价格的稳定。特别值得关注的是近几年国际市场派生出粮食的金融属性。由于农产品特别是粮食的需求弹性小、短期供给弹性也小，而劳动生产率的提升速度又缓慢，这就使得国际游资和超发货币极易进入粮食领域进行炒作，人为导致粮价大幅波动，从而危及粮食生产和市场的稳定。国际市场的频繁变动，对开放度、外向度日益提升的中国市场影响日深，对我国粮食总量安全和价格稳定带来的冲击也日趋明显。

国家粮食安全不仅包括数量安全，也包括质量安全。从目前的情况看，粮食质量安全的形势可能比粮食数量安全的形势更加需要引起重视，粮食质量安全监管工作正面临前所未有的严峻考验。我认为，这主要表现为以下几点：第一，人民群众对粮油质量特别是对食用安全的关切日益强烈。在温饱问题没有解决的紧缺经济年代，人们只注重吃得上、吃得饱，而随着国家经济持续高速发展，人民群众生活水平得到显著提升，人们不仅关注吃得饱、吃得好，而且越来越重视吃得健康、吃得安全。人民群众对食品安全的关注度越来越高、对保障粮食质量卫生安全的诉求日益强烈。如果某个地方发生粮食质量安全事件，很快就可能引发市场的动乱乃至社会的不稳定。第二，引发粮油质量安全事故特别是卫生安全事件的隐患日益凸显。这些年来，食品安全事故频发突发，粮油质量安全隐患也呈上升趋势。这些隐患主要来自天灾、人祸。所谓天灾，是在粮食收获季节由于持续高温多雨，使得收获的粮食极易发生霉变，导致真菌毒素超标。所谓人祸，一方面是由于耕地和水被污染，导致粮食重金属超标。粮食霉变了，只是一时一季一年的事，但耕地和水资源被污染了，那可不是一年半载就可以彻底改变的，需要一个艰难而漫长的降解、恢复过程。另一方面是人为地造成粮食质量安全隐患。比如，农户在粮食种植、收藏过程中滥用高毒、高残留农药造成粮食农药残留超标；不法奸商人为地制造地沟油、涂油大米等粮油质量事故，把那些变质粮油人为地"美化"一下，即变为优质粮、高价油销售，坑害消费者。第三，社会监督质量安全状况特别是质量安全事故的渠道日益增多。这些社会监督渠道有来自新闻媒体的、网络的、学界的、民间的，还有来自有关国际组织的。一时一地的一个小事故，可能在一夜之间甚至是一时半刻就传遍全国以至全球。我们绝对不能轻视，更不能敌视这些渠道的监督，因为这些有效的监督能够有力地促进我们改进工作。第四，当前粮食质量安全监管能力不足特别是处置突发事件的能力不强的问题日益显露。近些年我们在加强质量检验体系和监管能力建设上虽然取得了很大的成绩，但与防范现实社会粮食质量安全隐患和加强粮食质量安全监管的要求相比还差距很大。比如说，目前在粮食检验机构的分布上还处于产区多销区少、东部多西部少的状况；在检验能力建设上还存在省级机构强、市县级机构弱，常规检验能力强、卫生指标检验能力弱等问题，还没有形成强有力的技术支持能力。在这样的情况下，我们处置质量安全事故特别是处置突发安全事件的能力就显得有些力不从心，粮食质量安全监管面临前所未有的考验。总之，我们在粮食质量检验能力和质量安全监管体系建设上面临的困难还不少，存在的问题还很多，对此，我们必须有清醒的、足够的认识。我们要履行好行业职责，切实维护好国家粮食质量安全还任重道远。

三　"十二五"时期要抢抓机遇、乘势而上，力促粮食质量安全监管能力建设再上新的台阶

党中央、国务院历来高度重视食品安全工作，胡锦涛总书记、温家宝总理等中央领导同志多次对此作出重要指示。李克强副总理在国务院食品安全委员会第一次全体会议上深刻指出，做好食品安全工作是维护人民群众生命安全、提升全民身体素质的必然要求，是优化消费环境、拓展内需的有力措施，是维护社会稳定、促进社会和谐的现实需要，是全面履行政府职能、建设责任政府的重要举措。因此，我们一定要更把思想认识和实际行动高度统一到中央的决策部署上来，进一步增强做好粮食质量安全监管工作的使命感和紧迫感，抢抓"十二五"时期国家振兴食品安全事业的难得机遇，乘势而上，真抓实干，攻坚克难，把我国粮食质量监测监管能力和全民粮食质量安全保障水平推上新的台阶。

关于"十二五"时期粮食标准质量事业发展规划，国家粮食局质量管理办公室正在商有关方面修订完善，关于今年粮食质量安全监管的主要工作杜政同志已经作了部署。我这里主要就"十二五"时期的粮食质量检验能力和安全监管体系建设问题，讲以下三点意见：

（一）要抓紧制定五年规划

尽快制定和实施2011～2015年粮食质量安全监管能力建设五年规划，是国务院食品安全委员会的统一部署和要求，也是"十二五"时期全力推进粮食质量安全监管体系建设的前提和基础。这次会议之后，国家粮食局质量管理办公室要积极指导和支持各省级粮食局抓紧修订、完善未来五年的质量检验能力和监管体系建设规划，力求尽早形成全国统一协调、上下有机衔接的五年发展规划，并尽早组织实施。国家粮食质量检测体系是"十二五"时期必须重点规划和加快建设的环节。要进一步完善国家层面的监测检验体系建设规划，在现有的200个国家挂牌机构基础上，按照突出主产区、覆盖主销区、照顾薄弱地区的原则，适当增加国家挂牌机构的数量。省级规划是整个五年规划的重点。要坚持以省（区、市）为单位，从履行粮食质量安全监管职责的需要出发，并结合国家粮食质量监测体系在本省的规划分布情况，统一制定好全省"十二五"时期质量监测监管体系建设的五年规划。国家层面和省级层面的五年规划要做到上下结合、有机衔接，五年统一规划，分步组织实施，分年落实到位。

（二）要全力抓好四大建设

一是制度建设。制度建设主要要解决好三个问题。第一要做到有法可依。粮食质量安全监管是一种依法行政的行为，必须要有法可依，依法监管。国家已经颁布实施的《食品安全法》等法律和正在抓紧制定的《粮食法》，都是我们依法监管的基本法律制度。目前，《粮食法（草案）》的起草工作进展顺利，据了解，在《粮食法（草案）》中将有关于"粮食质量安全"的专门章节。待经全国人大正式颁布后，还需要制定具体的实施细则，这些都将是"十二五"时期粮食质量安全监管制度建设的核心内容。第二要做到有章可循。目前，由国家粮食局负责修订的《粮食质量安全监管办法》，已商得有关部门的一致认可，待国家发展改革委主任办公会审定通过后，将以国家发展改革委令的形式发布实施。这样，我们的质量安全监管工作就可以在《粮食法》出台之前也做到有章可循、照章执法、依法监管。第三要做到有责可究。《食品安全法》规定，企业是食品安全的责任主体。所有粮食收储、加工、运输、销售企业都应当要把质量安全作为企业必须承担的社会责任，不符合国家粮食质量和卫生安全标准的粮食绝不可出库、出厂，绝不许流入口粮市场。粮食经营者有明确的责任，粮食质量检验机构和粮食质量安全监管部门也应当依法落实粮食质量安全责任。有责必履行，失责当追究。实行责任追究的根本目的，就是要确保人民群众的粮油食用安全。

二是体系建设。粮食质量安全监测监管体系建设有三个方面的目标要求：一要机构成网络。未来五年的粮食质检机构建设，并非要求各地按照行政区划逐级建立质检机构，而应当依照一省的粮食产销、流通和质量安全状况，科学合理地布局机构，使国家层面和地方层面的检验机构形成合理分布，形成功能互补的网络。二要监测全覆盖。无论是国家挂牌机构，还是地方布局机构，每一个检验机构就要负责承担覆盖周边合理半径范围内的粮食质量安全监测检验责任，一个机构就是一个监测点，一个监测点负责覆盖一定范围，点点相连、环环相扣，成为覆盖全省的粮食质量安全监测网。三要监管无"盲区"。粮食质量安全监管是各级政府的责任，粮食行政管理部门作为同级政府的职能机构，必须认真履行应当担负的部门职责，把安全监管落实到粮食收购、储存、运输各环节、政策性粮食购销活动的全过程和原粮卫生监管的各方面，切实做到不缺位、无"盲区"。目前，一些地方由于历史的原因或近年粮食行政管理机构被撤并的原因，当地粮食质量安全监管责任主体缺位，出现监管责任无人落实或难以落实的状况。我们要请有关省级粮食行政管理部门对这些薄弱地区予以高度关注，务必督促有关市县政府引起高度重视，一定要明确专门的政府职能部门切实担负起粮食质量安全监管的责任，绝不能出现粮食质量安全监管的"盲区"。

三是装备建设。有了布局合理的检验机构，还必须配足配好必要的检化验仪器设备，才能从根本上改变粮食质量监管检验上检不出、检不准、检不快的问题。从目前的情况看，装备建设也要突出三个方面：一要更新旧的。有些检验仪器设备使用年限超长，影响检验的效率和准确性，"十二五"时期要逐年淘汰这批旧装备。二要补充缺的。目前，省、市、县三级都存在检验仪器不全、不够的问题，特别是在卫生安全检验项目方面普遍反映缺乏必要的检验设备，"十二五"时期要加大"补缺"的力度。三要配备精的。省级以上的检验机构要配备一些必要的高配置水准、高精端的仪器设备，要做到一省范围内有关粮油质量、卫生检验监测的"疑难杂症"都能在省内及时解决，甚至要逐步使一些省级检验机构具备对转基因粮油产品进行检测、分析的能力。由于粮食检验仪器设备的购置成本投入比较大，而粮油质量卫生指标的检验分析又具有一定的基础性和公益性，因此，应当积极争取国家和地方财政对此给予必要的投入。国家粮食局正在继续商请国家有关部门加大对购置粮油质量卫生检验仪器设备的资金投入，并组织专门力量积极争取、对接国家"十二五"食品安全体系建设投入规划。希望各地粮食局也要在"十二五"时期积极争取地方财政的专项投入。

四是队伍建设。应当建设一支怎样的粮食质量安全监测监管工作队伍？这支队伍的每位工作人员应当以怎样的标准来要求自己呢？我提三句话与大家共勉：一要政治强、作风正；二要业务精、素质高；三要纪律严、形象好。这里，要强调一下纪律和形象问题。在近几年的监督检查工作中，我们发现极个别检验机构和工作人员违反质量检验的职业守则和检验纪律，为了一时一地的某种利益，人为修改检验结果，严重违背了检验机构的公正原则和影响了检验队伍的良好形象，这是绝不允许的。《国家粮食质量监测机构管理暂行办法》规定，如果发现有人为修改检验结果的行为，一经核实就立即摘牌，有关人员要依纪依法严肃处理。我们必须重申，所有的粮食质量检验机构特别是国家挂牌的检验机构和全体检验工作人员，都必须做到公开、公平、公正，守法、守纪、守德。检验过程要公开，检验规则要统一，检验结果要客观，检验纪律要严明。检验人员要廉洁自律、公正无私，检验结果不得擅自修改，要像照相机一样，照到什么就是什么，如实填写，如实提交。"十二五"时期，各地既要突出抓好检验技术队伍的建设，同时也要切实抓好质量安全监管执法队伍的建设，以优秀的队伍来完成神圣的使命。

（三）要切实突出三个重点

首先，要突出抓基础。粮食质量安全的基础在企业。所有粮油企业无一例外都要严格遵守《食品安全法》和其他相关法律、法规，要有强烈的质量安全意识、守法经营意识和诚实守信意识，要自觉承担起维护粮油质量安全的社会责任。要高度重视全面质量管理，要拥有必要的质量检化验设备，要配足必要的具有质量检验资格的检验人员，实行企业全程质量控制，要切实做到不合格、不安全的粮油产品不出库、不出厂。"十二五"期间要突出抓基础，筑牢企业层面的粮食质量安全基础。

其次，要突出抓基层。从粮食行政管理的实际看，粮食质量安全监管执法能力呈现从上至下依级递减的状态，薄弱环节在县（市）这一级。"十二五"时期，要突出抓好县级粮食质量安全监管执法能力的建设，要重点做好"三个结合"的文章，即把粮食质量安全监管基础能力建设与县市粮食行政管理机构的保留和恢复紧密结合起来，与粮食流通监督检查行政执法队伍建设紧密结合起来，与粮食质量检验监测体系建设紧密结合起来。对一个县市而言，不管以什么机构存在方式，都必须有职能部门负责粮食质量安全监管工作。

最后，要突出抓基本。省级粮食行政管理部门是组织实施粮食质量安全监管的基本主体。"米袋子"省长（主席、市长）负责制是我国粮食管理的一项基本制度，省级人民政府对确保本省粮食安全、维护国家粮食安全负责，当然也就包括对粮食质量安全负有相应的责任。省级粮食行政管理部门在省级政府的领导下，具体承担保障粮食数量安全与质量安全的重要职责。如果各省区的粮食质量安全监管都得以落实，则全国粮食质量安全也就有了基本保障。因此，我们说省级粮食行政管理部门是组织实施粮食质量安全监管的基本主体，是实现国家粮食质量安全的基本保障。"十二五"时期，应当进一步强化省级粮食行政管理部门的监管职责，充分发挥省级粮食局在规划建设粮食质量安全监测监管体系、履行质量安全监管职责、协调处置突发质量安全事故、维护国家粮食质量安全方面的主体作用。国家粮食局将在有关部门的支持配合下，继续为省级粮食行政管理部门增强监管执法手段、营造执法法律环境、加强上下协调联动、争取有关支持政策等方面作出积极的努力。

深入学习贯彻胡锦涛总书记重要讲话
努力提高机关党建科学化水平

——在粮食系统党建座谈会上的讲话
国家粮食局党组成员、副局长　张桂凤
2011年8月23日

同志们：

这次会议，主要任务是深入学习贯彻胡锦涛总书记在庆祝中国共产党成立90周年大会上的讲话，座谈交流各地积极开展创先争优活动、加强学习型党组织建设、促进机关党建的好经验好做法，推动粮食系统机关党的建设科学化水平进一步提高。

今年是中国共产党建党90周年。胡锦涛总书记在庆祝中国共产党成立90周年大会上发表了重要讲话，站在时代发展和战略全局的高度，精辟概括了我们党保持和发展马克思主义政党先进性的历史经验，全面分析了国内外形势新变化，深入阐释了党和国家事业发展新要求，深刻回答了在新的历史条件下加强和改进党的建设、提高党的建设科学化水平的新课题，对在新的历史条件下提高党的建设科学化水平作出了战略部署。讲话高屋建瓴、总揽全局，内涵丰富、思想深刻，气势恢宏，催人奋进，具有很强的理论性、战略性、指导性，是一篇马克思主义的纲领性文献。认真学习贯彻胡锦涛总书记的讲话，对于我们适应新形势新任务，全面加强粮食系统机关党的建设，服务粮食流通工作，促进"稳市场、保安全、强产业、惠民生"目标任务的实现，保障国家粮食安全，具有很强的指导性。按照中央的要求，要把学习胡锦涛总书记重要讲话作为当前和今后一个时期的重大政治任务。前一段时间，各地粮食部门都进行了初步的学习和领会。下一步，还要继续组织深入学习，深刻领会，坚决贯彻，用讲话精神指导机关党的建设，以改革创新精神研究解决机关党的建设遇到的实际问题，努力提高粮食系统机关党的建设科学化水平。

刚才，与会各单位的同志都介绍了各自学习胡锦涛总书记的讲话精神，结合本地实际，深入开展创先争优活动，建设学习型党组织，加强机关党的建设的经验和做法。从大家介绍的情况看，各地粮食局党组和机关党委对党建工作都高度重视，党组负总责，书记亲自抓，党组成员分头抓，各级党组织负责人具体抓，保证了责任和工作的落实。机关党委紧紧围绕中心任务抓党建，在服务粮食流通事业科学发展、促进机关内部和谐、服务人民群众和完成各项急难险重任务中充分发挥党组织的战斗堡垒和党员的先锋模范作用；坚持从本单位实际和粮食行业特点出发，积极创新党建活动的内容、方法、手段、载体和制度，不断增强党组织的吸引力和凝聚力，取得了很好的效果。今后，我们要以胡总书记"七一"重要讲话精神为指导，以提高党的执政能力，巩固党的执政地位为着眼点，以深入开展创先争优活动，加强学习型党组织建设为抓手，紧密联系实际推动机关党建不断创新发展，努力提高党的建设科学化水平。下面，我讲三点意见，供大家参考。

一　深刻认识提高党的建设科学化水平的重大战略意义

提高党的建设科学化水平，是党中央根据世情、国情、党情的新变化，在党的十七届四中全会上对党的建设提出的新要求。不断提高党的建设科学化水平，意义重大而且十分紧迫。胡锦涛总书记在"七一"讲话中深刻指出，新形势下，提高党的领导水平和执政水平、提高拒腐防变和抵御风险的能力，加强党的执政能力和先进性建设，面临许多前所未有的新情况新问题新挑战。执政的考验、改革开放的考验、市场经济的考验、外部环境的考验是长期的、复杂的、严峻的；精神懈怠的危险，能力不足的危险，脱离群众的危险，消极腐败的危险，更加尖锐地摆在全党面前。落实党要管党、从严治党的任务比以往任何时候都更为繁重、更为紧迫。新的形势任务要求加强党的建设，必须有科学的理论指导，有科学的制度保障，用科学的方法推进。所以说，是客观实际要求我们必须要提高党的建设科学化水平。

首先，提高党的建设科学化水平是解决党内突出问题的迫切需要。毋庸置疑，现阶段我们党的领导能力与肩负的历史使命是适应的，党员队伍素质总体状况是好的，广大人民群众对党的领导是坚决拥护的。尤其是开展深入学习实践科学发展观和创先争优活动以来，广大党员干部受到深刻教育，贯彻落实科学发展观的自觉性和坚定性明显增强，加强党性修养和作风建设的自觉性明显提高，党群干群关系进一步密切，党的基层组织建设明显加强。但是也要看到，有的党员干部理论素养不高，理想信念动摇；个别党员干部言行不适应新形势新任务要求、不符合党的性质宗旨的问题时有发生；有的基层党组织贯彻民主集中制不力，保障党员民主权利不够，缺乏凝聚力；有的地方和部门对群众利益重视不够，选人用人公信度不高，群众意见较大，等等。这些问题的原因是多方面的，其中党的建设科学化水平不高是重要因素。要不断提高党的执政能力、保持和发展党的先进性，就必须努力提高党的建设科学化水平。

其次，提高党的建设科学化水平是应对各种风险挑战的迫切要求。从国际环境看，当今世界正处在大发展大变革大调整时期，世界多极化、经济全球化深入发展，科技进步日新月异，全球思想文化交流交锋交融呈现新特点，综合国力竞争和各种力量较量更趋激烈，同时西方敌对势力加紧对我国实施西化、分化战略，党的建设面临许多新挑战。从国内环境看，我国改革发展进入关键时期，工业化、信息化、城镇化、市场化、国际化深入发展，经济体制深刻变革，社会结构深刻变动，利益格局深刻调整，思想观念深刻变化，新矛盾新问题不断涌现，对党的领导水平和执政水平提出了新要求。从粮食行业的情况看，国外粮食企业与国有粮食企业争粮源、抢市场，我国粮食流通面临的数量安全、质量安全、产业安全的挑战也越来越严重，对机关党建服务粮食流通中心工作也提出了更高的要求。在新的形势下，我们党要团结带领全国各族人民实现建设中国特色社会主义的宏伟蓝图，担当起实现中华民族伟大复兴的历史使命，粮食行业要担负起保障国家粮食安全的重任，必须努力提高党的建设科学化水平，切实加强和改进自身建设。

二　进一步明确提高党的建设科学化水平的重点任务

提高党的建设科学化水平，就是要不断把握和自觉运用马克思主义执政党建设规律，要坚持解放思想、实事求是、与时俱进，及时研究新情况、解决新问题、总结新经验，努力以科学理论指导党的建设、以科学制度保障党的建设、以科学方法推进党的建设。如何提高党的建设科学化水平，胡锦涛总书记在总结党的历史经验、优良传统和作风基础上，提出了"五个必须"的具体要求。这五个要求反映了我们党的历史经验和对党的建设规律的新认识，我们要紧密联系粮食行业的实际，认真抓好落实。

一是把理论武装作为基础工作，着力坚定党员干部的理想信念。这是提高党的建设科学化水平的基础。回顾党的历史，中国共产党之所以由弱到强成为全中国人民的坚强领导核心，最根本的原因在于一代代共产党人有着坚定的理想信念，对党的事业报有无私的献身精神。理想信念既是党员干部奋斗的动力，也是约束自己言行的"紧箍咒"。当前个别党员领导干部之所以腐败堕落、违法乱纪，根本原因都在于丢掉了理想，丧失了信仰。粮食系统各级党组织要把理论学习作为党的建设的基础，把坚定理想信念作为党员教育的核心，引导党员干部把学习作为一种精神追求，组织深入学习和掌握马克思列宁主义、毛泽东思想，深入学习掌握中国特色社会主义理论体系和科学发展观理论，牢固树立辩证唯物主义和历史唯物主义世界观和方法论，坚信马克思主义是颠扑不破的科学真理，进一步坚定理想信念，不断提高思想政治水平，增强为党和人民事业不懈奋斗的自觉性和坚定性。

二是把建设队伍作为重要目标，着力提高党员干部素质能力。坚持德才兼备、以德为先的用人标准，广纳贤才，是提高党的建设科学化水平的重要前提。粮食系统各级机关党组织要把培养优秀人才、建设一支高素质的党员干部队伍，作为机关党建的重要任务，把开展创先争优活动和建设学习型党组织作为重要载体和抓手，充分发挥机关党组织在人才选拔中的协助和监督作用，发挥在队伍建设中的培养、塑造和凝聚功能，通过学习培训、调查研究、实践锻炼等途径，加强对党员干部的培养教育，切实使党员干部队伍建设得到加强、素质能力进一步提高，通过抓党建、强队伍、促发展，把机关党建各项工作落实到建设一流机关、打造一流队伍、培育一流作风、创造一流业绩的实践中，促进粮食流通事业改革发展。

三是把群众满意作为评价标准，着力提高党建工作的群众性。坚持以人为本、执政为民理念，是提高党的建设科学化水平的核心。胡锦涛总书记要求全党要牢记，密切联系群众是我们党的最大政治优势，脱离群众是我们党执政后的最大危险。只有我们把群众放在心上，群众才会把我们党放在心上；只有我们把群众当亲人，群众才会把我们当亲人。机关党建是服务党组中心工作、服务党员群众的工作，加强机关党建的根本目的是要始终保持党同机关干部群众的血肉联系，团结带领机关干部群众落实党组指示，履行机关职能，完成好党交给的各项工作任务。因此，提高机关党建科学化水平，要把服务机关党员群众作为出发点和落脚点，以党员群众是否满意为评价标准，努力增强党建工作的群众性。机关党组织要创造条件，积极发挥群众对党组织和党员特别是领导干部的监督作用；要精心设计体现时代要求和党员干部需求的活动载体，创造符合自身特点、切实可行、丰富多彩的活动形式，使党员愿参加、群众能响应；要深入基层、深入群众，认真倾听群众呼声，反映群众意愿，帮助群众解决工作和生活中遇到的实际问题；要充分发挥工、青、妇等群众组织的桥梁纽带作用，发动群众广泛参与党组织开展的各项活动，及时了解党员干部思想动态，扎实开展思想政治工作，做好理顺情绪、化解矛盾工作，进一步凝聚人心、促进机关内部的和谐稳定。

四是把党风廉政建设作为重要内容，着力改进和转变机关作风。加强党风廉政建设，深入开展反腐败斗争，是提高党的建设科学化水平的重要路径，是必须始终抓好的关系党的生死存亡的重人政治任务。粮食系统各级党组织，要认真贯彻落实中央的要求，坚持标本兼治、综合治理、惩防并举、注重预防的方针，深入开展党风廉政建设和反腐败斗争。要以建设为民、务实、清廉机关为目标，广泛开展讲党性、重品行、作表率活动；采取多种方式抓好廉洁自律教育，组织党员学习《廉政准则》等文件法规，经常进行对照检查，增强廉洁从政意识，教育各级领导干部始终做到"为政不移公仆心、用权不谋一己私"，永葆共产党人政治本色；加强廉政风险防控机制建设，从重点部门、重点环节入手排查风险点，从源头上预防和治理腐败，努力培育和树立粮食机关为民、务实、清廉的良好形象。

五是把制度建设作为根本保障，着力规范机关党的建设。胡锦涛总书记在讲话中指出："建设好、管理好一个有几千万党员的大党，制度更带有根本性、全局性、稳定性、长期性。必须始终把制度建设贯穿党的思想建设、组织建设、作风建设和反腐倡廉建设之中，坚持突出重点、整体推进，继承传统、大胆创新，构建内容协调、程序严密、配套完备、有效管用的制度体系。" 强调坚持用制度管权管事管人，推进党的建设制度化、规范化、程序化，抓住了提高党的建设科学化水平的关键，具有很强的现实针对性。党的制度建设并非只在顶层设计，党内的很多制度都是基层党组织在实践中创造的。许多单位在党内选举、党务公开、干部选拔、工作绩效考评等方面，都创造了许多好的办法并上升为制度规定，发挥了很好的作用。对此，我们既要学习借鉴为我所用，也要积极探索，不断创造符合本单位实际的新制度，在认真落实党内有关制度规定的总体框架下，不断完善推进党的制度建设，努力提高党的建设制度本身的科学化水平。

三　用服务粮食流通事业科学发展的成效检验机关党的建设科学化水平

党的建设成效，最终要体现在推进党领导的事业发展上。粮食系统机关党建的成效也要通过粮食流通工作的成效来检验。机关党建的根本任务是服务科学发展，就是要通过加强机关党的建设，把党的政治优势转化为推动科学发展的优势，把党的组织资源转化为推动科学发展的资源，把机关党建成果转化为促进本行业本系统科学发展的成果。具体讲就是要把机关党的建设科学化的成效体现在为完成中心工作提供精神动力和政治保证上，体现到党组织和党员为完成中心工作作出的贡献和业绩上。

一是要坚决维护中央权威、确保政令畅通，为党的路线方针政策贯彻落实提供政治保证。国家粮食局担负着粮食宏观调控、行业指导、中央储备粮行政管理的重要职能，直接参与党和国家关于粮食工作重要方针政策的制定和实施。各地方粮食局在贯彻落实中央和国家粮食方针政策，推进粮食流通事业科学发展、保障国家粮食安全中也发挥着至关重要的作用。粮食机关各级党组织要把抓好党的路线方针政策教育和形势任务教育，作为经常性的教育活动，教育党员干部在贯彻落实党的路线方针政策上切实发挥模范带头作用，坚决维护中央权威、确保党的路线方针政策和国家各项工作部署的贯彻落实。

二是组织凝聚党员群众的智慧和力量，推进粮食流通中心工作科学发展。要始终牢固树立"加强机关党建、服务科学发展"的理念，紧紧围绕党和国家大局及本单位中心工作中去思考和谋划机关党建工作，努力把机关党建工作与党组中心工作和本单位发展目标统一起来，把中心工作的热点难点问题与机关党建工作的重点难点统一起来，把党建工作与业务工作同部署、同推进、同考评，找到切入点、摸准结合点、抓住着力点，使党建工作融入业务工作，与中心工作合心、合力、合拍，主动服务中心工作，积极推动中心工作落实。

三是要教育引导党员干部在关键时刻发挥作用，检验党性。疾风知劲草，板荡识诚臣。在完成急难险重任务的关键时刻能不能站出来、冲在前，在个人利益与党的利益发生矛盾时能不能把党的利益放在前面，是对党员是否具有先进性的最好检验。这几年，我国自然灾害、突发事件频发，严重威胁人民群众生产生活和生命安全。我们粮食系统广大党员干部在这些急难险重任务面前，充分发挥党组织的战斗堡垒作用和共产党员的先锋模范作用，在汶川、玉树地震，南方雨雪冰冻灾害，抗洪抢险等重大考验面前，起到了应有的作用，保证了粮食军需民食的供给，为维护粮食安全，促进社会和谐，作出了积极的贡献。今后，我们要按照胡总书记的要求，教育引导党员干部，在"重大场合"、"重大事项"、"重要时段"等关键时候，牢记党性要求，充分发挥先锋模范作用，自觉接受组织的考验，在解决复杂问题、完成急难险重任务的实践中培养锻炼和考察党员干部，检验机关党的建设的水平。

同志们，机关党建工作者责任重大，使命光荣。我们要认真学习贯彻落实胡锦涛总书记"七一"重要讲话精神，以邓小平理论和"三个代表"重要思想为指导，深入贯彻落实科学发展观，努力提高粮食系统机关党的建设科学化水平，为粮食流通事业发展作出新的更大贡献。

改革创新 惩防并举
扎实推进粮食系统党风廉政建设和反腐败工作

——在全国粮食系统纪检监察工作会议上的讲话
国家粮食局党组成员、中纪委驻国家粮食局纪检组组长 杨 兵
2011年4月20日

同志们：

这次会议的主要任务是：传达贯彻中纪委六次全会和国务院第四次廉政工作会议精神，学习胡锦涛总书记、温家宝总理的重要讲话和贺国强同志的工作报告，回顾总结2010年工作，研究落实2011年任务。国家粮食局党组非常重视这次会议，专门召开党组扩大会进行研究，党组书记、局长聂振邦同志对今年粮食系统党风廉政建设和反腐败工作作出部署，我们要认真学习，抓紧贯彻落实。下面，我受党组的委托就2010年粮食系统纪检监察工作情况和今年的工作安排讲几点具体意见：

一 2010年全国粮食系统党风廉政建设和反腐败工作的回顾

2010年，全国粮食系统认真贯彻落实中纪委五次全会和国务院第三次廉政工作会议精神，围绕粮食中心工作，坚持标本兼治、惩防并举，以贯彻实施《廉政准则》、解决群众反映强烈的突出问题为重点，不断推进惩治和预防腐败体系建设，党风廉政建设和反腐败工作取得了新的进展，为深化粮食流通体制改革和保障国家粮食安全提供了有力保证。

（一）围绕中心，服务大局，加强监督检查，保证粮食市场和价格稳定

2010年，粮食系统纪检监察部门认真贯彻中纪委五次全会和国务院第三次廉政工作会议精神，以落实中央关于粮食流通工作的各项政策措施，加强调控，保证粮食市场和价格稳定为重点，开展监督检查。各级粮食纪检监察机关配合职能部门抓好粮食收购，加强粮食收购政策落实情况监督检查，纠正压级压价、抬级抬价、"转圈粮"等违规行为，维护收购市场秩序，保证收购工作顺利开展。河南全省出动检查人员7095人次，开展专项检查活动1344次，立案查处涉粮案件90起，处罚违规企业115家。各级粮食纪检监察机关还积极参与粮食流通监督检查，对粮食销售、竞拍、移库、调运等工作全程监督，加强收购资格审核，落实最高库存限制规定，防止囤积居奇扰乱市场。山东省先后6次对省级4.4亿斤储备小麦销售、87次113亿斤政策性粮食竞价交易进行监督，对企业每单成交粮食出库情况进行检查，查处5起阻碍出库违规行为，确保粮食出库顺畅。

去年国内自然灾害频发，有关地方粮食部门及时启动应急预案，积极抗灾救灾。云南、贵州、四川、广西、江西、辽宁、宁夏、陕西、山西等省区市粮食纪检监察机关面对重大旱情、洪涝灾害，积极协助组织粮源，加强监督检查，保证了受灾地区粮食供应数量充足、质量安全。青海省粮食局纪检部门紧紧围绕抗震救灾做好服务，深入一线配合应急供应工作，制定《抗震救灾物资管理办法》，确保灾区粮油供应。甘肃舟曲泥石流灾害发生后，甘肃省粮食局纪检监察部门加强监督，确保救灾物

资、资金及时到位。闽西北遭受严重洪涝灾害，福建省粮食局纪检组监察室下发紧急通知对救灾重建工作提出严格纪律要求，配合有关部门及时对4998吨水浸粮进行拍卖处理，最大限度地减少了国家财产损失。

此外，为保证上海世博会、广州亚运会成功举办，上海、广东粮食局纪检监察部门加强对世博会、亚运会粮食供应的监管，严格纪律，落实中央关于廉洁办会的有关要求，做了大量工作。

（二）贯彻实施《廉政准则》，深入进行反腐倡廉教育

中央贯彻实施《中国共产党党员领导干部廉洁从政若干准则》电视电话会议后，各地粮食部门高度重视，均列入重要工作议事日程，召开党组会议，传达学习《廉政准则》，研究制定贯彻实施方案，普遍由局主要领导同志亲自宣讲，作动员部署。聂振邦局长要求贯彻《廉政准则》从局党组成员自身做起，起模范带头作用。各地粮食局领导同志也表示要高标准严要求，做学习、遵守、执行《廉政准则》的表率，主动接受群众监督。粮食系统各级领导干部通过学习，召开《廉政准则》专题民主生活会，对照"五十二个不准"找差距，增强了执行《廉政准则》的自觉性，有的主动上缴了收到的贵重礼品和现金、有价证券。

各地粮食部门从本部门实际出发，多措并举，采取多种形式，扎实做好《廉政准则》的贯彻实施工作。天津、安徽、贵州、宁夏、湖南、广东、广西、浙江等省市区通过举办辅导报告、专题讲座、组织《廉政准则》知识测试、剖析典型案例、参观廉政教育基地、遵守《廉政准则》情况登记报告、开设宣传专栏、上党课、组织"学准则、促勤廉"主题活动等多种方式，积极推进贯彻实施工作。

各地粮食部门还将学习贯彻《廉政准则》与开展争先创优活动、机关廉政文化建设、纪检监察自身建设相结合。黑龙江、江苏、浙江、江西、海南、内蒙古、湖北、西藏等省市区采用学习优秀党员先进事迹、党员廉政承诺、岗位廉政教育、编印廉政格言集锦、发送廉政短信、发放廉政日历、举办廉政文化教育活动月、廉政歌咏比赛、书法比赛、观看廉政影片等多种形式，突出廉政主题，内容生动，形式活泼，丰富了廉政教育的做法和经验，收到了很好的效果。

（三）紧密结合实际，积极开展专项治理

2010年，各地粮食纪检监察机构按照中央有关部署，切实履行职责，针对群众反映强烈的突出问题，认真组织开展专项治理。严格执行党员领导干部个人重大事项报告制度，普遍进行了治理工程建设领域突出问题、制止党政干部公款出国境旅游、治理"小金库"、落实党政机关厉行节约规定、规范公务用车和公务接待管理等专项工作。去年，各级粮食纪检监察机构继续开展对中央扩大内需投资项目监督检查。驻国家粮食局纪检组监察局对山东、江苏、上海等省市涉及的中储粮总公司、中粮集团粮油储存设施等项目进行了检查，对国家粮食局部分中央预算项目进行了抽查。吉林、山东、辽宁等有关省区粮食纪检监察部门，对辖区内涉及的建设项目开展监督检查，及时纠正发现的违规问题。四川对系统扩大内需、灾后重建工程项目进行专项检查，累计检查开工项目230个，投资资金74774万元。河北针对批发交易中心建设项目，明确要求领导干部不得插手项目招标、材料采购等事宜。湖南完善对工程建设项目的监督制度，建立由管理骨干、纪委和职工代表共同参与的监督机制。

各地粮食部门继续治理公款出国境旅游，严格审核把关，党政干部因公出国境团组、人数、费用明显减少。国家粮食局连续两年因公出国境团组、人数较以往压缩50%，经费减少20%。湖南省粮食局印发了《加强因公出国境管理办法》，推行经费先行审核制度。各地粮食部门为巩固治理"小金库"工作成果，认真进行复查，并延伸至社团、国有企业"小金库"治理。新疆粮食局对粮食系统国有及国有控股企业"小金库"问题进行清理，制定了《治理小金库长效机制工作制度》。吉林等省粮

食局对检查中发现的"小金库"进行严肃查处。各地粮食部门还坚持厉行节约、反对奢侈浪费、精打细算，压缩行政经费，减少会议文件，完善规章制度，加强公务用车、公务接待管理，相关工作取得了新进展。去年，上海粮食局公务用车、公务接待费用较2009年同期减少80万元。

（四）严肃纪律，查办违纪违法案件

2010年，各级粮食系统纪检监察机构继续加大违纪违法案件的查处力度，取得了良好的社会效果。据不完全统计，2010年，全国省级粮食部门纪检监察机构共受理举报280件，立案25件，移交司法机关处理4件。共处分14人，其中县处级7人，乡科级3人。重庆市商委纪检组对南川南平国储库弄虚作假、以旧充新、骗取财政补贴等问题进行严肃查处，挽回国家损失261万元余元，涉案人员移交司法机关处理；河南省粮食局纪检组立案调查了省粮油工业公司对外借贷资金案，为企业追回借款利息17万余元，有关责任人分别受到党纪政纪处分；江西省吉安市对群众反映强烈的粮食系统腐败问题进行严肃查处，涉案人员41人，立案21件，其中县粮食局局长7人，挽回经济损失千万余元。

目前，粮食系统反腐败任务依然十分艰巨，大案要案时有发生、"一把手"违法违纪比例高。去年，驻国家粮食局纪检组监察局共受理各类案件93件。从举报的内容来看，被举报对象以粮库主任、县粮食局一把手为主，问题多集中在以权谋私、贪污受贿、弄虚作假、套取挪用收购资金等方面。去年粮食系统发生"小官大贪"案件多起，违纪金额均在千万元以上。随着粮食市场价格波动变化，以次充好、"转圈粮"、"出库难"、"一粮二用"、擅自销售储备粮等问题凸显；一些基层单位党风廉政建设薄弱，以权谋私、私设"小金库"、弄虚作假，损害群众利益的违纪行为屡禁不止，群众反映强烈，山东、重庆、四川等省市去年均查处损害群众利益涉粮案件100起以上，社会各界十分关注。粮食系统新发腐败问题隐蔽性强，情况复杂、查办案件难度不断增大，纪检监察干部身处反腐一线，既要有很高的政治素质，又要有很强的突破重要案件能力，我们要努力加强自身建设，不断提高办案水平。

（五）坚持有效做法，不断制度创新，促进基层反腐倡廉和行风建设

去年，面对复杂的粮食市场形势和粮食行业党风廉政建设的新情况、新问题，各地粮食部门非常重视基层反腐倡廉和行风建设工作。一方面，继续发扬粮食行业优良传统，坚持推行有效的先进经验和做法。如安徽、湖北、江西、贵州等省加强基层单位诚信建设，认真落实"八个坚持、八个不准"的粮食收购服务承诺。吉林等省粮食购销企业普遍做到粮食收购政策、价格、等级、标准"四公开"，及时向农民结算粮款，让农民卖"明白粮、放心粮"。继续开展行风评议活动，开通"行风热线"，接受群众监督，增强服务意识。黑龙江开展"关注民生、服务发展"群众满意粮库评议工作，积极推进"纠购护民工程"。四川全省2/3的基层站所参加了民主评议行风活动。深入开展"放心粮油进农村、进社区活动"。新疆等地开展"放心粮油"示范点工作，组织学习各地开展"放心粮油"活动的先进经验。粮食行业协会在西安召开现场会，宣传推广西安"放心馒头工程"的有效做法。

另一方面，各地粮食部门针对存在的问题、加大工作力度，积极制度创新，有力推动基层单位反腐倡廉建设。甘肃等省认真落实国有企业"三重一大"制度和《国有企业领导人廉洁从业规定》，同时制定国有企业《国有资产监督管理办法》和《企业绩效评估考核制度》，实行企业重大决策失误责任追究。天津市粮食局加强对企业领导干部监督，连续两年抓企业领导人述职述廉工作，实施《国有企业领导班子和领导干部定期向职代会述廉制度》。北京市粮食局机关廉政风险防范管理延伸至基层单位，明确岗位职责、查找风险点、制定防范措施，初步形成廉政风险防范管理体系。广东粮食部门重视国有粮食收购企业基层党组织建设，多年坚持不懈。这些做法对于我们进一步做好粮食系统党风

廉政建设具有非常重要的借鉴意义。

过去的一年里，全国粮食纪检监察部门和广大纪检监察干部在当地党委、政府和驻在部门党组的领导下，按照党中央和国务院的统一部署，坚持为粮食改革发展服务，建立健全教育、制度、监督并重的惩治和预防腐败体系，着力解决损害群众利益的突出问题，认真查处违法违纪案件，重视加强自身建设，求真务实，开拓创新，扎实工作，党风廉政建设和反腐败工作取得了新的成绩。但我们也要清醒地看到，我们的工作与党中央、国务院的要求还有很大的差距：一是对当前粮食系统反腐败工作中面临的新情况、新问题调查研究不够，对网络上反映的热点问题缺乏及时妥善的应对措施；二是对领导干部监督缺少有效适当的方法，对基层企业领导干部教育、监督、管理方面存在薄弱环节；三是在纪检监察工作多、任务重、人员少的情况下，突破工作难点不足，具体抓落实不够。对于上述问题，我们要在今后的工作中认真加以研究解决。

二　2011年粮食系统纪检监察工作的主要任务

2011年是保持经济平稳较快发展、顺利实施粮食行业"十二五"规划的关键一年，也是加强和改进新形势下党的建设迎接建党90周年的重要一年。做好粮食系统党风廉政建设和反腐败工作，对于推动粮食流通体制改革、加快粮食事业发展具有重要意义。根据党中央、国务院的统一部署，2011年国家粮食局党风廉政建设和反腐败工作的总体要求是：全面贯彻党的十七大和十七届三中、四中、五中全会精神，高举中国特色社会主义伟大旗帜，以邓小平理论和"三个代表"重要思想为指导，深入贯彻落实科学发展观，坚持标本兼治、综合治理、惩防并举、注重预防的方针，认真执行党风廉政建设责任制，加强以保持党同人民群众血肉联系为重点的作风建设，加强以完善惩治和预防腐败体系为重点的反腐倡廉建设，着力解决粮食行业反腐倡廉建设中群众反映强烈的突出问题，围绕中心、服务大局、突出重点、整体推进、改革创新、狠抓落实，不断提高反腐倡廉建设科学化水平。为认真贯彻中央纪委第十七届六次全会和国务院第四次廉政工作会议精神，结合粮食工作实际，今年我们要重点完成好以下主要任务：

（一）严明党的政治纪律，履行纪检监察职责，保证党的十七届五中全会精神和中央重大决策部署的贯彻落实

我们要按照中央五中全会、中央经济工作会议和中纪委六次全会要求，紧紧围绕粮食部门的中心工作，开展监督检查，努力实现"稳市场、保安全、强产业、惠民生"的工作目标。

1.要坚定政治立场，自觉同以胡锦涛同志为总书记的党中央保持高度一致。坚持把维护党的政治纪律摆在首位，加强对政治纪律执行情况的监督检查，坚决维护党的集中统一。要坚决纠正粮食系统中存在的有令不行、有禁不止的现象，保证中央政令畅通，维护中央权威。

2.要加强对国家粮食宏观调控政策措施执行情况的监督检查，保证供应，稳定价格，依法管粮，维护粮食市场流通秩序。

3.要开展粮食最低收购价、临时收储、补贴收购等政策执行情况的监督检查，提高服务水平，方便农民售粮，保护农民利益，切实把中央的强农惠农政策落到实处。

（二）加强作风建设，在认真解决反腐倡廉建设中人民群众反映强烈的突出问题上下功夫

粮食系统的各级领导干部要结合争先创优活动，切实加强党的作风建设。大力弘扬密切联系群众的优良作风，认真落实中央关于加强和改进群众工作的各项要求，改进群众工作方式方法，建立健全

服务群众、联系群众和保障群众权益的制度，密切党群干群关系。大力弘扬求真务实、艰苦奋斗的工作作风，坚决纠正不切实际，不顾民力，急功近利的决策和乱铺摊子、乱上项目、劳民伤财的行为，坚决克服官僚主义、形式主义、弄虚作假、铺张浪费等问题，严格执行财经制度和经济工作制度。认真开展批评和自我批评的优良作风。坚持反对上下级和干部之间逢迎讨好、互相吹捧等庸俗作风，自觉克服好人主义。要坚持以人为本、执政为民，在切实解决群众反映的突出问题上下功夫。

1.继续开展专项治理工作。（1）深化工程建设领域突出问题专项治理，认真贯彻《关于解决当前政府投资工程建设中带有普遍性问题的意见》，领导干部不许以任何形式干预、操纵招投标活动，对借用资质投标和出售资质收取费用、违法违规转包分包等突出问题，进行专项治理。（2）深化"小金库"专项治理。巩固治理成果，重点对"零报告"单位进行复查，任何部门不得让下属单位代存代管资金。（3）认真开展庆典、研讨会、论坛过多过滥问题的专项治理。要严格审批程序，加强经费监管，规范领导干部行为。未经批准的，各级粮食部门一律不得举办和参与举办庆典、研讨会、论坛等活动。经批准举办的，要纳入财政预算，接受审计监督；各级领导干部未经批准不得出席此类活动。（4）认真开展公务用车问题的专项治理，落实新发布的党政机关和领导干部公务用车配备使用管理办法，开展机关公务用车专项治理，纠正和严禁超标配车、违规换车、借车、摊派款项购车、豪华装饰及公车私用等问题。规范公车管理，积极推进公务用车改革。

2.严格执行《廉政准则》。（1）认真落实领导干部报告个人有关事项等两项制度。全面落实《关于领导干部报告个人有关事项的规定》和《关于对配偶子女均已移居国（境）外的国家工作人员加强管理的暂行规定》。领导干部要按照规定，主动、如实报告有关内容。（2）坚决整治领导干部违规收受礼金问题。严禁领导干部以各种名义接收管理和服务对象以及其他与行使职权有关的单位或者个人的礼金和各种有价证券、支付凭证、商业预付卡。对违反规定构成违纪的，严肃追究党纪政纪责任；涉嫌犯罪的，移送司法机关处理。（3）巩固党政机关厉行节约、制止奢侈浪费工作成果，严格控制和压缩行政经费。减少因公出国（境）团组和人数，建立禁止公款出国（境）旅游长效机制。公务出差、公务接待要严格控制经费，严格执行标准。要进一步减少会议和文件。继续严格控制党政机关办公楼等楼堂馆所建设。治理违反规定多占住房、买卖经济适用房或租赁租住房等保障性住房。整治利用职务之便接受可能影响公正执行公务的宴请以及旅游、健身、娱乐等活动安排，利用内幕信息谋取利益等问题。推进规范公务员津贴补贴工作。落实中央关于领导干部离职或退休后从业的有关规定。开展《廉政准则》执行情况专项检查。

3.加强粮食系统基层反腐倡廉工作。要高度重视粮食系统国有企业党风建设和反腐倡廉工作。严格执行《国有企业领导人员廉洁自律从业若干规定》，要推进国有粮食企业贯彻落实"三重一大"决策制度，加强对经营管理者履职行为的监督。着力解决发生在群众身边的腐败问题。深化推进基层事务公开和透明，落实《关于党的基层组织实行党务公开的意见》。加强对中心粮库、骨干粮库领导干部的教育、培训和管理，依照党纪条规和监察法规加强对国有仓储企业主要负责人的监督，加大对粮食购销活动中损害群众利益行为的问责力度，畅通群众反映问题、表达合理诉求的渠道。

（三）以完善健全惩治和预防腐败体系为重点，整体推进粮食系统反腐倡廉各项工作

1.加强对领导干部的教育和监督。以理想信念教育和党性党风党纪教育为重点，深入开展示范教育、警示教育和岗位廉政教育，引导党员干部讲党性、重品行、做表率。推进廉政文化建设，增强反腐倡廉教育的针对性和实效性。认真贯彻党内监督条例，严格执行领导干部、诫勉谈话、函询等制度。加强对民主集中制执行情况的监督检查，提高民主生活会质量。认真落实领导干部经济责任审计制度。

2.加大查办违纪违法案件工作力度。认真治理领导干部以权谋私和渎职侵权问题，始终保持查办案件的强劲势头，对腐败分子要一查到底，绝不姑息，绝不让任何腐败分子逃脱党纪国法的惩处。严肃查办发生在粮食系统领导机关和领导干部中贪污贿赂、失职渎职的案件，严重违反政治纪律和组织人事纪律的案件、重大责任事故和群体性事件涉及的失职渎职及背后腐败案件。要严肃查办发生在粮食基层单位和重点岗位以权谋私、滥用职权案件；严肃查办发生在粮食系统的严重侵害群众利益的案件，严肃查办在中央和地方储备粮购销活动中弄虚作假套取费用补贴、挪用侵吞中央、地方储备粮和临时存储粮粮款、私自倒卖库存粮食非法谋利的案件。要改进信访举报、案件审理和案件监督管理工作，建立健全腐败案件及时揭露、发现、查处机制，严格依纪依法、安全文明办案，进一步发挥查办案件的治本功能。

3.坚决纠正损害群众利益的不正之风。坚决查处不执行国家粮食收购政策，压级压价等损害农民利益的问题。加强对收购库点的资格审查，合理布设收购库点，方便农民售粮，及时解决农民交售难的问题。要严肃查处"出库难"、"转圈粮"问题。严肃查处掺杂使假、以次充好、克扣数量、销售不符合卫生标准的粮油等损害消费者利益的行为。加强对军粮、救灾等政策性用粮购销活动的监督检查。要关注社会保障和再就业政策落实情况，维护职工合法权益。深入开展行风评议，办好"行风热线"，继续推进"放心粮油"进农村进社区活动，构建城乡"放心粮油"营销网络，落实节约粮食反对铺张浪费措施，加强农户安全储粮指导和服务工作。

4.深化改革和制度创新。继续推进行政审批制度改革。结合粮食流通工作，配合有关部门深化行政管理体制、干部人事制度和国有资产管理体制改革。加强对"一把手"权力行使的监督制约，建立决策、执行、监督相互协调又相互制约的运行机制。建立健全防止利益冲突制度。推进财政预算决算公开。推行廉政风险防控管理及行政权力、公共服务、公开透明运行。要加强行业自律和社会诚信建设。

三 加强组织领导，切实抓好反腐倡廉工作任务落实

（一）以人为本、执政为民，扎实开展党风廉政建设

要认真学习和深刻领会胡锦涛总书记重要讲话的精神实质，充分认识把以人为本、执政为民贯彻落实到党风廉政建设和反腐败斗争之中的重要性、紧迫性以及总体要求、工作重点，要把实现好、维护好、发展好最广大人民根本利益作为一切工作的出发点和落脚点，坚持权为民所用、情为民所系、利为民所谋。要自觉把以人为本、执政为民贯彻到粮食系统党风廉政建设的指导原则、工作部署中去。

要把学习胡锦涛总书记的重要讲话与贯彻落实中纪委全会精神相结合，与贯彻落实中央经济工作会议和全国粮食局长会议精神相结合，切实抓好2011年反腐倡廉工作任务的落实，不断把粮食系统党风廉政建设和反腐败斗争引向深入。

（二）严格考核，落实党风廉政建设责任制

要以贯彻落实新修订的《关于实行党风廉政建设责任制的规定》为契机，继续坚持和完善反腐败领导体制和工作机制。领导班子要高度重视并自觉承担起推进反腐倡廉建设的政治责任和领导责任。主要领导要认真履行第一责任人的职责，对重要工作和重大问题要亲自部署、过问、协调和督办。领导班子其他成员要抓好自己职责范围内的反腐倡廉建设。要适时召开专题工作会议，及时掌握落实情

况，切实解决突出问题。各级粮食纪检监察机关要认真履行组织协调职责，积极协助党委（党组）研究、部署、检查、考核反腐倡廉各项工作，并把检查考核结果作为对领导班子总体评价和领导干部业绩评定、奖励惩处、选拔任用的重要依据。要进一步加大责任追究力度。

（三）改革创新，提高反腐倡廉工作水平，狠抓落实

要围绕实施"十二五"规划、加快转变经济发展方式的新要求，及时总结推广基层单位创造的新鲜经验，借鉴国（境）外反腐败的有益做法，大力推进反腐倡廉理念思路、工作内容、方式方法和体制机制创新。要自觉把科学发展观的要求贯穿于反腐倡廉建设的全过程和各个方面，正确处理治标和治本、惩治和预防的关系。要坚持以改革的精神、创新的思路、发展的办法解决滋生腐败的深层次矛盾和问题，不断深化改革，最大限度地减少体制障碍和制度漏洞。要切实转变工作方式方法，坚持用系统的思维、统筹的观念、科学的方法推进反腐倡廉建设，不断增强惩治和预防腐败的有效性。要深入调查，加强理论政策研究，深化对新形势下粮食系统反腐倡廉工作特点和规律的认识，使反腐倡廉建设不断体现时代性、把握规律性、富于创造性。

同志们，今年我们面临的反腐倡廉任务仍然十分繁重。我们要紧密团结在以胡锦涛同志为总书记的党中央周围，以"三个代表"重要思想为指导，认真贯彻党的十七大和十七届三中、四中、五中全会精神，与时俱进，求真务实、开拓创新、扎扎实实地做好各项纪检监察工作，以实际行动推动粮食系统党风廉政建设和反腐败工作取得新的成效，为粮食流通事业的改革发展作出积极的贡献。

认清形势　把握重点
努力做好"十二五"开局之年的粮食调控工作

——在全国粮食调控与统计工作会议上的讲话
国家粮食局党组成员、副局长　曾丽瑛
2011年4月7日

同志们：

在春意盎然的椰城海口，我们召开2011年全国粮食调控与统计工作会议。这次会议的主要任务是，认真贯彻落实全国粮食局长会议精神，回顾总结过去一年的粮食调控与统计工作，会审汇编2010年度全国粮油统计年报，研究分析2011年粮食形势，安排部署全年粮食调控与统计工作，并公布2010年度全国粮食流通统计工作考核结果和全国粮食统计执法大检查工作先进单位和先进个人。国家粮食局高度重视粮食调控和统计工作，党组书记、局长聂振邦同志对这次会议做了重要批示，明确了工作重点，提出了具体要求，我们要认真学习、深刻领会，抓好贯彻落实。下面，我讲两个问题。

一　粮食调控工作成效显著

2010年是21世纪以来我国经济社会发展环境极为复杂、自然灾害和重大挑战极为严峻的一年，也是粮食宏观调控工作任务繁重而艰巨的一年。一年来，在党中央、国务院的正确领导下，在有关部门的大力支持下，粮食调控战线的广大干部职工坚持以科学发展观为指导，认真贯彻落实中央的决策部署，加强和改善宏观调控，妥善处理好粮食市场发展与管理通胀预期的关系、市场调节与政府调控的关系、保护农民利益与稳定粮食市场的关系，促进了粮食生产的稳定发展和农民持续增收，保证了粮食市场供应和粮价基本稳定，实现了"抓好收购、促农增收、保证供应、稳定市场、统筹发展、保障安全"的调控目标，工作成效显著，成绩突出，为国家宏观经济发展目标的实现、保持社会和谐稳定作出了重要贡献，得到了各级领导和社会各界的肯定。

（一）完善粮食宏观调控，确保粮食市场和价格基本稳定

一是加强粮油市场保供稳价工作的组织和指导。为做好粮油市场保供稳价工作，国家有关部门成立了粮油市场保供稳价工作小组，定期召开会议，密切关注各地市场供应情况，研究分析粮油供求形势和价格走势，组织协调粮油市场调控工作，有针对性地提出保证粮油市场供应的具体措施，及时对粮油市场保供稳价工作作出安排和部署，并派出工作组赴部分地区检查落实情况。各地也按国家有关要求及时成立了粮油保供稳价领导小组，结合本地实际研究制订保供稳价工作方案，并认真抓好各项政策措施的落实。北京、天津、上海、浙江、福建等地以保证粳米供应和价格稳定为重点，加强对粮油保供稳价工作的沟通协调。海南省粮食局建立了部门定期会商机制，每周编印《粮油供应和价格情况报告》，并报送相关部门。各地粮食局承担了领导小组办公室的日常工作，及时召集会议，会商相关工作，积极采取相关调控措施，有力地保证了粮油保供稳价目标的顺利实现。

二是认真做好政策性粮油销售工作。为实现中央提出的管理好通胀预期、稳定消费价格总水平、保障群众基本生活等目标，国家有关部门在地方各级粮食行政管理部门、有关粮食批发市场的积极配合下，适时适量竞价销售政策性粮食，确保了居民口粮消费和企业用粮需要。

为防止粮价过快上涨，合理安排拍卖粮源，向市场定期投放国家政策性粮食，有针对性地增加了部分地区的投放数量。同时不断完善交易细则，对竞买企业的资格条件作了更加严格的限定，要求购买企业尽快运回所购粮食并加工投放市场。各地认真做好竞买企业资格条件的审核工作，督促企业严格执行相关规定，确保了交易活动顺利进行，增强了调控的有效性。全年共成交政策性粮食1637亿斤。为确保食用植物油市场供应，在需求高峰期投放了部分食用植物油和大豆，有效地稳定了食用植物油市场价格，全年共成交食用植物油10亿斤。为切实做好政策性粮食销售出库工作，我局会同有关部门下发了《关于严肃纪律切实做好政策性粮食出库工作的通知》（国粮电〔2010〕19号），对出库各环节提出了明确要求，各地认真抓好贯彻落实，维护了国家政策的权威性、严肃性，增强了宏观调控效果。

一年来，公开竞价销售的政策性粮油品种和数量均大幅增加，投放数量和成交数量均创历史新高。地方各级粮食行政管理部门积极配合协调相关工作，加强监督检查，对违规违法行为进行了严肃处理，保证了政策性粮食销售的顺利进行；各地批发市场认真做好竞买资格审核、交割结算和商务处理等相关工作，及时提供交易数据，为竞价销售工作的顺利开展作出了积极贡献。

三是创新工作机制稳定粮食市场。去年，针对粮食市场的复杂形势，有关部门加大工作力度，创新工作机制，采取多种办法完善销售方式。安排两次大型加工企业专场小麦定向拍卖，实行5个主销区指定加工企业粳稻定向竞价销售，组织指定加工企业参与食用植物油竞买等。此外，还制定了《发挥骨干企业积极作用健全和完善政府对大宗农产品市场调控体系和机制的总体方案》，探索引导骨干企业作为政府调控市场的主要抓手，健全和完善国家宏观调控体系。

2010年12月以来，定向销售小麦、菜籽油和大豆分别为107亿斤、9亿斤和6.7亿斤，由指定大型骨干加工企业购买，并按要求加工后投放市场，保证了面粉、小包装食用植物油市场价格基本稳定，调控效果明显。北京、天津、河北、山西、上海、福建、广西、四川、陕西、青海、宁夏、新疆等地，也以定向销售或其他方式组织投放了部分地方储备粮油，保证了当地粮油市场供应。辽宁、吉林、上海、浙江、广东、陕西等省、市已经制订了下一阶段地方储备粮油的定向销售具体方案。

四是抓好产销衔接和粮食调运。及时下达政策性粮食调运计划，改善了粮食库存区域布局，2010年共下达政策性粮油跨省移库104亿斤。2009年关内销区采购东北粳稻（大米）运费补贴和玉米采购补贴政策执行期延续到2010年上半年，各地认真做好组织协调工作，及时跟踪掌握调运进度情况。政策执行期内，累计采购运回2009年产粳稻（大米）110亿斤、玉米330亿斤。

（二）积极抓好收购工作，切实保护农民利益

一是精心组织粮食收购工作。为做好粮食收购工作，及时召开夏季粮油、早籼稻、中晚稻、玉米收购工作座谈会，研究分析市场形势，对收购工作作出安排部署。我局印发了《关于进一步贯彻国办通知精神切实做好秋粮收购等工作的通知》，转发了国家工商总局等部门的有关文件，要求各级粮食部门采取有效措施，引导各类粮食企业有序开展收购工作，加大监管力度，严格核查入市主体收购资格，规范收购行为，严厉打击扰乱市场秩序的违法行为，切实维护好粮食市场秩序，确保粮食收购工作顺利进行。各级粮食行政管理部门多次派出工作组，深入基层调查研究、检查指导收购工作，及时协调解决收购过程中出现的新情况、新问题，保证了各项政策措施真正落实到位。

二是认真贯彻落实最低收购价政策。2010年国家在主产区继续实行小麦、稻谷最低收购价政策，并适当提高了最低收购价水平。在总结近几年经验的基础上，我局和有关部门研究制定并完善了小麦、早籼稻、中晚稻最低收购价执行预案。江苏、安徽、山东、河南、湖北等5省启动了小麦最低收购价执行预案，共收购最低收购价小麦462亿斤。在小麦市场价格明显高于最低收购价水平时，果断停止了托市收购，维护粮食市场稳定。由于稻谷市场价格高于最低收购价水平，预案没有启动。最低收购价政策的贯彻落实，为保护农民种粮积极性发挥了积极作用。

三是及时启动临时收储。2010年国家继续对油菜籽、大豆实行托市收购政策，收储价格也相应有所提高。我局会同有关部门及时启动了油菜籽、大豆临时收储工作。截至2011年2月底，共收购临时存储油菜籽48亿斤（加工入库临储菜籽油16亿斤）、临时存储大豆40亿斤。为鼓励加工企业入市收购，对指定加工企业按照不低于国家确定的托市收购价格挂牌收购农民交售的油菜籽，中央财政继续按每市斤0.1元的标准给予一次性费用补贴，并适当增加了主产区纳入补贴范围的地方油脂加工企业数量。截至2010年底，指定的中央和地方油脂加工企业共收购油菜籽72亿斤，各类企业积极入市，收购进度较快，价格明显回升，市场机制得到了有效发挥。既保护了农民利益，促进了油料生产发展，又提高了国内油脂加工企业的竞争力，促进了国内食用油产业的健康发展。

四是积极支持新疆小麦收购工作。为维护新疆地区粮食市场和社会稳定，国家有关部门下达了新疆地区2010年产小麦国家临时收储计划30亿斤，同时将不完善粒在20%以内的芽麦也列入临时收储范围，由中储粮总公司组织收购。截至2010年底，共收购临储小麦17亿斤。

（三）完善粮食储备体系，夯实调控物质基础

一是中央储备粮油轮换工作有序进行。加强对中央储备粮油轮换工作的指导，及时下达年度轮换计划并督促实施。明确要求优先安排轮换不宜存和储存时间较长的粮油，确保储备粮油品质良好。进一步强调储备粮油轮换要服从和服务于国家宏观调控需要，把握好轮换时机和节奏，防止粮油市场价格出现大幅波动。

二是地方储备粮油规模进一步充实。2010年地方粮油储备规模稳步增加，调控区域市场的能力进一步增强。同时，各地还积极落实成品粮油和小包装粮油储备，应急保障物质基础进一步增强。

三是粮食应急体系更加完善。各地进一步细化应急预案，制定实施细则，完善应急供应、运输、紧急动用方案等具体操作规定，健全工作制度，初步形成了准备充分、反应及时、处置果断的粮食应急体系。同时，各地积极组织应急培训和演练，应急组织实施能力不断提高。

（四）积极做好救灾粮油供应工作，保证灾区群众生产生活用粮

一是认真做好旱灾地区粮油市场供应工作。为保证旱灾地区粮食供应，稳定当地粮食市场价格，专项安排向西南、西北旱灾地区调运国家临时存储粮食28.4亿斤。指定应急加工企业限时加工中央储备粳稻0.5亿斤投放旱灾地区市场，当地粮食部门也加大了地方储备稻米加工投放力度，满足了灾区大米市场需求。

二是扎实做好玉树地震灾区粮油市场供应工作。玉树地震发生后，为确保灾区生活困难群众的口粮供应，国家有关部门按每人每天1斤救济粮（成品粮）发放3个月，以及每人一次性发放1桶食用油的标准，分三批下达抗震救灾粮油计划36764吨，按照就地就近、保质保量的要求，从现有中央储备或国家临时存储粮油库存中无偿划拨给地方，由地方粮食部门组织加工后，免费发放给受灾群众，保障了受灾群众的基本生活，维护了灾区社会稳定。

三是及时启动应急预案保证受灾地区市场供应。甘肃舟曲特大山洪泥石流灾害发生后，甘肃省

及时启动了省级粮食应急预案，按照"每人每天1斤粮、时限3个月"的标准动用省级储备粮供应受灾群众。针对强降雨天气带来的灾害，吉林省及时启动粮油应急供应预案，按每人每天1斤成品粮、每月1斤食用植物油的标准，向29个县（市）供应大米5113吨、豆油170吨，有效保证了受灾地区粮油供应，为抢险救灾提供了有力保障。

（五）加强统计调查和信息监测，为宏观调控提供可靠依据

一是统计执行能力和服务水平稳步提高。根据规定和需要，及时修订完善《国家粮食流通统计制度》，优化了调查项目和指标。继续做好粮食统计句（月）报、收购进度等日常基本统计工作，及时报送统计分析材料。根据需要不断充实统计内容，新增了"重点大米加工企业产销存和价格情况周报表"等7个报表，直接掌握有关大型企业产销存和价格等情况。

二是粮油市场监测预警能力不断增强。密切关注各地粮油市场价格变化，及时调整监测频率和监测直报点的布局和数量，努力提高监测水平，随时掌握粮油市场的新情况和新动态。2010年，随着两个网络直报点的建立，西藏自治区的市场监测信息直报工作实现了"零的突破"，这标志着粮油市场监测网络直报系统实现了全国31个省（区、市）的全覆盖。

三是粮食统计执法大检查圆满结束。根据国家有关部门的统一部署，组织开展了粮食统计执法大检查工作。全国共检查了2960个粮食行政管理机构、40439个粮食企业。通过检查，掌握了基层统计工作基本情况，纠正了存在的问题，取得了扩大统计影响、改进统计工作、提高统计能力的效果，强化了依法统计、科学统计的理念。

四是社会粮油供需平衡调查顺利完成。去年是连续第七年开展全社会粮食供需平衡调查，正式在全国组织开展食用植物油及油料供需平衡调查。在大家的共同努力下，调查任务顺利完成，摸清了我国粮油生产、流通、消费、库存等基本情况，做到了心中有数。目前，调查结果已成为各级政府和相关部门分析形势、制定政策的重要参考依据。

五是充分发挥统计监督职能。2010年国家有关部门在实施粮食宏观调控政策时，将企业是否履行报送统计数据义务情况作为一项参考依据，充分发挥了统计监督职能，促进了粮食流通统计制度的贯彻执行，为开展社会粮食统计工作营造了良好氛围。比如，在临时存储玉米竞价销售中，将企业是否报送统计报表作为重要的资格条件予以审核。一些企业主动找到当地粮食局要求纳入统计范围、报送统计数据，对进一步扩大统计覆盖范围发挥了积极作用。

（六）加强新情况、新问题的分析研究，提高调控工作的前瞻性和预见性

一是认真编制粮食调控"十二五"规划。2010年是"十一五"的收尾之年，编制粮食行业"十二五"规划是当年的一项重要工作。粮食宏观调控是粮食行业"十二五"规划的主要内容之一。各地认真回顾总结，研究分析形势，积极编制本省（区、市）粮食行业"十二五"规划。部分省（区、市）还专门编制了粮食调控专项规划。二是密切关注粮食形势和市场动态，及时向中办、国办、国家发展改革委等有关部门报送粮食供需形势、市场运行情况等，提出宏观调控措施建议，为领导决策提供参考。各地也向我局和当地政府报送了大量信息材料。多项政策建议得以采纳和实施，取得了良好效果。三是及时开展对粳稻等短缺品种的深入研究，配合国家发展改革委编制粳稻生产发展规划，增强了对粳稻供求发展趋势的把握。同时，研究提出了统筹合理利用稻谷资源，抑制大米加工过度精细化的措施建议。四是为贯彻国务院有关文件精神，印发了《关于切实加强节约粮食反对浪费工作的实施意见》（国粮调〔2010〕41号），提出了6条具体措施意见，指导粮食行业切实做好节约粮食、反对浪费工作。

同志们，2010年的粮食宏观调控工作取得了很大成绩，这与大家的辛苦努力是分不开的。在过去的一年里，大家恪尽职守、兢兢业业、加班加点、任劳任怨，为粮食宏观调控工作付出了大量心血和汗水。在这里，我谨代表国家粮食局对粮食调控战线的全体干部职工表示衷心的感谢和亲切的慰问！

二　稳定市场，确保安全，扎实做好2011年各项工作

2011年是"十二五"开局之年，也是中国共产党成立90周年，做好全年的粮食宏观调控工作对于管理好通胀预期，稳定消费价格总水平，实现经济平稳较快发展和社会和谐稳定具有十分重要的意义。当前，我国经济社会发展总体势头良好，粮食供求基本平衡，中央对粮食生产和流通工作高度重视，这为我们做好粮食宏观调控工作提供了十分有利的条件。但是也应该看到：我国经济社会发展面临的形势仍极为复杂，粮食持续增产的难度加大，稳定粮食市场和价格面临不少新情况和新问题，库存品种结构矛盾仍然存在，世界粮食安全形势非常复杂，粮食宏观调控的任务更加艰巨。我们要统一思想认识，科学判断形势，把握好调控政策的方向、重点和力度，着力增强宏观调控的针对性、灵活性和有效性，切实提高粮食宏观调控工作水平。

2011年粮食宏观调控工作的总体要求是：全面贯彻落实党的十七大和十七届三中、四中、五中全会精神，以邓小平理论和"三个代表"重要思想为指导，深入贯彻落实科学发展观，以推动粮食宏观调控工作科学发展为主题，认真贯彻落实中央经济工作会议、中央农村工作会议的部署和全国粮食局长会议的要求，以"保供应、稳市场、保安全"为核心目标，继续抓好粮食收购、市场供应、储备管理、应急建设、统计监测等重点工作，为保护种粮农民利益、稳定粮食市场、保障国家粮食安全和促进国民经济平稳较快发展作出新的贡献。具体任务是：

（一）认真分析国内外粮食供求形势，适时适度做好粮食宏观调控工作

一是认真研究分析粮食形势。准确分析形势是做好粮食宏观调控的前提。根据当前的调控工作任务，要把形势分析的重点放在市场走势方面，要进一步加强对粮食生产、消费、库存、进出口等各种相关因素的研究分析，准确判断粮食价格走势。既要定期分析，又要根据形势变化进行不定期分析；既要注重当前，又要兼顾长远。要及时提出前瞻性、针对性和操作性强的政策建议，供各级政府和领导决策参考。在当前极其复杂的形势下，大家一定要保持高度的警觉性和敏感性，切不可掉以轻心，要不断提高粮食形势分析工作的科学性，为研究制定宏观调控政策措施提供有力支持。

二是适时召开主要粮食品种收购形势座谈会。在主要粮食品种上市前，我局将继续组织召开收购形势座谈会，深入研究分析粮食生产、收购、供求形势和价格走势，具体部署和安排收购工作。为了更加科学准确地把握粮食收购和市场形势，各级粮食部门要加强与农业、统计、气象等部门的联系和沟通，随时掌握粮食生产形势变化情况。同时，要深入一线开展调查研究，掌握第一手材料和更多的活情况，把我们的收购形势分析会开成有情况、有分析、言之有物、有的放矢的会议，为做好粮食收购和市场调控工作打好基础。

（二）切实抓好粮食收购工作，保护好种粮农民利益

一是完善落实最低收购价和临时收储政策。为了保护和调动农民的种粮积极性，国家再次提高了2011年小麦、稻谷最低收购价格水平，我们将在认真总结近几年政策执行情况的基础上，配合有关部门进一步完善2011年粮食最低收购价执行预案。同时，今年将继续在部分粮食主产区实行临时收储政策，并进一步创新收储方式，充分发挥市场机制作用，调动各方面参与托市收购的积极性。执行粮食

最低收购价和临时收储政策的省份一定要及早动手，提前做好各项准备工作。要树立为农民服务的思想，确保执行政策不走样，落实政策不缩水。要加强宣传，及时将有关政策传达到基层；合理布设收购库点，尽量满足农民售粮需要，确保收购工作顺利进行。需要强调的是，实行最低收购价政策的地区和企业，必须严格执行国家质量标准和价格政策，不得压级压价损害农民利益，也不得抬级抬价或随意放宽质量标准损害国家利益，违者要依法依规严肃处理。

二是加强对粮食收购工作的组织指导。各地要高度重视粮食收购工作，采取有效措施为企业提供信息服务，引导和规范各类粮食经营和加工企业的收购行为。要加强对国有粮食企业收购工作的具体指导，支持他们切实发挥好主渠道作用。收购期间，各级粮食部门要深入一线，及时解决发现的问题和矛盾。要加强对收购工作的组织协调，认真落实好各项政策措施，让政府放心、让农民满意。

三是切实维护好收购市场秩序。我局将会同有关部门尽快修订《粮食收购资格审核管理暂行办法》，加强收购资格审核和监督检查，规范企业收购行为，各地要认真抓好《办法》的贯彻落实。继续健全粮食企业最低最高库存量制度，逐户核定企业最高库存量，督促和引导企业均衡收购，防止囤积居奇，维护粮食收购市场正常秩序，稳定市场预期，为保证供应和稳定价格创造良好的环境。

（三）切实保障市场供应，坚决维护市场稳定

一是继续做好政策性粮食销售工作。国家有关部门将根据宏观调控需要和市场价格情况，继续分期分批安排政策性粮油竞价销售，并合理确定销售品种、数量和底价。继续安排政策性粮油定向销售，重点保障主销区和大中城市的市场供应，发挥好骨干企业的积极作用。各地要按照要求制订本地区地方储备粮油定向销售具体方案，与国家定向销售协同运作。同时，各地和各有关企业要按照有关文件的要求，督促有关承储企业认真履行合同，严格按规定及时出库，保证销售工作顺利进行。

二是强化和落实各地粮油保供稳价的责任。按照粮食省长负责制的要求，地方政府对本地粮油市场保供稳价工作负有直接责任。粮食部门作为政府的职能部门，要把做好粮油保供稳价工作作为一项重要任务，切实抓好落实。要结合本地实际，提前谋划，制订和完善粮油保供稳价工作方案。紧紧抓住重点地区和薄弱环节，加强货源组织调度，充分发挥地方储备的吞吐调节作用，切实维护粮食市场稳定。

三是加强粮食产销合作和调运。鼓励粮食产销区开展各种形式的产销合作，不断扩大合作范围、提升合作水平、丰富合作内容。指导销区有序到产区采购，努力协调粮食地区间运输等困难，促进粮食有序流通。认真抓好政策性粮食跨省移库计划的贯彻落实，根据需要及时研究下达后续批次跨省移库计划，优化库存地区布局，促进粮食区域平衡。

（四）完善粮食储备调节体系，增强宏观调控物质基础

一是强化中央储备粮行政管理。努力提高中央储备粮管理水平，逐步形成调控有力、高效灵活、规范运作的运行机制。加强对轮换工作的指导，确保中央储备粮数量真实、质量良好和储存安全。继续推进中央储备粮轮换通过规范的粮食批发市场公开进行，中央储备粮轮换要适应宏观调控的需要，服从和服务于保持市场稳定的需要。继续调整优化中央储备粮地区分布，适当增加库存薄弱地区储备规模，使中央储备粮区域布局与当地经济发展水平、人口及粮食形势和市场调控需要相适应。

二是择机充实地方成品粮油储备。各地要继续加强地方储备粮管理，完善规章制度，提高管理水平。根据辖区内人口、城镇化发展和消费需求变化等情况，适时调整储备规模、品种结构以及原粮、成品粮比例，逐步建立地方储备粮规模动态调整机制。进一步优化地方储备粮布局和品种结构，充实成品粮油应急储备库存，京、津、沪、渝等大中城市及价格易波动地区，要有一定数量适销对路的小

包装粮油储备，确保能够随时投放市场。要根据市场调控需要，灵活安排轮换，发挥储备粮调控市场的作用。

三是切实提高粮食应急保障水平。进一步完善粮食应急体系，细化和完善地方粮油储备应急动用方案。健全应急协调联动机制，落实应急保障资金和应急保供载体。健全应急粮油加工和供应网点体系，提高应急保障能力。按照粮食应急日加工能力基本满足辖区内口粮需求的原则合理布局粮食加工企业，根据"每10万人口至少设立1个应急供应点"的标准确定应急供应点。当市场出现异常情况时，要按有关规定及时启动预案，切实维护粮食市场稳定。

（五）扎实做好统计调查分析和监测工作，为宏观调控提供可靠的服务

一是贯彻落实好新的《国家粮食流通统计制度》。新的统计制度已经开始实施，各地要切实抓好贯彻落实，结合本地实际完善地方统计制度，进一步提高粮食统计的科学性、准确性和权威性。积极争取地方政府的支持和有关部门的配合，扩大统计覆盖面，切实履行好全社会粮食流通统计职能。

二是继续搞好社会粮油供需平衡调查。2011年度社会粮油供需平衡调查仍是全年粮油统计工作的重点之一。各地要进一步优化调查方案，完善抽样框设计，科学选择样本，建立健全调查质量控制体系，加大对重点数据审核抽查力度，准确反映国内粮油供需状况。要及时完成数据汇总分析和调查报告撰写工作，提高报告质量，增强时效性。

三是强化粮食市场监测预警。进一步健全粮食市场信息监测体系，扩大监测范围，优化监测点布局。密切关注国内外市场供求和价格变化情况，及时调整监测频率和密度，提高监测工作的前瞻性和预见性。切实加强统计分析，准确分析和预测粮油市场走势，及时发现趋势性、苗头性问题，掌握粮食流通发展的趋势和规律，提出宏观调控意见和建议。

四是加强统计队伍建设。粮油统计是宏观调控的重要基础，各地要高度重视，采取有效措施，健全机构，充实人员，落实经费。我局将继续组织统计培训，各地也要加强业务培训，进一步提高统计人员素质。要努力改善基层统计工作条件，提高统计工作效率和执行能力。

同志们，"十二五"的序幕已经拉开，粮食调控工作正站在一个新的历史起点上，我们又将踏上新的征程。回顾过去，我们取得了不凡的成绩；展望未来，我们对粮食流通事业充满信心。让我们进一步强化责任意识和创新意识，齐心协力，真抓实干，奋力推进粮食宏观调控工作又好又快发展，为保障国家粮食安全作出新的贡献，以优异成绩迎接中国共产党成立90周年！

在全国粮食流通基础设施建设工作会议上的讲话

国家粮食局党组成员、副局长　吴子丹
2011年10月27日

同志们：

今天我们在广西壮族自治区南宁市召开全国粮食流通基础设施建设工作会议，主要任务是：总结"十一五"粮食流通基础设施建设工作经验；贯彻落实《国务院办公厅关于促进物流业健康发展政策措施的意见》（国办发〔2011〕38号）；分析当前面临的新形势新任务，研究部署"十二五"粮食流通基础设施建设相关工作，为保证粮油市场稳定和国家粮食安全奠定基础。

一　开拓进取，基础设施建设取得新的成绩

"十一五"时期，粮食部门认真学习贯彻落实党的十七大精神和党中央、国务院关于粮食工作的方针政策，按照国家粮食局关于"狠抓政策落实，加强市场调控，积极推进粮食流通产业发展"的整体部署，积极进取，扎实工作，粮食流通基础设施建设工作取得新的成绩。据统计，"十一五"期间，全国粮食流通基础设施建设共投入资金约800多亿元，其中中央补助投资约100亿元，带动地方政府和企业投资约700多亿元，共建设仓容6400万吨，油罐1000万吨，烘干能力3000万吨，维修改造仓房仓容约1.1亿吨；为全国25个省（区、市）200多万个农户配备了标准化小型粮仓。与"十五"期末相比，全国粮食储备有效仓容增加了34%，油罐罐容增加了194%，烘干能力增加了58%。回顾"十一五"，粮食流通基础设施建设取得历史性突破：粮食现代物流发展迅速，仓储设施建设继续保持推进势头，农户科学储粮专项取得突破性进展，为保障国家粮食安全作出了贡献。

这些成绩的取得，一是得益于科学编制规划。根据《国家粮食安全中长期规划纲要(2008~2020年)》（国发〔2008〕24号）的有关要求，国家粮食局配合有关部门编制并发布实施了《粮食现代物流发展规划》、《全国新增1000亿斤粮食生产能力规划（2009~2020年）》、《粮油仓储设施建设方案》、《汶川地震灾后恢复重建市场服务体系专项规划》、《农业科技发展中长期规划》。各级粮食行政管理部门结合各自实际情况，也编制并组织实施了相应的发展规划。这些规划明确了"十一五"期间粮食流通基础设施建设的中长期目标和任务，规范了项目建设布局，拓宽了投资渠道，具有前瞻性，体现了先进性，发挥了导向性，为全面做好"十一五"粮食流通基础设施建设工作指明了方向。

二是得益于政府投资的带动作用。"十一五"期间，随着政府投资力度的加大，粮食现代物流、农户科学储粮专项、仓房维修改造以及灾后应急维修和重建等项目的中央财政投资实现了从无到有并逐年增加，粮油仓储和烘干设施建设得到加强。同时，通过政策扶持和投资引导，带动了各级政府通过退城进郊、资产置换、财政拨款等方式，多方筹措资金，有力地促进了粮食流通基础设施建设。

三是得益于规范管理。项目的规范管理是完成好建设任务的关键。各级粮食行政管理部门分析形势变化，理清工作思路，科学制定规划，加强沟通协调，积极筹措资金，从项目申报、审批、评审、管理、资金拨付、验收等各个环节制定了相应的管理办法和应对措施，加强管理，规范操作，有力地

保证了粮食流通基础设施项目建设的顺利实施。

四是得益于积极推进新技术应用。"十一五"期间，粮食储备"四合一"新技术得到广泛的推广应用，取得了显著的社会经济效益。其科技成果获得国家科技进步一等奖，为粮食流通基础设施建设提供了技术支撑。各地粮食部门积极探索成品粮应急储备库、数字粮库建设以及绿色储粮、粮食物流安全追溯等新技术并取得阶段性成果，全国集粮食仓储、物流、检测、加工、信息和交易等功能为一体的粮食现代物流园区建设发展迅速。这些新技术的推广应用，有力地促进和带动了粮食流通基础设施的功能提升。

二　面对挑战，基础设施建设任重道远

"十一五"期间粮食流通基础设施建设取得的成果，为进一步保障国家粮食宏观调控能力，保证市场供应和农民增产增收创造了条件，但粮食流通基础设施建设仍面临发展"瓶颈"，尤其是"十二五"时期，我们仍将面临诸多挑战。主要是：粮食安全的战略性全局性地位将更加突出，粮食安全隐患仍然存在，粮食质量安全问题日益凸显，粮食流通安全作为粮食安全的"窗口"作用将更加明显，宏观经济形势对粮食安全的影响加大，外资的影响和冲击不容忽视等。为此，我们必须有清醒的认识，作为应对这些新情况新特点新变化的重要措施之一，基础设施建设任重道远。

（一）体制机制尚需完善

"十一五"时期，由于投资体制机制尚不完善，用于粮食流通基础设施建设的投入与全社会相比明显偏少且不稳定。据统计，"十一五"期间用于粮食流通基础设施建设的投资仅占我国全社会固定资产投资的0.087%，且每年规模都有波动。由于粮食物流项目建设具有涉及面广、投资额大、风险高、利润低，并承担一定的政府调控职能的特点，需依靠政府的投资带动和政策引导。但当前土地、税费等优惠政策较少，财政资金投入不足，影响了社会投入的积极性，导致粮食物流设施建设进展较慢。

（二）设施建设仍不平衡

当前，粮油仓储设施建设仍不平衡，应急保障能力薄弱，粮食物流"瓶颈"尚未突破，华东沿海和东南沿海通道、长江通道粮食仓储物流设施建设相对较快，但东北通道、黄淮海通道和西部地区还相对较慢。跨省散粮运输比例不高，发展仍不平衡。基层收纳库设施陈旧老化，近年中央财政主要对主产区仓房维修改造安排了补助资金，由于地方财政能力不足，部门配套资金难以落实，致使部分地区设施条件得不到及时改善。另外，由于种种原因，部分粮食主产区也未能实施农户科学储粮专项。

（三）部分地区设施建设布局不尽合理

由于协调机制还不够完善、管理有缺位，致使粮食流通基础设施建设难以完全做到统筹规划、合理布局。主要表现在：一是项目建设与前期规划衔接不够，部分项目建设存在随意性；二是一些地区对粮食仓储设施与物流、加工、批发市场等项目建设缺乏整体布局，影响投资效益；三是对中央企业、地方国有企业、民营企业管理不到位，致使部分项目重复或盲目建设。造成既有部分粮食主产区收储仓容相对紧张、露天储粮增多等问题，也存在局部地区现有粮食仓容闲置的问题。尤其是民营企业所建仓房多为简易设施，技术水平低，储粮安全和生产安全均得不到保证。

（四）新技术推广应用还需加强

最近几年的基础设施建设，没有像三批国债粮库建设时对技术和工艺提出了统一的要求，在新技

术、新仓型、新设备方面成果不多，在安全储粮、绿色储粮、节能减排技术等方面研究、应用不够。比如， 成品粮应急储备库建设的相关技术、粮食现代物流尤其是成品粮（半成品粮）流通等技术问题，仍没有取得实质性的突破。

三　再接再厉，基础设施建设再上新台阶

当前，全国上下都在认真学习贯彻党的六中全会精神和胡锦涛同志的重要讲话。国家粮食局党组认真研究落实会议精神，部署今年第四季度和2012年全国粮食工作。总的要求是：抓好收购促增收，加强调控稳市场，深化改革转方式，提升产业惠民生，依法管粮上水平，切实做好粮食流通工作，保证市场供应和价格稳定，为保障国家粮食安全、促进国民经济平稳较快发展作出新的贡献。

今年是"十二五"开局之年，各级粮食行政管理部门建设规划陆续编制完成并发布实施，相关工作稳步推进，为组织实施《"十二五"粮食流通发展规划》开了好头。到2015年，我们的工作目标是：粮食流通基础设施基本满足粮食增产、保障供给的要求，粮食仓储设施布局更加合理，基层粮食收纳库设施条件得到明显改善，大中城市成品粮应急储备能力和水平得到提升；主要跨省粮食流出通道设施能力显著增强，初步实现散粮火车"入关"运行，散粮流通比例明显提高；农户储粮条件得到进一步改善，大农户储粮仓型得到试点和推广；粮食质量安全检验监测整体水平提升，基本消除粮食质量安全监测盲区。为实现以上目标，我讲几点意见：

（一）统一思想，进一步提高认识

粮食安全事关国民经济发展和社会稳定大局。粮食流通基础设施是国家实施粮食宏观调控、保障粮食安全的重要载体，加强粮食流通基础设施建设对于实现粮食供求平衡、保供稳价、增加农民收入、推进粮食流通事业又快又好发展具有重大意义。我们各级粮食行政管理部门要进一步提高认识，这是我们的责任，也是我们的义务。

（二）加强统筹协调，积极争取政策和资金支持

各地要将"十二五"粮食流通设施建设专项规划纳入当地总体规划中，积极协调有关部门按照粮食工作省长负责制的要求，加大对本地区粮食基础设施建设的投入。推动理顺投资管理部门的分工和协作关系、完善政府投资补助政策和建立各级政府投入的长效机制。要重点加强规划和项目的对接，促进新仓型、新设备和新技术的推广应用，做好对各类企业特别是民营、外资企业设施建设工作的行业指导和协调，避免重复建设，保障建设质量和效果。

（三）加大工作力度，着力抓好仓储设施建设

"十二五"期间粮食流通仓储设施建设任务仍然较重，我们应加大工作力度，精心组织，周密安排，着力抓好中央和地方仓储基础设施建设，完善全国粮油仓储设施布局，推广应用粮库信息化管理系统，实现仓房设施标准化、技术装备现代化、管理规范化。特别是要加快粮食主产区和西部地区一线收纳库的仓房建设与维修改造，满足粮食收购和安全储粮的需要。同时，按照技术、经济均可行的原则重点推进大中城市成品粮应急储备库建设试点，进一步提高粮食流通仓储设施水平，为加强国家粮食宏观调控能力提供基础保障。

（四）重点推进粮食物流体系建设，提高安全保障能力

最近国务院办公厅印发了《关于促进物流业健康发展政策措施的意见》，有关部门正在抓紧制订相关政策措施。粮食现代物流是国务院要求优先发展农产品物流业中的重要内容，这是粮食现代物

流发展难得的历史机遇。我们一定要抓住这个契机，积极争取有关部门的政策和资金支持，加大协调力度，做好行业协调和指导，推动东北地区散粮火车入关，加快发展散粮铁水联运，提升西部地区粮食增产后备基地的粮食接受、发放设施能力和水平。根据粮食物流格局的变化趋势，积极推进适合原粮、半成品粮（糙米）和成品粮多元化的粮食运输方式，以及集装袋、集装箱、射频标识等粮食物流新形态新技术的研究推广力度，发展散、包结合的粮食物流体系。明年，我局将配合国家发展改革委等有关部门，加快研究推进"北粮南运"铁路散粮运输线路的试点工作。请各有关单位结合粮食物流设施建设出现的新情况新问题，并根据粮食主产区、主销区及产销平衡区的不同特点，研究是否将一些能突出发挥服务国家（区域）粮食保障需要的高层次高水平作用的粮食功能园区定为国家级示范园区，更好地发挥示范带动作用。

（五）加强农户科学储粮专项和粮食质量安全检验监测能力建设

实施农户科学储粮专项是贯彻落实国务院领导批示精神，保障国家粮食安全的重要举措。做好农户科学储粮专项建设工作，首先要解决认识上的问题，转变观念，总结经验，完善机制，加强沟通和组织协调，按照规划确定的目标和建设任务抓好落实。在大力推进专项的同时，要注意做好与发展代农储粮等新型储粮方式的衔接，多措并举，减少粮食损失。这是一件利国利民的大好事，我们一定要把这项惠民工程做好。

经积极争取，今年国家发展改革委安排了1亿元中央预算内投资启动粮食质量安全检验监测能力建设，"十二五"期间安排资金的力度会更大。各地要珍惜机会，认真制订实施方案，落实好配套资金，加强项目监督管理，努力使粮食质量安全检验监测能力得到显著提升。

（六）齐心协力，扎实做好对口援疆、援藏工作

西藏、新疆工作在党和国家工作全局中具有特殊重要的战略地位。加强和推动对口援藏、援疆工作，既是党中央、国务院对西藏、新疆工作的重要部署，也是加快西藏、新疆发展，维护国家稳定和长治久安的重要举措。我们粮食部门责无旁贷。

2010年9月，我们组织召开了粮食系统对口支援新疆粮食流通跨越式发展工作会议，对支援新疆粮食流通工作进行了整体部署。各地粮食部门齐心协力，精心组织，周密安排，做了大量卓有成效的工作，如吉林、江苏、安徽等很多省市及部分单位积极落实，目前已取得阶段性成果。希望各级粮食部门根据《国家粮食局关于支持新疆粮食流通跨越式发展的意见》的整体安排，继续扎实推进各项工作，为促进新疆稳定与繁荣发展作出贡献。

2010年1月，党中央、国务院组织召开了第五次西藏工作座谈会，胡锦涛总书记、温家宝总理作了重要讲话。会议明确了支持西藏跨越式发展的指导思想，制定了支持西藏以及川、滇、甘、青四省藏区发展的一系列重大政策措施。今年西藏自治区粮食局提出希望我局组织开展粮食系统对口援藏工作。我局制订了初步的实施方案并征求了有关省区市粮食局以及中央粮食企业的意见。召开了对口支援西藏有关单位的沟通会，大家积极想办法、出主意，提出了不少切实可行的工作建议。目前，援藏工作进展顺利，如很多省市粮食局和央企已与西藏粮食局建立了长效沟通机制，近期将赴藏考察相关项目。在此，我代表国家粮食局表示衷心的感谢！同时也希望各有关省区市粮食局和中央粮食企业结合西藏自治区粮食局提出的需求和各自的实际情况，并按照振邦局长"要充分做好准备工作，精心组织实施。要有实际的对口支援内容，不要给地方增加负担，真正把对口支援工作落到实处，带动西藏地方粮食流通工作发展"的要求，克服困难，积极落实，使援藏工作取得实效。

同志们，"十二五"时期，是加快现代粮食流通产业发展的攻坚时期，也是推进国家粮食安全战

略目标全面实现的重要阶段。大家要统一思想，提高认识，认真贯彻落实《国务院办公厅关于促进物流业健康发展政策措施的意见》精神，扎实做好"十二五"粮食流通基础设施建设的各项工作。这次会议，是站在新的历史起点总结"十一五"、落实"十二五"设施建设工作的一次重要的承上启下的会议，希望大家充分利用这次机会，针对粮食流通基础设施建设存在的问题，认真研讨交流，相互借鉴，相互促进，在各级政府和有关部门的大力支持下，通过各级粮食行政管理部门和粮食企业广大干部职工的扎实工作和奋力开拓，我国粮食流通基础设施建设工作在"十二五"期间一定会取得更大的成绩！

3

第三篇

全国粮食工作

粮油生产

一 粮食生产情况

2011年，在党中央、国务院的正确领导下，经过各级党委、政府和农业部门以及广大农民群众的共同努力，粮食生产克服北方冬麦区冬春连旱、长江流域旱涝急转、西南地区严重干旱等多重灾害的影响，粮食总产在高起点、高基数的情况下实现半个世纪以来首次连续八年增产，首次连续五年保持在1万亿斤以上，为抑制物价过快上涨、应对国际金融危机赢得了主动，为保持经济平稳较快发展、维护社会和谐稳定作出了重要贡献。我国粮食生产实现"八连增"，对平衡全球粮食供求、稳定国际市场价格也具有重要意义。油料生产继续保持稳定发展，在面积略有减少的情况下，全国油料单产、总产均创历史新纪录，实现自2008年以来的"四连增"，食用植物油自给率稳定在40%以上。

（一）2011年粮食生产特点

1.粮食面积稳定增加。2011年粮食播种面积11057.3万公顷，比上年增加69.7万公顷，增幅0.6%，是1957年以来第一次连续八年增加。

2.粮食单产提高。2011年粮食平均单产每公顷5165.9公斤，比上年提高192.3公斤，增幅3.9%。

3.粮食总产连续第八年增产。2011年粮食总产57120.8万吨，比上年增产2473.1万吨，增幅4.5%，实现1959年来第一次连续八年增产。

4.三季粮食季季增产。

夏粮增产：2011年夏粮播种面积2755.8万公顷，比上年增加11.8万公顷，增幅0.4%；总产12638.7万吨，比上年增产323.7万吨，增幅2.6%；单产每公顷4586.3公斤，比上年增加98.4公斤，增幅2.2%。

早稻增产：2011年早稻播种面积575.0万公顷，比上年减少4.6万公顷，减幅0.8%；总产3275.4万吨，比上年增产141.7万吨，增幅4.5%；单产每公顷5697.0公斤，比上年提高290.0公斤，增幅5.4%。

秋粮增产：2011年秋粮播种面积7726.6万公顷，比上年增加62.6万公顷，增幅0.8%；总产41206.7万吨，比上年增产2007.7万吨，增幅5.1%；单产每公顷5333.1公斤，比上年提高218.4公斤，增幅4.3%。

5.主要粮食品种"三增一减"。

稻谷增产：2011年稻谷播种面积3005.7万公顷，比上年增加18.4万公顷，增幅0.6%；总产20100.1万吨，比上年增产524.0万吨，增幅2.7%；单产每公顷6687.3公斤，比上年增加134.3公斤，增幅2.0%。

小麦增产：2011年小麦播种面积2427.0万公顷，比上年增加1.3万公顷，增幅0.1%；总产11740.1万吨，比上年增产222.0万吨，增幅1.9%；单产每公顷4837.2公斤，比上年提高89.1公斤，增幅1.9%。

玉米增产：2011年玉米播种面积3354.2万公顷，比上年增加104.2万公顷，增幅3.2%；总产19278.1万吨，比上年增产1553.6万吨，增幅8.8%；单产每公顷5747.5公斤，比上年提高293.8公斤，增幅5.4%。

大豆减产：2011年大豆播种面积788.9万公顷，比上年减少62.7万公顷，减幅7.4%；总产1448.5万吨，比上年减产59.8万吨，减幅4.0%；单产每公顷1836.3公斤，比上年提高65.1公斤，增幅3.7%。

6.全国基本实现均衡增产。

重庆、贵州2省（市）减产，其他29个省（区、市）均有不同程度增产，其中黑龙江增产557.8万吨、吉林增产328.5万吨、辽宁增产270.1万吨、内蒙古增产229.3万吨、河北增产196.7万吨。13个粮食主产省粮食产量43421.5万吨，比上年增产2237.5万吨，占全国粮食总产量的76.0%，比上年提高0.6个百分点；18个粮食主销省和产销平衡省粮食产量13699.3万吨，比上年增产235.6万吨，占全国粮食总产量的24.0%，比上年降低0.6个百分点。河北、山西、内蒙古、辽宁、吉林、黑龙江、安徽、江西、山东、河南、湖南、云南、甘肃、宁夏、新疆等15个省份粮食产量创历史新高。其中，内蒙古、辽宁、吉林、黑龙江4省（区）粮食增产量占全国增产总量的56.0%。

（二）2011年油料生产特点

据统计，全国油料总产量3306.8万吨，比上年增产76.7万吨，增长2.4%，增产量和增长幅度都与上年基本相同。2011年油料生产主要有以下特点：

1.单产创新纪录。2011年全国油料平均单产每公顷2386.7公斤，比上年增加60.7公斤，创历史最高纪录。因单产提高增产油料83.1万吨，补偿了面积下降的影响，实现了油料总产量的稳定增长。花生、油菜籽、芝麻、胡麻、向日葵等5个油料作物单产均比上年提高。除油菜籽外，其余4个作物单产都达到创纪录的水平。其中，花生每公顷3502.5公斤，提高47.5公斤；油菜籽1827.3公斤，提高52.3公斤；芝麻1385.3公斤，提高73.3公斤；胡麻1113.5公斤，提高25.5公斤；向日葵2459.7公斤，提高124.7公斤。

2.主要油料作物增产多。5个油料作物全面增产，但增产最多的是花生和油菜籽。2011年花生在面积、单产双增加的情况下，产量达到1604.6万吨，创历史最高纪录，比上年增产40.2万吨，占油料增量的52.4%。油菜籽在面积减少的情况下，产量达到1342.6万吨，增产34.4万吨，占油料增量的44.9%。芝麻增产1.8万吨。

3.各地生产不平衡。31个省（区、市）中有19个省份增产，12个省份减产。增产5万吨以上的有辽宁、江西、湖南、四川、贵州、云南6个省，共增产101.2万吨，其中云南、湖南、辽宁3省增产量都超过20万吨。减产5万吨以上的有江苏、安徽、河南、湖北4省，共减产37.2万吨，减产最多的是安徽，减产13.9万吨。

4.面积略有减少。油料面积在连续3年增加后，有所下降。2011年全国油料面积1385.5万公顷，比上年减少3.5万公顷。除花生面积增加外，其余作物均有所减少。2011年花生面积458.1万公顷，比上年增加5.4万公顷；油菜籽734.7万公顷，减少2.3万公顷；向日葵94.0万公顷，减少4.4万公顷；芝麻43.7万公顷，减少1.0万公顷；其他油料面积减少1.2万公顷。

5.食用植物油自给率基本稳定。2011年油料增产76.7万吨，大豆减产59.8万吨，棉花增产62.8万吨，茶籽油、玉米油等稳中略增，扣除食用部分，国产油料折油总量1035万吨。按照2011年植物油食用消费量2460万吨测算，食用植物油自给率稳定在42%。

二 粮油高产创建

2011年，国务院决定组织实施全国粮食稳定增产行动，继续在全国建设5000个万亩示范片，并选择50个县（市）、500个乡（镇），开展整县整乡整建制高产创建试点。在应对多发重发自然灾害中，高产创建示范片率先落实应对技术措施，及时调整适宜品种，全程推进农机农艺结合，辐射带动大面积平衡增产，为实现我国粮食产量"八连增"和农业稳定发展发挥了重要作用。

（一）取得成效

高产创建找到了依靠科技挖掘作物单产潜力、以点带面促进大面积平衡增产的新路子，实施规模进一步扩大，取得了很好的示范效果。

1.实施规模不断扩大。2011年中央财政安排15亿元专项资金，继续在全国建设5000个万亩示范片，并选择50个县（市）、500个乡（镇），开展整县整乡整建制高产创建试点。各地建设省级示范片2502个、市级示范片815个、县级示范片1590个，初步形成了以部级万亩示范片为核心、省市县万亩示范片为补充、整县整乡整建制推进试点的高产创建新格局。

2.产量水平继续提升。据严格测产验收，全国950个小麦万亩示范片中，亩产超600公斤的有410个，占43.2%；1400个单季稻万亩示范片中，亩产超700公斤的有901个，占64.4%；1000个玉米万亩示范片中，亩产超800公斤的有343个，占34.3%；280个油菜万亩示范片中，亩产超200公斤的有137个，占48.9%。河南省鹤壁市淇滨区小麦万亩示范片平均亩产696.3公斤，再创万亩集中连片小麦高产纪录。吉林省辉南县单季稻万亩示范片平均亩产849.4公斤，比目标产量高149.4公斤。云南省临沧市临翔区油菜万亩示范片平均亩产达到258.1公斤。

3.示范效应明显增强。2011年全国4270个粮食（不含杂粮）万亩示范片平均亩产600.5公斤，比全国平均水平高256.1公斤。其中，950个小麦万亩示范片平均亩产535.5公斤，比所在县平均亩产高142.5公斤；1400个单季稻万亩示范片平均亩产693.6公斤，比所在县平均亩产高198.6公斤；1000个玉米万亩示范片平均亩产730.7公斤，比所在县平均亩产高178.7公斤。380个油料万亩示范片平均亩产222.6公斤，比全国平均水平高63.5公斤；260个棉花万亩示范片平均亩产131.7公斤，比全国平均水平高44.5公斤。

4.整建制试点顺利推进。各地按照农业部要求，把万亩示范片的技术模式、组织方式、工作机制，向整乡（镇）、整县（市）延伸，辐射带动更大范围平衡增产。整县整乡整建制推进试点成为2011年高产创建的一个突出亮点。山东省德州市齐河县小麦平均亩产达到555.1公斤，其中整乡推进5万亩平均亩产626.5公斤。山西省定襄县整县推进20万亩玉米平均亩产由2010年的588.0公斤提高到648.6公斤，增幅10.3%。

（二）主要做法

各级农业部门不断完善管理办法，总结实施经验，探索创建模式，注重资源整合、政技结合、机制创新、科学考评，推动高产创建上规模、上层次、上水平。

1.以多元投入为保障推动高产创建。2011年中央财政投入15亿元，在全国建设5000个万亩高产创建示范片，并建设50个整建制试点县、每县20个示范片，建设500个整建制试点乡、每乡3个示范片，每个示范片安排资金20万元，重点用于技术推广、专业化服务、物化补贴、信息服务、项目考核等方面。各地也进一步加大资金投入力度。据不完全统计，2011年各地省级财政累计投入高产创建资金13.8亿元、市级10.5亿元、其他32.1亿元，合计56.4亿元，比上年增加较多。其中，黑龙江各级财政安排34.7亿元、新疆7.4亿元、山东2.2亿元、宁夏2.1亿元。四川安排专项资金1.03亿元，比上年增加2000万元。安徽省从超级产粮大省奖励资金中安排5160万元，支持粮食高产创建示范片建设。

2.以专业化服务为核心提升高产创建。高产创建取得实效的关键是实现行政与技术结合、科研与推广结合、规模化经营与产业化服务结合。2011年，按照全国粮食稳定增产行动的要求，农业部在吉林省伊通县和湖南省益阳市赫山区启动了全国科技稳粮增粮科技大会战，组织万名专家和35万名农技人员，在13个粮食主产省和非主产省的粮食大县全力做好重要季节、重点环节的科技服务指导。并要求各地在高产创建推进工作中建立一批专业合作社，所有试点乡（镇）都建立专业合作社，有条件的地方做到一村一社；扶持一批专业服务组织，重点是建设农机作业、病虫专业化服务组织，提高社会化服务水平；培育一批科技示范户，让农民看得见、学得会，发挥好他们的示范带动作用。山东省各项目县建立各类专业化技术推广服务组织，探索规模化生产的新路子。该省德州市在工商部门登记注册的农机专业合作社达268个，社员数量5720户，资产总额达到3.1亿元，拥有拖拉机3190台、联合收割机2475台，使"日收百万亩粮、日种百万亩地"成为现实。

3.以制度建设为重点规范高产创建。突出抓好项目区图、档、卡、册、牌落实，技术方案落实，行政负责人和技术负责人落实，技术培训落实，作业标准落实等"五个落实"。各级农业部门专人负责，建立健全工作和技术档案，普遍制订项目考核管理办法，实行规范化管理，严格督导考核，把高产创建成果作为农业达标评优的重要依据。农业部与国家统计局联合印发了《全国粮食高产创建整县整乡整建制推进单位面积产量调查方案（试行）》，引入统计部门参与整建制试点县乡的测产验收工作，确保验收工作"科学规范、公开透明、严格程序、逐级把关"，提升高产创建项目的公信力。云南省引入中介机构，制订完整的考核办法，对高产创建等主要科技增粮措施进行全面、完整的绩效考核，以加强财政资金支出项目的绩效监管，提高资金使用效益。河北省保定市在小麦、玉米收获前，组织专家和工作人员对示范片作物长势、高产创建档案进行逐一考评、现场评分，排序通报。

（三）经验与启示

面对资源约束不断增强、需求总量不断增长、质量要求不断提高的新形势，必须强化行政推动，以科技集成创新为引擎，通过实施高产创建，转变粮食生产方式，提升粮食综合生产能力。

1.行政推动是确保高产创建顺利实施的重要前提。在农业占国民经济比重、农业收入占农民收入比重越来越小的情况下，粮食生产不易引起基层政府的重视。通过开展高产创建，省、市、县、乡都成立行政领导负责的组织机构，涉农部门共同参与，层层落实责任，形成以行政推动为主导的技术指导到户、措施服务到田的工作机制，推动各项技术措施落实。安徽省成立由省委常委、分管副省长任组长的粮食生产三大行动专家组，负责粮棉油高产创建活动。省农委成立高产创建联席会议，实行对口联系制度，15个成员单位分别对口联系指导1~2个高产创建示范县。湖南省政府将高产创建作为2011年发展粮食生产的10项重点工作之一，纳入考核县市区领导班子政绩和粮食生产标兵县、先进县评选的重要内容。

2.科技服务是确保高产创建顺利实施的重要支撑。目前，我国农业科技贡献率仅为52%左右，比发达国家低20多个百分点；科技成果转化率30%左右，比发达国家低30多个百分点。通过高产创建，集聚一批科研项目、集聚一支专家队伍、集聚一批主导品种、集聚一套主推技术，促进了先进适用技术的大面积推广。2011年，各地在万亩示范片及整建制试点大力推进以"推广高产优质良种、普及高产优质生产技术、普及测土配方施肥、普及病虫害综合防治、普及机械化种植"为内容的技术推广"一推四普及"，实现技术集成推广。黑龙江农垦以万亩示范片为着力点，力塑高产典型、推广高产经验、扩大高产群体，加快科技创新和成果转化。目前，垦区农业科技贡献率达到67%，农业科技成果转化率达到85%。

3.规模经营是确保高产创建顺利实施的重要举措。我国农户规模小、经营分散，技术服务、市场衔接都受到制约。各地以高产创建为载体，大力培育种田大户、粮油合作社、专业化服务组织等，推进适度规模经营，促进农业生产方式转变。江苏各地把专业化服务组织作为高产创建的重要内容，每个万亩示范片扶持3个左右服务组织，通过高产创建带动，在示范片从事专业化服务组织的数量由2008年项目实施之初的104个增加到2011年的1463个，带动全省粮棉油专业化服务组织增加到近6000个。重庆市把培植种粮大户、推进规模经营作为重要抓手，2011年全市水稻高产创建万亩示范片共培植百亩以上种粮大户87个，其中千亩以上大户5个。

三　基层农技推广体系改革与建设示范县

（一）基本情况

2011年，中央财政安排8亿元，继续实施"基层农技推广体系改革与建设示范县项目"，围绕粮食、经济作物、园艺、畜牧、水产等主导产业，建立了800个国家级示范县，带动各省建立省级示范县255个，省级配套资金2.5亿元，培训技术指导员87152人，培育示范户近115万户，辐射带动农户2100多万户。通过加强管理，以项目为平台，全力支撑基层农技推广体系改革与建设，全面推进农业科技进村入户，取得良好进展和明显成效。

（二）主要做法

1.抓管理，提高项目管理水平。为加强示范县项目管理，提高项目实施质量，主要采取以下措施。一是下发通知规范项目实施。2011年5月，印发《农业部办公厅 财政部办公厅关于2011年基层农技推广体系改革与建设示范县项目实施指导意见的通知》（农办财〔2011〕63号），对项目实施基本原则、主要目标、内容、范围和遴选条件、保障措施等提出明确要求。二是召开会议推动项目实施。为贯彻落实国务院办公厅《关于开展2011年全国粮食稳定增产行动意见》的精神，做好2011年农业技术推广工作，5月中旬和下旬分南北两个片区召开农业技术推广工作座谈会，9月在山东举办全国农技推广省级信息管理员培训班，11月在湖北武汉召开加强基层农技推广能力建设工作研讨会，研究部署农技推广、示范县建设和稳粮增粮科技大会战等工作。三是调研督导项目实施。12月，农业部会同财政部组成4个检查组对河南、安徽、山东、海南的示范县进行督导检查，充分了解示范县项目经费使用情况及发挥的作用。

2.严考核，开展项目绩效考评工作。为加强对全国农技推广示范县项目的管理，总结经验，完善机制，3月组织开展了全国农技推广示范县绩效考评工作。经过示范县自评、省级农业主管部门综合考评（以电话抽查结果为主要考评指标），分省确定了示范县排序。根据各省综合考评情况，末位淘汰了一批示范县，充分调动广大示范县的积极性。各省也认真做好项目实施的检查和考核工作，建立有效的激励、惩罚机制。

3.定产业，遴选和推广主导品种、主推技术。为支撑示范县主导产业的发展，配合全国农技推广示范县项目的实施，在基层调研、广泛听取有关地方和专家意见的基础上，分作物遴选出2011年主导品种150个、主推技术80项，通过多种渠道加强推广力度，并跟踪实施效果。同时，带动地方开展主导品种和主推技术的遴选，进一步缓解品种和技术多乱杂的情况，有效支撑良种良法配套推广。

4.搞培训，推进农民田间学校模式。2011年共举办3期农业部农民田间学校师资培训班，培养50名辅导员；要求每个示范县开展5期左右的田间学校培训班；与中化化肥有限公司和中国科学院农业政策研究中心合作，在全国建立60所农业部农民田间学校示范校，并在河北、安徽的5个县开展农民田间学校的跟踪评估研究。各省（区）陆续开办农民田间学校1000多所，涉及水稻、果树、蔬菜、养殖等领域，累计培训农民超过3万人。

5.重宣传，做好宣传推广工作。2011年，围绕全国农技推广示范县全面开展宣传工作，取得良好社会效果。一是组织媒体宣传。组织《人民日报》、《农民日报》、中国农业信息网等媒体赴湖北、江西、安徽、黑龙江等省深入示范县进行采访宣传，营造良好氛围。二是举办农业科技推广服务征文活动。为展现农技推广服务的新模式、新成效，展示农技推广人员风采，联合中国学术期刊电子杂志社以及《农民日报》，在全国举办"学科技、用科技、促双增"为主题的农业科技推广服务征文活动，增强了农技人员从事基层农技推广工作的责任感、使命感和自豪感。三是策划出版宣传画册。联合中国农业广播学校出版宣传画册《迎来春天——全国基层农技推广体系改革与建设示范县巡礼》，回顾总结全国基层农技推广体系改革与建设示范县3年来的改革经历及发展过程，全面展示示范县取得的突出成绩和丰硕成果。

（三）主要成效和经验

经过三年的项目实施，各地已基本完成改革任务，普遍认为示范县项目思路明确、设计合理，对基层农技推广体系改革与建设工作起到了很好的推动作用，缓解了基层"有钱养兵、无钱打仗"的现实问题，加速了主导品种和主推技术的示范推广速度，支撑主导产业的发展。

1.有效支撑粮食增产农民增收。2011年，各省将示范县项目作为粮食稳定增产行动的重要内容和科技大会战的重要措施，切实抓紧抓好。通过项目实施，有效促进了示范县先进适用技术的普及应用，带动提高了示范县的农业生产科技水平，为实现粮食生产"八连增"、农民增收"八连快"提供了有力支撑。据统计，黑龙江省玉米示范户平均亩产680公斤，辐射户622公斤，分别比普通户平均增产124公斤和66公斤；大豆示范户平均亩产188公斤，辐射户171公斤，分别比普通户平均增产38公斤和21公斤；水稻示范户平均亩产635公斤，辐射户588公斤，分别比普通户增产96公斤和49公斤。河南省41个示范县2011年粮食总产比上年增加156.6万吨，增长6.1%，平均亩产439.8公斤，比上年增加14公斤。

2.有力促进基层农技推广体系改革与建设。示范县项目的启动实施，为推动改革与建设提供了强有力的"助推剂"，呈现出良好的发展态势。一是制度建设不断完善。各省按照示范县建设总体要求，纷纷制定完善基层农技人员聘用制度、农技推广责任制度、农技人员考评制度、农技人员培训制度、多元化推广服务机制等，坚持把用制度选人、用制度管人与管事有机结合起来。安徽省确定国家农技推广示范县与基层农技推广体系改革是否到位挂钩，并实行一票否决制，促进了各地对基层农技推广体系改革与建设重要性、必要性和紧迫性的认识，42个项目县乡镇农技推广机构改革任务完成，建设工作快速推进。二是探索多元化推广服务机制。鼓励各项目县积极与科研教学单位及涉农企业联合，通过共建示范基地，产学研结合，带动农民学习应用优良品种和实用技术。江西省采取"农技推广机构+农民专业合作社（协会）+农户"、"农技推广机构+涉农龙头企业+农户"等模式对基地进行运作，密切农民专业合作社（协会）、涉农龙头企业和农户间的利益关系，有力促进优良新品种、先进适用农业技术的推广和应用。辽宁省加强农科教协作，构建跨学科、多层次的产学研结合推广平台。甘肃省静宁县与西北农大、甘肃农大、省农科院等科研院所合作，聘请专家开展培训和试验示范，积极搭建科研院所与广大农民的交流合作平台。

3.加速推进主导产业发展。每个示范县围绕3~5个主导产业，通过专家和技术指导员的巡回指导和技术服务，大力推广主导品种和主推技术，有效提高技术的入户率和到位率，有力促进了农民增产增收。河北省示范县主导品种入户率达97.4%，主推技术入户率达97%，部分示范县主导品种和主推技术入户率达100%，科技已成为示范县农业增效、农民增收的重要推动力量。江苏省示范县主导品种和主推技术入户率达98%以上，到位率达95%以上，农业科技成果转化应用明显加快。重庆市按照"加强体系建设、围绕主导产业、培训职业农民、进村入户指导、发展一村一品"的指导思想，各区县围绕目标任务，扎实开展工作，遴选了适合本地区主导产业发展的主推品种、主推技术，品种普及率达100%，技术到位率达95%以上。

4.充分发挥示范带动作用。示范户尝到了科学种植增产增收的甜头，科技意识明显增强，学科学、用科学成为自觉行动，对周围群众的辐射带动作用越来越强；试验示范基地自身生产水平和效益得到提高，对周边群众的示范带动作用也不断增强。一是示范户科技素质明显提高。培育了一批"乡土专家"，形成了"村看村，户看户，群众都看示范户"的好局面，建立了农技推广的有效模式和长效机制，有效促进了当地农民科技意识和科学种植水平的不断提高。二是基地示范展示作用充分发挥。通过在每个县建立农业科技试验示范基地，一方面成为上游专家的试验田，另一方面成为下游推广的展示田、辐射田和培训田，让技术指导员不出县乡、农民不出村组，就能看到新品种、新技术的展示与示范。

5.创新提升基层农技服务能力。通过改进服务方式，优化服务方法，不仅使农民群众得到了实惠，而且打造了一支为农民服务的科技队伍。有的项目县为全县技术指导员每人配备移动电话，农民遇到疑难问题直接打电话咨询，电话说不明白，农技人员直接到田间地头，实现零距离指导。甘肃省通过加强区域站建设，使基层农技推广体系的基础设施条件和服务手段明显改善，建设了一批"四室一场"，即人员工作室、电教培训室、化验检测室、信息咨询室及科技示范场，改变了过去农技推广"一张嘴，两条腿"的工作状态，有力推进了基层农技推广工作，使基层农技服务能力得到进一步提升。

四　农机购置补贴

2011年，各级农机化主管部门按照"如履薄冰尽职责、心无旁骛抓落实、创先争优求绩效"的总要求，精心组织，落实责任，规范实施，加强监管，完善机制，开展了大量富有成效的工作，取得了显著成效。

（一）基本情况

中央财政继续扩大农机购置补贴资金规模，全年中央财政共安排农机购置补贴资金175亿元，比上年增加20亿元，实施范围继续覆盖全国所有农牧业县（场）。补贴机具种类达12大类46个小类180个品目机具，在此基础上，各地还可以在12大类内自行增加不超过30个品目的其他机具列入中央资金补贴范围。中央财政农机购置补贴资金实行定额补贴，即同一种类、同一档次农业机械在省域内实行统一的补贴标准。单机补贴限额不超过5万元，100马力以上大型拖拉机、高性能青饲料收获机、大型免耕播种机、挤奶机械、大型联合收割机、水稻大型浸种催芽程控设备、烘干机单机补贴限额可提高到12万元，大型棉花采摘机、甘蔗收获机、200马力以上拖拉机单机补贴额可提高到20万元。

（二）主要做法

1.加强组织领导，落实实施责任。2011年初，农业部和财政部办公厅联合印发《2011年农机购置补贴实施指导意见》，省级农机化主管部门、财政部门也联合制订了本地区实施方案。农机化司与38个省级农机化主管部门签订了落实农机购置补贴政策工作责任书，进一步突出了规范操作、强化监管、奖优罚劣。各地及时提出了农机购置补贴工作细化实化强化措施，层层签署了责任书，全面落实了"主要领导负总责、分管领导负全责、工作人员直接负责"的责任机制，做到目标到岗、责任到人。

2.坚持规范操作，注重热情服务。各级农机化主管部门结合实际，细化程序，强化管理，做到要求更严格、操作更规范、落实更迅速。邀请纪检监察部门全程参与，自觉接受监督。坚持突出重点、兼顾一般的原则，补贴资金向粮食等农产品主产区倾斜、向主要农作物生产薄弱环节机械倾斜。严格执行农财两部规定，努力做到随时结算补贴资金，至少要保证实施后每季度结算一次。在规范实施的基础上，各地以农机购置补贴实施为载体开展热情服务，受到普遍欢迎和好评。

3.推进制度建设，构建长效机制。农业部始终坚持推进农机购置补贴制度建设，根据形势变化不断加密加严措施，完善制度办法，重点推进了补贴信息公开、廉政风险防控等制度建设。各地也制订了廉政风险防控工作方案，并认真实施，着力从源头上防范和杜绝腐败现象发生。完善全国农机购置补贴计算机管理网络系统，开发了公开摇号软件，进一步提高农机购置补贴管理的信息化水平。

4.宣传补贴政策，开展警示教育。各级农机化主管部门、财政部门开展全方位宣传。农业部、财政部有关负责人在中央媒体上发布了2011年农机购置补贴答记者问，印发了12万册农机购置补贴政策解读和宣传挂图。各地也利用媒体对补贴政策进行了广泛深入宣传。同时，全国农机系统普遍开展了以"廉洁从政、遵纪守法、规范操作"为主题的反腐倡廉警示教育活动，各地还纷纷开展讲廉政党课、举办反腐倡廉主题展览，推动农机购置补贴反腐倡廉警示教育深入开展。

5.严格监督检查，实行全程监管。农业部把2011年定为"农机购置补贴政策监管年"，精心组织实施。年初，农业部印发了《2011年农机购置补贴政策落实监督检查方案》，派出17个督导组对24个省（区、市）进行重点督导。农业部成立联合调研组分赴7个省份，开展"解剖麻雀"式的专项核查，随机选取一个县，核实机具到位情况，深入查找问题。在全国范围内部署开展了为期3个月的专项整治活动，对存在的问题及时坚决纠正。各地农机化主管部门针对容易发生问题的关键环节，开展自查自纠，重点加强监管。坚决果断严厉地查处农机购置补贴过程中暴露出的违法违规问题，坚持凡报必查，一查到底，一件都不放过。对查实的案件，严肃处理，绝不姑息。

6.推动改革创新，鼓励探索试点。本着积极稳妥的原则，开展补贴操作方式创新试点。一是鼓励各地下放资金结算层级，发挥基层财政部门监管积极性。内蒙古、江苏、湖南、四川、陕西等5个省份已将补贴资金结算层级下放到县或市一级。二是选择部分农业生产急需的农机品目在省域内满足所有农民申购需求。山东、江苏、福建等省分别对玉米收割机、水稻插秧机重点补贴，有效促进了薄弱环节机具快速增长。三是继续推动各地采取公开摇号等方式确定补贴对象，公平公正地确定补贴对象。

（三）主要成效

2011年，农机购置补贴政策实施总体上启动早、措施实、进度快、效果好。在农机购置补贴政策的推动下，农民购机用机积极性高涨，农机工业产销两旺，农业机械化继续保持健康快速发展，为实现粮食生产"八连增"和农民增收"八连快"提供了有力的物质装备支撑。

1.推动农机总量持续增长，进一步优化了农机装备结构和布局。各级农机化主管部门注重发挥农机购置补贴政策的调控引导作用，充分调动农民购机积极性，农机装备总量继续保持较快增长。2011年全国农机总动力达到97734.6万千瓦，同比增长5.3%。重点补贴大中型、高效复式和薄弱环节的农机具，全年投入75.5亿元补贴购置大中型拖拉机、水稻插秧机、玉米联合收获机，拥有量分别达440.6万台、42.7万台、17万台，同比分别增长12.4%、28.2%、31.1%。

2.提升薄弱环节机械化水平，进一步推进了农业机械化进程。农机购置补贴政策的实施，进一步激发了农民用机积极性，农业机械在农业生产中承担的作业量越来越多，地位和作用越来越突出。2011年全国耕种收综合机械化水平达54.8%，同比提高2.5个百分点。粮食作物生产机械化特别是薄弱环节机械化生产快速推进。玉米收获机械化水平达33.6%，在上年提高8个百分点的基础上再增加7.8个百分点，进入快速推进阶段；水稻种植、收获机械化水平分别达26.2%、69.3%，同比分别提高5.4和4.8个百分点。油菜、甘蔗、棉花等机械化取得突破性进展，林果业、畜牧业、渔业、农产品初加工业机械化稳步推进。

3.推广农机化先进适用技术，进一步转变了农业生产方式。农机购置补贴引导农民购置先进适用农机具，加快了增产增效型、资源节约型、环境友好型的农机化新技术大面积推广应用，各类农机化新技术应用面积大幅增加。水稻机插秧面积达7166.7千公顷，同比增加1739.1千公顷。农机深松整地面积达11049.5千公顷，同比增加1776.8千公顷。保护性耕作面积达5715.5千公顷，同比增加1398.7千公顷。农机化作业服务组织得到补贴政策的大力扶持，全国农机化作业服务组织达17.1万个，其中农机专业合作社、农机化作业服务专业户分别达2.8万个、511.7万个，同比分别增长28.0%、5.9%，服务能力明显增强，服务领域进一步扩大，经营效益不断提高。

4.扩大农村消费需求，进一步促进了农机工业发展。农机购置补贴激发了农民投资农业机械的热情，带动地方财政、农民和农业生产经营组织投入432.9亿元，补贴各类农机具约564万台（套），受益农户约439万户。农机购置呈现出农民和农业生产经营组织投入为主、社会投入为辅、财政补贴为引导的多元化格局。促进产业发展的政策效应进一步显现，农机工业产销两旺。全年规模以上农机工业企业总产值达2898.2亿元，同比增长33.7%左右。

五　测土配方施肥

2011年，中央财政安排补贴资金8亿元，支持2489个项目县（场、单位）开展测土配方施肥。各地按照农业部和财政部的统一部署，免费为1.7亿农户提供测土配方施肥技术服务，技术推广面积12亿亩以上，为粮食"八连增"作出了积极贡献，深受广大农民群众欢迎。

（一）主要成效

1.基本摸清了耕地土壤养分状况。通过取土化验，初步摸清了14亿亩耕地土壤养分状况，基本掌握了土壤有机质、全氮、碱解氮、有效磷、速效钾、全磷、全钾的有效含量。

2.促进了增产增收。与农民习惯施肥相比，小麦、水稻、玉米等粮食作物测土配方施肥示范区亩均增产6%左右，亩均节本增收超过40元。果树、蔬菜等经济园艺作物亩均节本增收80元以上。

3.促进了节能减排。测土配方施肥示范区一般每亩减少不合理施肥量1~2公斤（折纯）。其中小麦1.8公斤、水稻1.8公斤、玉米1.7公斤。据专家测算，2011年全国减少不合理施肥120万吨，相当于节约燃煤310万吨、减少二氧化碳排放量约810万吨，节能减排效果明显。

4.提高了肥料利用率。综合各地试验示范数据测算，测土配方施肥与农户习惯施肥相比，肥料利用率明显提高，小麦氮、磷、钾肥利用率分别提高7.7、5.3和4.6个百分点，水稻氮、磷、钾肥利用率分别提高7.8、5.1和1.3个百分点，玉米氮、磷、钾肥利用率分别提高9.4、7.6和8.1个百分点，油菜氮、磷、钾肥利用率分别提高6.8、3.3和1.1个百分点。

（二）主要做法

在财政部大力支持下，2011年农业部继续将测土配方施肥列入为农民办理的实事之一，深入开展测土配方施肥普及行动。

1.加强监督管理。农业部会同财政部制定印发了《2011年测土配方施肥补贴项目实施指导意见》，明确目标任务、工作重点和资金使用要求等，指导各地组织实施。农业部制定印发了《2011年全国测土配方施肥工作方案》，强化工作推进和任务落实。组织开展项目监督检查，督促各地全面开展自查，强化项目管理，规范项目实施。加强工作调度和年终绩效考评，建立项目奖惩机制。组织开展化验室化验质量考核，对100个项目县（场）化验室进行了抽查考核。各省（区、市）与项目县（场、单位）签订项目合同书，明确测土配方施肥补贴项目的目标任务、技术指标、质量标准、资金管理以及奖惩办法等。项目县（场、单位）建立健全规章制度，项目资金实行专账管理，专款专用，自觉接受审计部门监督。

2.开展"整建制"推进试点。通过强化行政推动，统筹各方力量，突出关键环节，因地制宜把成熟的技术服务模式、工作机制和组织方式，由点到面扩展，逐步实现整村、整乡、整县整建制推进，将测土配方施肥技术落实到作物、落实到地块、落实到农户，服务范围逐步覆盖到主要土壤类型、主要作物和绝大多数农户。以推进农民"按方施肥"和"施用配方"为路径，探索示范了"政府主导合力推进、合作社带动、配方肥直供、定点供销、统测统配统供、现场混配供肥"等六大典型模式。

3.强化指导服务。农业部在全国范围内组织开展测土配方施肥普及行动，强化技术进村入户、施肥方案上墙、示范片到村、培训班进田、配方肥下地。组织修订了《测土配方施肥技术规范（2011年修订版）》，重点细化了蔬菜、果树测土配方施肥技术内容，增加了肥料利用率田间试验、配方肥料供应等内容。各级农业部门在春耕、夏播、秋冬种等关键农时季节，制定发布主要作物科学施肥指导意见，因地制宜指导农民科学施肥。组织专家和农技人员采取包村包片的形式，落实测土配方施肥任务，普及科学施肥知识，帮助农民解决技术问题。选派江苏、山东、湖北、广东、四川、重庆等六省市10名专家赴西藏开展测土配方施肥技术援藏工作。

4.狠抓配方肥推广。在指导农民按方选肥、按方配肥和按方施肥的同时，积极探索配方肥产销用相衔接的有效机制。各地及时公布本区域肥料配方信息，引导企业调整产品结构，按照配方生产供应配方肥。强化农企对接，引导肥料企业生产供应配方肥。通过探索"大配方、小调整"的模式，方便企业生产供应配方肥。通过连锁配送、订单直供等营销模式，方便农民选购配方肥。通过引导乡村智能化配肥供肥服务网点建设，满足农民个性化、小批量施用配方肥的需求。

实践证明，测土配方施肥对促进粮食增产、农业增效、农民增收和节能减排发挥了重要作用，是发展现代农业、转变农业发展方式、提高肥料利用效率的重大举措。

六　病虫害防治

2011年粮食作物病虫害总体中等发生。其中，水稻"两迁"害虫、小麦蚜虫、玉米螟、二点委夜蛾、蝗虫等重大病虫害对粮食安全生产造成严重威胁。初步统计，全国主要粮食作物（小麦、水稻、玉米）病虫害发生面积24600万公顷次，全年累计防治面积30133.3万公顷次。经组织有效防治，挽回产量损失6365.5万吨，为保障粮食"八连增"作出了贡献。

（一）主要病虫发生情况

1.小麦病虫害。总体中等发生，累计发生5866.7万公顷次。其中，虫害发生3666.7万公顷次，病害发生2200万公顷次。小麦穗期蚜虫在江淮、黄淮和华北主产麦区偏重发生，发生面积1666.7万公顷，为2001年以来第三重发的年份。麦蜘蛛在山西南部偏重发生，发生面积733.3万公顷，为2001年以来第四重发的年份。小麦吸浆虫发生面积200万公顷，接近常年，但陕西关中中东部危害严重。小麦病害发生明显轻于常年。其中，条锈病经大力推行秋播药剂拌种、秋冬季"带药侦查、打点保面"预防控制措施，以及汉水流域早春阻截防控措施，发生面积124.3万公顷，是2001年以来发生最轻的年份；赤霉病发生263.2万公顷，是2001年以来发生次轻的年份。

2.水稻病虫害。总体轻于2010年，累计发生9666.7万公顷次。其中，虫害发生6666.7万公顷次，病害发生3000万公顷次。稻飞虱、稻纵卷叶螟在南方稻区表现为前轻后重，长江中下游、江南以及华南北部部分地区，单季稻和双季晚稻均出现了集中危害的高密度区域或田块，累计发生面积分别为2533.3万公顷次和1666.7万公顷次。钻蛀性害虫二化螟在我国长江中游、西南北部稻区偏重至大发生，发生面积1400万公顷次。稻瘟病总体程度与常年相当，东北、江南、西南局部稻区发生较为严重，累计发生436.3万公顷；南方水稻黑条矮缩病经组织开展联防联控行动，抓住秧苗期全面落实"治虫防病措施"，实际发生面积仅31.7万公顷，远低于2009年和2010年。

3.玉米病虫害。总体偏重发生，为2001年以来发生面积最大、危害最重的年份，累计发生7133.3万公顷次。其中，虫害发生5200万公顷次，病害发生1933.3万公顷次。玉米螟在北方春玉米区偏重至大发生，黄淮、江淮夏玉米区中等发生，发生面积2133.3万公顷次。新发害虫二点委夜蛾在山东、河北、河南、山西、江苏、安徽等黄淮海麦茬夏玉米区暴发，部分地区造成缺苗断垄、毁种补种现象，发生面积221.2万公顷。大、小斑病总体中等发生，发生面积733.3万公顷次。粗缩病总体中等发生，山东中部、河南东部、江苏沿海、安徽淮北地区偏重发生，发生面积107.9万公顷。

4.农区蝗虫。总体程度与近年相当，累计发生547.3万公顷次。其中，环渤海湾沿海、华北湖库和沿黄滩区东亚飞蝗发生147.3万公顷次，山西永济县伍姓湖内涝蝗区和蒲州河泛蝗区麦田发生多年来罕见的高密度群居型蝗蝻，面积266.7万公顷，平均密度每平方米500～800头，最高1500头。亚洲飞蝗偏轻发生、西藏飞蝗中等发生，发生面积分别为6.7万公顷和9.2万公顷。农牧交错区土蝗发生384万公顷次，总体程度轻于上两年，新疆、内蒙古、山西等地均出现了侵入农田为害的现象，重发田块每平方米100～300头，最高达1000头。

（二）主要措施和成效

针对水稻"两迁"害虫、小麦蚜虫、玉米螟、二点委夜蛾、蝗虫、马铃薯晚疫病等重大病虫害对粮食安全生产造成的严重威胁，各级党委、政府和农业部门加强组织领导，进一步完善政府主导、属地责任、联防联控三大机制，及早安排部署，尽早落实责任，强化监测预警，大力推进专业化统防统治，组织群防群治、联防联控，全力打好防控战役，有效控制病虫发生危害，为农业生产稳定发展和粮食连续八年增产作出了重要贡献。

1.及早部署防控行动。农业部先后召开小麦病虫防治现场会、南方水稻黑条矮缩病防控研讨会、二点委夜蛾防控工作会、马铃薯晚疫病防控研讨会，成立南方水稻黑条矮缩病联防联控工作协作组，制订联防联控工作方案，下发加强二点委夜蛾防控紧急通知、技术指导意见，部署动员了防控行动，组派15批次共23个督导组，赴重点省份督查指导，协助地方做好重大病虫防控工作。山东、河北、河南、湖南、江西、江苏、安徽、甘肃等省分别以政府名义召开专题会议或下发紧急通知，部署防控行动。中央和地方财政加大病虫防控支持力度。其中，中央财政投入近4亿元，与上年相当；省地县三级财政投入近12亿元，同比增加近2亿元。

2.切实加强监测预警。各级农业部门和植保机构严密监测重大病虫发生动态，严格执行病虫害发生和防控信息周报制度，加强虫情会商，及时准确发布病虫预报和警报，较好地指导了防控行动。2011年农业部共发布农作物重大病虫发生防治周报30期、植物病虫情报32期，在CCTV-1新闻联播后天气预报节目中发布病虫警报6期，在CCTV-7发布病虫预报22期。各级植保机构累计发布病虫信息近5万期，电视预报1万期。

3.大力推进统防统治。农业部先后出台了农作物病虫害专业化统防统治管理办法，组织设计并公布了全国统一服务标识，认定了500个规范化防治服务组织。6月15日，在湖南省长沙市召开工作会议，进一步明确了坚持"政府支持、市场运作、农民自愿、因地制宜"的发展原则；要求各地重点扶持发展专业化防治组织，推行全程承包服务模式，把专业化统防统治作为转变农业发展方式、推进现代农业发展的重要措施，全力推进。据统计，截至2011年底，全国已注册的专业化统防统治组织达到1.5万个，同比增加3000个，完成统防统治面积4333.3万公顷次，其中小麦、水稻统防统治覆盖率15%以上，同比增加3个百分点。

4.全力组织应急防控。针对6月中旬、7月中旬，山西黄河滩、吉林大安局部发生高密度群居型蝗虫危害，农业部立即组派工作组赶赴现场，协助地方研讨防控对策，紧急调运应急防控物资，组织开展防控行动，迅速扑灭危害，有效杜绝了起飞成灾风险。针对7月上、中旬，黄淮海麦茬夏玉米种植区大面积突发二点委夜蛾虫害，农业部及时在中央电视台1套节目中发布发出警报，下发紧急通知，组派工作组督查指导，紧急组织开展查治行动，治虫保苗成效显著。据统计，虫害发生涉及河北、山东、河南、江苏、安徽、山西6省47个地市的295个县区，发生面积214.3万公顷，占6省夏播玉米面积的21%。各地采取专业化统防统治和群防群治相结合措施，累计实施防治面积338.8万公顷次，为发生面积的1.58倍，被害株率一般在10%以内，毁苗改种面积仅3.1万公顷。

5.做好防控物资监管。各级农业部门按照农业部《2011农药市场监管年活动实施方案》总体要求和部署，共出动农业执法人员56.3万人（次），检查农药生产企业4723个（次），农药经营单位48.6万个（次），立案查处7556起，查获不合格产品1600余吨，较好地保障了防控用药安全。全年共抽查了农药样品5190个，合格率为87.5%，比2010年提高1.2个百分点；抽查农药产品标签5244个，合格率为81.9%，比2010年提高3.6个百分点。

七　防灾减灾

2011年，我国气候极端异常，农业生产面临灾害多发、重发、频发、连发的严峻形势，各级农业部门坚决贯彻中央的决策部署，创新工作方式，立足科学抗灾，采取强有力措施，做到防在灾害前面、救在第一时间、抗在关键时点，最大限度地减轻了灾害损失。

（一）基本情况

2011年农业重大气象灾害以干旱为主，洪涝偏轻发生。北方冬麦区继2008、2009年后再次出现秋冬春连旱，长江中下游地区出现罕见的"前旱后涝"灾情，西南地区发生特大夏伏旱，西北、西南部分地区秋季出现持续阴雨天气。2011年台风生成早、登陆我国数量多，对沿海地区农业生产造成不利影响。秋季降温较常年略偏早，东北部分地区出现早霜冻，长江中下游和华南部分晚稻产区出现寒露风天气。据统计，全年农作物受灾面积3247.1万公顷，其中成灾1244.1万公顷，绝收289.2万公顷，分别比2010年减少495.5万公顷、609.7万公顷和197.1万公顷。全年因各种气象灾害损失粮食3485万吨，比2010年减少675万吨。因洪涝灾损失粮食640万吨，比2010年减少1130万吨。

1.干旱。2011年全国农作物因干旱受灾1630.4万公顷，比上年增加304.6万公顷，其中成灾659.9万公顷，绝收150.5万公顷，分别比上年减少236.7万公顷、116.7万公顷，其中因旱灾损失粮食1820万吨，比上年增加160万吨。

2.洪涝。2011年全国农作物因洪涝受灾686.3万公顷，其中成灾284.0万公顷，绝收77.9万公顷；分别比上年减少1066.1万公顷、418.2万公顷和87.9万公顷。

3.台风。2011年全国农作物因台风受灾154.7万公顷，其中成灾36.4万公顷，绝收9.4万公顷，分别比上年增加120.5万公顷、19.7万公顷和8.2万公顷。

4.风雹。2011年全国农作物因风雹受灾330.9万公顷，其中成灾134.8万公顷，绝收30.2万公顷，分别比上年增加112.9万公顷、43.2万公顷和2.2万公顷。

5.低温冻害。2011年全国农作物因低温冻害受灾444.7万公顷，比上年增加32.6万公顷，其中成灾129.1万公顷，绝收21.1万公顷，分别比上年减少15.3万公顷和3.0万公顷。

（二）主要做法

面对多种灾害的严峻挑战，各级农业部门牢固树立抗灾夺丰收思想，充分发挥农业防灾减灾主力军作用，强化灾情预测预判预警，组织农业防灾减灾、专家指导组和产业体系专家等多支队伍，深入基层调查土壤墒情、作物苗情和病虫情，及时发现灾害苗头，提出科学防灾减灾措施，适时启动应急响应，第一时间派出工作组和专家组，深入灾区开展工作督导和技术指导，扎实推进科学减灾。

1.加强监测预警预报。与气象、水利等部门建立信息共享机制，密切关注天气变化，保证第一时间获取灾害性天气信息。收到有关部门发布的预警信息后，及时分析会商灾害影响，通过明传电报、农情调度系统和电话等方式通知有关地区农业部门提前做好防御工作。全年共发布气象灾害预警信息160多期，下发抗旱、防御低温冻害、防御台风、灾害后动物防疫等紧急通知14份。针对灾害性天气可能对农业生产带来的不利影响，提前部署防御工作。

2.加强抗灾工作部署。农业部领导高度重视农业防灾减灾工作，韩长赋部长在上年年底的全国农业工作会议上，对2011年农业防灾减灾工作提出要求。危朝安副部长年初和年中多次召开部防汛抗旱领导小组会议，对全年和汛期防汛抗旱工作进行部署安排。针对冬麦区旱情，在2011年2月4日春节期间启动了抗旱二级应急响应，2月9日春节后一上班立即召开全国抗旱促春管工作视频会议，全面部署抗旱保苗工作。针对西南地区持续发展的旱情，8月30日，在贵阳召开西南地区农业抗旱工作座谈会，组织受旱地区农业部门研判形势，动员部署抗旱救灾工作。

3.加强灾情调度会商。与中国气象局建立了紧密的合作机制和良好的会商制度。每次重大灾害性天气过程发生后，即与气象、水利等有关部门沟通会商，分析天气对农业生产的影响，全年共与中国气象局开展10多次会商。在防汛抗洪和防台风的紧要关头，坚持24小时值班制度，定期汇总灾情数据，并根据报表统计情况，对重大灾害发生情况作出综合性分析判断，确保信息畅通，应对及时。在冬麦区抗旱期间，联合中国气象局、中国农科院等单位，多次组成调研组深入灾区，了解旱情发展动态、提出抗旱技术措施、评估抗旱工作成效。

4.加强技术指导服务。农业部在年初即分品种、分区域、分农时制定实施14个主要粮食作物生产技术方案，加强分类指导。充分发挥专家作用，在全国开展稳粮增粮科技服务活动，派出110多个工作组和专家组，组织全国1万名专家和35万名农技推广人员，深入生产一线，开展技术培训和指导服务，推动了高产技术措施的落实，促进了粮食单产水平的提高。2011年各地大棚育秧、深松整地、播后镇压、浇越冬水、"一喷三防"等抗灾增产关键技术得到大面积应用，病虫害专业化统防统治等防控措施得到大力推广。

5.加大救灾支持力度。在摸清灾害发生情况、科学分析对农业生产影响的基础上，提出切实可行的技术方案，积极争取有关部门支持。商财政部向24个省（区、市）、计划单列市和新疆生产建设兵团下拨农业生产救灾资金37亿元。其中，2月分3次向冬小麦主产省区下拨抗旱浇水和施肥补助23亿元；6月向长江中下游受旱5省下拨农业渔业生产救灾资金8亿元；9月向西南旱区下拨农业生产救灾资金1.2亿元，有力支持了农业抗灾救灾和灾后恢复生产工作。

6.加强宣传和基础性工作。通过及时报送信息、下发通知、舆论宣传等方式，反映灾情动态、灾害影响。通过各种新闻媒体对农业部和各地防灾减灾工作进行全方位、多层次的宣传报道，做到宣传无空档，信息不间断，月月有重点，周周有消息，为掀起抗灾救灾热潮、争取出台政策创造条件。组建由农业、气象等领域专家组成的农业部防灾减灾专家指导组，组织专家对《农业重大自然灾害突发事件应急预案》进行修订，初步完成《主要农作物低温和干旱灾害田间调查及分级规范》农业行业标准制定工作。

粮油生产基地建设

一　粮食生产基地建设

2011年，各地区、各部门按照《全国新增1000亿斤粮食生产能力规划（2009~2020年）》（以下简称《规划》）要求，周密部署，精心组织，扎实工作，加强粮食生产基地建设，提升粮食综合生产能力，为全年粮食增产作出了积极贡献。

（一）各地区认真贯彻落实规划，积极推进粮食基地建设

按照《规划》要求，各地区把粮食产能建设摆在工作重要位置，采取有效措施加快粮食基地建设。一是加强组织领导。大部分省区成立了由分管领导任组长，发展改革、财政、农业、水利、国土等部门负责同志为成员的工作领导小组，建立沟通会商机制，定期召开部门联席会议，研究解决出现的问题。各地区工作领导小组大多在发展改革部门设立了办公室，负责规划实施的日常管理和协调工作，组织编制规划实施方案，制定项目管理办法，推动基地建设。二是落实建设任务。各省区将承担的粮食增产任务层层分解细化落实到县，一些省区还与产粮大县签订了粮食产能建设责任书，明确县政府为第一责任主体，负责具体落实各项建设任务，实现任务、投资、责任相挂钩。三是加快基地建设。各地区将有关涉农资金进一步向产粮大县倾斜，建设高产稳产粮田，形成一批稳定的粮食生产基地。为加强基地建设管理，各地区还制订了具体的项目管理办法，规范实施程序，完善监管制度，保证工程质量。一些省区按照"谁受益、谁监督、谁签字"的原则，邀请村委会、村民代表和受益农户参与管理，接受群众监督。

（二）有关部门加大扶持力度，增加粮食产能建设投入

各有关部门结合工作职能，不断加大投入力度，扶持产粮大县加快粮食生产基础设施建设，努力完成《规划》建设任务。一是强化工作指导。国家发展改革委会同农业、水利、财政等部门，按照钱粮挂钩的原则，指导各地根据增产任务、投资控制规模和粮食生产情况编制省级实施规划，将粮食增产任务分解落实到各产粮大县，明确资金筹措、建设内容、技术路线和保障措施等。有关部门在《规划》框架下，先后编制了《加快灌区建设保障粮食安全近期重点建设规划》、《农业及粮食科技发展规划》等专项规划，指导相关项目建设。二是加大政策扶持。国家发展改革委将田间工程及农技服务体系建设中央与地方投资比例由以往的1：0.5调整为1：0.25，并要求省级投资占地方配套资金一半以上，减轻产粮大县的配套投资压力。财政部将中低产田改造项目中央与地方资金配套比例由1：0.53调整为1：0.48，其中13个粮食主产区由1：0.49调整为1：0.41，并取消了产粮大县县级财政配套投资的要求，将29个原本不属于农业综合开发县的产粮大县作为特例纳入了建设范围。人民银行、银监会通过完善农村金融产品，创新服务，加强了对产粮大县粮食生产的金融支持。三是增加资金投入。2011年，国家发展改革委安排中央投资65亿元，用于800个产粮大县田间工程建设；安排中央投资67亿元，用于大型灌区续建配套与节水改造、大型灌排泵站更新改造、新建水库配套灌区等项目建设。

此外，财政部安排农业综合开发资金70亿元左右，用于产粮大县中低产田改造、中型灌区节水配套改造，改善粮食生产条件。

（三）粮食综合生产能力稳步提升

在各地区、各部门的共同努力下，《规划》实施取得了明显成效，建成了高产稳产的粮食生产基地，为近年来全国粮食稳定增产发挥了积极作用。一是提高了粮食综合生产能力。《规划》确定的800个产粮大县主要分布在粮食主产区，在全国粮食生产中占有举足轻重的地位。通过实施《规划》，产粮大县的粮食生产能力明显提高，带动了全国粮食连年增产。初步统计，2011年规划涉及的24个省（区）粮食播种面积10693.3万公顷，比2009年增加153.3万公顷，占同期全国播种面积增量的97%；粮食总产量55106万吨，比2009年增加3950万吨，其中800个产粮大县新增粮食产能约2650万吨。二是改善了粮食生产条件。项目区农业生产条件得到明显改善，粮食生产抵御自然灾害的能力显著增强。初步统计，项目区累计平整土地140多万公顷，建成高产稳产粮田266万多公顷，改造中低产田163万多公顷，改良土壤16万公顷，新增和改善有效灌溉面积133万多公顷，新打或维修机井8.5万眼，铺设输水管道5万多公里，修建灌排渠道6.3万公里，排灌泵站等2.7万个，闸桥涵等4.8万个，集蓄水设施9042个，机耕路1.9万公里，水稻育秧大棚11.6万栋。上述项目的实施，为粮食稳步增产奠定了坚实的物质基础。三是提升了粮食生产科技水平。项目区粮食良种覆盖率达到95%以上，种子商品化供种水平达到85%以上，高产技术推广到位率达到95%以上，粮食生产水平明显提升。2011年，13个粮食主产区粮食公顷产量达到5490公斤，比全国水平高330公斤，比2009年提高390公斤。其中，产粮大县项目区单产水平普遍比建设前提高600公斤以上。

二　油料生产基地建设

为继续加快发展国内油料生产，增加食用植物油供给，保证一定的自给水平，2011年，国家发展改革委继续安排中央投资2亿元，用于"双低"油菜、榨油花生等油料生产基地建设。其中，"双低"油菜生产基地主要安排在长江流域油菜主产区，榨油花生生产基地主要安排在冀鲁豫等花生主产区。

针对当前制约我国油料生产的主要因素，油料生产基地建设以提高油料综合生产能力，促进油菜机械化生产，改善油料品质为主要目标，以地市为单位，统筹规划、集中连片建设。基地主要建设内容为良种繁育设施、小型农田水利等田间工程，以及病虫害防控、地力监测培肥建设等，改善油料生产条件，推动油料生产规模化、标准化、机械化发展。2008~2011年，国家发展改革委累计安排中央投资8亿元，先后在湖南、湖北、江西、安徽、四川、江苏等省建设了一批"双低"油菜生产基地，在河南、山东、河北等省建设了一批榨油花生生产基地。通过基地建设，上述油料主产区的良种繁育、田间基础设施条件明显改善，油料新品种培育、良种繁育和大田生产能力显著提高，油料单产水平和含油率稳步增长，并带动了其他地区油料生产的增长，为实现全国油料增产、缓解食用植物油供需矛盾、促进农民增收发挥了积极作用。

粮食流通

一　粮食商品量继续增加

2010年全国粮食商品量34461万吨，商品率首次达到60%，比上年提高1个百分点。近年来粮食商品量和商品率持续提高的主要原因：一是国家高度重视粮食生产，不断加大政策扶持和资金投入力度，粮食生产连年丰收，粮食增产部分直接形成新增的商品粮源；二是工业化、城镇化的快速推进，粮食生产集约化的发展，农村生活方式的明显改变，使农户卖原粮再买成品粮及其制品的情况变得越来越普遍；三是国家稳步提高最低收购价水平，适时启动临时收储等强农惠农政策，有效调动了农民种粮、售粮和企业收粮的积极性。分地区看，黑龙江、山东、河北、江西、河南、吉林和安徽等7个粮食主产省商品量增加较多，增量均在100万吨以上，其中黑龙江省增量超过500万吨。分品种看，小麦、稻谷、玉米三大主要粮食品种商品量均有不同程度增加，大豆由于产量减少，商品量有所下降。

二　粮食收购同比增加

2011年，国家在粮食主产区继续实行小麦、稻谷最低收购价政策，并适当提高了最低收购价水平，但由于当年市场价格高于最低收购价，预案没有启动。为切实保护农民利益，稳定市场价格，国家先后在冬播、春播的16个油菜籽产区实行了临时收储政策，在东北三省一区对秋粮玉米和大豆实行托市敞开收购，继续在新疆实行小麦国家临时收储政策，由中储粮总公司组织收购。

2011年，社会各类粮食企业（包括国有粮食企业、重点非国有粮食企业和转化用粮企业）共收购粮食28243万吨（贸易粮，下同），与上年相比增加268万吨。其中，收购小麦8027万吨，同比减少1383万吨；大米6510万吨，同比增加1417万吨；玉米12187万吨，同比增加472万吨；大豆1098万吨，同比减少340万吨。

（一）国有粮食企业收购粮食11443万吨，与上年相比减少963万吨

分品种收购小麦4650万吨，同比减少1527万吨；大米2799万吨，同比增加663万吨；玉米3428万吨，同比增加94万吨；大豆466万吨，同比减少183万吨。与上年相比，小麦、大豆收购减少，大米、玉米收购增加，主要原因：一是2011年新产小麦上市后，主产区市场收购价格普遍高于最低收购价，预案没有启动，国有粮食企业入市谨慎，收购减少；二是为加强粮食市场调控、掌握调控粮源、保护农民利益，国家采取轮换补库等方式收购稻谷和玉米，收购量增加较多；三是大豆产量下降，商品量减少，国有企业收购减少。2011年多元主体入市活跃，收购量继续增加，而国有企业虽然自营贸易收购也在增加，但收购量仅占全社会各类企业收购总量的40%，比上年下降4个百分点。

2011年共收购国家临时存储等粮377万吨，其中小麦22万吨、玉米64万吨、大豆291万吨。

（二）重点非国有粮食企业和转化用粮企业粮食收购量继续增加

2011年各级粮食部门继续积极引导和鼓励多元主体入市收购，充分发挥市场机制作用，调动各方面参与粮食流通的积极性。全年重点非国有粮食企业粮食收购10895万吨，比上年增加895万吨，其中大米和玉米收购量分别比上年增加750万吨、362万吨，小麦、大豆分别减少222万吨、175万吨。重点转化用粮企业粮食收购5906万吨，比上年增加337万吨，其中小麦收购比上年增加262万吨，玉米收购比上年增加15万吨。

三　粮食销售同比增加

2011年，针对粮食市场复杂多变的形势，国家有关部门加大工作力度，创新工作机制，采取多种销售方式，增强了调控的针对性和有效性。对政策性粮油品种实行定价定向销售，定点加工后投放市场。按国家政策性籼稻与地方储备籼稻1∶2的比例，对重点骨干大米加工企业实行邀标销售，要求企业均衡有序加工投放市场，并承诺保持大米销售价格稳定。在消费品价格指数上涨压力较大、其他农产品价格波动剧烈的情况下，粮食调控措施的实施，确保了粮食市场供应和价格基本稳定，有效地满足了居民口粮消费和企业用粮需要。

国有粮食企业累计销售粮食18922万吨，比上年增加11万吨。分品种看，小麦销售7342万吨，同比减少227万吨；大米3609万吨，同比增加562万吨；玉米5839万吨，同比减少616万吨；大豆1992万吨，同比增加329万吨。与上年相比，小麦、玉米销售减少，大米、大豆销售增加，主要原因是为保供给、稳物价，国家有关部门根据市场需求，改进调控方式，提高调控效率，采取竞价销售、定向销售和邀标销售等方式，适时适量安排政策性粮食投放市场，全年政策性大米、大豆销售同比增加。

2011年，国家政策性粮食销售出库3831万吨。其中销售最低收购价小麦2211万吨、大米429万吨；销售临时存储小麦7万吨、大米309万吨、玉米74万吨、大豆248万吨；销售中央储备大米39万吨、玉米514万吨。

四　粮油市场价格整体稳步上扬，部分品种价格涨幅较大

2011年，我国消费品价格指数上涨压力较大、其他农产品价格波动剧烈。由于国内粮食产量增长较多，同时加大了粮食宏观调控力度，有效抑制了粮价的过快上涨，保持了粮食市场供应和价格基本稳定，但各品种价格走势存在一定差异，其中籼稻和玉米收购价格涨势强劲。据监测，2011年末，国内各主要粮食品种主产区每50公斤市场收购价格为：小麦102.9元、早籼稻122.2元、中籼稻130.8元、晚籼稻131.8元、粳稻141.3元，分别比上年同期增长2.9%、20.3%、21.6%、18.5%和6%；玉米、大豆收购价格为105.4元和203.6元，同比分别上涨14.3%和5.7%。受原粮收购价格上涨的推动，成品粮油零售价格也出现不同程度上涨。2011年末，全国晚籼米、粳米和小麦粉每50公斤平均零售价格分别为207元、237元、179元，同比分别上涨13.7%、4.4%、5.9%；豆油、菜籽油和花生油零售价格为561元、625元和1050元，同比分别上涨5.1%、5.8%和6.8%。

最低收购价执行预案的适时公布和国家临时收储政策的实施，有效保护了种粮农民利益和种粮积极性，切实增强了粮食宏观调控能力和物质基础，为保证市场供应、稳定粮食价格、促进粮食产业健康发展发挥了重要作用。

| 五 | 国有粮食企业库存下降，多元主体库存上升，社会粮食库存总量略增 |

（一）国有粮食企业库存同比减少

2011年，为稳定市场价格，实现管理好通胀预期的目标，国家在加大玉米、小麦、粳稻等政策性粮食销售的同时，为保护种粮农民利益，掌握调控粮源，国家及时安排了储备补库收购，适时启动了临时收储，增强国家宏观调控保障能力。虽然当年国有粮食企业收购减少、销售增加，年末库存同比略减，但仍处于较高水平，完全可以保证市场供应。分性质看，中央和地方储备库存均有增加，最低收购价粮和国家临时存储库存大幅下降，企业商品周转库存增加较多；分品种看，稻谷和玉米库存比例提高，调控的储备基础进一步增强。分地区看，库存的区域布局继续优化，其中主产区库存比例下降，主销区库存比例上升，产销平衡区库存比例持平。

（二）非国有粮食企业库存和转化用粮企业粮食库存均有所增加

各级粮食部门在加强对国有粮食企业工作指导的同时，积极引导各类粮食企业理性入市，采取多种措施引导和规范非国有粮食企业的经营行为，鼓励多元主体参与粮食流通、搞活粮食市场，促进粮食产业化发展。非国有粮食企业和转化用粮企业粮食经营量继续增加，年末非国有粮食企业库存增加较多，转化用粮企业的粮食库存也有所增加。

（三）城乡居民存粮继续增加

据调查，2011年末全国农户存粮30260万吨，比上年增加1550万吨，增幅为5.4%。农户存粮继续增长的主要原因：一是粮食总产特别是秋粮增产较多，农户余粮相应增加；二是国家最低收购价和临时收储价格的支撑，以及种粮成本的提高，使得农民待价而售的心理增强；三是农户储粮条件改善，以及家庭收入的多元化，也使得许多农户不再急于卖粮变现。分品种和地区看，农户玉米、稻谷和其他杂粮存量增加，小麦同比持平略增，大豆存量则持平略减。农户存粮增加主要集中在粮食主产区，其中河南的小麦，黑龙江、江西和湖北的稻谷，内蒙古和黑龙江的玉米等年末农户存粮增加较多。

2011年末全国城镇居民户存粮730万吨，比上年增加70万吨，增幅10%。城镇居民户存粮增加主要是城镇化率进一步提高和进城务工人员较多，使得城镇家庭存粮继续增长，其中大米和杂粮增加，小麦基本持平。

粮食调控

2011年是"十二五"时期开局之年，在十分复杂严峻的国内外经济背景下，各级粮食行政管理部门坚持以科学发展观为指导，积极贯彻落实党中央、国务院的决策部署，认真执行国家粮食政策，抓好粮食收购，做好粮食销售，加强监测预警，夯实储备基础，健全应急体系，改善宏观调控，在消费品价格指数上涨压力较大、部分农产品价格波动剧烈的情况下，确保了粮食市场供应和价格基本稳定，为保障国家粮食安全，实现国家宏观调控目标，促进经济社会平稳较快发展作出了积极贡献。

一　增强调控针对性，保障粮食市场和价格基本稳定

（一）开创性开展粮油定向销售

针对粮食市场复杂多变的形势，国家有关部门加大工作力度，创新工作机制，采取多种办法完善销售方式，增强了调控的针对性和有效性。2010年12月起，对政策性粮油品种实行定价定向销售，定点加工后投放市场，先后6次安排对大型面粉加工企业、大型油脂加工企业定向销售，累计定向销售小麦、大豆、食用油1212万吨。自2011年6月起，按国家政策性籼稻与地方储备籼稻1：2的比例，对重点骨干大米加工企业实行邀标销售，要求企业均衡有序加工投放市场，并承诺保持大米销售价格稳定，共销售国家政策性籼稻31万吨，浙江、安徽、福建、江西、湖北、广东、广西、四川等8省（区）销售地方储备籼稻66万吨。

（二）政策性粮食竞价销售顺利推进

根据市场需求和调控需要，国家有关部门适时调整销售节奏和力度，进一步完善交易细则，加强了对竞买企业的资格审核；地方各级粮食行政管理部门加强了对政策性粮食销售的监督检查，对违规违法行为进行了严肃处理；各地批发市场认真做好资格审核、交割结算和商务处理等相关工作，保证了竞价销售工作的顺利进行。2011年全年累计成交政策性粮食（含中央储备）2720万吨、食用油91万吨，满足了企业需要。

（三）适时动用储备粮油调剂市场

根据市场供求形势和价格走势，适时动用部分中央储备粮油投放市场，并追加下达2011年度中央储备玉米轮换计划。同时，有多个省（区、市）与国家协同运作，及时向市场投放地方储备粮油，保障了居民口粮和企业用粮需要。

（四）强化重点时段保供稳价工作

在日本核泄漏事故引发国内食盐抢购风波，以及国庆、元旦、春节等重要时段，及时下发通知，要求各地区高度重视，精心组织，加强市场监测，搞好货源调度，适时投放储备，保证市场供应。要求36个大中城市及价格易波动地区的地方成品粮油储备，原则上提高到确保当地15天的市场供应量，并抓紧落实到位，保证能够随时投放市场，发挥应急保障作用。

（五）及时补充灾区粮食库存

国家有关部门向华北、西北等小麦主要消费区和南方主销区安排下达小麦跨省移库计划280万吨，向西南、西北旱灾地区调运粮食100万吨，实际共完成320万吨，优化了库存布局，发挥了储备粮"柜台前移"的作用。

（六）引导粮食市场有序流通

各地积极加强产销合作，举办各类粮食产销衔接会、贸易洽谈会，粮油产品交易总量达2300万吨，保障了产区粮食有稳定的销路，销区粮源有可靠的保障，有效地促进了粮食区域平衡。

二　全力抓好粮食收购，有效保护了农民利益和生产积极性

（一）及时部署粮食收购工作

夏季粮油、早籼稻、中晚稻、玉米收获前，国家粮食局分别召开收购工作座谈会，分析生产和市场形势，部署收购工作。收购期间，派出多个工作组深入主产区检查指导粮食收购工作，确保收购工作顺利进行。

（二）进一步完善粮食最低收购价政策

2011年，国家在主产区继续实行小麦、稻谷最低收购价政策，国家有关部门及时制定并完善了小麦、稻谷最低收购价执行预案，优化了预案启动机制，适当提高了最低收购价水平，严格了委托收储企业资格要求，细化了中储粮总公司及委托收储企业的责任，强化了地方政府督促协调和部门监督检查的责任，有力地促进了最低收购价政策的贯彻落实。由于市场价格较高，2011年小麦、早籼稻和中晚稻预案均未启动。

（三）适时启动国家临时收储工作

根据生产形势和市场价格情况，及时安排部署油菜籽、大豆、玉米等临时收储工作。冬、春播油菜籽临时收储工作于2011年6月、11月先后在17个省（区、市）启动。大豆、玉米临时收储先后于2011年11月、12月在东北4省（区）启动，敞开收购农民余粮。据统计，截至2012年2月29日，共收购国家临时存储油菜籽371万吨、大豆260万吨、玉米120万吨。继续对新疆小麦实施国家临时收储，及时下达计划并启动收储工作。据统计，截至2011年12月31日，共收购临时存储小麦22万吨。国家临时收储政策的顺利实施，有效地保护了种粮农民利益。

三　完善储备和应急体系，进一步增强了粮食调控与应急保障能力

（一）中央储备库存得到及时充实

2010年底至2011年初，通过直接收购、轮换收购、进口转储备等方式补充中央储备（临时存储）玉米、大豆和食用油库存，保证了中央储备及时介库到位。新粮上市后，抓住粳稻丰收的有利时机，及时安排中央储备稻谷补库和增储计划，进一步夯实了国家调控的物质基础。

（二）地方政府调控能力显著增强

各地进一步充实地方粮油储备，特别是成品粮油和小包装粮油储备，东南沿海等主销区增储部分粳稻，优化储备结构。截至2011年末，全国地方粮食储备库存同比增长7%，其中成品粮库存增长

16%；地方储备食用油库存同比增长14%，其中成品油库存增长15%，地方政府调控市场的能力进一步增强。

（三）粮食应急加工供应网络更加完善

各地加强了粮食应急体系建设，积极组织开展粮食应急演练，建立健全应急粮油加工和供应网点体系，粮油应急加工定点企业和应急供应定点企业继续增加，为更好地满足粮食应急工作需要奠定了基础。

四　统计和市场监测水平不断提升，为粮食宏观调控提供了可靠依据

（一）统计执行能力不断提高

切实履行粮食流通统计职责，认真贯彻执行《国家粮食流通统计制度》，大力推进粮食统计方法改革，着力提高统计调查数据的准确性、真实性、及时性。认真做好粮食统计旬（月）报、价格监测周报、季节性粮油收购进度等日常统计工作，并建立了大型粮食企业直报制度。对承担国家政策性粮油定向加工销售任务的企业实行单独统计，及时掌握国家保供稳价政策措施的落实情况。及时向国务院和有关部门报送统计数据和分析材料，通过网络、杂志等媒体发布统计信息，有效发挥了统计信息职能。

（二）社会粮油供需平衡调查稳步推进

认真总结供需平衡调查经验，完善调查方案，培训调查人员，进一步提高了调查质量，全面掌握了我国粮食和食用植物油生产、流通、消费和库存等基本情况，形成了年度报告，为正确研判我国粮油供求形势和发展趋势提供了可靠依据。

（三）粮食市场监测预警机制更加健全

进一步完善粮油市场信息监测点布局，目前已覆盖全国31个省（区、市）。加强了对重点地区和重要品种的跟踪监测，建立了市场异动即时反馈机制，动态反映粮食市场价格行情。适时调整价格监测频率，秋粮收购期间，在主产区实行了日监测报告制度。各地加强了对信息直报点的督促和业务指导，信息报送数量和质量都有所提高。

（四）统计信息化水平和人员素质不断提高

为推进统计管理的标准化、规范化，组织开发了统计信息网络直报应用软件，实现了统计信息系统的升级换代。同时，举办了粮油流通统计培训班，进一步提高了统计人员的专业知识水平和业务技能。

（五）粮食形势分析进一步加强

组织开展新形势下粮食安全问题的研究，对影响粮食安全的新因素进行了深入分析并形成报告，增强了粮食宏观调控的前瞻性、预见性和针对性。各级粮食部门密切关注粮食形势和市场动态，认真分析粮食供需形势、市场运行情况等，积极提出宏观调控措施建议，为领导决策提供可靠依据。

粮食流通体制改革

2011年，各级粮食部门认真贯彻落实党中央、国务院的决策部署，以科学发展为主题，以加快转变经济发展方式为主线，继续深化粮食流通体制改革，积极推进现代粮食流通产业发展，为实现"十二五"粮食流通工作的良好开局，保障国家粮食安全，促进经济社会平稳较快发展作出了积极贡献。

一　围绕主题主线谋划"十二五"粮食流通体制改革思路，全面部署2011年改革工作

2011年1月，国家粮食局召开全国粮食局长会议，认真贯彻党的十七大、十七届三中、四中、五中全会和中央经济工作会议、中央农村工作会议精神，总结"十一五"粮食流通工作，深入分析粮食流通工作面临的新形势，研究提出"十二五"粮食流通工作的基本思路，并明确了"十二五"粮食流通体制改革的总体要求。强调要进一步推进政企分开，促进粮食行政管理部门职能转变。建立健全方便农民售粮、市场秩序规范的新型粮食购销服务网络体系。构建以中央粮食企业为龙头，大中型粮食企业为骨干，基层粮食购销企业为基础，优势互补、灵活有效的粮食流通体系。继续推进国有粮食企业改革和发展，进一步巩固和加强国有粮食企业主渠道地位，优化粮食资源配置，促进企业做大做优做强，提高经济效益和市场竞争实力。

会议全面部署了2011年粮食流通各项工作，强调要紧紧围绕以科学发展为主题、以加快转变经济发展方式为主线，以"稳市场、保安全、强产业、惠民生"为目标，继续抓好粮食收购、市场调控、储备管理、市场监管、体制改革、产业发展、法制建设等重点工作。要求进一步深化粮食流通体制改革，继续解决国有粮食企业历史遗留问题，进一步推进企业产权制度改革，加强对国有粮食企业经营管理工作的指导，促进企业发展。

二　加强调查研究，完善粮食价格形成机制有新进展

2011年，继续在全国23个省（区、市），对8个主要粮油品种组织开展产销和成本利润调研，加强对产销和成本收益变化情况的分析，研究提出最低收购价原则和相关措施建议，为稳步提高小麦、稻谷最低收购价水平和合理确定玉米、大豆、油菜籽临时收储价格提供决策依据。综合考虑粮食生产成本、供求关系变化和宏观经济形势等因素，2011年国家继续稳步提高小麦和稻谷最低收购价格，白小麦、红小麦和混合麦最低收购价格分别提高到0.95元/斤、0.93元/斤、0.93元/斤，平均提价幅度为7.3%；早籼稻、中晚籼稻、粳稻最低收购价格分别为1.02元/斤、1.07元/斤、1.28元/斤，平均提价幅度14%；油菜籽、大豆临时收储价格分别为2.30元/斤和2.00元/斤，比上年分别提高0.35元/斤和0.10元/斤。

三　加强工作指导，积极推进粮食行政管理职能转变

加强对基层粮食流通体制改革工作的指导，按照"改革有经验，工作有成效"以及"做法和经验在本省（区、市）有代表性"的原则，国家粮食局重新确定34个县级粮食流通体制改革联系点，总结好的做法和经验，以点带面推动改革。结合粮食流通工作面临的新形势，加强粮食战略性问题研究，为进一步完善体制机制，推进企业改革和发展打下理论基础。根据国务院办公厅文件关于"研究完善粮食直补的具体操作办法，逐步加大对种粮农民直接补贴力度，将粮食直补与粮食播种面积、产量和交售商品粮数量挂钩"的精神，对粮食直补方式进行调研并提出完善直补办法的政策措施建议。

各级粮食行政管理部门加快转变职能，继续落实对全社会粮食流通监管、储备粮行政管理、收购市场准入、质量监管和流通统计等各项职责，工作重心进一步转到粮食市场调控、监管和行业指导、服务上。认真落实粮食最低收购价政策和保供稳价措施，充实储备粮库存，夯实调控市场的物质基础；积极推进依法行政，开展食用植物油库存清查，加强全社会粮食流通监督检查，较好地维护粮食流通秩序；认真落实财政、税收等支持政策，改善国有粮食企业改革发展环境，国有粮食企业改革和发展取得新成效。

四　强化规划引导，积极推进现代粮食流通产业发展

发布《粮食行业"十二五"发展规划纲要》，明确粮食行业主要任务是：深化一项改革，即继续深化粮食流通体制改革；健全六大体系，即健全粮食宏观调控体系、粮食仓储物流体系、粮油加工体系、粮食市场体系、粮食科技创新体系、粮食监管和标准质量检验检测体系；重点建设六大工程，即粮食仓储设施工程、粮库仓房维修改造工程、粮食现代物流工程、农户科学储粮专项工程、粮油加工业升级工程、粮食质量安全监测体系工程，并明确了发展现代粮食流通产业的主要思路和保障措施。编制发布粮食基础设施建设、市场体系建设、加工业发展、科技发展等四个专项规划。各地粮食部门编制完成了"十二五"设施建设等规划并发布实施，加大政府投资规模，为推动粮食流通产业科学发展提供了有力保障。各地积极筹措资金，加强粮食流通基础设施和物流体系建设。完善全国统一粮食竞价交易系统，加强交易市场内部控制制度建设，规范政策性粮油结算资金的管理。粮油市场信息体系基本形成，大型批发市场电子商务交易信息系统快速发展，地方粮食信息网络继续保持良好发展势头。发展粮食加工业和产业化经营，粮油加工业继续保持平稳较快发展势头，截至2011年底，全国国有粮食企业中规模以上产业化龙头企业达到1012家。推进粮食科技创新，5个粮食产后国家工程实验室建设全面启动，粮食流通社会化科技创新体系初步形成。深入推进"放心粮油"工程，开展放心粮油示范企业创建和信用评价试点工作，各地发展放心粮油销售服务网点近20万个，其中农村网点6万多个。

国有粮食企业改革

2011年，全国粮食部门深入贯彻落实科学发展观，紧密围绕粮食流通中心工作，积极应对国际金融危机和粮食市场形势变化的不利影响，指导国有粮食企业深化改革，加强管理，国有粮食企业改革和发展成效显著。

一　妥善解决国有粮食企业历史问题

一是企业分流的富余职工得到妥善安置。就业是民生之本。各地按照以人为本的原则，把推动国有粮食企业改革改制和增加就业岗位结合起来，促进分流职工再就业。积极落实小额担保贷款、税费减免等各项再就业扶持政策，搞好职业培训，提高转岗转业能力，鼓励下岗职工自谋职业。支持国有粮食企业通过企业资产重组、创办新的经济实体，分流安置富余职工。2011年全国安置富余职工1.8万人，其中粮食部门安置1.1万人，占全部安置富余职工的61.1%。四川、江西、河南3省安置富余职工在1000人以上。二是国家出台了粮食主产区国有粮食企业政策性粮食财务挂账消化政策。中央财政帮助粮食主产区一次性消化1998年6月1日以前的部分政策性粮食财务挂账，切实减轻了粮食主产区财政负担。三是各地采取破产、核呆、地方财政补助等方式，处理了一些国有粮食企业经营性粮食财务挂账。

二　加快国有粮食企业产权制度步伐

各地实行国有粮食企业战略性重组，对骨干国有粮食购销企业实行公司制改革，对非骨干国有粮食购销企业加大兼并、破产、租赁力度，实行投资主体多元化。各级粮食行政管理部门加强对国有粮食企业改革的指导，严格规范国有粮食企业改革改制，确保国有资产不流失，保护职工合法权益。企业改制和产权制度改革方案，提交职工代表大会或职工大会审议，认真听取职工意见，充分尊重和维护职工的知情权、参与权、监督权。同时，及时化解改革中的各种矛盾，把问题解决在当地。全国国有粮食企业改革总体进展平稳，没有出现大的群体性事件。截至2011年年底，全国国有粮食企业总数15472个，其中购销企业10938个，分别比2010年年底减少1077个、680个，减幅为6.5%、5.9%。现有国有粮食企业改制数10353个，占企业总数的66.9%。2011年企业改制数1252个，河北、江西、河南、湖北4省改制企业数在100个以上。

三　转换国有粮食企业经营管理机制

各地国有粮食企业根据市场需求，从"买原粮、卖原粮"一元化经营，向多元化经营方向发展。改革改制后的国有粮食企业，建立了有效的激励约束机制，初步建立了企业法人治理结构。全面实行劳动合同制度，建立和完善岗位能上能下、人员能进能出的用工机制。企业内部管理人员通过公开竞争，择优录用，并实行任期制和定期考核制。实行以岗定薪、岗变薪变的工资制度，建立和完善收入能增能减、有多有少的分配机制。企业经营活力增强，市场竞争力、影响力明显提高。2011年，全国国有粮食企业累计收购粮食11443万吨，占全社会粮食收购总量的40.0%，继续发挥主渠道作用。

四　改革中的国有粮食企业经济效益显著

2011年，国家出台了支持粮食工作的新政策，主要有：第一，增加粮食风险基金规模。为解决地方粮食风险基金缺口问题，国务院决定增加全国粮食风险基金规模80亿元，并全部取消了主产区粮食风险基金地方配套。这将更好地保障各省粮食直补、地方粮油储备等正常开支需求，进一步保障国家粮食安全。第二，提高了中央政策性粮食保管费用补贴标准。从2011年起，中央政策性粮食保管费用补贴标准每年每斤提高了1分，增加了企业补贴收入。第三，完善了粮油储备企业免税政策。财政部、国家税务总局下发了《关于部分国家储备商品有关税收政策的通知》（财税〔2011〕94号），对储备粮承储企业免征印花税、房产税、城镇土地使用税。同时，对财政补贴收入免征企业所得税，大大减轻了国有粮食企业税收负担。另外，在地方政府的支持下，粮食部门主动与银行等金融机构协调，积极解决国有粮食企业贷款难的问题。加之，国有粮食企业加强企业内部管理，积极开展增收节支活动。国有粮食企业从2007年至2011年连续5年盈利，2011年再创新高，实现利润66.7亿元，与2010年相比增加6.6亿元，增幅11.0%。全国有25个省（区、市）国有粮食企业统算盈利。

粮食流通监督检查

2011年，各级粮食部门认真贯彻落实党中央、国务院的决策部署，坚持以科学发展观为指导，围绕中心、服务大局，积极开展粮食监督检查和行政执法工作，在全国食用植物油库存检查、粮食库存例行检查，维护粮食流通秩序，规范粮食购销活动，以及完善监督检查体系和创建全国粮食流通监督检查示范单位等方面取得了新进展。

一　圆满完成首次全国食用植物油库存检查工作

经国务院批准，2011年，国家粮食局会同国家有关部门联合组织了首次全国食用植物油库存检查。通过检查，摸清了油脂库存家底，规范了油脂管理，促进了标准制度建设，强化了依法管油。在组织食用植物油库存检查过程中，各级粮食部门高度重视、扎实准备、精心组织、有序推进，创造性地开展工作，积累了许多宝贵经验。

（一）积极做好准备，打牢检查基础

在广泛深入调研和充分论证的基础上，国家粮食局会同有关部门制订了一套比较全面系统的检查方案，并于2010年在湖北省进行检查试点。在此基础上，组织各地进行实验论证，合理确定了实物测量误差范围。针对监管机构和多数企业没有检查设备的实际情况，国家粮食局组织研发并向各地有关部门和重点企业配发了2318套油脂检查专用设备，提高了测量精度，保障了工作开展。为加强培训，国家粮食局编印发放了2万册专用教材，并逐级培训检查人员8692人。通过培训，进一步统一了检查方法，提高了检查人员素质。中央财政对2011年的油脂库存检查给予了专项经费支持，很多省（区、市）还根据检查工作需要，由省级财政进一步给予了经费补助。中央和地方财政的大力支持，保证了检查工作的顺利进行。

（二）加强组织领导，接受各方监督

检查之前，各地成立了由粮食、发展改革、财政、农发行分行和中储粮分支机构组成的领导小组或联席会议，明确部门分工，加强组织协调，形成检查合力。为严明检查纪律，各地建立了严格的工作责任制和责任追究制。检查期间，各地及时向社会公布检查政策、内容、程序、方法和要求，主动接受媒体和群众监督，并邀请630位人大代表和政协委员深入现场监督指导，增强检查工作的透明度和社会公信力。

（三）严格程序要求，确保检查质量

检查期间，各阶段工作有序推进，各项检查扎实到位。企业自查阶段，全国共抽调8292名县级有关部门工作人员，组成1439个工作组深入企业督导自查。省级普查阶段，各省（区、市）有关部门按照"有罐必到、有油必查、查必彻底"的原则，充分发挥市（地）有关部门和单位作用，选调2399名业务骨干组成219个普查组，对政策性油脂库存进行了全面普查，对商品油库存进行了摸底调查。国家抽查阶段，国家有关部门派出232人，组成8个抽查组，对上海、江苏、安徽、山东、湖北、广东、

四川和陕西8省（市）进行随机抽查，评估验证普查结果。在整个检查过程中，坚持边查边改，以查促改，以整改强管理。检查期间，全国共发出整改意见书320份，许多省还针对普遍性问题下发综合整改意见，开展"回头看"，确保检查取得实效。

（四）强化安全防护，确保检查安全

油脂库存检查工作强度大，危险性较高，安全防护要求高，因此把安全重于泰山的理念贯穿于工作始终。通过召开动员会、专门下发文件，督促和指导各地切实落实安全保障措施，排查治理储油设施安全隐患，加强检查人员安全教育，购置必需的劳保防护用品和人身保险，落实检查现场应急预案等措施。由于安全防护和安全教育到位，检查人员严守操作规程，这次大规模的全国性检查做到了安全操作"零事故"。

（五）总结工作经验，建立检查档案

现场检查结束后，国家粮食局在江西省组织召开油脂库存检查总结座谈会，全面总结检查工作经验，征求各地对油脂库存监管的措施意见，为进一步加强监管工作奠定了基础。及时整理全国油脂库存检查档案资料，为今后组织检查提供重要的资料查考。各地也都召开会议，总结交流当地检查工作经验。

这次油脂库存检查，向全社会传递了国家高度重视油脂安全，强化油脂库存监管的强烈信号，发现和解决了一些重大问题，防范和化解了一些风险，探索建立了一套监管制度和办法，提高了全行业依法管油的意识和水平，取得了预期的效果。

二　认真开展粮食库存检查

2011年，国家粮食局会同有关部门继续组织了全国粮食库存例行检查，初步形成了粮油监管双管并重的格局。2月，国家粮食局会同有关部门下发通知，要求各地结合春季粮油储存安全检查，认真开展2011年全国粮食库存年度例行检查工作，特别是要加强对政策性粮食库存大、销售出库数量多的地区和企业的检查。在各地组织企业自查和复查的基础上，5月中旬，组织对浙江、安徽、江西、山东、湖南、广东6省粮食库存检查工作进行了督查。检查结果表明，全国粮食库存管理情况总体较好。对检查中发现的问题，各地及时进行了整改。在例行检查中，各地结合粮食宏观形势，突出了对政策性粮食库存量大、销售出库数量多的地区和企业的复查和抽查，确保政策性粮食库存平时管得住、管得好，在国家需要时调得动、用得上。许多省（区、市）结合本地实际，充实检查内容，提高检查要求，有针对性地开展专项检查，收到良好效果。在检查工作的推动下，行业内"依法管粮"的意识日益增强，库存管理制度日趋完善，企业粮食经营管理的规范化水平不断提高，监管工作得到有效加强，各类违规行为得到及时抑制。

三　突出抓好国家政策性粮食销售出库监督检查

2011年，受国内外多种因素影响，粮食涨价预期较强。为认真落实国务院关于保障粮食市场供应、稳定市场价格的决策部署，国家粮食局高度重视，督促地方各级粮食部门将政策性粮食销售出库检查摆在更加突出的位置，确保出库顺畅。一年来，积极指导和督促各地粮食行政管理部门加强对承储国家政策性粮食企业履行出库义务情况的检查，严肃查处阻挠、拖延粮食出库等违规行为。为严肃政策性粮食出库纪律。4月，各地按照国家粮食局下发的紧急通知要求，结合正在进行的粮食库存清查工作，对政策性粮食承储企业执行粮食购销政策情况进行了全面检查。通过加强检查，有力地促进了政策性粮食销售出库。据统计，2011年，国家有关部门通过批发市场竞价销售政策性粮食累计成交2830万吨，开具出库单2601万吨，实际出库粮食2541万吨，占开具出库单数量的97.7%。政策性粮食销售出库总体顺畅。

四　深入开展全社会粮食流通监督检查工作

在夏粮、早籼稻和秋粮收购期间，国家粮食局及时安排部署检查，并派出工作组，赴粮食主产省检查指导收购工作。各地根据市场形势，一手抓收购、一手抓检查，重点围绕粮食收购资格、收购活动和临储政策落实情况等开展检查，维护粮食流通秩序。为督促粮食经营者履行相关义务，指导各地按照《统计法》和《粮食流通管理条例》的规定，加大对粮食经营台账建立和保管情况、统计报表报送的及时性、统计数据的真实性等检查力度，开展对粮食经营者履行最低、最高库存限量制度情况的检查。根据国务院食品安全委员会的统一部署，国家粮食局会同有关部门，对吉林、黑龙江、辽宁3省食品安全工作进行了检查，督促地方政府进一步加强保障食品安全的工作措施和力度。通过检查，摸清了粮食质量和原粮卫生状况，进一步提高了粮食企业的质量安全意识，促进了各地质量安全工作措施的制定和落实。各地结合实际，积极开展军粮、救灾粮、退耕还林补助粮等政策落实情况的专项检查。

五　加强监督检查体系和执法能力建设

针对各地监督检查工作参差不齐，机构队伍发展不平衡的情况，为鼓励先进、鞭策后进，2011年初向各地通报了2010年全国粮食监督检查体系建设和执法工作开展情况，并抄送各省（区、市）人民政府，督促各地进一步加强体系建设。经过全国各级粮食部门共同努力，截至2011年底，全国市、县两级粮食部门设立的监督检查机构分别达到301个和1811个，同比分别增加了5个和47个，占市、县两级粮食部门总数的86%和74%；粮食执法队1539个，同比增加127个。在政府机构改革对粮食监督检查体系形成巨大压力的情况下，实现了机构总数稳中有增。为进一步规范监督检查行政执法工作。2011年初，修订了《粮食流通监督检查统计表》，突出了政策性粮食购销监督检查等内容。为落实《国务院关于加强法治政府建设的意见》精神，进一步提高粮食执法能力和水平，2011年11月举办了全国粮食流通监督检查行政执法培训班，不断提高执法人员能力素质，提升监督检查工作上水平。在开展培训前，在各地的支持下，国家粮食局从近年来各级粮食部门查处的数万起案件中筛选出22件典型执法案例，精心编纂，汇编成册，印送2万余册，供各地工作参考。

六　开展"全国粮食流通监督检查示范单位"创建活动

按照国务院关于推进行政执法重心下移的要求，为进一步加强市、县级粮食部门监督检查体系和执法能力建设，2011年，经各地推荐和国家粮食局综合评审，确定了首批49个全国粮食流通监督检查示范单位。一年来，首批示范单位结合本地实际，积极创新监管方式方法，监督检查行政执法工作成效显著，较好地发挥了示范带头作用。许多省（区、市）还相继召开现场会，总结交流示范单位的先进经验，扩大示范单位影响，带动粮食流通监督检查工作整体水平的提高，收到了良好的效果。各地普遍反映，通过示范单位创建活动，推动了机构、队伍建设，提高了工作水平，提升了监督检查工作在地方政府和老百姓心中的地位。

粮油标准化与质量安全监管

一　粮油标准制修订和标准化体系建设

（一）标准制修订和实施工作

2011年，国家粮食局集中力量做好重点、难点标准的制修订工作，组织审定国家标准和行业标准21项，报批国家标准6项。国家标准委发布实施粮油国家标准共计44项，其中新制定标准37项，包括7项粮油储藏标准和17项粮油机械标准，进一步完善了我国粮油标准体系。国家粮食局发布实施了18项粮食行业标准。

2011年，国家粮食局重点做好食品安全国家标准制修订工作，为保证粮食质量安全提供技术依据。在卫生部的统一协调下，组织专家初步理清了粮食质量安全标准体系框架和工作重点。一方面对现有粮油标准进行了全面清理，形成需要废止、修订、整合的初步意见，同时结合当前粮食质量安全状况，提出了粮食质量安全标准体系框架和急需制订的粮食质量安全标准。

积极配合有关部门做好粮食卫生标准、油脂卫生标准、粮食污染物限量标准、农药限量标准、食品添加剂限量标准等一系列涉及粮食的食品安全国家标准制订工作。组织粮食行业相关单位和专家对550项食品安全国家标准征求意见稿提出了意见，为完善粮食质量安全标准打下了基础。完成了粮食行业第一个《食品安全国家标准　食用大豆粕》标准的制订工作。启动了《食品安全国家标准　食用植物调和油》国家标准的制订工作。指派专家工作组参与了"地沟油"检测方法专题研究工作，为解决"地沟油"检验技术提供了有益思路。

针对当前粮食检验执行标准存在的问题，组织开展了全行业的真菌毒素、重金属检验标准培训。开展粮油检验方法标准的后评估工作，重点对真菌毒素检验试剂盒、谷物脂肪酸滴定仪、粮食物理检验工作台、实验磨粉机、分样器、粉色麸星仪、电动深层扦样器和油脂扦样器等常用粮油检验仪器设备的标准适用性进行验证，并根据结果进一步完善了有关标准内容，提高了标准的一致性和准确性。

（二）国际标准化工作

作为谷物与豆类分委员会的P成员国对口负责单位，代表国家认真履行P成员国义务，积极推进我国所承担的国际标准制修订项目按期完成，组织国内专家参与国际标准制修订文本的修改和投票；配合当前粮食质量安全工作的中心任务，引进国外专家来华交流，组织我国从事粮食管理和技术人员赴国外进行粮食质量安全法律法规及标准制修订培训。

2011年，作为国际标准化组织谷物与豆类分技术委员会秘书处具体承担单位，国家粮食局标准质量中心踏踏实实做好分委员会的管理、组织和协调工作，稳步推动谷物与豆类国际标准化各项工作向前进展；正式发布了《ISO7970：2011小麦—规格》（ISO7970：2011 Wheat—Specification）、《ISO7301：2011大米—规格》(ISO7301：2011Rice—Specification)和《ISO6646：2011稻谷潜在出米率测定方法》等3项国际标准；《ISO/FDIS11747米饭硬度测定》、《ISO/CD5527谷物—词汇》、

《ISO/CD TR29263 谷物及产品——扦样研究》、《ISO/DIS5526 谷物，豆类和其他食用粮食——术语》、《ISO/DIS5530-1 小麦粉——面团物理特性 第1部分：流变学特性的测定——粉质仪法》、《ISO/DIS5530-2 小麦粉——面团物理特性 第2部分：流变学特性测定——拉伸仪法》、《ISO/FDIS 11746大米生物特性的测定》等7项标准正处于不同的制修订阶段；ISO/NWIP 17718谷物及制品——全麦粉及小麦粉——搅拌和温度升高作用对流变学特性影响的测定（ISO/NWIP 17718 Cereals and cereal products – Wheat whole meal and flour（T. aestivum）— Determination of rheological behaviour as a function of mixing and temperature increase）、ISO/NWIP17715小麦粉破损淀粉的测定——安培法（ISO/NWIP17715 Wheat flour—Method for the measurement of damage of starch using an amperometric method）等2项新标准项目提案已经通过ISO中央秘书处的注册；ISO6639：1986 隐蔽昆虫的测定—— 一般原则（ISO6639：1986 Cereals and pulses — Determination of hidden insect infestation — Part 1： General principles）、ISO 2164：1975 豆类氢氰糖苷酸的测定（ISO 2164：1975 Pulses — Determination of glycosidic hydrocyanic acid）、ISO 6322-1：1996 谷物与豆类的储存——谷物储存的一般建议（ISO 6322-1：1996 Storage of cereals and pulses — Part 1： General recommendations for the keeping of cereals）等10项标准已经完成复审工作，将在今后5年内继续有效。

2011年11月，在意大利组织召开了ISO/TC34/SC4第35次年会。阿根廷、加拿大、法国、中国等7个国家和联合国粮农组织、世界卫生组织国际食品法典委员会、国际水稻协作组织等3个国际组织的22位专家参加了大会。会议完成了14项议程，形成了24项会议决议。2011年，分技术委员会上级主管技术委员会TC34获得了ISO中央秘书处的劳伦斯奖，这是对TC34所有秘书处高效率工作的肯定。

2011年，秘书处积极引导更多国家参与谷物与豆类国际标准化工作。通过利用各种机会与有关国家联络，丹麦、埃及和印度已经从观察员（O成员）升级为正式成员（P成员）国，萨尔瓦多成为O成员，P成员国由原来的18个上升到21个，O成员由原来的31上升到32个，成员国总数达到了53个，参与分委员会国际标准化工作的程度进一步得到提高。

2011年，在各成员国的配合下，我国作为项目承担国牵头修订的《小麦—规格》和《稻谷潜在出米率测定》两项国际标准制修订项目，历经4年的艰苦工作，圆满完成各阶段的修订任务，以国际标准发布。2011年11月，在意大利举行的第35次大会上，ISO中央秘书处的项目经理到会为我国的两位项目负责人颁发了证书。国标委向国家粮食局发来感谢信，对国家粮食局主导完成修订小麦和稻谷潜在出米率测定两项国际标准表示祝贺，对长期以来在粮食国际标准化工作方面的大力支持表示感谢。

2011年 5月，为配合当前我国食品安全的中心任务，组织了"欧盟、美国粮食质量安全监管法规及标准"专题报告会，邀请了法国和美国专家详细介绍了欧盟和美国粮食质量安全监管方面的经验，就大家共同关心的粮食中真菌毒素问题与我国的80多名专家进行了交流，在此基础上，对"法国粮食链中真菌毒素跨行业管理指南"材料组织了翻译和发放，为行业提供了有针对性的参考资料；2011年10月，组织了来自全国11个省（区）的19位粮食质量管理和检验技术人员赴法国进行为期21天的"粮食质量安全法律法规及标准制修订"培训，进一步加强了我国粮食标准制修订专家队伍的锻炼和培养。

（三）粮油标准化研究工作

2011年，国家粮食局稳步推进粮食安全储存水分标准、中筋小麦品质评价、油脂真实性检验、粮油卫生快速检验方法等粮油标准化基础研究工作的开展，组织全行业科研院所、院校、检验机构开展协作研究，取得了大量基础性成果，为下一步重点、难点和热点标准的制修订打下良好基础。

顺利完成了粮食行业第一个实物国家标准样品——小麦粉粉质特性标准样品的制订工作，并通过国家标准物质委员会的评审；经过两年的研究，摸清了实验室制粉对小麦储存品质标准样品的影响，成功将小麦储存品品尝评分参考样品由原来的小麦粉改为小麦，延长了标准样品的使用期限，促进了标准更好的实施。

组织召开了第三届中国粮油标准质量年会。会议围绕粮食安全检测技术，粮食质量与品质检测技术，油脂检测技术三个专题内容进行了学术交流。来自大专院校、科研院所、质检机构、粮油加工企业、仪器设备生产企业的300余位代表参加了此次学术交流活动。会议期间，专家学者就真菌毒素、重金属等污染物的检验技术及快速检验技术，粮食加工与储藏技术，食用植物油成分检验技术等方面作了报告和专题学术交流，取得了良好效果。

二　粮食质量安全监管体系建设

（一）粮食质量监管制度建设

2011年，许多省级粮食行政管理部门结合本地的实际情况，制定出台了一批地方法规和制度性文件，为依法开展粮食质量监管、规范粮食经营活动、维护粮食流通正常秩序提供了制度保障。北京推进实施了储备粮质量保证责任制；天津出台了军粮质量管理办法，建立军粮质量监管员制度；山西进一步规范加强了收获粮食质量安全检测和粮食出入库检验；江苏细化了对粮食承储企业的检验能力要求；浙江推进"星级粮库"评定，严格储备粮质量管理，并把"切实加强库存粮油质量管理和检查工作"列为2011年各市粮食行政管理部门工作目标考核内容；山东对进一步强化粮食质量安全监管提出了具体要求；湖北修订出台了地方储备粮油质量监督管理办法，对地方储备粮各环节的质量管理及职责义务进行了详细规定；重庆修订了《重庆市市级储备粮油管理办法》；贵州出台了《贵州省粮食安全保障条例》；陕西建立了省级储备粮油和军粮供应质量管理制度；青海对政府平价粮及玉树粮油供应质量安全监管工作进行了规范和细化。

（二）粮食质量检验监测体系建设

2011年，各级粮食行政管理部门按照"机构成网络"的要求，积极推进粮食质量检验监测体系建设。

一是检验机构建设。截至2011年底，全国粮食检验机构共有731个，其中省级32个，地市级269个，县级430个。共有65个粮食检验机构转为财政全额拨款单位，17个机构由自收自支转为财政差额拨款单位。本年度又有72个检验机构通过考核纳入了国家粮食质量监测体系。检验机构在职人员5439名，其中省级677名、市级2152名、县级2610名；中级职称及以上的2331名，占总人数的43%；大专及以上的3751名，占总人数的69%。

二是资金投入与设备配置。根据国家粮食局申报的《全国粮食质量安全检验监测能力建设规划》项目，2011年国家发展改革委下达中央预算内投资计划1亿元。地方各级粮食行政管理部门也积极争取财政资金，加强监测机构的仪器设备投入和基础设施建设。截至2011年底，全国粮食检验机构办公场所和实验室总面积达30万平方米，现有2000元以上检验仪器设备近2万台套，仪器设备总原值达6亿元。

三是人员培训与考核。2011年，国家粮食局以加强粮食卫生检验技术为重点，组织31个国家粮食质量监测中心和有关机构的技术骨干共计120人，开展了粮食中真菌毒素、重金属和食用植物油全项目检验技术培训；组织国家粮食质量监测中心进行了酸值、过氧化值和黄曲霉毒B1等3个重点项目的检验技术比对考核。15个单位取得优秀成绩，13个单位取得良好成绩。各单位认真总结经验，仔细查找不足，及时纠正存在的问题，举一反三，积极整改。各省（区、市）粮食行政管理部门也加强了对本地区内各级粮食检验机构的技术管理和培训考核。据统计，全年共培训质检人员近8000人次。

（三）粮食质量安全监管工作

2011年，各级粮食行政管理部门按照"监测全覆盖、监管无盲区"的要求，认真履行粮食质量安全监管职责，加强日常监督和专项检查相结合，全力保障粮食质量安全。

一是组织开展库存粮食质量安全专项抽查。在全国31个省（区、市）827个粮食存储企业共抽检样品3192份，代表数量568万吨，对库存粮食的质量、储存品质和卫生状况进行了检验，获得检验数据5.27万个，抽查结果为：质量达标率95.9%，宜存率99.5%。对于检查发现的问题，各地粮食部门及时采取措施，安全妥善处置，有效防止了不符合卫生标准的粮食流入口粮市场。

二是首次开展全国性库存食用植物油质量安全抽查。结合食用植物油库存检查，全国按照不低于库存量30%的比例，对政策性植物油的质量安全情况进行专项检查，在全国31个省（区、市）的484个库点扦取样品1383份，组织检验机构进行严格规范检测，质量合格率达到98%以上，基本摸清了库存政策性食用植物油质量家底，为国家有关部门实施宏观决策提供了科学依据。

三是加强源头指导和把关，组织开展收获粮食质量安全监测。在全国31个省（区、市）采集和检验新收获粮食和油料样品1.3万份，对小麦、稻谷、玉米、大豆和油菜籽的常规质量和主要卫生指标进行了全面监测，获得检验数据近10万个。在完成国家级监测任务的基础上，辽宁、浙江、湖北、湖南、广东、广西等省（区）积极争取地方财政支持，开展省级粮食质量安全监测，及时发现了质量安全隐患，为合理、科学地指导粮食收购发挥了重要作用。河北、辽宁、江苏、浙江、河南、湖北、广东、陕西、宁夏等地还积极创新工作方式，围绕服务"三农"、促进种植结构调整、帮助农民增产增收等内容，采取各种有效途径及时向农户、经营者和消费者发布粮食宜种品种信息，收到了良好的效果并发挥了积极作用，积累了许多好的经验和做法。

四是督促粮食经营者落实质量安全主体责任。地方各级粮食行政管理部门对本行政区域内粮食收购、储存环节的各类粮食经营者的数量和经营状况进行了摸底调查，初步建立了粮食质量安全监管档案；同时，将粮食经营者执行国家粮食收购政策、粮食质量与卫生标准及安全储存技术规范，执行粮食收购入库和销售出库检验制度等列为日常监督检查的重要内容，加强检查督促，逐步消除监管盲区和空白，不断强化粮食经营者质量安全第一责任人意识，切实落实主体责任。

三　主要粮食收获质量与品质状况

2011年，国家粮食局组织各省（区、市）继续开展主要粮食品种收获质量调查和品质测报工作，调查和测报品种在小麦、稻谷、玉米和大豆的基础上增加了油菜籽。其中14个省开展了质量调查工作，共计检验样品1.6万份，涉及14省142市755个县（区），取得检验数据19.3万个；12个省开展了品质测报工作，共采集检测样品5804份，覆盖12省130市560个县（区），获得检验数据9.4万个，基本反映了当年收获的主要粮食品种的常规质量和内在品质状况。有关各级粮食行政管理部门及时发布了质量品质信息，指导当地粮食收购，促进种植结构调整。

针对部分省份发现不同程度的玉米生霉和真菌毒素超标现象，组织相关省份进行了专项检验，掌握了质量安全状况，检验结果及时向国家食品安全主管部门进行了通报。

（一）稻谷质量和品质

1.早籼稻。

收获质量。2011年，全国早籼稻整体质量较上年有所提高。安徽、江西、湖北、湖南、广东、广西6省（区）全部样品质量会检结果为：出糙率变幅67.3%～82.2%，平均值77.5%，一等至五等的比例分别为23%、42%、24%、8%、2%，等外品为1%，中等（三等）以上的占89%，较上年提高2个百分点。整精米率变幅23.8%～75.4%，平均值61.8%，较正常年景年提高约3个百分点（含仪器优化因素）；大于等于50%和44%的比例分别为89%和96%，均提高了约5个百分点。不完善粒变幅0.7%～28.6%，平均值6.1%，为近年来最高。未发现真菌毒素超标样品。分省看，江西、湖南、广西、湖北整体质量正常，安徽中等以上比例较低，广东整体质量为近年来最低。

浙江省调查结果表明，2011年早稻整体质量较上年明显提高，质量在中等以上的占97%，较上年提高近20个百分点，主要是二等品比例增加；平均整精米率56.2%，较上年提高近3个百分点，大于等于50%的比例为78%，较上年提高5个百分点，大于等于44%的比例为97%，与上年持平；不完善粒平均值6.0%，为近年来最低，主要是未熟粒和病斑粒。

品种品质。2011年，湖北、广东2省测报结果表明：湖北优质（优良）品种早籼稻全项目符合国家优质籼稻标准的比例为3.9%，较上年降低1.8个百分点，垩白度、垩白粒率偏高仍是制约达标的主要因素。

广东全项达标比例为2.4%，较上年降低约2个百分点，不完善粒、垩白度是制约达标的最主要因素。分地区看，汕尾、惠州、云浮地区达标率较高；分品种看，韶关市的银占、汕尾的美香占、江门市的粤晶丝苗和肇庆市的天优998等品质较好。

2.中晚籼稻。

收获质量。2011年，我国中晚籼稻总体质量为近年来较低水平。湖北、湖南、江西、四川、安徽、广西、河南、广东8个主产省（区）质量会检结果为：千粒重平均值26.9g，变幅13.1g～36.4g。出糙率平均值77.8%，变幅57.5%～83.6%，一等至五等的比例分别为28%、47%、16%、5%、2%，等外品占2%，中等（三等）以上的占91%，为近年来最低。整精米率水平有所提高（含仪器优化因素），平均值61.9%，变幅18.3%～77.1%，大于等于50%和44%的比例分别为96%和91%，各项均为近年来最高。不完善粒平均值4.5%，为正常水平。谷外糙米平均值0.3%，超标比例（大于2.0%）约为1%。分省看，河南、湖北质量品质为近年来较好水平，一等品比例和整精米率较高；广东整体质量较上年略有提高，安徽整体质量正常；广西、四川为近年来较低水平；江西、湖南为近年来最低。

浙江、福建、重庆3省（市）质量调查结果表明：2011年中晚籼稻，浙江省整体质量与上年基本持平，平均出糙率78.2%，质量在中等以上的超过99%；平均整精米率58.8%，大于等于50%的比例为91%，大于等于44%的比例为99%，均与上年基本持平。福建省整体质量较上年有所提高，平均出糙率77.5%，质量在中等以上比例占98%，较上年提高近7个百分点，平均整精米率56.9%，其中大于等于50%的为90%，大于等于44%的比例为99%，均与上年基本持平。重庆市整体质量较上年有所下降，平均出糙率78.0%，质量在中等以上的为91%，为近年来最低，整精米率平均值53.8%，其中大于等于50%的比例为92%，大于等于44%的比例为91%，二者均较上年下降近10个百分点。

品种品质。浙江、福建、湖北、广东4省测报结果表明：2011年优质（优良）品种中晚籼稻全项目符合国家优质籼稻标准的比例分别为，广东36.1%、浙江28.5%、福建7.0%、湖北11.8%。

浙江省优质（优良）品种测报样品主要包括甬优系列和中浙优系列。全部样品中食味评分超过80分的约占四成，较上年有所下降。除食味品质、垩白粒率外，其余指标单项达标率均较上年明显提高。垩白度达标率虽较上年提高了近20个百分点，但仍是限制达标率的主要因素，直链淀粉含量较低、垩白粒率和不完善粒较高也影响了达标率。分地区和品种看，宁波市的甬优12号，温州市的甬优9号、甬优15号、中浙优1号、甬优6号和中浙优8号，绍兴市的甬优9号，金华市的甬优9号、深二优5814，衢州市的Ⅱ优6326，台州市的甬优12号、中浙优8号、甬优9号和钱优100等表现较好；温州市、宁波市和台州市达标率较高。

福建省优质（优良）品种测报样品主要包括Ⅱ优航2号、天优3301、Ⅱ优2186、Ⅱ优63、宜优673等。全部样品中，食味评分超过80分的样品约占八成，较上年有所下降；直链淀粉含量适中，达标率超过90%；垩白度、垩白粒率过高仍是制约达标率的主要因素，长宽比较低、不完善粒较高也影响了达标率。分地区和品种看，龙岩市的宜优673、科优8377、两优3156、汕优115，南平市的丰两优、两优培九等表现较好；龙岩市达标率达到50%，主要是因为垩白度、垩白粒率明显低于其他地区。

湖北省优质（优良）品种测报样品主要品种为扬两优6号、丰两优1号、Y两优1号、丰两优2号、冈优188、广两优香66，垩白粒率、垩白度比上年虽有所降低，但仍是限制达标率的主要因素，直链淀粉含量较高、食味品质评分较低也影响了达标率。分地区看，仙桃市、荆州市、荆门市达标率较高；分品种看，鄂中五号、鉴真2号稻米品质较好，扬两优6号、丰两优香一号、珞优8号、Q优6号、中9优288、鄂中五号、鉴真2号、黄华占、天两优616等品种比较效益较好，而天两优616、黄华占作为近两年新推主导品种，优质性状比较稳定。

广东省优质（优良）品种测报样品各项品质指标达标率与上年同期基本持平，垩白度偏高仍是限制达标率的主要因素，直链淀粉含量较高也影响了达标率。分地区看，达标率均超过50%的有广州、江门、惠州、汕尾等，较上年有所减少；分品种看，美香占、小农占、粤华占、粤晶丝苗、博优998、合美占、金占等品种品质表现较好。

3.粳稻。

收获质量。2011年，我国粳稻总体质量为近年来最好水平。黑龙江、吉林、辽宁、江苏、安徽5个主产省质量会检结果为：千粒重平均值25.8g，变幅18.9g～32.0g。出糙率平均值81.2%，变幅73.1%～86.2%；一等至五等的比例分别为56%、30%、10%、3%、1%，中等以上占96%。整精米率平均值69.9%，变幅14.8%～81.0%；大于等于61%的比例为89%，大于等于55%的比例为96%。不完善粒平均值3.4%，为近年来较好水平，主要为未熟粒。平均谷外糙米1.2%，超标比例18%。分省看，辽宁等级比例为近年来最好，一等品比例较正常年景提高超过10个百分点；黑龙江、江苏整体质量为近年来较好水平，但黑龙江谷外糙米不达标现象仍较严重；吉林整体等级比例情况较好，但整精米率水平明显下降，部分地区不符合等内品要求的（小于49%）比例较大；安徽整体质量正常，较上年明显提高。

浙江、宁夏两省（区）质量调查结果表明，2011年粳稻质量，浙江省整体较上年有所提高，平均出糙率80.8%，质量在中等以上的占99%，较上年提高5个百分点；平均整精米率68.1%，较上年提高1.3个百分点，大于等于61%的比例为96%，与上年持平。宁夏回族自治区整体质量较上年有所提高，平均出糙率81.3%，全部在中等以上，一等品比例明显增加；整精米率水平为近年来最好，平均整精米率63.7%，较上年提高3.6个百分点，大于等于61%的比例为87%，大于等于55%的比例为97%，均较上年提高超过20个百分点。

品种品质。2011年，辽宁、吉林、黑龙江、江苏、浙江、宁夏6省（区）测报结果表明：优质（优良）品种粳稻全项目符合国家优质籼稻标准的比例，辽宁为32.9%，吉林为30.5%，浙江为24.0%，较上年明显提高；宁夏为20%，较上年明显下降。

辽宁推广种植的优质（优良）品种中达到优质稻谷国家标准的品种约15个，其中辽星系列、盐丰系列、沈农系列、中华利群、盐粳系列等种植面积较大，品质较好，食味品质达到或接近90分。分品种和地区看，辽星系列在盘锦、大连、铁岭、辽阳等地，沈农系列在大连、铁岭、沈阳等地，中华利群在大连、沈阳、丹东、铁岭等地，盐丰系列在营口、盘锦、鞍山等地的品质表现良好；大连、盘锦、丹东、营口等地的达标率均超过35%。垩白度和垩白粒率较高是制约达标的主要因素，部分地区直链淀粉含量较高也影响了达标率。

吉林测报的优质（优良）品种约50个，全部样品平均食味品质86分，垩白度和垩白粒率较少，达标率均超过90%；不完善粒偏高和整精米率较低是影响达标率的主要因素。品质表现较好的有：吉林、通化、松原地区的吉粳88，吉林、辽源、松原地区的超级稻，吉林地区的宏科8，通化地区的通科17，辽源、通化地区的九稻39。

黑龙江测报品种中种植面积较大的有空育131、龙粳系列、垦稻系列、绥粳系列、垦鉴系列等。检测结果表明，绝大部分能够达标，但相同品种在不同地域种植品质存在较大差异。总体来看，佳木斯的垦鉴系列、绥粳系列、空育131、龙粳系列，齐齐哈尔的龙粳系列、绥粳系列，鹤岗的龙粳系列，鸡西的空育131等表现较好。

江苏省测报品种中主要包括镇稻99、淮稻系列、连粳系列、徐稻系列等，直链淀粉、垩白度和胶稠度是制约达标的主要因素。徐州、无锡地区样品食味品质相对较高，直链淀粉含量和垩白度相对较低。

浙江省秀水系列仍是主推优质（优良）粳稻的主要品种，超过全部样品的一半。与上年相比，不完善粒、胶稠度达标率明显提高；垩白度和垩白粒率虽有明显减少，但仍是限制达标率的主要因素。分地区和品种看，宁波市的秀水134、宁81、嘉花1号，嘉兴市的秀水134、秀水09、秀水114、嘉禾218、嘉花1号、秀水03，湖州市的秀水134、秀水09、嘉禾218、秀水03，绍兴市的秀水134、秀水09、宁88以及台州市的秀水09等表现较好；嘉兴市和绍兴市达标率较高。

宁夏回族自治区测报品种主要为宁粳系列和农科843、富源4号、吉粳105等8个品种。与上年相比，整精米率达标率明显提高，胶稠度和垩白度达标率有所下降。直链淀粉含量过低、垩白度过高仍是限制达标率的主要因素。分地区和品种看，银川市的宁粳28号、175号、石嘴山市的富源4号、吉粳105号、吴忠市的富源4号、宁粳43号、农科843以及中卫市的宁粳38号表现较好。

（二）小麦质量和品质

收获质量。2011年，全国小麦整体不完善粒较少，硬度有所增加，等级比例基本正常。河北、山西、江苏、安徽、山东、河南、湖北、四川、陕西9省小麦质量调查会检结果为：容重变幅674g/L～832 g/L，平均值780 g/L，一等至五等的比例分别为37%、35%、21%、5%、2%，中等（三等）以上的占93%。千粒重变幅26.7g～56.1g，平均值42.2g，较上年下降0.7g。硬度指数变幅34～78，平均值63，白软麦比例为3%，白硬麦比例为77%。不完善粒平均值3.1%，符合中等要求（≤8%）的比例为98%，生芽粒和生霉粒较少，未发现真菌毒素超标样品。

分省看，陕西小麦整体质量为近年来最好，山西处于较好水平，河南、河北、山东、江苏属于正常年景，安徽为近年来较低水平，湖北较正常年景有所下降，四川为近年来最低。

宁夏回族自治区质量调查结果表明，2011年全区小麦整体质量较上年有所提高。平均容重762g/L，较上年提高10g/L，一至五等比例分别为16%、20%、33%、20%、8%，等外品为3%，三等以上比例占69%，较上年提高12%；平均不完善粒3.0%，较上年下降2.5个百分点，主要是生芽粒较上年明显减少。

品种品质。2011年，山西、江苏、河南、陕西、宁夏5省（区）测报结果表明：各省（区）优质（优良）品种小麦全项符合国家优质小麦标准的比例，江苏为10.1%，较上年提高5个百分点，稳定时间达标率较上年有所提高；河南为10.3%，较上年增加4.4个百分点；湖北为5.4%；陕西为8.3%，较上年提高1.2个百分点。

山西省测报样品涉及43个优质小麦品种，较上年明显增多，主要为临旱536、烟农19、晋麦54、晋麦2号等，约占全部样品总数的1/4，多数种植于运城、临汾和晋城等地区，区域化种植规模较小。从测报样品来看，全省小麦粗蛋白含量较高，平均粗蛋白质含量（干基，下同）为14.5%，与上年持平；平均湿面筋含量为32.7%。

江苏省测报样品涉及31个优质小麦品种，其中主要为烟农19、郑麦9023、矮抗58、淮麦系列、扬麦系列、宁麦系列等，占样品总数近九成，较上年明显提高。分地区和品种看，徐州地区强筋小麦达标率较高，达标品种包括华麦3号、濮麦9908、烟幅188、烟农5158、阳光581，烟农19品质有所下降；南通的宁麦13号保持了较好的弱筋特性；扬麦13号、扬麦15号在南通表现了较好的中弱筋性，但在泰州、盐城地区均表现为中筋特性；盐城地区的郑麦9023品质较上年明显提升。

河南省测报样品涉及优质小麦品种82个，主要为矮抗58、郑麦9023、西农979、周麦16、周麦22、周麦18、郑麦366、衡观35、豫麦18等，其中矮抗58、郑麦9023约占样品总数的1/3，周麦系列约占二成。全省强筋小麦采样涉及18个品种，全部样品稳定时间达标率超过60%，增幅明显；湿面筋含量较低是制约全项达标率的主要因素。分地区看，新乡、安阳、驻马店地区达标率较高。分品种看，郑麦366各项指标均表现较好；郑麦9023、西农979粗蛋白质、稳定时间较好，但湿面筋含量较低；师栾02-1、新麦26表现优异。

陕西省测报样品中，强筋小麦包括西农979、西农2000、小偃166和郑麦9023，弱筋小麦包括小偃22和晋麦54。从测报样品来看，稳定时间偏低和湿面筋含量偏高，分别是制约优质强筋小麦、弱筋小麦达标率的主要因素。分地区和品种看，宝鸡市的西农979、小偃22，渭南市的晋麦54表现较好。

宁夏冬小麦测报样品在5010、5012的基础上增加了宁冬12号。从测报样品来看，湿面筋和粗蛋白含量保持较高水平，但稳定时间依旧在3min以内；部分宁春系列样品则表现出强筋或中强筋品质。

（三）玉米质量和品质

收获质量。2011年，全国玉米整体质量较好。河北、山西、内蒙古、辽宁、吉林、黑龙江、山东、河南、陕西9个玉米主产省（区）质量会检结果为：百粒重平均值32.0g，变幅18.1g～48.5g。容重平均值715g/L，较上年下降13 g/L，变幅580g/L～794g/L，一等至五等的比例分别为45%、39%、13%、2%、1%，中等以上的占97%，其中一等品比例较上年下降20个百分点。不完善粒平均值4.4%，较上年增加1.2个百分点，主要为生霉粒和破碎粒，最大为56.8%，符合中等要求（≤8.0%）的比例为85%，较上年下降近10个百分点。霉变粒较少，无超标（＞2.0%）样品。部分省份玉米存在不同程度的呕吐毒素和玉米赤霉烯酮2种真菌毒素超标现象。

分省看，辽宁、吉林质量与上两年基本持平；山西、内蒙古、黑龙江质量正常；河北、山东、河南、陕西质量为近年来最低，不完善粒和生霉粒增加，平均容重和一等品比例下降。

品种品质。2011年，山西、辽宁、吉林、黑龙江、陕西5省测报结果表明：山西省主要测报品种中，先玉335、先锋335样品数量仍然较多，另外永玉3号、农大84、长城799、郑单958、晋单57等也有一定比例。全部样品平均容重715 g/L，较上年明显下降，平均淀粉含量71.2%，达到淀粉发酵工业用玉米国家标准要求的比例为97%，均较上年有所增加；平均粗蛋白含量9.5%，基本全部达到饲料用玉米国家标准要求；平均粗脂肪含量4.0%。

辽宁省主要测报品种包括郑单958、丹玉405、先玉335、良玉系列、辽单系列等品种，品质表现较好。全部样品中粗蛋白含量、淀粉含量均符合国家专用标准的比例为94%。分地区和品种看，淀粉含量较高的有：铁岭的农大、先玉、沈玉、东单系列，沈阳的先玉335、郑单系列、丹玉87，大连的东单、丹玉系列，阜新的先玉系列；粗蛋白含量较高的有：大连的良玉、丹玉系列，锦州的良玉系列、郑单958、先锋335，阜新的先锋420、郑单系列、先玉335，沈阳的丹玉87、沈玉系列。

吉林省主要测报品种包括先玉335、郑单958、好育335、海河14、海河17、龙单38、沈玉19、先玉696、元单68等。这些主要种植品种的平均容重737g/L，平均淀粉含量为73.7%，平均粗脂肪含量为3.5%。分地区和品种看，长春的吉单196，吉林的先玉554、先玉696、好育335，大民74.8，白城的郑单958、银河101，辽源的74.6，通化的吉玉208、先玉335、沈玉19，四平的绿玉4117、郑单958、银河33，松原的平安11、吉单188、屯玉38、农华101、郑单958、先玉335，白山和延边的吉单516等淀粉含量较高。

黑龙江省种植面积较大的有先玉、绥玉、郑单、德美亚、龙单、吉单、龙玉系列等。全部样品平均容重695g/L；平均淀粉含量为72.0%，达标比例为91%；平均粗蛋白含量为9.4%，达标比例为74%；平均粗脂肪4.1%。分地区和品种看，容重较高的有：齐齐哈尔和牡丹江的德美亚系列，绥化的龙单系列；淀粉含量较高的有：哈尔滨的郑单、先玉、龙单，齐齐哈尔的龙育系列；粗蛋白含量较高的有：牡丹江和鹤岗的德美亚、绥玉系列。

陕西省主要测报品种在保持户单、正大、郑单等品种的基础上，新增了榆单、中科等系列。全部样品平均容重698 g/L，较上年大幅下降；平均淀粉含量70.8%，达标率为95%，均较上年有所提高；平均粗蛋白含量10.4%，较上年有所降低；平均粗脂肪4.3%。分地区和品种看，淀粉含量较高的有西安的榆单系列，咸阳的正大系列、郑单系列和中科系列，铜川的榆单系列，渭南的秦龙系列；蛋白质含量较高的有西安的中科系列，咸阳、商洛的蠡玉系列，延安的登海系列，榆林市的郑单、中科系列，其中榆林的中科系列蛋白含量超过12%。

（四）大豆质量和品质

收获质量。2011年，黑龙江、吉林和内蒙古3省（区，以下简称省）质量会检结果为：完整粒率平均值为87.5%，较上年提高1.5个百分点，变幅67.3%～98.7%，一等至五等的比例分别为8%、29%、35%、18%、5%，等外品为5%，中等以上的占72%，较上年提高10个百分点，其中内蒙古、吉林中等以上比例较上年提高超过20个百分点。由于种植期间气候异常，病虫害情况较多，损伤粒率（主要是虫蚀粒和病斑粒）虽较上年有所减少但仍然较高，平均值为7.7%，变幅0.0%～27.8%，其中符合等内品要求的（不大于8.0%）比例为60%，较上年提高5个百分点，虫蚀粒平均值3.8%，病斑粒平均值为3.6%。

品种品质。吉林、黑龙江两省测报结果表明：2011年吉林省主推品种约20个，主要包括黑农38、长农13、绥农14、鸿鑫168、吉科豆1、吉育47、临选1等。全部样品平均完整粒率88.9%，与上年基本持平；平均粗脂肪含量20.8%，较上年提高1.4个百分点，符合高油大豆标准三等（粗脂肪含量≥20%）的比例为84%，较上年大幅提高；平均粗蛋白质含量39.1%，较上年有所下降，符合高蛋白大豆标准三等（粗蛋白含量≥40%）的比例为25%，较上年明显下降。分地区和品种看，粗脂肪含量较高的有延边的黑农38，吉林的绥农14、黑农38，长春的长农13、吉科豆1；粗蛋白含量较高的有吉林的鸿鑫168，延边、长春的绥农14。

黑龙江省测报主要品种继续包括合丰、绥农、恳丰、黑河、华疆等系列，并增加了东农、垦鉴豆等系列约占全部样品的80%，全部样品平均完整粒率87.4%，较上年提高1.2个百分点。平均粗脂肪含量19.7%，符合高油大豆标准三等的比例为40%；平均粗蛋白质含量39.3%，符合高蛋白大豆标准三等的比例为30%；平均水溶性蛋白含量为31.0%，上述各项指标均与上年基本持平。分地区和品种看，粗脂肪含量较高的有佳木斯的合丰、垦丰、垦鉴豆系列，绥化的合丰系列，鹤岗的绥农、东农系列，鸡西的东农系列，双鸭山的垦鉴豆系列；粗蛋白含量较高的有绥化的东农系列，鸡西的合丰、垦丰系列、佳木斯的垦丰系列。

粮油市场体系建设

一　粮食现货与期货市场发展状况

（一）粮食现货市场

2011年是"十二五"开局之年，国家粮食局积极推进全国粮食市场体系发展和建设，组织编制《全国粮食市场体系建设与发展"十二五"规划》，进一步加大对粮食市场建设工作力度，引导和支持粮食市场发展，粮食市场体系建设取得明显成效。

一是认真研究制定《全国粮食市场体系建设与发展"十二五"规划》。根据"十二五"粮食行业总规划的编制情况，国家粮食局在多次组织各地粮食部门、国家粮食局重点联系粮食批发市场进行修改完善并征求8个相关部委意见的基础上，组织编制《粮食市场体系建设与发展"十二五"规划》，并发布实施。各地粮食部门也积极开展制定粮食批发市场"十二五"规划，全国有12个省（区、市）编制了粮食市场体系建设专项规划，其他省份在编制行业总体规划中包括了本地区粮食市场体系建设的内容。

二是依法加强粮食收购市场监管。各级粮食部门进一步健全粮食收购市场准入制度，依法开展粮食收购资格核查，切实加强粮食收购市场监管，规范粮食收购活动，维护了正常的粮食收购市场秩序。截至2011年底，全国31个省（区、市）具有粮食收购资格的粮食经营者达到8.6万家。其中国有及国有控股企业1.64万家，其他经济组织等多元市场主体6.96万家，分别占总数的19%和81%。

三是积极支持和引导粮食零售市场多渠道经营。2011年，各地粮食部门继续支持和引导多渠道经营粮食零售业务，市场经营规模基本保持稳定发展态势，市场经营管理水平不断提高，超市和粮油连锁店等零售网点遍布城乡，在保障城镇粮油供应中发挥了积极作用。放心粮油进农村进社区工程进展顺利，"放心粮油店"在粮油市场的占有率不断提高，目前各地共发展销售服务网点近20万个，其中农村网点6万多个。山东省放心粮油网点2.2万个，天津粮油集团每天生产放心馒头100万个，西安市放心馒头市场占有率达到60%以上。

四是继续完善全国统一粮食竞价交易系统建设。选择部分重点联系市场组建国家粮食交易中心，2011年批复重庆、沈阳、杭州3家市场为国家粮食交易中心，目前国家粮食交易中心的数量达到25个。2011年，采取竞价销售、定向销售和邀标销售等方式，累计销售成交国家政策性粮食3900万吨，食用植物油152万吨，为实施粮食宏观调控、保证粮食市场供应、稳定粮食市场价格发挥了重要作用。

五是大力加强粮食批发市场建设扶持指导。2011年，各地加大对粮食批发市场建设扶持力度，基础设施建设得到加强，市场经营环境得到改善，市场综合服务功能进一步提升。截至年底，全国共有大中型区域性、专业性粮食批发市场70家，各类粮食批发市场448家，其中国有及国有控股248家、民营168家、集体32家，商流市场92家，成品粮市场356家。据不完全统计，2011年全国各类批发市场年交易量超过11000万吨，促进了产销衔接，在保障当地城镇居民口粮供应和应急保障中发挥积极作用。国家粮食局为进一步加强对区域性、专业性粮食批发市场和大中城市成品粮批发市场建设指导，召开了全国重点联系粮食批发市场座谈会、全国重点联系成品粮市场座谈会，赴北京、陕西、辽宁、江苏、安徽、浙江6省市开展调研，提出促进市场发展完善的措施建议。

（二）粮食期货市场

2011年，我国粮食期货市场交易量和成交额较2010年有所减少。从成交量看，2011年全国粮食期货成交量和成交金额分别为35718.21万手和195515.12亿元，比上年分别减少了46.31％和28.07％。分品种的情况是：普通小麦交易大幅走高，成交量、成交金额分别比上年增加335.68％和344.43％；强筋小麦期货交易也比较活跃，成交量、成交金额分别比上年增长36.27％和49.39％；其余品种则出现不同幅度下跌，其中早籼稻交易下跌幅度较大，成交量、成交金额分别比上年减少77.93％和77.01％。从价格走势看，各粮食品种价格同比均有较大幅度上升。主要粮食品种走势：小麦价格在成本推动及国家最低收购价政策等支撑下，呈现前高后低行情，整体上仍然小幅波动上涨；玉米全年始终保持高位震荡的态势，尽管新季玉米上市后，市场价格有所回落，但仍然处于高位区间，现货与期货价格由背离逐渐转为同步；早籼稻受上年减产明显、2011年补库需求较为旺盛的影响，市场价格高开高走，较上年大幅上涨，10月后早籼稻价格逐步止涨于高位趋稳；大豆整体呈现前高后低态势，前8个月大豆期货价格高位宽幅波动，9月欧债危机急剧升温后，大豆在国际外围商品市场暴跌的影响下承压下跌，经历了一波剧烈的调整行情后于低位趋稳。

二　粮油市场信息体系建设

（一）粮油市场监测预测得到加强、市场信息服务体系有所发展

2011年，我国粮油市场信息体系平稳发展，在各级粮食行政管理部门和粮食信息系统广大干部职工共同努力下，粮油市场信息服务组织机构有所发展并逐渐完善，逐步形成了全国粮油市场信息服务体系新的格局，全国粮食市场动态监测工作得到加强，市场信息分析预测水平有了一定提高，更加贴近市场。

国家粮油信息中心根据市场变化，加强对市场热点问题的监测，并深入分析，及时报告，为粮食宏观调控提供了强有力的信息支持，为粮食生产者和经营者提供了及时的信息服务。

1.继续对国内外粮油市场进行监测。

2011年，全球经济复苏继续受到欧债危机的影响并有加重之势，而应对金融危机增加的货币流动性则推高物价总水平，出现了经济下滑和物价上涨的双重压力，粮油市场形势更为复杂。尽管我国粮食生产实现"八连增"，但是个别品种需求出现超预期的增长，导致价格出现快速上涨。国家粮油信息中心和各省市区粮油市场信息机构认真做好市场监测工作，既重视对价格变化的跟踪调查，也重视对供应量的分析，还加强了对未来市场的预测，并及时提出一些有价值的政策性建议。在信息工作中高度关注市场变化，通过各类定期信息报告按时反映市场情况，基本做到"实时监测市场变化，对市场行情波动及时报告，对重大问题和事件不错报、不漏报"。

2.粮油市场信息体系建设不断推进。

针对国内外粮油市场的新变化，国家粮油信息中心和各省市区粮油市场信息机构，为进一步提高信息工作质量，积极开展信息工作，不断完善信息业务体系，加强队伍建设，不断提高工作效率和工作水平。各级粮油市场信息机构通过粮油市场信息服务网站、专业媒体、广播和电视、编发专业性的

市场报告等多种手段，面向社会提供了大量具有价值的信息，提供了比较优质的信息服务。

黑龙江粮食批发市场紧紧围绕打造"龙江价格"品牌的工作目标，通过现有的"龙粮网"、"短信服务平台"、"农民服务热线"、龙广乡村台"信息大市场"节目等载体，以粮食价格指数体系为依托，开展信息服务工作。

安徽省在粮油市场调查及分析预测方面，继续充分发挥安徽粮食批发交易市场作为全国政策性粮食竞价销售中心市场的优势，及时发布网上竞价交易信息，通过与广大客户紧密接触，掌握大量第一手真实资料，为市场分析预测奠定了坚实基础。

3. 专业信息网站质量继续提高。

国家粮油信息中心在提高粮油市场信息服务质量方面，根据网站阅读者的习惯分条加载信息，使得《中国粮食信息网》网站在不增加内容的情况下网页显得更加丰富。增加了《农产品气候状况报告》，填补了信息中心网站中国内农产品气候监测数据的空白。

安徽省根据工作实际和形势发展需要，对"中国粮食网"进行硬件平台升级和改版，增加了新的功能，使得主页布局更加合理，使用更为方便，已从单一的粮油信息发布平台转变成集信息、交易、服务于一体的综合性粮食门户网站，从省级区域性粮食网站提升为全国政策性粮食竞价交易和国家宏观调控政策发布的重要载体。

除粮食系统信息机构之外，其他一些与粮食经营有关的部门和企业建立的信息服务网站也办得有声有色，如中华粮网、面粉网、大米网、大豆网、玉米网等。这些网站以独特的视角，跟踪粮油市场变化，提供粮油市场信息服务，是全国粮油市场信息服务的重要组成部分。特别是区域性专业网站，如大豆网，由于有区域和品种优势，管理机制灵活，对东北地区所有的县、农场均建立了监测点或提供信息的个人，工作扎实细致，取得了很好成效。

4. 进一步开展市场重点与热点问题研究，参加重大课题研究工作。

中国粮食经济学会、中国粮食行业协会紧紧围绕国家粮食安全这一重大课题，开展了一系列的调查研究，先后完成了6篇有分量的课题报告，对政府决策提出政策建议，受到国务院领导同志和有关部门的高度重视，温家宝总理和李克强、回良玉副总理等中央领导同志多次作出重要批示，有关部门都进行了认真研究、吸收采纳。

国家粮油信息中心2011年承担和参与的主要课题有：国家发展改革委《振兴中国大豆产业政策研究》、《中国食用植物油产业规划（2011~2020年）》、农业部《市场动态监测专题报告》、国务院发展研究中心《中国玉米市场中长期战略研究》、国家粮食局《中国粮食发展报告》相关内容。

5. 积极开展面向社会服务，发挥信息引导作用。

国家粮油信息中心在4月和12月分别召开了油脂市场研讨会和谷物市场研讨会，在统一思想、维护市场秩序、助力市场调控等方面，发挥了积极的作用。

中国粮食行业协会每年举办"中国粮食论坛"，为粮油企业家、专家学者、政府官员以及业内相关人士搭建一个开放互动的交流平台。通过这一平台，研究产业政策，沟通行业信息，分析市场行情，发展经贸合作，从而更好地为粮油行业和企业的发展服务，为国家粮食安全和宏观调控服务。

《中国粮食经济》作为全国粮食系统唯一一份国家级粮食经济类期刊，坚持正确的舆论导向，坚持为粮食工作服务、为读者服务为宗旨，在宣传党中央、国务院粮食工作方针政策，传达国家粮食主管部门工作部署，探讨粮食经济理论，服务粮食流通体制改革，交流粮食工作经验，介绍先进粮食企业和优秀粮食职工，传递国内外粮油政策和市场信息等方面发挥了重要作用。

　　《粮油市场报》作为国内唯一面向全国公开发行的粮油类专业报纸，专业性强，信息量大，读者面广，已发行全国30多个省（区、市），大力宣传国家宏观经济政策、粮食购销政策，及时、全面报道各地粮食产购销工作部署和动态，适时发布各地粮油市场行情和专家的分析、预测，交流粮食企业经营动态和企业改革的经验，反映粮食系统广大职工心声，已经成为粮食行业对外宣传的重要窗口，受到各级粮食部门和广大粮食工作者的欢迎。

　　大连商品交易所和郑州商品交易所作为国务院批准并由中国证监会监督管理的两家农产品期货交易所，坚持规范运作，加强市场一线监管，安全组织交易，深化市场功能，期货价格已成为国内市场的主要价格之一，为相关各类生产经营企业提供了价格"指南针"和"避风港"的作用，并为国家宏观调控提供了有效的价格参考。全国数百家期货经纪公司拥有一大批技术力量雄厚的研发团队，在农产品市场技术分析和数量分析方面有着很大优势，对期货市场与现货市场的关系有着深刻的认识和理解，也对国内粮油市场分析有着非常重要的引导和补充作用。

（二）全国统一粮油电子竞价交易系统进一步完善，促进了粮油竞价交易工作平稳有序进行

　　随着粮食宏观调控的不断深化，参与统一竞价的政策性粮源涵盖了除西藏外的其他省（区、市），商品属性包括最低收购价粮、国家临时存储粮以及中央储备粮，交易商品包括最低收购价小麦、稻谷等23个品种。2011年行政管理部门制定了不完善粒超标小麦交易细则、籼稻邀标交易细则、跨省移库粳稻交易细则，修订了稻谷、小麦、不完善粒超标小麦交易细则，系统软件按照交易细则要求进行相应修改。信息中心相关工作人员以高度的责任心和一丝不苟的工作态度，对修改的软件多次进行调试，确保政策性粮食竞价交易如期进行。

　　2011年依托全国统一粮油电子竞价交易系统平台共成功举办了470次国家政策性粮食竞价交易会（2010年是394次），累计成交粮食1778万吨，菜籽油90万吨，成交额432亿元。其中，小麦成交630万吨，稻谷成交786万吨，玉米成交360万吨，大豆成交1.6万吨，进口小麦成交0.35万吨。

　　目前，已有25家省（区、市）级粮食批发交易市场联网，其中24家市场参与交易，共同完成国家政策性粮食竞价销售的组织与实施工作。3月在长沙举办批发市场财务培训及业务交流会议，进一步明确财务管理规章制度，规范报表传递业务，确保政策性粮食交易资金安全。7月在成都召开批发市场主任联席会议，明确要求联网市场要自觉接受上级主管部门的监督、管理，进一步完善政策性粮油统一交易平台的各项业务工作；严格执行财务制度，保证结算资金安全；坚决执行自律公约，做好市场服务工作。11月在大连召开批发市场业务交流座谈会议，针对交易细则频繁变化、各品种粮油客户资格审核的规定，组织有关人员整理、起草了《交易细则汇编》（包含了各品种交易细则、客户资格审核汇总及各种上报的报表），认真组织到会人员学习，并要求严格贯彻执行细则规定，提高业务能力及总体服务水平；进一步提高了认识，统一了行动，为下一步工作打下了良好基础。

　　2011年继续加大力度推广地方储备粮食电子竞价交易系统应用，交易频次及成交量同比提高2.5倍，方便客户的同时也提高了系统利用率。目前已有16家联网市场开通了地方储备粮油电子竞价交易系统，其中安徽、河北、湖北、内蒙古等10家市场多次应用交易系统开展地方储备粮食竞价交易活动。2011年依托省级粮食电子竞价交易平台共成功举办了96次地方政策性粮油竞价交易会(2010年48次)，累计成交141.13万吨，其中，竞价销售77次，累计成交98.94万吨；竞价采购19次，累计成交42.19万吨。

　　2011年全国统一粮油电子竞价交易系统平台各项功能得到进一步完善，对国家粮食市场宏观调控继续发挥了重要作用，对全国粮油市场基本稳定作出了重要贡献。

三   粮油统计信息

为适应粮食流通发展变化的新形势，切实履行粮食流通统计职责，2011年粮食流通统计方法不断改革创新、调查数据的准确性、真实性、及时性得到提高，调查方案日益完善，科学、统一、精简、高效的统计指标体系逐步构建，粮食流通统计工作为国家粮食宏观调控提供了可靠的决策依据。

（一）提供优质的统计服务

全面贯彻落实新修订的《国家粮食流通统计制度》，取得了大量翔实的统计信息资料。一是全面掌握了全社会粮食流通状况。通过粮食统计旬（月）报、市场信息周报等日常统计工作，及时反映全国粮食收购、销售、库存、价格等变化情况；在粮食收购旺季，建立收购信息五日报告制度，密切监测主产区粮食收购进展情况，及时上报收购进度、市场价格等信息。二是继续做好全社会粮油供需平衡调查工作，进一步提高了调查质量。2011年首次正式印发了全社会食用植物油及油料供需平衡调查报告，对我国食用植物油脂油料的供求现状、面临形势和未来发展趋势做出了全面、深入的分析。

（二）加强粮油市场监测

一是根据宏观调控需要，密切关注各地粮油市场价格变化，合理规划监测网点的数量和布局，及时调整监测频率。二是加强了对重点地区和重要品种的跟踪监测，建立了市场异动即时反馈机制，动态反映粮食市场价格行情。三是加强了对信息直报点的督促和业务指导，信息报送数量和质量都有所提高。四是实现国家和地方各级粮食市场监测信息资源共享，随时掌握粮油市场的新情况和新动态。

（三）推进统计信息化建设

一是推进电子报表的应用，实现数据采集、传输、加工、汇总的电子化和网络化，提高统计工作效率。二是进一步升级和完善现有的粮食统计信息系统，不断推广软件应用范围。三是加快粮油统计网络直报系统和统计数据库建设，有效减少中间环节对统计数据的干扰，确保数据质量。四是加强信息安全保障体系建设，确保数据传输渠道可靠、保存介质安全。

粮食流通基础设施建设及投资统计

一 粮食流通基础设施建设

2011年是"十二五"开局之年，依据相关建设规划，各级政府继续加强投资扶持力度，企业积极筹措资金，加强粮食流通基础设施建设。国家共安排中央补助投资25.8亿元用于支持粮油仓储设施、粮食现代物流设施建设、仓房维修改造、农户科学储粮专项和粮食质量安全检验监测能力建设项目建设，取得了显著成效。

（一）"十二五"建设规划发布实施

国家粮食局与国家发展改革委联合印发了《粮食行业"十二五"发展规划纲要》，在此基础上，国家粮食局印发《"十二五"粮食流通基础设施建设专项规划》。规划期内拟在粮食主产区、西部地区和后备基地新建仓容2000万吨，在36个大中城市建设成品粮应急低温储备仓100万吨，维修改造仓容1亿吨以上，新建烘干能力800万吨，维修烘干能力2500万吨；为全国800万农户配置标准化储粮装具；在主要跨省流通通道建设大型粮食装车点、卸车点和主要物流节点项目240个，建设中转仓容400万吨，建立全国粮食物流公共信息平台，重点推进铁路散粮火车在东北区域及全国其他区域的运营，以及铁路与公路、水路的多式联运。各省（区、市）粮食局根据当地实际情况，积极与有关部门联合编制发布粮食流通基础设施建设规划，明确"十二五"期间粮食流通基础设施建设工作的目标及任务，为规范项目建设布局，落实投资规模，拓宽投资渠道，确保"十二五"粮食流通基础设施建设工作的顺利开展创造良好条件。

（二）全国粮食流通基础设施建设工作会议成功召开

为做好规划落实工作，积极推进"十二五"期间粮食流通基础设施建设工作，国家粮食局对各省（区、市、公司）"十二五"粮食流通基础设施建设规划进行了汇编，并于2011年10月召开了全国粮食流通基础设施建设工作会议。此次会议是近十年来召开的一次全国性粮食流通基础设施建设工作会议。会议全面总结了"十一五"时期粮食流通基础设施建设工作取得的成绩、存在的问题和面临的挑战，研究部署了如何落实"十二五"规划、做好"十二五"粮食流通基础设施建设工作。会议要求各级粮食行政管理部门和有关中央粮食企业要进一步转变观念，统一思想，抓住机遇，加强统筹协调，积极争取政策和资金支持，加快粮食流通基础设施建设跨越式发展。提出要进一步加大工作力度，着力抓好仓储设施建设，重点推进粮食物流体系建设，加强农户科学储粮专项和粮食质量安全检验监测能力建设，提高安全保障能力，并按照党中央、国务院的总体部署扎实做好对口援疆、援藏等工作。

（三）农户科学储粮专项成效显著

为稳定投资渠道，加大实施规模，围绕建立推广农户科学储粮长效机制，国家发展改革委、国家粮食局联合印发《"十二五"农户科学储粮专项建设规划》，拟在"十二五"期间为全国800万农户配置标准化储粮装具。在此基础上，2011年国家安排中央投资补助4亿元，加上地方配套和农户自筹资金，总投资约13.3亿元，在河北、山西、内蒙古、辽宁、吉林、浙江、安徽、江西、山东、河南、湖北、湖南、广东、广西、重庆、四川、贵州、云南、陕西、甘肃、青海、宁夏、新疆等23个省（区、市）为141.8万农户建设标准化小型粮仓。为进一步规范各地农户科学储粮专项建设管理工作，特别是更好地落实地方财政资金，确保装具质量和资金使用安全，保证"十二五"期间专项的顺利实施和建设效果，在总结前期工作经验的基础上，由国家发展改革委、国家粮食局、财政部联合下发《农户科学储粮专项管理办法》。各地也积极探索出了许多成功经验，确保了项目建设效果。农户储粮装具设计不断完善，2011年新增了三套彩钢板组合仓通用图。专项建设得到了各地政府和农民的普遍认可和欢迎，越来越多的农民积极要求使用专项建设的粮仓，一些地方政府将专项作为一项民心工程或政府为民办实事来做，明确写入政府文件或相关规划。

（四）粮食质量安全检验监测能力建设项目开始启动

为提升粮食质量安全检验监测能力水平，经积极争取，2011年国家安排1亿元中央补助投资，安排为31个省（区、市）78个国家粮食局授权挂牌的检验机构（包括31个省级监测中心和47个市级监测站）配制检验仪器设备，粮食质量安全检验监测能力建设项目开始启动。中央投资补助比例也得到提高，除新疆、西藏和青海藏区采取中央全额投资外，其他省区中央补助投资与地方财政资金比例按1：1落实。为加强粮食检验监测能力建设项目管理，规范项目建设行为，保证项目建设顺利进行，国家粮食局印发了《粮食检验监测能力项目建设管理暂行办法》。

（五）粮油仓储和物流体系建设继续得到加强

2011年国家安排中央预算内投资10亿元，用于补助189个粮油仓储设施项目，建设粮食储备仓容660万吨，储备油罐60万吨。安排中央补助投资6.78亿元，用于重点支持六大跨省流通通道和西部地区重要物流节点的100个粮食现代物流项目的建设工作，建设中转仓容约400万吨及相应的接发设施。配合最低收购价政策的执行，中央财政安排4亿元补助资金，用于河北、内蒙古、辽宁、吉林、黑龙江、江苏、安徽、江西、山东、河南、湖北、湖南、广西、四川、新疆等15个启动最低收购价和临时收储政策省（区）的粮食收储库点的仓房维修改造。

为推进粮食现代物流体系建设，加快推进散粮火车入关运营，打通"北粮南运"主通道，国家粮食局配合国家发展改革委积极开展试点线路调研，研究"北粮南运"铁路散粮运输线路试点方案。国家粮食局印发《关于贯彻〈国务院办公厅关于促进物流业健康发展政策措施的意见〉的实施意见》，加强对粮食现代物流发展的组织和指导，加快推进粮食现代物流发展。年内还对长江粮食物流通道建设进行了专题研讨和统筹衔接。

为加快推进大中城市成品粮应急储备体系建设，国家粮食局积极开展成品粮应急储备库建设试点准备工作，对各地"十二五"期间规划建设的成品粮应急储备库项目情况进行了调查分析，对项目建设技术方案进行了研讨。在此基础上，国家粮食局印发《成品粮应急储备库建设设计要点》，对成品粮应急储备库的选址、建筑设计、工艺设计及装备等提出了具体要求，对提高项目建设水平将起到重要指导作用。各地加强项目储备，积极做好试点建设的相关准备工作。

（六）区域行业协调发展逐步推进

在继续做好粮食系统对口支援新疆工作的同时，为贯彻落实中央关于对口支援西藏工作座谈会精神，支持西藏粮食流通工作跨越式发展，国家粮食局专题召开了由有关省（区、市）粮食局和中央企业负责同志参加的协调会，对粮食系统对口支援西藏工作进行了沟通，积极支持西藏粮食流通工作跨越式发展，一些省市已与西藏有关地市达成援建意向。

为贯彻落实《国务院关于支持河南省加快建设中原经济区的指导意见》精神，国家粮食局和河南省人民政府签署了《支持中原经济区建设加快现代粮食流通产业发展战略合作协议》。同时，国家粮食局与国家开发银行进行多次磋商，积极推进国家开发银行对粮食行业项目建设和产业发展的信贷支持。

二　粮食流通基础设施建设投资统计

2011年对粮食流通基础设施建设投资统计指标体系进行了全面修订，并按新修订的指标体系进行统计。2011年度粮食流通基础设施投资按粮油储备库项目、粮食物流设施项目、仓房维修改造项目、粮食检验检测项目、其他项目5类统计。各地按照新修订的投资统计指标体系，加强宣传和培训，及早部署，精心组织，扩大统计覆盖面，较好地完成了本年度投资统计工作。

据统计，2011年度全国粮食流通基础设施建设项目共6769个，其中竣工项目5457个（占项目总数的81%），在建项目976个（占14%），前期项目336个；本年度新开工项目3753个，占项目总数的55%，占竣工和在建项目的58%。粮油储备库项目、粮食物流设施项目共1953个，其中竣工项目1053个（占两类项目总数的54%），在建项目680个（占35%），前期项目220个；年度新开工项目876个，占竣工和在建项目的51%。

2011年度全国粮食流通基础设施建设项目总投资782亿元，年度完成投资209亿元。总投资中，财政性资金152亿元（其中中央财政资金44亿元，地方财政资金108亿元），占19%；企业自有资金402亿元（其中退城进郊置换资金约54亿元），占51%；银行贷款177亿元，占23%。年度完成投资中，财政性资金54亿元（其中中央财政资金20亿元，地方财政资金34亿元），占26%；企业自有资金113亿元（其中退城进郊置换资金约10亿元），占54%；银行贷款32亿元，占15%。年度完成投资中，主要是粮油储备粮项目（占46%）、粮食物流设施项目（占31%），两类项目约占完成投资总额的77%。

2011年度新建仓容2078万吨，其中平房仓1693万吨，立筒仓151万吨（其中钢板筒仓45万吨），浅圆仓105万吨，其他仓型129万吨；上述仓容中成品粮应急储备仓24万吨。

新建油罐136万吨；维修改造仓容1860万吨，其中大修仓容731万吨；新建粮食专用码头泊位39个，能力1731万吨；新建铁路专用线36千米，其中有效长度14千米；新建罩棚76万平方米，其中铁路罩棚26万平方米；新建地坪423万平方米；新增散粮接收能力2万吨/小时，发放能力1.9万吨/小时；新增烘干能力4719吨/小时；新增机械设备1.9万台套，其中散粮汽车390辆，散粮火车皮220节，散粮船舶22艘，检化验设备5514台套；新建办公、业务用房69万平方米。

统计表明，2011年度粮食流通基础设施建设取得了显著成效。各地积极筹措资金，加强粮食流通基础设施建设，以保障粮食安全，推进粮食现代物流发展。从统计数据来看，年度完成投资较多的省份和单位主要有江苏、湖北、安徽、湖南、四川、广东、山东、内蒙古、浙江等省（区）和中粮集团；地方财政投资额较多和比例较高的主要有浙江、江苏、福建、广东、湖北、内蒙古、四川、安徽、湖南、陕西、广西、黑龙江等省（区）。项目总投资中，中央财政投资较多的省份和单位主要有三大中央企业和四川、黑龙江、吉林、江苏、河南、湖北、安徽等省。

统计反映，在当前设施建设投资管理中存在的最大问题是投资建设管理机制需要完善。从近几年投资统计工作开展情况看，由于粮食仓储、物流项目和仓房维修改造项目分属发展改革、财政部门负责安排，部分省份粮食行政管理部门对中央补助投资和财政资金安排的项目情况不掌握，行业管理和指导力度弱化，在年度投资统计中对相关项目投资安排情况难以核查，对企业投资统计的监管也缺乏手段，一些项目单位干脆不报统计数据。因此，既不利于建设项目的监管，也对投资统计工作带来较大难度，以致部分地区的中央安排补助投资的项目难以全部统计或难以保证统计数据的准确性。

粮食仓储管理及设施统计

2011年，各地区各单位认真贯彻落实《粮油仓储管理办法》，深入开展粮油仓储企业规范化管理活动，加强人员培训，推进粮油仓储信息化建设，扎实开展粮油仓储设施统计，粮油仓储管理取得新的进展。

认真贯彻《粮油仓储管理办法》。各地区各单位积极与有关方面协调，按照办法的规定制订配套文件。初步统计，有17个省份先后出台了《粮油仓储单位备案管理办法》和《熏蒸作业方案备案管理办法》，有10个省份正在起草和协商过程中。另外，各地区按照管理办法的规定，进一步规范粮油仓储管理行为，河北省设计制作了全省统一的粮油保管账、库存货位卡。湖南省规范了仓房油罐的编号。浙江省全面推进仓储工作流程标准化，统一编制了粮食入库等17个工作流程标准。目前，《粮油仓储管理办法》在规范粮油仓储企业行为、维护粮油仓储市场秩序方面发挥了越来越大的作用。

深入开展粮油仓储企业规范化管理活动。北京市细化了规范化管理评价办法，形成了市储备粮承储企业"千分制"评价标准和市储备油"百分制"评价标准。甘肃省将规范化管理活动延伸到基层企业，要求2011年底市级以上企业规范化管理达标，2012年底全省所有企业规范化管理达标。浙江省出台了"四星级粮库"评定办法，全省评出12户四星级粮库。山东省在规范化、标准化、科学化管理的基础上，开展了"争创规范化管理十佳粮库活动"。重庆市重视仓储管理的制度建设，出台了《市级储备粮仓储管理办法》，规范市级储备粮的仓储管理，组织召开了全市仓储企业规范化管理总结表彰大会，仓储管理水平上了一个新的台阶。河南省坚持开展"四无"活动，每年表彰一批先进单位和先进个人。粮油仓储企业规范化管理工作取得了新的进展。

粮油仓储信息化建设取得突破。2011年，国家粮食局开展了粮油仓储信息化建设工作调研，提出了推进粮油仓储信息化建设的政策意见和建议。启动了《粮油仓储信息化建设指南》以及《粮食信息化示范单位管理办法》，统筹规划粮油仓储行业信息化建设工作，加强顶层设计，推动全国粮油仓储信息化建设工作。目前，北京、天津、河北、山西、江苏、安徽、浙江、山东、河南、湖北、四川、陕西、宁夏、新疆等省（区、市）的信息化建设工作已经启动或开通网络。另外，中国储备粮管理总公司、深圳粮食集团公司、无锡粮食物流科技园、江苏常州城北粮库、上海良友集团公司、广东省储备粮管理总公司等企业在信息化建设与应用方面取得突破。

中央储备粮代储资格认定

2010年，国家粮食局对《中央储备粮代储资格认定办法实施细则》（以下简称《细则》）进行了修改完善，量化了有关审核指标，规范了申报及审核流程，强化了资格变更管理，增加了延续申请的有关规定。2011年是新《细则》实施的第一年，为了做好新旧《细则》的衔接，国家粮食局流通与科技发展司编写了《〈中央储备粮代储资格认定办法实施细则〉解读》，4月下旬在陕西西安召开了新《细则》宣贯会议，总体上看新《细则》实施比较顺利。

按新《细则》规定，2011年开展2批中央储备粮代储资格认定工作，共有506户企业提出中央储备粮代储资格申请，其中粮食类企业433户，申请仓容1828.1万吨，通过审核企业210户，取得资格仓容877.9万吨；油脂类企业73户，申请罐容136.6万吨，通过审核企业20户，取得资格罐容35.1万吨。共有201户企业提出了延续申请，其中粮食类企业195户，申请仓容692.5万吨，通过审核企业125户，延续资格仓容469.8万吨；油脂类企业6户，申请罐容4.5万吨，通过审核企业3户，延续资格罐容3.1万吨。

另外，有166户企业提出了资格变更申请，其中143户通过审核，准予变更。未通过审核的主要原因有：一是申请企业配备的仓储设备不符合标准；二是申请企业的财务状况未达到规定标准；三是申请企业的管理制度不健全；四是申请材料填报不规范；五是申请仓房油罐不符合规定标准；六是检验设备不达标；七是粮油保管员、粮油质量检验员不达标。

截至2011年底，全国共有1665户企业取得了粮食类代储资格，取得资格仓容9009.4万吨。从地区分布情况看，主产区有1327户，占80%，仓容6781万吨，占76%；主销区有139户，占8%，仓容1121.7万吨，占12%；其他地区有199户，占12%，仓容1106.7万吨，占12%。共有176户企业取得了油脂类代储资格，取得资格罐容267.7万吨。从地区分布情况看，主产区有124户，占71%，罐容181.3万吨，占67%；主销区有20户，占11%，罐容58万吨，占22%；其他地区32户，占18%，罐容28.9万吨，占11%。

粮食安全生产

2011年，国家粮食局共接到事故报告17起，死亡19人，伤15人。与2010年相比，有了较大幅度的反弹。2011年安全生产事故有以下特点：一是中央企业事故频发。中国储备粮管理总公司、中国华粮物流集团公司等中央企业全年共发生事故9起，死亡13人，伤9人，分别占全国总数的52.9%、68.4%、60%。二是新仓房新企业发生事故较多。发生在新仓房、新企业内的事故7起，死亡11人，分别占全国总数的21.2%、57.9%。三是事故主要集中在出仓作业环节。进出仓作业环节共发生事故8起，死亡8人，分别占全国总数的47.1%、42.1%。四是出现了一些新型事故。如中央储备粮金湖粮库因缺氧导致的4人死亡事故、中央储备粮沈阳直属库浅圆仓粉尘爆炸事故等。针对事故特点，国家粮食局采取了一系列措施：

一　召开部分省（区）安全生产工作会议

7月7日，国家粮食局在吉林延边召开部分省（区）粮食安全生产工作座谈会。吴子丹副局长在会议上全面分析了当前安全生产形势，要求各地区、各单位牢固树立安全发展理念，充分认识做好安全生产工作的重要性。要进一步强化安全生产管理职责，建立并完善安全生产考核机制；强化突发事故应急管理能力，建立并完善本地区安全生产应急体系；强化制度建设，夯实企业安全生产基础；要深入贯彻国务院文件精神，切实搞好"安全生产年"活动；要严格制度，落实责任，切实消除事故隐患；要突出重点，建立领导带班作业制度，做好安全隐患排查等工作。

二　对典型生产事故进行了专题调研

组织专家组对中央储备粮金湖事故、中央储备粮沈阳直属库事故进行了专题调研。通过调研，发现了一些系统性隐患。一是"粮仓"属于缺氧危险作业场所。按照《缺氧危险作业安全规定》（GB8958—2006，强制性标准）规定，在缺氧危险作业场所作业前应检测氧气含量，作业时必须佩戴空气呼吸器或软管面具等隔离式呼吸防护器具，严禁使用过滤式面具，同时应安排监护人员。二是粮食企业使用的自吸过滤式防毒面具不符合《呼吸防护用品的选择、使用与维护》（GB/T18664—2002，推荐性标准）的要求。该标准规定在"立即威胁生命和健康环境下（IDLH）"，可使用"携气式呼吸防护用品"（空气呼吸器），在其他环境下，应根据危害因数（仓内毒气浓度/国家职业卫生标准规定的浓度后取整数）来选择呼吸防护用品。其中，自吸式防毒面具的危害因数不大于100，送风过滤式全面罩呼吸防护用品危害因数适用范围为200~1000，供气式全面罩危害因数适用范围不大于1000，携气式呼吸防护用品危害因数可大于1000。三是浅圆仓立筒仓普遍存在擅自更改进出仓工艺，设备配备不符合粉尘防爆要求，作业场所粉尘控制不符合要求等问题。

| 三 | 发出了《关于加强磷化氢熏蒸作业管理的通知》（国粮展〔2011〕204号） |

通知要求严格执行熏蒸作业技术规程，实施熏蒸作业的人员必须持有粮油保管员资格证书，入仓作业前应检测仓内氧气浓度，至少有2人实施入仓作业，至少1人负责在仓外执行监护任务。对于"租仓储粮"，要求租仓企业必须设立常驻的仓储、安全生产管理机构。

| 四 | 发布了《粮食企业自然灾害损失统计报告暂行办法》 |

将自然灾害分为瞬时性自然灾害和期间性自然灾害，对于不同类型的灾害，规定了粮食企业报告的内容、格式、频率、时限要求等，粮食企业自然灾害损失报告更加及时、准确、规范。

| 五 | 提出了粮食行业贯彻落实国家《安全生产"十二五"规划》的意见 |

针对国家发布的《安全生产"十二五"规划》规定，结合粮食行业安全生产形势、特点，发出了《国家粮食局关于落实〈安全生产"十二五"规划〉的意见》（国粮展〔2011〕173号）。该文件分析了粮食行业"十二五"期间面临的严峻形势，明确了粮食行业"十二五"期间需要做好的七大任务。

粮食法治建设

一   继续做好《粮食法》研究起草工作

一是国家发展改革委原则通过《粮食法（草案）》。4月，国家发展改革委主任办公会议研究审议了《粮食法（草案）》，国家粮食局汇报了研究起草情况以及草案立法宗旨、适用范围、基本原则、主要制度等相关内容。12月，国家发展改革委主任办公会议审议并原则通过《粮食法（草案）》，国家粮食局汇报了根据上次委主任办公会议审议精神对《粮食法（草案）》的修改情况。会后，国家发展改革委、国家粮食局对草案进行了修改完善，形成了《粮食法（送审稿）》。

二是全国人大农委加大对《粮食法》起草工作指导。2011年1月，全国人大农委调研组就《粮食法》的研究起草工作进行调研，国家粮食局向调研组汇报了已经开展的工作以及草案的框架设计和主要内容。5月，全国人大农委在江苏南京召开部分省（区、市）人大农委主任立法工作研讨会，其中一项重要内容就是征求对《粮食法》的意见和建议，国家粮食局汇报了《粮食法》的起草情况和主要内容。之后，全国人大农委先后到北京市、黑龙江省就《粮食法》立法工作进行调研，对《粮食法（草案）》的研究起草工作给予了充分肯定。

二   研究制定粮食行政管理部门深入推进依法行政的意见

根据全国依法行政工作会议精神和《国务院关于加强法治政府建设的意见》，结合粮食工作实际，国家粮食局研究制定了《关于粮食行政管理部门深入推进依法行政的意见》，重点对提高依法行政的意识和能力、加强和改进制度建设、实行依法科学民主决策、严格规范公正文明执法、推进政务公开、强化行政监督和问责、加强组织领导和督促检查等方面明确了相应的制度措施。

三   做好粮食相关行政审批制度改革工作

一是全面清理审核行政审批项目。按照合法、合理、效能、责任、监督的原则，对有关粮食行政审批项目及其设立依据进行全面梳理，严格审核行政审批项目，对不符合设定条件或能够通过其他形式规范的行政审批项目，及时向国务院行政审批制度改革工作领导小组提出取消或调整的建议。截至2011年底，国家粮食局5批共取消或调整行政审批项目9项，保留行政审批项目13项，与2001年相比减少了40%。保留的13项行政审批项目，主要分为三类：第一类是关系国家粮食安全、关系国计民生的行政审批项目，第二类是维护粮食流通市场秩序的行政审批项目，第三类是政策性业务审批项目。

二是严格规范行政审批行为。完善行政审批相关配套制度，对粮食行政许可项目的条件、程序、期限、责任进行明确和细化，推进行政审批制度化、规范化，减少行政审批的随意性和行政审批人员的自由裁量权。完善行政许可集中办理制度、整合内部审批职能，实行一个窗口对外，简化内部审批流程。在实施行政审批工作中，坚持公开、透明、规范的原则，严格依法办理，对不符合条件的坚决不予审批。积极推进行政审批的信息公开，在政府网站开设行政许可专栏，接受申请人在线申请，及时公布审批结果。

三是做好取消或调整行政审批项目的后续监管工作。对国务院确定取消或调整的粮食相关行政审批项目，主动加强与相关部门的工作衔接，做好取消或调整行政审批项目的后续工作。同时，积极发挥市场在配置粮食资源中的基础性作用，将工作重点转向间接管理、事后监督，把精力主要集中到加强和改善宏观调控、强化市场监管、提供公共服务等主要职能上来，努力做到行政审批项目精简，但工作职能不削弱。

四　扎实推进粮食普法依法治理工作

一是组织开展全国粮食系统"五五"普法表彰工作。在"五五"普法总结验收的基础上，对在"五五"普法工作中作出突出贡献的先进集体和个人进行了评选表彰，授予41家单位"2006～2010年全国粮食系统法制宣传教育先进单位"荣誉称号，33名同志"2006～2010年全国粮食系统法制宣传教育先进个人"荣誉称号。国家粮食局政策法规司、北京市粮食局政策法规处任昌坤同志和河北省粮食局政策法规处孟瑞英同志被中央宣传部、司法部、全国普法办分别授予"2006～2010年全国法制宣传教育先进单位"、"2006～2010年全国法制宣传教育先进个人"荣誉称号。

二是研究制定全国粮食行业"六五"普法规划。根据《中共中央国务院转发〈中央宣传部、司法部关于在公民中开展法制宣传教育的第六个五年规划（2011~2015年）〉的通知》精神和全国人大常委会《关于进一步加强法制宣传教育的决议》的要求，围绕粮食流通中心工作，结合"十二五"期间我国粮食流通行业发展的总体目标和主要任务，研究制定《全国粮食行业法制宣传教育第六个五年规划（2011~2015年）》，提出了全国粮食行业"六五"普法的指导思想、主要目标和主要任务；将宣传教育对象确定为有接受教育能力的粮食行业从业人员，重点加强对粮食行业公务员特别是领导干部和行政执法人员、粮食生产者、经营者和消费者的法制宣传教育；明确了"六五"普法的组织领导和保障，以及工作步骤和具体安排。河北、湖北、四川等地制定了本省粮食行业"六五"普法规划，对普法工作进行了安排部署。同时，根据全国普法办要求和2011年粮食流通重点工作，研究制定了《2011年全国粮食行业普法依法治理工作要点》。

五　组织开展《粮食流通管理条例》颁布实施七周年宣传工作

围绕2011年全国粮食局长会议确定的"稳市场、保安全、强产业、惠民生"的工作目标，结合粮食收购、市场调控、储备管理、市场监管、体制改革、产业发展、法制建设等2011年粮食流通重点工作，以"维护市场秩序，放心消费粮食"为主题，组织开展《粮食流通管理条例》（以下简称《条例》）颁布实施七周年宣传活动。国家粮食局主要负责同志在局政府网站进行《条例》七周年网上访谈，介绍《条例》宣传贯彻落实情况，并就粮食收购、宏观调控、市场稳定、质量监管等方面回应网民、社会关切的问题。召开贯彻《条例》经验交流会，总结交流粮食行政管理部门贯彻落实《条例》和推进依法行政情况、经验，研究讨论深入推进依法行政的具体措施。在国家粮食局政府网站开设《条例》七周年宣传专栏，重点对各地《条例》宣传情况进行介绍，供各地相互借鉴。

六   抓紧完善粮食收购市场准入制度

　　2011年7月，国家发展改革委、国家粮食局、国家工商总局联合发布了《关于加强粮食收购资格审核　规范粮食收购市场秩序的通知》，要求各地抓紧完善粮食收购资格审核办法，依法严格审核粮食收购资格申请，加强对已经取得粮食收购资格经营者的指导、服务和监管，加强对粮食收购资格审核工作的指导，依法查处粮食收购活动中违法违规行为。各地根据文件要求，结合本地实际情况，对粮食收购市场准入条件进行修改完善。黑龙江、辽宁等省以省政府规范性文件形式规定了粮食收购资格的具体条件；北京、重庆、四川、青海等省（市）粮食行政管理部门联合省（市）发展改革委、省（市）工商局出台规范粮食收购资格审核工作的文件。截至2011年底，全国具有粮食收购资格的经营者数量达到8.60万家，其中国有及国有控股粮食企业1.64万家，其他多元市场主体6.96万家。

粮食行业发展

一　粮食政务信息体系建设

2011年，国家粮食局紧密围绕粮食工作中心任务，进一步加强粮食政务信息体系建设。粮食信息报送工作进一步加强，政府信息公开进一步深化，政务信息网络和系统进一步完善，信息安全保护工作进一步推进。

（一）加强粮食政务信息报送工作

国家粮食局紧密围绕粮食流通工作中心任务，切实加大政务信息工作力度，健全政务信息工作制度，改进政务信息工作方式，及时主动地报送粮食政务信息，为各级领导决策提供重要参考。全年共上报中办、国办信息195期，得到了中共中央办公厅和国务院办公厅的充分肯定，并被国务院办公厅评为2011年度信息报送先进单位。认真做好《情况通报》和《粮食工作通讯》等信息刊物的编印工作，全年共编印《情况通报》及增刊102期、《粮食工作通讯》12期。中央领导同志多次对国家粮食局报送的《粮食信息》和《情况通报（增刊）》作出批示。各地方政务信息报送单位充分利用粮食系统纵向网平台，在2011年度共报送粮食政务信息2300余条，内容涉及粮食工作各个方面，为各级领导及时了解各地粮食流通情况、指导粮食工作和宏观调控决策发挥了重要作用。

（二）做好政府信息公开工作

国家粮食局认真贯彻《中共中央办公厅 国务院办公厅关于深化政务公开加强政务服务的意见》（中办发〔2011〕22号）精神，进一步落实《政府信息公开条例》，改善行政管理，完善工作机制，落实工作责任，政府信息公开工作取得了明显成效。在主动公开政府信息方面，2011年，国家粮食局政府网站共发布粮食信息4547条，点击率累计达847万次，实现了粮食政务信息的资源共享。及时向中国政府网报送粮食系统信息，做好内容保障工作，共被采用123条，更好地宣传了粮食部门工作情况。在申请公开政府信息方面，2011年，国家粮食局共收到政府信息公开申请8件，内容主要涉及粮食收购价格、粮食市场价格、植物油统计数据等问题，已全部办理或答复，办结率为100%。在大力推进政务公开、政府信息公开的同时，进一步做好保密审查工作，实行政府信息公开保密审查责任制，坚持"先审查、后公开"和"一事一审"原则，将保密审查与信息发布结合起来。

（三）进一步完善政务信息网络和系统

一是省级粮食局节点接入国家发展改革系统纵向网项目全面完成并投入运行。通过多年努力，省级粮食局接入发展改革委纵向网项目建设已全面完成，到2011年底，国家粮食局中心节点和全国47个省级粮食局节点纵向网网络已全部接通。从相关业务司和省级粮食部门反馈的情况来看，网络联通和系统运行状况总体良好。二是"金宏"工程粮食综合信息库系统运行正常。自2010年3月"金宏"工程粮食综合信息库系统建成以来，系统运行正常，相关数据及时加载，对于推进粮食行业信息化建设、服务粮食宏观调控及市场监管等工作，发挥了重要的作用。三是"金农"工程建设全面推进。

2011年4月，与农业部联合印发《农业部办公厅、国家粮食局办公室关于加快推进金农工程一期项目实施工作的通知》，全力推进省级粮食流通数据库建设工作。目前正在积极配合农业部，开展项目竣工验收有关工作。四是进一步完善电子政务网络系统。根据粮食系统电子政务发展需要，在先后建设和接入办公内网、"二邮"系统和国家电子政务外网等网络的基础上，2011年接入了政务信息专网，电子政务信息报送网络基本完善。

（四）进一步加强信息安全保护

一是开展内网信息系统分级保护工作。按照有关规定，国家粮食局启动了对办公内网信息系统分级测评。同时，按照国家发展改革委办公厅的统一安排，启动了纵向网分级保护测评准备工作，组织指导各节点单位填写和上报相关材料。2011年9月，在吉林省长春市召开粮食系统纵向网分级保护测评审批准备工作培训会。目前，各节点单位正在按照有关规定积极准备。二是推进信息安全等级保护工作。按照公安部《信息安全等级保护管理办法》和《信息系统安全等级保护定级指南》的要求，印发了关于进一步加强信息安全等级保护工作的通知，提出做好信息安全等级保护工作的具体措施。组织学习《信息安全等级保护政策汇编》、《安全警戒线信息安全等级保护宣传片》和《信息安全等级保护教学片》等材料。通过信息安全保护，实现了粮食信息传输、处置的安全、顺畅、高效。

二　粮食行业规划编制

根据《国家粮食安全中长期规划纲要（2008~2020）》、国务院关于"十二五"规划编制工作总体安排的要求，2010年9月以来国家粮食局专门召开会议对行业规划编制工作进行了部署。经过近两年的规划编制工作，2011年12月底国家粮食局会同国家发展改革委发布了《粮食行业"十二五"发展规划纲要》（国粮展〔2012〕224号），总字数约1.6万字，共分十一章、四十一节，设立了7个专栏，内容涵盖了粮食调控、仓储物流、加工、市场体系、企业改革、科技、监督检查、质量标准等各个方面，明确了"十二五"的主要任务即深化一项改革，健全六大体系，重点建设六大工程，这是"十二五"时期粮食行业发展的重要指导性文件。《规划纲要》的发布实施，对于稳定市场，提升产业，推动粮食行业科学发展，促进农民增产增收，保障国家粮食安全等都具有重要意义。

国家粮食局高度重视粮食行业规划的编制工作。2009年10月，专门研究部署了"十二五"行业规划的编制工作，成立了规划起草组，办公室设于流通与科技发展司。2010年3月，国家粮食局在京召开了"粮食行业'十二五'规划编制工作会议"，对全国粮食行业"十二五"发展规划及各地的编制工作作了具体部署，明确粮食行业"十二五"规划采取"1+4"的模式，即一项总体规划和四项专项规划的方式，力争规划既有指导性，又有操作性。会后印发了《粮食行业"十二五"四个专项规划编制工作方案》（国粮办展〔2010〕66号）。2010年4~7月，起草组开展了课题研究和专题调研，深入研究粮食流通领域重大问题，提出了"十一五"粮食行业工作总结、"十二五"规划思路建议。2010年8~10月，起草了《粮食行业"十一五"发展规划纲要建议》。2010年11月，组织召开了中国粮食行业协会、国务院发展研究中心、中国社科院等单位的专家参加的"《规划纲要》专家咨询评审会"。根据中央五中全会精神，提出了《粮食行业"十一五"总结和"十二五"时期发展的主要任务的报告》并报送了国家发展改革委。请经济、管理、技术等领域专家多次进行了研讨，根据专家咨询评审意见，对《规划纲要》进行了修改和补充，形成了《规划纲要（征求意见稿）》。之后广泛征求了各地、粮食企业等各方面的意见，并作为2011年1月全国粮食局长会议参阅文件在会上征求了意见。

2011年4~6月，正式征求了国家发展改革委、财政部、商务部、工信部、农业部、国家工商总局、质检总局、铁道部等九个部门的意见，按照部门职能分工及有关意见进行了修改完善，形成了《规划纲要》。2011年7月，国家粮食局向国家发展改革委报送了《关于联合印发〈粮食行业"十二五"发展规划纲要〉的请示》。2011年9月，国家粮食局召开局长办公会对《规划纲要》进行审议后办理联合印发文件。根据国家发展改革委的有关意见，又对《规划纲要》进行了完善，于2011年底正式联合发布了《粮食行业"十二五"规划纲要》。为落实《规划纲要》，国家粮食局还组织编制发布了粮食流通基础设施建设、粮油加工业发展、粮食市场体系建设与发展、粮食科技发展4个专项规划。

各省（区、市）粮食局根据实际情况积极与有关部门联合编制发布粮食行业规划，已有十个省（区、市）正式发布了地方粮食行业"十二五"发展规划，明确了"十二五"期间粮食工作的目标及任务，为规范项目建设布局，落实投资规模，拓宽投资渠道，确保"十二五"粮食行业科学发展创造了良好条件。

三　粮油加工业发展与指导

2011年，国家大力推进粮油加工业产业结构调整，继续实施保供稳价各项措施确保粮油市场供给充足，严格控制玉米深加工用粮过快增长，规范加强外资企业管理，加大产业政策研究力度，促进粮油加工业健康发展。

（一）大力推进粮油加工业产业结构调整

2011年3月，国家发展改革委9号令发布《产业结构调整指导目录》（2011年本）（以下简称《目录》），粮油加工业鼓励类和限制类条目首次被列入《目录》，大力推动粮油加工业产业结构调整，对副产物综合利用、节能降耗给予了税收优惠和支持。2011年5月，财政部、国家税务总局印发《关于享受企业所得税优惠的农产品初加工有关范围的补充通知》（财税〔2011〕26号），将明确将稻谷、小麦、食用油加工副产物利用纳入所得税优惠范围。2011年11月，财政部、国家税务总局印发《关于调整完善资源综合利用产品及劳务增值税政策的通知》（财税〔2011〕115号），进一步明确销售以餐厨垃圾、稻壳、花生壳、玉米芯、油茶壳、棉籽壳、自产货物实行增值税即征即退100%的政策。

国家继续通过技术改造专项资金扶持粮油加工业企业，分别在东北等老工业基地调整改造、技术改造和中小企业专项中安排粮油加工业中央补助资金4.1亿元，扶持项目318个，带动投资77.5亿元。

（二）保供稳价各项措施有效落实，粮油市场供给充足

为确保广大居民消费粮油产品的价格稳定，国家继续实施政策性存储粮食定价定向销售和竞价交易，适时动用储备粮油调剂市场。2011年一季度，国家粮食局《关于下达小麦定向销售出库计划等有关问题的通知》（国粮调〔2011〕14号）、《关于组织开展政策性籼稻销售工作等有关问题的通知》（国粮调〔2011〕9号）分别安排了国家要排最低收购价小麦定向销售和加工以及政策性籼稻对重点骨干企业实行邀标销售任务。2010年12月起，先后6次安排对大型面粉加工企业、大型油脂加工企业定向销售，累计定向销售小麦、大豆和食用油1212万吨，定点加工后投放市场。通过竞价销售政策性粮食，完善交易细则，加强竞买加工企业资格审核，2011年累计成交政策性粮食（含中央储备）3900万吨、食用油152万吨。2011年7月，国家粮食局《关于切实做好2011年国家临时存储菜籽（油）收购工作的通知》（国粮调〔2011〕99号）继续在主产区托市收购油菜籽，并委托地方企业将油菜籽加工

后转入国家临时存储。

（三）多项措施严格控制玉米深加工用粮增长过快

2011年4月，国家发展改革委《关于做好当前玉米市场调控有关工作的通知》（发改电〔2011〕17号），制定了严格控制玉米加工业产能和用粮增长的七项措施。2011年5月，国家发展改革委、环境保护部印发《关于2010年玉米深加工在建项目清理情况的通报和开展玉米深加工调整专项行动的通知》，明确要求2011年实现该文确定的调控目标"2011年全国玉米深加工玉米消耗总量需在2010年的基础上减少550万吨"，在全国开展 "全国玉米深加工业调整整顿专项行动"，主要包括控制玉米消耗总量、检查企业环保达标和清洁生产情况及加强兼并重组、淘汰落后产能三项工作，以确保饲料工业用粮，引导玉米深加工产业健康有序发展，国家继续严格控制玉米深加工产能和用粮增长。

2011年6月，国家粮食局首次开展了2011年上半年玉米深加工业专项调查。2011年玉米深加工企业用粮继续保持较快增长，全年用量5602万吨，同比增幅8.7%，增速放缓。深加工玉米总量中用于食用的占七成左右；产品出口继续保持较高增速，味精、淀粉糖、酶制剂出口量增幅较大；玉米深加工企业仍是粮油加工业中利润率最高的行业，经济效益相对较好。

（四）进一步加强外资政策研究

2011年2月，国务院办公厅印发《关于建立外国投资者并购境内企业安全审查制度的通知》(国办发〔2011〕6号)，对外国投资者并购境内关系国家安全的重要农产品等企业建立安全审查制度，部级联合审查。国务院有关部门建立了外国投资者并购境内企业安全审查部际联席会议机制，多次召开会议，研究工作思路和安排。粮油加工业外资企业并购纳入了管理范围。

2011年12月，国家发展改革委、商务部发布《外商投资产业指导目录（2011年修订）》（国家发改委第11号令），将豆油、菜籽油、花生油、棉籽油、茶籽油、葵花籽油、棕榈油等食用油脂加工（中方控股）、大米加工、面粉加工、玉米深加工、生物液体燃料（燃料乙醇、生物柴油）生产（中方控股）列入限制类目录。

（五）粮油加工规划及产业政策研究成果突出

落实国家粮食局与国家发展改革委联合印发的《粮食行业"十二五"发展规划纲要》，编制发布了《粮油加工业"十二五"发展规划》，明确了提高供给保障能力、加快产业结构调整、加快产品结构调整、健全安全保障体系、推动科技进步与创新、促进产业集聚发展、完善应急加工供应体系七项主要任务和具体产业布局完善方向。规划实施加工园区建设、技术改造升级、粮油食品安全检测、主食品工业化示范、粮油应急加工与供应五项重点工程。地方进一步加大了粮油加工业指导工作力度，河南、湖北、安徽、内蒙古、陕西、重庆、湖南、吉林、江苏、黑龙江10个省（区）印发了专项规划或指导意见。为做好规划的实施，做好宣传贯彻工作，国家粮食局在组织课题研究的基础上编写出版了《粮油加工业"十二五"发展规划研究成果报告》。

四　粮油加工业统计

2011年度粮油加工业统计企业数量进一步增加，工业总产值和利税均保持超过20%增幅，产品产量继续保持平稳增长。

（一）企业数量比上年增加10.2%，民营企业数量占88.9%

2011年，粮油加工业企业数量共计1.8万家，比上年增加1681家，增加10.2%。分行业，稻谷加工企业9394家，增加10.2%；小麦加工企业3233家，增加6.8%；食用植物油加工企业1636家，增加10.3%；玉米加工业企业407家，增加10.3%。按企业经济类型分，民营企业数量占主导地位且继续增加。民营企业1.6万家，占总数的88.7%；外商及港澳台投资企业610家，占总数的3.4%；国有及国有控股企业1447家，占总数的8.0%。

（二）粮油加工业工业总产值同比增幅24.6%，利税同比增幅20.2%

1.粮油加工企业实现工业总产值1.9万亿元，比上年增加3796.3亿元，增幅24.6%。

按行业分，食用植物油加工业、饲料加工业、稻谷加工业、小麦加工业、玉米加工业、粮食食品加工业6个行业实现工业总产值超过千亿元，其中粮食食品加工业首次突破千亿元，稻谷加工业、饲料加工业的增幅较大，在30%以上，但增速逐步放缓，分别下降了16个百分点和43个百分点。

2.粮油加工业企业实现工业增加值2464.3亿元，比上年增加469.5亿元，增幅23.5%。

按行业分，食用植物油加工业、稻谷加工业、饲料加工业、玉米加工业、小麦加工业工业增加值分别为595.9亿元、497.1亿元、413.7亿元、349.1亿元、304.4亿元。

3.粮油加工企业实现产品销售收入1.9万亿元，比上年增加3938.2亿元，增幅25.8%。

按行业分，食用植物油加工业以5158.6亿元、占比26.8%稳居首位，饲料加工业、稻谷加工业、小麦加工业和玉米加工业随其后。饲料加工业和粮食食品加工业增幅较大，分别为35.7%、34.5%，但饲料加工业增速放缓42个百分点，稻谷加工业、小麦加工业增速减缓均在23个百分点左右。

4.粮油加工企业利税稳步提高，增幅20.2%。

粮油加工业企业实现利税总额750.9亿元（利润总额494.5亿元），增幅20.2%（利润总额比上年增加61.7亿元，增幅14.3%），增速放缓24.4个百分点。粮油加工业销售收入利润率2.6%。

（三）粮油加工业产量继续保持平稳增长，增幅平均在10%以上

1.稻谷加工业的产能和产量同比增幅12%以上。

稻谷加工业年处理稻谷能力共计2.8亿吨，增幅16.8%；大米产量8216万吨，比上年增加921万吨，增长12.6%；实际处理稻谷1.3亿吨。

2.小麦加工业产量增幅13.1%。

年处理小麦能力1.8亿吨，增长11.7%；小麦粉产量8519万吨，比上年增加990万吨，增长13.1%；年实际处理小麦1.2亿吨。

3.食用植物油加工业产量继续增加。

2011年食用植物油加工业油料处理能力1.5亿吨，增加18.1%；精炼能力4504万吨，增加15.8%。全国食用植物油实际产量为2267万吨，增长1.1%；实际年处理油料8639万吨，增长4.5%。其中，小包装油产品产量为507万吨，比2010年增加384万吨，增长312.2%，占食用植物油总产量的14.8%；调和油产量238万吨，增长20.8%，占总产量的6.9%。

4.玉米加工业的玉米用量增长8.7%。

年处理玉米能力7207万吨，比上年提高7.3%，增速减缓20.6个百分点。玉米加工企业产品产量3598万吨，比上年增加6.6%，玉米深加工用玉米5602万吨，增加8.7%，生产玉米粉用玉米62万吨，降低32.6%。

5.饲料加工业产量增幅24.5%。

饲料加工业企业年生产能力1.8亿吨，增幅22.3%；饲料产量1.4亿吨，增幅24.5%；饲料加工消耗玉米6139万吨，增幅13.0%。

6.粮食食品加工业主要分布在河南、安徽等粮食主产省，工业化程度加快。

粮食食品加工企业产品产量1481万吨，其中，挂面375万吨，增幅25.0%；方便面303万吨，增幅24.2%；饼干92万吨，降幅6.1%；米粉（米线）58万吨，增幅13.7%；速冻米面制品150万吨，增幅89.9%；面包糕点33万吨；其他粮食食品470万吨。

7.杂粮及薯类加工业产量下降4.7%，杂粮及薯类加工产品286万吨，比上年减少14万吨，降幅4.7%。

其中，杂粮加工品241万吨，占总量的84.3%，比上年减少15万吨，降低5.9%；薯类加工品46万吨，占总量的16.1%，比上年增加2万吨，增幅4.5%，其中薯类淀粉35万吨、薯类食品11万吨。

8.粮机设备制造业产量增幅10.8%。

粮机设备制造业企业产品合计40.01万台（套），比上年增加3.9万台（套），增幅10.8%。

（四）粮油加工副产物综合利用率有所提升

稻谷加工副产物米糠1266万吨，增加11.2%，其中，制油用米糠87万吨，占总量的6.9%。稻谷加工稻壳2352万吨，其中，发电用稻壳117万吨，占总量的5.0%，增加41.0%；供热用稻壳540万吨，占总量的23.0%，增加71.4%。

小麦加工副产物2758万吨，其中，小麦麸皮2639万吨，占总量的95.7%；小麦胚20万吨，占总量的0.7%；小麦谷朊粉19万吨，占总量的0.7%。

食用植物油加工产饼粕6284万吨，增长9.5%，其中，豆粕4789万吨，菜籽粕811万吨，花生粕173万吨，棉籽粕346万吨。大豆深加工产品33万吨，其中，大豆分离蛋白20万吨，增加66.7%；大豆浓缩蛋白14万吨，增加250.0%。

玉米加工副产物1102万吨，增加59.9%，其中，DDGS饲料670万吨，玉米胚111万吨，其他副产物321万吨。

（五）能源消耗增加明显

全国粮油加工业企业用电量268.3亿千瓦时，增加9.6%；用水2.7亿吨，下降7.8%；用煤2888万吨，增加17.5%。玉米加工业企业电耗、水耗较大，电耗76.9亿度，水耗1.3亿吨。稻谷加工业吨米平均电耗53.4千瓦时，比上年增加8.8%；小麦加工业吨粉电耗66.2千瓦时，同比增加0.5%；食用植物油加工业每吨油脂耗电102.0千瓦时，同比下降30.0%；玉米加工平均处理每吨玉米耗电213.9千瓦时，下降11.9%；玉米加工每吨玉米耗水3.6吨，下降25.0%；饲料加工业平均每吨饲料耗电27.2千瓦时，增加2.2%。

（六）粮油加工业固定资产投资同比增幅11.5%

2011年末粮油加工业企业资产总计1.2万亿元，增长19.4%。固定资产原值4317.3亿元，固定资产净值3033.1亿元，负债合计6372.5亿元，资产负债率55.4%，比上年下降了3个百分点。粮油加工企业固定资产投资436.7亿元，增加11.5%。固定资产投资排在前两位的是玉米加工业和食用植物油加工，分别为125.8亿元、99.0亿元。

（七）粮油加工业企业从业人员数量增幅7.2%

2011年末粮油加工业企业从业人员数计137.8万，增加7.2%，其中，在岗职工123.9万人（含专业技术人员15.5万人，技术工人31.4万人，经营管理人员12.8万人），其他从业人员13.9万人。按行业分，稻谷加工业、饲料加工业、粮食食品加工业、玉米加工业、小麦加工业、食用植物油加工业对就业贡献较大，从业人员数分别为25.5万人、25.0万人、22.9万人、20.1万人、19.5万人和18.6万人，分别占总数的18.5%、18.1%、16.6%、14.6%、14.1%和13.5%。

（八）企业库房容量、油罐容量、科研投入同比分别增加4.0%、11.5%和28.5%

2011年末粮油加工企业生产设备原值1675.5亿元，设备净值1160.3亿元。分行业看，玉米加工业和食用植物油加工业设备原值较高，分别为395.6亿元和380.3亿元，占总数的23.6%和22.7%。

粮油加工业企业库容总量1.4亿吨，油罐容量1713万吨，分别比上年增加545万吨、176万吨，增加4.0%、11.5%。按行业分，稻谷加工业、小麦加工业和食用植物油加工业库容量较大，分别为5515万吨、2889万吨和2261万吨，分别占总仓容量的39.3%、20.6%和16.1%。

粮油加工业企业科技研发投入经费33.4亿元，比上年增加7.4亿元，增加28.5%。分行业情况看，食用植物油加工业和玉米加工业研究开发经费投入分别为8.8亿元和5.7亿元，占总量的26.3%和17.1%。粮油加工业企业获得专利数量3395件，比上年增加798件，增长30.7%。其中，发明专利737件，比上年增加81件，增长12.3%。

（九）粮油加工产业化龙头企业数量同比增幅15.8%

全国粮油加工业产业化龙头企业共3515家，占全国企业数量的19.4%，同比增幅15.8%。其中，国家级龙头企业316家，比上年增加42家，增加15.3%；省级政府或部门认定1172家（国家粮食局与农发行认定1120家），比上年增加144家，增加14.0%；地市级政府或部门认定1955家，比上年增加309家，增加18.8%。分行业看，稻谷加工、小麦加工和食用植物油加工企业数量分别为1358家、621家和572家，分别占粮油加工业产业化龙头企业数量的38.6%、17.7%和16.3%。粮油加工业产业化龙头企业实现工业总产值8223.1亿元，占粮油加工业总产值的42.8%。

（十）应急加工企业数量同比增幅39.3%

2011年度，全国粮油应急加工企业共2950家，占全国企业数量的16.3%，同比增加39.3%。其中，省级政府或部门认定844家，比上年增加405家，增加92.3%；地市级政府或部门认定665家，比上年增加100家，增加17.7%；县级人民政府或部门认定1441家，比上年增加328家，增加29.5%。分行业看，稻谷加工、小麦加工和食用植物油加工企业数量分别为1778家、791家和301家，分别占应急加工企业数量的60.3%、26.8%和10.2%。应急稻谷加工、小麦加工企业年产能分别为8219万吨、6150万吨，分别占总量的28.9%和34.5%；应急稻谷加工、小麦加工企业年产量分别为3215万吨、3371万吨，分别占大米和小麦粉总产量的39.1%和39.6%。

五　国际交流与合作

2011年，国家粮食局围绕粮食行业中心任务，积极开展粮食领域的对外交流与合作。全年共接待国外来访团组近30个，来访外宾近300人次；举办国际研讨会3个；签订双边合作协议2个。

（一）热情接待国外来访的团组

由于2011年上半年世界粮食市场形势不确定，主要粮食生产国政府负责农业及粮食的高级官员和企业负责人，特别是世界四大粮商负责谷物贸易的高管纷纷来国家粮食局访问，希望了解中国的粮油供求形势。国家粮食局的有关领导分别会见和接待了阿根廷外交部长和农牧渔业部长、匈牙利地方发展部国务秘书、巴基斯坦无任所大使、美国内布拉斯加州农业部长等政府高级代表团以及美国谷物协会总裁、美国大豆基金会主席、美国ADM公司副董事长和副总裁、美国邦吉公司全球谷物贸易总经理、美国嘉吉公司大中华区总裁、法国路易达孚集团亚洲首席执行官、加拿大小麦局总裁、法国粮食出口协会主席、日本佐竹常务副社长等率领的农粮企业高级代表团。国家粮食局的领导向来访外宾介绍了我国粮食生产、消费、贸易、储藏、质量检测以及深化粮食流通体制改革等情况，使他们对我国的粮食供需和市场情况有了正确的了解。国家粮食局有关司及直属单位的领导还会见了国外来访的其他团组，回答外宾们所关心的问题，并探讨了进一步加强在粮食流通领域合作与交流的方式和途径。2011年国家粮食局共接待国外来访团组近30个，来访外宾近300人次。通过接待国外来访团组，进一步加强了国家粮食局与国外粮食主管部门、协会和企业的交流与合作。

（二）促进粮食行业的对外交流与合作

2011年，国家粮食局继续将外事工作的重点放在促进粮食科技对外交流与合作方面，并取得了一些成效。多次与巴基斯坦政府代表沟通，商议如何启动和执行《国家粮食局与巴基斯坦伊斯兰共和国食品、农业和畜牧部合作谅解备忘录》，请巴方提供有关建设粮库的基础材料，商议拟派团赴巴基斯坦考察，帮助巴建设粮食储藏设施等。

6月下旬，国家粮食局粮食科研院与日本佐竹公司签订新的《科技合作框架协议》。该协议旨在进一步加强双方在科技研发、新技术交流和人员培训等方面的合作。局领导对粮食科研院与日本佐竹公司前期的合作给予了充分的肯定，并希望日本佐竹公司在前期合作所取得成果的基础上，通过这次续签合作协议，进一步向中方转让高新技术，双方共同开发新的适合中国国情的粮油加工设备和质量检验仪器，为进一步加深双方的粮油科技合作作出贡献。

为了进一步促进在粮食流通领域的国际交流与合作，11月底，国家粮食局外事司、流通与科技发展司和科学研究院邀请部分外国粮食机构和跨国公司驻华代表参观了科学研究院的实验室。参加此次活动的21位代表来自加拿大小麦局北京办事处、丹麦福斯中国有限公司、法国粮食出口协会北京办事处、法国农业科学研究院北京代表处、意大利GBS粮食机械制造（北京）有限公司、日本国际协力机构中国事务所、新加坡益海嘉里投资有限公司、瑞典波通瑞华科学仪器（北京）有限公司、瑞士布勒（无锡）商业有限公司、英国谷物与饲料贸易协会北京代表处、美国谷物协会北京办事处、美国大豆协会北京办事处、美国小麦协会北京办事处、美国ADM公司北京代表处、美国嘉吉投资（中国）有限公司北京分公司等10个国家的15个外国粮食机构和跨国公司。国外机构和企业驻华代表们参观了国家粮食局科学研究院的粮油增值加工技术、粮油储藏技术等实验室和国家粮食局粮油质量检验测试中心。在参观后，国家粮食局副局长吴子丹和有关单位的负责同志与代表们进行了交流，介绍了科研院的发展情况及科研成果，以及中国粮食行业对外科技交流与合作情况。代表们对国家粮食局组织此次参观活动表示感谢，他们对中国在粮油科技、粮食质量安全方面取得的发展和进步表示赞赏；将把这次参观的有关情况报告给总部，希望进一步加强与中国在粮油科技领域的交流与合作。

2011年10月，国家粮食局科学研究院与日本佐竹公司在宁波共同主办了"中日粮食科技合作——稻谷适度加工与品质、营养、节能"研讨会。邀请了17位中日稻谷加工方面的专家学者进行专题报告和交流，来自国内外粮食管理部门、科研机构、大专院校和稻谷加工企业的120多位代表参加了研讨会。

（三）积极借鉴国外粮食科学技术和管理经验

2011年，为提高我国粮食质量和标准化工作水平、解决粮食储藏先进技术、粮食综合加工利用有关技术、油脂技术开发等方面的问题，国家粮食局帮助局粮食科学研究院、标准质量中心和中粮集团科学研究院向国家外国专家局申请引进国外智力项目。经过积极与国家外专局沟通和多方努力，国家粮食局共获批引进国外技术、管理人才项目7项，合计聘请外国专家46人次，资助项目经费75万元。在实施引智工作过程中，项目单位严格执行国家外专局的有关规定，缜密策划，精心组织，实施好这些项目，取得了较好的成效。

1.国家粮食局科学研究院的"粮食真菌毒素检测与防控技术研究"项目。

2011年6~11月，国家粮食局科学研究院邀请了英国莱瑟黑德食品国际有限公司、奥地利维也纳科技大学、美国农业部国家农业应用研究中心和美国Lilly公司的4位专家来华，就粮食真菌毒素检测与防控技术研究项目给予技术指导。在华期间，外国专家们在科研院相关实验室对研究人员进行了具体的实验指导，并讲授了粮食真菌毒素检测与防控、多杀菌素的筛选与活性测试等方面的先进理论知识和试验操作方法；作了有关粮油微生物、真菌毒素、多杀菌素等方面的专题报告；参观了科研院小汤山中试基地；还就国外粮食真菌毒素检测研究现状、中国粮食真菌毒素科技现状及面临的问题、粮食真菌毒素的检测技术、真菌毒素产生的机制、储粮真菌为害的早期检测、生物防霉技术等与科研人员进行了交流与探讨。使科研院的科技人员对美国、英国、奥地利等国家的粮油微生物的研究现状、真菌毒素的检测技术、监测现状与措施等加深了解，对提升科研院真菌毒素检测方面的高技术应用水平，真菌毒素安全控制技术应用能力，以及顺利完成已承担的国家有关科研任务等有较大的帮助。

2.国家粮食局标准质量中心的"粮食质量安全法律法规及标准的制定及作用"项目。

2011年5月底，国家粮食局标准质量中心在安徽合肥举办了"欧盟、美国粮食质量安全监管法规及标准专题报告会"，并邀请法国阿尔法里斯植物研究院和美国农业部谷物检验局的专家在会议上作了专题报告。两位外国专家分别就欧盟和美国粮食质量安全监管法规和标准、检验和监测以及污染粮食的处理等作了详细介绍，并就欧盟和美国粮食生产、收购、储存、运输、加工各环节质量和卫生安全控制关键点及主要检验项目和方法，粮食真菌毒素污染风险控制，收获粮食真菌毒素污染状况抽样调查办法和信息发布方式，污染粮食收购及处置办法等问题与参会的国内质检人员进行了交流和探讨。使国内质检人员学习和借鉴了发达国家在粮食质量安全法规和标准方面的经验，对完善具有我国特色的粮食质量安全标准及监管法规体系起到了积极的推动作用。

3.中粮科学研究院的"粮油食品安全体系建设"项目。

2011年4~7月，中粮科学研究院先后邀请了15位外国专家来华指导和进行学术交流活动。如邀请美国农业部西部研究中心和美国加州大学戴维斯分校的专家来华，就食品加工过程的安全技术及食品品质的检测技术进行广泛交流，使中粮科研院了解了食用油掺伪鉴别技术、膳食纤维的生理作用、全球食品行业重大发展趋势等世界食品科学和食品安全领域的最新信息。与邀请的美国药典委员会的专家进行技术交流后，初步在食品添加剂的标准建立，膳食补充剂的标准物质建立以及食品中天然产物与合成产物检测方法开发方面达成了进一步合作意向。还与美国新泽西州立大学的专家们就食品安全控制新技术的应用、食品品质掺伪检测及控制技术，以及食品包装技术等进行了研讨。通过国外专家的引进与交流，使中粮科学研究院在开展粮油食品安全体系建设项目的同时，加快了粮油食品检测平台的建设，提高了承担政府科研课题的能力，同时促进了粮油食品安全海外人才的引进，加强了与海外具有影响度的食品企业及组织的联系。

4.中粮科学研究院（无锡院）的"小麦配麦生产高品质面条研究"项目。

2011年6月和9月，中粮科学研究院（无锡院）先后聘请了国际著名谷物食品研究机构澳大利亚BRI的专家来华，对小麦配麦生产高品质面条研究项目进行技术指导和交流。在华期间，外国专家们举行了"关于蛋白质含量和质量对面条品质的影响"、"小麦淀粉对面条口感的影响"、"小麦品种对面条色泽的影响"等影响制作面条因素的学术报告；培训了科研院的面条品尝小组，完成了科研院和BRI对不同小麦加工成55个面条样品的品尝评分。通过与国外专家交流，使无锡科研院的科技人员了解了国际上面条研究方面的最新信息；为生产高品质面条提供了新的思路；解决了面条生产中的一些技术问题，为中粮今后生产高品质面条打下了良好的基础。

5.中粮科学研究院的"纤维素乙醇中试工艺优化和产业化示范"项目。

中粮科学研究院分别邀请了美国、奥地利和丹麦的5位国外专家来华，专门就"大规模原料收集体系建立与关键设备的开发"、"规模化纤维素乙醇原料预处理设备的开发"、"C5/C6共发酵菌株的引进与中试评价"及生物制油项目等进行了交流和指导。了解了美国威猛公司的玉米秸秆收集、打包、储藏等先进设备和技术，解决了中粮大规模秸秆收集和物流的后顾之忧，有力保障了中粮示范装置的建设的进程。外国专家还为中粮示范装置的产业化预处理设备研发提出了合理化建议，中粮计划通过引进消化吸收的方式优化提升预处理技术与装备，与奥地利Andritdz公司形成合作，有力支持了中粮示范装置的建设。

6.成都粮食储藏科学研究所的"稻谷收获集约化干燥技术和设备研发与示范"项目。

2011年4~9月，成都粮食储藏科学研究所分别邀请了澳大利亚新南威尔士大学、瑞典国家食品管理局、日本佐竹公司的4位粮食储藏及食品安全方面的专家，来华对稻谷收获集约化干燥技术和设备研发与示范项进行指导和交流。外国专家分别作了稻谷集约化干燥、粮仓干燥技术工艺流程和干燥设备、粮食危害早期预警技术和设备研究开发等专题报告，指导科技人员建立抑制水稻干燥的综合控制模型，还帮助解决高大粮堆粮仓干燥的水分分层的问题。还与科研所专家就确保稻谷品质的烘干条件，尤其是烘干前后的技术注意事项进行了详细探讨，对高效干燥工艺的研究起到了借鉴作用。

通过这些引智项目的执行，项目单位与国外粮油科研机构建立起了良好的合作关系，及时了解和掌握国外最新的粮油科技成果与动态，有效地解决了当前我国粮油产业和科研中面临的一些问题，有力地促进了我国粮油科技水平的提高。

（四）认真组织好出国考察和培训

为了深化我国的粮食流通体制改革，借鉴国外在粮食管理、流通、储存、加工等方面的经验和技术，2011年国家粮食局有关领导分别率团赴德国、丹麦和哈萨克斯坦、赴俄罗斯和匈牙利考察粮食流通体制和粮食管理政策、粮食储藏、检测和加工等情况，并取得了较好的考察成果。

2011年国家外专局共批准国家粮食局出国培训项目4个，其中审批类培训3项，审核类培训1项，批准培训人数共计82人。培训内容涉及粮食宏观调控、粮食质量安全法规和标准、粮食信息安全管理、粮食职业教育等。如调控司组织的赴巴西"粮食宏观调控与流通统计培训"、办公室组织的赴俄罗斯"粮食电子政务和信息安全管理培训"、人事司组织的赴美国"粮食职业教育培训"、标准质量中心组织的赴法国"粮食质量安全法律法规及标准制修订培训"。通过赴国外培训，使地方粮食管理部门和企业的干部及技术人员，了解了国外的先进技术和经验，开阔了眼界，增长了知识，为提高粮食管理与储粮技术水平起到了积极的促进作用。

国家粮食局还派遣粮食管理和科技人员出国（境）参加有关国际会议。如赴新加坡参加第三届世界谷物贸易研讨会、赴泰国参加亚洲稻米产业现代化研讨会、赴法国参加第6届国际农业工程学会科技研讨会、赴英国参加国际谷物理事会第33届理事会及世界粮食安全研讨会、赴美国参加第102届油脂化学家协会年会、赴法国参加ISO/TC34主席顾问团第五次会议、赴希腊参加欧盟食品安全科技合作项目总结工作会、赴法国参加G20农业部长会议第三次筹备会、赴法国参加G20农业部长会议第四次高官会、赴泰国参加东盟与中日韩大米紧急储备(APTERR)项目工作会议、赴香港参加AFMA第31届执委会会议、赴日本参加第七届国际生物催化与农业生物技术大会、赴新加坡参加2011年全球谷物市场论坛、赴越南参加2011年国际稻米会议、赴意大利参加ISO/TC34/SC4第35次会议和专题工作组会议等。参会人员不仅及时地了解国际粮食市场供求形势、粮油科技发展最新动向和趋势以及有关信息，还在会上介绍了我国的粮食生产、储藏、流通、质检、科技等情况，阐明了对世界粮食有关问题的看法和建议，扩大了我国在世界粮食领域的影响。

六　会展、世界粮食日

（一）会展

2011年，行业会展总规模进一步扩大。据不完全统计，2011年粮食行业主办、承办或者参与的展(博)览会、经销洽谈会及各类专业会议、论坛共有37个，其中国际性会展活动5个，全国性会展活动18个，省际间会展活动5个，省内会展活动9个。

37个会展活动中以中国国际粮油产品及设备技术展览会、第13届湖北粮油精品展示交易会、第三届中国（衢州）农博会粮交会等为代表的以产品展销展示为主要组织形式的展（博）览会展出总面积近10万平方米，参展企业总数近3000家；以2011年黑龙江金秋粮食交易洽谈会、第七届七省粮食产销协作福建洽谈会等为代表的以购销经贸为主要内容的洽谈会共达成粮食购销合同及意向性协议2429.26万吨，成交金额近590亿元；320余个粮油产业项目通过展览会、洽谈会吸引到了投资。

2011年，粮食科技宣传周以及中国粮食论坛，面粉、玉米、大米产业年会等行业节庆、论坛、会议的影响力进一步提高，在推动产业发展转型、推广行业新型技术、宣传科学粮油消费理念等方面发挥了重要作用。此外，2011年适值中国共产党成立90周年，国家粮食局及地方粮食主管部门以庆祝建党90周年为契机，组织了多次主题书画摄影展览，取得了良好宣传效果。

2011年，粮食行业会展质量进一步提高。组织者更加重视展会专业邀请、展会宣传推广等工作，通过适时发布新闻、在相关媒体刊登广告等形式，在展前、展中、展后组织不同主题的宣传报道，提高会展知名度；通过建立专业观众信息数据库、发放专业观众邀请函等形式加强展会专业观众邀请工作，中国国际粮油产品及设备技术展览会、全国粮油产销企业订货会暨全国粮油经销商联谊会等先后建立了展会专业观众信息数据库，参展专业观众逐年增多，企业参展效益随之得到了有效提升。

受缺乏统一规划、多头组织等因素的影响，再加上近几年"以会带展"现象比较普遍，行业会展活动呈现出总体数量偏多，但高质量品牌会展活动偏少的现象。公主岭玉米节、玉米产业博览会等活动均为本年度首次举办，会展多，规模小，层次低，同题材展会恶性竞争现象较往年有进一步加剧的趋势，全年展出面积达到10000平方米的展览会只有国家粮食局主办的第十一届中国国际粮油产品及设备技术展览会和第十届中国优质稻米博览交易会暨第三届中国（衢州）农博会粮交会等为数不多的几个，真正称得上品牌的会展活动相对较少。

（二）世界粮食日

2011年世界粮食日宣传活动由农业部、教育部、国家粮食局和联合国粮农组织共同主办，围绕"粮食价格——走出危机、实现稳定"的宣传主题，开展了一系列丰富多彩的宣传纪念活动：

1.“2011年世界粮食日——烛光守夜”纪念活动。

“2011年世界粮食日——烛光守夜”活动于2011年10月16日晚在浙江宁波国际会展中心前广场举行，参加活动的领导、嘉宾和来自宁波市的400余名工人、农民、学生、解放军以及社区居民代表一起，点燃了上千支蜡烛，并在爱粮节粮签名长卷上郑重签下了自己的名字，共同为全世界9亿多仍在忍受饥饿痛苦的人们守夜祈福。

活动现场播放了由联合国粮农组织提供的有关全球粮食安全的专题片。国家发展改革委、农业部、教育部、联合国粮农组织驻华代表处、国家粮食局以及浙江省粮食局和宁波市政府的相关领导同志出席了当晚的活动。中央电视台、《人民日报》、新华社、新华网、中国政府网、《经济日报》、浙江电视台、《浙江日报》、宁波电视台、《粮油市场报》等新闻媒体对活动进行了宣传报道，新浪网、搜狐网等门户网站对活动进行了转载报道。

2.组织全国部分省市开展中小学生节约粮食反对浪费征文活动。

2011年，粮食部门继续与教育部门密切配合，在北京、上海、天津、重庆、宁波以及由嘉吉公司援助的中小学校中，开展了中小学生“节约粮食、反对浪费”征文活动，吸引了近20万中小学生参加，最终330名中小学生分别获得了比赛的一、二、三等奖。10月16日在世界粮食日烛光守夜活动现场，国家粮食局副局长张桂凤、联合国粮农组织驻华代表杰西·米西卡和出席活动的其他嘉宾一起为获奖学生代表颁发了由联合国粮农组织驻华代表亲笔签名的奖状、奖牌，获奖学生代表现场配乐朗诵了征文活动的一等奖作品。

3.聘请知名影视演员张国立担任宣传形象大使。

在借鉴其他公益宣传活动成功经验的基础上，经过多方联系，2011年，国家粮食局和联合国粮农组织驻华代表处决定聘请知名影视演员张国立担任中国“世界粮食日”形象大使。10月16日，张国立先生亲临烛光守夜活动现场，发表了热情洋溢的讲话，并现场为某贫困小学捐资建设了一个图书室。国家粮食局副局长张桂凤、联合国粮农组织驻华代表杰西·米西卡亲自为张国立先生颁发了聘书。

七　爱粮节粮活动

（一）全国爱粮节粮宣传周

2011年，各级粮食行政管理部门及广大粮油企事业单位认真贯彻落实《国务院办公厅关于进一步加强节约粮食反对浪费工作的通知》（国办发〔2010〕7号）精神，按照《国家粮食局关于进一步加强节约粮食反对浪费工作的实施意见》（国粮调〔2010〕41号）及《国家粮食局办公室关于组织开展2011年“世界粮食日”和“全国爱惜粮食节约粮食宣传周”活动的通知》（国粮办发〔2011〕154号）的相关要求，以主会场、分会场分别开展活动的方式，组织开展了一系列宣传活动。

1.主会场宣传活动情况。

2011年，全国爱粮节粮宣传周活动主会场设在浙江宁波。以宣传爱惜粮食、节约粮食、反对浪费为工作重点，采取多种形式，深入开展各类宣传活动：一是在宁波国际会展中心前广场组织了“节粮在行动——2011全国爱粮节粮公益展览”，以近几年来在粮油仓储、物流、加工以及节粮科技等方面取得突出成绩的企事业单位为主体，制作了近20块宣传展板，通过大量翔实的图片、文字、数字宣传节粮成绩，树立节粮典型，传播节粮经验。二是专门编写、印刷《节粮宣传手册》。手册内容涉及世界粮食日、全国爱粮节粮宣传周历史背景，国家近几年关于爱粮节粮的重要政策，近几年爱粮节粮宣传取得的成绩、节粮新产品、新技术、新理念，日常节粮小窍门等，手册共印刷了25000册，宣传周期间在主会场、分会场同时发放。三是聘请了著名影视演员张国立先生担任"全国爱粮节粮宣传周"活动形象大使，协助国家粮食局，推广爱粮节粮周，提高活动知名度和影响力。人民网等国内知名媒体以《张国立担任节粮宣传形象大使》为题，对这一消息进行了宣传报道。

　　2.分会场宣传活动情况。

　　据不完全统计，2011年全国共有四十多个省（区、市）粮食部门组织开展了"全国爱粮节粮宣传周分会场活动"，很好地宣传了国内粮食安全形势，达到了预期宣传效果。一是通过组织公益展览、公益晚会、悬挂宣传横幅、粘贴宣传标语、散发爱粮节粮宣传单等形式，宣传节粮理念；二是利用周末、集日等机会，选择粮食交易市场等场所设置宣传咨询点，宣传《粮食流通管理条例》等粮食政策、法规以及粮油质量卫生知识，为群众答疑解惑；三是积极宣传"农户科学储粮"等重点节粮工作，通过摆摊设点、送科技下乡、流动宣传、发放《农户安全储粮科普技术知识》、《农户安全储粮技术》学习手册、储粮技术光盘等多种形式，广泛宣传科学储粮知识，在农户中逐步形成"种好粮、收好粮、储好粮、卖好粮"的新观念；四是以此次宣传活动为契机，对部分粮食购销、加工企业粮食收储、加工管理情况进行专项检查，督促企业加强日常管理，减少收储、保管、运输、加工过程中的损失。通过以上各种形式的宣传活动，使广大人民群众树立了正确的粮食消费观，形成了良好的爱粮节粮氛围，爱粮节粮意识不断得到加强，弘扬了中华民族勤俭节约的传统美德。

（二）组织召开全国粮食行业节约粮食反对浪费工作经验交流会

　　为进一步贯彻落实《国务院办公厅关于进一步加强节约粮食反对浪费工作的通知》（国办发〔2010〕10号）精神，配合在全国范围开展的反食品浪费行动，按照《国家粮食局关于切实加强节约粮食反对浪费工作的实施意见》（国粮调〔2010〕41号）的工作部署，2011年10月13日，国家粮食局在宁波召开了"全国粮食系统节约粮食反对浪费工作经验交流会"，此次大会的主题为"切实加强节约粮食、反对浪费工作，努力降低粮食损失损耗，提高粮食综合利用率，抑制不合理消费需求，保障国家粮食安全"。国务院参事室、中储粮总公司、甘肃省粮食局、国家粮食局发展交流中心、成都粮科所、武汉科学院、云龙粮机配套设备有限公司和安徽经济技术学校的有关同志分别从国家宏观政策，从加强仓储、加工、物流环节的节粮以及加大节粮科技研发力度等角度进行了发言。国务院参事室、国家发展改革委和来自全国27个省（区、市）粮食行政部门及有关企业共计80多名代表参加了会议。

　　会议指出，虽然我国粮食生产已经实现了连续多年丰收，为保障我国粮食安全打下了坚实基础，但长期保持我国粮食供需平衡仍是一项艰巨的任务。目前我国粮食在生产、储存、运输、加工、消费等环节的损失浪费问题仍然比较突出，摸清各环节粮食损失浪费情况非常必要，开展节约粮食反对浪费工作是确保国家粮食安全的战略选择，节粮增效潜力巨大，粮食系统要做节约粮食反对浪费工作的先锋和模范，要通过进一步加强企业精细化管理、加强节粮科技创新、加大节粮宣传工作力度等措施，不断将节约粮食反对浪费工作引向深入。

　　会议建议从反对公款吃喝入手，利用社区、消费者协会、志愿者等民间力量，推动爱粮节粮行动，同时建立科学的统计和考核体系，减少粮食浪费。与会专家还分别就改革创新工艺、减少农户储粮损失、建设中小学生爱粮节粮教育社会实践基地等会议议题进行了发言和讨论。

（三）创建"全国中小学爱粮节粮教育社会实践基地"

　　为贯彻落实《国家中长期教育改革和发展规划纲要（2010~2020年）》、《中共中央国务院关于进一步加强和改进未成年人思想道德建设的若干意见》和《国务院办公厅关于进一步加强节约粮食反对浪费工作的通知》精神，2011年，国家粮食局与教育部协商，决定充分利用现有行业资源，依托国有大型产粮基地，粮食加工、仓储、物流企业，粮食院校、科研机构、检化验等单位，共同创建"全国中小学爱粮节粮教育社会实践基地"。

2011年5月，教育部与国家粮食局联合印发了《教育部 国家粮食局关于建立中小学爱粮节粮教育社会实践基地开展节粮教育的通知》。各省（区、市）粮食局及大中型国有企业积极响应，踊跃申报，一个多月内共收到了包括新疆、西藏粮食局在内的18个省（区、市），33家粮油企事业单位及科研院所提交的申报材料。随后，粮食、教育相关部门组织专业人员成立了评审组，集中对申报材料进行筛选和初审，从中选出14家基本符合条件的单位（企业）作为首批实践基地候选单位。

8~9月，国家粮食局和教育部组织有关专家成立考察组，分赴湖南、湖北、河南、安徽、江苏、新疆、辽宁等地，对14家粮食仓储物流企业、大米面粉加工厂和粮油检化验站等入围单位进行了实地调研、考察和测评，提出了基地建设的改进意见。

9月20日，国家粮食局在湖南长沙召开"全国粮食行业中小学爱粮节粮教育社会实践基地建设座谈会"。全国25个省（区、市）粮食局、教育局负责同志及粮油企事业单位的代表共80余人参加了会议。会议还邀请了中国科协、公安部消防局湖南消防总队负责同志介绍其建立教育实践基地的经验。与会代表对爱粮节粮实践基地的创建工作和制定实践基地管理办法提出了建议。国家粮食局副局长张桂凤同志出席了会议并讲话。

10月，经过专家集中评审，沈阳香雪面粉股份有限公司、江苏宿迁市粮食物流发展有限公司、安徽粮食工程职业学院、河南省谷物储贸有限公司、湖北粮油食品质量监测站、湖北粮油储备公司直属库、湖南粮食集团有限责任公司、湖南衡阳市金雁粮食购销有限公司、西藏拉萨国家粮食储备库、新疆米全粮油购销有限公司10家企事业单位被确定为首批"全国中小学爱粮节粮教育社会实践基地"。12月8日，在教育部组织召开的"全国中小学德育工作经验交流会"上，教育部、国家粮食局副局长曾丽瑛等有关领导为首批实践基地代表授牌。

（四）组织实施"全国部分城镇及乡村粮油消费环节损失浪费情况调查"

针对目前国内对粮食产后损失浪费的具体数据一直缺乏权威统计，相关部门进行节粮决策缺乏数据支持的实际情况，2011年，经国家粮食局同意，由发展交流中心和流通与科技发展司牵头，委托北京世纪蓝图市场调查公司作为独立第三方，对粮食产后损失浪费情况进行专题调查。考虑到调查的实际工作量，国家粮食局决定先在部分省市对粮油消费环节损失浪费的情况进行专题抽样调查。

调查团队经过数次讨论，拟定了《全国部分城镇及乡村粮油消费环节损失浪费情况调查实施方案》，明确了调查范围、抽样方法、入户办法、调查办法、数据推算办法以及各阶段工作任务。调查样本选取北京、辽宁、湖北、甘肃4省（市）分别作为特大城市及东、中、西部地区的代表，再从每个省份的省会城市、地级城市、县级城市以及农业自然村中随机抽取部分餐饮场所和居民作为被调查单位，并根据饭店档次、营业额以及家庭经济实力、年龄、文化、代际结构等因素，对调查样本进行进一步细分。经过科学抽样，4省（市）的200家餐厅、食堂和400户居民家庭(其中城镇居民250户，农村居民150户)被确定为最终调查样本。

为确保调查质量，国家粮食局先后分别在北京、甘肃、辽宁等地组织召开了调研商洽会，为调查公司顺利入户调查提供便利。商洽会邀请当地政府以及粮食、食品药品监督部门、居民委员会以及被调查单位的代表参加，形成工作合力，同时向被调查单位承诺，调查结果只用于相关数据推算，不会以任何形式对外公开被调查单位信息，提高被调查单位的配合度。

调查为期一周，采取填写调查问卷和现场称重相结合的方式进行，在对餐饮垃圾进行分类的基础上，现场称重并记录每餐浪费的米、面、油数量。调查直接接触1986人，间接接触上万人，对餐饮场所和居民家庭浪费的米、面及荤、素菜进行了近10000次的分类称重，不仅初步掌握了粮油消费环节损失浪费的基本情况，更有效地在广大餐饮场所和居民家庭中进行了一次节粮理念的宣传和普及，在行业内外产生了广泛的影响。

8月，调查团队在认真整理调查材料的基础上，撰写完成了调查报告。报告全面总结了四省市粮油消费环节损失浪费调查的具体情况，推算了现阶段我国在粮油消费环节损失浪费的具体数据，分析了浪费原因，并提出了若干政策建议。随后，国家粮食局组织召开了由粮油、统计专家参加的专题论证会，对调查过程、调查结论进行专家论证。与会专家对本次调查给予了高度认可，并建议有关部门在总结2011年工作经验的基础上，2012年再组织一次调查，以进一步扩大样本容量，提高调查科学性。

2012年，国家粮食局计划在河北、江苏、广东、四川4省以同样的方式再组织一次同等规模的调查，将两次调查取得的数据进行统一加权平均，推算得出更为符合实际情况的全国粮油消费环节每年损失浪费的米、面、油总量和浪费比例。

八　放心粮油工程

2011年是全国放心粮油工程实施十周年。十年来，在党中央、国务院及各级党政部门的亲切关怀和正确领导下，在各级粮食主管部门和粮食行业协会坚持不懈的努力下，在广大粮油企业的积极参与和各方面的大力支持下，全国放心粮油工程稳步推进，深入发展，取得良好成效，得到业内外的充分肯定和广大消费者的普遍欢迎。2011年，放心粮油工程各项工作又有了进一步的发展。

（一）继续开展放心粮油示范企业创建工作

为贯彻落实国务院2009年15号文件精神，根据国家粮食局《深入推进放心粮油进农村进社区示范工程的实施意见》（国粮办发〔2009〕199号），中国粮食行业协会在总结首批放心粮油示范企业创建工作经验的基础上，经过严格审核，推出了第二批放心粮油示范企业，新创建放心粮油示范企业260家，并将试点范围从加工企业、销售店、配送中心、主食厨房等4类企业扩大到成品粮油批发市场。同时，制定并组织实施了《放心粮油示范企业质量安全管理规则》、《放心粮油示范企业经营服务规范》、《放心粮油示范批发市场经营服务规范》等行规行约，为推动示范企业进一步强化管理、规范服务、切实发挥示范带动作用，提供了制度保证。据初步统计，截至2011年底，全国已创建放心粮油示范企业2000多家，其中由中国粮食行业协会批准的示范企业755家。

（二）深入推进放心粮油进农村进社区

各地积极开展放心粮油进农村进社区工作，增加粮油销售服务网点，发展主食厨房、连锁配送，提供便民服务。山西省已建成规范运营的市级配送中心14个，县级配送中心133个，城乡连锁店和经销店1.17万个，覆盖全省1300个乡镇（街办）、2万余个行政村和社区，覆盖全省总人口的2/3以上；山东省粮油服务网点已发展到2.2万个，建成配送中心56处，配备专用车辆600辆，日配送能力达到2700吨;西安市粮食局重点建设放心馒头工程和放心豆制品工程，馒头生产能力达到150万个/日，豆制品（豆腐、豆芽）生产能力达到200吨/日，已建设销售网点近千个，覆盖全市各大街办和社区，"放心馒头"市场占有率达到全市60%以上。据初步统计，截至2011年底，全国共发展粮油销售服务网点

23万多个，其中城市网点15万多个，农村网点7万多个。

（三）不断加强粮食行业信用体系建设

为加强行业信用体系建设，促进企业健康发展，中国粮食行业协会按照商务部和国资委关于开展行业信用评价试点工作的部署和要求，在总结首批试点企业信用评价工作经验的基础上，开展了第二批试点企业信用评价工作，并将试点范围由粮油加工企业扩大到仓储企业。经省级粮食行业协会审核推荐，并经第三方机构评价严格评审，2011年有88家企业被确定为A级以上信用企业，其中AAA级57家，AA级19家，A级12家。截至2011年底，共有159家企业被确定为粮食行业信用评价试点企业，其中AAA级103家，AA级43家，A级13家。

（四）认真总结推广实施放心粮油工程的先进经验

中国粮食行业协会在天津召开全国放心粮油进农村进社区经验交流会，总结交流十年来实施放心粮油工程、推进放心粮油进农村进社区的经验和做法，研究探讨如何在新形势下深入推进放心粮油工程，并重点推广了天津等省市的先进经验。天津粮油集团有限公司按照天津市委、市政府"抓好放心馒头生产供应体系建设，让利达馒头惠及更多的天津百姓"的要求，秉承"关爱民生，绿色安全，诚信经营，质量第一"的经营宗旨，全力实施放心馒头工程，建成了全国最大的现代化的馒头生产线，生产规模达到每天200万个，发展了600多家放心馒头销售店（点）。"利达"放心馒头以其绿色、安全、优质的品质赢得了广大消费者的喜爱，成为天津百姓餐桌上不可或缺的主食品。目前，集团正在全力实施"利达主食大厨房"三期建设项目，争取在近期达到日产放心馒头300万个的目标，真正把小馒头做成惠民生的大产业。

（五）广泛开展食品安全法规宣贯和科普宣传活动

各级粮食行业协会积极组织企业参加全国"食品安全宣传周"、"诚信兴商宣传月"、"质量月"、"粮食科技周"等活动，并广泛开展"放心粮油宣传日"活动，通过街头宣传、媒体宣传、产品展销、科普讲座、专家咨询等多种形式，宣传食品安全法规标准，普及食品安全知识，增强企业和消费者的质量意识、安全意识，树立品牌形象和企业形象，为推进放心粮油工程营造良好的社会氛围。

通过实施放心粮油工程，普遍增强了企业的质量意识、安全意识、责任意识、信用意识，促进企业强化质量管理，健全质量保证体系，改善经营服务，提高产品质量水平。2011年底，国家质检总局发布《关于公布2011年26类产品质量国家监督抽查结果的公告》（2011年第189号），公告称：本次共抽查了河北、山西、辽宁、黑龙江、江苏、安徽、山东、河南、湖北、陕西、甘肃、宁夏等12个省、自治区120家企业生产的120种小麦粉产品，对灰分、脂肪酸值、铅、镉、汞、无机砷、六六六、滴滴涕、黄曲霉毒素B$_1$、过氧化苯甲酰、溴酸钾、二氧化钛、甲醛次硫酸氢钠等13个项目进行了检验。本次抽查未检出过氧化苯甲酰，新增检测的二氧化钛项目全部合格。所抽120种小麦粉产品，有119种产品符合标准规定，反映出小麦粉行业的整体产品质量状况良好。

粮食行业人才队伍建设

一　行业教育与培训

2011年，全国粮食系统积极开展教育培训，大力加强职业技能培训工作，系统组织职工参加学历教育、各类政治理论和业务培训共248736人次，参训率达38.82%，参训人次同比增加2.72%。

从培训时间来看，参加12天以内短期培训为225410人次，参加13天以上1个月以内培训为15687人次，参加1个月至3个月培训为5254人次，参加3个月以上培训为2385人次。职工参加培训以12天以内短期培训为主。

从培训内容来看，2011年从业人员参加职业技能鉴定培训的人次有所减少，其中参加粮油保管员、粮油质量检验员、粮油竞价交易员、制米工、制粉工、制油工等职业（工种）技能培训76160人次，相比2010年的79809人次，减少4.57%。另外，公务员全年参加培训共36011人次，参训率为91.05%；企事业管理人员全年参与培训共56435人次，参训率为55.28%；专业技术人员全年参与培训共43282人次，参训率为57.52%；工人全年共参与培训108556人次，参训率为36.44%。

从培训机构来看，粮食系统职工参加党校、行政学院培训27377人次，参加粮食系统教育培训机构培训104085人次，参加高校科研机构培训4792人次，参加其他培训机构培训112482人次。

此外，全国各级粮食部门全年共举办培训班16694期，同比减少6.17%，培训367756人次，同比减少9.33%。其中，中央单位举办培训班4354期，同比减少30.43%，培训89942人次，同比减少38.28%；省、自治区、直辖市粮食行政管理部门及下属机构举办培训班1271期，同比减少5.08%，培训57284人次，同比减少0.83%；省辖市、自治州、行署粮食行政管理部门及下属机构举办培训班3392期，同比增加29.17%，培训64576人次，同比增加8.96%；县（市、区）粮食行政管理部门及下属机构举办培训班7677期，同比增加1.43%，培训155954人次，同比增加9.20%。

二　高层次人才队伍建设

2011年，国家粮食局积极做好高层次人才的选拔、培养和评价工作。

一是为进一步提高粮食行业高层次专业技术人才创新能力，经国家粮食局申请，人力资源和社会保障部审批同意，国家粮食局人事司于2011年12月12～16日在河南省郑州市开展了全国粮食行业专业技术人员能力建设高级研修项目。该高级研修项目国家《专业技术人才知识更新工程2011年高级研修项目计划》的一部分，具有公益性、示范性和引导性，主要目的是培养一批国内顶尖、国际知名的粮食科技创新领军人才，更好地为我国粮食流通事业发展作出贡献。参加该研修班的46学员均由各省(市、区)粮食行政管理部门从全国粮食行业院校、科研机构、企事业单位从事粮食专业技术工作或科研管理工作的人员中推荐，均在学术研究或工程技术、管理工作中有突出业绩，在国内本学科领域内有一定优势和较高的知名度，一般都具有正高级职称。该研修班的举办，既在全行业遴选出了一批科技创新领军人才培养对象，又提高了这些学员的科技创新能力，达到了预期效果。

二是开展面向粮食行业高级职称评审工作。2011年11月25～27日，2011年度国家粮食局自然科学研究系列、工程系列高级专业技术职务任职资格评审会议在北京召开，经过资格审查、评议组初审、全体评委评分、会议评审等程序，申报评审的39人中19人通过评审，取得高级专业技术职务任职资格，其中研究员11人，享受研究员同等待遇的高级工程师5人，副研究员1人，高级工程师2名。

三是积极推荐粮食行业高等院校申报服务国家特殊需求博士人才培养项目。国家粮食局根据河南工业大学、南京财经大学和武汉工业学院三所大学的粮食专业设置特点，科学把握各学校优势研究领域，分别确定了粮食流通、粮食加工和粮食经济三个领域作为服务国家特殊需求博士人才培养项目，在组织国内教育领域和粮食行业专家认真评审的基础上向国务院学位委员会办公室推荐申报。经国务院学位办第一轮评审，全国59个部门推荐的141所高校申报的188个项目只有35个项目进入第二轮，项目通过率为18.6%，但国家粮食局推荐的3个项目中2个入围，通过率达66.7%。

三　职业技能培训与鉴定

（一）稳步开展粮食行业职业技能鉴定工作

2011年，全国共组织开展粮食行业特有工种职业技能鉴定133期，鉴定职业（工种）包括粮油保管员、粮油质量检验员、粮油竞价交易员、制米工、制粉工、制油工等6个。全行业共有10590人次参加鉴定，其中7030人次通过鉴定考核并获得相应职业资格证书，通过率为66.4%，比2010年降低1.1%。从鉴定职业（工种）来看，参加粮油保管员、粮油质量检验员两个职业技能鉴定考试人次占鉴定总人次的绝大多数，其中参加粮油保管员鉴定5670人次，占鉴定总人数的53.6%；参加粮油质量检验员鉴定4410人次，占鉴定总人数的41.6%；参加其他4个职业（工种）鉴定510人次，占鉴定总人数的4.8%，比2010年上升1.5%。从鉴定职业资格等级来看，参加职业技能鉴定考试人次在等级分布上更加趋于合理，其中参加初级工鉴定4182人次，占鉴定总人数的39.5%；参加中级工鉴定4482人次，占鉴定总人数的42.3%；参加高级工鉴定1560人次，占鉴定总人数的14.7%；参加技师、高级技师鉴定366人次，占鉴定总人数的3.5%。

2011年，国家粮食局继续对粮油保管员、粮油质量检验员两个职业理论知识鉴定考试继续实行统一时间、统一试卷的全国统考。统考工作实施两年来，对规范职业技能鉴定工作、提高鉴定的准确性和工作效率、确保鉴定质量和考试的公平公正性等方面起到了推动作用，对树立粮食行业职业技能鉴定工作的品牌形象产生了积极影响。

（二）完善职业技能鉴定各项基础工作

1.健全职业技能培训教程体系建设。

2011年年初，国家粮食局人事司委托中国粮食行业协会、中国粮油学会等单位，分别编制了制米工、制粉工、制油工三个职业的技师、高级技师培训教程和农村粮油购销员（粮食经纪人）技能培训教程，开发了相应的鉴定题库。其中，制米工、制粉工、制油工的技师、高级技师培训教程已于2011年9月正式出版，农村粮油购销员（粮食经纪人）技能培训教程于2011年11月正式出版。

2.继续改善职业技能鉴定题库试题质量。

在2011年4月全国统考中，国家粮食局职业技能鉴定指导中心向各单位发放了试题使用情况反馈表，征集各地对鉴定试题的使用意见。2011年8月，国家粮食局职业技能鉴定指导中心召开职业技能鉴定题库修订会议。修订内容除了修订涉及新标准、新技术的理论知识试题以外，还对来自全国反馈意见进行汇总、分析、采纳，重点对实操试题进行了大规模的修订，进一步提高了实操考试的科学性和准确性。另外，制粉工、制米工、制油工和粮食经纪人四个特有职业相应的鉴定试题，也已组织编写完毕，收入国家题库粮食行业分库。

3.加强粮食行业特有工种职业技能鉴定考评人员、师资队伍建设。

2011年4月，国家粮食局人事司下发了《关于粮食行业特有工种职业技能鉴定考评人员任期考核及换证工作的通知》，对全国考评员证卡到期的400余名考评员、高级考评员进行了任期考核工作，通过对职业道德、专业知识、考评技术水平、考评工作质量等内容的考核，在与人力资源和社会保障部相关部门进行及时沟通后，为考核合格的309名考评员、高级考评员换取了新的考评员证卡。2011年12月上旬，在对全国粮食购销工作进行了一定的调研后，国家粮食局组织各省（区、市）推荐粮食工作业务骨干，在武汉组织了首期有71人参加的农村粮油购销员（粮食经纪人）师资培训班，并在培训后进行了考评员资格考试，为考试合格的60名培训师资颁发粮油购销员考评人员资格证卡，为进一步推进农村粮油购销员（粮食经纪人）培训工作奠定了基础。

4.做好职业技能鉴定专家培训工作。

2011年6月，国家粮食局在天津召开了粮食行业职业技能培训和鉴定技术研讨会。会议邀请了人力资源和社会保障部、教育部、北京大学等单位的知名专家，就技能人才培训和鉴定技术、课程开发理论等内容进行了为期2天的授课，并交流了在开发《国家职业标准》、培训教程和开展技能培训鉴定工作的经验。共有来自全国各院校、粮食行业特有职业技能培训机构或鉴定站的61名专家参加了本次会议。

5.开展鉴定站质量管理评估工作。

根据人力资源和社会保障部办公厅《关于开展职业技能鉴定所（站）质量管理评估工作的通知》要求，国家粮食局于2011年2月下发了《关于开展粮食行业特有工种职业技能鉴定站质量管理评估工作的通知》，通过自查自评、合格评估和示范评估三个阶段，对全国50家鉴定站进行了质量评估，并结合合格评估阶段成绩及各单位意见决定推荐辽宁省粮食科学研究所等6家鉴定站参加全国示范鉴定站评估工作。

（三）突出重点，做好高技能人才队伍建设

1.举办首期粮油保管员高级技师、高级粮油质量检验师研修班。

2011年六七月国家粮食局分别委托河南工业大学、武汉工业学院举办粮油保管员高级技师和高级粮油质量检验师研修班。开展高级技师培训、鉴定工作在全国尚属首次，标志着粮油保管员、粮油质量检验员两个职业鉴定体系的健全，也标志着粮食行业高技能人才队伍建设工作全面开展。通过培训，共有36人考取了粮油保管员高级技师资格证书，有28人考取了高级粮油质量检验师资格证书。

2.指导各地开展技师等级的培训和鉴定。

根据工作安排，从2011年起，国家粮食局鼓励有条件的地区、单位单独开展技师等级的培训和鉴定。2011年，安徽、浙江两省和中储粮总公司3家单位率先分别举办了4期粮油保管、粮油质量检验两个职业的技师研修班。根据各单位的需要，国家粮食局积极为其开展鉴定提供指导，包括技师研修班的组织、培训课程的设置、师资及高级考评员等专家的协调、开展技师鉴定评审工作的要求和经验、技师答辩论文的内容和格式等。4期研修班取得了圆满成功，共有164人取得了技师等级国家职业资格证书。

3.加大对高技能人才的表彰、宣传力度。

2011年5月，中华全国总工会下发了《关于授予在2010年职工技能比赛中取得优异成绩的先进集体和先进个人全国工人先锋号和全国五一劳动奖章的决定》（总工发〔2011〕37号），决定授予在第二届全国粮食行业职业技能竞赛决赛粮油保管员职业取得个人成绩第1名的徐州国家粮食储备库乔军同志"全国五一劳动奖章"称号。这是粮食行业首次通过竞赛获得"全国五一劳动奖章"，为此国家粮食局局长、党组书记聂振邦同志及全总相关领导亲切接见了乔军同志一行，并向其颁发"全国五一劳动奖章"及证书。

（四）修订国家职业分类大典

根据人力资源和社会保障部、国家质量监督检验检疫总局、国家统计局《关于做好国家职业分类大典修订工作的通知》（人社部发〔2010〕55号）和国家职业分类大典修订工作委员会《关于加快做好2011年国家职业分类大典修订工作的通知》（人社部函〔2011〕133号）要求，国家粮食局于2011年启动了《国家职业分类大典》（以下简称《大典》）粮食行业相关职业的修订工作。

根据《大典》修订工作的安排，分为《大典》职业申领阶段、职业修订信息采集阶段、职业分析汇总阶段三个部分，修订工作自2011年1月至2011年12月。粮食行业共申领承担修订粮油保管员、粮油质量检验员、粮油竞价交易员、制米工、制粉工、制油工、粮油购销员、粮油信息员、粮库机械员、粮库中央控制室操作工10个粮食行业特有职业。根据我国粮食流通工作发展需要，国家粮食局对拟新增职业也进行调研部署，并向人力资源和社会保障部提出新增职业申请。为保证《大典》粮食部分修订工作顺利完成，国家粮食局设立了粮食行业国家职业分类大典修订工作办公室，并根据人社部的工作要求，按照了解职业资格证书制度、熟悉培训鉴定工作，长期在生产一线工作的原则，每个职业从全国遴选了3名专家，共同组成粮食行业国家职业分类大典修订工作专家委员会，分别负责粮食行业国家职业分类大典修订的组织协调和技术支持工作。

为全面采集粮食行业特有职业信息，国家粮食局印制和发放了各职业调查问卷近27种，共计约6万份；并于7月、9月实地考察了四川、广西、江苏、安徽、黑龙江、辽宁等省（区）近20家企业和职业院校。通过对所采集信息和调研情况的分析，针对各地粮食行业特有职业的发展现状和岗位需求，形成了2篇近万字的调研报告。12月，经数据汇总、分析和组织专家研讨，《大典》粮食部分修订工作已基本完成。

四　行业职业教育

（一）举行全国粮食职业教育教学指导委员会成立大会

2011年3月，全国粮食职业教育教学指导委员会（以下简称粮食教指委）在福建省福州市召开成立大会。会议举行了粮食教指委揭牌仪式，表决通过了《全国粮食职业教育教学指导委员会章程》和粮油储检专业、粮油加工专业和实训与信息化专业分委员会主任委员和副主任委员名单。

（二）印发《关于加快发展面向农村的职业教育的意见》

为贯彻《国家中长期教育改革和发展规划纲要（2010~2020年）》精神，由教育部牵头，国家粮食局与国家发展改革委、科技部、财政部、人力资源和社会保障部、水利部、农业部和国家林业局等九部门共同印发了《关于加快发展面向农村的职业教育的意见》（以下简称《意见》）。《意见》强调了加快发展面向农村的职业教育的重要意义，就涉农职业教育发展做了科学的规划。

2011年11月，教育部、国家粮食局等九部门在陕西省西安市联合召开关于加快发展面向农村的职业教育工作会议。会议传达了《意见》的精神，总结了各地发展农业职业教育、农村职业教育和开展农民教育培训的经验做法，并部署了相关具体工作。

（三）进一步加强对粮食行业职业教育的指导工作

2011年7~8月，粮食教指委组织行业部分专家，分别赴黑龙江、辽宁、江苏、安徽、四川、广西等省（区）开展了调研活动。调研组深入粮食院校和粮油企业，到教学和生产一线了解情况，和职工进行座谈，为开展粮食类专业建设，推进粮食职业教育教学改革创新工作积累了丰富的资料。

2011年10月，国家粮食局在浙江省宁波市组织全国粮食行业院校人才培养成果展示活动和全国粮食行业人才供需见面会，集中宣传粮食行业职业教育所取得的成果，促进院校和行业企业的交流合作。同期，粮食教指委还召开了全国粮食职业院校校长座谈会，共商粮食行业职业教育发展工作。

2011年11月，经粮食教指委协调，中粮集团有限公司牵头组建了示范性全国粮食行业职业教育集团（以下简称粮食职教集团），并在关于加快发展面向农村的职业教育工作会议上举行了签约仪式。粮食职教集团秉承"资源共享、优势互补、互惠互利、共同发展"的原则，将通过订单培养、师资培训、实训基地建设、课程开发、教学改革等方式，促进粮食企业和院校开展多形式、多层次的校企合作。

2011年12月，国家粮食局人事司和教育部职业教育与成人教育司在江西省南昌市联合召开全国职业院校粮食类专业建设工作座谈会。会议召集职业院校和企业代表研讨了中职、高职粮食类专业建设现状和存在的问题，并启动了职业院校粮食类专业教学指导方案的开发工作。

国家粮食局加大对粮食行业职业教育的宣传力度，及时在国家粮食局政府网上发布相关工作信息，并印发了两期《粮食职教园地》。

科学研究

一　科技进步与创新

■ 国家粮食局

（一）"十二五"粮食科技规划征求意见和修改完善，编辑《"十一五"粮食科技成果报告》

2011年，全国科技工作会议提出以党的十七大、十七届三中、四中、五中全会和中央经济工作会议精神为指导，深入落实科学发展观，以服务科学发展观为主体，以支撑经济发展方位转变为主线，以改革为动力，部署好"十二五"科技工作。2011年7月，《"十二五"粮食科技指导意见（征求意见稿）》征求意见。此稿提出了以科学发展观为统领，坚持"夯实基础、强化创新、突出重点、支撑发展"的指导方针，并且将以保障国家粮食安全为中心，以促进粮食流通现代化为重点，围绕粮食产业发展的重大需求，加快改造传统生产方式，转变经济增长方式，使科技创新成为粮食行业发展的强大动力和技术保障的指导思想。2011年8月，在汇总吸收粮食行业专家、科研单位对《"十二五"粮食科技指导意见（征求意见稿）》的意见的基础上，完善了指导意见内容。2011年12月，国家粮食局与国家发展改革委联合下发了《粮食行业"十二五"发展规划纲要》（国粮展〔2011〕224号）。按照粮食行业规划的要求，为发挥科技引导行业发展的重要作用，将《"十二五"粮食科技指导意见》更名为《粮食科技"十二五"发展规划》，并在明确粮食行业科技创新方向的同时，提出了粮食科技创新工程，主要包括基于物联网的粮食宏观调控关键技术与设备创制、节能增效绿色储粮关键技术研究与示范、粮食质量安全保障关键技术研究与示范、成品粮应急供应关键技术与设施设备研发、基于生物技术的粮食储运化学物替代技术开发与示范、粮食精准加工关键技术与装备研发和主食食品工业化关键生物技术研究及工艺设备开发等。

在对行业重点科研单位和粮食大型企业调研统计数据的基础上，经汇总、分析、凝练，形成了粮食行业"十一五"粮食科技创新后评价报告。对"十一五"期间科技投入、成果产出、项目执行、人才培养、技术奖励等进行了全面的分析。还以"十一五"期间执行的行业科技计划项目为线索，对国家科技支撑计划重点项目、农业科技成果转化资金项目、院所技术开发专项项目、国家工程实验室建设、国家高技术产业化专项项目进行了系统的汇总，形成专题报告。随后，组织专业编辑对主报告及10个专题报告（约15万字）进行了纸质文档及电子文档的交叉审改。审核了主报告和专题报告的一致性，对报告中的问题进行了修改补充完善，并作为粮食行业"十一五"期间科技创新成果报告向社会公布。

（二）举办"感知粮食"主题展览促进粮食信息化的工作

2011年9月，国家发展改革委发出《国家发展改革委办公厅关于举办第十三届高交会"发展新一代信息技术，加快经济社会信息化"主题展览的通知》，部署信息化为主题的成果展示。2011年9月19日，国家粮食局流通与科技发展司召开有关单位专家会议，讨论参加主体展览的初步方案。9月26

日及27日召开粮食信息化参展单位的工作筹备情况的会议，提出了具体参展意见，2011年10月9日开始逐项落实展览内容和展览方案。航天信息股份有限公司、中国科学院遥感应用研究所、国家粮食局科学研究院、国贸工程设计院、河南工业大学、宁夏回族自治区粮食局、郑州华粮科技股份有限公司、长城计算机软件与系统有限公司等单位通过实物、动画、展板、宣传手册等形式，全面地展示了"十一五"期间，粮食行业在粮食收购信息化、数字粮库与科学储粮、粮食物流、粮食交易、粮食宏观调控与应急保障等领域取得的科技成果，向公众展示了粮食领域信息化取得的进展，以储粮粮情数字化在线检测、RFID粮食信息采集溯源、粮食品质在线快速检测、粮食电子交易平台技术为标志的信息技术应用成果，显示信息技术对保障国家粮食安全，促进粮食产业化起到重要的支撑作用。

2011年11月16日，第十三届中国国家高新技术成果交易会在深圳召开，共有58个国家和地区的106个代表团、2928家参展商、13164个项目进行了展示，共计53.6万人次参观了展览。国家粮食局以"感知粮食"为主题，设置了100平方米的展台，展览分为粮食收购信息化、数字粮库和科学储粮、粮食流通与电子信息化、粮食宏观调控及遥感技术4个板块。通过动画介绍、实物展示、互动体验等形式介绍了粮食信息化技术在"十一五"期间取得的成果，同时全景地展示了粮食信息化技术在粮食流通领域中的应用和发展前景。共计来自各省（区、市）、县等各级粮食部门和粮食企业的200多名代表，老挝科技部副部长和俄罗斯、美国友人等约3000人次观摩了"感知粮食"主题展览。国家粮食局获得了本次展览优秀组织奖，主要参与单位航天信息股份有限公司获得了最佳展示奖，中科院遥感所获得了优秀展示奖；展示的"全球农情遥感速报系统"、"清仓查库"检测设备、"中华粮网多模式粮食交易系统"和"农户储粮专家咨询系统"、"多媒体查询一体机及便携式查询系统"获得大会颁发的优秀产品奖。

国家粮食局副局长吴子丹作为嘉宾出席了高交会开幕式，2011年11月16日下午出席了国家创新能力建设授牌大会，并向有关单位颁发牌匾；出席了新一代信息技术发展论坛。并接受了中央人民广播电台经济之声栏目的现场采访，就物联网技术在粮食流通领域的应用和未来发展方向进行了介绍。

"感知粮食"主题展览赢得了广泛的好评。国内多家媒体报道了"感知粮食"的主题展览，对粮食信息化技术的发展和应用给予了高度关注，包括中央电视台、新华社、人民日报社、中国经济导报社、中国广播网、中国新闻网、深圳日报社、深圳商报社、深圳信息广播等多家媒体采访了"感知粮食"展览和有关活动。

为推动信息技术在粮食行业广泛应用，2011年11月18日，国家粮食局在深圳举行了粮食物联网技术示范应用合作签约暨授牌仪式。国家发展改革委高技术司领导到会并讲话。江苏省粮食局和航天信息股份有限公司签订了信息技术推广服务工作相关协议，国家粮食局向江苏常州城北国家粮食储备库和江苏无锡粮食科技物流中心颁发了"国家粮食局信息化示范单位"牌匾。

（三）粮食科技项目新进展

2011年3月，按照科技部通知要求，经向行业广泛征集，经过认真研究，国家粮食局推荐"国外资本、技术对我国粮食安全影响研究"、"我国粮食行业信息化发展的创新路径与对策体系研究"、"基于物联网的可追溯粮食供应链体系构建研究"、"城镇化进程中国家粮食安全保障机制研究"等4个候选项目作为粮食行业软科学备选项目推荐给科技部。2011年11月，科技部批复2011年度国家软科学研究计划项目"全球化背景下我国粮食安全对策研究"、"基于物联网的可追溯粮食供应链体系构建研究"作为国家软科学研究项目立项。

2011年3月，国家粮食局组织2011年星火计划及重点新产品计划项目评审及申报工作，推荐了

"JSFM型谷物水分测定专用磨"作为候选项目。2011年4月,国家粮食局召开了2011年农业科技成果转化资金项目专家评审会,对13项申请项目进行专家评审。经专家评审,推荐了9个候选项目。2011年6月,科技部下达了《关于2011年度农业科技成果转化资金项目立项的通知》(国科发农〔2011〕237号),国家粮食局推荐的"电子式吹泡示功仪转化"、"新型混合溶剂菜籽油浸出关键技术及设备的开发与转化"、"基于安全的小麦清洁加工技术中试生产转化"、"废弃油脂分相酯化制备生物柴油中试"、"高效冷粕器的转化"、"酶改性菜籽油制备结构脂质技术中试"6项2011年度农业科技成果转化资金项目立项。

2011年7月,国家粮食局与科技部、财政部、农业部等部门在京召开丰产工程启动会,签署了"十二五"粮食丰产科技工程分省实施协议,标志着粮食丰产科技工程全面启动。粮食行业在产后领域将开发农户适用的储粮新仓型,重点开发与农村粮食物流衔接的新仓型以及针对规模化种植户的大仓型。继续深入研究农村粮食集约化干燥技术,探索建立储粮技术应用模式,并建设相应的示范基地。启动会议还表彰了91名粮食丰产科技工程工作的先进个人和15个先进集体,国家粮食局推荐的10人获得先进个人称号,两个单位获得先进集体称号。

2011年7月25日,《国家发展改革委关于下达2011年第三批产业技术研究与开发资金高技术产业发展项目投资计划的通知》(发改高技〔2011〕1613号),批复2010年度国家粮食局推荐的北京挑战农业科技有限公司新型发酵前包被益生菌微胶制剂高技术产业化示范项目、岳阳佳新油脂有限公司新型多效生物蛋白饲料原料高技术产业化示范项目两项高技术产业化专项项目资金投资计划。

2011年8月,按照科技部《关于申报2012年度科研院所技术开发研究专项资金的通知》(国科发计财〔2011〕227号)的要求,经组织专家评审、排序,推荐了"农户远红外对流粮食干燥技术开发及装备研制"、"4000t/d大豆脱皮膨化系统关键技术与装备国产化"等两个项目作为粮食行业候选项目予以推荐,并获立项。

2011年8月,科技部批复"十二五"国家科技支撑计划项目"节能增效绿色储粮关键技术研究与示范"项目研究任务,标志着"十二五"粮食行业国家科技支撑计划项目正式开始,该项目将开展粮食保质节能烘干及湿热区域低温储粮技术装备的研究开发和储粮粮情关键因子调控及害虫生物防治技术的研究与示范研究。

2011年9月,按支撑计划项目管理要求,对申报立项的"数字化粮食物流项目"实施方案和研究内容进行调整,并完成了相关的推荐工作,该项目于2012年启动。

2011年10月,推荐"粮油质量监控技术与产品"项目为"十二五"粮食领域国家科技支撑计划预备项目。项目从粮油制品质量控制,粮食质量生物污染物控制、化学污染物控制消减和综合治理、粮油应用高效利用及品质改良和粮油品质检测关键技术等,为保障粮食安全,提高粮油质量检测技术水平提供了技术支撑。

2011年12月,经向各行业单位征集,研究评审后,推荐了"粮食行业安全生产政策研究"、"基于云计算的粮食流通领域信息融合与宏观调控模式研究"、"粮食金融化趋势下我国粮食安全的量化研究"等为软科学研究候选项目,推荐"新型混合溶剂菜籽油浸出产业化项目"为火炬计划候选项目。

（四）粮食科技项目验收工作

2011年3月,国家粮食局组织完成了农业科技成果转化资金2009年立项项目的中期监理和2008年度项目验收工作。通过验收,2008年立项的农业科技成果转化资金项目均完成了《合同书》中规定的转化任务，技术指标达到了预期要求，取得了良好的社会经济效益，引导了粮食行业科技成果为产业服务，促进了成果向市场化过渡，提高了科技成果的转化率，6个验收项目全部通过科技部确认。其中，"腐殖酸生物饲料生产技术中试"，建立了一条10吨固态发酵罐规模的中试生产示范线，"籼米淀粉基质脂肪替代品生产技术的中试研究"项目开发了籼米淀粉基质脂肪替代品生产工艺和技术，完成了多套0.3万吨/年的中试生产线建设，"粮食绿色熏蒸杀虫机的中试生产"研制了粮食绿色杀虫熏蒸机，并在中央储备粮北碚、绵阳直属库进行了示范应用。

2011年3月11~17日，对"十一五"国家科技支撑计划项目"安全绿色储粮关键技术研究开发与示范"和"粮食宏观调控信息保障关键技术研究与应用示范"各课题进行了验收，并于2011年4月通过科技部组织的项目验收。

（五）粮食流通与加工领域国家工程实验室工作

2011年5月，国家发展改革委批复粮食储运、小麦和玉米深加工、粮食加工机械装备、稻谷及副产物深加工、粮食发酵工艺及技术等5个粮食产后领域国家工程实验室开始组建工作。各工程实验室开展正式建设工作。2011年11月17日，国家发展改革委高技司与国家粮食局共同组织了粮食流通和加工领域国家工程实验室工作会，向粮食储运国家工程实验室、玉米小麦加工国家工程实验室、粮食装备国家工程实验室、稻谷加工国家工程实验室和产后发酵国家工程实验室等5个国家工程实验室的法人单位及共建单位国家粮食局科学研究院、南京财经大学、河南工业大学、无锡粮食科研设计院、中南林业大学、江南大学授予了"国家工程实验室"牌匾。发改委高技司领导对粮食领域国家工程实验室组建工作提出了工作建议，明确了粮食产后领域国家工程实验室建设目标和工作要求，并就下一步形成5个实验室的协调机制作了部署，明确了国家粮食局作为粮食产后领域国家工程实验室协调管理单位，开展工程实验室协调、管理工作。此次会议标志着国家粮食产后领域的国家工程实验室组建工作正式启动。2011年12月17日，国家粮食局在京组织召开了粮食储运国家工程实验室成员单位召开了理事会成立大会，并在会上向国家工程实验室参与单位授予牌匾，国家粮食局对下一步该实验室创新平台的建设提出了明确的要求。

（六）成功举办科技活动周

根据科技部、中宣部、中国科协《关于举办2011年科技活动周的通知》（国科发政〔2011〕69号）要求，为进一步突出粮食科技惠及民生和科技支撑发展的指导思想，经过研究，确定2011年粮食部门科技周活动的主题为"你了解大米吗？"。国家粮食局于4月初向全国粮食系统下发了《国家粮食局办公室关于举办2011年粮食科技活动周的通知》（国粮办展〔2011〕58号），公布了2011年粮食科技活动周的方案。

2011年5月13日上午，举办了第十次国家粮食局专题科普讲座。中国农业大学李里特教授作了"大米加工和营养"专题讲座。国家粮食局机关全体干部、直属联系单位副处级（含）以上人员、国家粮食局科学研究院部分科研人员及北京市粮食局及中储粮总公司、中粮集团及华粮集团有同志参加讲座。

国家粮食局副局长吴子丹出席了5月12日的科技列车行送站仪式和5月14日举行的2011年科技活动周开幕仪式。2011年5月15日，国家粮食局副局长吴子丹出席了在黑龙江哈尔滨举行的2011年粮食科技活动周主会场宣传活动。全国29个省（区、市）粮食局开展了多种形式的科技活动周宣传活动，为宣传粮油食品科技和创新成果，服务民生提供了支撑。2011年6月，国家粮食局向科技部报送了2011年粮食科技活动周总结，对2011年粮食科技活动周进行了回顾总结，为做好粮食科领域科普宣传工作积累了经验。

（七）行业科技管理工作

经过2011年粮食科技项目验收工作，全年共登记科技成果45项，其中11个国家科技主体计划课题推荐为粮食行业重大科技成果候选项目，并对登记的科技成果进行了分析，并将在2012年1月15日前报送有关部门。

"粮食储备'四合一'新技术研究开发于集成创新"获粮食粮食系统首次国家科技进步一等奖。2011年2月在京召开的国家科学技术奖励大会上接受国家领导人颁发的奖励证书。国家粮食局推荐"大豆磷脂生产关键技术及产业化开发"项目同时获国家科技进步二等奖。"大豆精深加工关键技术创新与应用"、"稻米深加工高效转化与副产物综合利用"、"高效节能小麦加工新技术"、"木薯非粮燃料乙醇成套技术及工程应用"、"农产品高值化挤压加工与装备关键技术研究及应用"等粮食类研究成果也获国家科技进步二等奖。

（八）积极争取科技投入

2011年11月，根据行业发展的迫切需求，经与主管部门沟通联系，按照国家科技基础性工作专项要求，组织行业内基础科研实力的较强单位研究行业急需解决的基础研究重大科学问题，凝练提出"重要储粮害虫种群动态与生态控制的基础研究"、"粮食真菌毒素污染机制及监测预警基础研究"两项"973"项目并向科技部推荐。

为构建粮食行业科技计划项目库，做好粮食行业备选项目的推荐支撑作用，2011年3月向行业各有关单位征集了"十二五"科技创新项目建议，并将项目建议汇总成粮食行业科技项目库，为申请粮食领域公益专项奠定了基础。

■ 国家粮食局科学研究院

2011年，国家粮食局科学研究院（以下简称粮科院）在国家粮食局党组的正确领导下，全面贯彻落实党的十七大和十七届历次中央全会和中央经济工作会议精神，以邓小平理论和"三个代表"重要思想为指导，深入贯彻落实科学发展观，以纪念中国共产党成立90周年为契机，以加强党员干部党性锻炼和改进作风为重点，大力推进学习型党组织建设，深入开展创先争优活动，全面推进粮科院党建和党风廉政工作，全院干部职工紧紧围绕粮食中心工作，积极发挥科技支撑作用，为贯彻落实局党组制定的"稳市场、保安全、强产业、惠民生"的工作目标，作出了积极努力，取得了显著成效。

（一）粮食科技创新和支撑发展能力稳步提高

2011年，粮科院继续认真贯彻落实"自主创新、重点跨越、支撑发展、引领未来"的科技工作指导方针，紧密结合粮食流通产业发展的实际，始终把"科技创新"和"支撑发展"作为粮科院科研工作的中心任务，科技创新和支撑行业发展能力有了进一步提高。

1.总体情况。

2011年，粮科院承担的各类科研课题和标准制修订项目共计81项，涉及国家科技支撑计划、国家转基因生物新品种培育科技重大专项、国家自然科学基金项目、农业科技成果转化资金专项、科技基础工作专项、科技部国际合作项目、人社部教育部留学基金项目、国家和行业标准制修订计划、农业公益性行业专项、质检公益性行业专项、科技部和粮食局软科学研究计划、北京市政府科技计划及粮科院自主选题科研计划等。

在承担上述科研任务的同时，2011年粮科院又新申报了科研和标准制修订项目85项，其中已经有

12项获得批准，有9项通过立项评审。

从承担和申报课题的数量和课题计划层级方面看，2011年比2010年有明显提高，从一个侧面反映出粮科院承担科研任务的能力进一步增强。

2011年，粮科院共获得国家授权专利12项，其中发明专利和软件著作权共7项，实用新型及外观5项。

2011年，广大科研人员及时、认真总结研究成果，积极撰写科技论文，发表科技论文共计90多篇，与2010年基本持平，论文等级和质量有所提高，其中一级以上核心刊物占一半以上。

2.粮食储运国家工程实验室开始运行。

2011年5月下旬，由粮科院作为项目法人单位申报的"粮食储运国家工程实验室"项目，获得国家发展改革委批准，并于11月17日正式授牌。12月17日，国家粮食局在粮科院隆重召开了粮食储运国家工程实验室成员单位授牌暨理事会成立大会，标志着粮食储运工程实验室正式开始运行。工程实验室的主要任务是：以粮食储运关键技术与装备为重点，对重大科研成果进行工程化开发和系统集成，培养高水平的工程技术创新人才，促进重大科技成果应用，促进整个行业技术水平的提高。

3.取得的若干重要研究进展。

2011年，粮科院科研工作取得了许多新的重要进展。

在储粮害虫生物防治技术研究方面，粮科院首次利用航天技术手段开展科学技术研究。多杀菌素是一种高效、广谱、绿色、低残留特点的微生物源杀虫剂。2011年11月1日，粮科院的多杀菌素产生菌搭乘神舟八号飞船与"天宫一号"对接，开展太空旅行，接受宇宙射线和失重等环境作用，以期优化菌种的性能，提高发酵活力。目前正在对从太空返回的菌株进行研究试验。

在粮食真菌毒素防控技术研究方面，围绕建立产毒真菌分子鉴别技术体系、开发绿色安全防霉剂、研制真菌毒素标准物质和利用生物技术削减真菌毒素等方面进行了开创性研究工作，取得了重要进展。

在粮油质量快速检测技术研究方面，完成了"便携式真菌危害早期快速检测仪"的样机研制。该仪器可快速检测并推算粮堆中有害真菌未来20天的生长趋势，为安全储粮提供一种快速、廉价、方便、有效的检测手段，推广应用前景非常好，受到试点企业、有关专家和管理部门的好评。储粮挥发物测定新技术和电子鼻研制取得较大进展，完成了稻谷储藏品质判定仪和谷物检验用电子鼻样机研制，使电子鼻技术的实际应用取得重要进展。

在粮食加工利用技术研究方面，"高杂粮豆含量营养健康挂面加工中试研究"项目，在山东峰宇面粉有限公司完成中试，实现商业化生产，突破了传统挂面加工技术杂粮添加量难以超过3%的技术瓶颈，挂面中杂粮添加量可以达到60%～90%，为开发利用杂粮资源，改善人们饮食结构，促进地方经济发展作出了成绩。糙米全谷物食品生产技术研究也取得了新的进展，其中"稳定化重组速煮糙米生产技术"和"速食营养糙米粉生产技术"两项研究成果已经被企业接产。

在油料油脂加工新技术研究方面，粮科院近几年将"酶法制油"和"脂质改性"技术研究作为主攻方向。2011年，酶法制油新技术研究突破了高含油油料水酶法提油工艺中体系乳化严重、油水分离困难的技术瓶颈，成功应用于油茶籽仁的酶法制油，并且在现有规模下取得了良好效果；脂质改性技术研究确定了技术改进的关键点和中试的关键环节，使这两项技术向实际应用又迈进了一步。

4.获奖成果情况。

——粮科院独立完成的"饲用抗生素及其替代产品开发利用关键技术"获得2011年第七届大北农

科技奖（科技部认可的社会奖）一等奖。

——粮科院排名第三的"网络化多功能粮情监控系统研究开发与应用示范"获2011年中国粮油学会科学技术奖一等奖。

——粮科院独立承担完成的"国家粮食局标准质量中心信息系统建设"获2011年中国粮油学会科学技术奖三等奖。

——粮科院组织申报的"《福州海峡（松下港）粮食产业集群暨物流园区发展规划》"项目，荣获2011年度北京市优秀工程咨询成果一等奖。

——粮科院组织申报的"《中央储备粮唐山直属库油脂油料仓储物流项目可行性研究报告》"项目，荣获2011年度北京市优秀工程咨询成果二等奖。

另外，2010年度获奖，2011年取得证书的还有：

——粮科院独立完成的"大豆油等9种粮油标准物质的研制"获2010年中国粮油学会科学技术奖二等奖。

——粮科院为第二获奖单位的"馒头工业化生产关键技术集成创新研究与应用项目"获2010年中国粮油学会科学技术奖一等奖。

——粮科院为第二获奖单位的"完善我国粮食价格形成机制问题研究"获2010年度国家发展和改革委员会优秀研究成果奖三等奖。

（二）基础条件建设取得新发展

在国家粮食局和各有关部门的大力支持下，粮科院的科研硬件条件得到进一步改善。2011年，粮科院申请的"油脂深加工实验室条件平台建设项目"、"粮食加工物理改性中试设备购置项目"和"小汤山中试基地污水处理设施改扩建项目"均得到落实，三个项目总投资1215万元。2011年完成了公开招标，并进入设备采购和项目施工准备阶段。其中"油脂深加工实验室条件平台建设项目"总投资400万元，采购了进口设备10台（套），国产设备7台（套）；"粮食加工物理改性中试设备购置项目"总投资662万元，采购进口和国产设备各1台（套）；"小汤山中试基地污水处理设施改扩建项目"总投资153万元。

积极推进"大兴中试基地"和"昌平基地粮食储运实验楼项目"建设项目。为适应粮科院长远发展的需要，完善科研功能布局，粮科院拟在大兴新建一座中试基地，重点开展粮食质量安全、信息化和检验技术中试研究和开展粮食质量安全监测工作。拟结合粮食储运国家工程实验室项目，在小汤山基地院内建设一栋储运实验楼。目前，大兴基地、昌平基地两项目均已完成水土保持审批、规划意见书批复、环境评价报告批复等工作，可研报告及方案已经通过局审定，正式报送发改委待批。同时，对今后大兴基地、昌平基地和院本部实验室及办公用房的功能定位给予了明确。

（三）国际交流与合作不断加强

粮科院在对外交流与合作方面逐年加大工作力度，国际交往日益广泛。

2011年，粮科院积极推动与国外合作科研机构的实质性合作，对外合作得到深入发展。一是组团回访了阿根廷农牧业技术研究院，进一步推动了粮科院与阿根廷农牧业技术研究院2010年签署的"科技合作谅解备忘录"的实施，取得了一定的实质性进展；二是与日本佐竹公司签订新一轮《科技合作框架协议》，并共同成功举办了"2011中日稻谷适度加工与品质、营养、节能"研讨会，对促进稻谷适度加工技术的运用，扭转过度加工的做法和不正确的大米消费观念起到积极作用。

国家外专局批准的2011年引智项目"粮食真菌毒素检测与防控技术研究"中，粮科院共邀请了美国、英国、奥地利等国的4位专家来粮科院进行指导与交流，较好的完成了2011年引智项目，同时为粮科院相关课题的顺利实施发挥了积极作用。

2011年，粮科院累计派出10批次、19人次分别赴美国、日本、法国、阿根廷、巴西、丹麦、以色列、加拿大、日本等10个国家参加各类专业学术会议、技术培训、国际合作项目和考察活动等，接待澳大利亚、美国等专家学者、部分国外粮食机构、公司驻华代表等来访30余人次。出访和来访活动紧密结合粮科院研究领域的发展，加强了粮科院在粮食加工、农业工程、粮食储藏与管理、油脂加工、粮食生物技术等领域与国际同行的交流，为开展合作和拓展合作领域奠定了良好的基础。

■ 中国粮油学会

在国家奖励办和国家粮食局、中国科协等有关部门的大力支持和指导下，根据《中华人民共和国科学技术进步法》、《国家科学技术奖励条例》和科学技术部《社会力量设立科学技术奖管理办法》，并按《关于组织申报和推荐2011年度中国粮油学会科学技术奖的通知》（中粮油学发〔2011〕11号）和《中国粮油学会科学技术奖管理办法》的要求，中国粮油学会（以下简称学会）本着认真扎实、客观公正、开拓创新的原则，较好地完成了2011年度中国粮油学会科学技术奖（以下简称粮油科技奖）的各项评审工作。评审委员按照评审程序规范进行评审，保证评审工作的科学性、公正性和权威性。评选出一批优秀的粮油科学技术成果以及为粮油科学技术进步作出突出贡献的科技人员和企事业单位，为加速粮油科技进步发挥了重要的作用。

学会于2011年3月底至7月开展粮油科技奖的推荐与申报工作，截至7月初，共收到24个推荐单位的49个科研项目的申报材料，其中有45个项目通过了形式审查并在中国粮油学会网站上进行了受理项目的公示。根据本年度项目申报的实际情况，共划分为食品、油脂、饲料、信息与自动化、物流、质检、营养、米制品和储藏9个专业组。学会奖励工作办公室将受理项目的申报材料按专业分类提交相应的专业评审小组进行初评。各专业组分别聘请本领域的资深学者、专家百余人，于9～10月组织开展了各专业组的初评工作。各专业评审组分别召开了评审会议，并采取定量和定性评价相结合的方式进行，最终以无记名投票表决产生初评结果，专业组推荐项目共37项。11月27～29日召开综合评审会议，经过评审委员23名专家评审、理事长办公会复审及公示，评选出推荐获奖项目30项，其中一等奖4项、二等奖8项、三等奖18项。

二 粮食战略性问题和学术研究

（一）粮食战略性问题研究

根据《粮食战略性问题研究项目管理办法（试行）》，2011年国家粮食局继续围绕粮食流通中心工作，组织开展粮食战略性问题的理论与实践研究。将"经济全球化背景下的中国粮食安全战略研究"、"中国玉米供需平衡战略研究"、"从根本上解决国有粮食企业历史遗留问题研究研究"、"完善促进现代粮食流通产业发展的体制机制和政策措施研究"、"粮食质量安全监测预警体系研究"和"粮食行政管理体制研究"确定为2011年粮食战略性问题研究项目，并面向社会公开招标。公开招标项目经专家评审，确定国家粮食局科学研究院、吉林省粮食经济研究所、安徽省粮食局、南京财经大学、河南工业大学和北京林业大学为项目承担单位。项目研究过程中，国家粮食局积极予以指导。各项目承担单位充分认识粮食战略性问题研究的重要性，根据立项要求深入开展研究工作。

国家粮食局分别组织专家对项目研究成果进行了初审和终审。根据初审意见，项目承担单位对研究成果进行了修改、完善。项目终审专家组一致认为，国家粮食局2011年粮食战略性问题研究项目选题科学，抓住了粮食流通工作中的重点和难点问题。各项目承担单位坚持理论联系实际，紧扣粮食流通中心工作，对所承担项目进行了深入细致的研究，提出了许多有价值的政策建议，对制定粮食政策、指导实际工作具有重要参考作用。

（二）软科学课题研究

2011年，国家粮食局按照中央关于粮食工作的方针政策和2011年全国粮食局长会议部署，结合粮食流通重点工作任务，积极组织开展软科学课题研究工作。年初，研究提出了完善粮食收购政策、保障粮食供应、稳定市场价格机制、现代粮食流通产业、储备粮管理制度与机制、粮食企业改革、粮食质量安全、粮食依法行政、粮食流通监督检查机制、粮食科技创新、粮食行业转变发展方式、粮食产消形势、粮食行政管理等13项软科学课题研究方向，并及时向各地发布，对各单位申报的课题进行审核、遴选和立项。各单位认真组织开展研究工作，共完成65项软科学研究成果，经国家粮食局软科学专家评审委员会委员评审，获奖成果有28项，其中一等奖4项、二等奖10项、三等奖14项。国家粮食局将获奖成果汇编了《国家粮食局2011年度软科学获奖论文集》，供大家学习研究。

（三）积极组织开展粮食工作优秀调研报告评选工作

对各地上报的百余篇粮食工作调研报告进行了评审，选出一批优秀的调研报告，内容涉及粮食安全、粮食购销、成本利润、企业改革、现代粮食流通产业、仓储建设、收购资格、"十二五"规划、监督检查、批发市场建设和人才队伍建设等方面，获奖报告40篇，其中一等奖8篇、二等奖14篇、三等奖18篇。国家粮食局编印了《国家粮食局2011年度粮食工作优秀调研报告集》，供大家学习借鉴，推动实际工作。

党建工作

2011年是中国共产党成立90周年，也是国家粮食局机关党建工作取得显著成效的一年。国家粮食局直属机关各基层党组织在局党组和上级党委的坚强领导下，认真贯彻落实党的十七届三中、四中、五中、六中全会和中央国家机关党建工作会议精神，深入贯彻落实科学发展观，紧紧围绕服务中心、建设队伍两大任务，深入开展创先争优和庆祝中国共产党成立90周年系列活动，全面推进机关党的思想、组织、作风、制度和反腐倡廉建设，为促进粮食流通工作科学发展、实现"十二五"良好开局提供了坚强的政治动力和组织保证。

一 党的理论武装工作不断深化

组织党员干部深入学习胡锦涛总书记"七一"重要讲话、党的十七届六中全会精神，深入学习中国特色社会主义理论体系，党员干部理论素养不断增强，对科学发展观、中央关于深化文化体制改革、推动社会主义文化大发展大繁荣，加强社会主义核心价值体系建设的重大决策部署理解更加深刻，理想信念更加坚定。加强形势任务的宣传教育，组织50余人次参加工委形势任务、理论学习辅导报告，利用局域网播放辅导录像、墙报等，深入宣传"十一五"时期经济社会发展取得的巨大成就和宝贵经验，紧密结合实际学习"十二五"规划，推进规划的贯彻实施，教育引导党组织和党员把思想和行动统一到了党中央、国务院决策部署上来。

二 创先争优和学习型党组织建设活动氛围浓厚

进一步落实领导责任，加强工作指导，按照中央创先争优活动领导小组的部署和要求，国家粮食局党组领导对创先争优活动开展情况进行了点评，指明了努力方向和工作重点。各基层党组织和党员紧紧围绕促进粮食流通科学发展、为实现"十二五"良好开局作贡献创先争优，深入开展破解发展难题活动，大力弘扬理论联系实际的学风，加强学习型党组织建设，认真研究解决影响和制约粮食流通事业科学发展的突出问题，做到学以致用、用以促学，促进了粮食流通科学发展。7月，组织评选表彰了8个先进基层党组织、26名优秀共产党员和19名优秀党务工作者，开展向身边典型学习活动，营造了创先争优的浓厚氛围。8月，组织召开了部分省区市粮食局机关党建座谈会，交流了各地开展创先争优活动的经验做法，推动了粮食系统创先争优活动的开展。组织撰写的《把创先争优与建设学习型党组织紧密结合，保障"十二五"规划顺利实施》党建研究论文，获得中央国家机关工委党建研究论文三等奖。

三 党的基层组织建设扎实推进

各基层党组织深入学习贯彻《中国共产党党和国家机关基层组织工作条例》，积极推进基层组织工作内容和方法的创新，及时健全组织，改进工作方法，积极推进党务公开，国家粮食局党组印发了《关于党的基层组织实行党务公开的意见》，机关党委和各基层党组织认真落实党务公开各项要求，对发展党员、党内换届选举、党费开支等重要事项及时公开。认真组织提名推荐党的十八大代表候选人预备人选和推选中央国家机关党代会代表，教育党员增强党性意识，积极参与党内事务，正确行使民主权利。认真落实党员领导干部民主生活会制度，2010年局党组民主生活会会后，对征求到的意见建议和检查出的问题，按党组指示分解各有关单位认真制定整改落实方案，并汇总印发各单位督促落实。2011年，国家粮食局党组和全局司级党员领导干部以"坚持以人为本执政为民理念、发扬密切联系群众优良作风"为主题召开民主生活会。机关党委提前征求汇总各司室和直属联系单位以及各地粮食局的意见建议，及时报告，为局党组开好民主生活会提供服务，并指导各单位开好民主生活会，进一步提高了民主生活会的质量。加强党员教育、管理和服务，对50余名生活困难党员和老党员给予困难补助，积极帮助解决实际困难，进一步增强了党组织的凝聚力。

四　纪念中国共产党成立90周年系列宣传教育活动丰富多彩

开展党史系列主题教育，组织广大党员干部认真学习《中国共产党的历史》，集体组织观看了《建党大业》、《飞天》等电影，开展党史知识竞赛，党员干部和非党干部职工踊跃参加，加深了党员和干部职工对党的历史和党的知识的了解。4月，国家粮食局直属机关党委以"寻觅先辈足迹，传承井冈精神，增强理想信念，积极创先争优"为主题，组织部分优秀党员和优秀党务工作者赴井冈山开展了理想信念教育主题实践活动，激发了党员干部继承和发扬井冈山精神，带头深入贯彻落实科学发展观，推动粮食流通事业科学发展，保障国家粮食安全的责任感，组织撰写并印发交流了12名同志参加活动的心得体会，扩大了活动效果。各基层党组织也分别组织党员干部参观复兴之路、抗震救灾、苏区革命传统等展览，组织到京津冀等周边爱国主义教育基地开展主题党日活动，增强了党员的党性观念。认真组织撰写纪念中国共产党成立90周年理论研讨论文，国家粮食局党组书记、局长聂振邦同志撰写的《粮食流通工作的辉煌成就和成功经验》文章收入中央国家机关工委《辉煌90年——中央国家机关纪念中国共产党成立90年理论研究文集》。

7月1日，召开了国家粮食局庆祝中国共产党成立90周年大会，局党组成员与局机关和直属联系单位全体干部职工、部分离退休党员400余人欢聚一堂，隆重庆祝中国共产党成立90周年。会上，表彰了先进基层党组织和优秀共产党员、优秀党务工作者，国家粮食局党组书记、局长聂振邦同志在大会上作了重要讲话。组织24名新党员进行了入党宣誓，由局党组成员和全局各单位组成的13支演唱队在精心组织排练的基础上，演唱了21首歌颂共产党好、社会主义好、改革开放好、伟大祖国好、各族人民好的经典歌曲。活动期间，还组织部分干部职工参加国家发改委机关党委组织的庆"七一"歌咏比赛，获得最佳创意奖；局离退办、粮科院党委还组织了本单位的庆"七一"歌咏比赛活动；局书画、摄影协会举办了"纪念建党90周年"书画摄影展并编印了画册；"七一"前，走访慰问了部分老党员、老干部。一系列丰富多彩的纪念和宣传教育活动，进一步加深了干部群众对党的感情，进一步增强了跟党走的理想信念。

五　反腐倡廉和机关作风建设进一步加强

积极推进反腐倡廉各项工作落实，促进了机关党风廉政建设。配合驻局纪检组、监察局认真传达贯彻中央纪委六次全会精神，组织党员干部深入学习《廉政准则》等法规性文件，紧密结合粮食系统工作实际开展岗位廉政教育和警示教育，深入开展以人为本、执政为民教育，组织党员干部观看电影《杨善洲》，认真组织学习杨善洲等优秀党员干部的先进事迹，组织召开学习杨善洲同志先进事迹座谈会，引导党员干部对照先进找差距、明方向，进一步增强了群众观点，不断改进为基层、为地方、为群众服务的作风，促进了党的作风建设。

六　群众工作扎实活跃

国家粮食局直属机关团委按照上级团组织和局直属机关党委的安排，落实党建带团建的要求，认真组织开展共青团创先争优活动，针对青年干部的特点和需求，局机关党委与团委联合举办"青年公务员价值观"、"全球粮食安全形势"、"中国安全环境"等系列报告会，加强青年价值观教育和形势教育；积极参加团工委组织的"百村调研"活动，组织10名青年干部赴农村与农民同吃、同住、同劳动，接地气、明国情、长才干，紧密联系粮食工作实际进行调研，使青年干部对"三农"问题有了更加深刻的认识。局直属机关工会认真落实"健康行动"计划，举办3次健康知识辅导系列讲座；组织了保龄球小型单项运动会，全局200多人次参加了训练及比赛；开展钓鱼、棋牌比赛、健步走等群众性文体活动，活跃了机关文化生活。"三八"节组织女职工参观怀柔影视基地及老爷车展。"六一"儿童节组织职工及子女共同欢度节日。积极开展"送温暖、办实事"活动，帮助、干部职工解决实际困难，全年慰问干部职工40余人次，其中为21位职工送慰问金5.3万元，为1位职工申请了高考子女助学金4000元。

七　定点扶贫工作成效明显

积极做好国家粮食局党组交给的对四川省金阳县的扶贫工作。5月组织召开了10年定点扶贫开发工作总结会，总结经验，认清形势，理清了下一步扶贫开发工作的思路。同时，组织扶贫地区的干部到安徽参观学习新农村建设情况，开阔视野，拓宽思路，提高领导脱贫致富的能力。12月，又组织局扶贫开发工作组的部分同志赴金阳县考察、检查落实项目。全年共帮助金阳县落实2个项目，投资2065万元。10月，组织全局干部职工积极向内蒙古自治区、青海、甘肃等受灾贫困地区群众捐赠棉衣1001件，其中90%的为八成新和全新，展现了国家粮食局干部职工的良好精神风貌。

廉政建设

2011年，驻国家粮食局纪检组、监察局（以下简称"组局"）在中央纪委、监察部的领导和国家粮食局党组的指导下，认真贯彻十七届中央纪委六次全会和国务院第四次廉政工作会议精神，坚持反腐倡廉战略方针，切实履行派驻机构工作职责。一年来，组局全体同志团结协作，奋发进取，始终保持高昂的工作热情和良好的精神状态，比较圆满地完成了各项工作任务。

一　加强组织协调，积极协助国家粮食局党组抓好全年反腐倡廉工作任务的落实

国家粮食局党组高度重视党风廉政建设和自身反腐败工作，坚决贯彻中央关于反腐倡廉的重大决策部署，把党风廉政建设摆上了党组的重要议事日程，多次召开专题会议，听取组局有关情况汇报，研究安排下一步工作。组局加强组织协调，积极协助党组抓好全年反腐倡廉各项工作任务的落实。

（一）协助国家粮食局党组制定印发了《中共国家粮食局党组关于党的基层组织实行党务公开的意见》

为贯彻落实中共中央办公厅《关于党的基层组织实行党务公开的意见》精神，年初，组局协助国家粮食局党组制定印发了《中共国家粮食局党组关于党的基层组织实行党务公开的意见》，对国家粮食局各党的基层组织实行党务公开的内容、程序和方式提出了明确要求，对实行党务公开工作的保障制度和组织领导作出了明确规定，深入推动了国家粮食局党的基层组织党务公开工作的全面开展。

（二）协助国家粮食局党组制定印发了《中共国家粮食局党组贯彻落实中共中央〈关于实行党风廉政建设责任制的规定〉的实施办法》

按照中共中央、国务院《关于实行党风廉政建设责任制的规定》的通知要求，为加强国家粮食局机关及直属单位的党风廉政建设，保证党中央、国务院关于党风廉政建设的决策和部署的贯彻落实，组局及时协助国家粮食局党组制定印发了《中共国家粮食局党组贯彻落实中共中央〈关于实行党风廉政建设责任制的规定〉的实施办法》，明确了各级领导班子和领导干部对党风廉政建设应负的责任。

（三）配合国家粮食局党组，先后召开党组扩大会议、机关干部大会传达贯彻重要会议精神

中央纪委十七届六次全会和国务院第四次廉政工作会议召开后，组局配合国家粮食局党组，先后召开党组扩大会议、机关干部大会传达贯彻会议精神，并协助党组制定下发了《2011年国家粮食局党风廉政建设和反腐败工作实施意见》和《2011年国家粮食局党风廉政建设和反腐败工作任务责任分解意见》，对2011年国家粮食局党风廉政建设和反腐败工作作出了具体部署。

（四）认真制定贯彻落实《建立健全惩治和预防腐败体系2008～2012年工作规划》的实施办法

继续贯彻落实国家粮食局《建立健全惩治和预防腐败体系2008～2012年工作规划》，结合粮食部门实际，认真制定贯彻落实《工作规划》的实施办法，把任务分解落实到各职能部门，要求加强组织实施，确保工作实效。

二　切实履行工作职责，加大源头防腐工作力度

一年来，组局认真履行监督职责，充分发挥纪检监察工作职能，强化事前和事中监督，防微杜渐，通过多种途径加大了源头防腐工作力度。

（一）深入开展多种形式的廉政教育活动，促进领导干部廉洁从政

2011年，组局在廉政教育的内容和形式上更加强调针对性和实效性。认真组织党员干部学习有关法纪条规，加强理想信念教育。结合落实反腐倡廉工作，召开了两次全局党员干部警示教育会，传达中央纪委有关案件查处的情况，并对发生在粮食系统内的典型违纪案件进行剖析。组局还结合当前反腐倡廉建设新形势，有针对性地购置了一批廉政教育书籍、廉政形象资料向局机关和各直属联系事业单位党员干部发放。通过廉政教育，广大党员干部树立了正确的权力观、地位观和利益观，增强了遵纪守法意识和拒腐防变的能力。

（二）认真了解掌握局党组成员在用车、住房调整装修、配偶子女就业、出国等方面的变化情况，及时与局党组成员交换意见

会同人事部门落实"党员领导干部报告个人有关事项的规定"，6名党组成员和100余名局管干部按期报告了个人有关事项。

（三）严格把关，做好干部提拔和公务员竞争上岗、录用等方面的廉政监督工作

一是参加了国家粮食局公务员录用专业笔试、面试的监督工作；二是积极配合局人事司对干部提拔任用情况进行监督；三是配合机关党委对国家粮食局各司局和直属单位司级党员领导干部民主生活会进行检查指导。

（四）切实加强对新提拔领导干部党风廉政建设情况的教育与监督

制定了《中央纪委监察部驻国家粮食局纪检组监察局致新提拔干部家属的廉政信》。至今，已向所有新提任领导干部家属寄送了廉政信。

（五）加强对国家粮食局招投标项目进行监督，确保了招标过程的公平公正，防止腐败现象发生

三　围绕中心工作加强监督检查，确保中央政策的贯彻落实

2011年，组局围绕粮食中心工作，有重点地开展了监督检查。

（一）认真检查和调研中央投资农户科学储粮项目落实情况

会同国家粮食局有关单位对10个省市的农户储粮项目进行了监督检查，重点检查了中央资金管理使用情况、地方配套资金落实情况、项目招标投标情况和项目质量情况。检查过程中，分别与当地政府、相关粮食主管部门及村委会进行座谈，了解资金落实、招投标开展及设备发放等有关情况，听取了有关意见建议；认真查阅有关专项档案；实地检查储粮罐加工企业生产状况和原材料质量情况；深入生产企业和农户查看设备，并与农户交流设备使用意见。

（二）积极选派人员参加夏季粮油收购工作调研组

认真了解重点省区夏粮的产量、质量、生产成本及国有粮食企业执行国家粮食收购政策情况，协调解决基层收购站点遇到的困难和问题，促进了夏粮收购工作的正常开展。

（三）参加全国食用植物油库存联合抽查工作

其间，对该项工作所使用的仪器设备采购、人员培训及执行工作纪律情况进行了监督检查，确保

了该项工作的顺利进行。

（四）协助驻在部门有关司室开展检查工作

认真贯彻落实加快转变经济发展方式监督检查工作电视电话会议精神，会同有关职能部门，围绕粮食市场供应、保供稳价等方面开展了监督检查。

四　认真处理群众来信来访，严肃查办违纪违法案件

2011年，组局切实加强了信访举报和案件查办工作。对重要案件，都根据领导同志批示精神，会同有关部门进行了认真核实、查处。

（一）认真处理信访举报件

对收到的举报件，都做了认真办理。

（二）加大案件查办力度

一是对反映某局管干部有关问题进行了案件初核工作。二是组局会同流通与科技发展司对内蒙古自治区鄂尔多斯民丰粮储设备公司违规回购"农户科学储粮"设备问题进行了核查。三是组局对反映2010年"军粮供应综合管理信息化工程"B标段的中标单位提供虚假涉密资质问题进行了核查。四是组局按照国务院领导同志在某期《国内动态清样》"面粉5年涨10元，部分源自潜规则"上的重要批示精神，会同有关单位赴河南省进行调查，对所查实的问题严肃处理并通报。五是组局对反映局直属单位某干部的问题责成该单位进行调查了解，并对该名同志和该单位的负责同志进行了诫勉谈话。六是会同有关单位对反映抬级抬价收购小麦问题进行了核查，核查报告已由国家粮食局报至国家发展改革委。

五　加强沟通联系，加大对地方粮食部门纪检监察工作的指导力度

组局同志积极主动与各地粮食部门纪检监察机构保持密切联系，了解各地的工作情况，通过培训、调研、深入基层座谈交流、推广经验等方式，加大对地方粮食部门纪检监察工作的指导力度。

（一）积极发挥组织协调作用，召开了三次全国性的会议，推动全系统反腐倡廉工作

一是召开全国粮食系统纪检监察工作会议，传达贯彻十七届中央纪委第六次全会和国务院第四次廉政工作会议精神，回顾总结2010年工作，研究部署2011年粮食系统党风廉政建设工作。二是召开全国粮食系统纪检监察工作座谈会，传达学习胡锦涛同志在庆祝中国共产党成立90周年上的重要讲话精神，总结交流经验，部署下半年工作。三是组织召开全国粮食系统第二十次纪检监察工作研讨会，总结交流各地构建粮食系统廉政风险防控机制的主要成效和具体做法。通过这三次会议，进一步密切了与地方粮食部门纪检监察机构的联系，加大了指导力度。

（二）加强和改进信息工作

组局强化与各地粮食纪检监察机构的信息沟通机制，了解掌握各地粮食系统反腐倡廉工作情况，及时将有关情况编发简报，推广经验。

（三）积极推动反腐倡廉建设创新工作，调研和总结了全国粮食系统反腐倡廉建设创新成果和经验

将相关廉政建设成果和经验汇编成《全国粮食系统纪检监察创新工作成果汇编》一书，发至粮食系统纪检监察机构广泛推广。

（四）举办全国粮食系统纪检监察干部培训班

组局领导就案件查办、自身建设、《廉政准则》解读、党风廉政建设创新等方面内容进行讲课，培训了各地粮食部门纪检监察干部。

（五）深入到省市检查调研

组局不定期派员到有关省市粮食部门检查调研《中国共产党党员领导干部廉洁从政若干准则》落实情况，对基层粮食系统党风廉政建设的创新做法进行了推广。

六　积极抓好重要专项工作，踏实完成各项具体任务

2011年，按照中共中央、国务院有关文件精神和中央纪委有关通知要求，组局积极承担了一些重要专项工作，认真完成了各项具体任务。

一是按照《中共中央办公厅、国务院办公厅印发〈关于开展清理和规范庆典、研讨会、论坛活动工作的实施意见〉的通知》要求，完成了国家粮食局举办庆典、研讨会、论坛活动的清理和规范工作。

二是协助国家粮食局党组，开展党政机关公务用车问题专项治理工作。从粮食局机关实际出发，研制治理方案，明确提出专项治理的具体目标、任务和举措，落实了工作责任，确定了完成时限。

三是会同国家粮食局有关司室，开展2011年"小金库"专项治理工作，深入开展复查，突出督导抽查，继续坚持自查从宽、被查从严的政策规定，加强举报核查工作，着力构建防治"小金库"长效机制。

四是按照中纪发〔2011〕29号文件要求，对国家粮食局各司室、直属单位和联系单位开展了《中国共产党党员领导干部廉洁从政若干准则》贯彻执行情况专项检查工作。

五是按照全国加强廉政风险防控规范权力运行现场会要求，组局领导及时向局党组汇报，并传达了贺国强同志的重要讲话精神，起草并向国家预防腐败局报送了《驻国家粮食局纪检组监察局关于贯彻落实全国加强廉政风险防控规范权力运行现场会情况的报告》。

六是进一步建立健全有关制度。按照《关于以完善防止利益冲突制度为重点对照〈廉政准则〉清理相关法规和规范性文件的通知》要求，组局协调国家粮食局各有关司室，对2000年国家粮食局成立以来，党组发文、局发文和各司室发文进行了筛选梳理，有步骤地进行了整合修订。

七　狠抓自身建设，努力提高组局整体工作水平

组局把加强队伍自身建设作为一项长远的基础性工作认真对待，在紧抓业务工作的同时，狠抓队伍建设，通过各种方式，努力提高组局全体同志的综合素质，不断推进组局工作的制度化、规范化和科学化。

（一）注重政治学习，提高政治理论素养

充分发挥党支部作用，严格执行各项学习安排，积极组织学习讨论中央及中央纪委重要会议精神以及各类专题学习材料，认真学习邓小平理论、"三个代表"重要思想和科学发展观，用党的十七大精神和中央纪委全会精神武装头脑，重点学习了胡锦涛同志在庆祝中国共产党成立90周年大会上的讲话和贺国强同志在全国纪检监察系统纪念中国共产党成立90周年表彰大会暨反腐倡廉建设理论研讨

会上的讲话。在学习中，注意结合粮食系统工作实际，开展讨论和交流，使大家在潜移默化中提高认识，统一思想。一年来，组局的战斗力和凝聚力进一步增强，精神面貌和工作作风也进一步得到改进。

（二）加强业务学习，努力增强专业素质

积极组织对领导重要讲话、重要文件和工作文稿的学习和研究，不断提高组局同志对业务工作的认识和把握能力。全国纪检监察机关查办案件工作座谈会召开后，组局即召开专门会议学习贺国强同志、何勇同志的重要讲话精神和各单位的办案经验，提出了提高粮食系统查办案件工作水平的具体要求。

（三）坚持在实践中学习，在工作中借鉴

组局领导要求每位同志养成经常梳理自己工作得失的习惯，不断总结工作经验和心得体会，在实际工作中提高自己。同时，注意营造民主团结、紧张活泼的良好氛围，鼓励大家对工作建言献策、畅所欲言，同志们在充分交流工作感受和经验的同时，提出了许多加强和改进工作的意见建议。

（四）加强组局同志之间的思想沟通与交流

组局多次采取个别谈话和集体座谈的方式开展谈心活动。通过谈心，对工作进行回顾和总结，对存在的不足进行剖析，达到了统一思想、加深理解、增进团结、促进工作的目的，推动了组局的工作和个人的成长与进步。

粮食新闻宣传工作

■ 国家粮食局

2011年是"十二五"的开局之年，机关新闻宣传紧紧围绕局中心工作展开，坚持重点宣传与日常宣传相结合，强化新闻宣传策划和组织，始终保持正确的舆论导向，新闻宣传工作取了显著成绩，收到了较好的社会效果，为粮食流通工作营造了良好的舆论氛围。

一 强化新闻宣传的计划性和主动性，及早谋划新闻宣传的工作思路

为扎实做好2011年的新闻宣传工作，根据中宣部、外宣办的要求，国家粮食局年初印发了《2011年粮食新闻宣传工作要点》，紧扣全国粮食局长会提出的"稳市场保供给、强产业促发展"中心任务和"抓好收购促增收、加强调控保安全、深化改革转方式、提升产业惠民生、科学管粮上水平"的工作目标，制定新闻宣传工作思路和工作重点，经提请局党组会议审议通过后印发实施。按照中宣部、国家发展改革委的部署，在年初研究制定了《国家粮食局回顾"十一五"展望"十二五"宣传报道方案》，对宣传粮食行业"十一五"发展成就和"十二五"规划蓝图进行详细安排。两个文件的印发，进一步增强了新闻宣传的计划性和主动性。在局领导的大力支持下，各业务司室密切配合形成合力，在工作忙、时间紧的情况下，积极配合接受记者采访、组织相关采访材料和及时报送新闻信息，为做好新闻宣传工作贡献了积极力量。同时，加强与中央各主流媒体的沟通协调，争取了积极配合，确保了新闻宣传工作的顺利开展。

二 强化新闻宣传的力度和实效性，把握好新闻宣传工作的重点

围绕国家粮食局中心工作，充分利用各种媒体，有重点、有选择地积极开展有效的新闻宣传工作。一是在中央主流媒体刊发局领导的署名文章和专访6篇，积极宣传中央关于粮食工作的方针政策和粮食部门贯彻落实的工作部署及取得的成效。主要是在《求是》第8期、《紫光阁》第2期、《人民论坛》10月刊、《人民政协报》分别刊发聂振邦局长的"多措并举稳定粮食市场"、"始终绷紧粮食安全这根弦"、"深入推进依法行政依法管粮"、"确保'十一五'粮食流通工作良好开局"、"粮食安全警钟要始终长鸣"5篇署名文章，在《中国人大》第8期刊发聂振邦局长"粮稳天下安"的专访1篇，对宣传粮食流通政策和局中心工作起到了十分重要的导向作用。二是积极宣传粮食行业"十一五"发展成就和"十二五"规划蓝图，为贯彻落实《粮食行业"十二五"发展规划纲要》营造良好氛围。主要是在全国"两会"之前，分12个专题对"十一五"发展成就进行了重点宣传；《粮食行业"十二五"发展规划纲要》印发后，立即组织在《人民日报》、《经济日报》、新华网、人民网、中央政府网等主流媒体进行了宣传，邀请聂振邦局长在国家粮食局政府网对《规划纲要》进行了解读，粮油市场报全文刊登了《规划纲要》和聂振邦局长的解读，《人民日报》刊发了聂振邦局长的署名文章"紧紧围绕主题主线全面推进粮食流通工作"。三是突出国家粮食局中心工作重点组织新闻

宣传，指导全系统的实际工作。主要是围绕全国粮食局长会、粮食保供稳价、粮食收购、质量安全、油脂油料库存检查、国有粮食企业扭亏增盈、农户科学储粮、粮食科技进步、粮食行业"十一五"发展成就和"十二五"展望等重点工作开展宣传报道，对指导全系统的工作起到了积极作用。四是及时宣传报道社会公众关心的热点问题和局领导的工作活动，增进社会公众对粮食流通工作的了解。主要是邀请国家粮食局领导接受中央电视台、中央人民广播电台等主流媒体的采访，介绍局中心工作的开展情况和取得的成效；认真做好局领导深入基层调研和出席有关会议的宣传报道，用权威、准确的信息正面引导社会预期，营造良好舆论环境。

三 强化新闻宣传工作手段和形式的创新，多渠道宣传粮食流通工作

3月，邀请聂振邦局长在人民网"强国论坛"与网友在线交流"粮食安全"话题，并回答网友提出的问题；6月，根据国务院食品安全办的统一部署，组织多家主流媒体参加国家粮食局召开的粮食质量安全情况通气会，通报粮食部门在加强粮食质量监管、维护粮食质量安全方面的工作情况，并回答相关问题；10月，在局政府网站开设"放心粮油工程"、"农户科学储粮"两个重点专栏，宣传粮食部门为粮食生产者和消费者服务的开展情况和取得的实效，受到广大网友的欢迎，取得了很好的社会效果；11月，组织局有关单位回复人民网网友在"部委留言板"中涉及粮食流通方面的留言，积极畅通政务公开渠道，受到人民网有关领导的重视和好评。

四 强化国家粮食局政府网站安全管理，做好信息发布工作

随着计算机网络技术的快速发展，信息的安全性成为不容忽视的重要问题。据国家互联网应急中心公布的数据，2010年有4635个政府网站被黑客篡改，网站安全直接影响到网站运行质量。为确保网站的安全运行，国家粮食局重点加强了网络安全防范、网站信息管理、软硬件设备安全管理以及网络与信息安全预案等方面工作。一是加强与网络安全服务公司的合作，签订防篡改软件服务合同，定期检查、更新防篡改软件，防止出现网页被篡改。目前还未发现网页被篡改现象。二是加强与公安部和北京市公安局的密切配合，对国家粮食局政府网站信息安全等级开展全面测评，测评结果为基本符合3级标准。三是进一步规范信息发布内容、审核程序，严格落实局上网信息保密审核制度，只要不涉及保密内容的信息，均在第一时间通过国家粮食局政府网站对外发布和宣传报道，确保网站信息的权威性和时效性。四是协调局内各司室、事业单位和各省级粮食部门及时提供网站信息，更新各相关栏目。2011年，国家粮食局政府网站共发布信息4547条，其中123条被中国政府网采用。各地也非常重视信息报送工作，在国家粮食局政府网站上共发布信息3811条。五是密切跟踪监测网上舆情，及时发现和掌握互联网上集中关注的涉粮热点、敏感问题，对互联网上关注度较高的涉粮信息进行筛选、整理，供局领导参阅，全年共编辑《摘编》24期。

■《中国粮食经济》杂志社

2011年，《中国粮食经济》编辑出版工作坚持以科学发展观为指导，坚持围绕粮食工作中心，服务粮食事业大局，紧紧把握粮食行业改革与发展的基本思路，抓住行业需要解决的重大课题和主要任务进行宣传报道，充分发挥出了《中国粮食经济》的新闻宣传主阵地的作用，提高了权威性和影响

力。2011年，《中国粮食经济》共刊发稿件近300篇，各类资讯300余条，共计120余万字。

一 坚持正确的舆论导向，弘扬粮食工作主旋律

2011年，《中国粮食经济》重点围绕"十一五"成就及"十二五"展望、粮食市场、粮食收购、粮食质量安全等粮食行业大事要事和重要课题展开宣传报道和研究探讨，主动与科学地引导行业舆论，服务粮食行业发展。

（一）大力宣传粮食系统"十一五"成就及"十二五"规划

2011年是"十二五"开局之年，按照局党组要求，《中国粮食经济》开设了"回顾'十一五'，展望'十二五'"专栏。除分四期刊登了从宏观上概括成就的"精彩'十一五'"系列报道共计12篇外，还刊登了10篇基层粮食部门的相关文章，达到了从不同角度和层面宣传"十一五"成就、展望"十二五"前景的目标。栏目开辟后，受到了读者的关注和好评，各地作者的投稿热情也十分高涨。

（二）始终坚持以粮食行业重要事件及热点问题为宣传重点，确保正确的舆论导向

一方面深入报道全国粮食局长会议、全国粮食纪检监察会议等重要会议精神，对国家有关粮食工作部署进行传达和解读。另一方面抓住读者关心的热点问题展开宣传报道。如针对粮食价格上涨与通胀的关系、粮食质量安全、放心粮油进农村等在行业内外均备受关注的话题，以专题形式进行宣传和探讨。同时，在"粮食论坛"、"视点"、"卷首语"等栏目刊登多篇以稳定粮食市场、确保粮食安全等为主题，与国家粮食宏观调控基调一致的文章，确保舆论导向正确，引导有力。

（三）发挥理论探讨平台的作用，加强对粮食行业重要课题和理论的研究探讨

在"粮食论坛"、"工作研究"栏目刊登对"粮食银行"、粮食经纪人、农民售粮行为等进行调研和分析类的文章，引发读者的思考。

（四）努力为读者提供权威准确的信息服务

增加了以市场分析为主要内容的"粮食形势"栏目的稿件数量，提高"信息公开"栏目政策发布的时效性，及时发布了中央储备粮代储资格公告。

（五）在"三贴近"上下工夫，把更多的版面给予基层

继续在"粮食企业"、"区域粮食"、"粮食物流"、"人物"等栏目关注基层粮食工作和粮食职工，树立先进典型，推广先进经验。

二 进一步改进杂志版式，雕琢细节

2011年，在保持杂志原有风格的基础上，继续在细节方面加以完善。在内文上，尽量确保同一个栏目里每篇文章版式的统一，而不同的栏目则体现出变化，使版式既灵活多样又不至于过分凌乱；在封面上，增加了摄影欣赏类版面，刊登了粮食系统摄影大赛获奖作品及摄影爱好者投来的优秀摄影作品，受到了读者的欢迎。

三 继续利用《〈中国粮食经济〉内部摘编》反映粮食系统重要情况及问题

2011年，《内部摘编》加大信息征集力度，拓宽信息搜集渠道，重点编发了有关豆贱伤农、粮食

质量安全事件、外资侵入及各粮油品种收购高峰期出现的种种问题等，为领导决策提供了参考。2011年，《内部摘编》共编发30余期。

四　中国粮食经济网内容更加丰富

中国粮食经济网目前有"粮食新闻"、"本期导读"、"往期浏览"、"供求信息"、"新闻配图"、"我的书架"、"投票"等栏目。截至2011年底，中国粮食经济网共发布16000余条信息，电子版杂志94期，通过网上投稿的稿件已有近1200余篇。通过网站看杂志、订刊物已成为许多读者的第一选择。

五　各地粮食类期刊突出地方特色，为地方粮食事业发展营造良好的舆论环境

2011年，各地粮食经济类期刊充分依托各地粮食工作的实际，开展了卓有成效的新闻宣传工作，为地方粮食事业发展营造了良好的舆论环境。

（一）紧扣各地粮食中心工作开展宣传报道

2011年，各地粮食类期刊一是对当地粮食部门召开的重要会议精神进行宣传报道，以"领导讲话"、"局长论坛"、"特别报道"等形式传达各地粮食调控、粮食收购、产业化发展等重要工作部署。二是开辟各具特色的栏目，就各地粮食工作重点进行宣传报道。如《安徽粮食》在不同的时期分别设立"夏粮收购"、"秋粮收购"栏目，对安徽粮食收购工作进行集中有力的宣传；《冀粮经济》、《云南粮食经济》等设立"改革与发展"栏目，就国有粮食企业改革与发展有关理论探讨、经验做法等进行宣传；《齐鲁粮食》、《贵州粮食》设立放心粮油栏目，大力宣传"放心粮油"工程在各地的实施建设情况。三是加大对全国性粮食形势的关注。如《江苏粮食经济》的"粮情大观"、《黑龙江粮食》的"特别报道"等栏目，围绕全国粮食安全、粮食产销形势、粮食产业发展等问题进行了分析和探讨。四是以多种形式纪念中国共产党成立90周年。许多刊物如《福建粮食》、《冀粮经济》、《贵州粮食》、《北京粮食》等以专栏或专题的形式纪念中国共产党成立90周年，一方面宣传各地粮食工作所取得的成就；另一方面刊登粮食职工为中国共产党成立90周年而创作的诗词歌赋等文学作品。

（二）树立典型、推广经验有作为

2011年，各地粮食类期刊对基层粮食工作的报道力度有所加大，为树立先进典型、推广先进经验搭建了平台。如《江西粮食》、《安徽粮食》的"行业风采"、《福建粮食》的"企业之窗"、《广西粮食》的"企业改革"、《齐鲁粮食》的"军供工作"等栏目，均对本地先进粮食企业、粮食职工的经验和事迹进行了宣传报道，为促进各地粮食产业发展起到了良好的舆论引导作用。

（三）改版增容效果显著

2011年，许多粮食类期刊通过改版或扩版，进一步对杂志版式及内容进行了调整。如《福建粮食经济》进行了大幅度改版，更名为《福建粮食》，丰富了栏目和内容，重新设计了版式，使杂志在各方面均有所提高，得到了读者的认可和好评。《云南粮食经济》、《冀粮经济》、《广西粮食》等多家期刊增加了页码，进一步增加了信息量。

老干部工作

一　总体情况

2011年底，国家粮食局共有离退休人员315人。其中：离休113人，退休202人；副部级以上离退休干部5人，司（局）级离退休干部77人，处级以下离退休干部216人，退休工人17人；在离休干部中，红军时期参加革命1人，抗战时期参加革命30人，解放时期参加革命82人；80岁以上离退休人员144人，最高年龄98岁；在离退休人员中，有中共党员239人。为老干部服务的在职人员33人。

二　扎实推进创先争优活动，加强了离退休干部思想政治建设和党支部建设

在贯彻落实中组部、中央创先争优活动领导小组联合印发的《关于在离退休干部党组织和党员中深入开展创先争优活动的意见》时，国家粮食局离退办先后组织召开了老干部工作研讨会和党务工作会议，组织大家认真学习上级有关指示精神，深入分析离退休干部的人员结构、年龄特点和思想现状等因素，开展座谈讨论，引导大家用中央文件和领导讲话精神统一思想。同时，以开展纪念中国共产党成立90周年活动为契机，结合开展"争创五好党支部、争当四好党员、为粮食事业作贡献"主题活动，积极组织适合老干部特点的文化活动，寓教于乐，努力提高老干部的参与度和对活动的满意度。运用创先争优活动的好做法、好经验，建立健全离退休干部党组织教育管理的各项制度和规定，把搞好创先争优活动与做好"双高期"老干部服务管理工作结合起来。通过采取加强思想引导，合理设置活动载体，注重建章立制等推进举措，切实提高了离退休干部党员参与创先争优活动的动力，增强了活动效果，对加强离退休干部的思想政治建设和党支部建设起到了积极的推动作用。

三　坚持与时俱进，从实际出发，落实好离退休人员"两项待遇"

在落实离退休干部的政治待遇方面：一是及时组织党的路线方针政策和时事政治学习。组织离退休人员学习了胡锦涛等中央领导同志的重要讲话和党的十七届五中、六中全会精神，引导大家深刻领会文件的精神实质，做到团结一心，服务大局，为贯彻落实党的各项方针政策提供了思想保障。召开了庆祝中国共产党成立90周年离退休干部座谈会和离退休干部先进党支部和先进个人表彰会。向老同志们通报了2010年粮食流通工作情况和全国国有粮食企业改革发展情况，满足了老同志关心国家大事，关注粮食事业发展的愿望。二是组织开展"两节"走访慰问、团拜和座谈活动，给老同志送上了组织的关怀。三是组织开展了庆祝中国共产党成立90周年等重大节日和事件的纪念活动。组织离退休人员和在职人员参加了中国老年报组织的庆祝中国共产党成立90周年知识竞赛活动，获得"优秀组织奖"。四是组织开展多种形式的文体活动，获国家机关工委组织的"怡寿杯"中国象棋赛"体育道德风尚奖"。

在认真落实离退休干部生活待遇方面：一是做好对有困难老同志的帮扶工作。为80岁以上的老同志按照不同标准发放了健康长寿慰问金。按照有关部门统一布置，积极做好"夕阳红"救助资金及单位配套资金的使用、发放工作。二是组织春秋游和健康休养，积极做好医疗保健工作。全年完成门诊量5323人次。三是努力改善离退休干部活动条件。为各活动站添置了办公家具、活动设备、器材，在国管局的大力支持下对马尾沟活动站进行了房屋维修改造。四是开办老年心理健康课堂，举办法律知识讲座，主动为离退休人员提供个性化服务。五是加强财务管理工作。严格执行2011年度预算，认真完成各项资金的申领、使用审核工作和"小金库"治理工作。

| 四 | 围绕"两个提高"，认真贯彻"双先"表彰会精神，加强了老干部工作队伍自身建设 |

积极开展创先争优活动和"讲党性、重品行、作表率"活动，努力打造让党放心、让老干部满意的老干部工作队伍。采取举办学习班观看专家辅导报告录像、开展知识竞赛和交流学习体会等方法，组织在职人员认真学习贯彻胡锦涛总书记在纪念中国共产党成立90周年大会上的重要讲话和党的十七届六中全会精神，学习"十二五"规划，了解党和国家的方针政策。组织工作人员认真学习中央领导有关老干部工作的讲话文件，努力提高老干部工作政治水平，进一步提高对做好老干部工作重要意义的认识。坚持党的"青年观"，着眼于老干部工作后继有人，积极关注、关心、关爱青年干部，着重提高青年干部的理论素养和工作能力，先后举办了信息员培训班和青年干部培训班。做好接收军转干部和招录公务员工作，促进了工作人员队伍的年轻化。全面贯彻落实"双先"表彰会精神，积极开展"学先进、见行动、争优秀"活动，组织在职干部党员分别到江西瑞金、陕西延安过主题党日，对照先进典型和革命先辈，查找自身不足，用伟大的革命精神教育和激励工作人员自觉加强党性修养，努力做一名优秀的老干部工作者。通过以上工作和活动的开展，进一步提高了老干部工作队伍自身建设的水平。

4

第四篇

各地粮食工作

北京市粮食工作　基本情况

北京市位于华北平原西北边缘，东南距渤海约150公里，西、北和东北群山环绕，东南是缓缓向渤海倾斜的大平原，地势西北高、东南低。全市土地面积16410平方公里，其中平原面积占38.6％，山区面积占61.4％。北京市常住人口1961.9万人。其中，户籍人口1257.2万人，外来人口704.7万人；城镇人口1686.4万人，乡村人口275.5万人。2010年，北京市粮食播种面积22.3万公顷，比上年减少0.3万顷；粮食产量115.7万吨，比上年下降7.3％。

2011年，北京市粮食供给充足，价格水平合理，库存稳步提高，消费继续增长。北京市全社会重点粮食企业粮食购进769万吨，销售705万吨。其中国有粮食企业粮食购进270万吨，销售240万吨。全市粮食价格上涨10.8％，低于全国1.5个百分点。

2011年，北京市国有粮食企业改革取得突破性进展。市政府有关部门联合发布了《北京市粮食流通"十二五"发展规划》，明确提出"保证粮源供给稳定充足，保持粮食市场繁荣稳定，不断增强政府调控能力，明显改善粮食流通基础设施"的发展目标。市储备粮管理水平进一步提高，宜存率连续5年达到100％。

2011年粮食工作

2011年是"十二五"规划的开局之年。北京市粮食行业认真贯彻党和国家粮食方针政策，按照市委、市政府的工作部署，扎实做好市场调控、储备粮管理、国企改革、产业发展、法制建设等重点工作，进一步完善首都粮食安全保障体系，实现了"稳市场、保安全、强产业、惠民生"的目标，保持了粮食市场平稳运行，为首都经济和社会发展作出了应有的贡献。

一　调控政策到位，粮食市场平稳

2011年度，北京市粮食供给较为充足，价格水平合理，库存稳步提高，消费继续增长。一是粮食购销活跃。全社会重点粮食企业粮食购进769万吨，比上年增长5％；粮食销售705万吨，比上年增长

10%；年末粮食库存比上年增长13%。二是国有粮食企业发挥了主渠道作用。国有粮食企业粮食购进270万吨，比上年增长23%；粮食销售240万吨，比上年增长20%；年末商品库存比上年增长34%。三是粮食价格保持合理水平。2011年1~12月，全国CPI同比上涨5.4%，粮食价格上涨12.3%。其中，北京CPI上涨5.6%，高于全国0.2个百分点；粮食价格上涨10.8%，低于全国1.5个百分点。

二　粮食流通"十二五"规划出台

市政府有关部门联合发布了《北京市粮食流通"十二五"发展规划》，明确提出"保证粮源供给稳定充足，保持粮食市场繁荣稳定，不断增强政府调控能力，明显改善粮食流通基础设施"的发展目标。确定了围绕建设与中国特色世界城市相适应的粮食安全保障体系"一个主题"，提高粮油日常供应和应急保障"两个能力"，优化粮食仓储业、粮食加工业、粮源采购基地"三个布局"，健全产业发展、政府调控、粮食市场、行政执法保障"四个体系"的主要任务。

三　国有粮食企业改革取得突破性进展

落实市政府关于国有粮食企业重组整合的决策，北京市远郊区县粮油总公司与京粮集团实施了重组，做大做强国有粮食企业的方式在全国产生重大影响。京粮集团按照"一链两翼多园区"的战略，转变方式提效益，保障供应稳市场，拓展合作增活力，加强管理强基础，实现了跨越式发展，全年实现经营收入163亿元，实现利润4.85亿元，资产总额138亿元，被认定为第五批农业产业化国家重点龙头企业。"古船"商标被认定为中国驰名商标，品牌价值跃升至41.69亿元。

四　粮源掌控能力稳步提升

市政府与黑龙江省签订了《深化粮食产销战略合作关系的协议》，按照"布局合理，渠道可靠"的原则，加快外埠粮源采购基地建设。本市财政部门安排4000万元专项资金，支持本市国有粮食企业在主产区建立粮源采购基地，支持条件较好的基地向采购、加工、储存一体化方向发展。本市20多家国有粮食企业采取合作、租赁、收购、征地新建等方式，在黑龙江、吉林、山东、河北等地建立粮源采购基地108个，其中，以本市企业为主的基地19个，粮食收购量160万吨，占全市总消费量的30%左右。市政府有关部门联合制定了《本市国有粮食购销企业收购郊区自产粮食转入市储备粮管理办法》，把收购转储方式作为处置"卖粮难"的应急措施，保护种粮农民积极性，稳定了郊区粮食收购市场。

五　储备粮存费标准合理调整

根据北京市人口总量增加的实际情况，从2011年7月开始，小麦、玉米的年存费由80元/吨提高到120元/吨，稻谷由100元/吨提高到140元/吨，为管好、用好储备粮油提供了有力支持，提升了仓储企业发展后劲。

六　产业结构和发展方式进一步转变

市和区县各级财政，以及企业积极投资建设和维修粮油仓房，粮油仓储业优势得到巩固。环流熏蒸、粮情测控、机械通风普遍推广应用，储粮设施设备条件明显改善。"北京市粮食安全实时监测信息系统一期工程"初步完成，进一步提高了粮食流通的信息化管理水平。粮油加工业结构和布局调整进一步加快，呈现结构多元化趋势。除国有企业外，外商及港澳台商投资企业、民营企业迅速发展，在发展粮食经济、满足人们粮食消费需求等方面发挥着重要作用。

七　储备粮管理水平进一步提高

认真执行《北京市储备粮管理办法》及配套文件，健全"千分制"考评体系，继续推进承储企业规范化管理。开展了糙米储存实验和多种形式的仓储技术交流，加快准低温储粮技术研究，"北京地区稻谷绿色储藏技术研究及推广应用"项目获得本市科学技术三等奖。推进绿色储粮技术应用，提高储粮科技水平。市储备粮采用绿色储粮技术度夏的比重达到44％，比上年提高8％，宜存率连续5年达到100％。

八　依法行政工作得到切实加强

制定了《本市粮食部门加强法治政府建设五年规划》、《粮食行业"六五"普法规划》，以及《北京市粮食行政处罚裁量权适用规定》等7项规章制度，为推进粮食行政管理部门依法履行职责、加快政府职能转变提供了制度保障。完成了《北京市储备粮管理办法》立法后评估工作，新规章在丰富储粮品种、健全费用补贴机制、调整储存及轮换购销方式、强化监督检查等方面实现新突破。

九　行政执法和质量监管工作取得成效

圆满完成粮食和食用油库存检查工作。组织了中央储备粮承储库执行国家粮食购销政策情况、成品粮油库存情况、夏粮收购和秋粮收购情况等专项监督检查，市和区县粮食行政管理部门共开展监督检查1510次，出动执法人员4181人次。加强粮食质量管理工作，完成库存粮食质量和卫生安全专项检查，开展全市收获粮食质量安全监测，完成了粮食收储库51个检验室的检查工作。

十　应急保障能力得到进一步提高

完成《北京市粮食供给应急预案》修订及相关配套文件制发工作，市储备成品粮油规模由10天正常消费量提高到15天，各远郊区县储备成品粮油规模由3天正常消费量增加到5天，应急加工企业由10家增加到17家，面粉日加工能力为1864吨，大米日加工能力2344吨，食用油日加工能力1972吨。落实粮油应急投放网点335个，重点抓好投放渠道的24个节点建设。开展了应急培训和演练工作，提高了实际操作能力。

十一 市储备粮轮换机制不断巩固

2011年，北京市采取定向销售的方式轮出市储备粮油49万吨，占加工企业原料年需求量的26%，共举办12次市储备粮油竞价交易会，10次交易会标的全部中标，全年竞价交易一次性中标率高达95.6%，收到了良好的调控效果。

◆ 北京市粮食局领导班子成员

李广禄	党组书记、局长
周爱华（女）	党组副书记、纪检组长
朱 雷	党组成员、副局长
张 强	党组成员、副局长
杨 牧	党组成员、副局长

2011年4月，北京市粮食局局长李广禄（前排左三）陪同北京市人大、政协委员视察食用植物油库存检查。

北京市粮食局局长李广禄（中）参加粮食保障应急演练。

北京市粮食局召开第一届直属机关工会会员代表大会。

天津市粮食工作   基本情况

天津市地处华北平原东北部，海河流域下游。东临渤海，与山东、辽东两半岛相望；北依燕山，与河北省、北京市相邻。市域总面积11760.26平方公里，海域面积3000余平方公里。年末全市常住人口1354.58万人，比上年末增加55.29万人。全市生产总值（GDP）完成11190.99亿元，比上年增长16.4%。全市地方一般预算收入完成1454.87亿元，增长36.1%。全市粮食种植面积31.1万公顷；粮食总产量161.8万吨，增长1.3%，实现连续8年增产。粮食商品量132.4万吨，比上年增加1.2万吨，粮食商品率达到81.8%。

全市粮食消费总量531.6万吨，人均消费粮食126.7公斤。粮食产消缺口369.8万吨，比上年增加25.3万吨。食用植物油消费量328951吨，比上年增加11577吨。人均消费量11.4公斤。

全市进口粮食269.9万吨，比上年增加8.6万吨；出口粮食5.6万吨，比上年增加3.9万吨。

全市国有粮食购销企业收购粮食30.1万吨，占粮食经营企业收购总量24.3%。投资19821万元，新建0.8万吨仓容，全市国有粮食企业仓容达到362.3万吨。

2011年粮食工作

2011年，天津市各级粮食行政管理部门深入贯彻落实科学发展观，以确保粮食安全为主题，以夯实粮食基础工作为主线，以维护粮食市场和价格基本稳定为主攻方向，正确处理了粮食宏观调控与微观管理的关系，确保了全市粮食安全；正确处理了加强储备粮管理与保持常量储存的关系，进一步提高了调控保障能力；正确处理了加强粮食流通监督检查与搞活流通的关系，确保了管而不死、活而不乱；正确处理了加强依法行政与发挥职能作用的关系，确保了法治机关和服务型机关建设深入开展；正确处理了粮食工作与经济工作全局的关系，圆满完成了全年各项目标任务，为全市经济科学发展和谐发展率先发展作出了应有贡献。

一　粮食宏观调控效能稳步提高，全市粮食安全更加稳固

（一）地方粮食储备规模保持足额常量储存

按照"先进后出"的原则，采取品种间提前入库和出库相结合的方式实施储备粮油适时轮换，保

证了地方粮食储备规模足额常量储存，粮食安全系数保持较高水平。

（二）调增了全市成品粮油储备规模

根据市场供求形势，全市大米、面粉、食用油的储备规模分别增加0.6万吨、0.8万吨和0.1万吨。市场供应基础更加坚实，供应能力进一步提高。同时，对静态储备大米进行了轮换，确保了长储常新。

（三）调整了地方储备粮油储存布局

结合粮油轮换对储备稻谷进行优化布局，市级储备稻谷基本都储存在稻谷加工企业的周边，便于应急调动、加工和供应。22个市级粮油储备库点，仓储设施先进，布局合理，交通便利，管理效率较高。

（四）积极组织开展了粮食收购

召开了全市粮食收购工作会议，对粮食收购工作进行安排部署。督促指导国有粮食购销企业发挥主渠道作用，鼓励有资质的国有粮食购销企业入市收购。全市国有粮食购销企业已入库小麦6.1万吨。

（五）深入落实"保供稳价"工作

组织企业竞买定向销售的中央临时储备粮油。全市粮食企业共竞买小麦23.4万吨、大豆5万吨、毛豆油6.5万吨、玉米6.5万吨，增加了粮源供应。

适时投放地储粮油。根据市场供求形势，投放市级地储小麦14.7万吨、稻谷8.6万吨、食用油1.68万吨，保证了全市粮油市场供应。

加强粮食市场监测和价格监管。及时了解市场动态，向国家和市有关部门提供了大量的市场信息和数据，为政府科学决策提供了可靠依据。

（六）进一步夯实了粮食应急基础管理工作

及时修订《成品粮油应急供应预案》，依据市场情况重新调整了应急供应网点的设置、投放方式等具体措施，以确保应急时期粮油市场供应。

按照《天津市成品粮油动态储备管理办法》，规范了市级动态储备粮的小包装规格标准，保证了市场需求和应急投放的需要。

对16家应急加工企业以及278家粮食应急供应网点的生产运行情况加强了监督检查，确保粮食应急预案启动后，全市所有应急网络体系都能有效地听从市政府统一安排和调度，保证应急时期粮食市场供应。

（七）深入加强粮食产销合作

与黑龙江等7省市粮食局共同主办了第八届黑龙江金秋粮食合作洽谈会。天津市粮食局领导亲赴粮食产区衔接粮源，带领全市22家粮食企业参加了合作洽谈会，共成交粮食35.8万吨。

与山西省粮食局签订了粮食购销合作意向书，天津市销售给山西省10万吨豆粕，支持山西省养殖业的发展。同时，天津市加大从山西省购买小麦和玉米的数量，增加了粮源供应渠道，实现了优势互补。

（八）全面做好粮食统计工作

圆满完成全市社会粮食供需平衡调查。全社会国有和规模以上粮食企业建立统计台账继续保持100%。全市城镇居民固定调查户台账建立工作顺利完成。

认真做好粮油加工业统计工作。健全了加工统计指标和工作体系，扩大了全社会粮油加工统计覆盖面。

进一步提高了粮食仓储业务统计质量。天津市粮食局被国家粮食局评为2010年度全国粮食仓储设施统计和投资统计先进单位。

二 地方储备粮保持数量真实、质量良好，规范化管理取得新成绩

（一）全市储备粮质量管理工作进一步加强

完成了地方储备粮轮换任务。全年共轮换粮食46万吨，确保了储备粮质量。

完成了地方储备粮油质量检测工作。全年进行了两次地方储备粮油质量强检工作，共检测地方储备粮185万吨，地方储备油3.7万吨。

完成了库存粮食质量和卫生安全专项检查及食用植物油库存质量检查扦样与检验工作，取得良好效果。

完成了收获环节小麦质量安全监测工作。针对造纸厂、化工厂周边区域的麦田，直接入农户家取样，重点监测新收获粮食的重金属含量。经检验，天津市2011年度新收获小麦、玉米重金属含量无超标现象，全部合格。

（二）储备粮安全管理工作进一步规范

按照《天津市地方储备粮油库存管理办法》等有关要求，认真落实储备粮油管理"一符、三专、四落实"的有关规定，完成了春、夏和冬季粮油安全普查工作。全市地方储备粮油数量真实、质量良好、储存安全。没有发现任何违规违纪、私自动用地方储备粮油现象。

安全生产管理工作进一步落实。坚持"安全第一、预防为主、综合治理"的基本方针和"未雨绸缪，常抓不懈"的原则，加强安全生产管理。全市粮食企业没发生重大人身和安全生产责任事故。

三 粮食流通监督检查保持较高效率，依法行政工作向纵深发展

（一）进一步完善了粮食行政审批工作

按照国家发展改革委、国家粮食局和国家工商总局关于《加强粮食收购资格审核规范粮食收购市场秩序的通知》精神，从2011年10月1日起恢复已暂停的粮食收购资格审批工作。进一步深化行政审批制度改革，推进审批服务再提速，受到粮食企业的好评。

（二）积极开展了粮食流通监督检查

对粮食收购市场进行了专项监督检查。重点对取得"粮食收购许可证"的粮食收购企业违反《粮食流通管理条例》有关规定的行为进行监管，严格规范收购主体入市收购行为。杜绝了给农民打白条、压级压价等违法违规行为和"转圈粮"的发生，切实保护了粮食收购企业和种粮农民的合法权益，确保了中央惠农强农政策落到实处。

认真进行粮油库存检查。根据《国家粮食局关于开展2011年全国粮食库存检查工作的通知》精神，结合春季粮食库存检查，会同中储粮北京分公司对全市区域内的中央储备粮、国家临时存储粮、地方储备粮以及国有和国有控股粮食企业储存的商品粮进行了全面检查。确保了全市粮食库存数量真实、质量良好、储存安全，进一步提高了仓储规范化管理水平。

高质量完成了食用植物油库存检查。按照国家发展改革委等4部门《关于开展全国食用植物油库存检查工作的通知》精神，对全市区域内的中央储备油、国家临时存储油、地方储备油，政策性油脂承

储企业的商品油库存进行了全面检查。同时，对纳入粮食流通统计范围的非政策性油脂企业商品油库存进行摸底调查。进一步推进了油脂库存管理常态化、规范化、精细化建设，提高了库存管理水平。

开展了政策性粮食购销活动的监督检查。根据国家粮食局《关于开展政策性粮食竞价销售出库检查工作的通知》精神，进一步加大了对国家政策性粮食竞价销售出库情况的监督检查力度，确了保国家政策性粮食竞价销售工作的顺利进行。

开展了对粮食收购企业资格的核查。根据《粮食流通管理条例》的有关规定，对取得"粮食收购许可证"的粮食企业收购资格进行了核查。目前，全市取得"粮食收购许可证"的粮食收购企业达308家，通过核查，进一步规范了粮食收购主体行为，保证了粮食收购市场活而有序。

对全市纳入粮食流通统计范围的粮食经营企业的最低最高库存量标准进行了核查。全市250家粮食收购和规模以上粮食加工、销售企业全部达到了粮食经营者最高库存量规定标准。

2011年，全市开展各种形式的粮食流通监督检查1234次，出动监督检查人员3846人次，检查单位3617个次。通过加强对全市粮食流通的监管，促进了粮食规范有序流通。

（三）依法行政和粮食法制建设向纵深发展

制定了《2011年依法行政工作方案》和《关于加强法治建设，全面推进粮食依法行政的实施意见》。进一步完善了依法行政工作制度，全面提高依法行政水平。

加强了粮食行政执法人员培训。全市各级粮食行政管理部门参训人数达到了140余人次，进一步提高了粮食监督检查行政执法人员的执法水平和综合业务素质。

组织开展了《粮食流通管理条例》颁布实施七周年宣传活动，制定了《天津市粮食行业法制宣传教育第六个五年规划》。使粮食生产者、经营者和消费者增强了守法经营、安全消费的意识，营造了政府依法管粮的社会氛围。

四　现代粮食流通产业保持良好发展势头，基础设施建设顺利实施

（一）加强粮食市场体系建设指导协调

成立了天津市粮食市场体系建设指导协调小组。加强对粮食市场体系建设和规划的指导和协调。

（二）加强粮食流通基础设施建设

推动有关企业积极、合理地开展储备粮库迁建、扩建项目。主要项目有天津贯庄国家粮食储备库异地重建项目，北辰区朱唐庄粮库扩建项目，大港太平镇粮库新建高大平房仓项目等。建设项目提升了全市仓储设施水平，其中大港太平镇项目建成后将把大港地区全部露天存粮存入新建高大平房仓，从根本上解决大港露天储粮问题，实现全市国有粮库无露天储粮的目标。

（三）加强粮食物流体系建设

建成了天津利达现代粮食物流（中心）产业园区，满足粮食流通"四散"化的需要，同时保障和服务于京津冀地区粮食流通。

五　各项基础管理工作扎实推进，整体水平有新的提高

（一）积极争取提高了市级储备粮保管费和出入库费补贴标准

从2011年1月1日开始，天津市市级储备粮小麦保管费用增加至0.05元/年/斤，稻谷增加至0.06元/

年/斤，出入库费用由原来9.3元/吨调整为20元/吨，此次调整费率可以使全市储粮企业年增加收入3000万元，为企业发展和更好地发挥粮食宏观调控载体作用增添了后劲。

（二）多家企业中央储备粮代储资格申请认定获得批准

受理了塘沽国家粮食储备库等4家企业申请中央储备粮（油）代储资格和静海国家粮食储备库等3家企业延续申请代储资格，全部获得批准。为确保粮食安全，提高企业经济效益夯实了基础。

（三）认真为企业搞好服务，积极为企业争取免税政策

经努力争取，全市粮食购销企业全部享受了免征房产税、土地使用税税收政策，减轻了企业负担。

（四）积极推动了粮油科技工作的开展

开展了粮油科技周和爱粮节粮宣传周活动，普及了粮食科学知识，积极倡导全社会节约粮食反对浪费，取得了较好效果。

（五）完成粮油专业职称评审和职业技能鉴定培训工作

全市共有75人申报并通过了工程系列粮油专业技术职称评审。举办了三期中初级培训，74人取得了国家人力资源和社会保障部和国家粮食局颁发的《职业资格证书》，提高了职工队伍技术素质。

（六）进一步提高了军粮供应管理水平

军粮供应工作严格落实规范化运作程序，得到了驻津部队的一致好评。天津市军粮办荣获全国军粮供应管理先进集体光荣称号。

六　党群工作取得新成效，干部队伍素质有了新进步

（一）严格按规定开展了干部选拔任用工作

采用民主推荐方式，分6批次在符合推荐范围的42人中选拔任用了13名处级干部。干部选拔任用工作严格按照中纪委、中组部提出的"5个严禁、17个不准和5个一律"的要求，采取有力措施，加强监督检查，确保风清气正。一批优秀人才走上新的工作岗位，为粮食经济发展提供了组织保障。

（二）继续扎实有效地开展了创先争优活动

围绕稳定粮食市场和粮食价格的工作重点，把创先争优活动与有效地发挥各级党组织、广大党员先锋模范作用和各处室职能联系起来，推动创先争优活动有序有力地深入开展。

（三）深入推动党风廉政建设

制定了加强党风廉政建设和反腐败工作实施方案，落实局级领导干部党风廉政建设目标责任制，实行了"一把手"负总责，党组成员"一岗双责"责任制。把直属单位各级"一把手"和局机关处级以上领导干部作为重点，强化党风廉政制度，全年没有发生查办岗位廉政的案件。

◆ **天津市粮食局领导班子成员**

马春波　　　党组书记、局长

周庆平　　　党组成员、副局长

田少生　　　党组成员、纪检组长

李久彦　　　党组成员、副巡视员

周　海　　　党组成员、副巡视员

天津市粮食局召开2011年粮食工作会议，总结2010年粮食工作，部署2011年粮食工作任务。

天津市粮食局召开储备粮油业务管理会议，推动粮油仓储规范化管理。

天津市粮食局对粮食收购市场进行专项监督检查，严格规范收购主体入市收购行为。

天津市粮食局开展粮油科技周和爱粮节粮宣传周活动，普及粮食科学知识，倡导全社会节约粮食。

河北省粮食工作   基本情况

河北省环抱首都北京，东与天津市毗连并紧傍渤海，东南部、南部衔山东、河南两省，西倚太行山与山西省为邻，西北部、北部与内蒙古自治区交界，东北部与辽宁省接壤。全省总面积18.8万平方公里，占全国土地总面积的2%。

河北省是全国13个粮食主产省之一，主要生产小麦、玉米。正常年景粮食产需总量平衡有余，油脂油料缺口较大，主要靠外购入和进口弥补。2011年全省粮食总产量3172.6万吨，比上年增加196.7万吨，为历史最好水平，其中小麦1276.1万吨，玉米1639.6万吨，稻谷60.2万吨，大豆29.5万吨。农民提供的商品粮2340.9万吨，商品率73%。全年进口粮食257.4万吨，其中大豆251.7万吨，出口粮食7.2万吨。全省各类粮食企业累计收购粮食2055.6万吨，销售粮食2728.6万吨，其中国有粮食经营企业收购粮食621.9万吨，销售粮食728万吨。

2011年粮食工作

2011年，是实施"十二五"规划的开局之年，也是国内外经济形势复杂多变，粮食工作保供稳价任务艰巨、改革发展任务繁重的一年。在省委、省政府和国家粮食局的正确领导下，全省粮食系统深入学习实践科学发展观，扎实开展创先争优活动，继续围绕保安全、壮实力、增活力、重民生、求突破的工作主线，认真抓好购销主业，加强改善宏观调控，大力推进国企振兴，不断优化发展环境，依法规范流通秩序，积极转变发展方式，保持了粮食流通事业健康发展的好势头，圆满完成了既定目标任务，为全省经济社会平稳较快发展作出了积极贡献。

一　努力做强主业，粮食购销总量大幅增长

在全省粮食生产连续八年增产、粮食价格持续高位运行、小麦最低收购价执行预案未能启动的情况下，各级粮食部门积极引导粮食经营企业大力开展市场购销业务。全年共收购粮食2055.6万吨，同比增长36.9%，销售粮食2728.6万吨，同比增长35.6%，有力促进了生产和消费的衔接，有效保护了种粮农民利益，满足了各方面对粮食的基本需求；军粮供应体制进一步完善，连续第12年超额完成了国家下达的军粮供应计划；跨区域产销合作更加紧密，京津市场进一步巩固，与黑龙江、山西及南方省份的合作进一步深化，与中粮、中储、中纺等大企业的协作进一步加强，粮食经营呈现较好发展势头。

二   加强宏观调控，粮食安全保障能力显著提高

　　各级粮食部门始终把保供稳价作为重中之重，调控措施有力有效。逐个企业核定了粮油最高库存量标准，省储粮轮换实行了定向销售。全省地方粮食储备规模创历史最高水平，保障粮食安全的基础更加坚实。全省已有82个县（市、区）建立了县级储备，邯郸、唐山、廊坊、秦皇岛等4个市实现了县级储备全覆盖。立足完善工作机制，简化应急预案，调整应急网点，应急保障能力经受了实践考验。在"4·12"抚宁特大森林火灾扑救过程中，省粮食局靠前指挥，抚宁县粮食局全力以赴，秦皇岛、廊坊、唐山等6个市协调联动，保证了一万多名扑火官兵的食品供应，尤其是抚宁县粮食局的出色表现，受到了省委、省政府领导和扑火部队官兵的高度赞扬。

三   加大扶持力度，国有粮食企业振兴工程推进顺利

　　2011年是全省国有粮食企业三年振兴工程的关键一年，各级进一步加大工作力度，加强督导服务，省局争取的1.1亿元财政扶持资金全部安排到位，为国有粮食企业发展注入了基础动力；推出的第一批国有企业振兴工程示范单位和典型单位示范效应明显；国有粮食企业兼并重组成效显著，到2011年底，全省国有粮食企业整合到361家，较年初减少320家，超额完成年初目标任务；龙头企业带动作用进一步提升，省粮食产业集团、邢台国储库、衡水前么头国储库、柏粮集团等4家企业年经营收入已突破10亿元；国有粮食企业经营总量和效益继续提高，全省国有粮食企业统算销售收入达到202亿元，同比增长57.2%，实现利润1.6亿元，同比增长1.3倍，11个市全部盈利，超额完成了既定目标任务。

四   实现聚力发展，粮油产业经营水平稳步提升

　　重点引导和扶持了一批具有带动能力的龙头企业，省粮食产业集团、柏粮集团、今麦郎、佰裕东面业、金沙河面业、三河米业6家企业入选中国百佳粮食企业；培育建设产业集群，形成了邯石邢衡小麦粉加工、唐秦承大米加工、秦廊食用植物油加工、石沧邢廊饲料加工、燕山和太行山一带杂粮加工的产业布局，重点规划了石家庄、廊坊三河、秦皇岛、邯郸大名和衡水深州粮油加工产业集群5个项目，魏县、昌黎、高碑店等县市在项目建设中争取到了地方党委、政府的大力支持，一批粮油产业化项目正在酝酿起步。2011年全省粮油加工业总产值突破1000亿元，同比增长20%。

五   积极制定政策，粮食流通发展环境继续优化

　　在新的形势下，为争取更好的发展环境和政策环境，在充分调研的基础上，以省政府名义出台了《关于进一步加强粮食流通工作的意见》，对当前和今后一个时期粮食流通工作明确了政策界定、工作目标和具体要求，并督促推动各市相应出台了一些指导粮食工作的政策措施，为今后工作提供了政策保障；印发了《河北省粮食行业十二五规划纲要》，明确了"十二五"期间粮食行业发展的基本思路和主要任务；制定了粮油经营企业库存量核定办法、粮食行政处罚自由裁量权基准制度等规范性

文件，粮食政策法规体系日趋完善；依法行政能力进一步提高，全年新核发《粮食收购许可证》424个，全省具备粮食收购资格的经营主体达到3762个；按照财政部的统一部署，认真研究解决粮食历史挂账问题，消化政策性挂账本金44亿多元，占全部挂账额的75%，减轻了企业负担，并出台奖励政策，鼓励有条件的市、县自行消化剩余挂账。

六　严格依法管粮，粮食执法实践迈出新步伐

各级粮食部门坚持把加强依法管粮作为维护粮食流通秩序的重要手段，全面展开执法实践，组织开展了夏、秋两季粮食收购、粮食流通统计制度执行情况、政策性粮食销售出库等专项检查活动，依法查办涉粮案件766起，有效规范了粮食流通秩序，为国家调控措施的落实创造了条件。按照国家统一部署，历时4个多月开展了新中国成立以来第一次食用植物油库存大检查，摸清了全省油脂库存底数，检查结果显示，河北食用植物油库存数量真实、账实相符、储存安全。

七　发挥项目带动，粮食基础设施建设势头良好

围绕壮大粮食产业发展基础，各地大力实施项目带动战略，加强粮食基础设施项目的谋划建设，争取中央预算内投资5300万元，支持了12个粮油仓储设施和物流项目建设。石家庄粮食物流园区、邢台粮食物流中心等项目已经立项，承德热河产业园、张家口冀北物流中心等项目进展顺利。粮食质监体系建设有了新突破，衡水、邢台、张家口、沧州等4市质量检测中心通过了国家验收，全省市级以上粮油质检机构将达到8家。农户储粮减损工程有序推进，完成了8.6万套小粮仓的制作、分发，超计划6000余套。

八　推进民生工程，放心粮油覆盖范围不断扩大

认真落实省政府放心食品工程要求，大力推进放心粮油网络建设，积极培树粮油食品安全品牌，放心粮油覆盖范围不断扩大，受到广大群众认可和欢迎。全省放心粮油示范企业达到了91家，农村粮油连锁店280多个、粮油超市120个，唐山、邢台、邯郸放心粮油经营网点建设力度较大。军粮特供网络进一步完善，石家庄、保定、承德、邯郸、廊坊、张家口等市配送中心建设相继完成，全省已有100家军粮特供店投入运行，年销售额达1.5亿元，取得了良好的社会效益和经济效益。大众主食工程影响扩大，廊坊、石家庄、保定等市大众主食产品在当地市场所占份额显著提高。

九　开展创先争优，当代河北粮食形象逐步显现

按照省委部署，各级粮食部门深入开展创先争优活动，组织开展了全面对标、认责承诺、亮牌示范、夺旗争星等活动，特别是省局作出了在全省粮食系统开展向抚宁县粮食局学习活动的决定，全省上下围绕促进粮食流通工作的振兴和发展，对标抚宁县的工作经验，开展了深入的学习、思考和讨论，使全省特别是县级粮食部门出现了前所未有的新面貌、新气象。加强干部职工培训，省局组织的井冈山干部学院培训和县（市、区）粮食局长培训达到了预期效果。经过三年来的建设，以"敬业、

诚实、和谐、为民"为主要内容的当代河北粮食形象在全系统正在逐步显现，干部职工的凝聚力和战斗力显著增强，尚金锁、张焕良等一批典型代表，已经成为河北省粮食行业的名片，粮食工作的社会影响力和公众认同度显著提高。

同时，认真贯彻落实《廉政准则》各项要求，严格执行《中国共产党党员领导干部廉洁从政若干准则》等有关规定，加强党内监督，发扬民主，切实落实廉政建设责任制，积极开展党风党纪教育，精心组织反腐倡廉活动，确保了各项工作顺利开展。

◆ **河北省粮食局领导班子成员**

徐受棠	党组书记、局长
赵学敏	党组副书记、副局长
陈同文	巡视员
伍　林	党组成员、省纪委驻粮食局纪检组长
卢瑞卿	党组成员、副局长
杨洲群	党组成员、副局长
佟军亭	副巡视员

2011年2月16日，河北省副省长沈小平（前排左二）到省粮食局调研指导工作。

2011年5月31日，河北省人大常委会副主任宋长瑞（左）到省粮食局视察指导工作。

2011年6月16日，河北省粮食局局长徐受棠（前排左一）到唐山市粮食储备库考察调研。

2011年8月1日，河北省委常委、省纪委书记、省农村工作领导小组组长臧胜业（前排左二）到河北省粮食局检查指导工作。

山西省粮食工作　基本情况

　　山西省位于黄河中游东岸，华北平原西面的黄土高原上，因居太行山之西而得名。东以太行山与河北省为邻，西、南隔黄河与陕西省、河南省相望，北以外长城为界与内蒙古自治区毗连。全省总面积为15.6万平方公里，约占全国总面积的1.6%，辖11个设区市，119个县、市、区，常住人口3593.28万人。2011年，山西省生产总值11100.2亿元，比上年增长13%，人均地区生产总值30974元。2011年，城镇居民人均可支配收入和农村居民人均纯收入分别达到18123.9元和5601.4元，同比增长15.8%和18.3%。

　　山西地形多为山地丘陵，山区面积约占全省总面积的80%以上。山西属于典型的温带大陆性气候，干旱少雨，晋南和晋中盆地是重要的商品粮基地。2011年，山西农作物种植面积有376.4万公顷，比上年增加3.4万公顷。其中，粮食种植面积328.8万公顷，增加4.9万公顷；油料种植面积15.0万公顷，减少0.7万公顷；棉花种植面积5.3万公顷，减少0.5万公顷。在粮食种植面积中，玉米种植面积164.7万公顷，增加9.8万公顷；小麦种植面积71.0万公顷，减少1.8万公顷。2011年全省粮食总产量1193.0万吨，比上年增加107.9万吨，增产9.9%。其中，夏粮总产242.2万吨，增产3.4%；秋粮总产950.8万吨，增产11.7%。2011年国有粮食企业收购粮食201.8万吨，非国有粮食企业收购粮食460.6万吨。国有粮食企业销售粮食245.5万吨，非国有粮食企业销售粮食458.15万吨。工业用粮185.3万吨，种子用粮26.5万吨，饲料用粮367.8万吨。山西国有粮食企业总仓容860.24万吨，有效仓容733.37万吨。

2011年粮食工作

　　2011年，在国内外经济形势复杂多变，影响粮食市场的不确定因素增多，粮食保供稳价任务艰巨，粮食流通产业亟待加快转型跨越步伐的大背景下，山西省粮食局认真贯彻落实国家和省的粮食方针政策，在搞好粮食供需平衡、夯实粮食安全基础、保持全省粮食市场稳定、推进扭亏增盈、扩大招商引资等重点工作上取得了明显成效，粮食行业发展取得了新的进展，圆满完成和超额完成省委、省政府下达的目标任务，实现了"十二五"良好开局，重点难点问题取得新突破，为保障国家粮食安全作出了积极贡献。

一　进一步增强粮食宏观调控能力

面对经济增长下行压力、通胀压力和粮价持续高位运行的复杂形势，山西省各级粮食部门紧紧抓住粮油保供稳价这个中心任务，实施了一系列调控措施，保持了全省粮油市场供应充足、价格基本稳定。

一是建立成品粮油应急储备，增强了应对突发事件的能力。在充实地方储备粮油的基础上，各市均按要求建立应急成品粮储备和小包装食油储备，加上省市两级原粮和散装油库存，保持了较为雄厚的物质基础和较强的应对突发事件能力。吕梁、阳泉、忻州、太原4个市的应急成品粮油储备规模较大幅度超过省定目标。

二是完善应急体系，健全应急供应网络。修订了《山西省粮食应急预案》，由省政府办公厅印发实施，11个市和109个县也制定和修订了当地粮食应急预案。全省落实应急加工企业107个、应急供应网点366个，超过了国家规定的每10万人一个应急网点的标准。

三是实施粮食定向销售，稳定市场价格。向面粉加工企业定向销售低价小麦4250万公斤，安排定向销售面粉6.75万吨，食油近500万公斤，低于市价投放市场，稳定价格。

四是制定《山西省省级储备粮油定向销售方案》。一旦市场价格单月涨幅超过10%，或突发性事件引起粮食供应紧张时，投放省级储备粮油，保供稳价。

五是发挥市场配置资源的基础性作用。在政策、制度上鼓励各类经营主体开展粮油购销。同时加强省际间调入粮食工作，量化指标列入考核内容，全年从省外调入粮食比上年较大幅度增长，为山西粮食市场提供了粮源支撑。山西省全年粮油市场供应充足，品种齐全。小麦收购价格与上年基本持平，面粉、大米销售价格基本平稳，豆油价格略低于上年第四季度水平，圆满实现了保供稳价的预期目标，为保民生、保稳定，维护全省转型跨越发展大局作出了积极贡献。

二　突破发展"瓶颈"，加快粮食行业转型跨越发展

一是多措并举狠抓扭亏增盈。山西省国有粮食企业长期亏损，在全国排名后位，严重制约发展。2011年，省粮食局把国有粮食购销企业扭亏增盈作为打基础、谋发展的重中之重紧抓不放，加强跟踪检查，采取与省内外加工企业、用粮单位合资合作，扩大经营规模；盘活闲置资产，增加企业收入；加强经营管理，努力增收节支；与排名后位的单位主要负责人约谈，以及协调落实收购资金、调整省级储备粮油补贴标准等一系列措施，支持企业发展。全省国有粮食购销企业在上年亏损1685万元的情况下，2011年统算实现盈利1205万元，比当年减亏70%的目标超额完成145%，一举扭亏为盈，实现了全省国有粮食购销企业自粮食市场放开8年来首次盈利的历史性突破。吕梁、长治、朔州市的购销企业盈利分别为省下达目标的368%、331%、292%。

二是坚定不移抓好招商引资工作。针对粮食部门在长期计划经济下形成的相对封闭保守的突出问题，山西省粮食局把招商引资作为改革开放、转型跨越发展的突破口，精心组织推介124个招商引资项目，通过举办2011山西粮食交易合作洽谈会搭建平台，签约47个项目。其中，签订合同协议的招商引资合作项目28个，项目总投资13.4亿元，引资金额11.31亿元。这样大规模、大力度的招商引资，是

山西省粮食部门前所未有的历史性突破。

三是积极推进山西粮食物流中心项目建设。该项目采取与大型超市美特好集团股份制合作，总投资1.9亿元的物流项目开工建设。省粮食局在推进项目合作和建设进度上做了大量的工作，完成了项目变更、设计和相关手续等工作，当年完成投资1782万元。

四是积极扶持粮油产业化龙头企业。粮油产业化程度低是山西省的一个短板，为此，省粮食局把扶持粮油产业化龙头企业列为重点工作，筛选了带动能力强、市场前景好，年销售收入3000万元以上的粮油产业化龙头企业26家。采取与省农发行联合出台《关于支持粮食产业化经营促进粮食产业化发展的通知》，加大对粮食产业化的政策和信贷支持；召开全省粮油产业化龙头企业座谈会，搭建起政府部门和龙头企业交流平台，为企业提供政策指导和信息服务；与美特好超市股份公司合作，推进龙头企业产品进超市；通过全省粮食交易合作洽谈会，为龙头企业提供产品展示和招商引资平台；应急储备粮油在龙头企业代储代加工，增加企业收入；为龙头企业开展原粮代购代储，以及争取贴息资金等一系列扶持措施，收到了良好的效果。2011年，全省粮食系统重点扶持的26家粮油产业化龙头企业，年销售收入57.79亿元，比2010年增加7.57亿元，增长15%。

三　努力搞活粮食流通，确保区域内粮食供需平衡

山西粮食产不足需，居民消费的米、面、油大量依靠省外调入。省粮食局始终把粮食供需总量平衡和主要品种平衡，摆在确保粮食安全的高度，全力抓紧抓好。

一是精心组织粮食购销。粮食收购事关农民利益，省粮食局高度重视，在夏、秋两季粮食即将上市前，召开专门会议安排部署粮食收购工作，加强收购市场检查，制定粮食收购政策、纪律，维护收购市场秩序。夏粮收购期间，省粮食局专门制定了主动公开收购政策、敞开收购农民余粮、及时兑付售粮款、严格执行质量标准、积极开展品种兑换、切实搞好收购服务、自觉接受社会监督、依法查处违规行为等八项规定。局领导深入收购第一线，加强监督检查，确保收购政策落实到位。同时，向企业和农民发布收购信息，指导收购工作，有效地保护了农民利益，促进了农民增产增收。2011年，全省各类粮食企业收购粮食662.4万吨，比上年增长21.2%，完成年度收购目标370万吨的174%；全年销售粮食703.65万吨，比上年增长15.1%，完成年度销售目标425万吨的165%。

二是深化区域间产销合作。举办2011山西粮食交易合作洽谈会，共达成粮油产销合作协议215份，粮油购销签约总量918.5万吨。2011年，全省通过产销衔接从省外调入粮食226.45万吨，比上年增长15.6%。粮食收购、销售、调入全面超额完成目标，为实现全省粮食供需平衡、为保供稳价提供了有力的粮源支持。

四　加强粮食仓储管理，提升粮食仓储规范化管理水平

一是完善省级储备粮管理相关制度，制定了省级储备油库存与轮换管理补充办法，明确了代储省级储备油的相关条件、风险金准备、商品周转油储存、中小包装油建立和适度动态轮换等规定。

二是开展全省春秋两季储粮安全大检查。从检查结果看，全省安全储粮"一符六无"平均达标率达97.9%，各库点库存粮油账实相符，储存情况稳定，粮油品质基本处于宜存状态。

三是组织实施骨干粮库提升改造工程。山西省粮食局与财政厅联合安排骨干粮库提升改造以奖代

补资金2000万元。全省当年完工项目13个，在建项目16个，当年完成投资3860.94万元。圆满完成了投资2000万元以上，实施骨干粮库提升改造工程的目标任务。

四是高度重视安全生产工作，加强监督检查，落实安全责任，全年未发生一起责任事故。

五　采取有力措施，提高军粮供应保障水平

山西省各级粮食部门和军供单位坚持"以兵为本"的服务宗旨，致力军粮供应管理规范化建设，采取公开招标方式统一筹措军供粮源，军粮质量抽检合格率100%。确保了军粮供应数量充足，质量优良，及时供应。在"五一"、"八一"、国庆、春节等四个节日期间，为驻晋部队调剂供应色拉油、饺子粉、绿豆、小米等粮油品种。各军供站点均配备军粮送货专用车，坚持为部队送货上门服务。经过向部队问卷调查，军粮送货上门率95.49%，军供服务满意率100%，圆满完成了目标任务。

六　加强依法管粮，维护粮食流通市场秩序

一是组织开展夏、秋粮收购市场专项检查。严格核查粮食收购资格和收购活动，查处粮食收购违规行为。全年共出动检查人员4575人次，出动检查人员16735人次，查处违法违规案件813起，确保了收购政策的落实，保护了农民利益，维护了正常的粮食流通秩序。

二是开展食用植物油库存清查。2011年，组织开展了新中国成立以来首次食用油库存清查工作。根据国家统一部署，省粮食局与省财政厅、农发行省分行等部门联合组成领导组，制订了检查方案，组建4个省级普查组，派出74个督导组、督导人员592人，全国统一时点，按照"有库必到、有油必查、有账必核、查必彻底"的原则，对全省食油库存数量、质量、占用贷款、财政补贴等情况进行了全面清查。共检查各类企业450家，清查油脂8万余吨，圆满完成了清查任务。检查结果显示，全省食用植物油承储企业库存账实相符，质量总体良好，储存比较安全。并对检查中发现的问题，及时提出了整改建议，限期整改。

三是健全粮食市场监管制度。制定了山西省粮食经营者最低和最高库存标准，完善了收购许可制度，对粮食收购资格进行了重新审核登记。

七　加强原粮质量监测，维护食品安全

为保障山西省原粮质量安全，从源头上把好食品安全关，省粮食局开展了库存粮油质量安全抽查和新收获粮食的质量监测工作，积极推进粮食质量监测体系建设。

一是加强收获粮食的质量调查。在57个主产县（市、区），对当年新收获的小麦和玉米开展了卫生调查和品质测报。抽取小麦样品100个，玉米样品300个，检验结果显示，全省小麦质量良好，玉米质量好于上年。依据调查结果，省粮食局及时向国家粮食局上报了有关情况，并提出了对策建议。

二是加强粮油储存环节质量监管，对中央、省、市三级储备粮油进行质量安全检查，抽检97份样品，质量状况总体良好。

三是加强粮油质量安全宣传工作。组织开展了全系统食品安全宣传周活动，全省粮食系统组织各类宣传活动430余次，现场咨询活动120余次。

八　党风廉政建设和行风建设取得新进展

2011年，省粮食局全面推进党风廉政建设，开展警示教育，健全管理监督制度，推进学习型机关建设，为确保全年粮食工作任务圆满完成提供了有力保障。

一是完善惩治和预防腐败体系。制定《山西省粮食局党组关于贯彻落实"三重一大"集体决策制度的实施办法》、《关于推进规范权力运行构建粮食廉政风险防控机制实施办法》等规章制度，机关处室根据职责分工寻找了廉政风险点，制定风险防控的工作流程和机制。严格执行《廉政准则》及有关规定，加强管理和监督检查，防止发生腐败案件。局党组成员对执行《廉政准则》的情况进行了对照检查，认真落实领导干部报告个人有关事项制度，71名领导干部进行了填报。

二是加强学习型党组织和学习型机关建设。开展了"粮食转型跨越发展主题调研"活动，完成150余篇调查报告，约55万字，为粮食转型跨越发展建言献策。此外，把改革粮食直补方式列入先行先试的课题，进行了深入调研，并报请省政协列入2012年重点提案。另外，省粮食局举办六次专题讲座，干部职工集中学习达40学时。

三是深化干部人事制度改革。省粮食局党组对局机关空缺的处级干部职位采取竞争上岗的方式进行选拔任用，坚持公开公正，平等竞争，通过资格审查、闭卷考试、竞职演讲、专家评议、民主推荐、群众评价、组织考察、党组决定等几个环节，择优选拔干部，调动了干部干事创业的积极性和创造性，发挥了导向作用。

四是推进依法行政和政务公开。制定《山西省粮食局督办督查制度》、《山西省粮食局规范性文件制定办法》、《山西省粮食局机关财务管理办法（试行）》等11项规章制度，加强了规范化管理。制定 "六五"普法规划和2011年普法依法治理工作要点，举办了以预防职务犯罪为主题的法律知识讲座。聘请山西晋一律师事务所为法律顾问，更好地为决策提供法律支持。另外，省粮食局推进政务公开，凡是能公开的文件和信息全部在局机关门户网站对外公开，未发生行政违法问题。

◆　**山西省粮食局领导班子成员**

杨随亭　　　党组书记、局长
牛银虎　　　党组成员、副局长
张　文　　　党组成员、副局长
马　珩　　　党组成员、副局长（2011年6月任职）
吕苟青（女）党组成员、副局长
梁　政　　　党组成员、总经济师
薛愿兵　　　党组成员、驻局纪检组长
姚允民　　　巡视员

2011年5月，山西省粮食局局长杨随亭（右二）带领机关干部下乡驻村。

2011年6月，山西省粮食局局长杨随亭（左一）陪同副省长牛仁亮（左三）在运城市考察夏粮收购工作。

2011年9月21日，山西粮食交易合作洽谈会在晋中举办。省委副书记金道铭、省人大常委会副主任王雅安、省政府副省长牛仁亮、省政协副主席李雁红、国家粮食局副局长郗建伟、国家发展改革委副司长耿书海、中国粮食行业协会副会长宋廷明等领导出席会议。

2011年12月，山西省粮食局举办局机关公开竞选处级干部活动。

内蒙古自治区粮食工作

基本情况

内蒙古自治区位于中国北部边疆，地处北温带，总面积118.3万平方公里，约占全国总面积的12%，居全国第三位。内蒙古自治区是我国第一个成立的少数民族自治区。全区共划分12个盟（市）、两个计划单列市、79个旗（县、市）、24个市辖区（含经济开发区）。2011年，全区常住人口2481.7万人，其中，城镇人口1405.1万人，乡村人口1076.5万人。城镇化率56.6%，比上年提高1.1个百分点。

2011年全区实现生产总值14246.1亿元，按可比价格计算，比上年增长14.3%。其中，第一产业增加值1304.9亿元，增长5.8%；第二产业增加值8092.1亿元，增长17.8%；第三产业增加值4849.1亿元，增长11%。全年完成地方财政总收入2261.8亿元，增长30.1%，其中地方财政一般预算收入1356.7亿元，比上年增长26.8%；全年地方财政支出2989.2亿元，比上年增长31.5%。全年农作物总播种面积713万公顷，比上年增长1.8%，其中粮食作物播种面积556.2万公顷，比上年增长1.1%。

2011年粮食工作

2011年，全区各级粮食部门认真贯彻落实党中央、国务院的决策部署和自治区党委、政府及国家粮食局的工作要求，严格执行国家粮食政策，积极加强宏观调控，认真抓好粮食收购，切实强化市场监管，努力改善粮食流通基础设施，大力推进放心粮油工程，顺利实现了年初提出的"保供、稳价、保安全"的工作目标，较好地完成了自治区党委、政府及国家粮食局下达的各项工作任务。

一　粮食生产实现"八连增"

全年粮食总产量2387.5万吨，比上年增长10.6%，其中，小麦170.9万吨，比上年增长3.5%；玉米1632.1万吨，增长11.4%；稻谷27.8万吨，增长7.6%；大豆137.2万吨，增长2.9%；油料产量140.5万吨，增长9.7%。

二   积极争取粮食支持政策，努力营造宽松的政策环境

2011年，进一步加强了对政策的研究，特别是加强了对涉粮政策的研究，紧紧抓住各级"十二五"规划制定、《国务院关于进一步促进内蒙古经济社会又好又快发展的若干意见》下发的机遇，积极争取有利于促进自治区粮食流通产业科学发展的各项支持政策，为做好2012年和"十二五"期间的全区粮食流通工作打下了较好的政策基础。

通过积极争取，努力工作，《内蒙古自治区粮食行业"十二五"总体规划》列为自治区"十二五"专项重点规划。从2010年组织编制《内蒙古自治区粮食行业"十二五"总体规划》之初，就努力争取将其纳入自治区"十二五"专项重点规划，得到了自治区政府分管领导和有关部门的支持，自治区政府办公厅于2012年年初正式印发粮食行业"十二五"规划，要求全区各地认真贯彻执行。能够把粮食行业中期发展规划列入自治区专项重点规划，并由自治区政府印发这还是第一次。不仅提升了规划的权威性、严肃性和贯彻执行力度，而且为规划的顺利实施，提供了有力的政策保障。

认真研究国务院21号文件精神，按照自治区政府的要求，及时筛选部区协作项目，积极主动与国家粮食局衔接，及时提出请求国家粮食局支持内蒙古自治区粮食流通产业科学发展的合作协议。早在国务院21号文件起草和调研过程中，自治区粮食局就4次提出文字性书面意见和建议，并在有关部门征求意见的会议上进行了反映，部分意见被写入国务院21号文件当中。国务院21号文件下发后，结合自治区实际，主动对推进粮食流通产业科学发展中需要解决的困难和问题进行了认真梳理，以《内蒙古自治区粮食局关于秋粮收购基本情况和有关问题的请示》，提出了需要国家粮食局给予政策支持的具体建议。2011年12月下旬，由局领导带队到北京向国家粮食局作了专题汇报。后来，按照要求将贯彻落实国务院21号文件有关工作的进展情况，向自治区政府办公厅作了专题报告，得到办公厅的充分肯定。在2012年1月召开的全国粮食局长会议上，又向国家粮食局主要领导和分管领导进行了汇报。2012年春节刚过，抓紧起草了《国家粮食局与内蒙古自治区人民政府关于共同推进内蒙古自治区粮食流通产业又好又快发展的合作协议》，并由局领导带队赴京与国家粮食局进行了具体对接，《合作协议》几经修改完善，形成了双方共同认可的最终文本。这份《合作协议》的最后签署，将对自治区粮食流通工作产生积极的影响。

争取将粮食流通重点工作列入自治区党委1号文件当中。2012年，自治区党委政府制定下发了《内蒙古自治区党委、自治区人民政府关于加快推进农牧业科技创新持续增强农畜产品供给保障能力的实施意见》。在文件形成过程中，自治区粮食局先后两次以书面形式提出文字意见，并在征求意见会议上详细说明了意见的政策依据和理由，最终，提出的7条建议有5条被写入了自治区党委1号文件，充分说明自治区党委、政府对粮食流通工作的高度重视。这5条建议的内容是：第一，落实《内蒙古自治区粮食行业"十二五"总体规划》；第二，加快建设盟市所在地粮油仓储设施；第三，全面推进国家农户储粮专项建设工程；第四，启动建设自治区粮食监测预警系统；第五，增加自治区粮油储备。

针对专项工作争取政策支持。自治区粮食局连续3年通过政协委员向自治区政协提交议案，自治区政协专门委员会十分重视，交由有关部门办理。其中，建议自治区财政每年安排3000万元用于粮食流通基础设施建设与维修改造；建议自治区发改委安排专项资金2000万元用于呼和浩特市成品粮库建设；建议支持兴安盟经济社会发展，实施农户科学储粮专项5万户，总投资1.6亿元。以上三项建议均

已被自治区人民政府和有关部门采纳，并得到落实。

三　加强专题调研，积极解决粮食流通工作中存在的突出问题

针对影响自治区粮食流通科学发展的突出问题，认真组织专题调研，分别提出解决意见，被有关部门所采纳，使相关问题得到有效解决。

积极解决呼伦贝尔市粮食收购中存在的困难和问题。2011年，呼伦贝尔市粮食增产较多，部分地区由于点少路远等原因，收购中可能会出现阶段性困难，在调研的基础上和中储粮内蒙古分公司一道积极向国家粮食局专题汇报，经过多次反映和争取，国家粮食局会同有关部门于2012年春节后派调查组进行了实地调研。这些困难和问题及时得到有效解决。

支持呼和浩特市成品粮储备库建设。组织技术支持单位与呼和浩特市粮食局，就成品粮储备库建设先后赴北京、深圳等地进行考察，并形成调研报告，为全区首批成品粮储备库筹建工作，提供了第一手技术资料。项目前期工作已经完成，2012年4月中旬开工建设，计划年底前建成。

转变粮食流通发展方式，提出打造粮食园区的发展思路。通过对部分盟市的粮油加工业调研，提出仓储物流、批发市场和粮油加工与成品粮储备应急设施相结合，打造粮食园区的建议，为今后全区各地转变粮食流通发展方式提供了新的思路。

四　认真抓好粮食收购，努力掌握更多粮源

2011年，自治区粮食实现八连增，再创历史新高。针对粮食增产、购销任务加重的形势，进一步加强了对粮食市场的调查研究、分析判断，对可能出现的问题提前谋划，积极帮助基层解决困难，加强对粮食收购工作的指导，强化对粮油收购市场的管理和国家粮食收购政策执行情况的监督检查，维护正常的粮食收购秩序。全区各级粮食部门认真贯彻落实国家粮食收购政策，积极引导有资质的各类粮食收购主体入市收购。同时，指导企业按照国家政策要求搞好粮食销售和加工转化，实现了全区粮食总量平衡。

2011年，全区收购商品粮1667.5万吨，同比增加678万吨，增幅29.3%；销售商品粮865万吨，同比增加64万吨，增幅8%，其中销往区外商品粮202.5万吨，同比减少30万吨，减幅12.9%；加工转化商品粮673.5万吨，同比增加320万吨，增幅90.8%；期末库存商品粮增幅20.2%。各类收购主体均做到了严格执行粮食收购质价政策，没有发生损害农民利益和严重违反国家粮食收购政策的现象，自治区粮食局也没有接到有关粮食收购方面的举报和投诉。

五　充实地方粮食储备，夯实宏观调控基础

2011年，进一步加强了对自治区级储备粮油管理工作。完成了6000吨自治区级食用植物油轮换入库检查验收，会同财政厅对扎赉特旗巨宝粮库新增5000吨自治区级储备稻谷和巴彦淖尔市2500吨自治区级储备小麦调整库点工作进行了检查验收，全年4.3万吨自治区级储备玉米轮换工作有序进行，于2012年4月底前完成轮换任务。

督促盟市充实地方粮油储备。截至2011年底，呼和浩特市、包头市、兴安盟、通辽市、赤峰市、

鄂尔多斯市、巴彦淖尔市、阿拉善盟均增加了盟市级储备粮，乌兰察布市、乌海市政府已经正式发文同意增加市级储备粮。另外，呼和浩特、包头、通辽、赤峰、鄂尔多斯、兴安盟、锡林郭勒盟、阿拉善盟8个盟市建立了面粉、大米和食用植物油应急储备，部分盟市还建立了小包装成品粮油储备，为应对突发事件、保证粮油市场供应提供了有力的物质保障。

继续完善粮食应急工作机制。2011年，自治区粮食局向国家粮食局推荐上报粮食应急加工企业135个，应急供应企业337个，加上以前确定的152个宏观调控载体企业，基本形成了较为完善的全区粮食应急工作体系。

六　加强粮油市场监管，依法规范市场秩序

积极推进依法管粮的配套制度建设，先后制定了《全区粮食行业法制宣传教育第六个五年规划》、《内蒙古自治区粮食行政管理部门行政处罚自由裁量权基准制度》、《内蒙古自治区粮油仓储单位备案管理办法》，组织开展了《粮食流通管理条例》实施七周年宣传活动和世界粮食日宣传活动，圆满完成了国家统一组织的食用植物油库存检查和一年一度的粮食库存检查，重点开展了秋粮收购、政策性粮油销售出库和国家临时存储粮油收购等专项检查。全区开展各种粮油检查3500多次，出动检查人员1.2万多人次，检查各类企业1.2万个次，有效地规范了粮油收购市场秩序。连续7年被国家粮食局评为粮油监督检查工作先进省区。

进一步加强了粮食收购资格核查工作。按照国家发展改革委、国家粮食局、国家工商总局关于加强粮食收购资格审核，规范粮食收购市场秩序的通知要求，坚持实行粮食收购资格年度审核制度，并对具有粮食收购资格的企业进行了全面清理整顿。清理整顿结果显示：截至2011年底，全区审核办理《粮食收购许可证》4144个，其中国有及国有控股企业340家，民营企业1802家，个体工商户1988家，外商投资企业8家，其他经营企业6家。

切实加强粮油市场监管监测工作。有针对性地对粮油价格变化和库存情况进行跟踪监测与分析，实事求是地开展社会粮油供需平衡调查；加强对涉粮外资企业的监督监测。同时，配合相关部门对粮油加工、批发、零售等环节的经营行为进行重点监督检查，加大了对大型粮油批发市场、超市和农贸市场的巡查力度，有效地保证了粮油市场供应，实现了粮油价格的基本稳定。

加强政策性粮油销售管理。2011年，自治区粮食局向国家推荐参与政策性粮食定向销售小麦加工企业2家，报名参加政策性粮食竞价销售企业22家。有关盟市对这些企业购买国家政策性粮食的加工等环节实行了全程监管。

七　加强粮油质量管理，狠抓安全保粮和安全生产工作

加强粮油质量监管。继续开展收获粮食质量安全监测工作，下达了国家级收获粮食质量安全监测计划。首次启动了自治区级收获粮食质量安全监测计划，对全区生产的玉米进行常规质量、真菌毒素和重金属等项目监测，检测范围覆盖6个盟市27个旗县、300多个自然村。严格执行军粮质量标准，坚持实行军粮集中招标采购，严把军粮进货关。2011年共检测原粮和食用植物油样品650个，只有7个样品的卫生指标超标，全部抽检样品的品质指标、储存指标百分之百合格。

狠抓安全保粮和安全生产工作。指导盟市在2011年4月底前完成了77万吨高水分粮处理工作。上半年组织开展了安全生产事故隐患排查活动，全区未发生因保管不善的坏粮事故，也没有发生重大人身伤亡和财产损失安全生产事故。

全面启动放心粮油工程、注册地理标志和申报名优特产品工作。依托自治区粮食行业协会，积极推进放心粮油工程；提出了"统一品牌标识、统一采购配送、统一制度管理、统一服务规范、统一信誉承诺"五统一的放心粮油管理模式；开展了"放心粮油示范企业"创建、评审命名活动，倡导放心粮油"进社区、进市场、进部队、进学校、进农村牧区"五进创建活动。4家企业被中国粮食行业协会推选为"放心粮油示范企业"。全面启动了注册地理标志和申报名优特产品工作。

| 八 | 积极争取项目资金和财务政策，加强粮食流通基础设施建设和维修改造，努力改善企业经营环境 |

配合自治区发展改革委完成了2010年总投资4.4亿元、仓容规模71.4万吨的建设任务。2011年，共争取各方面建设资金3亿多元，其中，中央补助农户科学储粮专项建设资金4800万元，仓储和物流设施建设资金2825万元，维修改造资金1018万元；自治区各方面资金2.5亿多元。安排呼和浩特市1.5万吨成品粮应急储备库建设项目1个，投资2432万元；安排兴安盟农户科学储粮专项建设5万户，自治区各级财政配套资金8000万元；农户自筹资金3200万元；企业自筹和银行贷款1.23亿元。

2011年，自治区粮食局会同财政厅、农发行核销了1998年以前政策性财务挂账58亿元，全区1998年以前政策性财务挂账已经消化75%；完成了油菜籽压榨企业收购加工油菜籽的补贴初审工作，6户企业应享受财政补贴5890万元；协调和配合财税部门争取落实储备粮油企业税收优惠政策，为地方国有粮食企业减免税收2500万元；争取自治区本级部门预算3500万元，对51户粮食企业的仓储设施进行了维修改造，有效缓解了仓房年久失修、储粮功能差的问题。

| 九 | 粮食购销企业改革稳步推进，企业整体实力有所增强 |

经过改革，长期困扰粮食购销企业发展的"三老"问题得到逐步解决，企业的活力和发展实力有所增强。截至2011年底，全区国有粮食企业资产总额75.8亿元，同比增加1.8亿元，增幅2.4%；负债总额58.6亿元，同比减少0.8亿元，下降2%；所有者权益17.1亿元，同比增加2.6亿元，增加17%；资产负债率77.3%，同比下降3.7个百分点；实现销售收入26.9亿元，同比增加1.7亿元，增长7%；亏损由上年同期1799万元减少到1478万元，减亏321万元，下降18%。粮食购销企业经营中的"三增三减"充分证明，经过改革，企业的经营状况有所改善，整体实力逐渐增强。

| 十 | 加强粮食人才队伍建设，提高粮食行业从业人员整体素质 |

2011年，组织编制了《内蒙古自治区粮食行业中长期人才发展规划纲要（2011~2020）》；有计划地组织各类专业业务培训，全年培训1132人次，进一步提高了全区粮食行业各类专门人才的专业水平和整体素质。

十一　党风廉政建设和政风行风建设工作明显加强

　　2011年，全区粮食系统各级纪检监察部门坚持以邓小平理论和"三个代表"重要思想为指导，深入贯彻落实科学发展观，坚持标本兼治、综合治理、惩防并举、注重预防的方针，全面学习贯彻中纪委十七届六次全会和自治区纪委八届六次全会及全国粮食系统纪检监察工作会议精神，认真履行职责，积极开展反腐倡廉教育。学习宣传沈浩、杨善洲等模范事迹，利用白志明、张志新等腐败案件开展警示教育，做到警钟长鸣，机关党员干部拒腐防变的自觉性进一步增强。全区各级粮食部门严格贯彻执行《廉政准则》，围绕"八个严禁"、"52个不准"开展了自查自纠，驻自治区粮食局纪检组对局机关各处室和局属各单位自查自纠情况进行了督查。认真落实党风廉政建设责任制，对党风廉政建设责任制执行情况进行了监督检查，各级领导干部廉洁从政意识和责任意识进一步增强。认真贯彻落实党内监督条例，加大监督工作力度，机关重大决策、干部人事任免、重大项目安排、大额资金使用、民主生活会及领导干部的监督工作不断深化。扎实推进惩防体系建设，从源头上防治腐败工作不断深入。围绕粮食中心工作，配合有关部门对执行粮食收购政策、储备粮油管理情况、军粮采购招标和农户科学储粮建设项目等进行监督检查。严肃查处违纪违法案件，加强政风行风建设，认真开展专项治理，加强对重点岗位、关键环节的监督，一些不正之风得到有效遏制，群众满意度明显提高，为维护全区粮食流通事业顺利发展和全区粮食安全提供了有力的政治保障。创新工作方法，着力加强全区粮食系统纪检监察干部队伍建设，采取以会代训的方式，对全区粮食系统纪检监察干部及国有粮食企业负责人进行了专门培训，纪检监察干部的素质和能力有了切实提高

◆　**内蒙古自治区粮食局领导班子成员**

冯有恩	党组书记、局长（2011年10月任职）
康昱幸（蒙古族）	党组成员、副局长
张忠何	党组成员、副局长
王斯琴（女，蒙古族）	党组成员、副局长
刘永旺	党组成员、副局长
张天喜	党组成员、总经济师
巴　图（蒙古族）	党组成员、纪检组长
赵长青	党组成员、副局长（2011年10月任职）
柯　克（蒙古族）	副巡视员

内蒙古自治区人民政府主席巴特尔（前排左一）视察通辽国家粮食交易中心。

2011年12月3日，内蒙古自治区粮食局局长冯有恩（前左一）在赤峰市调研秋粮收购工作。

内蒙古自治区通辽市开鲁县粮食机械制造有限责任公司研制的实用新型粮食风干仓获得国家知识产权局颁发的"实用新型专利证书"。

辽宁省粮食工作　基本情况

　　2011年是"十二五"开局之年，在省委、省政府的高度重视和正确领导下，在国家粮食局的正确指导下，辽宁省粮食流通工作以"稳市场、保安全、强产业、惠民生"为目标，在粮食购销、宏观调控、市场监管、产业发展、基础建设、行业管理等方面取得了显著成效，实现了持续稳定发展，为全省经济社会的发展和稳定作出了积极贡献。

2011年粮食工作

一　粮食生产

　　全省粮食作物播种面积达到307万公顷，比上年增加1.3万公顷。由于春播基础好，良种良法普及率高，加上气候条件总体有利，全省粮食生产实现连续八年丰收，粮食产量首次超过2000万吨，达到2035.5万吨，再创历史新高，增幅达到15.3%，列全国第1位，受到国务院表彰。玉米和水稻两大高产作物种植面积超过273万公顷，占全省粮食作物总面积的88%，保证了全省粮食综合生产能力的稳定提高。

二　粮食流通

　　粮食购销创历史最好水平。

　　粮食收购，2011年1～12月，全省共收购粮食2490万吨，比2010年同期增加1070万吨，超额完成了年初预定的全年收购粮食1400万吨的工作目标，确保了调控有效粮源，促进了农民增产增收，企业搞活增效。粮食收购在全国位列第3位。

　　粮食销售，2011年1～12月，全省共销售粮食2715万吨，比上年同期增加1115万吨，超额完成了年初预定目标。销售数量在全国位列第6位。

三　粮食调控

（一）贯彻落实国家政策，实现全省保供稳价

继续实施联动机制，定期协调省发展改革委、财政厅、服务业委、物价局等部门，会商全省粮油市场供应和价格变动情况。按照国家粮油保供稳价工作有关要求，结合辽宁省实际提出具体贯彻意见：一是各地进一步落实粮食安全地方政府负责制，保证粮食市场供应；二是积极充实地方成品粮油储备；三是继续加强市场监测和监管。全省市场粮油价格较平稳，波动不大，未出现异常现象。

（二）贯彻落实国家定向销售小麦有关政策，确保小麦粉价格平稳

争取3家企业列入国家小麦定向销售对象，对指定企业销售小麦粉的数量、价格进行了重点跟踪监测，确保各指定企业小麦粉出厂价格、重点市场批发价格和直供超市零售价格均不得高于规定的销售价格水平，按原有渠道和销售网络正常供应，保证辽宁省小麦粉市场价格在较长的时间里保持稳定。

（三）完善地方储备粮布局和品种结构

一是全省地方政策性粮油储备取得历史性突破。省内7个未完成地方储备计划的市级储备计划已全部落实。自此，全面完成了国家下达辽宁省的地方粮油储备任务。同时，部分市提高了储备费用补贴标准，解决了因补贴不到位而存在的"活储"现象，确保了储备粮油储得实，储得好，调得动，用得上。二是调整省级储备粮布局。根据辽宁省粮食产销特点，将部分小麦调整到具有面粉加工能力的企业，极大地减轻了承储企业的轮换压力，保证轮换工作的顺利进行。同时，将部分稻谷从销区调整到稻谷产区，便于粮食收购，减少了费用支出。三是调整市级储备口粮品种结构。对市级储备粮口粮品种结构较低的10个市进行了认真调查研究，并加强沟通、协调和检查工作，使市级储备粮口粮品种比例有所提高。

（四）适时下达省级储备粮轮换计划

结合辽宁省粮食产销的季节特点，及时与省财政厅、中国农业发展银行辽宁省分行进行沟通，下达了2011年省级储备粮轮换计划，确保储备粮质量安全，做到常储常新。

（五）严格资格审核，规范粮食收购秩序

严格粮食收购资格核查。按照国发电〔2011〕117号通知精神，4月底下发了《关于做好全省粮食收购资格全面核查工作的紧急通知》，组织各地切实做好核查工作。12月，省政府办公厅印发了《关于加强和完善粮食收购资格审核规范粮食收购市场秩序的通知》，这是粮食市场化以来，省政府首次出台政策，对粮食收购市场准入条件做出相应的调整。全省取得粮食收购资格的粮食经营者3675户。从办理许可证时间划分，上年底前办证的有3369个，本年办证的有464个，核查时取消的有158个；从经营者性质划分，国有及国有控股的461个，民营企业1416个，个体工商户1427个，外商投资企业46个，其他类型325个。

（六）继续加强粮食应急体系建设，为粮食宏观调控保驾护航

1.按照国家、省政府的要求，调整充实了应急保障系统。

在全省205家粮食应急加工和供应企业中，重新选定省级粮食应急加工、供应企业各50家，较上年分别增加13家、12家，增长33%。同时，建立了应急加工、供应企业信息档案制度，将企业的自然情况、应急保障能力等逐一建档备案；建立了定期信息反馈制度，对企业的购销、加工、库存、轮

换、经营管理等情况实行月报统计制度；建立了粮食供给应急工作督察制度，定期或不定期地对应急企业履行职责情况进行监督检查和指导。

2.加大了成品粮油应急储备落实工作力度，全省成品粮油应急储备数量有了较大幅度的增长。

全省成品粮油应急储备数量较上年同期增加42%。大米、面粉、豆油储备全部到位。省级粮食加工企业日加工能力达到1.6万吨，供应能力达到1.1万吨。总数量已经基本达到成品粮10天供应量能力。

3.针对全省粮油市场变化情况，重新构建了粮食价格监测体系。

对全省280余个粮油监测点进行了筛选，重新核定了粮油市场价格监测点，其中，省级价格监测点由原来的74个调整到100个，增加35%。委信息中心在金农网开辟专栏，由监测点直接上报监测数据，同时上报频率也由原来的周报变为3日报，大大提高了监测效率。

四　粮食流通体制改革

紧紧抓住大力发展农产品加工业的有利契机，国有粮食企业改革发展取得新成效。认真贯彻国发〔2006〕16号和辽政发〔2006〕46号文件精神，继续深化国有粮食企业产权制度改革。截至2011年末，全省国有粮食企业由上年的572户减少到540户，国企职工由11671人减少到10909人。当年共安置富余职工再就业910人。积极扶持企业扩大经营，全年新增国家级粮食产业化龙头企业4个、省级2个、市级21个。锦州、辽阳等市的改革工作取得了较好的成果。全省有7个市实现全部国企统算盈利。委直粮食企业切实加强企业管理，积极拓展经营空间，努力提高经济效益，企业发展后劲有所增强。

五　粮食行政执法

全省依法管粮工作得到全面提升，得到了国家粮食局的充分肯定。辽宁省连续四年被评为全国粮食监督检查先进单位；昌图县和灯塔市被授予全国粮食监督检查工作示范单位称号。全年共执行粮食监督检查任务3548次，出动监督检查人员16326人次，检查单位10221户次。对检查中发现的问题提出责令改正208例，形成处罚案件426例，有效地维护了全省粮食流通秩序，促进了国家各项粮食宏观调控政策的贯彻落实。

（一）粮食流通监督检查机构建设全面完成

2011年，全省共有12个县级粮食行政管理部门经当地编制部门批准完成了粮食监督检查内设机构的设置工作。至此，辽宁省66个有粮食行政管理部门的县（市、区）已全部建立了粮食监督检查内设机构，实现了省、市、县三级粮食行政管理部门粮食监督检查机构建设全部达到100%，实现了历史性的突破。

（二）粮食库存检查工作圆满完成

按照《国家粮食局关于开展2011年全国粮食库存检查工作的通知》（国粮检〔2011〕28号）要求，辽宁省于4月1日至20日认真组织开展了全省粮食库存检查工作。省农委成立了以钱程广副主任为组长，委内相关处室和单位为成员的库存检查工作领导小组，各市、县（市、区）也都分别成立了相应的组织。在213个企业认真开展粮食库存自查工作的基础上，各市、县（市、区）粮食行政管理部门共抽调287人组成46个工作组，深入到175个库点督导自查工作。并与中储粮辽宁分公司紧密配合，对全省9个重点市，20个有代表性的粮库进行认真细致的复查，确定账账相符、账实相符。

（三）秋粮收购市场检查工作积极开展

从2010年11月下旬至2011年4月末，全省共检查1176次，出动检查人员7917人次，检查各类收购主体3946个次。在检查中共对338户有问题的企业进行了严肃处理。

（四）食用植物油库存大检查取得显著成效

新中国成立以来辽宁省首次开展的全国性的食用植物油库存大检查从年初开始到7月底圆满完成。全省共普查政策性油脂承储、代储企业54家，货位200个，第一次真正摸清了辽宁省食用植物油库存的数量、质量等方面的基本情况，为加强食用植物油宏观调控，搞好油脂库存管理，提供了可靠的依据。

六　粮食行业发展

（一）粮食流通基础设施建设得到加强

全年共争取国家和省财政专项补助资金21019万元，是多年来得到专项补助最多的一年。其中，国家补助农户科学储粮专项9000万元。争取省财政补助军供网点维修改造资金1724万元、粮食检测体系建设资金1738万元，为推进全省军供和粮油质检体系的建设起到了积极作用。基础设施投入的增加，使全省的粮油仓储基础设施、粮油检测、军粮保障能力得到进一步提升。

（二）粮食市场体系建设进一步加强

全省粮食批发市场完成建设投资2.8亿元，年成交量927万吨，成交额264亿元。越来越显现出成品粮批发市场的"蓄水池"作用。沈阳、抚顺、辽阳等市的粮油批发市场经营量都较上年有较大幅度的提升。在国家粮食局的支持下，经省政府报请国家粮食局批准，组建了沈阳国家粮食交易中心。

（三）农户科学储粮专项成果显著

一年来，辽宁省农户科学储粮专项建设得到了省委、省政府的高度重视和相关部门的大力支持。王珉书记和陈政高省长、赵化明副省长多次对实施农户科学储粮专项建设作出重要批示。辽宁省的农户科学储粮专项工程被写入了省第十一次党代会报告和2011年的省政府工作报告。省直相关部门及各市、县政府都对专项建设给予了大力支持。省财政厅在财力紧张的情况下，安排省级配套资金4500万元，保证了专项建设的顺利实施。2011年，辽宁省在11个市27个县（市、区）实施农户科学储粮专项建设，全面完成了国家下达的10万户专项计划，共完成投资3亿元。其中，中央补助9000万元，地方配套9000万元，农户自筹1.2亿元。在全国粮食流通基本建设会上，辽宁省作为全国24个农户科学储粮专项建设省区的唯一代表，作了大会典型发言。

（四）全省军粮供应工作得到全面加强

2011年全省军粮供应工作以创建"百强军供站"为契机，继续实行目标管理，全省军粮供应企业基础设施明显改善，管理水平、服务质量全面提升，军供应急综合保障能力进一步提高，全面完成了军粮供应任务。全省军粮供应企业收到驻辽部队赠送的锦旗99面，表扬信210封。全省有5个市级军粮供应管理部门、20个军供企业受到省农委表彰。向国家推荐"百强军供站"13家，其中有5家在综合考核中取得优异成绩。

（五）粮油仓储企业规范化管理再上新台阶

通过开展粮油仓储企业规范化管理活动，有力地促进了仓储企业的硬件建设和管理水平的全面提升。经过考评，又有33家仓储企业获得省规范化管理先进企业称号。沈阳香雪面粉有限公司被国家教育部、国家粮食局命名为全国首批10个爱粮节粮中小学生教育示范基地之一。

（六）粮食科研取得显著成果

2011年，省粮科所共争取省、部级科研项目7个，其中3项课题已通过成果鉴定。"辽宁农村储粮装备技术及绿色储粮示范"项目达到国际先进水平。省粮科所被国家科技部、国家粮食局授予"十一五"国家粮食丰产工程实施先进单位，沈阳、鞍山等市粮食科研工作都取得较好成绩。

（七）扎实推进队伍建设，整体素质得到加强

1.积极开展粮食行业"双优"竞赛活动。

同省财贸工会等八个行业主管部门一道组织开展了"双优"竞赛活动，全省粮食系统受到表彰的先进集体16个，先进个人16名，其中获五一劳动奖先进集体1个。

2.扎实开展粮食业务培训工作。

全年完成省级粮食行业特殊工种职业技能培训鉴定583人，超额完成了国家粮食局下达的鉴定任务。特别是在培训鉴定的人员中，非国有企业人员占61.6%，一改以往国企为主的格局。全省各级粮食部门开展的粮油统计、财会、仓储、监督检查、军供和粮油检验等专项业务培训也都取得了良好的效果。

七　党群工作

（一）廉政建设方面

注重教育预防，在制度建设、监督检查、执行《廉政准则》方面取得新佳绩。按照省委、省政府推进"五大体系"建设要求，制发了《省农委2011年党风廉政建设工作安排意见》，组织开展了对《廉政准则》执行情况的专项检查，在自查基础上，对13个处室和5个委直单位进行了督导检查，组织处以上领导干部参观了"全国检察机关惩治和预防渎职侵权犯罪展览"和"纪念中国共产党成立90周年廉政文化作品展"，组织参加了中纪委《廉政准则》知识竞赛答题，邀请省纪委副书记刘大民同志作了廉政教育报告，组织观看了《宋勇案件警示录》、《不可逾越》等警示教育片。采取领导干部述职述廉、民主测评等方式，对27个机关处室、29个直属企事业单位的领导班子推进惩防体系建设和贯彻落实《省农委2011年党风廉政建设工作安排意见》的情况进行了检查。对164名处级领导干部落实党风廉政建设责任制情况和遵守领导干部廉洁自律情况进行了检查。组织开展了"读书倡廉"活动，撰写体会文章40篇。

（二）机关建设方面

提升内在素质，在转变工作作风、发挥基层党组织作用、推动科学发展方面取得新佳绩。围绕转变发展方式促进农业发展、农民增收、农村和谐这一中心任务，注重发挥党组织的政治、组织优势，积极探索体现时代要求和党员需求的活动内容和方式，组织党员深入基层、深入农家、深入生产第一线，找准发挥党组织和党员作用的切入点和着力点，号召党员在转变发展方式上献计献策，提高基层党组织在领导科学发展和解决突出问题的能力，保证了重点工作任务顺利完成。组织开展了创先争优活动，开展了"下乡村、察民生、解难题"主题实践活动和季评"最佳实事"活动，全年评出最佳实事115件，获省直机关最佳实事4件。召开了第一次党代会，选举产生了新一届机关党的委员会和纪律检查委员会，为加强机关党的建设奠定了组织基础。营造了干事业、谋发展的环境氛围，激励了昂扬向上的团队精神。

◆　**辽宁省农村经济委员会（省粮食局）领导班子成员**

刘长江　　　党组书记、主任、省农村工作领导小组办公室主任、粮食局局长（兼）

王力威　　　党组副书记、副主任、省农村工作领导小组办公室专职副主任（正厅级）

高　伟　　　党组成员、副主任

钱程广　　　党组成员、副主任、粮食局副局长（兼）

张景山　　　党组成员、副主任

王长宏　　　党组成员、副主任

陈　健　　　党组成员、副主任

柴久凤　　　党组成员、扶贫办主任

李　军　　　党组成员、省农办副主任

2011年度辽宁全省粮食工作会议现场。

辽宁省农村经济委员会主任刘长江（中）考察农户科学储粮仓制作现场（右一为辽宁省农村经济委员会副主任钱程广）。

辽宁省昌图县农户的科学储粮仓。

吉林省粮食工作   基本情况

吉林省位于中国东北地区中部，东界俄罗斯，东南隔图们江、鸭绿江与朝鲜民主主义人民共和国相望，南连辽宁省，西接内蒙古自治区，北邻黑龙江省。总面积187400平方公里，约占全国总土地面积的2%。全省有8个地级市、1个自治州、20个县级市、17个县、3个少数民族自治县、20个市辖区、418个镇、5个少数民族镇、170个乡、28个少数民族乡。全省耕地面积553.5万公顷，其中粮食作物面积433.3万公顷。截至2011年末，全省常住人口为2746.22万人，其中，城镇人口1460.7万人。2011年，全省实现地区生产总值10530.71亿元，增长13.7%。全省城镇居民人均可支配收入达到17797元，同比增长15.5%；农村居民人均纯收入达到7510元，增长20.4%。

吉林省是国家重要的商品粮基地。主要粮食作物有玉米、水稻和大豆三大品种，常年玉米播种面积在286.7万公顷，稻谷面积66.7万公顷，大豆面积60万公顷。玉米大多是角质率在80%的黄玉米，水稻全部是角质率在90%的粳稻，大豆多是高油、高蛋白的品种。

2011年底，全省有效仓容总量为1400万吨，全省粮食生产总量为2840万吨，主要品种为水稻、玉米和大豆，其中水稻570万吨、玉米2005万吨、大豆及杂粮为265万吨。全省粮食收购量为2717万吨、销售量为2834万吨、出口量为40万吨。全年全省粮食消费总量2080万吨，其中，口粮消费535万吨(城镇口粮245万吨，农村口粮290万吨)，饲料用粮540万吨，工业用粮980万吨，种子用粮15万吨。分品种，小麦120万吨，稻谷340万吨，玉米1310万吨，大豆245万吨，其他65万吨。

2011年粮食工作

一　粮食收购工作取得显著成效

2011年全省各级粮食部门认真贯彻落实党中央、国务院和省委、省政府的决策部署，在各级党委、政府的组织领导下，立足省情，统筹兼顾国家、农民、深加工企业和其他多元经营主体利益，创造性地贯彻国家粮食收购政策。秋季新粮上市后，玉米价格高开低走，水稻价格徘徊滞涨，出现了种粮农民不肯卖、加工企业不敢储、贸易企业不敢收的僵持局面。为了保护农民种粮积极性，省委、省政府果断决策，迅速启动10万吨省级稻谷临时储备，引导市场价格，稳定各方预期。同时，积极争取国家支持，相继出台了粳稻补库和大豆、玉米临储收购政策，稳定了收购价格。在此基础上，积极引导农民把握时机、适时卖粮，中省直粮食企业落实政策、敞开收购，加工企业随行就市多收粮、多储粮，社会收储企业积极入市、搞活经营。全省粮食收购进度明显加快，价格稳定高位运行。全省粮食收购工作出现了"四满意"、"三没有"的有利局面，即农民、企业、基层政府和国家满意，没有一起农民投诉、没有一起打白条、没有一起坏粮事故。

二　改善粮食流通基础设施

适应增产百亿斤商品粮能力建设，积极争取国家项目和资金支持，鼓励和引导多元主体多渠道融资，加快推进粮食流通基础设施建设。2011年，全省投入建设资金14亿元，完成46个粮食仓储物流项目建设，新增仓容100万吨，新增外运能力30万吨，维修改造仓容130万吨，使全省总仓容由上年的1320万吨提高到1570万吨，其中完好仓容由上年的950万吨提高到1430万吨。在提前一年实现增产百亿斤商品粮能力建设目标的情况下，有效地保证了粮食收储需求。同时，大力推进农户科学储粮工程，争取国家专项资金补助9970万元，占国家总投资的25%，居全国第一位，共建设农户科学储粮仓11.7万套，使农户储粮损失损耗由11.77%降至2%以下，每年减少粮食损失损耗10.5万吨以上。同时，指导农户因地制宜自制储粮装具，粮食立体储存率达90%以上，为保障国家粮食安全，加快新农村建设，促进农民增收发挥了重要作用。

三　粮食市场体系不断完善

适应粮食流通体制改革发展的新形势，创新管理体制机制，加大资源整合力度，积极打造以长春国家粮食交易中心为龙头、中心城市成品粮批发市场和区域性粮食综合批发市场为骨干的粮食批发市场体系。长春国家粮食交易中心功能进一步提升，确立了吉林在全国以玉米为主要品种的粮食交易中心、结算中心、信息中心、物流配送中心、质量检测中心的地位。同时，积极发展现代粮食物流，加快推进长春东北亚现代粮食物流中心等项目建设。积极发展吉林、抚松等区域型、专业型批发市场，有效保障了城乡居民粮食供应。完善信息采集机制，建立定期发布制度，为农民和企业提供及时准确的市场信息，有效促进了农民增收和企业增效。

四　粮食产业化经营取得积极进展

坚持用工业化思维谋划农业，大力发展粮食加工业，努力改变粮食输出形态，不断提升粮食经济的质量和效益。玉米深加工快速发展，龙头企业规模不断壮大，产业链条不断延长，产品附加值不断提高，科技创新能力日益增强，长春大成、梅河口阜康、四平新天龙等企业已经成为同行业的排头兵。稻谷加工持续发展，精制米、高档米比重不断增加，基地标准化生产水平不断提高，辽源德春米业、白城裕丰米业、丰盛米业等3户企业跨入全国大米加工企业50强行列。吉林省大米品牌形象不断提升，目前已经获得4个"中国名牌产品"、3个"中国驰名商标"。同时，油料、杂粮、杂豆加工业发展也取得了新的进展。经过多年努力，全省粮食加工业不断发展壮大，粮食输出形态发生重大改变。到2011年底，全省粮食加工业销售收入达到1380亿元，比上年增长25.5%；其中玉米加工比重达到60%以上，稻谷以大米形式出省比例达到90%以上，杂粮、杂豆基本实现了精选包装出售。

五　加强监管，维护粮食流通市场平稳运行

积极开展粮食市场规范管理工作，完善收购主体审批程序，提高市场准入门槛，在全省开展了清理整顿行动，对232户不符合收购条件的企业，取消了收储资格。圆满完成国家油脂库存检查任务，严肃查处涉粮违法违规行为，有力地保护了农民利益，维护了粮食经营企业、消费者合法权益。2011年，共查处涉粮违法违规案件1324起，取消和暂停收购资格234起，行政处罚1137起。

六　应急保障能力进一步提升

一是保障军粮供应。在全国首创军地协同应急机制，把军地应急保障融为一体，提高了保障能力。并于2011年7月与16集团军46师联合进行了应急演练，取得了成功。驻吉各部队和武警部队对预案的实用性给予充分肯定，沈阳军区在特情简报中，报道了此次演练，军区常委均作了圈阅，省边防总队将预案向国家边防总局作了汇报，得到了好评。吉林省在国家军供工作会议上，作了专题介绍。在保证省内军粮正常供应的基础上，提前保质保量完成国家安排的向驻青藏部队供应大米任务，得到高原部队一致好评，受到总后军需部表彰。二是保障合格碘盐供应。加强盐业行政管理，吉林省碘盐合格率达到99.5%，碘盐覆盖率达到100%，合格碘盐食用率达到99.5%，三项指标连续多年名列全国第一。2011年3月，受日本核泄漏影响，国内出现食盐抢购风潮。仅一天时间，吉林省城乡超市、商场食盐抢购一空，销量猛增。从17~20日，销售量高达14951吨，是平时的13倍，17日当天销售量是平时的29倍。在发生抢购的第一时间，立即启动应急预案，全力以赴组织调运，加大生产力度，保证供应不断档；通过报纸、广播、电视等新闻媒体加强宣传，向群众说明真相，避免恐慌；建立日报制度，及时掌握信息，采取应对措施，调控市场。此次抢购风潮来势凶猛，历史罕见。由于措施到位，对形势分析准确，准备充分，调拨及时，市场供应充足，很快平息了抢购风潮，避免了事态扩大和蔓延，维护了社会稳定。在此基础上，建立了食盐储备制度，为保障应急供应奠定了物质基础。

七　机关党的建设工作不断深入

一是学习型机关建设扎实推进。坚持理论学习长效机制，各党支部坚持理论中心组学习制度，每季度集中学习一次，每次学习三天。围绕影响全省粮食流通发展的主要问题开展调查研究，规定处级以上党员领导干部每年深入基层调查研究时间不少于60天，要结合本职工作新情况、新问题，至少形成1篇有分析、有见解、有质量的调研报告。机关干部要结合工作实际进行理论思考和探索，每年写1~2篇理论和业务方面的论文、调研报告等。在创先争优活动中，省局领导建立6个联系点单位，每位局领导深入联系点，调研指导工作，解决实际问题，并形成了调研报告。

二是积极开展"三帮扶"暨"千名处长进千村"活动。省局担负着镇赉县莫莫格乡和黑鱼泡镇所属8个村的帮扶任务。为开展好帮扶工作，局党组认真研究，选派了8名政治素质好，工作能力强，有

丰富工作经验和乐于为基层排忧解难的优秀正处级实职干部进村帮扶，与当地村委会进行了对接。局长亲自带队，3次下基层，深入帮扶点进行调研，深入听真言、察实情，掌握帮扶对象的实际情况。对存在的问题及时解决。同时省局还大力开展以送"粮食市场信息、安全储粮技术和放心粮油知识"为主要内容的"三下乡"活动，并对贫困党员和贫困群众进行农村粮食经纪人义务培训，提供粮油市场信息和粮食质量检测服务，使他们能够及时了解掌握信息、科学售粮，增加收入。为贫困农户安装科学储粮仓。为实现科学安全储粮，减少损耗，增加农民收入，省粮食局帮助每个村比较贫困的农户安装科学储粮仓30套，共安装240套，单仓造价近4000元，仅收困难农户500元。科学储粮仓能够将粮食损耗由11%左右降至4%以下，单仓增收3500元。走访慰问贫困户。在全省范围内，省粮食局选择由省委确定的500户贫困党员和贫困群众，在农民出售商品粮时，省储备粮公司所属粮库上门收购，节省贫困户卖粮运输费用；在贫困党员和贫困群众中再选择200个特别贫困户，每年为每户免费提供50公斤大米、25公斤面粉、10公斤豆油和2.5公斤食盐，使他们的基本生活能够得到一些改善和保障。自开展"三帮扶"活动以来，省粮食局党组书记、局长祝业辉亲自带队，先后3次赴镇赉县走访慰问困难党员和群众，送去了米面油等生活必需品。春节前，省粮食局还将为每个村的特困户提供50公斤大米、25公斤面粉、10公斤豆油和2.5公斤食盐，使他们的基本生活能够得到一些保障。目前，省粮食局组织干部职工共捐款50700元。

三是精神文明创建活动取得实效。组织开展丰富多彩的文体活动，通过组织召开"三八"妇女联谊会、"八一"复转军人座谈会、春节联欢会和户外健身等活动，增强机关干部的凝聚力和向心力，培养干部职工健康的生活情趣和高尚的道德情操。2011年成立了省局羽毛球协会，2名职工参加了省直机关工委组织的全省职工羽毛球比赛，在比赛中取得了男子双打并列第5名的好成绩。在"慈善救助双日捐"活动中，局机关和直属单位干部职工积极捐款，共捐款62420元。为贫困儿童献爱心捐赠毛衣10件。号召局直各级工会组织积极开展关爱职工活动，两节期间走访慰问困难职工，为困难职工送温暖。今年省局慰问困难职工9人，发放慰问金6000元。

八　廉政建设和反腐败工作取得成效

深入开展主题教育实践活动，不断打牢廉洁从政的思想基础。始终把解决实际问题作为开展各项主题教育活动的根本出发点，通过主题教育切实把中央和省委的各项工作部署真正落到实处，推动党风廉政建设和反腐败工作深入开展。一是以"树新风正气、促和谐发展"为主题开展教育。建立了谈心制度，围绕机关干部成长进步、家庭生活、子女就业等方面情况，积极开展谈心活动，了解掌握他们的思想动态，帮助解决影响他们工作和进步的思想问题。二是以"解放思想、改革创新、转变方式、科学发展"为主题开展教育。按照"改革创新、惩防并举、统筹推进、重在建设"的基本要求，突出教育人、凝聚人和提供思想保证这个根本，坚持用发展和创新的思路探索廉政教育方式方法，引导党员干部树立正确的人生观、价值观和工作理念，不断提高廉洁从政意识，把思想统一到推动"粮食经济又好又快发展"这个主题。三是围绕主题，注重效果，党风廉政教育取得实效。始终坚持教育的系统性与连续性，有组织、有计划地开展党风廉政教育，取得了显著成效。四是增强创新意识，在工作能力和水平上有所突破。通过一系列党风廉政教育活动，使广大党员领导干部在解放思想上敢于、善于谋划创新，工作中克服了封闭守旧、四平八稳、消极畏难、敷衍塞责等无所作为的思想，切实改变了工作中标准不高、细节不细的现象，能够坚持高标准、严要求。五是强化为民意识，在工作作风上有所突破。党员领导干部能够结合本职工作主动开展调查研究，真正去想群众所想、急群众所急、帮群众所需，积极解决人民群众最关心、最直接、最现实的利益问题。

◆ **吉林省粮食局领导班子成员**

祝业辉	党组书记、局长
韩福春	党组成员、副局长
李毅勇	党组成员、副局长
张宏明	党组成员、副局长
冯春梅（女）	党组成员、纪检组长、监察专员
沈启地	副巡视员
杨 光	副巡视员

2011年2月14日，吉林省政府召开2011年全省粮食工作会议，部署全年工作任务。

2011年5月13日，吉林省政府食用植物油库存检查工作领导小组召开会议部署全省食用植物油库存检查工作。

2011年10月21日，吉林省粮食局局长祝业辉参加省粮食局"三帮扶"暨包办村致富党员帮扶贫困群众承诺签约仪式。

黑龙江省粮食工作　基本情况

　　黑龙江省位于中国的东北边陲，地域辽阔，全省土地总面积47.3万平方公里，居全国第六位；总耕地面积和可开发的土地后备资源均占全国1/10以上。土壤有机质含量高，是世界著名的三大黑土带之一，盛产水稻、玉米、小麦、大豆、马铃薯等粮食作物及甜菜、亚麻、烤烟等经济作物。

　　2011年，黑龙江省牢牢把握科学发展主题，突出转变经济发展方式主线，坚定不移地推进"八大经济区"和"十大工程"战略，加快发展"十大重点产业"，努力增强产业发展动力，切实保障和改善民生，全省经济和社会事业保持健康有序、和谐稳定。全年实现地区生产总值（GDP）12503.8亿元，按可比价格计算比上年增长12.2%；实现地方财政收入1620.3亿元，比上年增长32.5%；实现种植业增加值1167.8亿元，比上年增长8.0%；粮食总产量跃居全国首位，达5570.6万吨（1114.1亿斤），比上年增长11.1%。现代化大农业建设步伐加快，农业基础设施继续强化，机械化程度保持全国第一。绿色食品产业规模扩大，绿色、有机食品经济总量列全国之首。按全省粮食流通统计口径计算，2011年各类粮食经营企业共收购粮食3817万吨，调销粮食3298.3万吨。

2011年粮食工作

　　2011年，全省各级粮食行政管理部门在各级党委和政府的正确领导下，坚持科学发展主题，突出转变发展方式主线，认真落实国家和省对粮食流通的重大部署，主动服务全省"八大经济区"和"十大工程"建设，坚持解放思想，务实开拓，真抓实干，攻坚克难，全面搞活了粮食流通，推进了企业改革和产业项目建设，粮食流通产业呈现购销顺畅、农民丰产增收、企业丰仓增效、产业实力增强、市场粮油供给充足、价格稳定的发展态势，实现了"十二五"粮食流通工作良好开局。

一　粮食生产

　　2011年，黑龙江省积极面对国内外农产品价格波动等复杂多变的形势，克服各种自然灾害，着力发展高产高效优质农业，进一步优化种植结构，努力增加绿色、有机、无公害粮食种植面积，粮食生产连续八年喜获丰收。全年粮食总产量5570.6万吨，比上年增长11.1%，首次成为全国产粮第一大省；粮豆商品量4466万吨，同比增长13.7%，稳居全国首位。四大粮食作物产量"三增一减"：水稻产量2062.1万吨，增长11.8%；玉米2675.8万吨，增长15.1%；小麦103.8万吨，增长12.2%；大豆541.3万吨，下降7.5%。全省绿色食品产业规模不断扩展，绿色食品种植面积6430万亩，增长5.4%；绿色食品认证个数1250个，比上年增加150个。绿色食品加工企业实现产值435亿元，增长45%；实现利税42.9亿元，增长21.5%。

二　粮食流通

　　全省各级粮食行政管理部门在各级党委和政府的正确领导下，全面搞活粮食流通，促进农民余粮顺畅销售，卖粮收入持续增加，实现了"十二五"粮食流通工作良好开局。

（一）农民余粮销售顺畅

　　针对全国粮食市场复杂多变和全省粮食大丰收的实际，黑龙江省早谋划、早部署、早准备、早动手，全面强化为农优质服务，扎实开展企业"丰仓增效"行动。一是积极争取国家在黑龙江省启动实施了临储大豆、玉米和中央储备稻谷补库收购三项支持政策，拓宽了农民余粮销售渠道，有效支撑了市场粮食收购价格；二是加大对粮食生产、流通、消费市场的监测和调研力度，全面、客观地分析市场形势，指导国有粮食购销企业认真落实国家各项收购政策，坚持政策性收购和市场化经营齐抓并举，主动找下家、签订单、拓市场、聚粮源、增效益，充分发挥粮食流通主渠道作用；三是强化市场信息、技术、储粮设施、政策宣传、市场监管等各项服务措施，引导农民适时适价出售余粮，持续增加了农民卖粮收入。按全省粮食流通统计口径计算，各类粮食经营企业全年共收购粮食3817万吨。按三大品种粮食商品量和平均出售价格计算，因产量增加和价格提高因素，预计2011~2012粮食年度，农民卖粮可比上年增收160多亿元。

（二）粮食企业储粮安全

　　2011年底，全省国有粮食购销企业有561个，粮食总仓容1708.94万吨（其中有效仓容1499.42万吨），烘干塔596台，年烘干能力1446.85万吨，铁路专用线114.6千米（其中有效长度73.17千米），码头泊位数19个，总吨位2.56万吨。2011年粮食收购期，各级粮食行政管理部门强化工作措施，认真开展安全检查，及时发现并整改储粮和生产管理中存在的问题，为储粮安全和企业规范化管理奠定了基础。在潮粮烘干、春秋季节交换、汛期等重要烘干、保粮时段，实行潮粮周报制度，随时掌握各地潮粮烘干进度和潮粮粮情，及时派工作组帮助企业解决技术问题，保证企业储粮安全；继续围绕安全生产各项目标，突出隐患治理，不定期开展专项检查，确保企业生产安全。稳步推进地方国有粮食购销企业规范化管理工作，截至2011年底，381户企业达到了规范化管理标准。

（三）新粮实现购销平衡

　　2011年，全省各类粮食企业累计收购粮食3817万吨，销售（含转化）3725.2万吨，自主经营新粮实现了当年基本购销平衡。全年工业用粮528万吨、种子用粮98.4万吨、饲料用粮642.3万吨，城镇口粮374.8万吨、农村口粮355.7万吨，出口量达到90.3万吨。全年粮食流出量3298.3万吨，其中通过铁路外运粮食（折原粮）累计达2254.9万吨，为维护销区市场稳定和保障国家粮食安全作出了积极贡献。深入推进了粮食产销合作，完善了合作利益协调机制，提升了合作成果。一是拓展了合作区域范围。

黑龙江省与新疆维吾尔自治区、深圳市签署了粮食产销合作协议，建立长期稳定紧密合作关系的省市达到15个。二是提高深化了合作层次和内容。重点推进了市县和企业间在产业项目和基地建设上实质性合作。黑龙江省与上海市、北京市签署了政府间进一步深化合作的协议，与云南省签署了增加动态储备粮合作的补充协议，特别是上海良友集团与虎林绿都集团的成功合作，开辟了产销合作的新篇章。三是提升了金秋交易会合作服务平台。成功举办了"2011·黑龙江金秋粮食交易合作洽谈会"，与27个省市达成粮食购销合同和协议1090万吨，比上届增加13%。四是强化了运输服务。积极协调铁路部门，先后开通了国有粮食购销企业被封停的铁路专用线20条，并为销区办理发运储备粮和市场急需粮食95.4万吨，保证了销区粮食运输需求。

三　粮食调控

认真落实国家和省关于保持物价总水平基本稳定的重大部署，加强了市场调控，保证了市场粮油盐有效供应和价格基本稳定。一是加强了地方粮食储备体系建设。加强省级储备粮管理，认真做好省级储备粮轮换和保管工作，落实省级应急成品粮动态储备。建立了市级粮油储备体系，2011年底市（地）级粮食储备规模落实74.4%，储备油规模全部实储到位。二是加强了粮食应急体系建设。调整了全省粮食应急加工、供应企业，组织开展应急模拟演练，制定下发了《黑龙江省"十二五"粮食专项应急体系建设规划》。三是扎实推进了保供稳价工作。加大对粮食市场价格的监测力度，对出现的价格异动苗头性、倾向性问题，做到早发现、早报告、早应对；认真执行国家军粮和食盐供应政策，平息了3月的食盐抢购风波，保证了省内粮油市场和价格基本稳定。四是认真做好粮食流通统计工作。全面落实统计制度，强化人员培训，提高了各项统计社会覆盖面和统计服务质量，并按时汇总上报各类统计报表，为国家制定政策和政府决策提供了全面可靠的基础数据。2011年，我局被国家粮食局评为粮食流通、粮油加工业等统计工作先进单位。

四　粮食企业改革

认真落实国家和省关于完善粮食流通体制改革的总体部署，突出企业布局调整和资源整合，积极推进了国有粮食购销企业改革。一是制定了企业布局调整总体规划，推进全省企业布局调整和资源重组，构筑了地方新型国有粮食购销和仓储物流网络的基本框架，确定了资源整合依托主体，鹤岗、伊春和哈尔滨等8个地市实施了企业改革试点。二是省级大型粮食企业集团组建取得实质性进展，黑龙江金谷粮食集团股份有限公司挂牌成立并投入运营。依兰、木兰等地企业"退城进郊"取得实质性进展，林甸、呼兰等地组建了紧密型集团化经营管理模式的粮食购销公司。三是消化处理企业经营性财务挂账取得显著成效。通过企业提高效益、清收债权、产权变更、退城进郊、发行核呆、审核认定、破产重组等多项措施，全省共消化处理27.18亿元，达到应消化总额的34%。2011年，全省地方国有粮食购销企业统算盈利7326万元，比上年同期增利5686万元，增幅346.7%。13个地市及农垦总局中有13个盈利，其中双鸭山等6个地市实现了企企盈利，盈利面达到100%；83个县（市、区）中有65个盈利，盈利面达到78.3%；盈利企业486户，盈利面达到86.4%。全省国有粮食购销企业净资产达到11.8亿元，比上年增加16.4亿元，实现历史性转变。

五　行政执法

认真落实《全省粮食部门推进依法行政的实施意见》，依据《粮食流通管理条例》赋予的职能，加强面向全社会的粮食流通监管，维护了粮食市场正常秩序。一是加强了粮食流通监督检查。认真开展国家粮食收购政策落实情况的监督检查，全面完成了全省粮食库存和食用植物油库存检查以及政策性粮食销售专项检查任务，推动了各项标准制度的建立和完善，提升了粮食库存管理水平。二是完善了粮食收购许可制度。按国家部署，修改完善全省粮食收购资格许可办法，以省政府名义下发了《关于加强粮食收购资格审核规范粮食收购市场秩序的通知》（黑政发〔2011〕78号），制定实施了新的粮食收购资格许可条件，设立了粮食收购许可年度核查制度，提高了粮食收购许可的法律效力。三是加强了粮食流通行政执法体系建设。建立健全了粮食执法机构，完善了执法工作体系，全省13个地市及农垦总局粮食行政管理部门全部成立了法制监督机构。

六　行业发展

积极落实省委关于实施产业项目建设攻坚年行动的重大部署，充分发挥职能作用，逐级成立专项推进组织领导机构，全力抓好落实，壮大了粮食流通产业发展实力。一是推进了粮食加工大项目和稻米加工园区建设。启动了50个亿元以上涉粮项目建设，列入省重点推进的20个大项目14个已竣工投产，6个已完成80%。2010年建设的8个稻米加工园区已投产并通过验收，2011年新建的4个稻米加工园区进展顺利。全省粮食加工企业实现销售收入925.4亿元，粮食系统共引进涉粮项目资金15.8亿元，均创历史新高。二是推进了粮食仓储物流项目建设。制定了全省现代粮食物流体系建设总体规划，已完成128万吨国家下达的仓容建设计划。黑龙江肇源新站现代粮食物流中心项目一期工程投入使用，年粮食交易中转能力达380万吨。三是推进了农户科学储粮仓建设。落实了市（县）政府责任，开展了农户科学储粮仓专项建设"百日会战专项推进行动"，完成了12.4万套农户科学储粮仓专项建设。四是推进了粮食批发市场建设。深入实施哈尔滨国家粮食交易中心改造提升工程，加强了信息公共服务平台和电子商务平台建设，加快推进黑龙江粮食交易市场建设。哈尔滨、大庆等区域批发市场设施得到进一步完善，规模经营和辐射带动能力进一步增强；齐齐哈尔、牡丹江等地推进城区骨干粮库向批发市场转型；一批重点粮食产区中心粮库开始向粮食直销采购基地转变。各级各类粮食批发市场信息、交易、结算、物流等服务功能明显增强。五是推进了粮食质检体系建设。基本形成以黑龙江国家粮食质量监测中心为龙头，14个区域监测站（其中国家级站13个）为骨干、67个县（市）站（企业检验室）为基础的全省三级粮食质量检测体系。六是推进了人才队伍建设。做好职业技能鉴定工作，全年共举办粮油保管员、粮油质量检验员和制米工共5期培训班，全省粮食行业共711人参加了培训与鉴定，其中有470人取得了国家职业资格证书；结合行业特点，举办两期共71人参加的职业经理人培训班；完成了全省粮食系统43个先进集体和36名先进工作者、70名劳动模范评选推荐并进行了表彰。七是圆满完成了新农村帮建工作任务。坚持以发展农村经济为中心，以改善农民生产生活条件为目的，多次深入新农村帮建村共同研究制定规划，重点帮助帮建村在资金、项目等方面给予支持，选派专业技术人员指导农业种植和粮食销售，促进了农民增收。

七　党群工作

认真贯彻党的十七届五中、六中全会、省委十届十七次、十八次全会精神，深入学习实践科学发展观，切实加强了执政能力建设、思想理论建设、精神文明建设、服务型机关以及学习型党组织建设，深入开展了"三创"及弘扬"三老四严"精神主题实践活动和以"转变作风抓落实、提速增效促发展"作风建设主题实践活动，以加强党性修养、树立弘扬优良作风为核心，进一步改进了作风。同时，为纪念中国共产党成立90周年，紧密结合粮食工作实际，举办了乒乓球比赛、文艺演出、党史知识、答题竞赛、美术书法摄影展等一系列丰富多彩的活动，增强了广大干部职工的凝聚力和向心力。全面贯彻中纪委十七届六次全会、省纪委十届八次全会精神，坚持标本兼治、综合治理、惩防并举、注重预防的方针，以落实党风廉政建设责任制为主线，以国有粮食和盐业企业专项治理为重点，扎实推进反腐败倡廉建设"八项工程"，推动制度建设和制度执行，加强了惩治和预防腐败体系建设，并在全系统开展了"关注民生、服务发展"群众满意粮库评议活动，端正了粮食行业风气，树立了行业良好形象，为全省粮食流通产业发展提供了有力保障。

◆ **黑龙江省粮食局领导班子成员**

胡东胜	党组书记、局长
金　辉	党组副书记、副局长
张　赋	党组成员、副局长
肖培尧	党组成员、副局长（2011年4月任巡视员，8月退休）
王乃巨	党组成员、副局长（2011年1月任职）
谢功臣	党组成员、纪检组长（2011年1月任职）
陈德志	副巡视员（2011年1月调转工作）
齐　瑶	副巡视员
吴久英	副巡视员（2011年4月任职）

2011年3月21日，黑龙江省全省粮食工作会议在哈尔滨市召开，副省长吕维峰（左四）在会上做了重要讲话。

2011年5月17日，黑龙江省副省长吕维峰考察稻米加工在建项目。

2011年9月3日，"2011·黑龙江金秋粮食交易合作洽谈会"在哈尔滨市国际会展中心隆重开幕，副省长于莎燕在会上讲话。

2011年9月8日，黑龙江省粮食局局长胡东胜（左一）深入到肇东、呼兰进行粮情调研。

上海市粮食工作   基本情况

　　2011年，上海市全年粮食种植面积18.63万公顷；粮食产量121.95万吨，比上年增长3%。夏粮播种面积7.05万公顷，比上年增加1.09万公顷，增长18.3%；总产28.33万吨，比上年增加5.36万吨，增长23.3%。其中，小麦播种面积5.98万公顷，比上年增加1.04万公顷，增加21.1%；总产24.11万吨，比上年增加4.81万吨，增加24.9%。秋粮播种面积11.58万公顷，比上年减少0.38万公顷，减少3.2%；总产93.62万吨，比上年减少1.81万吨，下降1.9%，其中水稻播种面积10.61万公顷，比上年减少0.24万公顷，减少2.2%；总产88.88万吨，比上年减少1.42万吨，下降1.6%。

　　上海市年粮食需求量大体在605万吨左右，其中口粮423万吨，饲料用粮115万吨，工业用粮67万吨；本市食用油年消费量在50万吨左右。本市郊区提供粮源约20%，80%以上粮源从国内采购和国外进口。2011年全市累计收购小麦10.33万吨，同比增长58.2%；收购粳稻21.26万吨，同比增长28.5%。进一步加大了粮食产销合作力度，积极推进东北粮源基地建设工作。指导和推进10个大中型粮食批发市场完善设施和功能，全年粮食交易总量达153.1万吨，其中粳米交易量115.7万吨，发挥了吸纳粮源、活跃流通、保障供应的重要作用。

2011年粮食工作

　　2011年是"十二五"开局之年。在上海市委、市政府的领导下，在国家粮食局的指导下，全市各级粮食行政管理部门深入贯彻落实科学发展观，紧紧围绕全市发展大局，以保障粮油市场供应和价格基本稳定为目标，以加快推进粮食仓储基础设施建设为重点，扎扎实实做了一些实事、大事，保障了全市粮食市场供应稳定安全，为上海"十二五"粮食流通工作创下良好开局。

一　市场调控多措并举，保供稳价落到实处

　　2011年通胀形势严峻，粮价随物价呈上涨态势。为此，上海市粮食局围绕保供稳价目标，加强粮油市场调控，通过多措并举，基本实现了预期目标，保持了市场供应有序和价格基本稳定。

（一）抓好粮食收储，调控基础扎实

提早部署本市地方储备粮油投放市场工作，结合地方储备粮轮换，竞价销售市级储备粮，并参与国家政策性小麦定向销售。重视本地粮源掌控，全市累计收购小麦10.33万吨，同比增长58.2%；收购粳稻21.26万吨，同比增长28.5%。积极与农委等部门沟通协调，规划并推进在主要产粮区县建设粮食烘干设施，维护种粮农民利益。

（二）加强粮情监测分析，应急保障到位

组织全市有关集团公司、供应商、超市总部和200多个监测点做好粮油市场监测工作，将本市粮食应急供应网点调整为790家，并新增16家区级应急加工企业，应急保障能力进一步提升。3月中旬，有效应对市场食盐脱销带动其他粮油产品热销的情况，并协调有关部门紧急调配供应警备区食盐，保障部队急需。

（三）注重帮困惠民，保障军需民食

落实市领导批示精神，多方协调，研究推进副补发放政策调整，提出了可行性实施意见，明确副补发放进卡和实施归并的方向，便于及时领取。推进建立帮困粮油供应协同工作机制，建立帮困价格监测月报制度，保障困难群众供应。

二　产销合作深化发展，粮源基地实质启动

在与江苏等省合作建立粮源基地的基础上，2011年，上海市粮食局进一步加大了粮食产销合作力度，积极推进东北粮源基地建设工作。在市委、市政府领导重视关心下和有关部门大力支持下，市商务委、粮食局深入调研论证，与产地政府和有关部门反复沟通协调，达成意向。7月份，韩正市长率代表团到黑龙江考察粮食产销合作，并签署了两省市《关于深入发展粮食产销合作协议》，在巩固原有产销合作关系的基础上，探索建立以"产加销一体化"为特征的粮源基地合作新途径，重点落实良友集团控股黑龙江虎林绿都集团的合作项目，力求将其建成永久性的粮食基地。

根据市场化方式，良友集团与虎林绿都集团合资合作成立绿都股份公司，确立了资产性战略合作方式。粮源基地实质性启动运行后，虎林大米持续有序地运抵上海，投放于上海各超市、卖场，受到广大消费者欢迎，取得了良好口碑。虎林粮源基地建成后，对确保上海市民基本生活和促进城市平稳运行具有重要意义，国家粮食局领导对上海市粮食局的做法予以了充分肯定和高度评价。

三　"三大体系"建设实质推进，大流通格局日益凸显

（一）明确了优化市场体系方向

拟定了《加强粮食批发市场规范管理意见》，指导和推进10个大中型粮食批发市场完善设施和功能，全年粮食交易总量达153.1万吨，其中粳米交易量115.7万吨，发挥了吸纳粮源、活跃流通、保障供应的重要作用。在2010年调研基础上，进一步调研论证上海中心粮食批发市场建设，形成了初步设想和方案，要结合外高桥良友新港运行，提升交易、物流功能，构建上海粮食大市场大流通发展格局。

（二）启动实施了重点仓储设施项目

着力推动本市粮食储备库结构调整，加快建设上海"市级储备库+区县中心粮库+乡镇收纳库"

的三级粮食收储体系，重点推进良友集团外高桥16万吨筒仓和"包改散"项目建设，以及金山、奉贤等区中心粮库建设项目，积极争取市级建设财力资金支持。有望经过几年的努力，基本建成全市粮食仓储体系，极大地改善粮食流通基础设施，切实提高仓储管理水平，确保储粮安全。

（三）推进完善了储备运行管理

有序安排储备粮油轮换，调整地方储备粮品种结构，增加了市级储备粳稻和区县、"藏粮于企"成品粳米储备。开展了地方储备粮入库质量抽查，确保储存安全。与市有关部门协调商研，初步提出了完善市级储备粮运行管理的基本工作思路，努力提高储备粮规范化管理水平。

四　注重监督检查和质量检测，监管效能明显提高

（一）监督检查工作全面加强，流通秩序进一步规范

根据国家粮食局部署，开展了本市粮食和食用植物油库存检查，顺利完成企业自查、市级复（普）查各阶段工作。经检查，本市库存粮食数量真实、质量良好、储存安全，油脂账实相符、油温正常、油质稳定安全。

（二）强化质量监管追溯，粮食质量安全得到保障

按季度开展粮食质量卫生抽查，加强本市小麦和小麦粉卫生质量管理，开展专项检测，组织专门培训，推广真菌毒素快速检测技术，增强粮食经营者质量安全主体意识和管理能力。开展收购夏粮和秋粮质量安全抽查，严把质量卫生关。开展粮食质量安全追溯专题调研，为下一步实行粮食质量追溯奠定基础。

五　重法制强队伍，行业管理成效突出

（一）发布实施"十二五"规划

在2010年编制研究的基础上，上海市粮食局把规划研究成果转化成了《上海粮食流通发展"十二五"规划》以及粮食总量平衡和宏观调控、批发市场体系建设、流通基础设施建设、加工业发展、信息化建设等五个专项规划草案，报经市政府批准后发布实施。各区县粮食部门和有关单位也结合实际，研究提出本区县、本单位"十二五"粮食流通发展目标任务，积极推动落实。

（二）粮食法制建设稳步推进

围绕市政府提出的"两高一少"目标，着力深化粮食行政审批制度改革，确立了和市工商部门并联审批事项；修改完善了《上海粮食行政管理部门监督检查实施细则》，规范粮食执法程序；制定了上海粮食行业法制宣传教育"六五"普法规划，定期开展全市粮食行政执法培训，有序开展粮食法制宣传和普法依法治理工作，市粮食局和闵行区粮食局被评为"2006～2010年全国粮食系统法制宣传教育先进单位"。

（三）粮食信息平台建设发挥了重要作用

"上海粮食网"被"中国上海"门户网站编辑部测评为达标网站，"便民电子地图"等栏目被列入上海政府网站建设优秀案例；基本建成上海市粮食宏观调控管理、市级储备粮油动态管理信息系统，建成粮食仓储设施管理信息系统并投入试运行，完成粮食批发（零售）市场监测预警预报和"副补"发放管理信息系统升级改造并投入运行，提升了业务应用效能；稳步推进"长三角粮食网"建设

运行，促进了泛长三角地区粮食信息工作交流合作。

（四）全行业人才队伍建设明显加强

初步编制完成《上海粮食行业中长期人才发展规划纲要（2011~2020年）》；着力加强学习型机关建设和干部能力建设；认真开展创先争优活动和纪念中国共产党成立90周年系列主题教育活动；进一步健全行政决策机制，在行政决策程序中引入社会稳定风险评估制度；深入推进党风廉政建设，公开"三公经费"预算，落实公务用车、礼金礼券购物卡、"小金库"等专项治理工作，为全市粮食流通发展提供动力与保证。

◆ **上海市粮食局领导班子成员**

张新生	党组书记、局长、市商务委党组书记、副主任
夏伯锦	党组成员、副局长
王建忠	党组成员、副局长
陈士豪	纪检组长（2011年11月任职）
洪文明	副巡视员（2011年11月任职）

上海市市长韩正（左二）率代表团赴黑龙江省考察粮食产销合作。

上海市政府副秘书长、市商务委员会主任沙海林率团赴黑龙江、吉林两省调研粮食产销合作工作。

上海市商务委员会副主任、市粮食局局长张新生（前排右一）出席上海虎林粮源基地新米接粮仪式。

江苏省粮食工作　基本情况

　　江苏位于我国大陆东部沿海中心、长江下游，全省面积10.26万平方公里，占全国的1.06%。2011年末，全省常住人口为7898.8万人，居全国第五位。全省现设13个省辖市，下辖104个县（市、区），其中24个县、25个县级市、55个市辖区。2011年，全省地区生产总值超过4.8万亿元，比上年增长11%；人均GDP突破6万元。财政一般预算收入突破5000亿元。城乡居民收入分别突破2.5万元和1万元。

　　2011年全省粮食产量为3308万吨，同比增加73万吨，实现"八连增"的历史突破，单产创历史最好水平。全省地方国有粮食企业购销总量3725万吨，居全国前列。加快粮食仓储物流基础设施建设，2011年完成投资16.6亿元，全省基本建成12个粮食物流（产业）园区、95个中心库，形成以粮食物流（产业）园区为龙头、中心库为重点、骨干库为支撑、一线收纳库为补充的粮食仓储物流体系。全省粮食总仓容2355万吨，有效仓容2145万吨，占总仓容91.1%。全省粮油工业生产总值和销售收入分别达到1721亿元和1712亿元，均居全国第二位。粮食流通市场体系功能有效发挥，全省年成交量30万吨以上的粮食批发市场8家。

2011年粮食工作

　　2011年，江苏省全省粮食行业全面贯彻落实中央和省委、省政府决策部署，突出转变发展方式主线，加快产业转型升级，在保障粮食安全、促进农民增收、推进产业发展等方面取得了积极成效，实现了"十二五"粮食工作的良好开局。

一　粮食宏观调控

（一）粮食收购

　　针对政策性收购不能启动的实际，科学研判市场，加强对企业的分类指导，制定合理的收购策略，全省地方国有粮食企业收购粮食1500万吨、销售2225万吨，同比分别增加50万吨、60万吨，购销总量稳步增长，居全国第二位。由于收购价格提高和商品量增加，全省农民通过售粮增收20多亿元。

（二）保供稳价

　　坚持把保供稳价作为重中之重，省粮食局通过会议纪要形式，先后落实南京、苏州、无锡、常州、南通五市政府的粮食安全目标责任，初步构建起保供稳价责任省市共担机制。

1.做好应急保供工作。

修订完善粮食应急工作方案，密切关注主要粮油批发市场、重点零售企业散装粳米、主要品牌小包装粳米的销售价格、销售数量，重新核定了成品粮油应急储备计划，做好向市场投放成品粮油储备的准备。认真做好小麦定向销售工作，挑选了生产规模大、产品质量好、企业诚信度高的7家面粉加工企业参与全国小麦定向销售工作，共购进30.5万吨最低价小麦，加工成面粉后按照国家规定的价格投放市场，为稳定粮食市场发挥了重要作用。

2.落实地方储备粮油计划。

全省地方储备粮规模动态调整机制正式启动，省政府支持苏州市、无锡市根据经济社会发展需要，新增了地方粮食储备，省财政按照省级储备油费用标准对承担储备油的市县给予补贴。抓好成品粮油储备落实。重新核定了成品粮油应急储备计划的落实。

3.加强地方储备粮管理。

开展库存检查，加强对地方储备粮的监管。组织省级储备粮轮换，充分发挥省级储备粮调节省内供求，稳定市场粮价的作用。

4.做好粮油市场价格监测。

及时预警预报全省粳稻、油脂、小麦、面粉等价格的市场价格行情，做好粮油价格变动的原因分析及走势预测工作，提出调控市场、稳定价格的政策建议。在江苏粮网等媒体上及时发布粮食市场价格等信息，正确引导粮食生产和流通，帮助企业准确把握粮食市场行情，灵活开展粮食购销业务，提高经济效益。

（三）粮食产销衔接

按照"省局牵头、市局组织、企业运作、对口衔接"的方式，分别在南通、连云港两市组织安排产销区的各类企业进行现场洽谈签约活动，共签订购销合同（协议）318.9万吨，同比增加38.9万吨。通过省内南北购销衔接，进一步加强了产销区间的沟通协作，推动了省内产销衔接向纵深发展，促进了全省粮食供需平衡。加强与省外产销区间的合作，先后组织参加第七届七省粮食产销协作福建洽谈会、黑龙江金秋粮食交易合作洽谈会，江苏企业共签订合同协议141.5万吨，同比增加5.5万吨。

二　粮食流通产业发展

（一）粮食流通基础设施建设

组织中央综合农资补助6000万元，落实42个产粮大县的粮油储备库烘干设施建设。协调省财政投入2000万元，为40个省级储备粮代储企业配备制冷设备。落实中央仓房维修资金4376万元，省财政2000万元，对22个骨干粮库及65个县和省粮食集团的收纳库点进行仓房维修改造，改善基层老旧仓储设施条件，保障储粮安全。

（二）粮食流通产业转型升级

围绕"转型升级推进年"主题，加强组织推动和行业指导，在常州市专题召开了全省粮食流通产业转型升级推进会，"五个一工程"进展迅速，已有8个市基本达标。分项目看：地方国有粮食企业做大做强典型已有11个销售额和利税达标，南京市、宝应县组建了粮食集团，产业综合发展水平显著提升；引进9个战略伙伴16个项目，总投资75亿元；12个粮食物流（产业）园区基本完成主体工程；

建成粮油科技研发机构11家；新增省名牌产品12个，"射阳大米"荣获中国驰名商标，"双兔心甜香米"等5个产品获第十一届中国国际粮油产品及设备展览会金奖。

（三）粮油产业规模

2011年，粮油工业生产总值和销售收入分别达到1721亿元和1712亿元，居全国第二位。全省销售超亿元企业达256家，其中20亿元以上企业12家，粮食产业化国家级龙头企业11个、省级63个，全省共有苏垦大米、双兔大米、苏三零面粉等11个粮油类产品被评为"中国名牌产品"，位居全国第一。

（四）粮油仓储管理

全面落实全省粮油仓储创先争优三年计划，开展粮油仓储规范化管理评价"江苏省示范粮库"评比。依据《粮油仓储管理办法》对省粮油仓储单位备案和粮食熏蒸备案制度进行调整，下发了《粮油仓储备案办法》和《粮食熏蒸备案办法》。组织召开了数字粮库建设与科学储粮研讨会。在已建和在建的常州、无锡数字粮库国家粮食流通信息化建设试点工程基础上，深入调查研究适用信息技术在粮食流通信息化建设中的应用水平程度及可行性，制订《江苏省"十二五"数字粮库建设实施方案》，推进"数字粮库"建设。

（五）粮食市场体系

截至年底，全省有各类粮食批发市场34个，年交易量1067.5万吨，年交易额274.5亿元，其中年交易量30万吨以上的8家。34家批发市场中苏南18家，苏中5家，苏北11家，年交易量分别为750.2万吨、124.6万吨、192.9万吨，全省初步形成粮食收购、批发、零售等市场主体互为补充、市场功能有效发挥、市场管理逐步规范的粮食市场体系。

三　粮食流通监管

（一）粮食专项检查

1.组织开展全国首次油脂库存检查。

制定下发了《关于开展全省食用植物油库存检查工作的通知》，共派出检查督导组48个，督导人员373人，自查人员1484人，清查170家企业政策性油脂52.6万吨，清查量列全国第一。清查结果显示，全省油脂库存账账相符、账实相符，储存安全，补贴费用拨补足额、及时，得到国家抽查组的充分肯定。

2.开展全省库存小麦真菌毒素排查。

根据国家《关于加强真菌毒素污染小麦监管工作的通知》，对全省在库的2010年库存小麦进行"地毯式"排查，下发了《关于加强2010年新收购入库小麦质量监管的通知》，将39个县（市、区）划为强制检验区，时间为2年，要求该区域的小麦出库必须出具质量检验报告，并随货同行，严防真菌毒素超标小麦流入口粮市场，确保人民群众吃粮安全。

3.全面清查全省粮食库存。

按企业自查、县级督导、市级抽查、省级复查的步骤，对全省承担政策性粮食库存的企业进行了全面检查。在省级复查中，突出重点地区、重点企业，重点检查地方储备计划规模落实和政策性库存账实情况。对江苏省南京、南通、盐城三市，均随机抽查1个以上的中储、省储、地储库点，并对其中1个县进行了全面普查。从复查情况来看，全省粮食库存总体账实相符、储存安全、质量良好。

（二）粮食市场督查

在全省开展粮食收购资格全面核查，按照粮食先审，工商再验，互通审验结果，共管入市经营资质条件关。经统计，全省具有粮食收购资格的经营者8836家，审验暂停7家，取消收购资格131家，移交其他部门处理26家，为规范企业经营，稳定市场秩序打牢基础。针对粮食收购市场价格波动、主体增多、竞争激烈的新情况、新特点，开展夏秋粮收购监督检查，通过召开收购工作和监督检查工作专题会议，制订巡查工作方案，加强联合执法和全面巡查，维护粮食收购市场秩序。全省共开展各项监督检查活动3073次，出动检查人员20430人次，检查各类收购主体20267个次，立案查处1077起，其中，责令改正728例、警告158例、罚款61例、罚款金额13.5万元，暂停收购资格41例、取消收购资格141例、移交其他部门处理48例。各级行政执法人员文明执法、依法执法、程序规范、处罚适当，无一起投诉或行政复议现象发生。

（三）粮食监督检查规范化建设

省粮食局制定出台《江苏省粮食局关于粮食行政管理部门深入推进依法行政的意见》、《江苏省粮食局行政执法监督检查记录制度》、《江苏省粮食局行政执法公示制度》、《江苏省粮食局重大行政处罚案件集体讨论制度》，切实转变职能，依法推进监督检查行政执法工作常态化、制度化、规范化开展。以国家局《关于创建全国粮食流通监督检查行政执法示范单位通知》要求为标准，修订《江苏省粮食流通监督检查工作创优考核办法》和《江苏省粮食流通监督检查行政执法工作考评细则》，实行半年、年度考核通报制，促进监督检查工作高效开展。无锡、淮安、扬州3个地级市和3个县级粮食行政管理部门被当地政府评为"规范执法示范单位"。

四　粮油质量监测

（一）粮食质量检验机构建设

江苏省共建立起粮食质量检验机构65个，其中县（区）级51个。全省粮食检测机构通过计量认证的有29个，挂牌为国家粮食质量监测机构的有17个，在全国名列前茅。

（二）粮食质量安全监测

坚持开展原粮卫生状况专项调查、粮食收获质量调查、品质测报和夏秋两季会检工作，为指导全省粮食收购、从源头上加强粮食质量安全控制与监管提供了重要依据。及时向国家粮食局报送全省粮食质量有关数据和情况，按时完成各项质量报告。年初，各地质检机构配合省粮油质监所，逐仓筛查检验，划定强制检验区域，销售小麦检验报告随货通行，及时防止了污染小麦流入口粮市场。

五　粮食法制建设

（一）依法行政

省粮食局联合镇江市粮食局举办《粮食流通管理条例》七周年和粮食科技周现场宣传活动。根据《省政府关于加快推进法治政府建设的意见》和国家粮食局指导意见，制定《全省粮食行业法制宣传教育第六个五年规划》、《全省粮食行政管理部门深入推进依法行政的意见》。

（二）法制建设

省粮食局会同省发展改革委发布了《江苏省"十二五"粮食流通发展规划》，明确了"十二五"

全省粮食流通工作的总体目标和主要任务。落实《省政府关于加快推进法治政府建设的意见》，全面实施粮食行政权力网上公开透明运行，制定《江苏省粮油仓储单位备案暂行办法》、《江苏省粮油熏蒸作业备案管理办法》、《江苏省级储备粮油承储企业资格认定办法》。

六　国有粮食企业改革

召开地方国有粮食购销企业改革发展工作会议，推广沭阳县粮食购销总公司做大做强的经验，强势推进以产业化、规模化、集团化为方向，以整合资源、内引外联、转型升级为特征的企业改革。全省国有粮食企业兼并、合并、股份制等产权制度改革步伐加快，承包、租赁和目标管理等经营方式逐步规范，监管、防范国有资产经营风险能力继续提高。县级粮食购销总公司不断做强做大，部分企业实现由资产管理型向经营型转变，资产整合能力、自身经营能力和带动基层企业的能力得到增强。一些地方打破区域限制，通过企业重组、股份制改革等形式，推进经营要素向优势骨干企业聚集，区域性骨干粮食企业竞争实力得到增强。南京市、宝应县在全省率先组建了粮食集团。全省国有粮食购销企业2011年累计实现利润1.02亿元。

七　粮食信息化建设

坚持把信息化作为推动粮食流通产业转型升级的重要抓手，召开全省"数字粮食"工程建设工作会议、数字粮库建设与科学储粮研讨会，制订了《江苏省"数字粮食"工程建设总体方案》，在全省粮食系统加快推进"数字粮食"工程。到2015年，初步构建起以"数字化政务、精确化业务、信息化商务、网络化服务"为主要内容的粮食流通管理信息化体系。重点实施"1234"工程，即打造一个中心，粮食流通管理数据中心；建设两个网络，政务业务内网和商务服务外网；开发三个平台，政务业务平台、物流商务平台和公共服务平台；形成四个体系，粮食信息共享应用体系、一体化信息服务体系、信息化标准体系和信息安全体系。2011年，省粮食局与国家粮食局、航天信息有限公司签署了《物联网技术在粮食流通行业示范应用与推广的框架合作协议》，江苏被确定为"全国粮食流通信息化建设试点示范省"，常州城北库和无锡粮食科技物流中心成为国家粮食局首批"粮食信息化示范单位"。落实粮食信息化建设资金1500万元，粮食信息化基础设施建设得到加强，省粮食局完成了中心机房更新改造和市县信息化设备配置，建成了联结市县粮食部门和重点粮食储备库的信息网络。开通"好食汇"精品粮油导购网，开发完成全省粮食部门公文交换系统、地理信息系统并投入运行。

八　行业自身建设

以全国和全省粮食系统先进集体和劳动模范评选表彰为契机，全省各地深入开展"创先争优宣传月"活动，组织"双先"事迹巡回宣讲70余场，听众15000余人次，形成了弘扬先进、学习先进、争当先进的浓厚氛围。开展建党90周年"党旗颂"歌咏会等系列活动，唱响主旋律，把爱党爱国的热情转化为爱岗敬业、创先争优的巨大动力。开展"全省粮食工作十佳创新创优奖"评选，并先后评选出"全省百强诚信企业"21个、"江苏省示范粮库"30个，争创全国"百强军供站"活动成效显著，江苏省有10个单位被授予"全国百强军供站"，全国取得了"四个第一"的荣誉，即百强军供站总量第一，南京市、徐州市军粮供应站分别获得全国军粮供应站示范站百强军粮供应站单项第一名。南京市天悦粮食物流集团荣获人力资源和社会保障部颁发的"国家技能人才培育突出贡献奖"，该集团员工张国六荣获"全国技术能手"称号。中华全国总工会和国家粮食局专门在北京为荣获"全国五一劳动奖章"等荣誉的徐州国家粮食储备库保管员乔军举行了颁奖仪式。在南京市溧水县召开了全省优化粮政管理工作座谈会，探索机构改革后优化粮政管理的新思路、新途径。推进勤廉文化进粮库、进企业，完善国有粮库内控机制建设，加强《廉政准则》执行情况的监督检查，风清气正的行业发展环境逐步形成。

◆ **江苏省粮食局领导班子成员**

王元慧（女）　党组书记、局长

严长俊　　　党组副书记、副局长

于国民　　　党组成员、副局长

沈祖方　　　党组成员、省纪委驻省粮食局纪检组长

朱新华　　　党组成员、副局长

张生彬　　　党组成员、副局长（2011年4月任现职）

王建国　　　巡视员（2011年9月退休）

刘成龙　　　副巡视员

2011年10月25日，江苏省粮食局局长王元慧（主席台左二）参加全省国有粮食购销企业改革发展工作会议。

2011年11月18日，国家粮食局、航天信息有限公司与江苏省粮食局签署合作协议，江苏被确定为"全国粮食流通信息化建设试点示范省"。

2011年12月2日，江苏省省长李学勇（前排左一）与国家粮食局局长聂振邦（前排右一）签署共建南京财经大学协议。

浙江省粮食工作 基本情况

2011年，随着中央一系列强农惠农富农政策的进一步落实，浙江省粮食、油料产量都有增长。全年粮食总产量为781.6万吨，比上年增长1.4%。其中春粮产量64.8万吨，比上年增长9.7%；早稻产量68.3万吨，比上年增长7.7%；秋粮产量648.5万吨，与上年持平。油料产量39.9万吨，比上年增长1.0%。其中花生产量5.4万吨，比上年减产0.2%；油菜籽产量33.6万吨，比上年增长1.0%。

全省国有粮食购销企业累计收购粮食73万吨，其中"订单粮食"60万吨，订单履约率达到90.8%。全省共销售粮食1619万吨；进口粮食296.4万吨，出口粮食0.9万吨；粮食商品量为351.5万吨，流通量达1681万吨。

全省主要粮食批发市场购销两旺，交易量达到665.5万吨，其中省外粮源占87%以上。全省粮油加工业呈现良好的发展势头，总产值达到357.9亿元，同比增长14.7%，实现销售收入366.1亿元，同比增长14%。

2011年粮食工作

2011年，浙江省各级粮食行政管理部门在省委、省政府的正确领导下，全面贯彻落实科学发展观，深入实施"八八战略"和"创业富民、创新强省"总战略，按照"稳增长、抓转型、控物价、惠民生、促和谐"的工作要求，结合浙江粮食工作实际，切实转变粮食流通发展方式，着力在优化粮食购销政策、改善粮食宏观调控、推进粮食产销合作和增强粮食流通能力上下功夫，确保了全省粮食市场供应和价格的基本平稳，实现了"十二五"发展的良好开局。

2011年，浙江的粮食工作呈现如下特点。

一 粮食安全责任制有效落实

省委、省政府高度重视粮食工作，以粮食安全责任制考核为抓手，认真贯彻落实"米袋子"省长负责制。粮食安全责任制考核实施3年来，有效地提升了各级党政领导对粮食安全工作重要性的认识，增强了各部门共同推进粮食安全保障工作的合力，促进了粮食工作分级负责机制的形成，推动了各项保障粮食安全措施的落实，夯实了保障粮食安全的基础。2011年，浙江进一步细化了粮食安全责任制考核方案，增设农田水利建设等考核项目，增加粮食种植面积、产量的分值权重，明确提出储备粮品种结构的比例要求，并着重强化了各市政府对粮食保供稳价工作的责任。各地把粮食安全保障工作放到更加突出的位置，紧紧围绕"保耕地、保生产、保储备、保供应"的基本目标，在扶持粮食生产、提升和保护粮食生产能力、加强粮食流通和应急体系建设等方面做了大量的工作，切实把省政府出台的政策措施落到实处。不少市、县主要领导亲自听取粮食工作汇报，研究制定保障粮食安全的具体工作措施，深入一线实地检查粮食收购、储备、应急保障等工作情况。各级粮食行政管理部门切实承担起责任制考核的牵头、协调、日常管理等工作，主动出谋划策，扎实抓好考核，取得了积极的成效。从考核结果来看，各市粮食安全责任制执行情况总体良好，11个市考核平均得分92.5分，较好地完成了年度目标任务，没有出现"一票否决"的情形。杭州、衢州、嘉兴在考核中获得优秀，其余8个市考核结果良好。

二　"订单粮食"稳定发展

各地继续加大政策扶持力度，着力完善"订单粮食"政策和购销体系，进一步提高早、晚稻收购价格和订单奖励标准，为推进土地流转、减少季节性抛荒、提高单产水平和种粮收益提供了强有力的支撑，进一步推动了粮食生产的规模化和集约化，稳定了粮食生产，促进了农民增产增收。年初，省粮食局会同有关涉农部门在绍兴县启动实施了"五送"惠农服务活动，并及早下达了省级储备轮换早稻委托收购计划。新春伊始，全省各级粮食行政管理部门和收储企业积极进村入户，深入田间地头，切实做到情况早调研、政策早宣传、定金早发放、订单早落实、服务早到位，做实做细"订单粮食"各项工作，引导农民多种粮、种好粮。据统计，2011年国有粮食购销企业共与8.3万种粮农户和844个粮食专业合作社签订粮食订单66.1万吨，订单面积260.9万亩，共发放收粮预购定金4795.2万元，户均同比增幅10%左右。在此基础上，积极开展产业协会担保融资试点工作，在金华、衢州两市发放贷款5218万元，支持粮农生产。粮食收购期间，各地合理布设收储网点，添置粮食收储机械设施，积极应用浙江省订单粮食管理信息系统，推行售粮款非现金支付等便民举措，方便农户售粮，促进增产增收。全省国有粮食购销企业累计收购粮食73万吨，其中"订单粮食"60万吨，订单履约率达到90.8%，较好地完成了预期的工作目标。据物价部门测算，在订单奖励等政策的扶持下，种粮农户早稻亩净利润为252.3元，同比增长92.2%。同时，为有效应对6月四轮连续强降雨对小麦收购和早稻生产的影响，各地积极采取提供烘干服务、上门收购、联系解决发芽小麦出路等措施，帮助农户减少产后损失，并做好诸暨、兰溪两市早稻绝收农户的预购定金减免工作。绍兴、嘉兴等地还认真抓好农户科学储粮工作，积极筹措落实资金，为近万农户配备了小型彩钢板储粮装具，改善农户储粮条件，减少粮食产后损失。

三　粮食宏观调控能力进一步增强

针对2011年粮油市场行情多变、波动加剧的情况，全省各级粮食行政管理部门按照"把稳定市场物价放在更加突出位置"的要求，切实抓好粮食宏观调控能力建设，进一步落实各项保供稳价措施。

一是调整优化储备粮品种结构，完善粮食储备体系。各地在确保储备粮规模、资金、仓储"三到位"的基础上，进一步调整优化储备粮品种结构，提高晚稻谷和成品粮储备比重，促进粮食储备从总量安全向品种结构合理转变。省粮食局结合储备轮换，新增了晚粳稻和小包装食用油，并落实了省级周转粮，杭州、宁波、温州市区按规定新增储备成品粮，湖州、余杭等地自主增加了成品粮储备规模。新昌、永康、江山等县、市还根据实际需要，进一步自主扩大当地粮食储备规模或新增周转储备粮。

二是把握储备粮吞吐时机，有效调节市场供应。为切实做好保供稳价工作，各地加大政策性粮源轮换出库力度，适时安排出库销售地方储备粮，并把握时机抓好地方储备粮轮换补库工作，通过储备粮的吞吐有效地调节市场供应。积极组织省内企业参加国家和地方各级政策性粮油竞价交易和定向销售，增加省内市场供应，满足市场需求。同时，认真做好军粮供应工作，提高平战保障能力。配合有关部门做好大中专院校、城市低收入群体、农村缺粮人口等特殊群体的粮食供应保障工作。

三是完善粮食应急管理体系，认真应对突发事件。各地积极抓好粮食应急管理体系建设，设立省级粮油行情监测点，落实了粮食应急供应网点、应急加工企业。嘉兴、衢州等地还组织开展了市、县联动、多部门联合的应急预案演练，为粮食应急预案的进一步完善提供了实践经验。针对3月中旬个别地区出现抢盐事件引发的集中抢购粮食风波和6月连续强降雨对粮食市场的影响，各级政府和粮食行政管理部门反应灵敏、行动迅速，省、市、县三级联动，积极采取组织应急调运、应急加工等有力措施，迅速化解了市场的恐慌情绪，恢复了粮食市场的正常运行秩序。

四　粮食产销合作继续深化

面对浙江逐年提高的粮食对外依存度，全省各级党委、政府高度重视加强与粮食主产区的产销合作，并出台了各项行之有效的政策措施。赵洪祝书记、夏宝龙省长、葛慧君副省长等省领导对此多次作出批示。8月中旬，时任省长吕祖善同志率领省政府代表团赴吉林考察，进一步推进浙江与吉林等东北产粮区的产销合作关系。各地党政领导也纷纷远赴黑龙江省等产粮区，考察粮情、洽谈合作。目前，各地已在省外建成相对稳定的早稻、小麦、粳稻等粮源基地20多万公顷。2011年，浙江首次实施的东北采购调运粮食补贴政策执行良好，这项政策的实施起到了"四两拨千斤"的作用，在引进东北粮源上发挥了积极的成效。年底前，又建立了省级周转粮制度，首批省级周转粮委托省粮食集团经营，充分发挥了国有粮食骨干企业的作用。

同时，积极开展粮食产销合作对接和粮油展销等各类活动。在9月初举行的黑龙江金秋粮交会上，浙江签订粮食采购协议25项，交易量51.2万吨，同比增加49.2%。10月中旬，由国家粮食局和浙江省政府共同主办的"第十一届中国国际粮油产品及设备技术展览会"继续在宁波举行，展会粮油交易总量88.2万吨，成交总金额41.7亿元，同比增长5.1%。11月，衢州顺利举办了第十届中国优质稻米博览交易会、第三届中国（衢州）农博会粮交会，积极探索粮食交易模式创新，深化产销对接，吸引了全国23个省(市)的262家企业、客商参展，进一步丰富了浙江的市场供应。2011年，浙江主要粮食批发市场购销两旺，交易量达到665.5万吨，其中省外粮源占87%以上，有效地保障了城乡居民的口粮供给。

五　粮油仓储管理更加科学

各地继续深入组织开展"粮食仓储管理规范化建设年"活动，共有45家粮食仓储企业被授予"全省粮食仓储规范化管理先进单位"称号；已创建星级粮库90个，其中"三星级"粮库51个，"四星级"粮库12个。各地以"星级粮库"创建活动为抓手，完善设施、健全制度、优化环境、建设队伍、扎实推进粮食仓储管理规范化、精细化、科学化。在此基础上，积极实践和应用绿色生态储粮技术，确保库存粮油储存安全、品质良好，努力提高储粮现代化水平。省储备粮管理有限公司以"管理上新水平、发展上新台阶"为目标，组织开展制度建设、仓储设施建设和人才队伍建设年活动，5个省级储备粮库均被评为"四星"级粮库，地方储备粮管理工作走在了全国前列。

根据国家粮食局等有关部门的统一安排，各地重点组织开展了新中国成立以来的首次食用油库存清查工作。粮食、财政、农发行以及中储粮等相关单位通力协作、周密部署、精心组织，共派出2006人次参与清查工作，圆满完成了清查任务。清查结果显示，全省各类油脂库存数量真实、账实相符、质量总体良好、储存比较安全。这次清查摸清了食用油库存家底，推动了各项标准制度的建立和完善，提高了油脂库存管理水平。继续开展全省粮食库存年度例行检查，结果再次表明，全省粮食库存品种清、性质明、数量准，储备规模到位、质量总体良好、管理比较规范，达到了"让政府心中有数、让群众感到放心"的目的。

六　粮食流通产业稳步发展

省粮食局在深入调查研究的基础上，认真组织做好《浙江省粮食流通发展"十二五"规划》的编制工作，并与省发展改革委联合发布，明确了"十二五"期间的发展目标和举措。为缓解东北调粮的运输"瓶颈"制约，省里多次组织人员到东北调研，筹划建设东北营口港粮食中转物流基地。目前，该项目正抓紧进行可行性研究。各地进一步加快粮食流通基础设施建设，促进区域性粮食物流中心形成，推动粮食流通产业转型升级。2011年，省内区域性物流中心基本完成布局，项目建设按预定计划顺利推进。绍兴粮食物流中心仓储项目投入运行；衢州省级粮食储备库、丽水粮食物流中心基本完工；台州粮食物流中心动工兴建，金华粮食物流中心基本完成前期工作；省重点工程舟山储备中转粮库二期工程已进入设备安装阶段，中穗省级粮食储备库迁建工程已进入招投标环节。舟山、杭州、温州、嘉兴等地的粮食物流中心吞吐量持续攀升，并逐步形成了粮油龙头企业的集聚区，充分发挥了粮食流通集散功能，取得了较好的社会和经济效益。2011年，市、县中心粮库建设继续稳步推进。象山、磐安、开化、龙泉等10个中心粮库新（扩）建项目顺利完工，萧山、苍南、天台等14个市、县中心粮库工程正在施工建设。

与此同时，各地还通过吸引粮油企业到粮食物流中心投资落户、协调信贷支持、落实税收优惠政策等多种方式，重点扶持粮食产业化龙头企业做大做优做强；以11家全国放心粮油示范企业为样板，大力发展便民粮油服务网点（连锁店），推进放心粮油进社区、进农村，方便百姓购粮，促进企业增效。2011年，全省粮油加工业呈现良好的发展势头，总产值达到357.9亿元，同比增长14.7%，实现销售收入366.1亿元，同比增长14%。五芳斋等一批骨干粮油加工企业积极向粮食生产和购销领域扩展，实现生产、收购、加工、运输、配送的一体化运作。

七　依法管粮有序推进

各地认真贯彻执行《粮食流通管理条例》、《浙江省实施〈粮食流通管理条例〉办法》和《浙江省地方储备粮管理办法》等相关法律法规和规章制度，积极开展行政执法培训，强化行政执法行为规范，大力推进依法管粮工作。组织开展粮食系统依法行政示范单位创建活动，全省共有8个市12个单位申报创建，其中温州、舟山、永康等8个单位通过考核认定。对全省粮食收购政策执行情况和行政处罚自由裁量权规范情况开展监督检查，受理行政许可续期和变更事项2起，评查行政许可841个，并制定出台规范行政处罚自由裁量权工作的指导意见。

同时，进一步加强粮食质量安全监控，以省粮油质检中心为龙头，着手筹建粮油转基因检测实验室，努力提升完善各级粮食质检机构和基础设施条件。认真开展粮食质量与原粮卫生调查、品质测报，各级储备粮出入库检测、军粮抽检、粮食市场准入和抽查检测等措施进一步完善。各地粮食、工商、质监等相关部门加强协作，严格粮食储藏、加工、流通各环节的质量监管，确保了粮油产品质量安全。

八　自身建设得到加强

全省各级粮食行政管理部门坚持从构建浙江粮食安全体系的实际出发，在服务发展、服务社会、服务群众、服务党员的实践中，立足工作实际开展"双强争先"，引导党员干部"创先谋发展，争优当先锋"，为粮食事业科学发展提供了强大的精神动力，为当好浙江粮食安全忠诚卫士奠定了扎实的思想基础。省粮食局结合庆祝中国共产党成立90周年，开展重温入党誓词、举办庆祝表彰大会、红歌会等系列活动，引导广大党员干部以实际行动践行庄严承诺，充分发挥基层党组织的战斗堡垒作用和优秀党员的先锋模范作用。牵头9家单位做好松阳县的结对帮扶工作，全年落实帮扶资金549.8万元，实施帮扶项目119个，连续4年被省委、省政府授予"'低收入农户奔小康工程'结对帮扶工作先进单位"荣誉称号。近10家中央和省级新闻媒体还集体采访了省粮食局的创先争优活动，广泛宣扬粮食人的良好精神风貌。同时，着力加强"六戒六要"教育，深入实施《浙江省粮食局廉政风险防控机制建设实施方案》，推进粮食系统党风廉政建设。继续抓好职工教育培训和技能人才培养，开展"粮油储藏与检测技术"大专函授学历教育，先后举办市、县局长业务培训、粮食执法业务培训、粮油保管员（质检员）职业技能培训鉴定和财务人员知识更新培训等各类培训班6期，共培训人员500余名，粮食职工队伍素质进一步提高。

◆ **浙江省粮食局领导班子成员**

陈聪道	党组书记、局长
钟传厚	党组成员、副局长
韩鹤忠	党组成员、副局长
李立民	党组成员、副局长
叶晓云	党组成员、总工程师
龚震源	副巡视员

浙江省委书记赵洪祝（左四）给省粮食局局长陈聪道（左三）颁奖。

浙江省委副书记夏宝龙（左一）检查粮食储备。

浙江省委常委、组织部长蔡奇（左三）调研省粮食系统创先争优活动情况。

安徽省粮食工作 基本情况

安徽省总面积13.96万平方公里，辖16个市、105个县（市、区）。2011年末全省总人口6875.9万人，比上年增加48.9万人；城镇化率为44.8%，比上年提高1.6个百分点。全省全年生产总值(GDP)15110.3亿元，按可比价格计算，比上年增长13.5%，已连续8年保持两位数增长；人均GDP达25340元(折合3923美元)，比上年增加4452元；财政收入达到2632.8亿元，比上年增长2.6%。全年城镇居民人均可支配收入18606元，比上年增长17.8%；农村居民人均纯收入6232元，比上年增长17.9%。

安徽是全国13个粮食主产省之一，也是全国7个商品粮调出省之一。安徽省农产品品种比较齐全，其中水稻、小麦占总产量80%左右。2011年全省粮食作物种植面积662.15万公顷，比上年扩大5100公顷，其中优质专用小麦面积198.5万公顷，扩大9.24万公顷。油料种植面积87.83万公顷，减少6.6万公顷。全年粮食产量3135.5万吨，比上年增加55万吨，增长1.8%，连续8年丰收、6年创新高。油料产量213.8万吨，下降6.1%。粮食作物优质率提高到90%以上。

2011年底，全省规模以上粮油加工企业866家，稻谷加工能力2293.7万吨、小麦加工能力1290万吨、玉米加工能力285.6万吨，油料处理能力483.2万吨。2011年全省粮食加工总产量2171万吨，油脂加工总产量99万吨，粮油加工总产值首次突破千亿元大关，达到1317亿元，综合经济指标居全国前列。2011年底，安徽省国有粮食购销企业总仓容1783.2万吨，有效仓容1481万吨(不含中储粮安徽分公司、中粮集团)，其中拥有5万吨以上仓容的企业83个；食油罐15.5万吨。具备环流熏蒸条件仓容1116万吨，98%的仓容实现了机械通风。全省粮库拥有地中衡、清理筛、输送机等保粮设备15720台(套)，烘干能力4812吨/小时。全省拥有铁路专用线20条，专用泊位33个。

安徽省国有粮食系统机构数1027个(行政单位96个，事业单位83个，国有及国有控股企业单位849个)。全省粮食系统在岗职工2.6万人。

2011年粮食工作

2011年，面对复杂多变的国际国内粮食形势，安徽省粮食部门在省委、省政府的坚强领导下，坚持以科学发展观为统领，牢固树立"为耕者谋利，为食者造福"的服务理念，突出深化改革和创新发展，以构建和完善具有安徽特色现代粮食流通产业体系为总体目标，认真制定并组织实施安徽粮食流通"十二五"发展规划，扎实有效开展"粮食质量效益提升年"、"2000亿跨越工程启动年"和"粮食仓储规范化管理三年提升行动"等主题活动，圆满完成了各项目标任务，粮食流通工作成效显著、亮点纷呈，荣获省委、省政府和国家粮食局等授予的8项大奖，为"十二五"赢得了良好的开局，为促进全省经济社会平稳较快发展作出了积极的贡献。

一　强化市场收购，促农增收作出新贡献

2011年，在国际粮价特别是国内通胀预期的推动下，粮食最低收购价预案未能启动，粮食经营风险明显加大。各级粮食部门不等不靠，主动强化市场意识和责任意识，积极采取"灵活决策、把握节奏、对接收购、有效购销"的经营策略，拓展与央企、龙头企业、储备企业及省内外销区的对接收购，大力推广寿县、和县等地筹措收购资金的经验，破解收购资金制约"瓶颈"，创新"一站式"服务模式，最大程度掌握粮源。2011年全省纳入统计范围的各类粮食经营企业从生产者收购粮食2158万吨，同比增加372万吨，其中国有粮食企业收购粮食714万吨，油菜籽49万吨，收购量均居全国前列，超额完成省政府确定的目标任务，促进了粮食有序流通，实现了农民增产增收。粮食市场化购销带动全省农民增收近40亿元，得到省政府和国家粮食局领导充分肯定。

二　全力保供稳价，宏观调控推出新举措

2011年，安徽各级粮食部门认真贯彻落实国务院决策部署和省政府《关于加强新形势下粮食工作的通知》精神，始终坚持把保供稳价作为粮食工作的首要任务，进一步落实"米袋子"行政首长负责制。严格督查落实地方粮食储备，全省地方粮食储备规模全部到位，合肥等14个市成品粮油储备进一步充实。规范做好省级储备粮等定向定价销售，动用31万吨省级储备粮，指定27家加工龙头企业，在规定时间定向加工投放市场销售，成功应对粮食价格波动。落实国家粮食局安排安徽省定向销售小麦52万吨、稻谷10万吨、油脂9.4万吨，确保了粮食市场供应和价格基本稳定。建立粮油市场价格信息监测点195个，构建以77家加工企业、80家供应企业为骨干的省级粮油宏观调控体系，完成省政府应急平台粮食部分数据库建设，进一步增强政府宏观调控和应对突发粮食事件能力。军粮综合保障能力显著提高，全省有9家军粮供应站入围全国"百强军供站"。合肥国家粮食交易中心的市场导向和稳盘作用更加凸显，2011年累计成交国家政策性粮食1880万吨，成交额435亿元。"合肥粮食价格指数"成为反映全国粮食市场价格水平和发展趋势的风向标。巩固并拓展与长三角、珠三角等主销区的产销合作，合肥市成功承办第六届长三角粮食发展与合作会议，签订产销协作、合作项目23个。2011年全省销往省外粮食达1022万吨，为国家粮食安全作出积极贡献。

三　推进转型升级，产业发展迈上新台阶

组织编制《安徽省粮油加工业"十二五"发展规划》，绘就未来五年粮油加工业发展蓝图。认真贯彻落实省政府《关于实施粮食产业化跨越工程的意见》，提出并开展"2000亿跨越工程启动年"活动，推进粮食产业经济在转型中跨越式发展，实现粮油加工业总产值突破千亿元大关。2011

年全省入统粮油加工企业实现总产值1317亿元，同比增长50.25%；粮油加工企业实现利税48.89亿元，同比增长78.95%。龙头企业不断壮大，2011年全省粮油类国家级农业产业化龙头企业新增8家，总数达到20家，特别是中粮、益海嘉里、五得利等央企和知名龙头企业落户安徽，成为辐射带动产业发展的生力军。品牌建设再获新突破，新增中国驰名商标1个、省著名商标23个、省名牌产品17个。组织成立"安徽省小麦加工产业技术创新战略联盟"，推进产学研紧密结合的科研创新支撑体系建设。继续组织开展银企、科企、园企等对接活动，现场签订贷款金额30.63亿元，科企对接项目99个，对接成果29项。粮食产业组织化程度不断提高，全省发展粮油专业协会70家，由企业牵头领办农村合作社395家。优质粮基地建设稳步推进，126家企业参与33.7万多公顷优质粮核心示范区建设，158家企业流转土地20.7万多公顷。全省粮油订单面积242万公顷，订单收购量达666万吨。积极推进放心粮油示范工程，全省城市连锁店、农村服务社分别发展到3322家和2870家。通过组织参加各类展示展销会，一大批名、优、特、新产品走向全国，安徽粮油产品在全国的知名度和市场占有率明显提高。省粮食局先后获得省政府粮食生产"三大行动"先进单位、"三大农展会"、推进与央企合作发展组织奖等荣誉。

四　持续加大投入，设施建设实现新突破

编制出台《安徽省粮食流通基础设施建设"十二五"规划》，发挥规划对加快粮食流通基础设施建设的指导作用。2011年是安徽省仓储物流设施建设投入最大的一年。全省争取中央和省级各类项目补助资金4.02亿元，重点支持仓储、现代物流及配套设施建设。新建、扩建项目176个，其中62个项目已竣工，新建仓容181万吨，维修仓容368.5万吨。粮食散运快速发展，实现散运量920万吨，散运比例达到40%，同比提高11个百分点。扎实开展"粮油仓储企业规范化管理三年提升行动"，大力推进仓储管理规范化、人才队伍专业化、设施设备现代化、企业管理信息化建设。坚持安全生产考核"一票否决"制，实现安全储粮全年零事故。开展第6期农户科学储粮示范工程，总投资2500多万元，惠及63个县500多个行政村70230户，接近前5期的总和，示范效应进一步放大。粮食质检体系建设步伐加快，省财政投入645万元，添置先进分析设备，建成转基因实验室，特别是与中储粮安徽分公司联合组建的粮油质量检测有限公司正式运作，为全国粮食行业首创。

五　构建承接平台，园区建设取得新进展

抢抓皖江城市带承接产业转移的政策机遇，召开全省粮食产业园区建设推进大会，编印《安徽省粮食产业园区招商项目指南》，加大粮食产业园区建设推进力度。2011年全省已规划和建设各类粮食产业园区108个，比上年增加9个，累计投资69.7亿元，同比增加25.3亿元，增幅达57%。70个园区基本建成或主体项目竣工投入使用。全省确定"十二五"重点支持的30个园区，争取省财政安排粮食产业园区建设专项补助资金16648万元，着力把园区打造为承接产业转移的桥头堡和主阵地。全省有56个项目列入省"861"行动计划重点项目，省粮食局连续三年被省政府授予实施"861"行动计划突出贡献奖。各地加大招商引资力度，扎实开展园企、产权等对接活动，一批省内外社会和民间资本入园投资，产业园区集聚作用进一步彰显。

六　稳步推进改革，质量效益有了新提升

注重总结国有粮食企业改革经验，进一步明确改革目标，实行分类指导、重点突破，推进企业重组和产权制度改革。全省累计处置经营性挂账41亿元，其中2011年处置6亿多元，购销企业资产负债率同比下降1.73个百分点，所有者权益同比增加10亿元，企业资产质量不断优化。国有粮食企业战略性调整取得一定进展，全省国有和国有控股购销企业户数下降到633户，其中改制企业507户，改制面达80%。指导企业顺应市场变化，主动转换经营机制，创新经营方式，搞活市场经营，企业自主经营应变能力得到明显提升。扎实推进"质量效益提升年"等活动，完善制度建设，健全约束机制，全面推行绩效考核和责任追究制，全省粮食购销企业管理水平得到明显提升。2011年，在政策性补贴陡减、经营性成本持续大幅上升的逆境中，全省国有粮食企业统算盈利1.62亿元，盈利面为100%。

七　强化依法监管，市场环境得到新改善

认真总结"五五"普法经验，深入贯彻《国务院关于加强法治政府建设的意见》，制定出台并全面实施粮食行业"六五"普法规划，省粮食局先后被省委、省政府和国家粮食局授予"五五"普法先进单位称号。持续开展粮食行政执法资格和监督检查行政执法培训，2011年又有402人获得国家和省行政执法资格证。编制《安徽省粮食流通监督检查行政执法手册》，规范粮食流通监督检查行政执法行为。固镇、凤台县粮食局被命名为首批"全国粮食流通监督检查示范单位"。会同省发改委修订出台了《安徽省粮食经营者最低和最高库存量标准》，严格落实最高、最低库存量限制规定。省粮食局主动会同有关部门组织开展粮食库存年度例行检查和收购督查，圆满完成食用植物油库存检查工作，得到全国抽查工作组的充分肯定。重点开展粮食定向销售和政策性粮食出库的专项检查，确保市场供应和粮价的基本稳定。组织开展对2010年度收获入库的小麦真菌毒素污染情况的彻底排查和全面监管，严防流入口粮市场。严肃查办各类涉粮违规案件，2011年安徽省依法开展各类专项检查和专案调查11774户次，责令纠正795例，警告处罚361例，取消收购资格66例，协助没收非法收购粮食108万斤。

八　注重效能建设，行业文明展现新风貌

深入持久地推进机关效能建设，并把机关效能建设与重点工作、党风廉政建设、依法行政等有机结合起来，出台《省粮食局机关处室核心职能履行方案》和《省粮食局机关聚焦处室核心职能履行考核办法》，着力推进效能建设向处室延伸、向基层延伸，进一步完善效能建设长效机制。积极开展创先争优、纪念建党九十周年及"五级书记大走访"等主题活动，始终坚持把精神文明建设和行业文明创建摆上突出重要位置，广大干部职工的思想观念、精神状态、服务意识、作风建设等明显转变。省粮食局被省政府授予第九届安徽省文明单位荣誉称号，滁州市军供站、金寨县国家粮食储备库保管组荣获省级"青年文明号"，4位同志荣获省"五一劳动奖章"。省粮食局联合省人力资源和社会保障厅在全省粮食系统评选表彰40个先进集体和100名先进工作者（劳动模范）。加强粮食行业人才队伍建设和教育培训工作，举办新任市县粮食局长专题培训，组织开展职业技能培训鉴定，34名制粉工

获得国家职业资格证书，实现了该工种技能鉴定工作"零"的突破。粮食行业协会加强组织建设，充分发挥了服务、协调、监督、自律作用。进一步深化政务公开，组织编制省粮食局行政职权目录，绘制行政权力运行流程图，以"安徽粮食政务网"为平台，主动公开政府信息555条，办理依申请公开3件，政务公开工作受到省政风评议检查组和省政务公开办的充分肯定。认真落实《廉政准则》和《党风廉政建设责任制工作实施办法》，深入持久地在全系统开展"三反三正"活动，扎实推进粮食行业廉政文化创建工作，着力加强惩防腐败体系建设。省粮食局被省政风办评为政风行风"满意"单位，被省纪委确定为省级廉政文化建设示范点。

◆　**安徽省粮食局领导班子成员**

孙良龙	党组书记、局长
刘　惠	党组成员、副局长
戴绍勤	党组成员、副局长
王用华	党组成员、驻局纪检组长
谢胜权	党组成员、副局长
马三九	副巡视员
杨振中	副厅级纪检员、监察专员（2011年9月任职）

2011年1月26日，安徽省委副书记、省政协主席王明方（前排左一）视察安徽现代粮食物流中心库。

2011年6月8日，安徽省粮食局局长孙良龙（前排右二）在阜阳检查夏粮收购工作。

2011年8月5日，安徽省政府副省长余欣荣（后排左起六）、省长助理邵国荷（后排左起七）出席全省粮食产业化银企科企对接会议。

2011年9月1日，安徽省粮食局召开全省粮食产业园区建设推进会，局长孙良龙（左三）、副局长刘惠（左二）、副局长戴绍勤（左五）、副巡视员马三九（左一）出席会议。

福建省粮食工作　基本情况

福建地处东南沿海，与我国台湾省隔海相望，全省陆地面积12.4万平方公里，海域面积13.6万平方公里，总人口3720万人。福建是个多山的省份，丘陵和山地占全省总面积的80%以上，有"八山一水一分田"之称，人均耕地面积不及全国人均耕地面积一半的水平，是我国粮食主销省之一。2011年全省粮食种植面积122.7万公顷，比上年减少0.5万公顷，粮食总产量672.8万吨，比上年增加10.9万吨，其中，小麦0.8万吨、早籼稻122.8万吨、中晚籼稻391.3万吨、玉米16.6万吨、大豆15.3万吨、薯类及其他126.0万吨。2011年度全省粮食企业购进经营量2221.4万吨，比上年增加228.3万吨；全省粮食企业销售经营量2098.4万吨，比上年增加205.8万吨。2011年度全省从港口、码头、铁路渠道调入的粮食共1262万吨，其中进口382万吨；销往省外粮食195万吨，其中出口2万吨。

截至2011年末，全省共有国有及国有控股粮食企业486家，企业从业人员6915人。全省粮食仓容总量为693.8万吨，比上年增加40万吨，其中国有粮食仓储企业库区988个，仓容494.7万吨，比上年增加12.9万吨，占全社会总仓容的71.3%。全省油罐仓容45.4万吨，比上年减少4.4万吨；铁路专用线14265米；专用码头泊位11个，总吨位40万吨。

2011年粮食工作

一　落实粮食收购政策，促进农民增产增收

认真贯彻执行粮食储备订单直接补贴和最低收购价政策，加强粮食收购工作的组织领导，进一步做好订单粮食收购工作。全省2011年早、中晚籼稻最低收购价继续参照国家标准执行，即每50公斤由2010年的93元、97元，提高到102元和107元，比上年分别提高了9元、10元，进一步调动了农民种粮积极性。坚持公开、公平、公正的原则，根据乡镇、农户的实际种粮面积、余粮情况以及往年执行订单粮食合同情况，合理分配订单任务，做实做细储备订单收购分解到户的工作，做到既倾斜种粮大户、种粮乡镇，又兼顾边远地区农民的卖粮要求。根据《国家发展改革委、国家粮食局、国家工商总局关于加强粮食收购资格审核规范粮食收购市场秩序的通知》和《国家粮食局关于做好2011年秋粮收购监督检查工作的通知》精神，修订完善了《福建省粮食收购资格审核管理实施细则》，认真组织开展收购资格核查和秋粮收购监督检查，规范收购行为，保护种粮农民利益。持续深入开展粮食收购创

优活动，通过采取增加临时收购点、流动收购、预约收购、上门收购、代存收购等多种方式，提高服务质量，方便农民售粮，粮食收购进度加快，收购数量同比大幅增加。2011年全省共签订储备粮收购订单45万吨，截至2011年12月31日，全省国有粮食企业共收购粮食49.2万吨，比上年同期增加11.2万吨，全面完成了储备订单粮食收购任务。

二　加强督促指导，进一步改善粮食物流设施条件

（一）推进储备粮库建设

按照省级粮库的建设规划和要求，加强新（扩）建55万吨省级粮库的进度跟踪和现场督察，对各序时节点的完成情况进行跟踪比对，及时研究协调解决工程建设中存在的问题，加快项目建设进度。配合建设管理部门对在建的5个省级粮食储备库工程进行了质量安全专项督查，及时发现整改施工过程一些质量和安全隐患，加强工程质量管理。2011年，省级粮库建设累计完成投资3.01亿元，长安库已完成建安工程，南安库和长汀、晋江库已完成主体工程。在做好市、县粮库建设指导和进度跟踪的同时，争取到诏安、石狮、霞浦等3个粮油仓储设施项目中央投资补助1200万元，安排了市、县粮库新扩建及维修改造省级补助资金2000万元，有力推进了市、县粮库建设。2011年全省在建的市、县级粮库项目10个，建设仓容32.85万吨，总投资3.03亿元，年度累计投资1.1亿元。

（二）督促指导粮食批发市场建设

2011年，全省粮食批发市场新增投资2.7亿元，累计完成投资18.9亿元，市场建设进展顺利。福州粮食批发市场的杂粮交易中心已完成结构封顶，泉州·官桥粮食城第三部分项目已开始施工，漳州浦口粮食批发市场已完成仓储区和第四期加工区建设，福鼎闽浙边界粮食批发市场已通过验收正式开业，上杭边贸粮食批发市场仓储物流设施主体工程已封顶，宁化（闽赣）边界边贸粮食批发市场和诏安闽粤粮食批发市场已开工建设，新建、扩建的粮食批发市场产业聚集、交易平台的作用得到有效发挥。2011年，全省各级粮食批发市场吸纳各种经济成分的企业和会员1547家，交易量达到600多万吨，交易金额140多亿元。

（三）抓好农户科学储粮专项建设

根据国家有关部门开展农户储粮专项建设的部署，成立了省农户科学储粮专项建设领导小组，出台了《福建省农户科学储粮专项管理细则》，组织南平、三明两市和部分产粮县（市）有关人员赴江西考察学习农户科学储粮专项建设做法与经验，有序推进农户储粮专项建设工作。2011年在邵武、浦城、光泽、建宁、宁化5个县建设了3万套储粮罐。

三　加强产销协作，切实抓好粮油市场的保供稳价工作

（一）持续推进粮食产销协作

在三明市组织召开了第十届省内产销区粮食购销协作洽谈会，加强省内产销区之间的沟通联系，支持省内产区发展粮食生产，共签订粮食购销合同90.88万吨。在厦门市成功举办了"第七届七省粮食产销协作福建洽谈会"，继续邀请江苏、湖南两个产粮省参加，来自9个省的政府代表、粮食企业界人士1500多人参会，共签订粮食购销合同、协议663.6万吨，比上届增加了31.9万吨；积极组织省内粮食企业参加201·黑龙江金秋粮食交易合作洽谈会，共签订粮食购销合同协议114.8万吨，巩固和

发展了粮食产销协作，促进了引粮入闽，为保障全省粮食供应奠定了良好基础。

（二）做好政策性粮食竞价和销售工作

认真做好企业参与政策性粮食交易的准入资格和经营量审核，引导企业积极参与国家政策性竞价和定向销售，在原核准参与国家政策性小麦、玉米、籼稻（米）竞买136家企业的基础上，审核上报了32家饲料加工和养殖企业参与国家不完善粒超标小麦的竞价销售。截至2011年12月，省内骨干企业共购得国家向市场投放的政策性低价粮29.9吨（其中玉米9.6万吨、小麦5.4万吨、粳稻8.7万吨、籼稻6.2万吨）。面粉加工企业以低于市场约0.1元/斤的价格买入国家定向销售小麦9.35万吨加工投放市场，对稳定省内面粉价格起到了积极作用。根据国家有关部门要求，认真做好与国家配套的政策性籼稻定向销售，全省以2011年地方储备粮中需轮换出库的籼稻安排配套粮源11.5万吨，省内32家骨干大米加工企业以低于市场5~7分/斤的价格购得地方定向销售储备籼稻8.92万吨、中央定向销售储备籼稻4.3万吨，保证了省内籼稻(米)市场供应和价格基本稳定。

（三）加强粮食市场保供稳价工作

与中储粮福建分公司签订了《关于保障粮食安全、服务海西建设的战略合作协议》，加强协作、优势互补，共同维护福建粮食市场稳定，保障福建粮食安全。加强粮食流通统计和市场行情监测，加大国家、省、市（县）三级价格监测点的市场行情监测力度，加强对重点粮油批发市场、设区市所在地主要超市市场价格以及规模以上粮油企业统计的监测和分析，适时启动日监测制度，全面把握全省社会粮食流通与供需平衡情况，为政府宏观调控提供决策依据。强化政策性粮食购销监督检查，组织开展政策性粮食销售出库检查、做好福建省政策性粮食定向销售购买企业到货数量核查和政策性业务统计跟踪，促进政策性粮食及时销售出库，确保国家制定的粮食购销政策落到实处，达到预期的调控效果。加强节日粮油市场供应和各项应急措施的监督检查，落实保供稳价各项措施，合理组织储备轮换，均衡有序增加市场投放量，保障了福建省粮油市场稳定。

（四）保质保量供应军粮

坚持以兵为本，围绕"按政策保质保量供应军粮"的工作要求，加强军粮供应质量、财务和规范化管理，保持军粮供应稳定、服务良好、军队满意的局面。认真落实军粮供应检查制度，狠抓军粮供应政策的执行，指导军供企业做好粮油品种的调剂和串换，满足部队多方面、多层次的需求，确保了驻闽部队日常生活和演练、抢险救灾等各项任务对军粮的需要。督促各地认真落实粮食质量军供站长第一责任人制度和"一批一检一报告"制度，加大对军粮质量抽查的力度，强化军粮质量管理，确保部队用粮安全。

四　充实储备规模，进一步提高粮食宏观调控能力

（一）充实提高储备规模

根据国办和省府办关于做好当前粮食市场调控工作的通知精神，福州、厦门、漳州、泉州、莆田、龙岩等设区市根据本地财力和储备状况，在省政府已下达的储备粮规模计划的基础上增加了市、县级粮食储备规模，以满足粮食市场宏观调控的需要。全省6个设区市共增加储备粮食35万吨，分两年（2011～2012年）到位，2011年底已到位近20万吨。

（二）规范仓储管理

继续深入开展粮油仓储企业规范化管理活动，加大《粮油仓储管理办法》等国家新颁布储粮标准

和管理制度的宣传贯彻力度，加强仓储管理人员和质量检验人员职业技能培训，提高仓储从业人员的业务水平。组织对2003年制定的《福建省地方储备粮油管理办法》进行修改、完善和充实，督促各地认真落实国家新颁布制度与重要标准，健全完善粮油仓储管理制度，为提高企业仓储管理水平提供制度保证。组织学习《福建省粮油仓储单位备案管理办法》，认真开展粮油仓储单位备案工作。在全省范围内开展"全省粮油仓储规范化管理先进单位及先进个人"评选活动，营造创先争优良好氛围，促进粮油仓储企业规范化管理水平的提高。

（三）强化库存检查

根据国家粮食局《关于开展2011年全国粮食库存检查工作的通知》精神，结合春季粮油安全大普查开展全省粮食库存检查，全省地方共组织查仓人数2342人，检查仓房座数2225座，仓容270万吨，省级复查小组共复查了27个县(市、区)，34个地方储备粮存储单位，363个仓廒，粮食数量达59.57万吨。根据《国家发展和改革委员会、国家粮食局、财政部、中国农业发展银行关于开展全国食用植物油库存检查工作的通知》精神，精心组织，扎实有序地开展全省食用植物油库存检查，全省共对103家政策性油脂承储企业进行普查，对81家非政策性油脂承储企业商品油库存进行摸底调查。按照省领导指示精神和省粮食局全面加强粮食工作的总体方案，加强秋季粮油库存检查工作，在各地自查基础上，省级复查27个县（市、区），37个地方储备粮存储单位，315个仓廒，库存粮食数量48.29万吨，对在春季库存检查和食用植物油库存检查中发现问题的强化整改落实，切实解决粮油库存管理中存在的突出问题，提高粮油库存管理水平。从检查情况来看，地方储备粮油的库存管理都严格执行储备粮管理的有关规章制度，做到"一符、三专、四落实"，全省粮情稳定，粮油库存数量账实相符、品质良好、储存安全、管理比较规范。

五　加强行业指导，推进粮食产业发展

（一）加强国有粮食企业经营管理

以国有资产保值增值为核心，加强粮食财务信息统计和财务分析工作，及时掌握企业经营管理情况，督促和指导企业深入开展扭亏增盈活动，加强内部管理，规范财务核算，努力增收节支，扩大购销搞活经营，提高企业经济效益。2011年全省国有粮食购销企业实现利润5413万元，其中83个市、县(区)粮食购销企业实现盈利3185万元，同比上年增加185万元，盈利面达100%，超额完成了省政府下达的80%的市、县（区）国有粮食购销企业当年经营实现盈利的目标。

（二）推进粮食产业化经营

积极推荐有实力、带动力强、服从粮食宏观调控的骨干粮食加工企业参与省级产业化龙头企业评选，做好重点支持的粮油产业化龙头企业申报工作。福建省有53家企业获得国家粮食局、中国农业发展银行重点支持的粮油产业化龙头企业称号，获得农发行扶持贷款额度17亿元，取得农发行在流动资金、固定资产购置、技术改造、粮食生产基地建设、粮油订单收购等方面的优先贷款支持，有效地带动了福建省粮食产业的发展。积极争取省级资金对产业化经营取得显著成效的10家粮食企业进行奖励，调动企业开展粮食产业化经营的积极性。2011年，全省48家粮食产业化龙头企业在省内外建立优质粮食生产基地近20万公顷，带动农户70多万户，落实粮食收购订单100多万吨。莆田市东南香米业发展有限公司、福建天下农庄食品发展有限公司、泉州市金穗米业有限公司、福建康宏股份有限公司、厦门中盛粮油集团有限公司5家企业进入全国大米、小麦粉、食用植物油加工业企业50强。

（三）指导、协同行业协会开展工作

以粮食行业协会为载体，在总结首批放心粮油示范企业考核认定工作经验的基础上，对《福建省粮食行业放心粮油示范企业暂行管理办法》、《福建省粮食行业放心粮油示范企业基本条件》进行修订，积极开展放心粮油示范企业认定活动，全省共认定放心粮油示范企业41家，其中有12家企业被中粮协授予全国放心粮油示范企业称号。制定出台了《福建省粮食行业协会第三届理事会轮值会长制度（试行）》，实施了轮值会长管理协会工作制度，调动了企业参与协会管理的积极性。成立了福建省粮食行业协会大米分会，进一步加强对大米企业的服务，督促企业自律，更好地服务政府粮食宏观调控。

六　坚持依法行政，有效维护粮油市场秩序

（一）认真做好粮食行政审批工作

在做好粮食行政审批项目和规范性文件清理工作的基础上，认真做好骨干粮食加工企业、骨干粮店的年审和新增粮食骨干企业的审核确认工作，2011年全省确定骨干粮食加工企业132家、骨干粮店247家。完成了929家粮食收购企业许可证年检和64家企业的审核发证，经年审合格的经营者共908家。按照国家粮食局部署，组织做好2006年取得代储资格企业延续申请及新增申请中央储备粮代储资格企业的受理报批工作，全省已取得中央储备粮代储资格粮食类企业29家，资格仓容97.8万吨；取得油脂代储资格企业2家，资格仓容1.5万吨。

（二）规范粮食行政执法

加强粮食立法工作，按照省政府立法工作要求，对2011年列入的省政府规章项目《福建省粮食流通管理办法》做进一步的修改、补充和完善。制定下发《福建省粮食行政管理部门行使粮食行政自由裁量权标准》，推进福建省粮食系统规范自由裁量权工作，进一步规范粮食行政管理部门执法行为。各级粮食部门认真履行粮食流通监督职责，积极开展对粮食经营者从事粮食收购、储存、运输活动和政策性用粮的购销活动以及执行国家粮食流通统计制度情况的监督检查，督查指导骨干粮食加工企业履行最底和最高库存义务，维护了粮食市场正常秩序。据统计，2011年全省共对各类粮食经营企业及相关单位进行2217次的检查，查办案件总数134例，其中，责令改正97例，警告31例，罚款5例，移交其他部门处理1例。

（三）加强粮油质量体系建设

制定粮食质量检验监测机构能力建设规划，提出"十二五"期间福建省粮食质量监测机构建设布局、建设目标、建设要求、保障措施，指导各级粮食质量监测机构建设。在开展粮食质量监测机构现状调查的基础上，推荐福州、泉州、漳州、莆田、宁德、南平等6家粮食质量监测站作为国家粮食质量监测机构，并通过国家粮食局考核，纳入2011年国家粮食局粮食质量安全检测能力建设项目投资计划。加强粮油质量监测机构比对考核，抓好各级粮油质量监测机构卫生检测人员的培训和仪器设备的开机使用，有8家机构具备了重金属检测能力，有10家机构具备了农药残留检测能力，进一步提高福建省粮食质量检测能力。根据省政府下达的治理目标和《2011年粮食系统"治理餐桌污染"工作方案》，开展粮油产品质量抽查、卫生抽查和专项检查等共12126批次，从检测结果来看，粮食质量总体情况良好。

◆ **福建省粮食局领导班子成员**

陈则生　　　党组书记、局长（2011年9月任职）

黄恩盛　　　党组成员、纪检组长

徐桂春　　　党组成员、副局长

冯利辉　　　党组成员、副局长

吴添富　　　党组成员、副局长

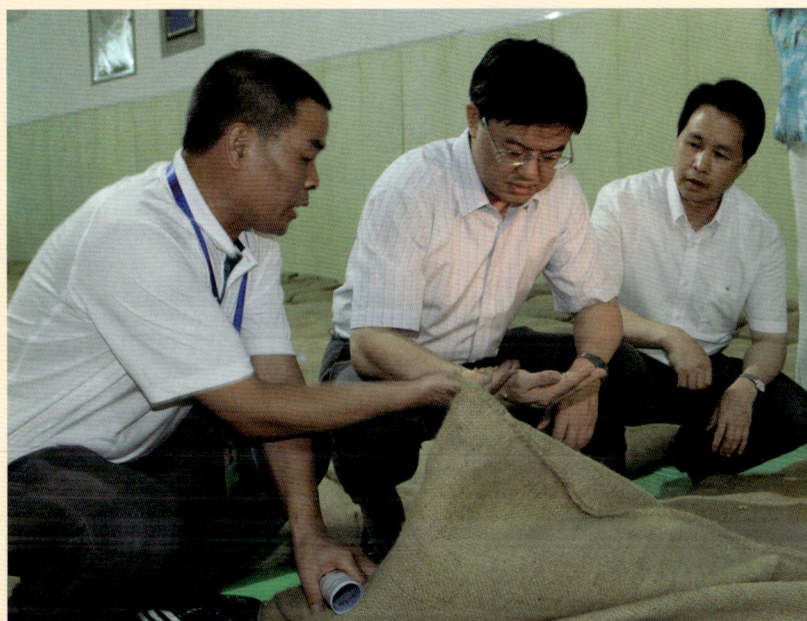

2011年7月，福建省副省长倪岳峰（左二）在厦门旗山粮库检查粮食储备管理情况。

2011年7月，福建省副省长倪岳峰在第七届七省粮食产销协作福建洽谈会上致辞。

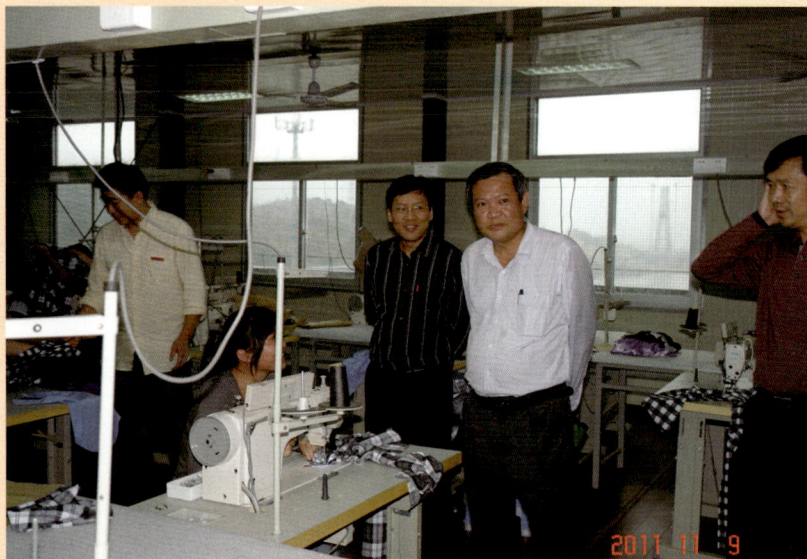

2011年11月，福建省粮食局局长陈则生（右二）到省工贸学校调研。

2011年12月，福建省粮食局局长陈则生（前排右二）到福州马尾长安省级粮食储备库检查粮库建设情况。

江西省粮食工作　基本情况

江西是一个农业省份，粮食、油料、蔬菜、生猪、蜜桔等农产品在全国占重要地位，为全国13个主产粮省之一。2011年，全省生产总值突破1万亿元，达到11583.8亿元，增长12.5%。财政总收入1645亿元，增长34.2%，其中地方财政收入1053.4亿元，增长35.4%。城镇居民人均可支配收入17495元，农民人均纯收入6892元，分别增长13%和19.1%。人口自然增长率控制在7.5‰以下。

2011年江西省粮食播种面积365.01万公顷，同比增长0.3%；粮食总产2052.8万吨，同比增长5.0%（其中早稻785.6万吨，占全国早稻总产的23.9%，中晚稻1267.2万吨）；单位面积产量5625.3公斤/公顷。粮食总产、单位面积产量均创历史最好水平。

2011年粮食工作

2011年，是"十二五"开局之年，也是推进鄱阳湖生态经济区建设关键之年。面对极为复杂的国内外经济形势和历史罕见的春夏连旱、旱涝急转等自然灾害，全省粮食系统广大干部职工秉承"为耕者谋利、为食者造福、为企业增效"的服务理念，坚持以科学发展为主题，以加快转变经济发展方式为主线，按照省委、省政府和国家粮食局的决策部署，落实国家政策，抓好粮食收购，加强宏观调控，深化国企改革，强化市场监管，实现全省粮食工作"十二五"良好开局，为促进全省经济社会平稳较快发展作出积极贡献。

全省粮食工作在取得可喜成绩的同时，得到省委、省政府和国家粮食局的充分肯定，先后获得全省发展提升年活动综合先进单位、社会治安综合治理先进单位、平安单位、省直党建工作特别优秀单位、省直文明单位、全省公共机构节能先进单位等诸多荣誉。同时，粮食流通监督检查、粮食流通统计、粮食政务信息等业务工作受到国家粮食局表彰。

一　着力服务"三农"，贯彻落实国家粮食政策，粮食收购工作取得新成效

一是加强国家粮食最低收购价政策宣传，及时将中央惠农政策传达到基层，让农民家喻户晓，充分调动农民种粮积极性，保障粮食稳定增产。二是加强信息服务，向社会发布市场畅销、价格较高的稻谷品种信息，指导农民种好，提高种粮的比较效益。并通过政府网站"为民服务"、"经营信

息"、"市场行情"、"省内粮油价格监测周报"等信息板块定期发布有利于企业经营发展的粮食供求、价格形势等粮油市场信息，帮助农民卖好粮。三是加强收购督导、沟通和联系。收购期间，先后安排各工作小组到基层收购一线督导收购工作。多次牵头协调农发行、中储粮江西分公司解决收购资金问题，2011年粮食收购资金整体得到了较好解决。同时还召开银企对接座谈会，拓宽企业融资渠道。与建行江西省分行联合举办银企座谈会，11家粮油企业现场与银行签订《客户贷款意向书》，总金额达4.26亿元，有效解决企业融资难问题。四是加强沟通联系，积极推动粮食产销协作，以销促购。先后组织省内200多家各类涉粮企业共400余人次参加厦门、宁波和黑龙江等地粮食交易合作洽谈会等，共签订粮食购销项目90余项，购销合同数量约200万吨，比上年增加近40多万吨。

全年累计收购粮食1035.3万吨，比上年同期增加396万吨（早稻收购402万吨，同比增加141万吨；中、晚稻收购616.2万吨，同比增加240万吨；其他收购17.1万吨），其中，国有粮食企业全年收购粮食310.6万吨，同比增加105.5万吨。粮食收购量首次突破1000万吨大关，创近年来最好成绩。

二 着力服务大局，落实粮食宏观调控措施，粮食保供稳价能力有了新提升

一是继续完善地方粮食储备体系，增强政府调控粮食市场能力。全省的地方粮食储备包括市县级储备基本落实到位。二是加强对省级储备粮轮换及监管工作。结合粮食收购出现的新形势，指导企业准确把握轮换节奏，采取委托收购、边购边销、先购后销等灵活方式进行轮换经营，防止轮换风险，确保省级储备粮轮换的正常有序进行。同时，及时制订出台《关于规范国有粮食企业粮食交易的意见》、《关于省级储备粮轮出销售实行网上竞价交易有关问题的通知》等文件，要求27.5万吨省级储备粮轮换计划全部以网上竞价交易方式进行，规范了政策性粮食交易行为，为健全完善大宗粮食商品阳光交易的工作机制进行了积极探索，营造了公平、公正、公开的市场竞争氛围。三是根据国家发展改革委、国家粮食局工作要求，认真组织政策性籼稻邀标（定向）销售工作。共安排7.5万吨政策性籼稻通过定向销售的形式销售给25家粮食加工企业，加强产品投放、销售监管力度，有效保障粮食市场价格稳定。四是加强社会粮食流通统计和市场监测，提高了市场应对能力。

三 着力深化改革，切实推进发展方式转变，企业活力得到进一步增强

作为全省非工口七大系统国企改革部门之一，省粮食局继续指导各级粮食部门做好深化国有粮企业改革工作。一是坚持以人为本，继续做好职工身份置换工作，严格落实职工"一补两险"政策，为全省国有粮食企业752名职工尚未参加办理养老保险人员落实了养老保险。二是扎实做好改革稳定工作。先后派出工作组到各设区市粮食局调研，对存在稳定隐患进行分析排查，做到问题早发现、早解决，维护全省粮食系统改革、发展与稳定。三是努力推进全省粮食资源整合工作。先后组织召开了两次全省粮食资源整合做大做强江西粮食产业专题研讨会，草拟《进一步深化粮食流通体制改革实施意见》征求意见建议，研究进一步整合粮食资源、做好粮食流通体制改革和产业发展的具体工作措施。同时，认真部署粮油加工业专项调查，全面掌握本省辖区内粮油加工和用粮企业基本情况，为制定粮油产业化发展规划，整合粮油产品品牌，做大做强粮油产业提供科学决策依据。四是积极争取政策扶持，抓好扭亏增盈工作，努力提高行业经营效益。主要有几项措施：一是提高省级储备粮轮换费用标准，由以前一个轮换期0.06元/斤提高到0.07元/斤；二是落实税收优惠政策，对生产经营用房和

土地按规定缴纳房产税、城镇土地使用税有困难的1044家国有粮食购销企业（粮库）继续给予三年期（2011～2013年）的减免政策；三是指导企业盘活存量资产，强化内部管理，多种形式搞活经营，提升企业盈利能力，据电讯月报反映，全省粮食行业全年实现盈利8782万元。

四　着力科学谋划，夯实粮油基础设施建设，全省现代粮食流通产业发展取得新进展

一是致力加快现代粮食流通产业发展。由局领导带队赴外省调研，学习各地在发展现代粮食流通产业方面的好经验、好做法。并积极与省财政厅等部门沟通、协调，争取相关政策扶持。二是抓好粮油仓储设施维修和建设，进一步夯实粮油基础设施建设，全年共争取1.26亿元资金用于改善全省仓储企业基础设施条件，新增中央预算内投资粮油仓储设施项目6项、物流项目5项，投资计划3.9亿多元。三是继续开展农户科学储粮仓项目建设。完成2010~2011年度3万个农户储粮仓的生产监管、质量检查、登记造册和发放工作，使这项民心工程真正落在实处，惠及民生。

五　着力依法管粮，加强行政执法体系建设，粮食流通市场秩序进一步规范

一是联合省发展改革委颁布了《江西省粮油仓储单位备案管理办法》，为规范粮油仓储单位监管、提升仓储管理水平、保障粮食储存安全提供制度保障。二是认真开展粮食收购资格审核，积极争取将修订《江西省粮食收购资格许可管理办法》列入2012年立法计划，有望将所有从事粮食收购活动的经营者纳入许可管理。三是对行政审批项目以及行政处罚依据等进行认真梳理，编制《江西省粮食局行政职权目录》并予以公开，努力构建"权责明确、行为规范、监督有效、保障有力"粮食行政执法体制。四是大力推进网上审批和电子监察，切实提高行政审批效率。五是开展粮食库存、油脂、政策性粮食购销活动等专项检查，维护粮食流通市场秩序。六是加强粮食质量安全监管和服务，提升粮食质量安全保障能力。授予60家企业"放心粮油示范企业"称号，大力开展粮食科技活动周及放心粮油进农村、进社区、进军营、进学校活动和送科技下乡等活动，保障城乡居民粮油食用安全。

六　着力强化自身建设，坚持全面协调可持续发展，机关各项事业和直属企事业单位发展势头良好

省局紧紧围绕确保粮食安全、服务粮食工作大局，局机关及直属各企事业单位均有较快发展。一是严格落实党风廉政建设责任制，不断完善惩治和预防腐败体系，重点开展工程建设领域突出问题、物资采购、大宗粮食交易等"三项专项治理"工作，认真落实《廉政准则》和"三重一大"事项集体决策制度，完善风险岗位廉能管理机制，狠抓系统政风行风建设，推动全省粮食系统反腐倡廉工作深入开展，党风廉政建设和反腐败各项工作稳步推进。二是加强队伍建设。坚持以教育培训为重点、以队伍建设为核心，加强党政领导、企业管理、专业技术、技能人才的培训管理工作，全年共培训1665人次，为全省粮食流通产业科学发展提供智力支持和人才保障。三是抓好社会治安综合治理与安全生产。围绕"建党九十周年"、"第七届城市运动会"等重大活动，落实综治领导责任、夯实综治工作基础、加强综治规范化建设、深化矛盾纠纷排查调处、开展全省粮食行业安全生产隐患排查治

理和粮食行业安全生产检查等工作。全年没有发生重大安全事故、交通事故、火灾事故，没有发生重大事故和群体性事件，没有发生影响稳定的事件，继续保持全系统和谐平安的良好治安环境。四是进一步巩固机关效能年和创业服务年活动成果，扎实有效开展发展提升年活动，发展环境继续优化。在全省"百千万"机构测评中，粮食系统的排名由中等位置提高至第三位，创下考评以来的最好成绩。五是机关政务事务取得新进展。省局公文运转、政务信息报送、政府信息公开、机要保密及政府网站建设等工作取得新成绩。进一步规范事务管理，建立健全内部管理制度，扎实有效开展公共机构节能工作，降低行政运行成本，较好地完成了各项公务接待，为服务全局中心工作提供了可靠的后勤保障。六是老干部、工青妇、粮食行业协会、粮经学会等继续发挥群团组织桥梁纽带作用，为全局各项业务工作的开展和精神文明创建等作出了有益贡献。七是直属各单位发展势头良好。省粮油集团公司扎实推进金佳谷物6MW稻壳发电工程清洁发展机制项目，该项目获得联合国气候框架公约执行理事会正式批准注册，成为全国粮食行业企业中第一家申请CDM补贴并成功获准的企业。努力推进安福年产10万吨优质大米及其干、湿米粉项目，新干粮食储备库扩建项目，樟树油厂一级稻米油工艺、设备改造和新建6000吨油罐等项目建设，提升粮油精深加工能力。顺利完成与泰和县、吉安县粮食局整体并购资源整合，集团公司及所属企业经济效益保持较快增长，全年累计完成销售收入15.5亿元，实现利润1800多万元。江西工贸学院成功申报省级示范高职院校，招录新生近2000人，并新增建筑工程技术、食品加工技术、互联网应用技术3个统招专业，为下一步发展打下了良好基础。省粮油科研所争取国家和省财政支持的科研项目经费257万元，获得国家课题2项，省级课题4项，省级科技成果1项，申请国家发明专利3项，加强与北京、福建等省内外粮油企业开展技术服务项目，继续保持了科研与技术服务同步发展的良好势头。省粮油质监中心按照国家粮食局和省局要求完成了新收获稻谷质量会检、原粮卫生普查监测分析、全省粮食库存检查和省级储备粮检查、放心粮油检查评审等工作，样品检测数量和经济效益持续增长。省粮油批发市场及南方粮食交易市场加强与郑州大学等科研机构合作，研发使用包括订单交易、竞价交易、网上招投标、网上信息采集与发布等功能的"第三方电子交易交易平台"，市场门户网站"中国谷物网"连续六年荣获"中国农业网站百强"称号。加强资金运行监管，提供优质高效服务，全年交易总量225万吨，成交金额48亿元，粮食交易量在"国家粮油交易中心"交易平台中名列全国第二。省储备粮管理公司严格履行职责，强化省级储备粮常态管理，开展省级储备粮巡查和省级储备粮春秋两季抽查与普查，加强省储粮轮换监管，确保了省级储备粮的数量真实、储存安全，各项资金和费用也及时拨付到位。积极参与福建省储备粮稻谷补库业务竞标采购，按时按质完成销售任务，争取财政资金100多万元，继续为省级储备粮办理财产保险。永修直属粮库项目正式开工建设，项目进展顺利。

◆ **江西省粮食局领导班子成员**

熊根泉	党组书记、局长
蔡厚勇	党组成员、省纪委驻粮食局纪检组长
罗　洪	党组成员、副局长
刘福元	党组成员、副局长
路　线	巡视员

江西省政府副省长胡幼桃（前排中）调研粮食收购工作。

江西全省粮食局长会议在南昌召开。

江西省粮食局局长熊根泉（前排右二）出席萍乡市新春蕾粮油批发市场开工典礼。

江西省粮食局副局长刘福元（左三）带队参加"政风行风热线"。

山东省粮食工作　基本情况

2011年，山东省实现生产总值45429.2亿元，增长10.9%；地方财政收入3455.7亿元，增长25.7%。城镇居民人均可支配收入22792元，增长14.3%;农民人均纯收入8342元，增长19.3%。

2011年，全省纳入统计范围的粮油加工企业1161家。其中，大米加工企业48家，年生产能力125.43万吨；小麦粉加工企业499家，年生产能力3121.75万吨；食用植物油加工企业111家，年油料处理能力1858.20万吨，精炼能力401.85万吨；玉米加工、粮油食品加工、杂粮加工、饲料加工及粮油机械制造等企业503家。

2011年，全省纳入统计范围的仓储企业934家，其中国有企业395家；总仓容2524.9万吨，其中有效仓容2275.8万吨。

2011年，全省国有粮食企业全年实现销售收入340亿元，比上年增长4%；综合经济效益3.55亿元，比上年增长8%；截至12月末，资产总计323亿元，负债总计251亿元，资产负债率78%，同比下降近4个百分点。

2011年粮食工作

2011年，山东省全省各级粮食部门认真贯彻落实中央和省有关粮食工作的决策部署，以科学发展观为统领，紧紧围绕保障粮食安全服务全省经济社会发展这一中心任务，进一步健全完善"四大体系"，在加强和改善粮食宏观调控、规范粮食行政执法行为、加快粮食经济发展方式转变、大力实施民生工程、创新粮食企业体制机制、促进行业又好又快发展等方面取得长足进展，实现了"十二五"良好开局。

一　加强粮食宏观调控，全省粮食市场供应和价格保持基本稳定

（一）抓好粮食购销，保持合理库存

2011年，全省粮食市场活跃有序、购销两旺。全省收购粮食5984万吨，同比增长22%（其中小麦2575万吨，增长40%；玉米2870万吨，增长11%）。青岛、潍坊等9市收购量超过350万吨；落实国家有关部门安排，山东省移库政策性小麦22.8万吨；加大组织协调力度，从东北运进大豆、玉米、稻谷

等粮食160.48万吨；通过参加福建、黑龙江、山西产销协作会签约粮食181.25万吨。全年各类粮食企业销售粮食3660万吨，同比增长30%。组织做好政策性粮食投放工作，通过济南国家粮油交易中心组织政策性粮食竞价交易会87次，向市场投放粮食168.17万吨。粮食库存量保持在合理水平，年末库存量与上年基本持平。

（二）综合施策，加强粮食市场调控

严格执行保供稳价政策，会同有关部门对粮油市场适时适度进行宏观调控。成立保供稳价工作领导小组，采取得力措施，有效确保了保供稳价各项工作的落实。加大粮食收购主体清查力度，核查确认粮食收购企业5937家，取消、注销粮食收购资格624家，依法规范了粮食市场经营主体。积极做好定向销售工作，对省内91家企业参与不完善粒超标小麦竞拍资格进行了审核，5家面粉企业纳入国家定向销售范围，购进定向销售小麦23.98万吨。严格落实玉米市场调控政策，审核推荐44家企业参与国家跨省移库玉米交易，竞买国家政策性玉米11.29万吨。加大地方储备粮投放力度，年内全省出库储备小麦80万吨，其中省级17.8万吨。全面落实最低最高库存政策，17市全部出台最低最高库存制度，按规定严厉打击囤积居奇等违法行为。加强市场预警监测，及时掌控市场粮价走势。全省共建立价格监测点185个（其中国家局直报点18个），城乡调查户9000多个，纳入粮油流通统计范围的企业达到5937家。

(三)进一步完善地方储备粮油体系，夯实市场调控基础

根据政策规定和情况变化调增储备粮规模。截至2011年底，全省地方储备粮规模进一步扩大，济南、青岛、淄博、枣庄等12市都不同程度的增加了粮食储备规模。食用油储备计划得到较好落实。省级储备食用油计划全部落实到位，济南、烟台等8个市完成或超额完成省政府储备食用油计划。储备粮品种结构和布局进一步优化。成品粮油储备特别是小包装粮油储备有所增加，青岛、烟台、威海3个市增加了稻谷（大米）储备。储备粮管理水平进一步提升。深入开展全省"规范化管理示范粮库"创建活动，省粮油仓储管理信息系统上线运行，全省928家企业完成粮油仓储单位网上备案管理，科学、绿色储粮在全省广泛推开。

(四)粮食应急保障工作和军粮供应工作进一步加强

全省各市、县根据应急工作需要，组织开展了粮食应急加工、供应企业审核清理工作，共清退不符合条件的应急加工、供应企业40家。大力提升粮食应急实战能力，济南、青岛等16个市开展了应急演练。东营制定了《东营市粮食突发事件信息报告工作规程》，粮食应急日供应能力提升至1500吨。全省军粮供应综合保障能力全面提升。已落实军供粮油储备同比增加10%。投入军供网点改造资金1377.8万元，同比增加87%。深入推进军粮供应规范化管理工作，扎实开展星级军供站评选活动，做好军粮供应应急保障社会资源调查和等级建档工作，军粮供应服务质量显著提高。

二　加大监督检查工作力度，全省粮食流通市场规范有序

(一)粮食规范化执法示范县创建活动向纵深推进

修订完善了示范县考核验收细则，积极推广示范县经验，加强层级监督、考核。经过近两年的努力，全省67个县达到规范化执法示范县标准，大部分县（市、区）实现了执法工作的新突破，不愿执法、不会执法、不敢执法的问题已基本得到解决。粮食执法工作社会认可度和在政府工作中的地位明显提升。

（二)圆满完成了粮油库存检查工作任务

扎实做好粮食库存检查工作。按照"有仓必到、有粮必查、有账必核、查必彻底"的要求，全面检查全省粮食库存，省局抽查了4个市19户重点企业。全力做好国务院部署的食用植物油库存检查工作。这次食用植物油库存检查是新中国成立以来的第一次，省政府十分重视，成立了领导机构，落实了工作经费，制订了工作方案，培训了检查人员，圆满完成了自查和省级普查任务。从粮油库存检查结果来看，山东省境内所有各类粮油库存数量真实，质量良好，管理比较规范。国家抽查组对山东省的食用植物油库存检查工作是满意的。省委常委、常务副省长王仁元同志专门作出批示给予充分肯定。

（三）各项粮食专项检查工作有序推进

抓好夏、秋粮收购专项检查，严肃查处了检查中发现的899例违法违规行为。抓好政策性粮食销售出库检查，建立协调处理机制，向社会公布举报电话，及时查处最低收购价粮、临时存储粮等政策性粮食销售出库中存在的违法违规问题，维护国家粮食政策严肃性。

（四）粮食质量监管工作得到强化

质检体系进一步加强。全省新增粮食质量检测机构4家，省内各类检测机构已达到49家，其中13家通过省级计量认证，10家纳入国家粮食质量检测体系，1家通过国家局现场考核验收。质检人员达到255人，其中具有高、中级职称人员占40%以上。认真开展收购及库存环节粮食质量检测工作，全年共检测粮油样品16010份。

（五）粮食行政执法工作基础进一步稳固

行政执法体系进一步健全，执法经费、装备水平比上年有新的提高。着力提高执法队伍素质，全年培训粮食行政执法及粮油库存检查人员1100多人次。积极开展主题宣传月活动，全省出动工作人员两万多人次，设立宣传点1400余个，印发宣传材料近8万份，营造了浓厚的依法管粮氛围。全国粮食监督检查工作考评中，山东省被评为"全国粮食流通监督检查工作先进单位"，居全国第一位。

三　着力推动产业发展，粮食流通产业竞争力显著提升

（一）粮食流通基础设施建设力度进一步加大

2011年，全省在建及开工粮食流通基础设施项目184个，总投资额24.3亿元，其中中央财政补助1.1亿元，地方财政投入2.1亿元。年内，已有150个项目竣工，投入使用仓容117.3万吨、罐容3.5万吨。

（二）骨干粮食企业实力进一步增强

全省粮油加工业"十强龙头企业"资产总额达到368亿元，同比增加81亿元，民天、半球、华瑞等一批重点龙头企业发展迅速。省内粮油行业拥有的中国名牌和驰名商标达到32个，山东名牌和著名商标达到91个。积极发展粮油产业园区，截至2011年底，全省粮油产业园区发展到17家，投资规模达584亿元，占地2.59万亩。

（三）县域粮食经济健康发展

突出地方特色，加强引导和扶持，以项目建设为重点，以先进科技为支撑，推动县域粮食企业盘活存量资产，整合资源要素，把特色做强，把企业做大，县域粮食经济步入良性发展轨道。莒南大力发展花生产业，年加工购销量达200多万吨。夏津被中国粮食行业协会命名为中国面粉大县，面粉年加工能力达150万吨。沂水、广饶、肥城等县市的县域粮食经济为地方经济社会发展作出积极贡献。

（四）粮食产业发展环境进一步优化

2011年3月，山东省在全国第一家核销1992年4月1日至1998年5月31日间的粮食政策性财务挂账本金及利息61.3亿元，其中中央补助资金45.7亿元，省财政筹集资金15.6亿元。全年落实各项储备补贴11.7亿元，省级财政专项扶持资金1.6亿元，粮食收购资金90亿元，龙头企业扶持资金72亿元。

（五）粮食经济运行质量显著提升

据初步统计，全省粮油加工业全年实现销售收入2400多亿元，产值、利税均居全国第1位。国有粮食企业实现销售收入340亿元，同比增长4%；综合经济效益3.55亿元，同比增长8%，连续7年位居全国同行业前列。企业盈利面达70%，同比提高6个百分点，资产负债率78%，同比下降4个百分点。国有粮食企业净资产达到71亿元，同比增加10亿元，资产保值增值率达116%。

四　大力实施"三项工程"，粮食工作服务民生能力显著增强

（一）放心粮油工程扎实推进

2011年，省财政设立专项资金，每年对16个市分别给予200万~300万元资金，支持放心粮油工程项目建设。省粮食局科学制订实施方案和配套措施，在注重效益的同时更加注重质量和规模，大力推进放心粮油工程健康发展，其中东营、滨州等市将放心粮油工程纳入政府为民办实事项目。年底，全省放心粮油经营量达到485.7万吨，实现营业收入166.6亿元，放心粮油配送中心达到60个。

（二）居民厨房工程深入实施

2011年底，全省居民厨房服务网点发展到2412个，食品日加工能力达到741吨，年内实现营业收入突破10亿元。工作中，高度重视质量监管，对纳入政府居民厨房工程的单位和企业，加强指导，严格管理，推动居民厨房工程发展，全省形成济南金德利、烟台蓝白、肥城富士康等一批居民厨房工程骨干企业。

（三）农户科学储粮工程有序开展

落实15万户建设计划，2012年上半年完成后，全省受益农户将达到33万户，年可减少粮食损失1.5万吨。2011年，国家粮食局在日照召开全国农户科学储粮专项建设协调会议，高度评价山东省农户科学储粮工作。

五　加强部门自身建设，粮食事业发展基础更加坚实

（一）干部职工队伍建设扎实推进

进一步加强行业人才队伍建设，加大干部职工教育培训力度，深入开展职业技能培训和鉴定工作，行业干部职工整体素质有新提升，为行业发展提供了人才保障和智力支持。

（二）粮食重大问题研究工作深入开展

围绕粮食宏观调控、市场监管、产业发展、服务民生等重点工作，深入基层大力开展调查研究，理清工作思路，找准存在的问题，提出对策和措施，为行业健康发展建言献策。全省形成调研报告27篇。

（三）行业作风建设和党风廉政建设扎实推进

深入开展创先争优和庆祝中国共产党成立90周年活动，全面推进系统党的思想、组织、作风、制

度和反腐倡廉建设。加强学习型党组织建设，严格落实党风廉政建设责任制，大力开展廉政风险防控管理工作，党建工作取得新成效。认真组织开展行业纠风和行风建设、"阳光政务热线"工作，履行部门职责，服务人民群众。

◆ **山东省粮食局领导班子成员**

孟庆秀	党组书记、局长
乔延亭	党组成员、副局长
王顺厚	党组成员、纪检组长、监察专员
缑怀祯	党组成员、副局长
丁兆石	党组成员、副局长（2011年12月任职）
张　斌	党组成员、副局长（2011年12月任职）
李　伟	副巡视员（2011年12月任职）

2011年1月24日，山东省粮食局召开机关总结表彰大会。

2011年3月6日，山东省召开全省粮食工作会议。

2011年7月8日，山东省粮食局局长孟庆秀(前排左三)在省局直属鲁北国家粮食储备库检查粮库建设情况。

河南省粮食工作   基本情况

　　河南地处华夏腹地，位于黄河中下游。全省总面积16.7万平方公里，占全国总面积的1.7％。全省气候温和、四季分明、日照充足，得天独厚的自然条件适宜粮棉油等农作物生长，盛产小麦、玉米、稻谷、大豆、薯类和芝麻、花生等，素有全国"粮仓"之称。河南是全国农产品主产区之一，粮棉油肉等主要农产品产量均居全国前列，粮食总产量占全国的1/10、小麦产量占全国的1/4。

　　2011年，全省第一产业实现增加值3512.1亿元，比上年增长3.7％。全省农业产业化龙头企业6466家，规模以上农产品加工企业实现营业收入12425亿元、增长37.2％；面粉、肉类、乳品加工能力分别达到3550万吨、700万吨和300万吨，火腿肠、面粉、方便面、汤圆等产品产量均居全国首位。河南是全国重要的畜产品生产和加工基地，肉、蛋、奶产量分别达到624.6万吨、390.5万吨、306.6万吨。

2011年粮食工作

一   粮食生产

　　近年来，河南牢记保障国家粮食安全之责，不断加大强农惠农富农政策力度，大力推进粮食生产核心区建设，粮食生产成效显著。2011年粮食种植面积986万公顷，比上年增长1.2％，占全国粮食种植面积的9％，是改革开放以来种植面积最大的一年，其中，小麦种植面积532.33万公顷，增长0.8％，占全国麦播面积的22％左右，居全国第一位，比上年增加3.73万公顷。粮食总产量达5542.5万吨，比上年增长1.9％，连续8年增产，连续6年超千亿斤。其中，小麦总产量3123万吨，连续9年创历史新高。农业结构调整稳步推进，小麦、玉米、水稻优质品种种植率分别为71％、82％、94％，全省农作物良种覆盖率达到70％以上，为保障国家粮食安全、服务全国大局作出了重要贡献。

二　推进粮食产业化经营，粮食流通产业持续发展

（一）积极促成《国家粮食局 河南省人民政府支持中原经济区建设加快现代粮食流通产业发展战略合作协议》（以下简称《战略合作协议》）圆满签署

2011年9月28日，国务院出台《关于支持河南省加快建设中原经济区的指导意见》（以下简称《指导意见》），河南粮食行业积极贯彻落实《指导意见》，认真谋划，主动运作，精心组织，共同努力，12月10日，促成国家粮食局与河南省人民政府签署《战略合作协议》。共同承诺从粮食宏观调控、产销合作、粮食产业发展、现代物流、流通基础设施建设、企业改革发展、科技创新、质检体系建设等八个方面开展合作，促进河南省粮食资源优势转化为产业优势、经济优势，为河南粮食流通产业和粮食经济发展创造了良好条件。

（二）大力推进主食产业化

围绕河南农业产业化集群培育工程，为促进粮油产品加工增值，促进农民持续增收，满足日益增加的消费需求，省政府成立了以省粮食局牵头的主食产业化工作领导协调小组。在充分调查、反复论证并多次征求有关企业、专家和省直21个厅局、18个省辖市及10个直管县（市）粮食局意见的基础上，起草了《2012～2020年河南省主食工业化发展规划》和《河南省人民政府关于大力推进主食产业化和粮油深加工的意见》，推进全省主食产业科学发展。

（三）粮食现代物流业快速发展

围绕《河南省粮食生产核心区建设规划》，加快推进粮食物流园区和粮食物流节点建设，申报了7个粮食物流和粮食加工项目。成立河南省金地集团农产品现代粮食物流园区建设项目工作领导小组，扎实推进粮食物流园区建设。探索建立粮食物流联盟，促进粮食贸易顺利开展。积极推进散粮汽车运输业务，全省公路散粮运输普及率达70%以上，促进了粮食高效有序流通。

（四）招商引资工作取得新进展

组织参加了"第十一届中国国际粮油产品及设备技术展览会"和"2011年全国农产品加工业投资贸易洽谈会"等两个全国性行业展会，并获得多个奖项。粮食行业签约销售合同40份，金额6500万元。签约合资合作项目8个，金额达8000多万元。通过参展，引进了外省市先进经验，提升了全省粮油产品市场竞争力。积极参与"第七届中国河南国际投资贸易洽谈会"筹备工作，重点筹备好"中国（郑州）主食产业化高层论坛"等活动，向全国及海外推介河南粮食、打造发展平台。

三　着力抓好粮食宏观调控，粮食市场供应和价格基本稳定

认真落实《河南省省级储备粮管理办法》和国家下达河南的地方储备油规模，增加了食用植物油储备和成品粮油库存，市场调控能力不断增强。完善应急保障机制，修订完善了《省级粮食应急预案》，18个省辖市和部分县（市、区）均出台了本地区粮食应急预案；确定了一定数量的粮油应急保障企业，明确了企业必须保持的应急储备规模；研究制定了《河南省粮食经营企业最低和最高库存量标准试行办法》，并经省政府办公厅转发实施。完善粮油价格监测体系，通过全省28个价格直报点对主要粮食品种的购销、批发价格进行监测，对粮油市场价格实施有效调控。对省级储备粮油严格管理，及时轮换，认真组织政策性粮食竞价销售，积极参与国家小麦、玉米定向销售。全省共有523家

小麦加工企业获得竞拍资格，10家面粉企业纳入国家定向销售政策范围。全年组织粮油拍卖活动49期98次，成交小麦、稻谷1078万吨。积极研发非政策性粮食交易品种，推进大宗农产品电子商务平台建设。加大粮食产销衔接力度，巩固与北京、福建、甘肃、广西等主销区粮食购销合作关系。组织企业参加福建7省粮食产销洽谈会和山西粮食交易会，签约102万吨。

四　严格落实粮食购销政策，促进了种粮农民增产增收

2011年，河南省小麦连续9年获得丰收，产量高、品质好。夏收以来，全省小麦市场价格高于小麦最低收购价格，预案一直无法启动。受各方面因素影响，夏粮收购进度缓慢，农户安全储粮形势严峻。针对复杂形势，全省采取积极措施，大力推进夏粮收购工作，保障种粮农民增产增收。省粮食局先后派出9个工作组、7个夏粮收购督查组、召开4次夏粮收购工作专题会议，安排部署督促检查夏粮收购工作。在最低收购价预案没有启动情况下，指导国有及国有控股粮食企业合理定价、理性收购。引导和鼓励其他各类粮食经营和加工企业开展公平竞争，力争多掌握粮源。同时，进一步加大市场监管力度，确保了粮食收购市场平稳有序。加强农户安全储粮技术的宣传和指导，组织专家通过媒体讲解安全储粮知识，最大程度减少农户储粮损失，切实保护种粮农民利益。认真做好军粮等政策性粮食供应，修订和完善军粮省级统筹采购办法。组织开展全省军粮供应专项检查，不断完善军粮统筹采购保障机制。妥善安排好灾区、贫困区、库区移民等政策性粮油保障工作，重点做好节假日期间粮油供应工作，确保了社会和谐稳定。

五　积极推进粮食依法行政，粮食市场监管进一步加强

加强粮食法制建设，积极推进依法管粮工作。充分利用《粮食流通管理条例》颁布实施七周年及"12·4"全国法制宣传日之际，开展系列法制宣传教育活动，提高粮食依法行政能力和社会认知度。认真落实粮食依法行政工作责任制，粮食依法行政责任目标全面完成。按照全省《粮食收购资格审核具体办法》，加强对粮食收购资格的核查。粮食市场体系建设持续发展，编制《河南省粮食市场体系建设"十二五"发展规划》，科学指导粮食市场发展。全省已建成功能设施比较完善、具有一定规模和影响力的粮食批发市场9家。其中，国有企业5家、股份制企业1家、民营企业3家，年成交金额近300亿元，为保障粮食稳定供应、平抑市场粮食价格发挥了积极作用。认真落实《粮油仓储管理办法》（国家发展和改革委员会第5号令），制定《河南省粮油仓储单位备案管理暂行办法》，对全省粮油仓储单位开展备案管理工作。加快粮食流通监督检查体系建设，粮食监督检查工作机制逐步健全。全省122个县级粮食行政管理部门设立了监督检查机构，25个县级粮食行政管理部门监督检查专项工作经费得到了落实，124个县级粮食行政管理部门成立了粮食行政执法大队。顺利完成了食用植物油库存检查工作，对全省33个政策性油脂库存企业的13.8万吨油脂进行了全面彻底检查，调查了46个非政策性油脂承储企业的6.8万吨商品油。结果表明，全省库存油脂数量真实、质量良好、账实相符、储存安全。认真开展了全省粮食库存例行检查工作，组织开展了承储库执行国家粮食购销政策情况重点检查。组织力量对夏季粮油收购、秋粮收购和政策性粮食销售出库工作进行专项检查，查处了部分地方和单位的违规行为，维护了收购秩序，保障了出库顺畅。扎实推进全省粮食流通监督检查示范单位创建活动。滑县粮食局、睢县粮食局被国家粮食局命名为"全国粮食流通监督检查示范单

位"。省粮食局连续5年被国家粮食局评为全国粮食流通监督检查先进单位。积极配合有关部门加强食品安全督查，严厉打击扰乱粮食市场的不法行为。

六　继续深化国有粮食企业改革，增强企业发展活力

发挥职能作用，加强对行业企业改革发展工作的指导和服务。组织开展对8个省辖市企业改革情况的调研，重点指导各地继续做好企业产权制度改革，推进政企分开。洛阳、漯河、焦作等市推进国有粮食企业重组和整合，探索组建了区域性粮食企业集团。省粮食局领导带队积极开展粮食企业收购资金供应情况调查活动，探索粮食收购资金筹措困难的解决办法。加强对国有粮食企业的管理，继续实行扭亏增盈目标责任制。全省18个省辖市中，有15个市实现盈利；各县（市、区）中，有95个县购销企业实现了盈利。组织开展了社会矛盾大排查、大调解、大防范工作，妥善解决部分企业改革遗留问题。

七　加强粮食行业管理，粮食基础服务保障能力持续提升

认真落实中央财政物流设施、储备粮库建设及仓库维修补助资金1.17亿元，鼓励企业自筹资金，加强粮食流通基础设施建设及维修改造工作，全年共完成投资6.52亿元，有效改善了粮食仓储条件。组织实施农户科学储粮专项建设，"十二五"期间计划安排郑州市农户科学储粮专项建设规模10万户发展规划。加强储粮化学药剂管理，落实安全生产责任制，全年未发生人为重大安全事故。认真落实防汛工作责任制，切实保障粮油安全度夏度汛。加强粮食检验检测体系建设，编制上报了《河南省粮食质量检验检测能力建设"十二五"规划》。扎实推进粮食质量安全监管工作，新增和恢复粮油检验机构4个，申报国家挂牌机构4个，全省14个粮油质检站获国家粮食局挂牌，覆盖面达78%。按照国家粮食局的安排部署，认真开展小麦真菌毒素排查和库存粮食质量及卫生安全专项检查，封存了不符合国家粮食质量卫生标准的粮食。积极开展科技储粮技术研究，河南金地集团"大豆常温安全储粮应用技术研究"项目，于2011年11月通过了河南省科技厅组织的专家鉴定，为实现绿色储粮打下良好基础。推进粮食科技创新，申报2012年科技计划6项。开展粮食科技周宣传活动，引导公众健康营养安全消费。加强干部职工培训工作，认真组织好干部自主选学。在系统内开展以"学知识、钻业务，提高队伍素质，确保储粮安全"为主题的全省第五届粮食储运业务技能竞赛活动，2人获得"河南省五一劳动奖章"，6人荣获"河南省技术能手称号"。开展了粮油保管员、粮油质量检验员和制粉工3个专业共1076人的职业技能鉴定工作。省粮食局直属3所院校狠抓教育教学质量，办学水平进一步提高，共实现招生7200人，毕业生推荐就业率保持在95%以上。经教育部、国家粮食局提议，河南工业贸易职业学院与中粮集团有限公司签约共同组建"示范性全国粮食行业职业教育集团"，提升了合作办学层次。配合国家粮食局完成了《国家职业分类大典》粮食特有职业信息采集调研工作。召开省直管县体制改革试点工作会议，认真组织对试点县（市）的业务对接，10个省直管试点县（市）粮食局各项业务工作已由省局统一部署、统一安排，各项衔接工作已经完成。全省粮食仓储设施和粮食流通基础设施建设投资统计、粮食统计执法检查、粮食流通统计、粮食行业人事统计分别被国家粮食局评为先进单位。

八　促和谐保稳定，深入推进党风廉政建设和反腐败工作

以庆祝中国共产党成立90周年为契机，深入开展"创先争优"和学习"一文九论十八谈"、程相文、杨善洲、李文祥等一系列活动，扎实推进机关党的建设。各级粮食部门以惩防腐败体系建设为重点，深入推进党风廉政建设和反腐败工作。认真开展《廉政准则》贯彻执行情况专项检查，扎实推进"小金库"、公务用车等专项治理工作，深入自查自纠。按照"两转两提"的要求，加强机关自身建设，制定下发政务党务公开、督促检查、值班、公务接待等文件，进一步理清工作职责，规范机关工作秩序，干部职工思想观念、工作作风明显好转。广泛开展"守法、诚信、公平、敬业、服务"为主题的职业道德建设活动，表彰职业道德建设"十佳单位"和"十佳个人"，有力促进了粮食行业政风行风建设。扎实开展节能降耗工作，省局被评为"河南省公共机构节能减排工作优秀单位"和十一五期间"全省公共机构节能工作优秀单位"。认真抓好离退休干部工作，千方百计落实老干部政治待遇和生活待遇。公文处理、新闻宣传、督促检查、机要档案、保密教育、史志编纂、工、青、妇、团和计划生育等工作均有新的提高，省局被评为2011年度全国粮食系统政务信息报送工作考核优胜单位、全省修志工作先进单位。扎实做好南水北调移民迁安包县工作，圆满完成了移民新村建设和移民搬迁任务，省局被省委、省政府授予"原阳县包县工作组先进单位"。

◆ **河南省粮食局领导班子成员**

苗永清	党组书记、局长（2011年9月任职）
杨天义	党组成员、副局长
于前锋	党组成员、省纪委驻粮食局纪检组长
刘大贵	党组成员、副局长
李国范	党组成员、副局长
乔心冰	党组成员、副局长
葛巧红（女）	党组成员、副局长
李志强	副巡视员

2011年12月10日，国家粮食局与河南省人民政府"支持中原经济区建设，加快现代粮食流通产业发展战略合作协议签字仪式"在北京举行，国家粮食局局长聂振邦（前排右一）和河南省省长郭庚茂（前排左一）分别代表双方签署合作协议。

2011年8月1日，河南省夏粮收购工作会议在郑州召开，副省长刘满仓（主席台左三）出席并作重要讲话，河南省粮食局副局长杨天义（主席台左二）出席会议。

2011年12月13日，河南省粮食局局长苗永清（右排右四）带领省粮食局调研组在郑州深入粮食加工龙头企业调研粮油产业化工作。

2011年12月15日，河南省召开粮食行业职业道德建设总结表彰暨主食产业化规划编制工作会议，省粮食局局长苗永清、副局长乔心冰出席会议。

湖北省粮食工作　基本情况

　　湖北省位于中国的中部，长江中游的洞庭湖以北，故称湖北，简称"鄂"。现设12个省辖市、1个自治州、1个林区，3个直管市，24个县级市、40个县（包括2个自治县）。湖北省土地面积为185897平方公里，占全国土地总面积的1.94%，其中耕地面积336.186万公顷。2011年末，全省常住人口5758万人，城镇人口2984万人，乡村人口2774万人。2011年，全省完成生产总值19594.19亿元，地方财政一般预算收入1470.12亿元，同比增长45.4%，城镇居民人均可支配收入18374元，农民人均纯收入6897.92元。

　　湖北省是粮食主产省和全国重要的商品粮生产基地。粮食作物主要有水稻、小麦、油菜籽。全省粮食商品率一般在35%左右。2011年，全省粮食播种面积412.21万公顷（其中稻谷203.62万公顷，小麦101.36万公顷），粮食总产量2388.5万吨。油料播种面积142.96万公顷（其中油菜籽114.14万公顷，花生19.22万公顷），油料总产量305万吨。全省纳入统计的各类粮食企业共收购粮食1311万吨，比上年增加192万吨，增幅17.2%。收购油菜籽207.57万吨，与上年基本持平。农民出售粮油的收益比上年增加40亿元以上，有效地维护了种粮农民利益和种粮积极性。

2011年粮食工作

　　2011年是"十二五"的开局之年，全省粮食部门落实粮食保供稳价政策措施，推进粮食流通产业发展，加强粮食流通基础设施建设，强化粮食流通监管，积极服务"三农"，全面完成全年粮食工作各项目标任务，实现了"十二五"发展的良好开局。

一　认真落实粮食宏观调控措施，提高粮食安全保障能力

（一）做好保供稳价工作，保障粮食市场供应基本稳定

　　落实粮食保供稳价政策措施，加强粮油市场监测，搞好粮油市场供需平衡调查分析，定期发布粮油市场行情信息，引导城乡居民理性消费和市场预期；把握好地方储备粮油吞吐时机，适时下达并完成了省级储备粮轮换计划12.5万吨，油脂轮换计划1.2万吨。组织开展省级储备稻谷定向销售工作，共动用省级储备稻谷13万吨，通过华中粮食中心批发市场拍卖成交政策性粮油172.7万吨，有效平抑了

市场粮价；组织省内企业参加东北玉米采购，调剂湖北省粮食短缺品种；认真做好军粮等政策性粮食供应工作，保障了军需民食和全省粮食市场基本稳定。通过以上措施对全省粮食通胀预期、控制物价过快增长、促进全省经济平稳较快发展起到了稳定作用。

（二）积极落实地方粮油储备，保障国家粮食安全

2010年，省政府同意湖北省适当增加地方储备粮、油规模。2011年，湖北省粮食局认真组织落实省政府下达的新增地方粮食储备计划，会同省财政厅、省农发行对各地落实市县级储备粮计划进行了检查督办和协调落实。地方储备粮、油的充实到位，提升了政府调控粮食市场的能力。

（三）研究指导粮食收购，维护粮食收购市场秩序

2011年，全省粮食购销两旺，市场活跃，国家粮食最低收购价预案没有启动。省粮食局研究分析粮油市场形势和应对市场变化的措施，向省政府报告有关情况并提出工作建议，争取各项政策。在早、中、晚稻收购期间，召开全省夏季、秋季粮油收购工作会议，研究部署收购工作。加强政策宣传和监督检查，引导各类市场主体积极入市收购，方便了农民卖粮，搞活了市场流通。

（四）加强制度建设，规范地方储备粮油管理

认真组织实施《湖北省地方储备粮油管理暂行办法》，加强配套制度建设，相继出台了地方储备粮油仓储管理、质量监督管理和财务管理等规范性文件。组织省级储备粮油财务管理制度培训，制订实施账、卡、牌、簿管理规范，扎实开展春冬粮油安全普查。联合省财政厅组织开展省级储备粮油承储企业审计考评，督促检查各项管理制度落实。

二　提升粮油工业品牌竞争力，加快推进产业化发展

省委、省政府农产品加工业"四个一批"工程的加快实施，特别是相关配套政策措施的相继出台，为湖北省粮油工业发展注入了强大动力。2011年，省政府田承忠副省长专门主持召开全省粮油工业发展联席会议，进一步明确粮油加工业发展方向和相关措施。省粮食局在荆州组织召开全省粮油工业现场会，总结成绩，凝聚共识，明确目标，落实措施，充分调动各方面积极性，掀起了加快推进粮油工业发展的新高潮。一是以扶持发展"十强龙头企业、十优品牌企业、十佳特色企业、十个成长型企业及十大加工物流园区"为着力点，研究制定具体扶持政策和评审考核办法，集中政策资金扶优扶强。全年共安排贴息及奖励项目69个，助推以"五个十"为重点的粮油加工龙头企业快速发展。二是以"诚信、健康、共赢"为主题，成功举办2011第十三届湖北粮油精品展示交易会，为企业搭建展示交易平台。国家粮食局副局长张桂凤、中国粮食行业协会会长白美清、省人大常委会副主任罗辉、省政府副省长田承忠、省政协副主席周宜开等出席开幕式，省委副书记张昌尔、省政府副省长赵斌视察指导展交会。展会期间，市民购买踊跃，交易活跃，现场交易额过10亿元。粮油精品展成为全省的品牌展会。三是积极开展品牌创建和科技创新服务，组织企业申报科技奖励项目。引导粮油加工龙头企业与大专院校、科研院所合作，建立研发中心，开发高科技含量的产品。支持服务中粮集团在鄂实施油菜籽战略，荆州、黄冈两个沿江项目同时建成投产。统筹推进国有粮食企业改革发展，引导国有粮食企业与民营加工企业实行经济联合，搞活粮食经营，实现互利双赢，加快转型升级。

2011年，全省粮油产业保持良好发展态势。全省粮油加工企业总销售收入达到1200亿元，同比增长22%，占全省农产品加工6000亿产值的1/5，是全国同行业粮油工业总产值过千亿元的5个省份之一。一批粮油加工龙头企业快速发展壮大，福娃总销售收入过50亿元，奥星和洪湖浪总销售收入过30

亿元。洪湖浪、广源2家企业列入全国粮食加工龙头企业，湖北省的全国粮食龙头企业从8家增加到10家。省委、省政府表彰的农业产业化综合十强企业，福娃、洪湖浪、奥星、国宝、广源等5家粮油企业榜上有名，占据"半壁江山"。"仙桃香米"、"蕲春珍米"获地理标志注册，受到省政府通报表彰。继监利、京山两县被中国粮食行业协会授予"中国稻米加工强县"之后，沙洋县又被中国粮食行业协会授予"中国油菜籽加工强县"。全省国有粮食企业实现盈利4665万元，与上年基本持平。由武汉工业学院与相关企业主持开发的主食方便营养化科研项目，获得2011年度湖北省科技进步一等奖。

三　加强基础设施建设，夯实粮食流通物质基础

2011年，是湖北省中心骨干粮库建设改造规划实施的第4年，省粮食局将国家拨付湖北省粮食仓库维修改造补助资金2895万元和省预算安排仓库建设资金2000万元捆绑使用，统一用于中心骨干粮库建设改造。协调争取省财政厅对全省12个规模较大的中心粮库安排省级补助资金3600万元。争取国有粮食仓库救灾补助资金1490万元，对各地受损仓房进行维修。目前，全省规划的101个中心骨干粮库建设改造项目已开工和完成96个，全省符合现代储粮标准的地方骨干粮库，仓容从2008年初的40多万吨提高到200多万吨，基本满足全省粮食安全储存要求。湖北省实施中心骨干粮库建设改造的做法，得到国家粮食局的肯定，并在全国粮食仓储设施工作会议上作典型发言。

编制下发《省粮食局关于粮食现代物流发展的指导意见》，明确湖北省粮食物流建设定位和发展方向。以商品粮集中、粮食外运量比较大、交通便捷的粮食产业化龙头企业为依托，在全省重点建设20个粮食产业园区，构建区域性粮食物流平台。研究确定全省12个重要节点基础设施建设投资规模，主要内容，并积极争取省政府和有关部门支持，从国家超级产粮大省奖励资金中划拨5000万元，集中用于重点扶持10个粮食物流节点发展和6个粮食产业园的建设发展。黄石、随州等地粮食部门积极规划，加大招商引资力度，粮食物流园区已全面开工建设。

四　推进依法管粮，加强粮食流通监管

（一）积极组织粮油库存清查

4月，对全省范围内所有中央储备粮、地方储备粮、最低收购价粮、国家临时储存粮、国有及国有控股粮食企业储存的商品粮进行了全面清查。5月底，对全省所有政策性油脂库存，以及政策性油脂承储企业的商品油库存进行全面清查。从湖北省检查和国家抽查情况看，湖北省粮食和食用植物油库存账实、账账基本相符，质量良好，管理比较规范，全省安全粮食比例达到99.6%。

（二）扎实开展各项专项检查

6月和9月，在全省范围内组织开展小麦、油菜籽和中晚稻收购政策执行情况专项检查工作，维护了正常的收购市场秩序。全省全年共查处各类涉粮案件774例，其中省粮食局直接受理涉粮投诉举报14起，逐一进行调查核实，及时督促整改落实。

（三）大力加强粮油质量监管

加快构建覆盖全省的粮油质量监测体系，全省有22家区域性粮油质检机构通过国家审核验收。重点对全省40多个市、县级粮油质检机构进行技术武装和设备更新，提升了质检机构检验监测能力。

加强粮食品质测报、质量抽检和政策性粮食质量监测把关，对抽检发现的卫生指标超标小麦，及时进行就地封存，并向上级主管部门和省政府报告情况，争取国家部门出台处置政策。锁定数量，确定企业，按要求组织开展问题小麦的定向销售工作，严防这部分小麦流入口粮市场。

（四）稳步推进粮食法治建设

制定下发《全省粮食行业法制宣传教育第六个五年规划》，全面启动"六五"普法工作。加强粮食法治建设，深入推进各级粮食行政部门依法行政和全省粮食行业普法依法治理工作，省粮食局被授予全省"法制宣传教育和法治建设先进单位"。

五　助推农村经济发展，积极服务"三农"

2011年，各级粮食部门积极参与新农村建设，服务地方经济社会发展，取得了新成效，在实践中拓展了粮食工作新领域。推进农户科学储粮工程，全年完成丰产仓9.12万套，超年计划8万套的14%。推进放心粮油进农村、进社区工作，争取中央和省级配套资金770万元，依托现有的军粮供应网点，首先启动军民超市建设试点，更好地为广大粮油消费者服务。支持大别山、武陵山试验区等地建设，研究制定了《省粮食局支持湖北大别山革命老区粮食经济发展规划（2011~2015年）》，全年支持试验区粮食项目资金1816.4万元。对英山、宣恩县继续实施对口帮扶脱贫工作，推动洪湖市新闸村和利川市荷花村"城乡互联、结对共建"活动深入开展，省粮食局被评为"全省支持发展壮大村集体经济工作先进单位"。扎实开展"三万"活动，省局及荆州、随州等地粮食局工作组被省委、省政府授予"全省万名干部进万村入万户活动先进工作组"。

六　围绕中心创先争优，加强部门自身建设

各地粮食部门高度重视部门自身建设，坚持两手抓、两手硬，以"创先争优"工作为契机，努力提升粮食部门形象。围绕省局确定的重点专题，认真开展调查研究，在全国同行业率先启动实施优质稻谷储存试验，探索研究优质稻谷长期储藏的品质变化规律和储藏技术，切实转变工作作风。围绕庆祝建党90周年，组织开展全省粮食系统先进事迹报告会，弘扬了粮食系统新风正气。实施目标责任制考评，狠抓工作落实。从年底的集中检查考评来看，各市、州粮食局职能工作目标全面完成，在党的建设、文明创建、综合治理等方面获得了很多表彰奖励，取得了丰硕成果，有力提升了粮食部门的地位。

◆ **湖北省粮食局领导班子成员**

孙永平	党组书记、局长
沈桥梁	党组成员、副局长
赵启玉	党组成员、副局长（2011年3月止）
	巡视员（2011年3月任职）
马木炎	党组成员、副局长
余日福	党组成员、副局长（2011年8月免职）
李　涛	党组成员、副局长（2011年11月调离）
闵建华	党组成员、纪检组长（2011年12月调离）
邹海森	党组成员、副局长（2011年12月任职）
费仁平	党组成员、副局长（2011年12月任职）
胡新明	党组成员、副局长（2011年11月任职）
姜卫新	党组成员、纪检组长（2011年12月任职）
朱运清	巡视员
齐　明	华中粮食中心批发市场管委会办公室主任（副厅级）
谭富生	副巡视员

2011年4月27日，湖北省粮食局在荆州市召开全省粮油工业现场会。

2011年7月15日，湖北省粮食局在麻城市召开支持大别山试验区建设座谈会。

2011年11月23日，湖北省粮食局局长孙永平（前排右一）出席黄石粮食现代物流加工中心暨中粮饲料沿江大区总部项目开工仪式。

湖南省粮食工作　基本情况

湖南省位于长江中游，境内以丘陵山地为主，东西宽667公里，南北长774公里。土地总面积211829平方公里，占全国土地总面积的2.21%，在全国各省市区中居第10位，共有耕地面积378.76万公顷。全省辖14个市（州），122个县（市、区），至2011年末，全省人口总数达到7119.34万。2011年，全省地区生产总值19635.19亿元，比上年增长12.8%；财政总收入达到2460.7亿元，比上年增长31%。

湖南是粮食生产大省，粮食播种面积稳定在480万公顷以上，以种植水稻为主，有部分小麦、玉米、大豆杂粮，其中稻谷产量常年稳居全国第一。2011年，全省粮食总产量2939万吨，比上年增加92万吨。粮食商品量1188万吨，比上年增加65万吨，商品率40%。其中，稻谷产量2575万吨，增产69万吨；小麦10.2万吨，增产0.3万吨；玉米188.5万吨，增产20.4万吨；大豆23.5万吨，增产1.4万吨；其他杂粮141.8万吨，增产0.9万吨。

2011年粮食工作

2011年，在省委、省政府和国家粮食局的正确领导下，全省粮食系统围绕富民强省目标和"四化两型"建设要求，坚持以实施粮油"千亿产业"工程为重要抓手，着力推进湖南由粮食生产大省向粮食经济强省转变，各项工作保持平稳上升的发展势头，粮食行业呈现可喜的局面。

一　粮食宏观调控能力显著增强

（一）认真抓好粮食购销

2011年全省社会粮食收购总量（原粮，下同）975万吨（含中储粮），比上年增加230万吨（其中国有粮食企业收购290万吨，占粮食总收购量的30%）。其中，早稻378万吨，增加58万吨；中晚稻422万吨，增加111万吨；优质稻139万吨，增加46万吨。全年社会粮食总销售2041万吨，比上年增加466万吨。其中国有粮食企业销售167万吨，比上年减少47万吨，占总销售8.2%；重点非国有粮食经营企业销售566万吨，比上年增加143万吨；重点转化用粮企业销售1074万吨，比上年增加329万吨；重点批发市场销售234万吨，比上年增加41万吨。

2011年全省社会粮食销往省外488万吨，比上年增加88万吨。其中稻谷调出455万吨，增加79万吨，占调出总量的93.2%。省外购进粮食656万吨，比上年增加122万吨。其中玉米调入349万吨，增加67万吨，占调入总量的53.2%；大豆调入117万吨，增加4万吨。

2011年全省进口粮食12万吨，其中玉米6万吨，大豆6万吨。

（二）认真落实调控政策

1.切实抓好粮食及油菜籽收购。

6月，组织召开了全省早稻收购工作座谈会，分析早稻收购形势，对做好早稻收购工作进行了部署安排。9月，联合省发展改革委、省工商局联合下发《关于加强粮食收购资格审核 规范粮食收购市场秩序做好中晚稻收购工作的通知》，指导落实中晚稻收购工作。会同中央储备粮湖南分公司做好了当年新产油菜籽临时委托收储、加工库点的资格审核工作，确定湖南省执行国家临时收储菜籽油的收储、加工企业34家，全年累计收购菜籽32.7万吨。

2.认真做好小麦定向销售工作。

先后两批推荐长沙凯雪粮油食品有限公司、株洲市粮油仓库（面粉厂）、湖南天人谷业有限公司共3家面粉加工企业为国家政策性小麦定向销售指定企业，申请国家政策性定向销售小麦计划95548吨，实际完成加工小麦39500吨，并按国家规定价格、渠道、数量等要求投放市场。

3.搞好政策性粮食的竞价交易。

全年通过省粮食中心批发市场成交国家政策性菜籽油8万吨，小麦1.2万吨，玉米8.2万吨，稻谷92万吨，有效地保证了市场供应。

（三）狠抓储备体系建设

1.建立地方食用植物油储备。

根据国家发展改革委、国家粮食局、财政部、农发行联合下达湖南省的地方食用植物油储备指导性计划，2011年12月，省粮食局、省财政厅、省农发行联合下发文件，建立省级储备油，要求分2年落实到位。

2.圆满完成地方粮食储备任务。

截至2011年12月底，湖南省地方粮食储备既在总量上超额完成了中央和省下达的任务，又实现了县县都有储备粮的目标，为国家粮食安全和政府宏观调控打下了坚实的基础。同时完善储备粮品种结构，建立健全成品粮储备，确保粮食应急供应的需要。已有长沙、株洲、常德、娄底等9个市建立了成品粮储备。

3.全面推进现代粮库建设。

2011年全省储备粮库建设项目40个，其中新建项目21个，扩建项目13个，改建项目6个。建设仓容78.40万吨，项目总投资125207万元，本年度完成投资34768万元，占总投资的27.8%。其中中央财政投资3875万元，地方财政投资3220万元，银行贷款11870万元，企业自筹15603万元。全省共完成仓库维修项目189个，维修改造仓容175.96万吨，大修仓容46.63万吨，维修改造油罐2万吨，完成投资11106万元，其中中央财政投资2579万元，地方财政投资1527万元，银行贷款1527万元，企业自筹资金3895万元。

二　"千亿产业工程"加速推进

（一）深入贯彻《关于实施湖南粮油深加工及物流"千亿产业"工程的意见》精神

省人民政府《关于实施湖南粮油深加工及物流"千亿产业"工程的意见》下发后，省局立即成立了"千亿产业"工程领导小组办公室，起草完成了《关于推进湖南粮油千亿产业工程建设奖励办法》、《湖南粮油千亿产业工程项目申报指南及管理办法》等配套措施，从制度机制上确保文件精神的贯彻落实和"千亿产业"工程的顺利推进。14个市州参照省里的做法，出台了地方粮油深加工及物流发展实施意见，成立组织机构，明确政策措施，科学规划粮油产业发展。2011年，省财政实际拨付"千亿产业"工程建设资金1.972亿元，其中新增1.5亿元。据统计，全年仅省财政投入粮油产业发展的专项资金达3.3亿元，各市州的资金投入近2亿元，投入总额5亿多元。

（二）大力培育产业龙头

坚持把培育大企业、大集团作为推进粮油深加工及物流"千亿产业"工程建设的突破口，突出抓好行业战略重组，快速提升湖南粮油企业市场竞争力和抗风险能力。继湘粮集团成立以后，洞庭集团、军粮集团、油脂集团相继挂牌。2011年，全省新增国家级粮食产业化龙头企业6家，总数达到15家；新增省级龙头企业26家，总数达到81家。万福生科成功上市，克明面业上市已经获得批准，还有3家企业正在做上市的前期准备工作。

（三）发展粮油精深加工

坚持把推进粮油深加工和副产品循环利用作为粮食经济的主要增长点，在提高粮油精深加工产品比例、开发特色粮油产品和专用粮油产品上下功夫。重点开发稻谷及油脂深加工产品，充分挖掘粮油资源优势，推动粮油加工业向食品、环保、能源、医药、化工等领域发展。万福生科农业发展有限公司利用碎米制成高麦芽糖浆并提取结晶葡萄糖和糊精，其副产品制成大米蛋白，将米糠榨取米糠油后加工成配合饲料，让每一粒稻谷"榨干用尽"，取得了良好的经济效益和社会效益。

三　粮食产业化经营稳步发展

（一）粮油加工业大步迈进

截至2011年底，全省入统的粮油加工企业1173家。其中，大米加工企业908家，年稻谷处理能力2378万吨；小麦粉加工企业5家，年生产能力46万吨；食用植物油加工企业75家，年油料处理能力385万吨，精炼能力160万吨。粮油食品加工企业57家，年生产能力131.8万吨。其中挂面生产企业36家，年加工能力43.7万吨；饲料加工企业105家，年生产能力1120.7万吨；粮油机械制造企业3家。2011年全省粮油加工企业加工大米750.4万吨，面粉25万吨，食用植物油140.2万吨，粮油食品93.4万吨，挂面40.3万吨，饲料905万吨，粮油机械5798台（套）。2011年全省粮油加工业实现工业总产值858.3亿元，利税33.4亿元，其中利润24.7亿元，粮油加工业有望成为继湖南省8个产值过千亿元的产业之后的又一个"千亿产业"。

（二）基础设施建设大力推进

2011年，全省共启动粮食流通基础设施建设项目298个，规划总投资815986万元，本年完成123472万元。其中中央投资8314万元，地方财政投资13773万元，企业自筹资金58524万元，银行贷款30006万元，其他投资12855万元。其中储备粮库项目建设40个，项目总投资125207万元，建设仓容78.40万吨，本年度完成投资34768万元，占总投资的27.8%；粮食物流项目28个，项目总投资476207万元，在建仓容91.2万吨，新建油罐9.7万吨，码头泊位5个，铁路专用线8800米，年度完成投资49977万元；仓库维修项目189个，维修改造仓容175.96万吨，大修仓容46.63万吨，维修改造油罐2万吨，完成投资11106万元；粮食检验检测项目3个，共完成投资408万元；其他项目38个，共完成投资27212万元。

（三）服务新农村建设取得新进展

实施农户科学储粮是粮食行政管理部门服务新农村建设的一项重要举措。2011年，国家发展改革委、国家粮食局共下达湖南省农户科学储粮计划4万户，分别在邵阳、君山、桃源、双峰、双牌、桂阳、宜章、汝城等8个县（区）30多个乡镇实施。共发放热浸镀锌钢板仓4万套、《农户稻谷储藏技术》4万册，农户储粮专用药剂4万包，有效地减少了农户储粮损失，得到了当地政府充分肯定和农民朋友的欢迎。

（四）粮食质量监管体系进一步完善

2011年，在全省质检体系"8＋1"格局基础上，永州、郴州、长沙等3家粮油质检机构先后通过了国家粮食局标准质量中心考核验收，全省粮食质检体系进一步健全。

库存粮食质量安全监测、收获粮食质量调查及品质测报工作进一步加强。制定了《2011年全省收获粮食质量安全监测方案》，全年全省收获粮食质量安全监测采样1439份，库存粮食采样182份，油脂库存抽样65份，采样总数比上年增加795份。

四　粮食行政执法体系进一步增强

（一）进一步夯实粮食流通监督检查工作基础

1.进一步健全执法体系。

到2011年底，全省14个市州局均由当地编办批准建立监督检查工作机构，其中11个市局成立了行政执法队；116个县市局有111个建立了监督检查工作机构，占95.7%，108个县市局成立了行政执法队，占93.1%。全省取得执法资格的共1376人。全省落实监督检查专项经费824万元。

2.积极开展粮食流通监督检查工作。

全省共开展综合检查和单项检查4278次，出动人员15735人次，检查企业14776个，共执行行政处罚案件1653例，其中责令改正1172例，警告100例，罚款199例，暂停、取消粮食收购资格66例，未发生不服处罚、要求行政复议等问题。湖南省粮食局被国家粮食局评为全国监督检查先进单位。桂阳县粮食局、怀化市鹤城区粮食局被评为全国粮食流通监督检查示范单位。

（二）进一步加强粮食法制建设

1.制定依法行政文件。

根据国家粮食局和省政府有关文件要求，制定《关于粮食行政管理部门深入推进依法行政的意见》，内容结合粮食行业的实际和湖南省法制湖南的要求。

2.贯彻落实《湖南省政府服务规定》。

根据省政府的文件要求制定《关于贯彻落实〈湖南省政府服务规定〉的意见》，努力打造服务型政府。

3.清理行政执法依据。

根据省政府办公厅的要求，对照现行的粮食法规，对湖南省粮食局的行政执法依据进行重新清理和修订并予以公布。

五　粮食财务管理成效明显

（一）积极消化财务挂账

2011年中央帮助湖南省消化政策性财务挂账666071万元，目前湖南省财务挂账116.43亿元，其中政策性财务挂账106.19亿元，经营性财务挂账10.24亿元。

（二）狠抓"小金库"专项治理工作

根据省"小金库"专项治理领导小组有关文件精神，湖南省粮食局及时成立领导小组，结合实际制订实施方案，认真开展自查和抽查，局直11家单位均没有发现设立"小金库"情况。2011年湖南省粮食局被省政府办公厅授予了全省"小金库"专项治理工作先进单位。

（三）加强国有资产监管

开展了局直行政事业单位的资产清查，摸清了家底，2011年底局直行政事业单位资产总额22555.91万元，负债9878.74万元，净资产12677.17万元。

全省共有国有及国有控股粮食企业306家，其中购销企业249家，其他企业57家。2011年实现利润6977万元，较年初下达的利润目标超额完成2977万元，比上年度增加1796万元。

六　行业自身建设扎实推进

（一）干部人事制度建设得到加强

1.认真抓好干部队伍教育培训。

通过脱产培训、在线教育、自主选学等教育培训形式，抓好了各级领导干部和党员干部的学习教育。开展了2011年度全省粮食行业特有职业（工种）技能培训与鉴定工作，对全省59名粮油保管员学员进行了特有工种的初、中级培训和鉴定，47人取得了《职业资格证书》。

2.推进全省粮食绩效评估工作。

2011年是湖南省粮食局纳入省政府绩效评估的第一年。按照省委、省政府在全省逐步开展政府绩效评估工作的部署和要求，湖南省粮食局将全省粮食绩效评估工作与为民办实事工作有机结合起来，积极探索建立符合粮食工作实际的绩效评估体制机制，对各市州粮食工作进行绩效评估考核，有力推进了各地粮食工作。

（二）狠抓党风廉政建设和反腐败工作

按照"越是加快发展，越要加强反腐倡廉建设"的工作思路，从粮油"千亿产业"发展安全、行使权力安全、资金运用安全、项目建设安全和干部成长安全等方面，全面加强惩治和预防腐败体系建设，整体推进教育、制度、监督、惩治等长期性、基础性工作，把党风廉政建设和粮食业务工作一起研究，一起部署，一起落实，一起考核，摆在同等重要的位置紧抓不放，取得了很好的成效。

（三）以创先争优为动力抓好党建工作

以创先争优活动为动力，坚持把党建工作落到实处。举办了新春理论学习班，开展了中国共产党成立90周年系列活动，如重走革命圣地、"传递红色关爱、情系孤残儿童"一日一元捐等活动，进一步增强了党员干部的凝聚力和战斗力。2011年，湖南省粮食局被评为省直机关学习型党组织建设先进集体，被省委、省政府授予"平安单位"称号。

◆ **湖南省粮食局领导班子成员**

夏文星	党组书记、局长
向才昂	党组副书记、副局长
焦小毅	党组成员、副局长
邓德林	党组成员、副局长
石少龙	党组成员、副局长
彭利萍	党组成员、纪检组长
周　辉	党组成员、副局长（2011年9月任职）
田力民	副巡视员（2011年10月任职）
胡检生	副巡视员（2011年10月任职）

2011年3月1日，湖南省粮食工作会议在长沙召开。

2011年5月30日，湖南省粮食局局长夏文星（左三）在衡阳调研粮食工作。

2011年6月28日，湖南天下洞庭粮油实业（集团）有限公司在湖南沅江成立，标志着湖南粮油"千亿产业"和"百亿物流"两大工程又迈出了重要一步。

2011年7月29日，湖南省粮食局局长夏文星（左一）检查指导早稻收购工作。

广东省粮食工作　基本情况

广东是我国大陆最南端的省份，全境共设2个副省级市、19个地级市、23个县级市、54个市辖区、41个县、3个自治县。全省陆地面积18.0万平方公里，约占全国陆地面积的1.9%。2011年，全省生产总值5.3万亿元，比上年增长10.0%；地方财政一般预算收入5513.7亿元，比上年增长22.1%；城镇居民人均可支配收入26897.5元，比上年增长12.6%，扣除价格因素，实际增长6.9%；农村居民人均纯收入9371.7元，比上年增长18.8%，扣除价格因素，实际增长11.9%。

2011年，广东省粮食作物播种面积253.04万公顷，比上年下降0.1%；粮食产量1361万吨，比上年增加3.3%，其中稻谷1096.9万吨、大豆13.5万吨、小麦0.3万吨、玉米78.9万吨、薯类及其他171.4万吨。全省粮食消费量约4062万吨，粮食产消缺口约2700万吨，自给率33.5%，是全国最大的粮食主销区。2011年，全省五大港口来粮1993.9万吨，促进解决粮食产消缺口；粮食消费价格指数涨幅12.7%，与全国涨幅基本持平，其中玉米批发价上涨14.7%，籼米零售价上涨15.6%，小麦批发价下降0.2%。

2011年粮食工作

2011年，广东省"十二五"粮食行业发展规划顺利出台，粮油市场保供稳价目标实现，粮油平价商店建设取得可喜进展，粮油库存检查工作圆满完成，粮食流通基础设施和农户科学储粮建设积极推进，全国第一人口大省、第一粮食产消缺口大省的粮食安全得到有效确保，销区粮食安全示范区建设不断推进，粮食工作呈现新的面貌。主要体现在以下八个方面：

一　"十二五"粮食流通工作确定新目标

《广东省粮食行业发展"十二五"规划》、《全省粮食依法行政工作"十二五"规划》、《广东省粮食系统法制宣传教育第六个五年规划（2011~2015年）》、《广东省粮食流通基础设施建设"十二五"规划》以及各地粮食行业"十二五"发展规划印发，明确了"十二五"时期广东省及各地粮食行业发展的总体目标以及有关方面的任务和措施。同时，全省粮食安全保障责任得到有效落实。

省粮食局联合江门市政府举行了《广东省粮食安全保障条例》施行2周年宣传活动启动仪式，全省粮食系统开展了相关宣传活动。广东省在全国率先开展的粮食安全责任考核工作圆满完成，促进落实粮食工作各级政府负责制。

二　粮油市场保供稳价工作作出新贡献

全省粮油市场保供稳价工作扎实推进，市场粮油供应和价格保持稳定。省粮食局出台了进一步做好粮油市场保供稳价工作的措施意见，保证重要节假日以及"两会"、"大运会"期间的市场粮油供应。全省粮食供需平衡计划编制完成，粮油市场形势每日监测和每旬一报工作有效开展。《广东省地方储备粮油定向销售工作方案》、《广东省组织开展政策性籼稻销售工作方案》、动用省级储备粮专供广州地区高等院校预案制定出台，省级储备早籼稻谷2.9万吨投放市场，促进粮食市场稳定。此外，全省粮油平价商店建设进展良好。截至12月底，全省依托国有粮食企业共设立粮油平价商店192家，平价粮油供应品种达1000多个，普遍有每市斤2元以下平价大米出售，取得了人民群众得实惠、粮油市场得稳定、党委政府得民心的良好成效。

三　储备粮油落实和管理工作取得新突破

全省各市县储备粮实物库存量连续第2年超过省下达规模约4.2%，食用植物油储备规模基本落实。《关于加强成品粮油储备管理工作的通知》印发，出台了成品粮油储备规模计算标准，成品粮油储备制度建设取得重要突破。《广东省省级储备粮代储管理实施细则（暂行）》印发，省级储备粮代储管理进一步规范。

四　粮食流通产业发展贯彻新要求

广东省加快构建富有销区特色的粮食流通产业体系，夯实保障粮食安全的产业基础。省粮食局组织开展省内外调研，完成了《广东省粮食流通产业发展研究》课题，起草了《关于加快广东省粮食流通产业发展的意见（征求意见稿）》。2011年，全省国有粮食企业实现盈利1.4亿元，同比增长35.8%，列全国第5名，实现2007年以来连续5年盈利。

五　粮食流通基础设施建设取得新进展

省储备粮东莞直属库码头工程、汕头库新建、韶关库扩建等项目有序推进。广州市南沙粮食产业园、珠海、佛山、云浮等地粮库项目积极推进。汕头、佛山、韶关国家粮油质量监测站项目已经国家粮食局专家组考核通过。2010年度全省8万户农户科学储粮专项建设任务已完成，每年可为农户减少约7%的储粮损失；2011年度农户科学储粮专项建设任务顺利推进。2011年粮食科技周广东省相关活动成功举行。《广东省粮食质量安全监测预警体系建设研究》课题完成。广东省粮食科学研究所获国家粮食局授牌为粮食储运国家工程试验室成员单位。

六　粮食流通监督检查工作有新成果

省粮食局等有关部门联合开展了全省粮食库存检查、首次食用植物油库存检查工作。检查结果表明，在粤中央和地方储备粮油账实相符、账账相符、质量良好。对国家粮食购销政策执行情况、粮食收购情况、粮食质量安全、粮食行业安全生产等情况的监督检查工作有效开展。省粮食局与中储粮广州分公司、广东华南粮食交易中心建立对竞价销售出库企业的联合检查制度，确保国家粮食调控政策落实到位。省粮食、价格、工商等部门对全省粮食收购市场及各地粮食收购资格监督检查情况进行了联合抽查。全省粮食行业首次安全生产专项大检查顺利开展。全省粮食流通规范有序。

七　军粮供应管理工作上新台阶

以争当军粮供应管理工作排头兵以及争创全国百强军供站为契机，全省军粮供应管理水平进一步提高，军供工作呈现保障有力、质量稳定、管理规范、服务优良的良好局面。全省军粮供应管理工作会议暨争当军粮供应管理工作排头兵现场会召开，总结了"十一五"和上年度全省军粮供应管理工作情况，部署做好下一步工作，推进落实争当排头兵的各项要求。第26届深圳世界大学生运动会期间，深圳市各军供站点提供一对一、点对点、面对面的"贴心"服务，为"大运会"安保工作的顺利开展提供了有力保障。

八　粮食系统队伍建设呈现新面貌

2011年，全省粮食系统共组织约300人参加国家粮食局举办的食用植物油库存检查培训、粮食流通监督检查执法培训以及粮食系统纪检监察培训。省粮食局举办了全省食用植物油库存检查、粮食流通基础设施建设投资统计、粮油加工业统计以及军粮供应管理业务培训，共约1100人参加。《粮食流通市场化体制下加强广东粮食行政管理机构和职能的对策研究》课题完成。省粮食局和梅州兴宁市粮食局被评为"2006~2010年全国粮食系统法制宣传教育工作先进单位"，省粮食局和广州市储备粮管理中心被评为"全国粮食统计执法大检查工作先进单位"，省粮食局被评为"2011年度全国粮食流通监督检查工作先进单位"、"全国粮食行业机构、从业人员及职工教育培训情况统计全优单位"。省粮食局与省粮食行业协会分别获得第十一届中国国际粮油产品及设备技术展览会"优秀组织奖"与"优秀展出奖"。茂名市茂南区粮食局、台山市粮食局被国家粮食局确定为首批全国粮食流通监督检查示范单位。

◆　**广东省粮食局领导班子成员**

张　军　　　广东省发展和改革委员会党组副书记、副主任、粮食局局长（正厅级）

李　敏　　　副局长（2011年10月底调离）

冯晓光　　　副局长

骆裕根　　　副局长

谢　端　　　副局长（2011年10月底任职）

龙红辉　　　副巡视员（2011年6月起任职）

2011年3月，广东省人民政府召开全省粮食工作会议，传达贯彻全国粮食局长会议精神，部署"十二五"和当年粮食工作。

2011年6月，广东省粮食局联合江门市政府举行《广东省粮食安全保障条例》施行两周年宣传活动启动仪式。

2011年7月，广东省委常委、常务副省长朱小丹（左二），在广东省发展和改革委员会副主任、粮食局局长张军（右一）等陪同下，视察广东省储备粮管理总公司东莞直属库。

2011年，广东省农户科学储粮专项建设工作顺利推进。

广西壮族自治区粮食工作

基本情况

2011年，广西全区粮食种植面积307.28万公顷，比上年增加1.18万公顷。油料种植面积20.27万公顷，比上年增加0.98万公顷。全年粮食产量1429.9万吨，比上年增长1.3%。油料生产50.1万吨，增产9.5%。全区人均粮食占有量275公斤，粮食商品率为28%。全年全区国有和重点非国有粮食经营转化企业共购进粮食约1346万吨（贸易粮，下同），比上年增加168万吨；共销售粮食752万吨。2011年全区粮食消费量1980万吨，其中农村口粮878万吨，城镇口粮176万吨，饲料用粮735万吨，工业用粮169万吨，种子用粮22万吨。

2011年末，广西国有粮食企业共782家，从业人员0.9万人。其中国有粮食购销企业478家，从业人员0.7万人；粮食附营企业304家，从业人员0.2万人。全行业实现利润4582万元，其中购销企业盈利4842万元，附营企业亏损260万元。

2011年粮食工作

2011年，广西壮族自治区粮食系统在自治区党委、自治区人民政府的正确领导下，以邓小平理论和"三个代表"重要思想为指导，认真落实科学发展观，紧紧围绕党委、政府的中心工作和年初确定的工作目标，切实加强粮食宏观调控，努力加快粮食行业改革与发展，各方面工作取得了明显成效。

一　粮食流通

根据自治区人民政府办公厅《转发自治区财政厅等7部门关于2011年对广西壮族自治区种粮农民实行直接补贴与储备粮订单粮食收购挂钩实施方案的通知》（桂政办发〔2011〕94号）文件精神，自治区粮食局于2011年6月及时召开了直补订单粮食收购工作会议，研究部署落实直补订单粮食收购政策的相关工作。各级粮食部门精心组织、周密部署，认真抓好直补订单粮食收购工作，截至2011年末，全区累计收购直补订单粮食78.8万吨，完成全年直补订单收购计划的98.5%。全区粮食购销继续增长，2011年全区国有（控股）粮食经营企业和重点粮食经营者、转化企业粮食总购进1346万吨（贸易粮，下同），比上年增加13.4%；总销售752万吨，比上年增加6.1%；转化粮食498万吨，比上年增加51.4%，确保了市场粮食供应，使广西壮族自治区市场粮价稳定在合理范围之内。

二　粮食调控

（一）地方储备粮增储任务全面落实

近年来，由于人口逐年增长的趋势不可逆转、粮食播种面积逐年减少的趋势不可逆转、经济发展导致粮食消费量刚性增长的趋势不可逆转，广西壮族自治区已由粮食产销基本平衡区逐步向销区转变。根据本自治区实际，自治区人民政府决定增加地方储备粮规模，从2009年起分3年落实到位，自治区级和市县级按6.5∶3.5的比例分配。2011年是落实增储计划的第3年，按照自治区人民政府要求，自治区粮食局多次与相关部门沟通协调，组织督查组到各地督查新增地方储备粮落实情况。到12月底，自治区本级的增储计划已经落实到位，市县级新增储备也基本落实到位。

（二）粮油保供稳价工作成效显著

根据2011年国际市场粮价格走势和国内通胀预期形势，自治区粮食局代政府起草了《关于进一步做好当前粮油保供稳价工作有关问题的通知》，提出了自治区粮油保供稳价工作措施。结合自治区实际，报经自治区人民政府批准，自治区粮食局组织了10万吨自治区本级储备粮出库，对重点骨干大米加工企业实行邀标销售，由其按有关要求均衡有序加工大米投放市场，实行定点限量平价供应。从2011年8月起，14个设区市陆续在市区的主要集贸市场设点销售平价粮油，大米价格比市场价低15%左右，食用油价格比市场价低20%左右。平价粮油的销售，对市场粮油价格起到了平抑和引导作用，大米、食用油价格上涨的势头得到遏制，市场上大米、食用油价格有所回落，为全区物价稳定工作提供了有力支持。

（三）粮食应急体系建设实现新的突破

一是进一步完善自治区粮食应急演练方案，根据演练要求进行相关资料的摄制工作已基本完成，为开展演练做好了前期准备。二是落实补助资金，建设了一批粮食应急加工网点。2011年以来，自治区粮食局安排落实专项资金990万元，在山区、边远地区和边海防地区落实建设了27个粮食应急加工网点，配备了应急柴油发电机等加工设备，到2011年底已建成使用16个，有力保障了当地粮食供应和应急需要。

（四）"放心粮油"工程建设实现新的突破

根据自治区人民政府办公厅《关于实施放心粮油工程的意见》（桂政办发〔2010〕182号），按照年初工作部署和安排，自治区粮食局多次召开专题会议讨论和研究制定放心粮油工程实施意见和管理办法，并深入开展调查研究和摸底，结合本自治区的实际情况制定和完善各项制度、设计"广西放心粮油"标志和各种标识，指导各地开展放心粮油的工作。自治区粮食局还研究制定了《广西放心粮油工程建设规划》、《广西壮族自治区实施放心粮油工程暂行办法》、《广西放心粮油配送中心、连锁中心店及经销店建设规范》等配套性文件，为进一步开展放心粮油工程建设打下了良好的基础。2011年全区已建成放心粮油示范店40多家，完成130家放心粮油销售网点建设。

三　流通体制改革

国有粮食企业改革进一步深化，企业经营效益明显提高。截至2011年12月底，全区国有粮食企业改革分流安置了4.2万多职工。全区国有粮食企业实现销售收入42.01亿元，实现利润4179万元，利润同比增加1148万元，增长37.88%。

四　行业发展

（一）超额完成了本级固定资产投资任务

2011年以来，各级粮食部门紧紧抓住当前难的机遇，继续加大粮食仓储设施建设等固定资产投资，进一步改善了粮食流通条件。根据年初制定的目标，2011年自治区粮食局重点推进黎塘粮库扩建工程、国泰粮食集团公司搬迁项目以及工商学院新校区建设项目。截至2011年12月底，自治区粮食局本级累计完成固定资产投资1.86亿元，完成自治区人民政府下达全年任务的103.5%。

（二）科学编制《广西粮食行业发展十二五规划》和《广西粮食仓储设施建设三年计划》

根据本区粮食仓储设施落后的实际，按照自治区领导的指示，自治区粮食局组织编制了《广西壮族自治区粮食仓储设施建设维修改造三年计划》，提出了用三年时间，争取投资28亿元，对全区粮食仓储设施进行全面的建设和维修改造，建设和改造一批现代化仓储设施，完善三级粮食储备体系的目标。该计划已于2011年5月通过专家论证。自治区人民政府已下发了《加快广西壮族自治区粮食仓储设施建设有关问题的通知》（桂政发〔2011〕54号），进一步明确了广西壮族自治区粮食仓储设施的总体目标、责任主体、资金来源渠道、优惠政策等。

（三）粮食产业园区建设实现新的突破

为进一步发挥优势，做强做大自治区粮食产业，结合本区实际，自治区粮食局制定了广西粮食产业园项目初步规划，计划在"十二五"期间建设一批集粮食储备、粮油加工、批发交易、仓储物流于一体的粮食产业园区。自治区粮食局主动为业主单位协调解决资金、土地等园区项目建设存在的问题，加快推进产业园区建设，实现了粮食产业园区建设零的突破。占地34公顷、计划总投资5亿元的广西国泰粮食产业园，一期工程30万吨粮油食品精深加工项目已于2011年10月18日正式竣工投产；占地35.1公顷、计划总投资5亿元以上的广西黎塘粮食产业园也于2011年10月18日开工建设。规划占地68.7公顷、总投资10亿元的柳州粮食产业园第一期土地32.8公顷已基本落实，各项前期工作正在推进之中。

（四）农户科学储粮工程建设实现新的突破

为切实改善农户储粮条件，减少粮食产后损失，保障粮食安全，根据国家《实施农村粮食产后减损安全保障工程指导意见》，自治区粮食局制定了《广西农户科学储粮专项建设三年规划（2011～2013年）》，把该项工程作为民生工程进行规划建设，并报自治区人民政府备案。2011年自治区粮食局在部分县组织实施农户科学储粮专项建设，按照中央补助、自治区财政配套及农户自筹3：4：3比例筹措资金，自治区配套900万元为农户配置新型储粮装具"彩钢板组合仓"2万户（套）。

五　党群工作

2011年广西壮族自治区粮食局组织开展了一系列的文化体育运动，精神文明建设成效显著。2011年6月成功举办了庆祝中国共产党成立90周年文艺汇演，自治区粮食局职工演出的《十送红军》节目还被选送参加自治区庆祝建党90周年文艺晚会演出，并被评为优秀节目。2011年11月，自治区粮食局组团参加了在钦州举行第十二届全区运动会，自治区粮食局运动员发扬团结拼搏、奋勇争先的精神，取得了女子气排球比赛亚军，男子气排球、乒乓球比赛也取得了较好名次，实现了历史性的突破，充分展现了粮食行业的精神风貌，极大地鼓舞了粮食系统广大干部职工的士气，凝聚了粮食人的人心，为粮食系统精神文明建设树立了良好榜样

此外，依法行政和监督检查工作有序开展，有效维护了粮食市场秩序。2011年广西壮族自治区粮食局连续第三年被国家粮食局评定为"全国粮食流通监督检查工作先进单位"。维护稳定和安全生产工作成效明显，连续两年没有发生粮食系统职工群体性上访事件，全年没有发生重大安全生产事故。

◆　广西壮族自治区粮食局领导班子成员

庞栋春	党组书记、局长
黄显阳	党组成员、副局长
秦全贵	副局长（2011年8月任职）
谢　俊	党组成员、副局长
杨　斌	党组成员、副局长
刘文志	党组成员、驻自治区粮食局纪检组组长
何孔健	副巡视员
冯俊英	副巡视员（2011年7月任职）

2011年3月7日，广西壮族自治区党委副书记陈际瓦（右二）在自治区粮食局局长庞栋春（右一）的陪同下，在南宁市检查指导粮食工作。

2011年5月23日，广西壮族自治区粮食局在贵港市召开全区粮食工作座谈会，自治区粮食局局长庞栋春（主席台左三）、贵港市副市长邓建华（主席台左四）出席会议。

2011年6月28日，广西壮族自治区粮食局召开庆祝中国共产党成立90周年大会，自治区粮食局局长庞栋春（主席台中）等局领导出席大会。

2011年10月26日，全国粮食流通基础设施建设工作会议在广西南宁召开。

海南省粮食工作　基本情况

海南省位于我国南疆，北接广东、广西省（区）海域，隔琼州海峡与祖国大陆相望，陆地面积3.43万平方公里，海洋面积200多万平方公里。海南省资源丰富，土地肥沃，物种众多，阳光雨量充沛，四季常春，风光旖旎，素有"南海珍珠"之美誉。

2011年，海南省生产总值（GDP）2515.29亿元，比上年增长12%，人均GDP 28797元；城镇居民人均可支配收入18369元，比上年增长17.9%；农村居民人均纯收入6446元，比上年增长22.2%。全省粮食耕地面积43.06万公顷，全年粮食总产量188.0万吨，其中稻谷145.1万吨，比上年增长4.2%。海南是结构性缺粮省，全年从省外购进粮食190万吨，其中国有粮食企业购进40.6万吨。当年食品及工业用粮7万吨，种子用粮1.0万吨，饲料用粮173万吨，城乡居民口粮192万吨。全省国有粮食企业53个，职工936人。

2011年粮食工作

2011年，海南全省粮食需求总量平稳增长，产需缺口扩大。粮食总需求373万吨，产需缺口190万吨，口粮需求呈多品种，优质化发展趋势，以玉米为主的饲料用粮较快速度增长。当年认真贯彻国家和海南省关于加强粮食调控和粮油市场保供稳价各项工作部署，以保持全省粮食市场供应和价格基本稳定为总体工作目标，认真扎实做好粮情监测，粮食调控，储备粮监管，政策性粮食供应和社会粮食流通监管等各项粮食工作。

一　加强粮情监测，把握粮食供需的基本形势

（一）加强粮食市场监测

一是加强对各市县粮情监测工作指导，掌握粮食供求总体情况和粮油生产、加工、购销、库存和价格等情况，粮食供求形势和运行趋势。二是加强对重点情况的掌握，切实做好6个国家级粮情直反点和31个省级粮情监测点的工作。三是合理调整省级信息监测报点和监测品种，逐步完善粮食市场监测体系。四是加大粮食市场监测的密度和频率，组织海口地区粮食批发市场情况专题调查，加强对节假日期间粮情监测，加大对粮食主产区、国内主要粮食批发市场粮食供应和价格走势的监测力度。五

是加强市场分析预测和粮情研究，正确判断供求形势和粮食市场价格的基本走势。

（二）组织全省粮食供需平衡统计调查

开展2010年度全省粮食供求平衡统计、饲料生产企业转化用粮、农户粮情和食用植物油供求平衡等6个专项统计调查。进一步完善调查方案和抽样方法。全省共调查农户365户，城镇居民户608户。加强数据推算、审核、评估分析和汇总，切实掌握全省粮食供求平衡的基础情况，及时向国家粮食局上报调查报告。调查结果成为各级政府和相关部门分析粮食形势、研究制定粮食政策的重要依据。

（三）组织粮油市场保供稳价会商

组织发展改革委、商务、物价、财政、交通、工商、农发行和粮食等部门参加的周会会商45次、月会会商12次，促进部门间的粮食购销、价格、库存和进出岛等信息交流与共享，加强对市场供应和价格行情的研究、分析和判断，编报《粮油供应和价格情况会商报告》45期，及时向国家粮食局和省粮油市场保供稳价工作小组报送会商情况，提出保供稳价各项工作意见和建议。

（四）及时报告和发布粮情信息

进一步完善粮情报告和发布制度，在加强监测，掌握粮情基础上，抓住粮食市场关键点，不断提高分析报告水平，完善全省粮情季、年度报告制度，多形式、及时报告粮情。出刊《海南粮情监测情况》10期；汇集市县报告粮情信息45期；全面反映各层次、各类型价格行情，出刊《海南粮食价格监测周报》45期；充分利用海南粮食网信息平台，及时发布粮情，为粮食生产者和粮食经营者提供信息服务。

二　加强粮食调控，保证粮食市场的有效供给

（一）发挥国有粮食购销企业主渠道作用

一是指导国有粮食购销企业把握好储备粮轮换的节奏和力度，适时适度轮换销售调节市场，有效保持市场供应的均衡和稳定。二是指导和督促国有粮食购销企业积极入市收购。全省国有粮食购销企业全年收购粮食11.3万吨，充实了粮食库存，既保护种粮农民利益，又掌握调控市场的基本粮源。三是指导国有粮食购销企业积极开展省际间大宗粮食购销活动，加强沟通和服务，协调落实运力，确保省际粮食运输畅通。协调落实运粮火车计划12批次，购进粮食4万吨，其中稻谷0.3万吨，粳米3.7万吨。

（二）落实国家粮食调控政策

发挥骨干企业在粮食市场供应和价格中的引导作用，维护粮食市场的稳定。一是落实中央财政关于南方饲料消费大省的企业到东北地区采购玉米的补贴政策，组织骨干企业做好采购东北玉米在本省的销售工作，有力地推动了产销衔接，促进了区域平衡，满足省内饲料用粮的需求。二是落实国家小麦定向销售政策，选择省内加工规模较大、具有一定影响力的骨干企业作为定向加工销售企业，指导定向销售企业与出库点衔接好小麦调销工作，对定向销售的小麦粉数量、价格进行跟踪、监测和上报。三是落实国家不完善粒小麦竞价销售政策，指导各市县粮食局做好符合竞买资格企业的推荐上报工作，做好资格审核，选择8家饲料用粮企业参加国家临时存储不完善粒超标小麦竞价交易。

（三）发挥多元粮食经营主体保障市场供应的积极作用

转变作风，加强服务，支持和引导多元经营主体入市收购粮食，积极开展省际间粮食购销活动，与主产省建立起长期稳定的互惠互利合作关系，搞活市场流通，确保省内粮源持续补给，满足省内市

场需求。全省各类粮食经营主体全年省内收购粮食31.1万吨、省外购进粮食207.7万吨。

（四）积极应对国庆期间热带风暴及强降水对海南省粮油市场供应的影响

当年国庆期间，"纳沙"、"尼格"两次热带风暴在海南省登陆，部分地区遭受强降水，给生产生活带来极大的影响。一是及时部署中秋、国庆节假日期间的粮油市场供应工作。印发《海南省粮食局关于做好海南省当前粮油市场供应工作的通知》，全面、严密做好海南省九十月份台风多发季节的防汛减灾工作。二是加强粮情监测和预警预报。落实节假日值班制度，加强对台风正面袭击和途经地区粮油市场供应和价格的监测，切实掌握第一手情况。三是组织两次粮油市场专项调查。开展粮食周转库存盘查，摸清省外购进在途粮食数量，掌握现有粮食周转库存和后续粮源补给的基本数据；开展重点粮食集散地粮食购销和港口运输情况调查，切实掌握粮食流通情况及价格行情。四是密切关注粮食市场灾后供应，提出确保粮食市场供应的意见和建议。

（五）完善粮食应急体系

一是及时核实更新粮食应急指挥部办公室成员单位、粮食应急责任单位和责任人，落实应急工作责任，编制《2011年度海南省粮食应急工作手册》。二是指导各市县粮食局做好核定应急加工、销售企业与签订协议工作。全省18个市县粮食局与70家应急加工、242家应急销售企业签订了应急加工、销售协议，分别占核定应急加工、销售企业的100%。三是加强对粮食应急加工、销售企业的跟踪了解，掌握加工、销售情况，确保急时用得上。

三　加强储备粮监管，确保粮食调控的物质基础

（一）充实地方储备，优化储备布点和品种结构

一是按照省政府确定地方粮食储备规模，落实新增2万吨省级储备小麦入库，落实639吨市县级储备稻谷入库。二是调整地方储备稻谷结构，将2.5万吨本省生产的省级储备稻谷品种调整为省外生产稻谷，储存品种逐步贴近市场需求。三是按照粮油市场保供稳价的要求，进一步落实成品粮储备，海口市按照国家要求增储5天消费量的成品粮应急储备，有效增强了应对市场紧急情况的调控能力。四是适应海南国际旅游岛建设的新形势，在省级储备食用植物油总规模中，将500吨散装食用精炼棕榈油调整为小包装调和油，将储备库点由海口市调整到三亚市，进一步优化海南省食用植物油储备品种布局，提升了重要旅游城市三亚市的食用植物油供应保障能力。

（二）加强储备粮监管

一是加强储备粮质量监管，加强储备粮入出库质量管理，开展储备粮储存质量定期抽查。结合全省粮食库存检查工作，组织省级储备粮春季质量抽样检验，检验结果显示，省级储备粮质量抽样合格率、品质宜存率均达100%。开展省级储备粮质量普查，抽取检验样品151份，代表数量114939吨。开展省级储备粮冬季普查，共抽取检验样品132个，代表数量131097吨。两次质量普查均涵盖全部省级储备库存，省级储备粮质量合格率、品质宜存率都达90%以上。省级储备粮2011年期末库存中，2011年粮占72.1%，2010年粮占24.5%，连续11年实现年末库存为当年粮和上年粮、当年粮占50%以上的管理目标。二是充实省储备粮管理信息系统数据资料，进一步完善省级储备粮管理信息系统，加强储备粮数量监管，及时、准确地掌握省级储备粮库存数量和轮换情况。

（三）抓好省级储备粮承储管理年度考核

组织全省26家省级储备粮油承储企业储备粮承储管理年度考核，经对储备粮数量、质量、轮换、

安全储粮、应用先进储粮技术、基础工作、企业盈利等7个方面的管理情况进行逐项考核，评选出3家优秀企业，16家合格企业，6家基本合格企业，1家不合格企业。通过表扬先进，批评后进，促进了省级储备粮承储管理工作上新台阶。

四 开展优质服务，确保军队粮食供应

（一）加强质量监管

一是认真执行《海南省军粮质量监管办法》，落实军粮质量管理各项规章制度，严把粮食采购、加工、入库、销售质量关，坚决杜绝质量不合格粮流入军供渠道，加强拦截含有"增白剂"的小麦粉流入军营。二是贯彻落实军供粮国家新颁标准，订购大米和小麦粉的国家标准样品23份，分发给各军供站作样品陈列，自觉接受部队购粮单位监督。三是加强军粮质量日常监管，组织对全省18个市县军供粮食进行质量检验26批次；"八一"期间，组织对海口等9个市县军供站的军供粮食进行抽检，抽取样品15份，质量全部符合国家质量和卫生标准。

（二）加强基础工作

一是加强军粮供应财务管理，严格执行国家军粮供应财务管理规定，严格军供网点维修改造资金的监管，对军粮差价款和网点改造资金做到专户管理、专款专用。二是加强军粮供应手续管理，严格执行《军粮供应管理暂行办法》，确保军用购粮卡系统运行顺畅，坚持凭证、凭卡、凭资金售粮。严格密码管理保密规章制度，做好涉密数据信息的报送。三是做好军供补贴结算。按照国家军粮补贴结算要求，会同省财政厅做好2008、2009年度军粮差价补贴决算和拨付工作。四是按照中央有关通知要求，结合海南省军供网点设施的实际，争取中央补助资金20万元，对西沙军供站网点设施进行改造。

（三）搞好优质服务

一是认真履行《军粮供应服务公约》，实行24小时全天候预约服务和送粮上门，全省送粮率占供应量的75%。二是热心为官兵办好事、办实事，调剂供应品种，满足部队需求。积极开展军地"文明共建"活动，通过慰问、座谈、联谊等方式，丰富官兵的精神生活，融洽军民鱼水关系。三是开展创建全国"百强军粮供应站"活动，评选推荐三亚市军粮供应站为创建全国"百强军粮供应站"单位。四是做好"三无"岛屿部队粮食供应工作。

五 加强基层基础工作，推进国有粮食企业改革发展

（一）积极推进粮食物流基础设施建设

一是完成洋浦粮食储备库项目建设。年初基本完成5万吨浅圆仓土建工程，5月底完成600吨/时散粮接收发放工程，6月底开始装粮压仓。二是加快推进马村食用植物油库扩建项目建设。建设1万吨食用植物油储备罐容和日产50吨食用植物油分装生产线，项目的建成，缓解海南省地方食用植物油储备储存中转能力的不足，满足散装食用植物油承储和轮换销售的需要。三是积极推进海口粮食物流园区建设，进一步明确园区功能，明确园区分区建设业主单位，加大工作力度，加强组织领导，积极协调有关方面，园区建设用地已确定在海口市新海物流园区。四是根据国家做好2011年粮食仓储和物流设施建设项目储备工作的要求，做好海南省2011年粮食流通领域储备项目上报工作。五是做好粮食行业省级2012年重点项目申报工作。根据省发展改革委《关于申报海南省2012年重点项目的函》，结合海

南省"十二五"粮食行业重点项目规划，选择海口粮食物流园区、海南洋浦粮食储备库二期、海南丘海粮食储备库、海南东方洋粮食储备库等四个对海南省粮食行业发展具有重要基础保障作用的项目上报，申请列入海南省2012年重点项目投资计划。六是根据去年洪涝灾害造成粮食仓储设施受损的情况，结合省级储备粮储存管理的实际，提出利用省级储备粮库建筑维修资金维修省直6家企业储备粮库的资金安排意见。

（二）推进省直国有粮食企业资产整合

一是切实推进省直国有粮食企业秀英库区、东方洋库区和饲料厂的资产整合，增强企业发展后劲，促进国有资产保值增值。在充分调研的基础上，形成将海南省饲料厂、海南粮油工贸公司和海南省粮食物资公司分别委托给海南省粮食饲料公司、海南省粮油贸易公司和海南省秀英粮食储备经营公司管理的方案。10月经省国资委批准实施，年底完成被托管企业的清产核资、资产评估和登记移交工作。二是根据国家有关文件要求，配合有关部门完成了国债投资建设的八所粮食储备经营公司八所国家粮食储备库2837万元固定资产、101.8亩土地、库存9800吨中央储备稻谷的上收和25名人员的移交工作。三是按照省政府专题会议的精神，指导做好省八所粮食储备经营公司清产核资、财务审计和资产评估，为整体打包转让老库区资产做好前期工作。

（三）加强国有粮食企业财务管理

一是根据国家、省关于做好地方政府性债务工作的要求，做好省局负有担保责任的债务的梳理及上报工作。二是积极协调财政部门落实去年10月省级储备粮受灾损失补贴资金319.1万元，确保省级储备粮承储管理的正常运转。三是规范洋浦粮食储备库、马村食用植物油库项目建设资金管理，确保项目建设的顺利进行。四是做好全省国有粮食财务信息月度、年度统计及分析工作。

（四）加强粮食仓储管理

一是加强粮油仓储规范标准的学习，收集整理国家和省有关储备粮管理及粮油质量标准文件36份，编印《海南省储备粮油管理文件汇编（第二辑）》。二是继续做好粮油仓储规范化管理工作。进一步规范省级储备粮账卡管理，共完成12种账、卡、表的修改。加强粮油仓储单位对入出库粮油管理，统一印制粮油出入库记账和计量凭证。三是抓好粮食安全生产。加强储粮安全工作指导，督促企业建立健全安全生产责任制，实行节假日、汛期24小时值班和领导带班制度；做好防风防汛工作部署，加强灾情检查和灾后重建工作的指导，确保储备粮安全度汛；做好储粮化学药剂管理，加强安全生产隐患排查和治理，确保安全生产和储粮安全。四是做好全省粮食仓储设施统计、投资统计和粮油加工业统计、汇总和上报工作。

六　加强粮食流通监管，有效维护粮食流通市场秩序

（一）组织粮油库存检查

根据国家的统一部署，4月组织开展全省粮食库存检查，6月组织开展全省食用植物油库存检查，查清全省粮食库存和食用植物油库存的数量、质量、轮换情况和仓储管理状况，进一步摸清全省粮食和食用植物油的库存家底。检查结果表明，全省国有粮食企业粮、油库存账实相符，账账相符，储备粮油的质量状况、轮换管理、资金管理和仓储管理符合国家和省的有关规定。在全省食用植物油库存检查中，同时对全省纳入粮食流通统计范围的非政策性油脂企业进行了摸底调查，共调查企业47家，上年经营量共5万吨，检查时点库存量1840吨，基本摸清了海南省油脂企业的经营情况。

（二）开展夏粮收购专项监督检查

9月，组织对全省辖区范围内各类从事粮食收购的经营者的收购资格、跨地区从事粮食收购的备案情况、执行粮食质量标准情况和粮食收购市场秩序情况进行监督检查，共出动检查人员242人次，检查收购主体206个次。对于检查中发现的跨地区收购未办理异地备案，不按规定报告粮食收购数量等违规经营行为，检查人员依法对违规的粮食经营者进行了责令改正、警告等处理。检查结果表明，大部分粮食经营者能够依法从事粮食收购经营活动，遵守国家有关政策法规，履行各项法定义务。全省粮食收购市场秩序规范，粮食收购市场稳定。

（三）加强原粮质量监管

认真依法履行原粮质量的监管职责，加强对粮食收购、储存、运输和政策性用粮购销活动中原粮质量的监管，切实保障原粮质量安全。一是5~6月组织开展全省2011年库存粮食质量和卫生安全专项检查和食用植物油库存质量检查。抽查了中央和省级储备粮油企业13个，抽取样品25份，抽查样品质量合格率、宜存率、卫生达标率以及油脂纯正率均为100%，库存粮油处于质量安全状态。二是做好政策性粮食入库和粮食进岛质量检验工作。抽样质量检验27批次，代表数量42239吨，从源头上把好采购、入库质量关，严防重金属超标等质量不合格粮入省入库。三是做好社会粮食质量检验。接受社会粮食经营者委托检验粮食65批次，代表数量3.25万吨，加强粮食流通环节质量安全的监管。四是9~10月组织开展海南省2011年收获粮食质量安全监测工作，全省共采集18个市县54个自然村的54份新收获稻谷样品，进行了无机砷、铅、镉和汞等重金属项目检验，采集样品检验均符合卫生质量标准。五是做好省级储备粮受灾鉴定。组织对万宁等六市县灾后受潮的省级储备粮进行核查和鉴定，核定受潮粮食472.9吨。六是做好救灾、救济粮质量检验。受民政部门的委托，检验救灾、救济粮17批次，代表数量0.85万吨。

（四）实施粮食收购许可管理

指导各市县粮食局健全粮食收购许可管理各项制度，做好粮食收购许可证的审核、发放和管理工作。加强对取得收购资格企业的指导、监管和服务，及时处理粮食收购许可管理过程中的情况和问题，总结经验，推进粮食收购许可管理规范化。全省已发放许可证206家，其中国有粮食购销企业78家，其他经济组织和个体工商户128家。

（五）加强社会粮食流通企业管理

一是加强社会粮食流通统计工作。贯彻执行国家粮食流通统计制度，做好全省粮食流通统计周报、旬报、月报和年报的汇总上报和统计分析。加强对社会粮食经营户和转化用粮企业的指导，强化其依法报送粮食流通统计报表的意识，不断提高粮食流通统计的覆盖面和准确率。2011年以来报送粮食流通统计报表的企业比上年增加24%。二是积极推进社会粮食库存管理。加强对市县粮食局组织实施《海南省粮食经营者最低和最高库存量标准规定》的指导，加大对粮食经营者执行库存量标准的监督检查力度，推进社会粮食库存管理工作日臻完善。目前，全省核定455家粮油经营企业的最低库存量3万吨，最高库存量11.76万吨。三是加强对全省436家粮油重点企业的监管的，按照保证供应、稳定价格的要求与粮油重点企业签订《粮油市场保供稳价责任书》的企业353家，占列管企业的81%，促进列管企业履行社会义务。

（六）组织制定《海南省粮食行政处罚自由裁量细化基准》

为落实粮食行政执法责任，规范行政处罚自由裁量权的行使，进一步推进依法行政和依法管粮，组织人员根据粮食有关法律法规，认真梳理粮食行政处罚事项，对《粮食流通管理条例》、《粮食流通监督检查暂行办法》、《粮油仓储管理办法》等3件粮食法规、规章规定的12种粮食行政处罚自由裁量权进行细化、量化，制发《海南省粮食行政处罚自由裁量细化基准》。

七　加强自身建设，促进粮食工作科学发展

（一）加强学习，提高干部队伍自身素质

一是加强中心组理论学习。全年召开六次中心组理论学习会，组织中心组全体成员学习《中央关于国民经济和社会发展第十二个五年规划的建议》、《中国共产党党员领导干部廉洁从政若干准则》、《中国共产党历史》（第二卷）、胡锦涛总书记3月视察海南的重要讲话和省委书记罗保铭的全省领导干部大会上的重要讲话。二是加强局机关党员干部政治理论学习，组织局机关党员干部学习"十二五"规划、国际旅游岛建设相关知识，学习国家有关粮食宏观调控政策和省委、省政府有关粮食工作部署，用理论学习成果推进粮食工作的科学发展。三是加强局机关干部业务知识学习。组织编制《2001~2010年海南省粮食业务工作手册》和《2001~2011年海南省粮食业务工作资料》，为机关干部全面了解全省粮食工作基本情况，学习掌握粮食业务工作知识进行科学决策提供依据。四是贯彻落实省委组织部《海南省基层干部"科学发展主题培训行动计划"实施方案》，举办全省市县粮食局长培训班，组织市县粮食局长和省直粮食企、事业单位主要负责人，围绕粮油市场保供稳价、储备粮管理、粮食行政监督检查3个专题，赴省外学习考察和集中培训，提高各级粮食部门领导干部的业务素质和科学把握粮食工作大局的能力。

（二）加强党风廉政建设

一是做好党风廉政建设工作部署。局党组召开党风廉政建设工作会议，部署党风廉政建设和反腐败工作任务，分解落实党风廉政建设责任。二是抓好反腐倡廉教育。组织局机关和省直粮食事业单位党员干部参观全国检察机关惩治和预防渎职侵权犯罪巡回展览，运用腐败案例开展警示教育；组织局机关党员干部参加省直机关组织的纪念中国共产党成立90周年反腐倡廉知识竞赛；组织党员干部学习廉政建设有关制度和规定。三是抓好反腐倡廉重点工作专项治理。组织开展"小金库"、公务用车和举办庆典、研讨会、论坛等活动专项治理，加强局机关和直属事业单位资金和公务用车管理。经清理，没有私设"小金库"和超编制超标准配备公务用车现象，没有举办庆典、研讨会、论坛等活动。四是开展廉政准则执行情况专项检查。根据省纪委的要求，组织对局机关处级以上干部和省直粮食企事业单位领导班子成员进行廉政准则执行情况专项检查，通过"自查自纠、督查整改、检查通报"等3个阶段的检查，没有发现有违规问题。

（三）抓好机关作风建设

一是坚持民主集中制和领导班子民主决策制度。召开16次党组会议和29次局务会议，研究工作，坚持重大决策、重要干部任免、重大项目安排和大额度资金使用实行集体讨论决定。二是认真开好领导干部民主生活会。5月，按照省委组织部对局领导班子和领导干部上年度考核的反馈意见，形成5个方面整改意见上报省委组织部；11月，根据省纪委、省委组织部开好2011年度县级以上党和国家机关党员领导干部民主生活会的要求，开好坚持以人为本执政为民理念，发扬密切联系群众优良作风的年度民主生活会。三是实行局机关绩效考评制度。根据省政府关于省政府部门绩效考评工作的有关要求，制定省粮食局绩效考评工作制度，将2011年重点工作目标和职能工作目标分解到处室、个人，扎实开展工作完成情况季度考评和年度考评，进一步树立绩效意识，推动局机关作风转变，切实提高

各处室的执行力和工作效率，确保各项工作的贯彻落实。四是开展机关作风专项整治活动。研究制定《开展作风专项整治活动方案》，分学习教育、民主评议、整改提高三个阶段开展整治工作，进一步转变机关工作作风，促进各项工作的落实。

（四）围绕粮食工作重点，组织三项调研

一是组织开展利用国际市场与洋浦保税港区特殊政策拓展海南省粮食对外物流业务的专项调研，形成依靠海南区位优势，充分利用洋浦税港区优惠政策，建立对外粮油物流业务平台，开展国际粮食贸易，多渠道拓宽海南省补给粮源，提高海南省粮食供应保障能力的意见。二是组织开展整合国有粮食企业有效资产专项调研。盘活国有粮食仓储设施，增强企业实力，实现国有资产保值增值多赢目标的整合方案，并经国资部门同意后组织实施。三是组织开展地方储备粮管理成本与费用补贴标准专项调研，进一步掌握粮食储备管理经营现实成本，提出合乎市场实际的储备粮管理费用补贴标准，旨在改变储备粮保管费用补贴与管理成本相脱节，储备粮管理业务难以正常开展的状况，以确保地方储备粮管理的正常运转。

（五）加强机关党建

组织机关和直属单位基层党组织开展创建先进党支部和优秀共产党员活动，通过党员评议、支部会议推荐和局党员领导干部鉴定点评，评选表彰了1个先进党支部、6名优秀共产党员、1名优秀党务工作者。组织开展庆祝中国共产党成立90周年系列活动，通过组织全体党员唱红歌、参加"学党史、感党恩、跟党走"知识竞赛、慰问走访9名离休老党员和组织26名老党员参观琼崖革命旧址等活动，增强党员干部的荣誉感，提高党组织的凝聚力、战斗力。

◆ **海南省粮食局领导班子成员**

宋建海	党组书记、局长
杨树岷	党组成员、副局长
黄　驹	党组成员、副局长（2011年2月离任）副巡视员（2011年3月任职）

中共海南省委常委、副省长谭力在全省粮食局长会议上讲话。

海南洋浦粮库一角。

海南省琼海国家粮食储备库一角。

重庆市粮食工作　基本情况

2011年，重庆市全市粮食播种面积 226万公顷；粮食产量1127万吨；油料播种面积25.7万公顷，其中油菜籽播种面积19.6万公顷，产量35万吨。近几年，人均粮食产量达到350公斤以上，粮食商品率为24%左右，其中主要品种稻谷的商品率达到33%。

全市粮食消费量基本保持在1350万吨左右，其中口粮600万吨左右，呈逐年递减趋势，比直辖之初的650万吨下降9.3%；饲料用粮550万吨，比直辖之初的390万吨增长41.3%；其他工业用粮80万吨；种子用粮25万吨。全市常年消费食用油53万吨左右。

2011年全社会粮食总购进418万吨，其中市内农村收购153万吨，市外调入196万吨，进口69万吨。全社会粮食总销售444万吨，其中市内392万吨，市外52万吨。食用油总购进43万吨，其中市外购进35万吨，市内销售53万吨，销往市外15万吨。

全市入统粮油加工企业工业总产值193.22亿元，同比增长32.8%；产品销售收入200.66亿元，增长27.3%；工业增加值24.5亿元，增长14.0%；利润总额6.95亿元，下降4%；利税总额11.54亿元，增长21.6%；资产总额103.6亿元，增长14.2%；原料消耗量377.5万吨；产品产量364.4万吨。优质原料基地6.1万公顷，同比增加1.34万公顷；年末从业人数13940人，较上年15142人下降8%。固定资产投资2.18亿元。

全市入统国家级粮油产业化龙头企业4个，农业产业化龙头企业50个。重庆粮食集团的红蜻蜓油脂、人和米业、仁吉面粉3家企业被中国粮食行业协会分别评为全国大米、小麦粉、食用油加工业"50强"。入统的重庆市应急加工企业达37户，入统的外资工业企业8个。

2011年粮食工作

2011年，重庆市坚持以"三个代表"重要思想为指导，以科学发展观统领全市粮食工作，认真履行粮食流通管理和行业指导职责，积极发挥粮食流通工作在统筹城乡、服务"三农"、保障民生中的重要作用，确保了全市粮油供应、粮油市场价格稳定和粮食安全。

一　切实做好粮油宏观调控，保障粮油市场供应

一是继续增加市级储备粮油规模。市政府第93次常务会议决定继续增加市级储备粮油规模，下达了6.7万吨粮食和5000吨菜油新增储备计划。二是完善市级储备粮油管理办法。新成立重庆市储备粮管理有限公司后，为适应新的市级储备粮油管理体制，出台了《重庆市市级储备粮油管理办法》，促进了市级储备粮油规范化管理。三是进一步落实粮食应急工作措施。细化了粮食应急方案，组织参加了重庆市综合应急救援总队举行的首次大规模实兵、实装联合拉动演练。四是认真做好粮油流通统计工作。开展了2010年全社会粮油供需平衡统计调查，全面掌握全市粮油供需和库存情况。全年共调查农户2270户，城镇居民1200户，粮油经营、转化用粮企业及个体工商户3800户，餐饮食堂600户。做好粮油流通统计日常工作，积极向有关单位报送统计数据。全市设有粮油市场价格监测点58个，直报点9个和重点批发市场联系点1个。五是加强对粮食收购许可证管理。按照《关于做好当前玉米市场调控有关工作的紧急通知》要求，对粮食经营者的粮食收购资格进行了全面核查。六是做好粮食产销衔接工作。积极组织和指导粮食经营企业到产区采购稻谷和托市收购油菜籽，保障粮油市场供应。组织粮食企业参加了2011·黑龙江金秋粮食交易合作洽谈会，重庆粮食集团等3家企业签订粮食购销合同及意向性协议13.6万吨，为粮食品种调剂、有效解决粮食产需缺口、增加粮食供应以及对稳价保供等发挥了积极作用。七是协助做好跨省移库粮食工作。协助国家粮食局全面审核粮食经营者竞买国家政策性粮食资格，向国家粮食局申请在重庆市粮油批发市场建立国家粮食交易中心并获得批准。加强对政策性粮食销售的监督检查，促进政策性粮食及时加工后进入粮食市场，增加粮食市场供应总量，保证粮食市场价格的基本稳定。

二　加大粮油基础设施建设力度，推进现代粮食流通产业发展

一是大力实施农户科学储粮专项工程。将农户科学储粮专项工程纳入政府"民心工程"，全市共完成13.6万套，超额完成国家粮食局下达任务，深受广大农民好评。二是加快推进放心粮油示范工程建设。在全市开展创建放心粮油超市活动，建设放心粮油示范超市80个，全市放心粮油示范加工企业达35户，其中：国家级5户、市级30户，放心粮油示范配送中心24户，放心粮油示范销售店530个。三是加快粮油加工业发展。"红蜻蜓"食用油、"人和"优质米品牌核心竞争力不断增强，产能将进一步提高。外商投资力度增大，益海嘉里的金龙鱼已投产形成年20万吨生产能力，年产15万吨的中粮集团福临门建成投产。四是加强粮油基础设施建设。指导粮油企业加大对粮油仓储设施的建设投入，对85个库点、52.5万吨仓容进行了维修改造，13个在建项目累计完成投资41577万元。五是制定了粮食行业加工业"十二五"发展规划。编制完成了《重庆市粮食行业发展第十二个五年规划》和《重庆市粮油加工业第十二个五年发展规划》。六是积极组织全市粮食科技活动周活动。开展了以"科学消费粮油"为主题的粮食科技活动周活动，接待群众咨询1万余人，散发了科学消费粮油的宣传资料（手册）2000余份。

三　大力推进规范化储粮工作，实现储粮管理科学化

指导市储备粮管理公司制定了《重庆市市级储备粮储藏技术规范》，并召开了全市规范化储粮现

场会。对市级储备粮的全部存储企业、储存一年以上的市级储备粮进行数量核查和质量鉴定，共计完成363个仓间粮食的数量核查和质量鉴定工作，合格宜存率90.9%，"四无"粮油储存率达98%以上，完成年度"四无"储粮工作目标。培训粮油保管员、检验员50人。出台了《重庆市储备粮油质量检查扦样检验管理办法》，起草了《重庆市市级储备粮代储资格认定办法》，指导完成了市级储备粮油的轮换及新增市级储备粮6万吨、市级测报油5000吨的实物验收工作。

四　加强粮食市场管理，努力维护粮食流通秩序

一是加强粮食收购环节监管。严格粮食收购资格审核制度，对粮食经营者必备的收购资格条件进行严格审核把关，实行粮食收购准入制。严格执行粮食收购政策，加强粮食经营者执行粮食收购政策的监督检查，规范收购行为，维护收购秩序。二是加强粮食储存环节监管。重点加强对粮食质量的检查和抽检工作，并对储粮药剂残留和真菌毒素污染进行重点监测，建立储粮药剂使用备案制度。三是加强政策性粮食监管。重点加强储备粮、委托收购等政策性粮食购销活动的监督检查，确保国家各项粮食调控政策得到全面落实。四是加强粮食出库监督检查。严格粮食销售出库质量检验制度，对不符合质量规定的粮食不能出库，规范粮食经营的出证出票、索证索票制度，对成品粮的进货渠道严格监管。五是关注民生，确保食用油消费安全。按照市委、市政府关于食品药品安全综合整治工作的总体部署，会同市工商局对全市散装食用油销售市场进行了为期100天的专项整治行动，出动执法人员1118余人次，出动车辆160余台次，对149家粮油农贸市场、14家批发市场、116家大型超市的480余（户）食用植物油经营户的台账建立及报送、索证索票情况及现场卫生情况进行了重点检查，并随机抽取食用植物油样品256批次进行质量检验，合格率达89.5%。

五　搞好应急供应保障，切实做好军粮供应工作

重点在保障部队需求和供货质量上下功夫，努力实现"三个确保"：确保在时间紧、任务重、成本高等诸多困难下，按时、保质、保量完成"前运粮"加工任务；确保在今年面临军粮供应价格倒挂和军供站亏损严重等诸多困难情况下，始终将保障部队供应作为政治任务放在首位，对部队的供应坚持做到了随要随送、保质保量；确保满足部队新需求，保障了部队对绿色蔬菜的供应、配送以及快餐、矿泉水、面包、食盐等食品的应急供应。同时较好地完成了4家军供站申报全国"百强军供站"的省级初审、国家军粮办现场审核及申报材料审核上报工作。完成了军供电子地图应急保障服务体系152个单位的GPS坐标数据和基本信息采集工作任务和2000~2006年军供粮票清理、销毁登记及申报销毁工作。

六　扎实开展食用植物油库存检查工作，进一步摸清了家底

全市共检查油脂企业80家，参加检查的人员486人。以5月25日为检查时点，重庆市中央储备油、国家临时存储油、地方储备油检查时点实际库存数与统计库存数一致，政策性油脂企业数量账实相符，储存安全。严格执行中央储备油、地方储备油管理制度，实行专人、专仓、专账和挂牌管理，无擅自动用食用植物油、截留和挪用收购资金贷款的现象发生。库存食用植物油质量总体较好，达到国

家规定的质量标准。库存管理制度健全，账、卡、簿等资料齐全，粮情正常，储存安全，库存管理规范。

七　深化粮食流通体制改革，努力创新体制机制

一是推进粮食行政管理部门职能转变。把工作重心转到宏观调控、市场监管、行业指导和做好服务上来，继续稳定、加强和充实粮食行政管理机构和职能，履行好各项行政管理职责。二是加强对全市粮食企业的经营管理。指导粮食经营企业提高经营管理水平，增加盈利能力。协调落实粮食收购资金等有关政策，支持粮食购销企业创新经营方式。三是积极推进国有粮食企业改革和发展。积极推进企业转换经营机制，改进经营方式，增强企业活力。大力培育和发展粮食产业化龙头企业，延长产业链条，促进农民增收、企业增效和经济发展。

八　以创先争优活动为契机，推进粮食机关自身建设

一是组织单位职工开展创先争优活动，进一步凝聚了粮食系统党员干部职工的人心，全面提高了干部队伍素质。二是加强党风廉政建设。开展对政府信息公开、行政审批权行使、行政执法责任制落实等依法行政的监督检查。健全完善了干部选拔任用、工程项目招投标、公务卡结算等监督机制，有效杜绝了违规违纪事件发生。三是努力维护粮食系统安全稳定。切实抓好关注民生、安全生产、信访维稳工作，认真落实信访接待日制度和信访工作责任制，加大信访排查力度，确保了全系统安全稳定。

◆　重庆市商业委员会（市粮食局）领导班子成员

周克勤	主任（局长）
张　敏	党组书记、副主任
黄　伟	副主任
陈国华	副主任
刘天高	副主任
范光明	副主任
赖　蛟	副主任
蒋寿光	副主任
付灿忠	纪检组长、监察专员
尤祖才	主任助理
孙华培	主任助理
杨元亮	副巡视员
肖建平	副巡视员
王　伶	副巡视员

重庆市副市长刘学普(右三）检查粮油市场供应。

重庆市粮食局局长周克勤（左三）检查粮食市场供应。

重庆市粮食局领导向农民发放农户科学储粮彩钢仓。

重庆市粮食局局长周克勤（右二）检查食用油销售情况。

四川省粮食工作   基本情况

2011年，全省认真执行粮食最低收购价政策，敞开收购农民余粮，完成了管好各级储备及商品粮库存，轮换省级储备粮油，建立小包装粮油应急储备的任务，保持了市场基本稳定，保障了全省的市场供应。

四川省行政区划21个市、州，有粮食行业机构1261个，其中行政管理部门198个，各级粮食行政管理部门所属事业单位89个，全社会粮食经营企业974户，其中国有及国有控股企业553户。粮食行业从业人员28392人，其中行政管理部门3232人，事业单位1054人，国有及国有控股企业15133人。全系统总资产180.7亿元，其中固定资产54.4亿元，固定资产净值37.4亿元，流动资产116.7亿元，负债总额142.2亿元。

2011年粮食工作

2011年，在四川省委、省政府正确领导和国家粮食局关心支持下，全省粮食系统深入学习努力实践科学发展观，认真贯彻党的十七届五中、六中全会精神，全面落实全国粮食局长会议工作部署，以"稳市场、保安全、强产业、惠民生"为目标，加强粮油购销，改善宏观调控，确保市场供应和价格稳定；狠抓项目建设，提升产业化水平，推动现代粮食流通产业发展；加强依法行政，严格依法管粮，维护粮食流通市场秩序；转变行政职能，加强指导协调，继续深化粮食流通体制改革；加强机关建设，提升服务水平，推动粮食事业科学发展。切实做好粮食购销、市场调控、储备管理、市场监管、体制改革、产业发展、法制建设、党风廉政建设和人才队伍建设等工作，各项工作取得新成绩，实现了"十二五"发展良好开局。

一　粮食生产

2011年，全省耕地面积595万公顷，粮食总产量3670万吨，比上年增产1.1%，实现"五连增"。主要品种为稻谷、小麦、玉米、红薯、马铃薯（马铃薯产量已上升到全国第一）。全省21个市州有17个增产、9个创历史新高。油料作物面积123.3万公顷，总产量278.4万吨，比上年增产1.1%，其中油菜籽总产215.3万吨，比上年增产10.1万吨，增加4.9%，连续十年创历史新高。

二　粮食流通

全省各级粮食部门认真落实国家粮食收购政策，督促国有粮食企业带头执行，充分发挥主渠道作用，国家政策性粮油购销进一步加强；引导多元化市场主体有序入市收购，合理布局收购网点，不断提高服务水平，方便农户售粮。2011年，收购粮食652万吨，销售粮食1031万吨；收购油菜籽69万吨，销售食用油89.8万吨；进口粮食16.5万吨，出口粮食0.1万吨。

三　粮食调控

（一）保供稳价取得明显成效

2011年，面对较高的通胀预期及川南干旱、川东北洪灾的压力，四川省粮食局认真落实国家和省政府的部署要求，一是及时安排部署节日期间市场粮油供应，重点加强民族地区、高寒边远地区粮食供应工作。二是安排阿坝州大骨节病区更换口粮1674万公斤，确保了病区群众生活需要。三是针对四川省汛期自然灾害频发的特点，及时安排自然灾害易发地区应急粮油存储和投放工作。四是针对2011年以来四川省粮油价格持续上涨的情况，及时安排部署粮油保供稳价工作，制订政策性粮油投放方案。组织4家小麦加工企业接收国家定向销售小麦18.6万吨，按规定及时加工成面粉投放市场；向省内22家大米加工企业邀标销售省级储备稻谷11.05万吨，同时接收国家邀标销售的政策性储备稻谷5.16万吨，加工成大米后，以低于市场价限期均衡投放市场，增加了市场供给量，有效保障了全省市场粮油供应，抑制了市场粮食价格过快上涨势头。

（二）地方粮油储备计划全面落实

一是下达了25万多吨省级储备粮补库计划，省级储备任务第一次得以全部分解下达。二是督促市州政府落实了市县粮油储备任务。贯彻省政府《关于限期完成市（州）粮油储备任务的通知》（川办函〔2011〕66号）要求，按时落实地方粮油储备任务。三是进一步规范了省级储备粮油日常管理。及时安排省级储备粮油轮换计划30多万吨，完成11.5万吨省级储备稻谷定向销售价差结算和账务处理，上交省财政价差款9000多万元。集中处理了阿坝州、甘孜州、凉山州省级储备粮轮换遗留问题。

（三）粮食应急管理体系进一步完善

一是清理、调整和充实了粮食应急网点，全省粮食应急储存、加工、供应网点达到1300个，粮油行情监测网点达到507个。二是按照省政府的决定建立和落实了省级小包装粮油应急储备1.2万吨，优化了省级储备粮油结构，增强了省本级的应急保障能力。同时，新增了市州小包装粮油储备规模2.8万吨，增强了各级政府应对突发事件的能力。三是开展粮食应急体系建设调研，制定了四川省"十二五"粮食应急体系建设规划，理清了粮油应急体系建设发展思路。

（四）产销衔接工作呈现新的局面

一是与铁路部门合作，摸清了外省入川粮食的品种构成和地区分布，为加强省际粮油产销衔接奠定了基础。二是与黑龙江和吉林两省粮食局建立了铁路运力协调机制，帮助一批购销龙头企业衔接落实粮食运力，仅2011年第三季度就落实入川铁路车皮2000多个。三是主动协调衔接，积极支持四川企业到东北、华北、西北采购粮食，全年组织省外入川粮食1147万吨。

四　企业改革

（一）深化国有粮食企业改革

一是培育和发展新型市场化经营主体，加强粮油产业物流园区建设，提升产业集群功能，构筑粮食产业经济发展的重要平台。二是加强企业内部管理，树立"以人为本"的经营理念，创新选拔管理人员，落实企业用工激励约束制度，建立职工工资与企业效益挂钩的风险分配机制。三是积极依托市场，创新经营模式，增强企业发展动力。

（二）强化企业经营管理

一是积极争取政策、资金、项目，完善粮食基础设施建设，增强仓储和购销能力，增加固定资产投资，在建工程项目比2010年年底增加9435万元，有效促进粮食宏观调控载体建设。二是大力挖掘企业潜力，管好用活国有资产，充分利用原有仓储资源，提高资产收益。三是定期召开经营形势分析会，科学判断粮油市场形势，把握市场机遇，规范企业经营，带动粮食产业发展。四是各地企业努力增收节支，规避经营风险，选择合理购销方式，减少环节费用开支，提升盈利水平。各级粮食部门深入调研，加强指导，积极开展国有粮食企业联系点工作，以国有粮食企业改革联系点的先进典型经验引领企业发展。四川省国有粮食购销企业资产总额同比持平；负债总额同比减少3%；净资产总额增长10.8%；粮油销售毛利2.6亿元，同比增长164.8%；实现利润总额0.28亿元。

五　行政执法

（一）加强粮食流通市场监督

2011年，在全省各级粮食和有关部门的共同努力下，圆满完成了首次全国性食用植物油库存检查工作任务，省、市（州）、县三级和有关单位历时6个月圆满完成了全省油脂库存检查任务。检查结果表明：四川省纳入检查范围的油脂账实相符率达100%，库存数量真实，质量总体良好，储存比较安全，管理较为规范；质量卫生指标检验结果，中央储备油、国家临时储备油样品合格率100%，地方储备油样品合格率99.1%。国家联合抽查组对四川省检查工作的总体评价是：四川省油脂库存检查工作组织领导得力，领导小组成员单位之间配合密切，制订的工作方案符合要求，油脂库存合并登统表库存信息基本完整准确，检查人员和检查设备工具配备到位，专项经费得到落实，较好地完成了全省油脂库存检查任务；全省油脂库存数量真实准确，质量感官良好，储存比较安全，管理较为规范。继续开展了粮食库存例行检查，国家政策性粮食销售出库检查，大小春粮食收购活动检查等监督检查，严肃查处了各类涉粮案件。全省各级粮食部门共开展各种形式监督检查行政执法活动7902次，出动执法人员32755人次，检查粮食经营户24151个次，查处各类违法案件1047例，暂停和取消粮食收购资格56例。加强了对粮食收购资格审核制度、程序和管理工作的指导和督查，有效维护了粮食收购市场秩序。全省有效的粮食收购资格证6696个，其中，国有及国有控股企业625个、民营企业1045个、个体工商户5026个；全省共办理粮食收购资格证1764件，其中新增204件，变更63件，注销688件，延续809件。行政复议和行政诉讼案件为零。

（二）抓好行业普法工作

一是研究制定全省粮食行业"六五"普法规划。在全面总结"五五"普法工作实践经验基础上，认真开展粮食政策法规调查研究，广泛收集各方面建议意见，为顺利启动"六五普法"工作奠定基础。二是认真做好《条例》颁布七周年宣传工作。全省共设立宣传点201个，发放各类宣传资料16万余份，接受现场咨询5万余人（次），进一步宣传国家粮食政策法规和粮食行政管理部门职能，增强了企业依法经营、群众安全消费、农民依法维权的意识，提升了粮食部门依法管粮和热情服务的能力水平。

六　行业发展

（一）灾后重建基本完成

四川省粮食系统灾后重建项目227个，目前已累计完工222个，占项目总数的98%，未完工的5个项目将在2012年上半年全部完工，累计完成投资12.3亿元。39个国家重灾县新建粮库78座（仓容73.9万吨），收购网点297个，军供网点24个，质量监测站12个。粮食行业招商引资效果明显。省粮食局党组高度重视重大产业发展项目引进和招商工作，成立了四川省粮食局招商引资重大产业发展项目领导小组。各市（州）、县粮食部门也成立了相应机构，专门负责招商引资产业项目的统筹协调、谈判接洽、协议签署、项目跟踪等工作。

（二）重点项目建设提速

一是四川省粮油储备调控中心项目地勘工作已经完成，目前正进入项目设计阶段。二是四川省（青白江）粮食物流加工产业园区建设顺利。一期15万吨仓容、3.8万吨食用油罐、7万吨立筒库、3条3340米铁路专线建成并投入使用，150公顷土地的招商项目基本完成，益海、北大荒、湖南克明面业等国际、国内大型粮油企业签约入驻，大型粮食物流产业园区雏形初步显现。三是占地80公顷、总投资22亿元、预计实现年销售收入80亿元的中粮集团西南（新建）综合粮食产业园区项目进展顺利。四是射洪、攀枝花等10个粮食产业园区的一期工程已完工并投入使用。南充川东北粮食批发市场、顺庆粮食产业园区、遂宁川渝粮食物流中心等11个项目正在加紧建设，广元川陕甘、资中、隆昌、安岳、大英等一批粮食产业园区项目正在积极筹备，全省粮食流通产业发展态势良好。

（三）产业化经营进展有力

一是大力推进优质专用粮油产业带形成。进一步扩大订单面积，特别是优质专用粮油订单面积，2011年四川省粮油订单面积达到177.5万公顷，其中优质专用粮油订单面积120多万公顷。二是大力争取项目资金。2011年四川省粮食行业6个项目获得农业产业化发展项目资金支持，目前6个项目进展顺利，预计年底将完工投产。三是大力培育和壮大龙头企业。积极推荐粮食企业申报省级农业产业化龙头企业，今年四川省入选省级农业产业化龙头企业的粮食企业已经达到55家。

（四）农户科学储粮不断推进

完成了2010年农户科学储粮专项任务，为全省20个市（州），56个项目县，345个乡镇，1283个自然村，71024个农户购置彩色钢板仓，完成投资2819万元。各项目县普遍建立了农户储粮技术服务网点和工作责任制，为每户农民建立技术服务卡片，落实技术指导，农户储粮技术服务体系进一步建立健全。积极开展2011年农户科学储粮专项各项工作，拟在2012年3月底前为全省农户建设新型储粮小粮仓10万个。

（五）粮油质量监管工作取得新成效

一是健全粮油质量安全责任制。下发了《四川省粮食局关于做好2011年粮食质量安全工作的通知》，制订了实施方案，进一步明确了监管责任主体、工作主体和实施主体，完善监管措施，严肃监管纪律。二是开展粮油食品安全整治。在全省各地进行粮油食品安全督促检查，重点整治在粮油食品中违法添加非食用物质和滥用食品添加剂行为。三是加大粮食质量安全监测力度。制发《四川省2011年粮食质量安全监测工作实施方案》，在全省19个市（州），100个县（区、市）抽样检测1200个样品，其中，稻谷508个、小麦345个、玉米347个。同时，圆满完成了新收购粮食、库存粮食质量和卫生安全专项检查以及全国植物油库存质量检查。四是举办形式多样、内容丰富的"四川粮食科技周"活动。

（六）仓储管理水平不断提升

一是积极开展《粮油仓储管理办法》宣传活动。多次深入基层仓储企业宣传贯彻新颁发的《粮油仓储管理办法》（国家发展改革委5号令），加强对粮油仓储设施设备的监督管理。二是认真做好粮油仓储单位备案管理。已有18个市（州）的400余家企业完成了备案。三是开展中央储备粮代储资格申报、延续申请和省级储备粮资格认定以及延续申报受理工作。全年共受理省级储备粮资格申请（含延续申请）企业55家，受理并上报中央储备粮代储资格申报企业及延续申请企业19家。

（七）扎实推进全省人才队伍建设

召开全省粮食系统人才建设工作会议，回顾总结"十一五"期间四川省粮食系统人才队伍建设情况，分析当前四川省粮食系统人才队伍建设面临的紧迫任务，提出了加快人才队伍建设的总体目标。印发《四川省粮食行业中长期人才发展规划纲要（2011~2020年）的通知》（川粮发〔2011〕17号），为今后十年分步有序推进四川省粮食人才队伍建设作了规划和部署。

七　廉政建设

全省粮食系统围绕粮食中心任务，结合自身实际，较好地落实了党风廉政建设责任制。

一是强化责任制落实，贯彻落实党风廉政建设工作的实效性进一步提高。省粮食局结合四川粮食工作实际，制定下发了2011年四川省粮食局党风廉政建设和反腐败工作《实施意见》和《任务责任分解意见》，将反腐倡廉任务分解为46个小项，明确了责任，与机关处室和直属单位签订党风廉政建设责任书。

二是强化监督检查，保障重大决策部署贯彻落实的职能作用进一步加强。加强对执行党的政治纪律的监督，确保了政令畅通。开展加快转变经济发展方式的监督检查，重点对国有粮食企业体制机制创新、现代粮食物流园区建设、规范和节约用地、节能减排、环境保护等政策措施落实情况的监督检查，及时发现并纠正了在政策落实、资金管理、项目实施等方面存在的一些问题，防止和减少了腐败行为发生。紧紧围绕灾后恢复重建决战决胜目标，重点加强对国家投资项目和粮食仓储、物流设施建设以及国债资金、援助资金使用情况的监督检查，项目管理和资金使用总体规范有序，没有发生大的违纪违法问题。

三是强化源头治理，惩治和预防腐败体系建设进一步推进。各级粮食部门在落实惩防体系工作规划的基础上，通过不断探索学习、深入查找和反复研究，将廉政风险防控机制建设贯穿于系统实际工作之中，取得良好的工作实效和防范成效。省粮食局组织排查廉政风险点，制定切实有效防控措施。局机关11个处室和8个直属单位共查找各类廉政风险点，制定防控措施，机关已形成各项制度50余个，8个直属单位已形成各项制度181余个。认真清理行政权力41项，其中行政审批（行政许可）

两项，行政处罚27项，其他行政权力12项。

四是强化教育监督，领导干部廉洁从政的自觉性进一步增强。各级粮食部门着力抓好理想信念教育、党性党风党纪教育和廉洁从政道德教育，筑牢党员干部拒腐防变思想道德和维护党纪国法两条防线。抓好《廉政准则》等法规的深入学习贯彻。把《廉政准则》及实施办法纳入单位党组中心组和中层干部学习的重要内容反复学习，让广大党员干部明确什么能为，什么不能为，自觉遵守。开展岗位廉政教育，重点加强对人、财、物管理等重要部门和重要岗位人员的教育，增强他们遵规守纪和依照法规行使权力的意识和自觉性。

五是强化作风建设，群众反映强烈的突出问题进一步得到解决。专项治理取得明显成效。工程建设领域突出问题专项治理进一步深化，"小金库"专项治理长效机制进一步完善。积极开展政风行风评议活动，省粮食局通过市州在广泛征求市县粮食部门和企业干部职工意见的基础上，回复《调查问卷》151份，对省粮食局政风行风总体评价"好"的占89.4%。许多市县粮食部门还积极开展"面对面"的政风行风热线活动，及时答复和研究解决群众提出的各类问题和诉求。

六是强化案件查办，惩戒和治本功能进一步发挥。据不完全统计，全省各市州粮食部门共收集违纪违规案件线索15起，初核案件12起，已查结11件。驻省粮食局纪检组监察室共收到上级转办、群众反映及信访举报6件，按干部管理权限转请市州粮食部门查报结果的有3件，直接调查核实办结2件。通过查核，纠正了个别违纪违规问题，澄清了反映不实的问题，维护了党政政纪的严肃性，保护了干部干事创业的积极性。

四川省政府蒋巨峰省长充分肯定全省粮食工作，在《国务院关于对粮食生产工作成绩突出的省级人民政府给予表扬的通报》（国发〔2011〕44号）上作出批示，"非常感谢市（州）、县（市、区）党委、政府对粮食生产的高度重视，非常感谢农业、粮食系统的同志们所作出的艰辛努力和卓有成效的工作，非常感谢各级各有关部门为此所作的全力配合和支持"。

◆ 四川省粮食局领导班子成员

张书冬	党组书记、局长、省发改委党组成员（2012年4月任职）
石恩祥	党组成员、副局长
黎 明	党组成员、副局长
刘孟元	党组成员、纪检组长
黄自友	党组成员、机关党委书记
吴晓玲	副巡视员

2011年5月，四川省粮食局副局长张书冬率相关处室负责人和省粮油中心监测站专家赴德阳、绵阳、广元粮油生产企业和在建工地进行专题调研。

2011年5月16日，四川省粮食局和成都市人民政府在金堂县政府广场举行"2011年四川粮食科技活动周"主会场启动仪式。

2011年7月12日，四川省粮食局局长侯勇(右三)、副局长石恩祥(左二)、黎明（右二）、张书冬（左一），成都市粮食局局长舒刚（右一）在新津县中粮集团成都产业园调研工程进展情况。

2011年12月8日，广元川陕甘粮油交易中心隆重开业。中共广元市委书记罗强，省粮食局副局长张书冬，广元市委常委、副市长黄正富，广元市政协副主席何成礼到会祝贺。

贵州省粮食工作 基本情况

贵州省位于祖国西南部，全省国土面积17.6万平方公里，辖9个市（州），88个县（市、区、特区），常住人口3469万人，其中，少数民族人口占全省总人口的38.9%。

2011年，全省GDP为5701.8亿元，比上年增长15%；财政总收入1330.1亿元，增长37.2%；全省城镇居民人均可支配收入为16495元，增长16.6%；农民人均纯收入为4145.4元，增长19.4%；粮食总产量876.9万吨，减少21.2%；油菜籽产量71.8万吨，增长39.1%。

2011年，全省粮食系统独立核算单位2862个，较上年减少355个。在职职工19695人，较上年减少1113人。其中，粮食行政机构95个，在职职工1619人；事业机构43个，在职职工881人；流通企业1026个，在职职工8287人；加工企业228个，在职职工3709人；多种经营企业1470个，在职职工5199人。

2011年粮食工作

2011年，是"十二五"开局之年，贵州省粮食系统高举"发展、团结、奋斗"的旗帜，坚持"加速发展、加快转型、推动跨越"的主基调，紧紧围绕省委、省政府的工作部署，奋力克服雨雪冰冻、洪涝、特大旱灾等自然灾害和要素供给偏紧、通胀压力加大等不利因素的影响，抢抓机遇、负重前行、排难而进、逆势而上，全省粮食经济呈现出发展提速、效益较好、后劲增强的良好态势，圆满完成了年初确定的各项目标任务，确保了省内粮食市场供应和价格基本稳定。

一 粮食宏观调控能力显著增强

省、市、县二级按照粮食行政首长负责制要求层层签订粮食安全保障工作责任书，在保供稳价、行业发展、项目建设等8个方面明确了工作责任。各地高度重视粮油购销工作，指导企业掌握粮源、搞活流通、确保市场供应。截至2011年底，全省粮食企业累计购进各类粮食290.4万吨，同比增加53.9

吨。其中国有企业购进粮食33.7万吨，同比增加4.6万吨。贵阳谷丰等三大批发市场共购进各类粮食141.2万吨，同比增加19.4万吨。按照国家粮食局要求，会同有关部门制定了《贵州省籼稻定向销售预案》，进一步完善了调控工作机制。充分利用"完善储备体系建设"纳入省政府年度50项重点工作任务并由省政府督办的有利时机，加强督促指导，全省落实储备规模的县由上年的76个增加到85个。截至2011年12月末，地方粮油储备库存再创历史新高，为贵州省实施粮油宏观调控、维护区域粮食安全奠定了坚实基础。指导各地抓好仓储管理，完成了全省粮油仓储单位备案登记工作和夏季粮油普查工作，实现"一符四无"粮库（站、点）685个，实现"一符四无"仓容221.5万吨，占总仓容的94.9%，实现"一符四无"粮食96.3万吨，占储粮总数的97%，全省大部分粮油仓储企业基本实现了规范化管理，确保了全省库存粮食质量和储存安全。抓好粮食应急供应，省市县三级粮食行政管理部门进一步完善粮食应急预案，加强应急加工和供应网点建设，提高了粮食应急反应及处置能力。适时组织启动粮食宏观调控供应和面向城乡困难群体优惠照顾性粮油供应工作，全省粮食市场没有出现脱销、断档的现象。2011年6月，黔西南州望谟县发生特大洪涝灾害，按照省人民政府要求，紧急调运113吨大米及时送到灾区，保障了供应，维护了社会稳定。通过努力，全省粮食风险基金由过去的每年1.8亿元调整为3.7亿元。建立完善"贵州省粮油市场保供稳价工作联席会议制度"，形成了齐抓共管、各负其责的工作格局。2011年，在各级的共同努力下，全省粮油市场供给充裕，粮油供需基本平衡，粮食价格基本稳定。

二　抗旱保供措施有力

2011年，贵州省遭遇了历史上罕见的大旱灾，粮食大幅减产。旱情发生后，省粮食局认真贯彻落实省委、省政府抗旱救灾安排部署，认真履行工作职能，采取积极应对措施，切实做好粮油市场保供稳价工作。各级粮食行政管理部门把"保稳定、保民生、保供应、稳粮价"作为一个时期的中心工作来抓，密切关注旱情变化，及时派出工作组深入重灾区，调查了解灾情、粮情，指导各地扎实做好抗旱保供工作，明确省级粮食应急加工企业，研究出台《贵州省籼稻定向销售预案》，明确了受托企业。各级储备企业从调控大局出发，控制轮换出库节奏，保证调控需要，各市（州）及有条件的县（市、区）限时建立了一定数量的成品粮储备。加强市场监测预警工作，对省内三大粮油批发市场实行价格监测日报制，同时扩大监测范围，加强对重灾区粮情的监测，及时了解掌握第一手资料，为省政府抗旱救灾当好参谋。充分发挥粮油骨干龙头企业在抗旱保供工作中的主力军作用，指导有实力、有规模的加工企业和贸易企业，加强产销衔接，扩大粮食购销力度，同时按照最低库存要求，保持必要的粮食库存，建立完善应急加工投放机制。充分发挥放心粮油工程在抗旱保供中的示范作用，赋予配送中心及放心粮店应急供应职能，带头维护价格稳定，始终保持微利销售，为稳定粮价作贡献、作表率。贵阳、遵义、安顺、六盘水市等在所辖放心粮店和配送中心对籼米、粳米和菜油实行定价、优价供应，对维护市场流通秩序起到了良好的示范带动作用。积极争取国家支持，落实国家移库粮58万吨，为粮食调控奠定了基础。

三　粮食经济增长势头喜人

大力推进粮食产业化经营，科学制订年度粮食订单和促农增收计划，指导龙头企业与农户建立和完善利益联结机制。湄潭、凤冈、思南、福泉等地采取"租贷倒包"方式推进土地流转，有效地促进优质粮油订单种植和基地建设的良性发展。全年发展优质粮油订单21.7万公顷，同比增长17%；带动农民种粮增收4.1亿元，同比增长32%。认真贯彻落实省委、省政府的工作部署，组织10家粮油企业参加赴港招商及商品展，宣传推介贵州绿色、有机、生态粮油产品，提高了贵州省粮油产品的知名度。加大对重点粮油品牌的扶持力度，努力打造名牌产品。引导支持龙头企业利用现有金奖大米等品牌优势，整合资源、统一加工、质量和包装标准，培育名牌产品。鼓励支持贵州茅贡米业公司成功申报"茅贡牌"商标为中国驰名商标。积极组织粮油企业参加贵州省名牌产品评审和第十届中国优质稻米博览交易会，有2个粮油品牌获得贵州省名牌产品称号，3个大米品牌获第十届中国优质稻米博览交易会"金奖大米"称号，使贵州省"金奖大米"品牌总数达到9个。采取重点联系帮扶的办法，对20家重点骨干粮油龙头企业进行帮扶，与农业发展银行联合，从粮食流通专项资金和农业发展银行贷款等方面给予优先支持，并提供政策、业务、信息等方面的指导和服务。指导国有粮食企业切实抓好扭亏增盈工作，通过加强财务管理、消化财务挂账和积极开展多种经营等举措，努力提升国有粮食企业经营管理业绩。截至2011年11月底，全行业盈利3263万元。贵阳、遵义、铜仁、毕节及黔西南州呈现全行业统算盈利态势，全省国有粮食企业扭亏增盈工作继续向好的方向发展。

四　"项目建设年"成效明显

结合省委"三个建设年"活动的总体要求，省粮食局把2011年确定为"项目建设年"和"服务水平提升年"，有针对性地开展项目建设工作。加强与国家和省对口部门的沟通衔接，多次组织人员进京汇报，争取支持。加强项目管理，深入调查研究，强化对重点建设项目的跟踪检查和指导服务。加强统计调度，及时反映项目建设进展情况。截至2011年底，全省粮食行业规划建设项目共计110个，概算总投资32.3亿元。其中重点建设项目68个，概算总投资17.9亿元，完成投资4.9亿元，其中有15个项目争取到中央预算内投资5850万元。以"六个一工程"建设为载体，大力推动现代粮食流通产业发展，通过强化措施、真抓实干，在扶持龙头企业、建设现代粮食批发市场、引进合作伙伴、培育粮油品牌、推动工业园区及质检体系建设方面取得阶段性成果——通过大力培育和扶持龙头企业，带动全省粮油工业实现产值60亿元，比上年增长24%；贵阳谷丰、遵义兴邦两大粮食批发市场实施升级改造，投入资金5714万元；引进了4家大型粮油企业为合作伙伴；新上马2个粮食产业园区项目；9个市州成立了市级粮油质检中心。

五　军粮供应保障有力

按照"利军、惠民、强企"的总体思路，各地加强对军粮库存、节日供应、抗旱保供、维稳"处突"军粮保障等工作的安排部署，加大军粮筹措力度，落实军粮补助资金，严格按照部队用粮计划，及时组织搞好供应。加强军粮质量和财务监管，严禁不合格粮油流入军营，确保军供粮油质量安全及军粮资金专款专用，确保部队吃上放心粮油。加强军粮应急保障体系建设，不断完善军供管理体制机制，经过上下不懈努力，遵义、铜仁、毕节、黔东南等地完成了军供站上收工作，部分军供站已纳入全额或差额拨款的事业编制。有6个市（州）完成了《军粮供应应急预案》的制定工作，军粮应急保障地理信息采集工作顺利完成，各地将主要的粮油加工厂、较大型超市、储备企业、运输企业、较大的餐饮服务业纳入信息采集范围。加强军供网点建设，落实维修改造专项资金160万元，完善军粮供应基础设施。加强军供队伍建设，积极开展军粮业务培训。加强军地沟通，积极开展拥军慰问及联谊活动，扩大对外宣传，树立了良好的军供形象。

六　民生工程建设获得新进展

坚持把保障和改善民生作为最大的公务，从服务和改善民生、服务全省经济社会大局的高度，把民生工程建设作为年度的重点工作来抓，强化组织领导，推动工作落实。加大放心粮油工程建设力度，下达年度网点建设计划，加强业务培训，规范工程建设管理，强化放心粮油质量监管。为46个配送中心配备车辆，组织"厂店对接"、"厂校对接"，积极为企业搭建交流合作平台，提高配送服务能力。各地充分利用各种社会资源，结合"万村千乡市场工程"建设，积极开展放心粮油进社区、进学校活动，搞活了经营。一些地方依托当地具有一定规模的超市利用其经营设施、经营机制、经营网络、经营品种、经营资金等方面的优势，将放心粮油经销店开进超市设置专柜，加快网点建设步伐。通过开展系列平价促销活动，把质量合格、价格实惠的放心粮油产品输送到广大百姓餐桌上，赢得了当地老百姓的一致好评。部分国有粮食企业在重大节假日等时机，组织开展以"扩消费、促发展、惠民生"为主题的放心粮油商品促销活动，向广大市民尤其是低收入群体销售质优价廉的放心粮油产品，保障了市场供应。截至2011年底，全省累计建设放心粮油经营网点983个，销售放心粮油10万吨，销售收入4.1亿元，实现利润2192万元，社会效益和经济效益显现。切实推进农户科学储粮工作，通过加强组织领导，精心安排部署，强化督促指导，工作有序推进。各级粮食行政管理部门高度重视农户科学储粮工作，积极向当地政府请示汇报，加强宣传报道，得到了各级党委、政府的大力支持和广大农户的广泛认可。截至2011年末，专项筹集建设资金3892万元，其中，中央预算内投资补助资金1500万元，省、市、县三级落实配套资金1152万元，农户自筹资金1240万元，完成小粮仓发放101700户，超额完成2011年农户科学储粮任务。全省新增受益农户减少储粮损失7200吨，促农增收2000多万元，减损增收效果显著，取得了良好的社会和经济效益，在社会上引起了强烈的反响，得到国家粮食局和省委、省政府领导的充分肯定。

七　依法管粮工作取得新成效

做好《贵州省粮食安全保障条例》（以下简称《条例》）立法工作，经过一年多时间的充分准备，《条例》于2011年9月27日在贵州省第十一届人民代表大会常务委员会第二十四次会议审议通过，并于12月1日起施行。这是贵州省第一部全面系统规范粮食安全工作的地方性法规，也是继广东之后全国第二个出台的粮食地方性法规，它的颁布实施标志着全省依法管粮工作取得新进展，为贵州省粮食安全工作提供了有效的法制保障。加强监督检查，切实按照国家粮食局及年度工作要求，强化组织领导，严密安排部署，认真组织开展粮食库存例行检查、全省食用植物油库存检查、库存粮食质量和卫生安全检查、2011年收获粮食质量安全监测及粮油市场等专项检查，圆满完成了各项检查任务。加强粮食质量安全监管，省局成立了粮食质量安全监管协调领导小组，各地亦相继建立了以"一把手"负总责，分管领导具体负责，上下对应、快捷高效的粮食质量安全监管协调机构，为粮食安全监管工作提供了组织保障。大力推进粮食质量监测体系建设，各地加强沟通协调，积极争取支持，强力推进粮食质检机构建设。目前，9个市（州）全部建立了粮食质检机构，人员、编制及办公条件得到较好落实。大力抓好安全生产，认真贯彻落实国家和省关于做好安全生产的一系列安排部署和政策措施，层层签订安全生产责任书，落实安全生产责任，定期或不定期的组织开展安全生产检查，消除事故隐患，杜绝各类事故的发生。

八　发展动力显著增强

紧紧围绕中心、服务大局，以开展作风建设年、环境建设年、项目建设年和"转变作风、提高效率、服务基层、推动跨越"为主题的创先争优及"四帮四促"等活动为主线，全面加强党的建设和干部队伍建设，各级干部干事创业、创先争优的干劲倍增，作风进一步转变，为推动粮食经济发展增添了新的动力。大力开展创建"学习型"党组织和"学习型"机关活动，省局机关积极开展各类学习讲座和读10本书活动，强化理论武装，交流读书心得，较好地推动了学习型机关建设，提高了机关干部职工的综合素质。针对各地机构改革后人员变动大的特点，加强行业教育培训，举办系列业务培训，提高了人员素质。深入开展"万名干部下基层"活动，制订完善工作方案，细化工作措施，深入基层开展帮扶活动，建立领导干部联系帮扶机制，帮助基层解决发展中的困难。结合全省粮食工作实际，确立追比进位目标，着力推进各项工作发展，提高为企业、为社会、为群众的服务水平。积极转变机关作风，设立首问责任窗口，向社会作出公开承诺并接受群众监督。建立了"六个一"工程建设领导联系帮扶机制，形成齐抓共管的工作格局。加强党风廉政建设，深入贯彻学习《廉政准则》，落实党风廉政建设责任制，积极开展反腐倡廉教育和省直粮食系统廉政风险防范工作，不断健全完善监督管理体制，努力营造良好的廉政环境。加强调查研究工作，会同省政府研究中心开展省内粮食安全问题研究，积极参与国家粮食局组织的粮食软科学研究，顺利完成了各项研究课题。加大新闻宣传力度，加强对亮点工作的宣传报道，树立了粮食工作新形象。

◆ 贵州省粮食局领导班子成员

沈　健	党组书记、局长
张和林	党组成员、副局长
乔鲁毅	党组成员、副局长
章　萍	党组成员、机关党委书记
何武林	党组成员、总经济师
吴青春	党组成员、副局长
龙　林	党组成员、副局长（2011年6月任职）
韦　苇	党组成员、纪检组长

贵州省粮食局局长沈健在遵义市调研。

贵州省省长助理慕德贵（左一）在黔东南州调研指导粮食工作。

贵州省放心粮油配送车发放仪式。

收到配发新型粮仓后喜悦的农民。

云南省粮食工作　基本情况

　　云南是中国通往东南亚、南亚的窗口和门户，地处中国、东南亚、南亚三大市场结合部，与越南、老挝、缅甸接壤，国境线长4060公里。全省土地面积39.4万平方公里，占全国陆地总面积的4.1%。全省设16个州（市），129个县（市、区），是全国少数民族最多的省，世代居住有26个民族。2011年，全省人口总数4631万，完成生产总值8751亿元，农牧渔业总产值2055亿元，财政总收入2258亿元，城镇居民人均可支配收入18576元，农民人均纯收入4722元。

　　2011年，全省粮食总产量1673.6万吨，其中稻谷668.7万吨，小麦98.9万吨，玉米598.2万吨，大豆24.3万吨，薯类和其他杂粮283.5万吨。从生产者购进粮食261万吨，粮食总销售543万吨。粮食商品量524.3万吨，进口粮食32.5万吨。粮食消费量1931.2万吨，其中城镇口粮236.5万吨，农村口粮707.5万吨，饲料用粮798.9万吨，工业用粮127.1万吨，种子用粮61.2万吨。据铁路部门统计，全年调入粮食356.4万吨，销往省外粮食89.9万吨，销往省外的粮食主要以玉米和其他杂粮为主。

2011年粮食工作

　　2011年，面对国际粮价居高不下，国内通胀压力持续加大，省内自然灾害频发，口粮供需缺口不断扩大的严峻形势，在省委、省政府的坚强领导下，在省级各有关部门的大力支持下，云南省粮食局团结带领全省粮食系统干部职工，认真贯彻落实省委、省政府的决策部署，以科学发展为主题，以加快经济发展方式转变为主线，以确保云南粮油有效供给、确保云南粮油市场基本稳定、确保云南粮食质量安全、确保各级政府的调控应急需要，实现云南粮油价格与全国和周边地区的价格水平基本相当为目标，以出台粮食最低收购价为基础，进一步调动粮农种粮积极性；以落实粮食动态储备、食用植物油储备、成品粮临时储备为契机，加强产销合作，活跃市场，保障供应；以挂牌平价销售和适时轮换为主要形式，进一步加强调控能力，稳定市场价格；以多收多调为抓手，进一步充实储备库存和企业周转库存；以落实粮食行政首长负责制为核心，进一步形成各级各部门重农抓粮保供给的工作合力，紧紧围绕"转方式、调结构、增活力、保供给、稳市场、惠民生"的工作重心，踏实履职、从容应对、攻坚克难、积极作为，为保障云南粮油有效供给和市场基本稳定发挥了特有优势，作出了重要贡献。

一　大幅提高粮食收购价格

2011年3月，省政府常务会议决定，大幅提高云南省粮食最低收购价格。省粮食局与省发展改革委等部门及时出台了2011年中晚籼稻和粳稻最低收购价政策，确定云南省中晚籼稻最低收购价为2.24元/公斤，粳稻最低收购价为2.74元/公斤，比2010年分别提高15%和30%，比国家制定的最低收购价每公斤高出0.1~0.18元。这一价格信号，极大地提高了农民种粮的积极性，有效地保护了粮农切身利益，为全省粮食增产，粮农增收起到了积极的推动作用。在持续干旱的严峻形势下，由于守住耕地红线，推行百亿斤粮食增产计划，以及大幅度提高粮食最低收购价格等一系列配套政策措施，有力促进粮食产量大幅增加。2011年，全省粮食产量1673.6万吨，同比增加142.6万吨，增幅9.3%，省粮食局被省政府评为"粮食生产先进单位"。同时，指导和督促国有及国有控股粮食企业积极入市收购，充分发挥国有粮食企业主渠道作用。入市收购的国有粮食企业认真执行最低收购价政策，中晚籼稻收购价格2.5~2.6元/公斤，粳稻收购价格3.0元/公斤左右，略高于省定最低粮食收购价格。2011年，全省从粮农手中购进粮食260万吨，同比增55%。据省粮食局分析测算，由于提高粮食收购价格，增加粮食收购量，促进全省种粮农民增收20多亿元。

二　大力推进粮油平价销售

按照国务院和省政府关于稳定消费价格总水平，保障群众基本生活的工作部署和要求，省粮食局制定了粮油保供稳价工作方案和储备粮抛售平抑市场粮价的工作措施，充分发挥国有粮食企业的主渠道作用，实行粮油定点挂牌销售，大力促进粮油平价直销。11月以来，根据省政府经济工作汇报分析会的要求，与省发展改革委、省财政厅决定在全省范围内设立542个粮油平价销售点，按略低于市场价敞开供应，让群众买到质量合格、卫生、安全、放心的粮油产品，保障粮油市场供应，稳定市场粮油价格。全省各地认真贯彻落实省政府保供稳价、设立粮油平价销售点的工作要求，加大粮源调集和投放，保证所售粮油产品中有2个以上的品种略低于市场价格，其中，中晚籼米低于市场价0.1~0.2元/公斤，粳米低0.1~0.3元，面粉低0.05~0.1元，食用植物油低0.1~0.2元。

三　积极推广农户科学储粮

2011年全省实施10万套农户科学储粮专项建设，用科学储粮方法替代农村传统简陋落后的储粮方式，提高农户科学储粮水平，对减少农户储粮损失，改善农村储粮条件，减少农村储粮环节污染，改善村容村貌，必将起到积极的示范带动作用。专项建设总投资4500万元，其中争取中央配套资金1350万元，省财政配套675万元，州（市）、县（市、区）两级配套675万元。目前，该项目已全面完成，全省受益农户达到10万余户，大幅减少农户储粮损失，增加农户收入。

四　不断加强粮食产销合作

2011年，云南粮食产销合作范围又有新的扩展，在巩固与黑龙江、吉林和湖南产销合作关系的同时，又与中储粮三合米业、益海嘉里集团，安徽、江苏等地加强了合作，在五六月出现价格波动时，活跃了市场，规避了市场风险。12月底，全省2010~2011年度15万吨省级动态储备全部落实到位，拉动了数百万吨东北及其他主产区的粮食进入云南，保证了云南粮食市场充足的流动性。据铁路运输统计，2011年，云南从省外调入粮食274万吨（折合原粮356万吨）。

五　认真开展粮油库存检查

按照国家规定圆满完成了粮食库存检查任务，云南省中央储备、地方储备和商品粮实物数量账账相符、账实相符，数量真实，质量达标。4月，配合国家发展改革委、国家粮食局、财政部在昆明召开全国食用植物油库存检查培训会议，完成1300多名师资培训，确保了会议服务和培训安全。五六月认真组织开展了全省食用植物油库存首次检查，摸清了家底、强化了管理。

六　落实粮食行政首长负责制

认真履行粮食行政首长负责制考核牵头单位职责，对各州市和省级有关部门履行粮食行政首长负责制职责进行集中考核评审和奖励。粮食行政首长负责制的推行，进一步强化了各州（市）、县（市、区）政府和相关部门重农、抓粮、保供应的责任意识，将发展粮食生产，搞活粮食流通，保障市场供应，稳定市场价格等硬指标落到实处，形成左右协调、上下联动的整体工作合力，为发展粮食生产，搞活粮食流通营造了良好的工作氛围。

七　加大粮食基础设施建设

编制完成《云南粮食行业发展"十二五"规划》和《桥头堡建设粮食流通专项规划》。全省各州市军供网点和应急能力建设顺利推进，拉动了投资近10亿元的仓储、加工、市场及物流园区建设。玉溪等地仓储加工项目已建成投入使用，昆明市粮油购销公司新库区建设和粮油交易中心建设已基本完成，红河个旧粮油流通产业园区建设初具雏形，昆明凉亭粮食转运站搬迁项目顺利推进，大理、昭通等物流园区项目即将开工建设，云南昆明国家粮食储备中转库大米加工项目顺利完成，省粮油工业公司仓储、转运、批发、集散建设项目功能得到有效整合，大米加工项目正加紧建设。

八　努力营造政策环境

加强向省政府办公厅、省发展改革委、省财政厅等部门的汇报沟通协调，积极争取支持，营造财政、税收、金融等政策环境。坚持全心全意为农业、农村、粮农服务，全心全意为城镇居民服务，全心全意为基层和企业服务，尽心竭力为政府确保粮食安全服务。2011年，经省政府同意，省级动态储备规模适当增加，临时（大米）储备维持了3万吨的水平，省级储备粮年包干费用每公斤提高了6分钱，粮食风险基金规模也有较大幅度增加。协调落实193家国有粮食企业减免房产税、土地使用税和印花税，协调农发行对19家骨干粮油企业提供收购、调销等信贷支持，申报确定7家企业为"省级农业产业化龙头企业"，支持企业做强做大做优。

九　切实加强粮油市场调控

创新储备粮管理机制，积极落实地方储备粮油增储任务，加大储备粮轮换力度，增加市场有效供给，平抑市场，确保市场价格稳定。鼓励国有粮食骨干企业以多收多调为抓手，积极采购调运粮食，掌握充足粮源，充实储备库存和周转库存。同时，进一步完善市场购销机制，培育、发展和规范多种粮食市场主体，鼓励各类具有资质的市场主体从事粮食收购和经营活动，加强市场监管，开展公平竞争，活跃粮食流通，保证市场充足的流动性，粮食市场呈现了供需两旺的良好势头。2011年，云南省共销售粮食540万吨，同比增长19%。

十　组织开展"四群"教育

深入开展向杨善洲同志学习活动，加强党的先进性和执政能力建设。认真学习宣传贯彻《廉政准则》和《领导干部报告个人有关事项的规定》，促进党员领导干部克己奉公、清正廉洁、遵纪守法，正确履职。按照省委的统一安排部署，在粮食系统各级干部特别是领导干部中深入开展"四群"（群众观点、群众路线、群众利益、群众工作）教育，筑牢做好新形势下群众工作的思想基础。紧紧围绕访民情、抓落实、办实事、强组织、谋发展、促和谐的目标任务，以集中辅导、案例教育、民情体验、专题学习生活会和干部直接联系群众等形式，深入实际、深入基层、深入群众，加强调查研究，实行领导蹲点联户、部门挂钩联户、干部结对联户、建卡经常联户等直接联系群众制度，切实帮助基层和群众解决实际问题，形成"四群"教育的长效机制。

◆ 云南省粮食局领导班子成员

苏全忠	党组书记、局长
何庄元	党组成员、副局长
张　睿（苗族）	党组成员、副局长
许建平	党组成员、副局长
杨韵玲（女，白族）	党组成员、纪检组长
马红跃	党组成员、副局长
官悠房	党组成员、副局长（2011年1月任职）
孙卫平	机关党委书记、副巡视员
李国文	副巡视员

2011年5月，云南省粮食局局长苏全忠率有关处室负责人到红河州粮食部门专题调研军供网点和应急能力建设。

2011年7月，云南省粮食局在昆明召开全省粮油保供稳价工作座谈会。

西藏自治区粮食工作

基本情况

西藏自治区位于我国的西南边陲，青藏高原的西南部，平均海拔4000米以上，素有"世界屋脊"和"地球第三极"之称。西藏全区土地面积为120多万平方公里，约占全国总面积的1/8，在全国各省、自治区、直辖市中仅次于新疆。

根据第六次全国人口普查结果，全区常住人口为300.2万人，是我国人口最少、密度最小的省区。西藏是以藏族为主体的民族自治区，其他还有汉族、回族、门巴族、珞巴族等，藏族和其他少数民族人口占全区总人口的92%。西藏自治区下辖6地1市，73个县（市、区）和双湖特别行政区。

西藏高原地形地貌复杂多样，气候独特。高原大部区域空气稀薄，含氧量少，太阳辐射强，日照长，昼夜温差大。全区主要农作物有青稞、小麦、油菜、豆类等品种。

2011年，全区粮食播种面积17.02万公顷，其中青稞11.84万公顷，小麦3.76万公顷。粮食总产量达93.73万吨。油菜籽播种面积2.39万公顷，产量达6.33万吨。国有粮食企业收购粮食1.34万吨，其中收购青稞1.13万吨，小麦0.17万吨，油菜籽0.03万吨；国有粮食企业销售粮食5.49万吨，食用油0.14万吨。

2011年粮食工作

一　加强粮食宏观调控，粮食市场保持基本稳定

（一）抓好粮食收购，保护农民利益

2011年，西藏自治区各级粮食行政管理部门加强领导，强化措施，争取支持，指导国有粮食企业充分发挥主渠道作用，努力克服困难，以市场为导向，带头执行收购政策，提高服务水平，积极收购粮食，有效掌握调控粮源。完善青稞最低收购价制度，青稞最低收购价格逐步提高。继续鼓励和引导多元市场主体收购粮食，搞活收购市场，增加了农民收入。全面开展收购资格核查，督促和引导各类具备收购资格的企业有序入市收购，规范了粮食收购市场正常秩序，确保了粮食收购工作顺利进行。

（二）采取有力措施，保证粮食供应和价格基本稳定

各级粮食部门认真贯彻国家和自治区粮食保供稳价有关精神，指导区内国有粮食企业加强产销合作，适时组织粮源充实库存，保证供应，保持粮食总量和品种结构平衡，维护了粮食市场秩序和价格基本稳定。全力做好日喀则"9·18"地震灾区粮源组织和粮食投放工作，确保了灾区粮食供应和市场稳定。加大"三包"学生供应粮食，积极做好西藏自治区中小学爱粮节粮教育社会实践基地工作。组织召开了全区重点青稞加工、转化用粮和购销企业工作座谈会，建立了青稞供需信息共享互动机制。各地市进一步健全粮食应急调控机制，继续落实应急粮源。根据国家粮食局有关精神，指导拉萨鼎业制粉有限公司切实做好国家定向销售小麦工作，帮助企业解决资金缺乏问题，确保了小麦定向销售工作的顺利进行。

（三）加强粮食统计和市场监测，服务能力不断增强

及时修订《西藏粮食流通统计制度》，完善和优化了调查项目和指标。制订了粮食流通统计、市场信息监测工作考评办法。做好日常统计，继续开展全社会粮油供需平衡调查。密切关注国内和各地市粮油市场价格变化，进一步加强对粮食市场的监测与分析，建立了11个国家粮油市场信息监测直报点和14个自治区粮油市场信息监测直报点，随时掌握粮油市场的新情况和新动态，努力提高监测水平，为粮食宏观调控服好务。

（四）健全管理制度，储粮管理水平提高

西藏自治区粮食局始终把自治区储备粮管理作为一项重要工作进行部署和落实。着力抓好各项规章制度的落实，基础管理工作进一步规范，管理水平进一步提高。加强自治区储备粮管理工作的检查和考核，制定出台了《西藏自治区储备粮财务管理暂行办法》，进一步加强对自治区储备粮的财务管理，确保了各项资金按规定合理使用。全面完成了2400吨自治区储备食用植物油油罐项目建设，在自治区财政厅的大力支持下，安排640.84万元用于9个自治区储备粮代储库维修，维修工作已全面完成，储粮安全管理基础进一步夯实。

二　健全体制机制，粮食流通体制改革不断深化

（一）完善政策措施，体制改革进一步推进

为有效做好今后一个时期的粮食流通工作，西藏自治区人民政府决定出台《关于加强新形势下粮食流通工作的意见》，从建立健全粮食应急体系、完善粮食仓库维修和设备更新机制、完善粮食企业财税政策、扶持国有粮食企业改革发展等方面制定了相关政策措施，进一步推进西藏自治区新形势下粮食流通工作。

（二）加强衔接协调，援藏机制逐步建立

为认真贯彻落实中央第五次西藏工作座谈会精神，推进西藏自治区粮食流通工作更好更快发展，国家粮食局站在讲政治、顾大局的高度，决定建立援藏工作机制，制定出台全国粮食系统支持西藏粮食流通工作发展的意见，从应急项目建设、基础设施建设、企业援藏、人才培养等方面对西藏自治区粮食流通工作给予了大力支持，并将于2012年组织召开全国粮食系统援藏工作会议。

（三）加强指导，国有粮食企业改革稳步推进，经济效益逐步提高

西藏自治区采取各种措施，多层次、多方面争取支持，2012年政策性粮食财务挂账占用贷款部分将从企业剥离上划到自治区粮食局集中管理，"老账"剥离上划工作取得实质性进展。积极配合国家

有关部委、自治区有关部门做好在西藏自治区设立农发行的相关工作，为农发行在西藏自治区设立分支机构、解决国有粮食企业贷款问题发挥了粮食部门的积极作用。

进一步加强国有粮食企业各项管理，积极开展经营活动，巩固经营成果，稳步推进改革，取得了一定的经济效益。2011年，全区国有粮食企业实现利润1250万元，同比增加450万元。及时掌握14家国有粮食企业联系点改革和发展工作情况，深入企业调查研究，指导和督促企业进一步加强内部管理，规范会计核算，努力降低成本费用，提高经营管理水平。西藏自治区粮食局加大对局直属单位改革发展工作的指导，注重制度的健全，建立考核机制，制定并与各单位签订了《直属单位工作目标管理责任书》，对各单位工作实行全面考核，总体经营状况良好。

三　加强粮食市场监管，依法行政能力不断提高

建立了粮食流通监督检查工作部门协作机制和自治区层面联席会议制度，召开了第一次联席会议，联席会议成员单位于2011年9月底对拉萨粮食市场进行了联合检查。各地市粮食部门积极协调有关部门，加大对辖区内粮食市场的监管，认真开展粮食收购市场专项检查、成品粮市场检查和统计制度执行情况等各项监督检查工作，进一步规范了市场经营行为，维护了粮食流通正常秩序。认真组织开展全区粮食、食用植物油库存检查，核查了粮油库存情况，为确保粮食安全奠定了基础。加强粮食行政执法队伍建设，认真组织全区粮食行政执法人员参加行政执法培训，提高了行政执法能力和水平。认真组织开展《粮食流通管理条例》、食品安全、粮食科技活动周等宣传活动，营造了良好的执法环境，增强了广大消费者安全消费和依法维权意识。

四　科学编制规划，推进粮食行业发展

按照国家和自治区"十二五"规划编制要求，多次调研、反复论证，充分吸纳各地市粮食局和局直属单位意见，形成了西藏自治区粮食行业"十二五"发展规划，明确了"十二五"期间粮食行业发展目标、工作重点和政策措施，提出了粮食仓储设施和粮油质量基础设施等专项建设项目。2个国家粮食储备库改扩建和8个自治区储备粮代储库、35个边远易灾乡镇粮库建设项目已纳入自治区"十二五"项目建设规划，粮油质检基础设施建设和农户科学储粮工程建设项目已纳入国家粮食行业"十二五"发展规划纲要。投资975万元的国家粮食储备库改扩建前期工作正在抓紧落实，山南和日喀则地区粮食局化验室建设被国家粮食局列入第二批国家粮食质量监测能力建设项目单位，配套基础设施建设工作基本完成，并进行现场初步考核验收。

五　转变工作作风，加强队伍建设

（一）积极响应区党委号召，深入开展加强基层建设年和创先争优强基础惠民生活动

各级驻村工作队深入农户，开展调研，大力宣传党的富民惠民政策，认真宣讲中央和自治区一系列重大会议精神，与基层群众同吃、同住、同学习、同劳动，帮助基层建班子、抓稳定、理思路、谋发展，竭力为群众办打基础、利长远、惠民生的好事实事，夯实了基层基础工作。截至2011年底，自治区及七地市粮食部门开展加强基层建设年和创先争优强基础惠民生活动投入资金160多万元，爱心

捐款及慰问金30多万元，积极帮助解决驻在村群众就医、上学、交通、安全饮水、住房等方面的现实问题和困难，赢得了群众的好评与认可，密切了党群干群关系。

（二）转变工作作风，多次深入基层对粮食流通工作进行全面调研，掌握第一手资料，有效指导了各地市的粮食流通工作

开展了青稞专项调研，深入了解西藏自治区青稞生产、流通、库存等情况，为确保西藏自治区青稞安全提供了决策参考。积极组织相关人员，赴兄弟省区学习考察国有粮食企业改革成功做法和先进经验，为推进西藏自治区国有粮食企业改革奠定了基础。加强干部职工队伍建设，组织全区粮食部门干部职工积极参加国家粮食局和自治区有关部门举办的各类培训班，加强学习培训，有效提高了粮食职工的业务技能。制定《西藏自治区粮食行业中长期人才发展规划纲要（2011~2020年）》，进一步推进人才兴粮战略。

（三）结合工作实际，积极推动党风廉政建设

全面贯彻落实中纪委、国务院、区纪委和国家粮食局纪检监察工作会议精神，积极推动廉洁自律各项规定和党风廉政建设工作任务的落实。结合自治区粮食局直系统实际，与局直属各单位、机关各处室签订了《自治区粮食局党风廉政建设责任书》，做到了党风廉政建设与各项业务工作统筹安排、同部署、同检查、同考核，以扎实的工作推进党风廉政建设责任制的落实。

◆ **西藏自治区粮食局领导班子成员**

次旺诺布（藏族）　党委书记、副局长

张　虹（女）　党委副书记、局长

达　拥（女，藏族）　党委委员、副局长

何长春　党委委员、副局长

李　军　党委委员、办公室主任

陕西省粮食工作　基本情况

陕西省地处祖国内陆腹地，黄河中游、长江上游，是连接中国东、中部地区和西南、西北的交通枢纽，下辖10个设区市和国家级杨凌农业高新技术产业示范区，有107个县（市、区）。2011年末，全省常住人口为3742.6万人，其中城镇人口1770.2万人，占47.3%；乡村人口1972.4万人，占52.7%。

2011年，陕西省生产总值12391.3亿元，比上年增长13.9%。全年城镇居民人均可支配收入18245元，比上年增加2550元，增长16.2%，扣除价格因素实际增长10%；城镇居民人均生活消费支出13783元，比上年增加1961元，增长16.6%。农村居民人均纯收入5028元，比上年增加923元，增长22.5%，扣除价格因素实际增长14.3%；农村居民人均生活消费支出4496元，比上年增加702元，增长18.5%。

陕西省主要粮食品种为小麦、玉米、稻谷，辅以各类杂粮。2011年，全省粮食总产量1194.7万吨，人均粮食占有量319.2公斤，比全国平均水平423.9公斤少104.7公斤。全省粮食收购量488万吨，粮食销售量723万吨。全省粮食消费总量1404.3万吨，其中，工业用粮245.3万吨，饲料用粮322万吨，城镇口粮237.4万吨，农村口粮562.5万吨，种子用粮37万吨。

2011年末，陕西省有国有粮食企业328家，职工11035人，其中粮食购销企业235家，职工7616人。全省粮食仓容总量760.5万吨，较上年733.5万吨增加27万吨。其中有效仓容656.2万吨，占总仓容的86.3%，较上年646.1万吨增加10.1万吨。食用油罐总罐容由上年的41.2万吨增加到51.1万吨，增加9.9万吨，增幅为24%。

2011年粮食工作

一　粮食生产和流通

（一）粮食生产

2011年，陕西省粮食总产量1194.7万吨，比上年增长2.6%。其中夏粮455.1万吨，增长1.3%；秋粮739.6万吨，增长3.3%。分品种看，小麦410.9万吨，玉米550.7万吨，稻谷84.5万吨，大豆37.7万吨，杂粮110.9万吨。

（二）粮食流通

各级粮食部门积极应对粮食收购信贷政策调整带来的影响，加强市场研判，及早安排部署，保证全省粮食购销量稳定增长，有效保护了种粮农民利益。一是各级粮食部门创新工作思路，拓宽融资渠道，调整经营结构，通过代收代储、合作经营等多种方式突破信贷"瓶颈"，敞开收购，不打白条。基层粮食收购企业发挥自身积极性，加大自有资金的筹集力度，确保粮食收购资金及时足额到位；主动联系中省储备企业，开展快购快销、即购即销、代购代销等灵活多样的经营方式，解决粮食收购资金问题，保证粮食收购工作正常进行。2011年，全省各类粮食企业累计收购粮食488万吨，销售粮食723万吨，超额完成了省委、省政府下达的年度目标任务。二是积极引导民营经济进入粮食购销市场，粮食收购市场主体日益多元化。全省累计发放粮食收购许可证2208个，其中非国有粮食收购主体1820个，占82.4%。三是各级粮食部门认真落实国家强农惠农富农政策，开展粮食收购市场专项监督检查，向粮农提供政策咨询和信息服务，增加收购网点，方便农民售粮，收购价格的提高使农民得到了实惠。四是引导农户开展科学储粮，完成2.2万套农户标准化储粮装具制作发放，可使民间粮食储备新增2.2万吨，农户储粮损失率从7%下降到2%，间接增加农民收益220余万元。

二　粮食调控

（一）保供稳价工作

2011年，全省各级粮食部门结合市场动态和粮情走势，采取定向加工销售、吞吐轮换调节、争取小麦跨省移库、加强产销合作等方式，认真做好保供稳价工作。先后以低于市场的价格，及时投放储备粮油，完成11360吨省级储备食用油和12.2万吨省级储备小麦定向加工和供应任务。并争取到国家跨省移库政策性小麦25万吨，夯实了粮食调控物质基础。深化粮食产销合作，巩固与黑龙江、青海、新疆等主产省（区）的粮油产销合作关系，指导省内各市区与周边毗邻产区省签订粮食产销合作协议，保障了省内粮食供应和粮食价格稳定。

（二）储备体系建设

进一步落实储备规模，调整品种结构，加强储备体系建设，夯实"米袋子"省长负责制的物质基础。强化对市县级储备粮油规模及应急成品粮油储备建立情况的督查和指导，全省地方储备粮油库存创历史最好水平，政府调控保障能力得到进一步增强。

（三）粮食应急保障

强化应急制度建设、加强应急演练、落实应急网点和应急企业。修订完善《陕西省粮食应急预案》，10个设区市和102个县（市、区）制定出台了粮食应急预案。建立了一定规模的应急成品粮油储备，落实应急加工、运输、供应企业709户。在宝鸡市成功举行了第二轮粮食应急演练。积极加强军粮供应管理工作，初步建立了全天候的军粮供应战备应急保障体系，进一步提升了军粮供应管理水平、服务水平和保障能力。

（四）市场信息监测预警机制和统计调查

不断加大市场监测、预警和分析力度。确定了370个粮油价格监测点，实行市场信息日报告、周分析、旬报告制度，定期会商和研判市场走势。通过新闻媒体、政府网站以及陕西粮食信息等多种形式，反馈市场动态，引导市场预期，增强市场反应的灵敏度和调控的有效性。认真做好社会粮食流通统计工作，完善调查方案，改进调查方法，提高调查质量。开展全社会粮油供需平衡和产销成本利润调查工作，为宏观调控提供科学依据。

| 三 | 粮食企业改革和扭亏增盈 |

（一）企业改革

加大基层国有粮食购销企业产权制度改革力度，以优势骨干粮库为主体，通过兼并重组，组建公司制、股份制粮食购销企业，全省新组建国有粮食企业328户。进一步完善重点企业联系制度，加强对重点企业经营情况的定期分析和通报，及时推广典型经验，帮助企业解决经营中出现的问题和困难。抓好全省国有粮食企业化解经营性财务挂账工作，全省有8个市、58个县（市、区）采取诉讼减债、打包处置、呆坏账核销、破产、自有资金归还等方式实际消化政府认定经营性挂账20.71亿元，占省政府认定全省经营性挂账总额的71%。累计化解其他经营性财务挂账15.73亿元。省粮食局积极推进国有粮食企业产权制度改革和战略重组，在充分调研论证的基础上，提出了局属企业深化改革的初步意见。

（二）扭亏增盈

全省国有粮食企业高度重视扭亏增盈工作，采取多种措施，加强内部管理，积极盘活资产，转换经营机制，提高经济效益。2011年全省国有粮食企业累计实现营业收入59.03亿元，同比增加7.68亿元；盈亏相抵后实现盈利5597万元，同比增加615万元。全省10个设区市、杨陵区和省粮食局局属企业全部实现盈利。盈利300万元以上的设区市有西安、榆林、渭南、延安、宝鸡、咸阳，盈利100万元以上的县（市、区）有靖边、神木、临渭区、蒲城。省粮食局局属企业统算盈利2533万元。全省国有粮食企业统算连续四年实现盈利。

| 四 | 粮食依法行政和监督检查 |

（一）粮食依法行政

结合行业实际，积极推进粮食行政管理部门依法行政，全面实施全省粮食行业"六五"普法规划。围绕"维护市场秩序，放心消费粮食"主题，开展《粮食流通管理条例》颁布实施七周年宣传活动。规范粮食收购许可证的审核管理，对不再符合条件的及时予以注销。从提升行政机关工作人员依法行政意识和能力，提高行政决策水平入手，加强对粮食行政行为和行政执法活动的监督，进一步深化和完善粮食行政执法责任制，全行业依法行政能力和依法管粮水平明显提高。

（二）监督检查工作

截至2011年底，全省10个设区市全部设立了粮食监督检查机构，107个县区有94个设立监督检查机构。市县两级粮食执法机构已达66个，其中市级执法机构5个，县级执法机构61个。全省有1012人取得执法资格。2011年全省粮食行政管理部门开展了年度粮食库存检查、食用植物油库存检查、政策性粮油销售出库监督检查、夏秋两季粮油收购专项检查、军粮供应专项监督检查。全年省、市、县三级粮食行政管理部门查处涉粮案例889例。其中责令改正461例，警告125例，罚款57例，暂停粮食收购资格29例，取消粮食收购资格147例，移交其他部门处理11例。

按照国家有关部门要求，4月到6月，经过工作准备、企业自查、省级普查、国家抽查和总结上报等几个阶段，在全省开展了食用植物油库存检查工作。纳入检查范围的油脂存储企业共393户。全省有300多人参加省里组织的培训，近3000人参加企业库存自查，171人参与省级全面普查。国家粮食局抽调29人，在陕西进行了抽查。从检查结果看，被查油脂企业库存数量真实、账实相符，库存油脂质量良好。

| 五 | 粮食行业发展 |

（一）粮油仓储设施建设

实施《陕西省粮油仓储设施建设规划》，第一批启动的10个项目建设进展顺利，累计完成投资4.16亿元，新增粮食仓容35万吨、油罐罐容6.55万吨。调整优化县级粮油仓储设施建设思路，将产粮大县中心粮库的建设规模调整为2.5万吨以内，其他县级粮库的建设规模控制在1.0万吨～1.5万吨左右。启动2011年度全省粮油仓储设施项目，完成18个项目的考察、专家评审和可研报告（初步设计）的批复工作，其中省级项目3个、市级项目3个、县级项目12个，批准建设粮食仓容40.1万吨、油罐罐容6.15万吨。落实项目建设省级投资资金17744万元，争取国家对粮食物流和仓储等8个项目中央预算内资金补助3075万元。

（二）粮食物流园区建设

推进粮食物流园区建设，先后启动建设了杨凌、兴平、泾阳、东秦和西安国际港务区粮食物流园区（基地）项目。累计完成投资4.7亿元，新增仓容42.5万吨、油罐5万吨和日精炼250吨食用油产能。杨凌粮食物流园区已入园企业6家，总占地面积488亩，累计完成投资2亿元，新增粮食仓容8万吨，新增油罐罐容5万吨。8月初，陕西省人民政府赵正永省长和商务部陈德铭部长考察杨凌粮食物流园区时，对园区的发展模式和有关企业的经营理念给予了充分肯定。兴平、泾阳、东秦和西安国际港务区等粮油物流基地的建设和运营已初见成效。

（三）粮油加工业

2011年，陕西省纳入统计的粮油加工企业280家，粮油加工产品总产量691万吨，比上年增加54万吨，增长8.5%；产品销售收入299亿元，比上年增加42亿元，增长16.3%；工业总产值突破300亿元，达到312亿元，比上年增加39亿元，增长14.3%。全省粮油工业实现利润总额8亿元。陕富面业有限责任公司"陕富"牌商标被认定为"中国驰名商标"，20个粮油加工企业商标被认定为"陕西省著名商标"，7个企业的8个产品荣获"陕西省名牌产品"称号。

（四）粮食质量管理和粮油质检体系建设

各级粮食部门认真履行粮食质量安全责任，严格执行国家粮食质量安全标准和技术规范，确保粮食质量安全。组织开展收获粮食质量安全监测工作，样品采集覆盖全省8个设区市的57个县（区），基本掌握了新收获粮食质量的总体状况。严把粮食储存环节质量关，重点检查省级储备粮油和军供粮油的质量、储存品质和卫生状况。认真开展打击食品非法添加塑化剂、地沟油等专项治理活动，建立粮食企业诚信档案。积极争取到160万元中央预算内投资和800万元省级粮食专项资金，为省市县三级粮油质检机构配置仪器设备，提升了全省粮食质检体系的装备水平。截至2011年底，全省共有各级粮油质检机构25个，其中市级机构10个、县级机构14个；通过计量认证的机构9个，省、市级粮油质检机构中有7个被国家粮食局批准为"国家粮食质量监测机构"。全省各级粮油质检机构办公实验室面积9593平方米，仪器设备总原值2139万元；人员总数262人，其中检验人员152人。粮油质检体系建设已覆盖省、市和部分县（区）。

（五）放心粮油工程

各级粮食部门继续开展放心粮油进农村、进军营、进学校、进超市、进社区活动，省级放心粮油企业达到43家，全省放心粮油销售网点超过2万个。积极开展放心粮油示范企业创建和信用评价试点工作，有15户企业被中国粮食行业协会评定为"全国放心粮油示范企业"，6户企业被评为"全国诚信粮油企业"。各地充分利用粮食科技周、世界粮食日等时机，加强放心粮油宣传，普及食品安全知识，帮助城乡居民安全消费、健康消费。

六　党风廉政建设和职工队伍建设

（一）党风廉政建设

认真履行"一岗双责"职责，将党风廉政建设和反腐败工作纳入各级领导班子、领导干部目标管理，做到同部署、同检查、同考核；结合行业实际，认真分析排查，针对粮食系统10个方面的47个风险点，提出省局系统廉政风险点防范措施，提高了惩防体系建设科学化、规范化、制度化水平。纪检监察机构参与粮食行业技能鉴定、建筑招投标、设备采购及省级储备粮、军供粮招标采购等监督工作，取得较好效果。8月初，省粮食局举办了学习胡锦涛"七一"讲话暨2011年廉政教育培训班。局机关副处以上干部、局属单位班子成员和省储备粮直属库主任共计60余人参加了培训学习。

（二）"两创三争促双新"主题实践活动

在全省粮食系统深入开展以"创一流业绩、创先进集体，领导争当表率、党员争当先锋、职工争当先进，促进粮食工作有新进步、上新台阶"为主要内容的"两创三争促双新"主题实践活动。西安、宝鸡、渭南、商洛市粮食局和省储备粮管理公司被评为先进集体，孙建平等59名同志被评为先进个人。

（三）人才队伍建设和机关建设

制定《陕西省粮食行业中长期人才发展规划纲要（2011~2020）》，实施人才兴粮战略。开展粮油保管员、粮油质量检验员、制粉工技能培训和鉴定工作。成功举办市县粮食局长培训班，提高了依法管粮、科学管理的水平和能力。6月22日，省粮食局与中储粮西安分公司和西安市粮食局联合举办了"粮食系统庆祝建党90周年红色经典歌曲演唱会"，6月29日，省粮食局举办了"陕西省粮食系统庆祝中国共产党成立90周年书画摄影展"。

七　省委、省政府重视支持粮食工作

2011年是陕西省委、省政府对粮食工作重视支持力度最大的一年。省委书记赵乐际4月6日、9月19日先后两次对粮食工作作出重要批示，要求粮食工作要"有新进步、上新台阶"。6月10日，深入渭南富平调研考察县级粮食仓储设施和夏粮收购工作。7月19日，在西安会见了国家粮食局局长聂振邦，就加强粮食工作、确保粮食安全等问题与聂振邦局长交换了意见。省长赵正永2月28日、4月25日、9月8日先后三次对粮食工作作出批示，就重视粮食安全、做好粮食工作、稳定县级粮食行政机构等问题提出要求。2月28日，主持召开省政府常务会议，听取粮食工作汇报，研究解决问题。6月7日，深入咸阳兴平调研，检查夏粮收购工作。8月7日，陪同商务部长陈德铭到杨凌，实地考察调研陕西杨凌来富油脂公司加工、储备、质检等情况。省委常委、常务副省长娄勤俭4月8日对粮食工作作出批示。3月1日和3月17日，分别出席国家粮食局在西安召开的全国粮食质量安全监管工作会议和全省粮食工作会议，并作重要讲话，期间还接见了陕西受表彰的全国粮食系统先进集体代表和劳动模范。省政府5月26日印发了《关于进一步加强当前粮食流通工作的意见》（陕政发〔2011〕29号），提出进一步夯实粮食省长负责制基础，健全省、市、县三级粮食行政管理体系，做好粮食收购工作，加强粮食宏观调控，保持全省粮食市场稳定，加强粮食基础设施建设，推进国有粮食企业改革，加大粮食市场监管力度等8条要求。

◆ 陕西省粮食局领导班子成员

王成文	党组书记、局长，省发改委党组副书记、副主任（正厅级）
王　勇	党组成员、副局长
岳万民	党组成员、副局长
赵　策	党组成员、副局长
秦克勤	巡视员

2011年6月10日，陕西省委书记赵乐际（左三）由省委秘书长魏民洲（左二）、省粮食局长王成文（左一）和渭南市委书记庄长兴（左四）陪同，在富平县检查夏粮收购工作。

2011年8月7日，陕西省省长赵正永（前排左四）和商务部部长陈德铭（前排左二）由省粮食局局长王成文（前排左三）、副局长王勇（右一）陪同，考察调研陕西杨凌来富油脂公司。

2011年3月17日，陕西省常务副省长娄勤俭（左二）出席全省粮食工作会议并讲话。左三为省政府副秘书长陈国强，左一为省发展改革委主任祝作利，右一为省粮食局局长王成文。

2011年6月22日，陕西省粮食局、中储粮西安分公司、西安市粮食局联合举办《我为党旗添光彩——粮食系统庆祝建党90周年红色经典歌曲演唱会》。

甘肃省粮食工作   基本情况

甘肃省位于黄河上游，地处黄土高原、内蒙古高原和青藏高原交汇处，总面积45.4万平方公里，占全国总面积的4.7%，居第七位。省境地形狭长状，东西长1655公里。现辖12个地级市、2个自治州，4个县级市、58个县、7个自治县、17个市辖区。

2011年，甘肃省实现生产总值5020亿元、比上年增长12.5%。人均生产总值19577元、比上年增长21.5%。农民人均纯收入3909.4元、比上年增长14.2%。财政收入933.6亿元、比上年增长25.3%。一般预算收入450.4亿元、比上年增长27.4%。

全省粮食种植面积283.4万公顷、比上年增加3.4%。全省粮食总产量达到1014.6万吨、比上年增产5.9%，其中，夏粮总产319.5万吨，减产3.4%；秋粮总产695.1万吨，增产10.8%。人均粮食占有量396公斤。棉花种植面积4.8万公顷，与上年持平，油料种植面积35.1万公顷，增加0.5万公顷，糖料种植面积0.5万公顷，与上年持平，蔬菜种植面积41.5万公顷，增加2.0万公顷。全省常住人口2564.2万人，比上年末增加4.2万人，其中，城镇人口952.6万人，占常住人口的37.2%；乡村人口1611.6万人，占62.9%。

2011年粮食工作

2011年，在国家粮食局的有力指导和省委、省政府的正确领导下，全省粮食系统坚持以科学发展观为指导，牢牢把握保供稳价中心任务，紧紧围绕扩大购销、落实储备、加强调控和发展产业等重点工作，积极作为、开拓进取，全行业各项工作取得了显著成绩，实现了"十二五"发展的良好开局。

全年全省收购粮食246万吨，同比增加5.5%（其中省外采购粮食83.5万吨），收购食用油4.3万吨，同比减少2.7%。销售粮食306万吨，同比增加17.7%，销售食用油7.5万吨，同比增加50.7%。

截至12月底，全省国有粮食企业资产总额83亿元，企业资产负债率88%。全年全省国有粮食企业统算实现盈利1931万元，同比增长30.2%，14个市州全部实现盈利。

一　多措并举保供应，市场粮源充足

各级粮食部门切实加强粮源调度，全省粮油市场继续保持了货源充足、品种丰富的良好局面。

（一）努力扩大粮油收购

各级粮食部门认真执行国家粮食收购政策，督促和指导多元市场主体按照市场化方式，坚持常态化收购、多品种收购，积极主动掌控保供稳市所需粮源。为进一步扩大收购，及时客观发布粮食质量、价格、政策等信息，引导种粮农民适时适价出售余粮，对农民愿意交售且符合国家质量标准的粮食做到了应收尽收，为保障市场供应奠定了坚实基础。针对省内小麦、大米不足的实际，按照"大市场、大流通"的思路，在主动加强与河南、山东、安徽、黑龙江、新疆等粮食主产省沟通联系的同时，积极组织参加全国性、区域性粮食产销衔接会、贸易洽谈会，畅通"引粮入甘"渠道，确保了全省粮食总量平衡和品种结构平衡。据统计，全年全省各类市场主体从省内生产者手中直接收购粮食162万吨，同比增加0.3%，从省外采购粮食83.5万吨，同比增加17%；收购食用油4.3万吨，同比减少2.7%。

（二）积极组织粮油销售

各级粮食部门努力创造宽松的市场、政策环境，支持多元市场主体开展粮食经营，并督促企业及时投放适销对路、多品种、多规格、多等级的粮油，在大中城市积极组织销售高档优质米、面、油及小杂粮，确保了市场供应不脱销、不断档，有效满足了人民群众多样化消费需求。省会兰州市初步形成了集粮油仓储、加工、批发零售为一体的贸易集群，焦家湾、西部综合、张苏滩三大粮油批发市场辐射全省，年粮油吞吐量125万吨左右，同时2300多个粮油零售网点分布城乡，经营品牌1500多个。平凉市现有各类成品粮油批发零售网点413个，张掖市现有815个，临夏州民安粮油批发市场已有70多家省内外粮油企业入驻、经营粮油品牌40多个。据统计，全年全省各类市场主体销售粮食306万吨，同比增加17.7%，销售食用油7.5万吨，同比增加50.7%。

（三）全力保障军粮供应

各级粮食部门围绕"平战结合、注重战备，军民兼容、部队优先，主副并进、以副补主"的军粮供应方针和"以兵为本"的服务理念，严格执行国家军粮供应政策，实行全过程全方位的质量安全监管，全省军粮配送供应做到了科学规范管理、保质保量供应和优质高效服务，达到了部队满意、政府放心的目标。特别是兰州市粮食部门圆满完成了驻地部队一个半月的大规模野外急训粮油及副食品保障任务，定西市粮食部门在驻地部队赴宁夏外训期间进行了为期三个多月的军粮伴随保障。同时，全年落实国家军粮供应基础设施建设补助资金190万元，进一步提高了全省军粮保障整体水平。

二　坚持不懈扩储备，夯实粮食调控基础

按照省委、省政府"既要依托省级储备、同时也要落实市县储备"的工作思路，各级粮食部门把粮食储备建设作为宏观调控的重要抓手常抓不懈，在各级党政和相关部门的大力支持下，全省粮油储备规模有了新的增加。

（一）努力推进省级储备粮建设

在综合考虑全省粮食产需状况、城乡人口变化等因素的基础上，向省委、省政府提出了适度增加省级储备粮规模的建议。省委、省政府非常重视，刘伟平省长、刘永富常务副省长分别作出重要批示，决定2011年新增15万吨省级储备小麦。目前新增储备粮已全部落实到位。

（二）不断加强市县粮食储备

认真落实省政府粮油储备规模指导计划，全力推动市县级粮食储备建设。天水市、临夏州政府将县级粮食储备建设纳入了政府年度目标管理、签订了责任书，定西市粮食局将县级粮食储备建设任务

落实到了每个班子成员。目前，全省市县级粮食储备总量同比增加3.2万吨，食用油储备总量同比增加0.1万吨，建立县级粮食储备的县（市、区）达到了74个。兰州、天水、嘉峪关、平凉、临夏、张掖、金昌等7市州还建立了成品粮油应急储备，一些地区成品粮油储备可以有效保证城市人口10天的消费量。

三　科学调控稳市场，粮价基本稳定

为抑制省内粮油价格过快上涨，各级粮食部门认真落实省政府工作部署，准确把握调控的时点、重点和节奏，市场粮油价格朝着调控的预期方向发展，全年主要粮油品种保持了温和小幅上涨的有利态势。

（一）积极申请国家粮源支持

省粮食局通过进京汇报、书面申请、电话衔接等方式，努力争取国家粮食局对甘肃省市场调控工作的支持。一方面通过各种方式申请国家临时存储粮定向销售指标，另一方面积极争取国家临时存储粮跨省移库指标，努力保持存放在甘肃省的国家临时存储粮库存动态平衡。全年在兰州国家粮食交易中心以竞价交易的方式定向投放国家临时存储小麦51万吨、食用油8.5万吨、玉米85.5万吨，成为保障全省粮油消费需求的重要补充。同时，两批争取到国家临时存储小麦跨省移库计划30万吨，占全国跨省移库小麦指标的十分之一，进一步增强了全省粮食安全综合保障能力。

（二）动用省级储备小麦投放市场

为完成全年价格调控目标、保证第四季度粮油消费旺盛期的市场供应，省粮食局会同省发改委、省财政厅报请省政府启动了《甘肃省省级储备粮动用预案》，联合下发了《关于下达省级储备粮销售计划的通知》，制定了《2011年新增省级储备粮销售办法》，从12月开始到2012年春节期间，以低于入库成本的价格，定向投放省内市场省级储备小麦15万吨。目前，已完成了面向定点面粉加工企业销售7.5万吨的任务，成交率由开始的98%下降到了32%，剩余小麦已陆续通过批发竞价交易和就地就近挂牌等方式，面向其他用粮单位、农村群众和零星用粮户滚动销售。据监测显示，2012年1月底，全省三等小麦收购均价218.52元/百公斤，比上月下降1.64元/百公斤；特一面粉零售均价320.08元/百公斤，比上月下降0.28元/百公斤。通过省级储备小麦投放，有效检验了粮食部门落实省政府决策的执行能力，实现了储备粮补充粮源、调控价格的目标。省委常委、常务副省长刘永富批示："这项工作做得好，保障了供应，控制了粮价，引导了舆论，是硬措施"。省委常委、副省长石军批示："很好，请强化管理，抓好落实。"

（三）坚持开展优惠面粉直销

各级粮食部门坚持把优惠面粉直销作为调控市场粮价的重要手段积极推进，从2010年12月开始试点，首选两家国有面粉企业生产的"甘粮"和"红梅"牌面粉，以每袋（25公斤装）低于原价3元的价格，在兰州市80个"放心粮店"及各大超市开展直销，带动了市场主销大品牌面粉的主动降价。随后，在总结试点经验的基础上，结合国家"安排政策性小麦，定向销售大型骨干面粉加工企业，按要求加工面粉投放市场，确保面粉市场价格保持基本稳定"的政策和省政府《关于实行预警监控坚决遏制市场价格过快上涨的通知》要求，把承担面粉加工任务的企业扩大到了32家，7个市州的158个粮店启动了优惠面粉直销工作，目前已销售优惠面粉10万吨。实行直销措施，起到了很好的调控效果，当前全省市场面粉价格比全国约低7%。

四　依法行政抓监管，粮食流通规范有序

各级粮食部门认真履行《粮食流通管理条例》赋予的职责，坚持依法行政，努力推进粮食流通监管法制化进程，有效保护了粮食生产者、经营者和消费者的合法权益。

（一）扎实开展粮油质量卫生安全宣传

按照国家粮食局统一部署，省市县三级粮食部门上下联动，以"保障粮食安全、普及粮油知识"为主要内容，在5月扎实开展了《粮食流通管理条例》宣传月活动。全省共设立宣传点410个、悬挂张贴条幅、标语7400多条，出动宣传车597次，发放资料90多万份，有32家媒体参与报道。同时，按照省食品安全委员会统一安排，积极组织参加《食品安全法》颁布实施两周年宣传活动，现场设置粮油政策咨询、市场监管和粮食质量卫生等宣传点，向市民散发宣传材料8000多份。通过丰富多彩的宣传形式、活动内容，宣传粮油食品安全的国家政策、标准规范和消费科普知识，受到了广大城乡居民群众的普遍欢迎。

（二）加强粮油库存监管

省市县三级粮食部门成立领导机构，制订实施方案，扎实开展粮食、食用油库存检查。检查中，各地将实物测量、账目核对、报表汇总分解到组、责任到人，对工作底稿和检查报告实行逐级签字确认制度，并广泛开展纪律教育、明确责任追究办法，确保了检查结果真实可靠。结果显示，全省粮食、食用油库存管理规范，质量感官鉴定良好，储存安全，没有发现短库及弄虚作假的现象和行为，政策性费用补贴到位，库贷挂钩符合相关规定。通过检查，全面准确地摸清了全省粮油库存家底，发现和解决了库存管理中存在的问题，达到了让政府心中有数、使人民群众放心的目的。

（三）积极推进粮食流通监督检查体系和粮油质检体系建设

在市州党政和相关部门的大力支持下，金昌、白银、嘉峪关3市和康县、文县、徽县、西和4县新成立了粮食执法队，陇西、安定、岷县、敦煌、民乐5县新成立了监督检查机构。目前，兰州、天水、张掖、平凉、庆阳、临夏、甘南、金昌、白银、嘉峪关10市州和61个县（区）成立了粮食执法队，嘉峪关、张掖、白银、金昌、武威5市和6县（区）设立了监督检查科（股），全省获得监督检查行政执法资格的人数达到696人、同比增加22人，全年落实监督检查专项经费140万元、同比增加80万元。同时，全省粮油质检体系建设取得了实质性进展，天水、庆阳、平凉、金昌、陇南、临夏、嘉峪关7市州落实了粮食质量检验监测机构和编制。在国家粮食局大力支持下，省粮油质检所和天水、庆阳、平凉、金昌、陇南、临夏7个质检机构纳入了国家粮食质量监测体系，落实中央预算内资金760万元、地方财政配套资金380万元，用于购置检验仪器设备和基础设施改造，随着项目的逐步建成，将大大提高全省粮食检验检测水平，为保障粮食质量安全起到重要的技术支撑作用。

（四）切实做好粮油市场日常监管

积极会同工商、卫生、质监等部门，强化对大型粮油批发市场、重点超市、农村集贸市场的监督检查力度，突出抓好粮油购销和政策性粮食交易环节的监管，有效维护了正常的粮食流通秩序。全省全年出动检查人员1.3万人（次），检查各类粮油经营网点15756个（次），依法查处违法违规案件558例（其中粮食收购环节案例137起，粮食库存、统计政策执行情况案例156起，粮食质量安全案例230起，其他35起）。2011年，兰州市粮食局、平凉市崆峒区粮食局被评为全国粮食流通监督检查示范单位。

五   双管齐下抓储粮，管理水平日益提高

各级粮食部门既注重国有粮食企业安全储粮，又大力推进农户科学储粮，双管齐下，齐抓共管，全省粮食整体库存质量处于历史最好水平。

（一）不断落实安全生产责任

坚持实行安全生产一票否决制，指导企业进一步完善安全生产各项制度，细化防火、防汛、防潮、防盗等处理突发事件的应急预案，不断提高预案的可操作性，有效预防和避免了各类安全事故的发生。继续实行粮食安全保管分级管理、分级负责制，督促企业切实做好粮油库存的日常监管，不断加大粮情监测频率，及时掌握粮食储藏状态，发现问题及时处理，确保了储粮安全。

（二）强化粮油仓储管理

本着经济、实用、高效的原则，广泛应用低温、密闭、机械通风等储粮技术，全省科学保粮率达到了85%，省级储备粮科保率达到了98%。坚持开展春秋两季粮油安全大普查，两次出动3912人（次），对167个储粮单位的全部库存进行了彻底检查，并对查出的储粮安全隐患及时处理。继续巩固和发展"一符四无"粮仓建设，全省"一符四无"率达到98.2%。按照国家粮食局统一部署，积极开展粮油仓储企业规范化管理活动，全省达标企业104个，占储粮单位的63.4%，其中优秀51个、良好43个、达标10个。

（三）大力推进农户科学储粮专项建设

针对甘肃省农户储粮条件落后、粮食产后损失严重的实际，各级粮食部门把农户科学储粮专项建设作为一项民心工程积极推进。2010、2011年，国家粮食局共下达甘肃省建设任务7万户。截至目前，共落实国家配套资金1050万元、省政府配套资金208万元、市县政府配套资金737万元、农户自筹资金865万元，为天水、白银、定西、张掖、武威、酒泉、金昌、平凉、庆阳、临夏、甘南等11个市州的5万个农户配置了彩钢板小型储粮仓，其余2万户建设任务正在抓紧落实。据调查，仅2011年减少粮食损失5.8万吨，助农增收1.27亿元。

六   坚定不移抓发展，行业基础不断夯实

各级粮食部门树立强烈的发展意识，抓项目、抓经营、抓统计、抓专业技术人才培养，粮食行业发展基础不断夯实。

（一）狠抓企业扭亏增盈

各级粮食部门继续实行并强化扭亏增盈目标考核制度、企业经营管理信息通报制度和重点企业经营分析制度，督促企业加强内部控制，盘活资产，降低成本费用，逐步提升企业综合实力。指导企业准确把握市场走势，积极开展粮食购销，搞活经营，规避风险，巩固经营管理成果。同时，努力争取财税、金融等部门支持，落实税收、信贷等方面的优惠政策，企业经济运行质量有了新的提升，取得了预期成效。庆阳、平凉等市核销企业经营性挂账近5亿元，切实减轻了企业负担。全省国有粮食企业在粮油价格不确定因素增多、市场竞争日趋激烈的情况下，全年实现盈利1931万元，同比增长30.2%，全省14个市州和省局直属国有粮食企业全部盈利，全省国有粮食企业盈利面达到85%，同比提高5个百分点；86个县市区中73个盈利，2个盈亏持平，继续保持了良好发展态势。

（二）积极推进项目建设

在扎实推进各类在建项目的同时，积极衔接落实新项目，取得了显著成效。粮食仓储物流重点项目有：兰州、河西、定西粮食现代物流中心项目基本建成；2010年国家投资项目全部完成，总投资7121.96万元，建成仓容12.5万吨、罐容2万吨。2011年国家投资建设项目全部开工，预算总投资14387万元，拟新建仓容24.5万吨。兰州焦家湾粮库改扩建项目，总投资4.6亿元，已完成投资5200万元；嘉峪关粮食现代物流中心项目预算总投资1365万元，已落实资金730万元；山丹霍城物流中心建设项目，预算总投资1500万元，已完成投资400万元；庄浪综合粮油批发市场项目，预算总投资4000万元，已落实资金800万元。放心粮油重点项目有：兰州粮油食品连锁配送物流扩建项目，已完成投资4196万元；兰州昌盛植物油异地建厂项目，已完成投资6150万元；平凉"放心馒头"和"放心粮店"工程建设项目，总投资453万元，已投入运营；临夏"放心清真食品工程"建设项目，已完成了项目论证等前期工作；天水天绿食品公司"放心早餐"工程项目，已落实政府补助资金150万元；金昌"放心粮油工程"已落实资金2190万元，2012年上半年投入运营；陇南市以放心粮油为核心的"五个一工程"进展顺利，符合条件的13个粮油加工企业、48个放心粮店和超市、7个规范化粮库已全部挂牌。跨行业经营重点项目有：嘉峪关瑞景华庭商品楼项目已完成主体建设，武威市高中低档瓦楞纸箱（盒）纸品罐生产线已落实资金1600万元，甘州区4S汽车展销中心预算总投资1100万元，已完成投资500万元。

（三）扎实做好粮食行业各项统计

以改善统计工作环境、提高源头数据质量为重点，主动加强与统计、工商、税务、农业等部门的沟通协调，不断创新统计方式方法，积极争取被调查企业和农户的支持，完成了粮食流通统计、粮食供需平衡调查、粮食行业机构人员统计、粮油加工业统计、粮食仓储设施统计等5项行业统计，认真组织开展了粮食产销与成本利润调研，并做好统计资料的分析比对，为政府实施粮食调控、制定粮食政策提供了科学依据。

（四）切实加强专业技术人才培养

在全省粮食系统继续开展了粮食行业特有工种职业技能培训鉴定工作，坚持既注重数量、更注重质量的原则，严格把关，新增中高级粮油保管员35名、中高级粮油质检员39名。目前全省经培训鉴定合格、持有粮食行业特有工种职业资格证书的中高级粮油保管员、质检员达到了671人，行业技术水平和职工素质有了新的提高。

七　围绕中心抓队伍，促进粮食工作又好又快发展

坚持把保障和促进粮食中心工作作为衡量党风廉政建设和干部职工队伍建设的检验标准，积极谋划，开展工作，有力推动了中央和省委、省政府各项粮食工作决策部署的落实。

（一）扎实推进党的建设

牢牢把握"服务中心、建设队伍"两大任务，不断加强干部职工队伍的思想、组织、作风建设。扎实推进学习型党组织创建活动，通过宣传专栏、书刊、报纸、网络等方式，坚持开展党的基本理论、基本纲领、基本路线、基本经验教育和中国特色社会主义理论、社会主义核心价值体系教育，广大党员干部的思想政治修养和学习能力、干事能力、执行能力、创新能力有了新的提高。深入开展庆祝建党90周年活动，通过组织干部职工参观革命遗址、观看大型党史文献纪录片、开展红色歌舞比

赛、重温入党誓词、走访慰问老党员和一线党员等一系列丰富多彩的活动，进一步坚定了广大党员干部自觉坚持党的领导、自觉维护党的执政地位、自觉跟党走的政治信念。根据《中国共产党章程》、《中国共产党党和国家机关基层组织工作条例》，选举产生了新一届省粮食局直属机关党委和纪委，健全了基层组织，奠定了工作基础。

（二）全面落实党风廉政建设责任制

认真贯彻落实十七届中纪委六次全会、全国粮食系统纪检监察工作会、十一届省纪委六次全会精神，始终把党风廉政建设摆上重要议事日程，坚持与业务工作同部署、同落实、同检查、同考核。年初，制定印发了《省粮食局党风廉政建设和反腐败工作实施意见》，召开了局系统纪检监察工作会议，明确了全年目标任务和工作重点，并把工作任务分解到了各处室和各直属单位，确保了党风廉政建设各项工作扎实有效开展。同时，深入开展反腐倡廉宣传教育季活动，大力开展党性党风党纪教育，加强对粮食系统政治纪律执行情况的监督检查，领导干部廉洁从政的自觉性进一步增强。

（三）努力营造良好的工作氛围

坚持以"创先争优"活动为载体，在局系统全面推行"一诺三评三公开"，并认真组织开展了"服务粮食宏观调控、服务粮食生产者、服务粮食消费者、服务粮食流通主体"主题活动，进一步营造了局系统学习先进、争当先进、赶超先进的良好风气。严格按照《党政领导干部选拔任用工作条例》，树立正确的用人导向，在省粮食局机关和直属企事业单位选拔交流县处级干部34名（其中机关1名，事业9名，企业24名），进一步优化了领导干部结构，营造了重品德、重潜质、重实绩的用人导向和"想干事、能干事、会干事、干成事"的良好氛围。

◆ **甘肃省粮食局领导班子成员**

何水清	党组书记、局长
韩卫江	党组成员、副局长
王向机	副局长（2011年10月任职）
成文生	党组成员、副局长
陈玉皎	党组成员、副局长
王水兵	党组成员、纪检组长

2011年5月23日，国家粮食局副局长任正晓（右一）在甘肃省粮食局局长何水清陪同下（右二）在兰州昌盛植物油公司等企业调研。

2011年7月1日，在中国共产党成立90周年之际，甘肃省粮食局全体党员干部参观红军三大主力会师圣地——会宁会师塔，重温入党宣誓。

2011年12月1日，甘肃省粮食局向市场投放15万吨省级储备小麦，进行竞价交易。

青海省粮食工作 基本情况

2011年全省生产总值1634.72亿元，按可比价计算，比上年增长13.5%。全年全省财政一般预算收入270.4亿元，比上年增长31.9%。其中，地方一般预算收入151.79亿元，增长37.7%，中央一般预算收入118.6亿元，增长25.2%。全年城镇居民人均可支配收入15603.31元，比上年增长12.6%，人均消费支出10955.46元，比上年增长14.0%；农牧民人均纯收入4608.47元，比上年增长19.3%，人均生活消费支出4536.82元。

2011年全省农作物播种面积52.67万公顷，比上年增长2.01%。其中，粮食播种面积27.94万公顷，增加1.79%。粮食作物中，小麦播种面积10万公顷，下降0.95%；豆类3.23万公顷，下降10.65%；薯类8.81万公顷，增长1.55%；油料播种面积18.42万公顷，增加5.23%，其中油菜籽18.05万公顷，增加4.62%。粮食总产量103.36万吨，同比增加1.3%。其中小麦36.06万吨，下降3.27%；豆类7.27万吨，下降14.77%；薯类37.3万吨，增加2.05%；油料36.07万吨，下降2.28%，其中油菜籽35.6万吨，下降2.3%。

全年全省粮食总需求为222.3万吨，产消缺口105.66万吨，粮食自给率为46%，粮食供需平衡主要通过省际间购入解决。全年全省粮食消费量为209.02万吨，其中，农村口粮72.6万吨、城镇居民口粮42.35万吨、种子用粮9.54万吨、饲料用粮71.1万吨、工业用粮13.43万吨。

2011年粮食工作

2011年，青海省粮食工作在省委、省政府和国家粮食局的正确领导下，在省有关部门的积极支持和全省粮食系统广大干部职工的共同努力下，以邓小平理论和"三个代表"重要思想为指导，以科学发展为主题，以粮食安全与发展为主线，按照年初工作安排，狠抓粮食流通基础工作，加大全省粮油市场调控力度，认真开展政府平价粮油投放工作，扎实做好玉树灾区粮食流通设施的恢复重建和粮油供应工作，落实全省粮食安全与流通发展"十二五"规划重点项目，确保了全省粮食安全。

一   保供稳价

2011年，全省物价形势严峻，根据省委、省政府实施临时价格干预的决策部署，全省各级粮食行政管理部门迅速行动，多策并举，调控粮油市场。一是安排省级储备粮油出库，挂牌平价销售，全年共配送政府平价粮油1.99万吨，销售1.65万吨。二是争取到了两批共8.9万吨较低价位的国家政策性定向销售小麦，由省内重点粮油调控骨干企业加工并投放市场。三是争取补贴政策，采购2.83万吨大米，确保全省大米供应充足。四是组织省内粮油企业以较低价位竞买到国家临时储备粮油2.1万吨，增加了市场供应量。五是做好玉树地区的粮油供应工作，成立玉树粮油供应领导小组和供应配送中心，销售3257吨政府平价粮油，稳定了市场和价格，稳定了民心。多项调控政策及措施的实施，形成全省粮油市场价格的平稳下降，为全省CPI指数的回落起到了积极作用，调控粮油价格的成效显现。

二　应急建设和粮食风险基金

根据《青海省人民政府办公厅转发省发展改革委关于进一步健全完善重要商品储备制度实施意见的通知》（青政办〔2011〕131号）精神，省粮食局研究提出了包括调整全省储备粮油规模结构，加快粮食基础设施建设，进一步完善粮食风险基金的使用范围和储备粮管理制度，建立粮食市场调控价格补贴机制和粮食储备库体系建设、维修改造专项资金等内容的落实意见，并积极和财政等部门协商，待报省政府待批准后落实。同时，加强粮食物流建设，开展西宁、大通及德令哈粮食物流中心项目建设的前期准备工作。为填补青海省无粮油交易中心的空缺，抽调专人成立临时机构，积极协调落实交易中心建设的各项工作。

2011年8月，中央明确将青海省粮食风险基金规模由9452万元调整到15993万元。考虑到经济发展、物价增长、企业稳定等因素，结合青海省粮食风险基金规模、储备企业实际承受能力，省政府决定从2012年1月1日起调高青海省省级储备粮保管费用补贴标准。

三　编制"十二五"规划

《青海省粮食安全与流通发展"十二五"规划》报请列入省政府专项规划并于2011年6月29日顺利通过省政府83次常务会议审议，这是青海省粮食规划第一次被纳入省政府的重点专项规划。《规划》确定的总体发展目标和具体目标，符合青海省实际并与国家粮食局编制的"十二五"全国粮食行业发展规划中所提出的"六大体系"和"五大工程"有机衔接。积极主动与省发改委、国家粮食局等部门做好项目衔接工作，争取规划中项目纳入预算内投资。召开贯彻落实《青海省粮食安全与流通发展"十二五"规划》专题会议，对《规划》的编制、审批情况和重点章节进行解读，邀请省政府规划编制办公室的负责同志对规划管理实施的相关政策进行了讲解。对《规划》涉及粮油储备库、粮食物流园、粮食批发市场、粮油应急配送中心和供应网点、粮油加工业、粮食检测检验、农户科学储粮等七个方面的24个重点建设项目进一步明确项目单位、责任单位的任务和责任。

四　重点建设项目

一是青海省粮食应急配送中心（军粮）建设项目。项目预计投资6803万元，建设工期2年，整个项目占地50亩，建筑面积17984平方米，主要建设包装仓库5栋，仓容2万吨，油罐11个，罐容5390吨，大米、杂粮及油脂小包装车间各1座和综合办公楼1栋。年内完成项目可研、规划、土地证、环保、项目审批、初设审批和招投标等前期工作，12月23日开工建设。

二是青海安康粮油食品加工贸易物流园区项目。在大通县长宁镇双苗村已落实建设用地448.9亩和前期费用，完成了项目用地测绘、勘察界定，对地质灾害危险性和项目环境影响进行评估，研究编制了规划设计、平面布置、工艺流程、厂房建设的可行性研究报告，签订了油脂加工设备购进合同，办理了土地使用证，进行了"五通一平"等周边环境的整治工作。

三是省玉树粮食储备库灾后重建项目。4月15日开工建设。开工以来，安排人员轮流赴玉树与玉树重建指挥部、援建单位等进行协调督促，确保项目顺利进行。8月，局主要领导赴玉树与援建单位达成了停工期前完成项目主体和管理用房一层墙体码砌、项目2012年6月底交工的协议。10月底停工期前完成整个项目70%的建设任务。召开专题会议对项目2012年开工建设的时间及月进度，项目交工时间等进行了安排部署。

四是省大通粮食储备库二期扩建项目。该项目2010年11月1日开工建设。2011年全面完成主体6768平方米钢筋砼排架结构5栋平房仓和24平方米地磅房库房内外墙抹灰粉刷及4914平方米铁路罩棚、516平方米机械罩棚、4000平方米库区道路、5857平方米地面硬化等工程的建设，并通过了初步验收。

五是实施农户科学储粮专项。7月完成了2010年度全省农户科学储粮海西州2万套的专项建设任务。及时下达了2011年项目计划，安排在海东地区乐都县建设农户科学储粮仓12017套。通过续标确定了农户科学储粮仓的生产单位。在乐都县高庙镇柳湾村召开了农户科学储粮仓发放现场会，组织进行了农户科学储粮专项建设组织工作程序和技术服务知识专题培训。

五　粮食企业发展

加强对国有粮食企业经营管理工作的指导。进一步建立健全扭亏增盈考核制度，对2010年全省扭亏增盈工作先进单位进行了通报表彰，组织召开专题会议座谈研究扭亏增盈工作，下达了2011年局直属企事业单位经济考核目标和各州（地、市）扭亏增盈目标建议数。支持基层粮食购销企业创新经营方式，指导企业研判市场形势，积极开展粮食购销，规避经营风险，巩固和扩大经营管理成果。积极为企业排忧解难，对企业经营资金贷款问题与省农发行共同调研、协商，部分地区采取"统贷统还"的方式为企业解决资金问题。积极与省财政厅争取每年安排600万元的财政扶持资金用于扶持国有粮食购销企业发展。引导支持省大通粮食储备库合资成立了安泰粮油有限公司。督促加强内部管理，建立健全企业内控制度，规范财务核算，认真落实全面预算管理方案。加强财务管理、监督和考核，制定下发了《青海省粮食局关于对局属企事业单位实施委派财务总监的暂行办法》。组织局机关工作人员、各州（地、市）粮食管理部门负责人、国有粮食购销企业负责人、局直属单位领导班子成员和民营粮油企业负责人及全省粮食财务人员参加了全省粮食企业经营（财务）管理培训。2011年，全省国有粮食企业盈亏统算后实现利润432万元，其中，国有粮食购销企业实现利润486万元，较上年增盈106万元，增幅29%。年末资产总量为14.07亿元，较同期增长10.83%，所有者权益2.83亿元，较同期增长25.94%，国有粮食企业经济效益连续四年迈上新台阶。

六　放心粮油工程

7月，局机关、局属企业、省粮食行业协会及省内大型粮油加工经营企业组成三个调研组，由局领导带队，对全省除玉树、果洛州外的各地（县）的放心粮油工程进行了深入调研。8月，组织召开全省放心粮油及粮食应急体系工程建设座谈会，汇报、交流、总结工作，对下一步深化全省放心粮油工程进行了安排部署。制作全省放心粮油工程建设宣传专题片，加大宣传力度，提升广大消费者对放心粮油科学鉴别、科学消费的能力。积极申请商标注册，青海放心粮油标志的商标注册已被国家商标管理中心受理。组织对全省放心粮油经营店进行年检和资格评审。2011年青海国粮城中粮油综合贸易有限公司玉井巷粮油食品店、民和金穗粮油贸易有限责任公司粮油店、乌兰县粮油购销公司第二门市部、河南县粮油购销公司4家企业获得全国放心粮油示范企业称号。积极筹措资金支持各地开展放心粮油工程。在各级粮食行政主管部门的努力下，至2011年底，全省共建设放心粮油配送中心6个，开办放心粮油销售店51个，放心粮油示范店已在全省7个州（地、市），38个县（乡、区）有了发展，并在应对突发事件和政府平价粮油供应中发挥了积极作用，社会影响力逐步扩大。

七　仓储管理

强化粮食仓储管理，指导粮油仓储企业开展规范化管理，针对仓储管理中的薄弱环节，以检查考评促进《粮油仓储管理办法》的贯彻落实。9月对全省20个省级储备粮油承储单位115座仓库，从储备粮油的质量指标合格率、宜存率、企业执行粮油出入库质量检查制度、安全储粮措施、库存粮油储存状态和管理水平等方面进行了全面检查和认真总结，对存在问题现场督促整改并通报了检查结果。与省财政厅共同对重点库点的省级储备成品粮进行了专项检查。做好省级储备粮轮换，早预测、早安排、早行动，指导储备企业在粮油市场复杂多变的情况下，完成了2259万公斤省级储备粮轮换任务。

八　安全生产

狠抓安全生产管理工作，制定《青海省粮食局2011年直属单位安全管理目标考核办法》，从安全体系建设和安全法规落实、安全制度建设、安全管理、仓储安全管理等方面进行细化和考核。落实责任，安排落实好日常值班、节假日值班和应急值班工作。组成检查组对局直属单位重大节日期间的安全生产工作进行了督导和检查。认真吸取省纺织品大楼重大火灾事故的深刻教训，督导直属各单位全面彻底地进行防火隐患大排查，严格落实消防安全责任制，不断完善管理制度，加强宣传教育培训和消防演练，提高灭火实战能力，做到防患于未然。以吉林省辉南县抚民粮库"3·13"人身伤亡事故、内蒙古巴彦淖尔市临河区稷丰粮油公司粮食筒仓坍塌及10月中储粮公司系统发生的3起事故为教训，狠抓安全事故预防，对重点环节和场所加强监督和管理，做到检查常态化、制度化，消除安全隐患，强化安全预警，确保粮食工程质量和粮库安全储粮，切实提高安全保障能力。

九　监督检查

认真安排全省2011年粮食流通监督检查工作。完成全省2011年粮食库存检查工作，组织开展政府平价粮油供应、国家临时存储粮销售出库、国家政策性存储粮承储库执行国家粮食购销政策情况的监督检查。做好全省食用植物油库存检查工作，共检查政策性食用植物油库点39个，非政策性油脂企业165个，经检查，认定全省政策性油脂企业库存数量真实、账实相符。加强全省粮食流通监管，会同省发改委、省卫生厅、省工商局、省质量技术监督局印发了《关于开展全省粮油市场专项监督检查工作的通知》，在全省范围内组织开展了粮油市场专项检查，进一步强化了粮油市场监管，维护了粮食流通秩序。加强全省粮食监督检查队伍建设，组织全省32名工作人员参加了全国粮食流通监督检查行政执法培训班。为基层印制了300本《粮食流通监管检查行政执法工作手册》。按照《青海省粮食流通监督检查工作考核暂行办法》，对2011年度各州、地、市粮食行政管理部门的监督检查工作开展情况进行了考核和通报表彰。

十　质量监管

建立健全全省粮食质量安全监管协调机构，成立省、市两级粮食质量安全监管协调领导小组。组织开展库存粮食质量和卫生安全专项检查，分别扦取8个粮食承储企业的16份原粮样品，代表数量27263吨。经检验样品质量合格率、储存品质宜存率均为100%，粮食质量良好。组织完成2011年度国家级收购环节粮食质量安全监测工作，通过6年来的监测，基本掌握了全省新收获小麦的卫生状况。加强玉树地区粮油质量安全监管，制定落实《政府平价粮油及玉树粮油供应配送中心粮油产品质量安全监管工作实施方案》，强化政府平价粮油产品质量安全监管工作力度。完善青海省粮食质量检验检测体系，紧紧抓住国家粮食局优先推动西部地区开展州（地、市）级粮食质量检测机构建设的有利时机，争取到建立海东、海西、海北、海南、黄南、果洛、玉树等7个州(地、市)级检测站的项目。及时与项目地区相关部门进行认真的沟通和协商，向国家粮食局编制上报建设规划，扎实做好项目落地的各项工作，年内项目落地的各项准备工作已完成。

十一　粮油精品展

精心筹备并组织参加由国家粮食局和浙江省人民政府主办的第十一届中国国际粮油产品及设备技术展览会。这是青海省历年组织参加全国"粮油展"规模最大、收效最好、获得奖项最高的一次。本次展览会上，组织省内9家粮油加工经营企业和7大类21个品种的各种等级的菜籽油、面粉、蚕豆食品、燕麦片、青稞食品、乳制品及青海土特产品及会议代表50余人参加了展会。展会期间，青海大通发达面粉有限公司特一粉和青海江河源农牧科技发展有限公司食用菜籽油分获"第十一届中国国际粮油产品及设备技术展览会"金奖。省粮食局获得"第十一届中国国际粮油产品及设备技术展览会组委会"组织奖。

十二　纪念建党90周年系列纪念活动

组织庆"五四"登山比赛和"颂党恩，做有为青年"演讲比赛活动；与省书法家协会共同举办了"青海省粮食系统庆祝建党90周年书画摄影展"；七一前夕召开全局庆祝表彰大会，通过表彰优秀党员、优秀党务工作者，开展"赞党史、颂党恩"诗歌朗诵比赛、唱红歌、重温入党誓词等活动隆重庆祝中国共产党成立90周年。

十三　粮食部门自身建设

围绕服务中心，建设队伍两大任务，深入开展创先争优活动，推进全局党建和党风廉政建设工作。以建设创新型、服务型、效能型机关为目标，深入开展"抓作风建设、促工作落实"的主题实践活动。明确提出2011年全局要在"工作执行力、安全管理、作风建设、工作质量和应急保障"等五个方面有新的提高。要求全体干部职工在转变作风上下功夫，领导干部率先垂范，转变作风，顾全大局，牢固树立全局"一盘棋"的思想，在提高执行力，狠抓工作落实上下功夫。加大深入基层调研工作力度，局领导带队深入开展放心粮油工程及粮食应急能力、政府平价粮油投放和玉树地区粮油供应等多项工作的专题调研，通过调研，贴近基层和群众，征求和听取基层意见和要求，掌握真实情况。通过现场解决基层问题，座谈交流指导帮助基层增强做好粮食工作的自信心，引导基层不断改变思想观念，克服困难，抢抓机遇，采取有力措施，加快发展步伐。通过完善局机关内部考核机制和强化督查督办保障各项工作的有效落实。局机关为民办事、服务发展、勤廉履职、创先争优工作氛围日渐浓厚。注重职工培训质量，顺利地完成各项培训任务。制定了《省粮食局关于在粮食行业中开展法制宣传教育的第六个五年规划（2011~2015年）》，正式启动了全省粮食行业"六五"普法宣传教育工作。

◆ **青海省粮食局领导班子成员**

顾艳华　　　　　局直属机关党委书记、局长

乔正善（土族）　局直属机关党委委员、副局长

张柴斌　　　　　副局长（2011年5月任职）

青海省粮食局局长顾艳华（右二）在超市检查政府平价粮油供应情况。

青海省粮食局局长顾艳华（左二）到粮食企业调研。

青海省召开全省放心粮油及粮食应急体系工程建设座谈会。

青海省粮食局参加省发改委系统运动会。

宁夏回族自治区粮食工作

基本情况

2011年，宁夏回族自治区积极应对复杂多变的经济形势，坚持沿黄经济区发展和国家六盘区域扶贫开发两大战略。齐心协力，负重拼搏，取得了"促发展、惠民生、保稳定"的重大胜利。全年实现地区生产总值2060亿元，增长12%，首次突破2000亿元，地区经济总量跨上新台阶。实现财政总收入371.4亿元，增长29.5%；粮食产量实现"七连增"，全区总人口639.46万，人均占有粮食565公斤，位居全国前列。2011年宁夏在第十一届中国国际粮油产品及技术设备展览会上"塞外香"等9个粮油产品荣获金奖。

2011年粮食工作

2011年，宁夏粮食工作面对国际金融危机影响持续发酵，国内通胀预期持续增强，粮食流通体制改革任务十分繁重的多重考验，紧紧围绕确保粮食安全的目标，进一步深化和完善粮食流通体制改革，粮改工作取得重大阶段性成果。完善粮食行政首长负责制，全面落实粮食安全分级负责制，加强和改善宏观调控，有效应对粮食市场变化，着力保障粮食供给，全区粮食市场和价格保持基本稳定。2011年全区各类粮食企业收购粮食总量达183.37万吨，同比增加23.22%，销售粮食191.94万吨，同比增加61.47%；国有粮食企业统算实现利润268万元，其中自治区直属粮食储备企业实现利润1520万元，经济效益持续向好，实现了"十二五"时期的良好开局。

一   粮食生产

2011年，宁夏把稳定发展粮食生产摆在重要突出位置，进一步健全农业投入稳定增长的长效机制。各项强农惠农政策体系建立日趋完善，极大地调动了农民种粮的积极性，也调动了各级地方政府"重农抓粮"和"科技兴粮"的积极性。全年落实农资综合补贴、粮食直补、良种补贴和农机购置补贴"四补贴"资金8.88亿元。实施覆膜保墒旱作节水技术地膜补贴9150万元，马铃薯脱毒种薯三级繁育体系建设补贴4180万元。2011年宁夏粮食播种面积为85.25万公顷，其中，夏粮播种面积23.02万公顷，秋粮播种面积62.23万公顷，引（扬）黄灌溉面积达50.67万公顷，山区高标准旱作基本农田达到30万公顷，改造中低产地13.33万公顷。粮食总产量达358.9万吨，再创历史新高。

2011年，全区推广优质小麦品种面积5.97万公顷，占灌区小麦总种植面积的74.9%；推广优质水稻面积5.99万公顷，占水稻种植面积的71.4%，宁粳43号优质水稻由2010年的1.33万公顷发展到2.2万公顷。建设种薯生产基地1.07万公顷，比2010年增加4000公顷。2011年以粮油高产创建示范区为平台，配套推广冬麦北移、水稻大棚工厂化育秧和机械插秧等重大技术项目。2011年，全区落实粮油高产创建面积127.5万亩，落实万亩示范片110个，建立核心攻关点439个，带动当地粮食生产的大面积稳定增产。宁夏万亩小麦高产创建示范田公顷单产达9018公斤，远远高于全国冬小麦单产4950公斤的平均水平。玉米高产示范区内5320公顷玉米平均公顷产量达14689.05公斤，比10500公斤目标产量增产4189.05公斤。

二　粮食流通体制改革

自治区党委、政府《关于进一步深化粮食流通体制改革，促进现代粮食流通业发展的意见》下发后，自治区粮食局把深化粮改工作作为中心任务，全力以赴抓好落实。一是加强组织领导。自治区成立全区深化粮改工作领导小组，领导小组办公室设在自治区粮食局，各市、县（区）政府也相应成立了由政府分管领导牵头的粮改工作领导小组，为全区深化粮改工作提供了组织保障。二是认真履行职责。各地、各成员单位分工协作、密切配合，抽调工作人员，组织召开全区深化粮改工作动员大会，全面部署了各项工作任务。三是制定实施办法。明确改革按照学习准备、宣传发动、制订实施方案、组织实施、验收总结五个阶段进行，将《意见》中改革的四项任务分解成56条，逐条落实责任对象，确保各项任务落到实处。四是加强工作指导。举办全区粮改工作培训班，统一了政策口径；印发《关于实行深化粮食流通体制改革任务分片包干责任制的通知》和《关于进一步深化国有粮食购销企业改革的指导意见》等文件，规范了市县粮改工作。目前，各市、县（区）改革正在按照自治区审定的粮改方案抓紧组织实施，部分市、县（区）粮改任务已经完成。五是完善体制机制。市、县（区）粮食行政管理职责列入自治区人民政府效能目标考核范围，粮食安全行政首长分级负责制得到落实；组建宁夏储备粮管理有限公司，将宁夏原有的11家粮食储备库和3家代储库调整布局为5个粮食储备库，宁夏回族自治区粮食市场化、产业化大型龙头企业发展已具雏形；建立市县两级粮油应急储备，市、县（区）粮食流通安全得到有效保障；协调农发总行减免10家国有粮食购销企业欠息6400万元，争取税务、财政部门出台粮食企业税费减免政策和自治区储备粮保管费补贴标准提高，全区国有粮食企业负担明显减轻。制定《加快推进宁夏回族自治区现代粮食流通产业发展实施意见》，现代粮食流通产业发展目标和思路进一步明确。

三　宏观调控

综合分析全国、宁夏粮食市场供求形势，向自治区党委、政府报送了《稳定宁夏回族自治区粮油市场、保障全区粮食安全》等专报，得到王正伟主席等自治区领导的充分肯定和重要批示。自治区人民政府印发了《关于切实做好粮食购销和市场供应工作，确保宁夏回族自治区粮食增产、农业增效、农民增收的意见》，为做好粮食宏观调控奠定了基础。一是强化载体。新增自治区储备规模稻谷2.5万吨，食用植物油0.465万吨，储备粮规模和品种结构更加合理。同时，积极争取中央跨省移库粮在宁储存规模4万吨，粮食市场调控的物质基础得到充实。二是严密监测。全面发挥92个粮食价格监测点的作用，准确监测粮油市场动态，适时测报价格走势，为各级政府和有关部门调控粮食市场提供了决策依据。三是增加供给。全年组织召开网上竞价交易会55次，安排投放各类市场调控粮食达30.5万吨，全年下达自治区储备粮轮换计划13.08万吨。向区内3家大型面粉加工企业以低于市场价格定向销售小麦8.1万吨，引导大型粮油加工企业认真履行"年初定价、年内不涨价"的承诺，重点保障市场小包装粮油供应，并向低收入群体让利销售。四是做好应急。落实市县两级成品粮油应急储备，建立78家粮食应急成品粮油定点供应单位，35家应急成品粮油定点承储单位和7家市级应急成品粮油承储单位，形成了覆盖全区的粮食应急供应网络。保证了全区粮食供求总量的基本平衡和价格的基本稳定。9月16日，自治区十届人大常委会第二十六次会议听取和审议了自治区人民政府《关于宁夏回族自治区粮食安全情况的报告》，对宁夏回族自治区粮食工作给予了高度评价，在工作满意度测评中，宁夏回族自治区粮食安全工作获得了97.4的高分。这是本届自治区人大常委会组成以来对自治区人民政府单项工作测评给出的最高分值。

四　经营管理

一是严格落实安全保粮责任，确保储粮安全。制定《宁夏粮油仓储单位备案管理办法》，组织推广绿色储粮新技术，提高了储粮科技水平。全区国有粮食企业"一符四无"粮仓达标率巩固在100%，年内没有发生储粮安全事故。二是严把储备粮验收关口。严格控制入库粮食数量、质量、损耗指标，促进精细化管理，落实单仓核算制度，轮换出库的粮食损耗率仅为1.22%，比上年降低了0.4个百分点。三是全面加强国有粮食企业预算管理，严格成本费用控制，粮食储备企业库存粮油商品损耗率、吨粮费用水平明显下降。四是加快基础设施项目建设。总投资2.5亿元的扩建20万吨粮仓、新建2万吨食用油罐项目顺利实施，部分已投入使用。2011年，全区国有粮食企业实现营业收入113560万元，比上年增加46.22%；资产负债率同比下降3个百分点。

五　粮食购销

一是粮食订单稳步发展。2011年签订粮食订单108万吨，优质粮食订单32万吨。订单收购98.8万吨，订单履约率85%以上，优质粮食订单收购39.85万吨，有力地促进了宁夏回族自治区粮食综合生产能力建设。二是粮食产销紧密衔接。出台2011年冬、春小麦信息参考指导价，指导各类粮食企业积极入市，有序收购，保障了农民生产的粮食卖得出、卖出好价钱。全年区内粮食企业收购粮食总量183.37万吨，同比增加23.22%。销售粮食总量达到191.94万吨，同比增加61.47%，均为历史最高。

六　依法管粮

一是做好粮油市场的重点专项检查和日常监管。全年开展检查293次，综合检查53次，出动人员1023人次，检查企业3895个次。二是提高涉粮案件查处力度、办案质量和效率。全年全区共查处涉粮违规违法案件192例，责令改正38例，警告44例，罚款16例，案件办结率100%。三是进一步规范粮食经营行为。对848家具有粮食收购资格的企业进行了全面审核，依法取消了94家不合格企业的粮食收购资格。加大粮食经纪人试点工作经验推广力度，在平罗等产粮大县培育粮食经纪人组织8家。修订印发《全区粮食经营者最高最低库存量标准》及《全区粮食经营者最高最低库存量标准核定办法》，为规范粮食经营者的经营行为提供了制度保障。四是认真履行新增职能。组织专题调研，完成了《关于宁夏粮食加工环节质量安全和卫生监管的调研报告》。在加强原粮收购、储存环节质量安全和卫生监督检查的同时，指导市、县（区）粮食局严格履行粮食部门食品安全职能，确保了宁夏回族自治区粮油食品安全。五是加快粮食质检体系建设。争取国家和地方资金1120万元，进一步提升已建成质检中心（站）的功能，完成了10个实验室的检验能力验证工作。六是切实做好系统普法和安全生产工作，被国家粮食局评为全国粮食系统法制宣传教育先进单位，全年未发生一起安全生产事故。

七　　社会服务

一是政策性粮食供应任务圆满完成。加强对退耕还林县（区）补助粮食供应工作的督查，落实退耕面积13.33万公顷，完成退耕补助粮食供应5.99万吨，确保了退耕还林县（区）群众生产生活稳定。以军地协作与伴随保障结合的方式，圆满完成了"兰字—2011A"、"兰字—2011B"跨区演练部队的后勤给养保障任务，中央电视台军事栏目对此进行了专题报道，提升了宁夏粮食工作的知名度。同时，认真完成了国家粮食局、总后勤部给予宁夏回族自治区首批前运粮指标任务。二是农户科学储粮工程惠泽山川农民。制定下发《宁夏回族自治区农户科学储粮专项建设实施方案》，落实中央和自治区配套资金，在全区19个县（区）95个乡镇486个行政村，为4万农户每户配备一个标准化储粮仓全部发放到位，首次列入自治区人民政府为民办的30件实事之一的农户科学储粮建设任务全面完成，得到了自治区人大、国家粮食局的充分肯定。三是放心粮油工程加快实施。创建全国放心粮油示范加工企业6家，评审自治区级放心粮油示范加工企业20家，培育自治区级放心粮油示范店12家。新增自治区放心粮油店58家、复审227家，总数达到285家。四是自治区优质大米工程加速推进。加强调研和宣传，鼓励农民种植优质稻谷品种，引导粮食企业扩大优质稻谷基地建设，王正伟主席重要批示予以充分肯定。五是本地冬麦产品研发工作深入开展。共研发出四大系列、17个冬小麦面粉产品投放市场，丰富了区内面粉市场，有力地促进了宁夏回族自治区"冬麦北移"战略的实施，推动引黄灌区冬小麦播种面积由2006年度的0.25万公顷增加到2011年的4.27万公顷，产量由1.64万吨增加到28.48万吨。六是粮食招商引资和品牌推介成效明显。全年共组织76家（次）企业260个（次）产品参加区内外各种展会展示活动，宁夏回族自治区9家粮食企业的9个产品获得第十届中国国际粮油展金奖产品称号，宁夏塞北雪面粉公司获得全国面粉加工企业"50强"称号。七是粮食信息化工作走在全国前列。进一步完善粮食信息网络体系，粮食信息建设工作在第十三届中国国际高新技术成果交易会上受到广泛关注，粮食流通及工业统计工作获得全国先进单位称号。

八　　行业建设

一是以"创先争优"和"进一步营造风清气正发展环境"活动为载体，坚持把思想理论建设放在首位。二是以庆祝中国共产党成立90周年为契机，表彰先进党组织和优秀党员、党务工作者，积极开展"青年岗位能手"和"巾帼建功"活动，向非公有制企业选派党建指导员，党的基层组织建设得到加强。三是大力开展定点帮扶和扶危济困工作。帮助泾源县黄花乡红十村制定发展规划，落实人畜饮水设施建设帮扶资金8.69万元，农村科技储粮设施40套；为困难职工子女、特困职工、退休军转干部捐款及落实生活补助资金共31万元。四是制定《宁夏粮食文化建设发展规划》，提出了今后5年粮食系统文化建设的目标和步骤，自治区党委、国家粮食局领导给予高度评价。五是认真落实党风廉政建设责任制，制定《自治区粮食局2011年党风廉政建设和反腐败工作实施意见》，进一步完善廉政风险防范管理体系。六是干部职工队伍和政风行风建设得到加强，完善局机关、五市局、直属单位效能目标管理办法，进行了严格考核；制定《专业会议管理暂行规定》、《重大事项报告制度》等一系列内部管理制度，进一步提高了行政效率。自治区公布的2011年民主评议政风行风结果显示，自治区粮食局在20个政府直属机构、直属事业单位等排序中位列第三。

◆ **宁夏回族自治区粮食局领导班子成员**

刘金定	党组书记、局长
赵银祥	党组成员、副局长
吴长青	党组成员、副局长
荀　旭	党组成员、副局长（2011年8月任职）
丁　军	党组成员、纪检组长
严彦召	巡视员（2011年5月任职）
解　涛	副巡视员

2011年1月7日，宁夏回族自治区主席王正伟（前排左二）、自治区党委副书记崔波（前排左一）在自治区粮食局局长刘金定（前排左三）的陪同下调研银川市粮油供应工作。

2011年5月15日，第三届中国（宁夏）园艺博览会开幕，宁夏回族自治区粮食局局长刘金定陪同自治区党委书记张毅（前排左二）、自治区主席王正伟（前排左一）参观宁夏粮食展厅。

2011年8月29～30日，宁夏回族自治区粮食局局长刘金定陪同自治区人大常委会副主任马瑞文（前排左二）、何学清（前排左一）带领自治区人大常委会部分组成人员组成视察工作组视察区粮食流通工作。

2011年11月28日，宁夏储备粮管理有限公司挂牌成立，宁夏回族自治区党委副书记崔波（前排左三），国家粮食局副局长曾丽瑛（前排右二），自治区人大副主任马秀芬（前排左二）、政府副主席郝林海（前排右一）、政协副主席解孟林（前排左一）及自治区粮食局、自治区有关部门领导等参加揭牌仪式。

新疆维吾尔自治区粮食工作

基本情况

新疆维吾尔自治区位于祖国的西北部，总面积160多万平方公里，是全国面积最大的省区。2011年，全年实现生产总值6574.5亿元，比上年增加1137亿元；全社会固定资产投资4712.8亿元，比上年增长33.1%；全口径财政收入1646.2亿元，增长38.2%；地方财政收入1038.8亿元，增长49.8%；地方财政一般预算收入720.9亿元，增长44%；城镇居民人均可支配收入15514元，增长13.7%；农村居民人均纯收入5442元，增长17.2%。

2011年，新疆耕地面积达512.3万公顷，基本农田面积稳定在355.3万公顷。整治复垦耕地新增2.3万公顷，新增高效节水农田31.3万公顷。粮食播种面积204.8万公顷，增长0.9%；全年粮食产量1224.7万吨，增长4.6%。其中，小麦面积115.3万公顷、产量624万吨，水稻面积8.1万公顷、产量72万吨，全年小麦、稻谷面积、总产与上年基本持平。自治区本级财政安排支农资金215.1亿元，增长36.9%。落实农资综合补贴、农作物良种补贴、粮食直补、农机具购置补贴奖励等42项资金达244亿元。

2011年粮食工作

2011年是新疆维吾尔自治区全面实施"十二五"规划，大力推进跨越式发展和长治久安取得重大突破的一年。在自治区党委、人民政府的正确领导下，在各有关部门的大力支持下，全区各级粮食行政管理部门认真贯彻落实国家和自治区各项粮食方针政策，以"稳市场、保安全、强产业、惠民生"为目标，认真履行粮食流通职责，在粮食购销、市场调控、仓储建设、产业发展、企业改革、军供体系建设和信息化建设等方面取得了新进展。

一   落实民生实事工程，切实抓好粮食收购

2011年，自治区党委、人民政府为促进粮食生产，保护农民利益，将"安排种粮农民粮食直补资金7.5亿元，确保粮食安全和农民增收"列入重点民生实事工程，并继续实施小麦和稻谷敞开收购、敞开直补政策，安排小麦收购指导性计划300万吨，其中，地方粮食收购企业120万吨占40%、中储粮新疆分公司180万吨占60%。白小麦（三等，下同）最低收购信息参考价格为每公斤1.90元，红麦、

混合麦为1.84元，相邻等级差为0.03元；稻谷收购最低保护价为每公斤2.56元（标准级），相邻等级差为0.03元。继续执行按种粮农民交售给国有粮食购销企业的小麦数量给予每公斤0.20元、稻谷每公斤0.21元的财政直补政策。油葵籽在部分产区继续实施最低保护价敞开收购政策，最低保护价每公斤3.75元，政策执行截止期到2011年12月30日。油菜籽纳入国家政策性油料收购范围，实行国家临时收储政策，当油菜籽市场价低于国家发布价（托市价，每公斤4.60元）时，由中储粮新疆分公司按托市价公开挂牌收购。

各级粮食行政管理部门认真贯彻执行国家和自治区粮食收购政策，切实加强收购工作的组织协调和监督检查，指导和督促国有粮食购销企业充分发挥主渠道作用，坚持做到敞开收购、敞开直补，对农民愿意交售符合国家质量标准的粮食，全部予以收购，坚决做到不压级压价、不抬级抬价，服务农民、方便农民。全区国有粮食购销企业共收购小麦300万吨，其中，地方国有粮食购销企业收购195万吨，中储粮新疆分公司收购105万吨。全区地方国有粮食购销企业收购稻谷40万吨，较上年增加5.3万吨。财政兑付农民粮食收购直补资金6.84亿元。油葵籽收购因市场价格高于自治区发布的最低保护价，敞开收购政策未启动，主要由市场购销。

二　加强粮食宏观调控，保供稳价成效显著

认真贯彻落实自治区及国家粮食局保供稳价的安排部署，进一步加大粮食市场有效供给，维护粮价基本稳定。加大粮食市场监测力度，建立覆盖全区涉及粮油批发市场、零售网点、加工企业、仓储企业等各环节的81个粮油价格监测点，实行对敏感地区和主要粮食品种价格的跟踪测报，切实增强灵敏性和准确性。在全区6个地州市，对种植小麦和油菜籽的130户农户进行粮食产销和成本利润调查，准确掌握主要粮食品种生产成本、利润等数据。充分发挥国有粮食购销企业市场主渠道作用，按照顺价销售原则，坚持向市场敞开供应粮食，确保市场有效供给和粮价基本稳定。积极配合中储粮新疆分公司完成6.8万吨国家临时存储小麦定向销售和52万吨跨省移库工作。督促伊犁州、昌吉州按时完成12万吨自治区锁定政策性"老粮"销售任务。截至2011年底，全区地方国有粮食购销企业累计销售粮食300万吨。委托新疆粮油中心批发市场以公开竞价形式定期对自治区临时储备油进行拍卖，并对全区自治区临储油库存数量、质量进行了全面普查，库存9.1万吨临储油数量真实，品质良好。严格粮食收购资格审核管理。截至2011年底，各级粮食行政管理部门共向844家企业发放了粮食收购资格许可证，其中，国有及国有控股企业306家，民营企业205家，个体工商户329家，外商投资企业4家。

三　扶持企业发展，粮食产业化经营稳步推进

充分发挥自治区粮食产业化发展基金3000万元的引导作用，重点扶持自治区级涉粮类农业产业化龙头企业开展技术创新和技术开发，促进全区粮油加工业调优产业结构、提升产品档次、提高企业竞争力和经济效益。2011年新疆入统粮油加工业工业现价总产值172亿元（现价），产品销售收入170亿元，分别比上年增加14%和16%。企业资产总计176亿元，实现利润总额0.3亿元。全区有国家和自治区级粮食产业化龙头企业66家（国家级3个），国家和自治区名牌产品20家（国家级1家）。推进放心粮油工程建设。将"放心粮油"工程作为粮食行业2011年重点民生工程，制订了实施方案，下发了

《推进"放心粮油进农村进社区"工程的指导意见》。截至2011年底，全区放心粮油生产企业已达65家，品牌68个，产品120个，销售店582个，配送中心2个，不断满足城乡居民消费需求，保障粮油质量安全。充分发挥粮食行业协会作用，组织全区粮食企业参加了"第十一届中国国际粮油产品及设备技术展览会"，重点展示新疆特色粮油产品，扩大了新疆粮油产品的影响力。召开了重点油脂企业座谈会，分析全区油脂产业形势，探讨油脂企业和油脂产业整合问题，提出以品牌整合带动行业发展的思路。

四　加大基础设施建设，粮食储存安全得到巩固

加大仓储设施建设和维修改造力度，坚持以县城中心（储备）库建设项目为重点，兼顾乡镇收纳库建设。2011年度，安排地方国有粮食购销企业仓储设施建设项目（含食用油油罐及物流设施建设项目）49个，建设仓（罐）容32.4万吨，总投资21961万元；安排仓储设施维修资金1095万元，维修仓容11万吨。截至2011年底，全区入统粮油企业完成粮油仓储（含粮食物流）设施项目投资46676万元，新建仓容38.2万吨，新增食用油罐容2.4万吨及相关配套设施；完成仓储设施维修项目投资2236万元，维修改造仓容16.4万吨。全区地方国有粮食购销企业总仓容达到465万吨，有效仓容366万吨。全区粮食企业食用油罐容77万吨，其中国有粮食企业总罐容22万吨，国有粮食购销企业总罐容13.2万吨。继续推进粮食物流设施项目建设。2010年列入中央预算内投资的乌鲁木齐北站国家粮食储备库和伊犁国家粮食储备库2个一级粮食物流节点的10.7万吨粮库建设任务已经完成。2011年列入中央预算内投资的阿克苏地区金谷粮油购销（集团）公司和塔城地区金华粮油购销公司2个粮食物流项目正按计划进行建设。大力推进农户科学储粮工作，及时下达农户科学储粮项目建设任务，积极与财政部门协商拨付农户科学储粮建设资金，2010年5.2万套木骨架金属网仓建设项目已全部完成，2011年2万套建设项目已完成招标，正在抓紧实施。

五　完善体制机制，粮食企业实力得到增强

在国有粮食购销企业"三老"问题基本解决、产权制度改革稳步推进的基础上，进一步转变企业经营方式，完善企业管理制度，增强市场竞争力。积极协调有关部门对承担政策性粮油收储的国有粮食购销企业从2011~2013年底继续免征企业所得税地方分享部分及房产税、城镇土地使用税等，有力支持国有粮食企业发展。全区国有粮食购销企业多数已走出困境，实现扭亏为盈，步入良性发展之路。全区国有粮食企业实现统算盈利8981万元，其中国有粮食购销企业统算盈利7733万元。同时立足新疆维吾尔自治区油脂产业优势，按照市场化的原则，积极探索组建油脂股份制企业，新粮油脂公司改制上市已完成增资扩股，正在进行股份制改造。

六　加强军供体系建设，应急保障能力得到提升

坚持"以兵为本、服务部队"的宗旨，努力做到军粮供应渠道顺畅、质量稳定、服务规范、保障有力。建立和完善了军粮统筹、质量管理和资产管理等各项规章制度，认真落实军粮新标准，健全军粮质量检测体系，充分发挥军供部门的后勤保障作用。加快军粮应急成品储备库建设，在国家粮食局

的大力支持下，先行启动了乌鲁木齐北站、伊宁市、奎屯市、巴楚县四个军粮应急成品储备库建设。加强边境县军供站建设，乌恰县、乌什县军供站建设已完成竣工验收。争取网点维修改造中央补助资金和地方财政资金330万元，用于基层军供站设施维修改造，并为乌鲁木齐市等军供站配置了应急保障器材和设备。

七　切实履行监管职责，粮食依法行政积极推进

2011年，首次开展全区44万吨食用植物油库存检查工作，摸清油脂库存家底，规范油脂库存管理。完成140余家国有粮食企业600余万吨粮食库存年度例行检查任务，对不符合露天储存规范、租仓存储条件不具备、存在安全储粮隐患的进行全面排查和整改。组织开展库存粮食和食用植物油质量安全专项检查，抽样检查国有粮食购销企业库存粮食17.5万吨，质量合格率及品质宜存率达到100％；抽样检查食用植物油库存8万吨，主要指标符合国家标准。对部分企业粮食超期储存、杂质超标、标识不符以及油脂库存存在安全隐患的提出了处理意见。组织开展7个地州15家中央和地方国有粮食购销企业、6家粮食加工企业政策性粮食购销活动的监督检查，对部分企业在粮食收购活动中出现的违反质价政策、未建立台账、无证收购等行为，依照执法程序提出了核查处理意见，对情节严重的11起案件予以立案查处。加快粮油质检体系建立，在国家粮食局和自治区人民政府的支持下，伊犁、塔城、阿勒泰、昌吉、阿克苏5个粮食质量监测站已通过国家粮食局初步验收合格，并完成了国家投资810万元质检仪器的招标采购工作。

八　加强网络建设，粮食信息化取得实质性进展

2011年，在自治区经信委、财政等部门的大力支持下，通过与中国移动新疆公司进行战略合作，按照建成全区粮食系统资料库、数据库、信息库和项目库的目标要求，开展大量基础业务调研、需求分析和方案论证，初步建成涵盖粮食购销、仓储、价格监测、产业发展、监督检查等主要粮食业务的集成化、网络化管理平台。进一步推进覆盖全区的粮食系统专网建设，完成网络接入和系统集成工作，初步实现联网到县，联网到库。同时加强粮食业务管理软件的研发，并面向全区开展了应用操作培训，实现全系统年内上线试运行的预定目标。

九　加强党的建设、效能建设和干部职工队伍建设

认真贯彻落实自治区党委七届九次、十次全委（扩大）会议和自治区第八次党代会精神，紧紧围绕"创先争优"、"热爱伟大祖国、建设美好家园"等主题教育活动，进一步转变观念、创新思路，着力解决粮食系统在思想、组织、作风以及工作中存在的突出问题。扎实推进以惩治和预防腐败体系为重点的反腐倡廉建设，不断加强以践行"新疆效率"维护农民利益为重点的作风建设，逐步完善以绩效管理、绩效考评、绩效监察为重点的效能建设。落实安全生产责任制，认真组织开展局系统安全生产检查，自治区粮食局已连续三年被自治区人民政府评为安全生产目标管理先进单位。同时，狠抓粮食行业安全生产工作，加强对粮食仓储和化学药剂的监督管理。制定印发了《自治区粮食行业中长期人才发展规划纲要（2010~2020年）》，进一步加强粮食系统干部职工培训力度，争取财政专项

资金30万元，组织粮食行业各类人员培训9期共1290余人，其中在阿克苏、喀什地区举办了维语培训班，共培训600余人。

◆ **新疆维吾尔自治区粮食局领导班子成员**

雍其新	党委书记、副局长
米尔扎依·杜斯买买提（塔吉克族）	党委副书记、局长
刘会军	党委委员、副局长
王卫军	党委委员、副局长
闫 俭	党委委员、副局长（2011年7月任职）
杨 力（回族）	党委委员、纪委书记
唐阿塔尔·克力马洪（哈萨克族）	党委委员、副局长
折为民	党委委员、总经济师
朱传碧	党委委员、副局长（2011年8月任职）
陈天甲	副巡视员（2011年6月任职）

新疆维吾尔自治区常务副主席黄卫（前排中）视察新疆乌鲁木齐北站国家粮食储备库。

新疆维吾尔自治区副主席靳诺（左二）在科技活动周期间查看优质粮油产品。

新疆维吾尔自治区粮食局党委书记雍其新（左三）在巴州调研粮食仓储设施建设情况。

新疆维吾尔自治区粮食局局长米尔扎依·杜斯买买提（前排左三）在阿克苏地区调研夏粮收购工作。

新疆生产建设兵团粮食工作

基本情况

　　新疆生产建设兵团（以下简称兵团）组建于1954年，是新疆维吾尔自治区的组成部分，担负着党和国家赋予的屯垦戍边职责，在国家实行计划单列。兵团在自己所辖的垦区内，依照国家和新疆维吾尔自治区的法律、法规，自行管理内部的行政、司法事务，是既屯垦又戍边，既融入新疆社会又高度集中统一的党政军企合一的特殊组织，是一个准军事实体。受中央政府和新疆维吾尔自治区人民政府双重领导。兵团辖有14个师，阿拉尔、图木舒克、五家渠、石河子、北屯5个城市，175个农牧团场，2115个农牧业连队，拥有3457个工交建商企业，13家上市公司，分布在新疆各地州境内。与蒙古、哈萨克斯坦、吉尔吉斯坦3国接壤，管辖着2019千米的国界线，辖区内土地总面积7.5万平方千米（11186万亩），其中耕地总面积109.05万公顷，总人口261.4万人。兵团有一批科教文卫体和金融、保险等社会事业单位，有完整的公检法司监机构，以及数量足够、素质较高的民兵武装和兵团武警部队。

　　2011年，全兵团粮食总播种面积25.2万公顷，较上年实际减少3.2万公顷，减幅11.4%。其中小麦完成播种面积12.8万公顷，较上年实际减少2.8万公顷，减少18%；水稻播种面积2.1万公顷，较上年增长0.3万公顷，增长13.7%；玉米播种面积8万公顷，较上年减少1万公顷，减少7.5%。兵团现有粮食仓储企业77个，有效仓容28.1万吨，简易仓1.4万吨，需大修仓6万吨，待报废仓容1.68万吨。低温准低温仓4.3万吨，占有效仓容15%；1998年前建设仓容12.6万吨，占有效仓容的41%。入统油罐232个，总罐容13.1万吨。粮油加工企业41家，其中五家企业停产。大米加工企业10家，年加工生产能力25.6万吨；小麦粉加工企业10家，年加工生产能力13.7万吨；食用植物油加工企业13家中国有企业8家，占6.2%，其中，新增企业两家、转加工食用植物油企业两家。年油料处理能力73.8万吨，油脂精炼能力6.4万吨；饲料加工企业3家，年生产能力10万吨。入统企业全年共生产大米4.9万吨，小麦粉2.9万吨，食用植物油6.7万吨。粮食系统现有从业人员2263人，其中粮食行政管理部门38人，事业单位33人，粮食经营企业2192人。

2011年粮食工作

一　粮食行业管理

2011年，新疆生产建设兵团发展和改革委员会(粮食局)〔以下简称兵团发展改革委(粮食局)〕，坚持以科学发展观统领粮食工作，认真贯彻落实国家、自治区、兵团各项粮食政策。一是大力宣传国家和自治区的粮食收购政策。及时转发国家和自治区的粮食收购政策，要求各师团要利用当地的报纸、电视、广播大力宣传粮食收购政策，确保粮食收购政策家喻户晓。分析预测了2011年粮食流通形势，引导各师、团合理安排粮食生产和流通。二是按照国家粮食局的有关要求，认真完成了粮食行业机构粮油加工业、粮食仓储设施和粮食行业人事统计报表的汇总上报工作。三是根据国家粮食局《国家粮食局关于2011年开展夏季粮油收购专项检查工作的通知》要求，对部分师的夏粮交售情况进行了检查，撰写的《兵团夏粮交售情况及建议》，引起兵团领导重视，并对粮食工作作了重要批示。四是结合兵团城市建设进程，对阿拉尔市、图木舒克市、五家渠市、石河子市进行了城市粮食安全调研，并撰写了《兵团城市粮食安全调研报告》。新疆天山雪米有限公司选入"中国百佳粮食企业"，是新疆唯一一家被选入的粮食加工企业。五是为加强粮食行业专业人员资质管理，提高从业人员素质。根据国家粮食局《关于加强粮食行业特有工种职业技能鉴定工作的通知》精神，与新疆工业经济学校（原新疆粮食学校）共同开展了兵团系统粮食行业特有工种职业技能鉴定工作，各师共有22名同志通过特有工种职业技能鉴定。

二　粮食生产

2011年，全兵团粮食总产量167.3万吨，较上年减少42.1万吨，减产21.7%。其中小麦产量74.3万吨，较上年减少22.1万吨，减产22.9%；水稻产量1.8万吨，比上年减少0.02万吨，减产0.7%；玉米产量63.6万吨，比上年减少21.1万吨，减产25.8%。影响2011年粮食生产的因素有很多，但主要有两个方面：一是自然灾害。受雪灾、洪灾、冰雹、冻灾、干旱、风灾和生物灾害等影响，粮食受灾面积达3.1万公顷，其中绝收面积0.3万公顷。二是受粮经作物种植比较效益影响。由于2010年棉花价格大幅度上涨，进一步拉大了粮经作物的比较效益，降低了职工种粮的积极性，小麦播种面积下降幅度超过20%以上的师有四、五、六、十二、十四师。

三　粮食流通

2011年，为确保粮食安全和农民增收，保护农民种粮积极性，国家进一步提高了粮食收购价格。小麦收购最低保护价从上年的1.8元/公斤提高到1.9元/公斤（国标三等），涨幅为5.6%；稻谷收购最低保护价从上年的2.1元/公斤提高到2.6元/公斤(标准级)，涨幅为21.9%。自治区人民政府也加大了粮食补贴力度，安排粮食直补资金7.5亿元，继续执行敞开收购、敞开直补政策，补贴标准为小麦0.2元/公斤、大米0.3元/公斤(大米每公斤直补0.3元，稻谷与大米折率为70%，即稻谷每公斤直补0.2元)。自治区人民政府要求，凡是农民愿意交售且符合国家质量标准的小麦、稻谷，企业必须坚持敞开收购，绝不能出现拒收、限收和停收等现象，做到农民一手交粮一手拿钱，严禁代缴代扣和打"白条"。2011年，自治区下达给兵团收购指导性计划61.2万吨，其中小麦60万吨、水稻1.2万吨。兵团累计交售小麦56万吨，完成计划的93%。累计交售稻谷15万吨，完成计划的12.5倍。超额完成小麦收购计划的师有一师、二师、四师、六师、八师、九师、十三师。超额完成稻谷交售计划的师有一师、四师。

四　行政执法

2011年与自治区粮食局联合转发《国家发展和改革委员会、国家粮食局、财政部、中国农业发展银行联合下发"关于开展全国食用植物油库存检查工作的通知"》国粮检〔2011〕32号。四师、六师、八师、兵团粮油储备站各派一名业务人员，兵团粮油质检中心派出4名专业人员参加了国家粮食局统一组织的培训，由兵团粮油质检中心组织专业检查组对北疆部分地区食用植物油库存进行抽检。是年根据《国家粮食局办公室关于做好〈粮食流通管理条例〉七周年宣传活动的通知》精神（以下简称《条例》），结合兵团实际，通过张贴宣传画，向群众发放宣传资料、进行新闻报道等形式开展了《条例》七周年宣传活动。

五　党群工作

2011年，兵团发展改革委(粮食局)继续深入学习贯彻中央新疆工作座谈会精神，以改革创新精神加强新形势下机关党的思想建设、组织建设、作风建设、制度建设和反腐倡廉建设，党组织的凝聚力、战斗力、创造力、亲和力不断增强。委党组围绕中心抓党建，以党建促业务，不断提高党建工作水平。一是制定了《2011年兵团发展改革委(粮食局)纪检监察工作要点》、《2011年兵团发展改革委(粮食局)工程建设领域突出问题专项治理工作要点》，明确年度工作目标、工作重点、具体措施。二是结合廉政文化建设月，举办两期廉政文化专题板报、专题讲座，组织全委同志参与《廉政准则》知识测试，60名处级以上党员领导干部及时撰写学习贯彻《廉政准则》自查自纠报告。三是兵团发展改革委(粮食局)党组逐级与各分管领导、分管处（室）签订了《党风廉政建设责任书》、《党建目标责任书》，并制定下发了《关于贯彻落实〈兵团机关2011年反腐倡廉工作任务〉的分工意见》，做到层层负责、责任到位。四是开展家庭助廉、谈心活动以家人亲情的力量，强化干部廉洁意识。五是坚持以委党组中心组学习和支部学习为重点，认真组织开展专题讲座、上党课、主题活动、观看警示教育片、知识竞赛、板报等一系列活动。党总支制定了《发展改革委(粮食局)开展作风建设年活动方案》、《发展改革委(粮食局)唱响兵团精神活动方案》、《发展改革委(粮食局)学习贯彻十七届六中全会精神方案》、《发展改革委(粮食局)关于学习贯彻自治区第八次党代会精神活动安排》。给全委同志购买了《兵团儿女》、《党的历史知识简明读本》、《党的基本知识简明读本》、《苦难辉煌》等书籍。六是坚持和完善"三会一课"、民主评议党员等制度，不断提高组织生活质量。党总支召集了13次会议，实施每月一位委领导上党课计划，有8位领导上了党课。

◆ **新疆生产建设兵团发展改革委（粮食局）领导班子成员**

朱新祥	党组书记、主任
郭毅峰	党组成员、副主任
张叔俊	党组成员、副主任
王　淼	党组成员、副主任（纪检组长）
刘新兰	党组成员、副主任
闫海燕	党组成员、副主任
乔永新	党组成员、副主任
周　平	党组成员、副主任（援疆干部）

大连市粮食工作 基本情况

2011年大连完成地区生产总值6150.1亿元，按可比价格计算比上年增长13.5%。其中，第一产业增加值395.7亿元，增长6.5%；全年地方财政一般预算收入651亿元，比上年增长30%；全社会固定资产投资总额4580.1亿元，比上年增长30%；年末户籍人口588.5万人，比上年末净增2.1万人，其中非农业人口367.7万人，比重为62.5%；城市居民年人均可支配收入24276元，比上年增长14%；年人均消费支出18846元，增长13.7%。农村居民年人均纯收入14213元，比上年增长15.4%；年人均生活消费支出7599元，增长9.5%。2011年，大连完成口岸粮食吞吐量1649万吨。

2011年，大连市完成粮食播种面积28.1万公顷，比上年减少1867公顷，下降0.66%。其中，玉米播种面积为19万公顷，比上年增加800公顷，增长0.42%；水稻播种面积为2.82万公顷，比上年减少400公顷，下降1.5%；大豆、薯类播种面积分别为3.69万公顷、2.1万公顷，比上年分别减少1667公顷、400公顷。粮食产量达164万吨，增长9.8%；粮食单产5833.5公斤/公顷，比上年增加 556.5公斤 ，增长10.5%，连续8年获得丰收，均创历史最好水平。

2011年粮食工作

2011年，全市各级粮食主管部门和仓储企业认真落实粮食收购、保管、轮换和监督检查等各项规章制度，确保了粮食市场安全，为全市经济和社会发展提供了坚强保障。

一 粮食收购工作

认真贯彻执行国家粮食收购质价政策，深入市场做好调研，把握市场供需和价格信息，掌握收购进度，积极协调金融机构为企业争取粮食收购贷款资金1.6亿元，保证了收购工作的顺利开展，全年共收购粮食26.32万吨，其中水稻5.3万吨，玉米21.02万吨；国有粮食企业收购11.67万吨，占收购总量的44.6%；重点社会粮食企业收购14.65万吨，占收购总量的55.4%，实现了种粮农民增产增收，促进了农业生产。

二　储备粮轮换工作

圆满完成了市县两级储备粮轮换，实现了常储常新。轮换市级储备粮16.84万吨，县级储备粮7.63万吨、储备油0.61万吨。为确保储备豆油的安全，对6000吨市级储备豆油进行了移库调整，确保了储存安全和质量可靠。按要求对1万吨成品粮和200吨小包装豆油进行了轮换，对稳定粮油市场，平抑市场价格发挥了积极作用。

三　落实县级粮食储备工作

大连市政府连续3年将落实县级粮食储备工作纳入到对区市县政府的绩效考核范围，加大对地方粮油储备工作的督查。截至2011年底，县级粮油储备全部完成市政府下达的储备计划，对保障地区粮食安全发挥了重要作用。

四　粮食仓储规范化管理工作

全面推进了粮油仓储企业规范化管理活动，对仓储企业的实物管理、仓储管理、仓储设施管理、安全生产和财务经营等相关制度进行了系统修订完善，提高了仓储管理的科学化、规范化水平。采取政府补助和企业自筹结合的方式，新建库房仓容4700吨，维修仓容11100吨，整修罩棚10500平方米、地坪28045平方米，增加了电子检温设备和检化验设备，仓储条件得到大幅改善，科学管粮水平有所提升，圆满完成了5万吨高水分粮食的晾晒，全年没有发生一例坏粮事故。5户企业荣获"辽宁省粮油仓储规范化管理先进单位"，市服务业委（粮食局）获省先进单位称号。

根据《大连市储备粮承储资格认定办法》的要求，对承担市级储备粮的18个承储备企业共计390个库房进行了市储资格的重新认定。对4个代储企业的8个仓房、8个油罐进行了代储资格认定，完成了对18个新建仓房承储资格的评估认定。

五　粮食应急保障工作

在企业自筹资金100万元的基础上，争取市财政专项资金229万元，为承担市级成品粮储备库（厂）购置了应急发电机、包装机、空调、电子检温系统和叉车等配套设备。结合实际情况，修订完善了粮食市场应急预案，建立粮油市场应急管理专家队伍，建档立制，完善全地区应急供应预警网络建设。针对"梅花"台风可能引发的市场波动，启动了大连市粮油市场应急供应预案，为保证粮食市场安全运行做好了充分准备。

六　军粮供应保障工作

严把军粮质量关，认真执行"一批一检一报告"制度，杜绝了不合格粮食流入部队，受到驻军单位的广泛好评，为大连市"双拥"共建作出了积极贡献。大连军供站、金州区军粮供应站被评为"全国百强军供站"。大连市服务业委员会（粮食局）被省委、省政府、省军区授予"爱国拥军模范单位"称号。

七　农户科学储粮专项工程

认真落实农户科学储粮专项惠农政策，在涉农区市县粮食行政管理部门的大力配合下，共投入资金1080万元，为北三市种粮农户加工、制作科学储粮仓4000个，有效降低了粮食产后失损。

八　粮食流通监督检查工作

全年共开展了5次粮食专项检查，一是开展了秋粮收购检查，出动执法人员414人次，检查了329家粮食收储企业；二是开展了地方储备粮库存检查，出动粮食行政执法人员60人次，检查了地方储备粮承储企业30家；三是开展了粮食库存检查，对全地区40家粮食承储企业进行了检查；四是开展了食用植物油库存检查，对23家食用植物油承储企业进行了检查；五是开展了粮食竞价销售出库检查，对2家企业通过竞价销售粮食情况进行了检查。上述检查未发现问题，粮食库存数量真实，质量良好。

九　粮食库存检查和供需平稳调查工作

按照省农委《关于开展地方粮食储备库存检查工作的通知》（辽农明电〔2011〕9号）的要求，遵循"有仓必到、有粮必查、有账必核、查必彻底"的原则，按照查计划、查实物、查三账、查补贴、查原因等"五查"的方式，在企业自查的基础上，对纳入检查范围的29家统计报账企业的35个库点、39.21万吨粮食库存实物、1112个货位逐一进行了全面普查，圆满地完成了大连市地方（省、市、县三级）粮食储备库存普查工作任务。同时，完成了对辖区内的129个粮食收购、销售、仓储、加工企业和连锁超市粮食经营量的核查。

对全市454户农户、590户城镇居民户、42户国有粮食企业、151户社会粮食经营和转化企业、126户餐饮企业、46户油脂经营企业，通过到企业、居民和农户家中实地调查，摸清了2010年度粮食和食用植物油及油料收支平衡情况。

十　粮食行业管理工作

编制了《大连市粮食市场体系建设"十二五"规划》。召开了大连市首届农村粮食经纪人队伍建设工作会议，向农村粮食经纪人传达了国家、省市的一些政策、规定以及有关粮食形势等的情况和信息，拟写了《大连市农村粮食经纪人管理暂行办法》。积极探索放心粮油进社区、进农村工作，组织部分企业参评"放心粮油"评审工作。按照国家粮食局的要求，提交了对《粮食法》的修改建议和意见。

◆ **大连市粮食局领导班子成员**

张跃良	党委书记、局长
周传富	副局长
尼松发	局党委副书记、纪委书记
陈祥立	副局长
李延锋	副局长
朱保奎	副巡视员
高宪明	副巡视员

大连市召开2011年度全市粮食工作会议总结部署工作。

大连市服务业委员会（粮食局）召开会议部署2011年全市食用植物油库存检查工作。

大连市召开粮油仓储企业规范化管理工作会议，为获得全市粮油仓储企业规范化管理工作先进单位颁奖。

大连市军供系统举行诗歌朗诵会，庆祝中国共产党成立90周年。

青岛市粮食工作 基本情况

2011年，青岛市实现生产总值(GDP)6615.60亿元，比上年增长11.7%。其中，第一产业增加值306.38亿元，增长5.0%；第二产业增加值3150.72亿元，增长11.6%；第三产业增加值3158.50亿元，增长12.4%。地方财政一般预算收入566亿元，比上年增长25.1%；地方财政一般预算支出658.7亿元，增长23.7%。城乡居民收入稳定增长，生活水平提高。全年城市居民人均可支配收入28567元，比上年增长14.3%；城市居民人均消费性支出19297元，增长10.1%。农民人均纯收入12370元，增长17.3%；农民人均生活消费支出7661元，增长15.0%。

青岛市国有粮食企业2011年完成购销总量241.7万吨，完成目标计划284.4%；实现销售收入28.56亿元；年度实现利润670万元，完成目标计划139%。全市粮油加工企业工业总产值达到204亿元，同比增长11%；产品销售收入217亿元，增长10%。粮食专业批发市场交易量52万吨，交易额20亿元，增长11%。

2011年粮食工作

一 粮油宏观调控，全市粮食供应保障有力

积极扩增储备优化结构，全市新增储备规模3.4万吨（其中稻谷2万吨，小麦1.4万吨）。新建市本级500吨小包装油应急储备，落实了省下达食用油储备计划和市、区两级地方储备粮轮换计划。加强了对市场监控，实施了应急加工企业、保供网点动态监管，组织了供需平衡调查和应急物资储备检查，开展了面粉保供应急演练，通过落实各项调控措施，全市粮食市场供应和粮价保持了稳定。

二 精心组织粮食购销，掌控粮源，促进农民增收

采取多种措施，组织开展粮食购销，在有效掌控粮源的同时，实现农民增收、企业增效的目标。加强指导与协调，粮食收购主渠道积极、多渠道活跃。全市国有粮食购销企业累计收购粮食90.7万吨，完成购销总量241.7万吨，市场主渠道作用得到充分发挥。多元主体也积极入市收购，活跃了市场流通。督导全市收购企业全面提高售粮服务标准，加强了粮食经纪人业务规范和监管。通过加强调

控稳定收购价格，2011青岛市小麦、玉米收购价格每斤均比去年提高0.1元，同比增加农民收入近2亿元。

三　推进规范化科学管粮，地方储备粮管理水平全面提升

一是深入推进规范化管理示范粮库争创工作。全市8家仓储企业达到规范化管理水平优秀等级，10家仓储企业分别申报省规范化管理示范粮库、示范油库和全省十佳示范粮库评审。二是加强产学研联合。一批储粮新技术在全市储备粮库得到推广应用。三是完善仓储设施。全部落实年度仓储建设和维修改造计划，完成市级储备库三期工程审查验收工作，开发区储备库扩建得到政府批准，胶南市储备库扩建工程竣工。2011年青岛市储备库建设工作经验在全国粮油仓储设施建设工作会议上进行交流。

四　依法行政规范监管，粮食流通监管效能不断提高

推进执法示范县创建，全市执法示范县达到四个。完善执法机构、工作制度和监督机制，信息化建设取得新成效。加强粮食流通监督检查，完成了粮食库存、政策粮销售、中储粮和地方收储企业执行政策情况检查，完成170家经营者收购资格核查和夏、秋收执法检查。加强质量监管，地方储备粮、军供用粮监管面达到100％。加强质量检测机构建设，市粮油质量检测中心通过省级资质认证和食品实验室资质认证，全年累计检测质量指标11200批次，卫生指标5100批次。

五　强化部队服务保障，军粮供应工作继续保持全省领先

严把军粮质量关，坚持招标采购，扎实完成驻青部队军粮保障任务。强化"优质军粮，情满军营"理念，建设文明服务窗口，延伸服务领域，义务送粮率继续保持95％以上。深入推进军供规范化建设，全市3个军供站保持山东省规范化管理"示范站"和"十强站"，1个军供站争创全省"先进站"，2个军供站推荐申报为全国"百强军供站"，青岛市军供站荣获"山东省爱国拥军模范单位"称号。

六　加强行业服务指导，粮食产业健康发展

加强粮食加工业的运行监测，建立起比较完善的行业统计网络和指标体系，掌握了全市主要加工企业的规模、结构、分布和运行状况，为行业指导和企业服务提供了数据平台。不断加大行业管理的力度，积极协调和沟通，落实了国家对粮油加工行业的扶植政策。推进放心粮油工程建设，新创山东省放心粮油产品4个，4种产品通过复审，新创一个全国驰名商标。

七　全面完成全国植物油库存检查任务

按照国家和省库存检查联席会议部署要求，组织完成了全市自查，接受国家抽查组对青岛市的检

查，完成省下达的对日照市的交叉普查任务。累计出动人员148人次，组织9个督导组，检查单位库点16个，植物油加工企业10家。

八	推进党建、廉政和干部队伍建设

深入开展"创先争优"、"我是岛城先锋"等活动，增强基层党组织凝聚力、战斗力。完成局机关机构改革，工作绩效、服务水平继续提升。优化基层领导班子和干部队伍结构，提拔交流干部15名，引进急需人才7名。认真执行《廉政准则》，加强岗位廉政风险防控，推进党务公开，积极开展"两线一网"在线交流。

◆ **青岛市粮食局领导班子成员**

张　斌　　党委书记、局长（2012年4月28日任职）

黄润华　　党委书记、局长（任职至2012年4月28日）

安郁宏　　党委委员、副局长

岳　军　　党委委员、副局长

孙一宇　　党委委员、纪委书记

于莲华　　党委委员、副局长

柳永芯　　党委委员、副局长

山东省粮食产业发展暨青岛经验现场会在青岛召开。

青岛地区顺利完成全国食用植物油库存检查。

青岛市夏粮收购现场。

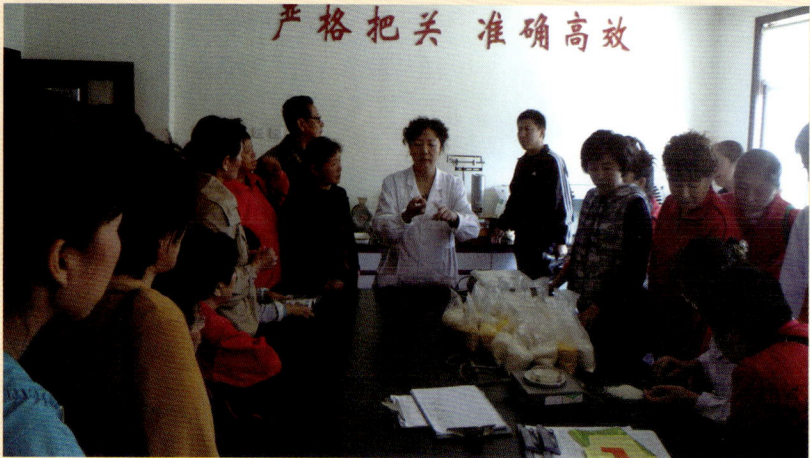

青岛市粮油质量检测中心工作人员向市民介绍粮食质量监测过程。

宁波市粮食工作　基本情况

宁波是我国首批沿海对外开放城市、计划单列市和副省级城市。2011年全市实现地区生产总值6010.5亿元，按可比价格计算，比上年增长10.0%，人均生产总值为12213美元（按常住人口计算）；财政一般预算收入1431.8亿元，其中地方财政收入657.6亿元，分别增长22.2%和23.8%；市区居民人均可支配收入34058元，增长12.9%，农村居民人均纯收入16518元，增长15.8%。

宁波辖海曙、江东、江北、镇海、北仑、鄞州6个区，宁海、象山2个县，慈溪、余姚、奉化3个县级市。共有78个镇、11个乡、63个街道办事处、626个社区和居民委员会和2569个村民委员会。截至2011年底，全市拥有户籍人口576.40万人，其中市区224.74万人。

2011年，全市实现农林牧渔业总产值399.2亿元，按可比价格计算，比上年增长4.1%。其中农业190.2亿元，增长4.1%。粮食播种面积15.1万公顷，下降0.1%，粮食总产量88.7万吨，增长1.8%。全市新建粮食功能区151个，总面积16200公顷，其中市级39个，面积为6866.7公顷。粮食功能区标准化面积达3333.3公顷。新建现代农业区42个，总面积达4133.3公顷。全市粮食总需求量303万吨，其中口粮194.67万吨，饲料用粮55.21万吨，工业用粮51.82万吨，其他用粮1.3万吨。全市粮食产需缺口213.05万吨，全年向外采购粮食293.04万吨，向外销售粮食82.5万吨，省外购销渠道已拓展到18个省（区）。

截至2011年末，全市共有国有粮食购销企业26家，市本级国有粮食购销企业从业人员218人。

2011年粮食工作

2011年，宁波市粮食局在市委、市政府和上级业务主管部门的正确领导下，以科学发展观为指导，以保障粮食供给安全和市场稳定为中心，全面落实政府宏观调控措施，积极培育和发展粮食市场体系，大力推进粮食物流设施建设，切实加强队伍建设和各项管理，如期完成了年初确定的各项工作目标，达到了预期成效。

一　全力抓好粮食保供稳价工作

一是认真做好粮食市场监测。国内粮食生产连续7年获得丰收，产量再创历史新高。但由于受全球粮食减产、粮价持续上涨，以及国内需求增加、生产流通成本提高的影响，出现供给偏紧、价格高走趋势，增加了主销区保供稳价的压力。对此，宁波市粮食局按照市委、市政府工作部署，定期研判粮食宏观环境和产需形势，深入走访企业和市场，了解购销库存，协调各方关系。加强粮情监测，完善管理网络，全面、及时、准确反映市场动态，为制定和落实各项保供稳价工作措施打好了基础。

二是积极组织外购粮源。全市各地高度重视粮食采购，确保市场供给稳定。截至12月底，全市购入东北稻米近60万吨，安排运费补贴12家企业计1408万元。在政策支持、看好后市粮价和协调解决运输问题的前提下，企业外购粮食积极性较高，采购数量大幅增加。全市粮食总库存、粳稻米库存比例都好于往年，为保障供给和增强调控手段奠定了良好基础。

三是继续推进产销合作。坚持"远交东北大粮仓、近联毗邻产粮省、扶持民营企业参与"的基本方针，加强与粮食主产区的产销合作关系。首先，千方百计吸纳产区粮食进入宁波市。黑龙江万源粮油食品有限公司在宁波市设立销售网点，由宁波免费提供2000吨库容，直接销售东北大米。庄市粮库与黑龙江新粮集团公司储加销合作进一步深化，宁波冰灯米业的购销能力得到加强，销量逐年递增。其次，切实搞好地方储备补库粮源基地建设。甬江收储公司、镇海区与江西省高安市建立合作关系，代购代储早籼稻，北仑区在安徽省巢湖市建立收储分公司，自行开展粮食收购。最后，积极帮助民营企业开展产销合作，与主产区建立长期稳定的粮食购销关系，确保居民口粮顺畅进入宁波市，增强粮食市场的有效供给。

四是切实抓好军粮供应工作。狠抓粮油质量管理，坚持"三统一、二定点"，积极开展双拥活动和全国百强军供站创建活动，全市军粮供应工作保持粮源稳定、质量优良、服务热情和部队满意的上佳状态。

二　认真做好粮食收购与储备粮管理

一是认真做好粮食收购工作。科学研究制定粮食收购政策，进一步提高订单粮食收购的补贴标准，扩大收购范围。2011年，全市国有粮食购销企业共与3.52万农户签订粮食订单16.61万吨。向种粮大户发放预购定金339万元，缓解了农民粮食生产资金的燃眉之急。在粮食收购过程中，各地积极开展优质服务活动，拓展服务范围、服务内容、服务形式，切实提高订单履约率。经过努力，在粮源趋紧、价格上扬的新形势下，全市国有收储企业可收购地产粮食15万吨以上，与2010年基本持平。其中，早稻5.88万吨，小麦1.11万吨，晚稻已收购8.1万吨，收购量超过上年。

二是全面加强地方储备粮管理。认真贯彻执行《浙江省储备粮管理条例》及其实施意见和《宁波市地方储备粮委托代储管理办法》，做到储备规模足额到位，品种结构科学合理。全市地方储备粮库存中，晚稻占储备规模25.05%，晚稻补库到位后，晚稻的储备比例可达到30%以上。市区还落实玉米和大豆储备，确保应急之需。不断探索储备粮管理模式，降低运营成本，完善与粮食骨干企业晚粳谷委托代理购销和轮换的合作业务。加强收购、储存环节和政策性用粮销售的质量卫生监管，防止不达标粮食流入口粮市场。积极组织开展食用植物油库存大检查，克服"重粮轻油"思想，把油库管理纳入"一符四无"粮仓建设活动之中，2011年被评为全省先进单位。

三是切实维护粮食流通的正常秩序。推进行政审批制度改革，建立"批管分离"体制。全面梳理粮食收购资格审批事项的前置申报条件及其依据，完成行政审批事项的标准化样本编制工作。组织开展收购市场专项检查，核查企业148家，注销4家，核定最高库存企业72家。宁波市粮食局作为全省第一批依法行政示范单位，已通过省级验收。

三　全面落实粮食安全责任制考核

一年来，各级政府更加重视粮食安全问题，安全责任制进一步得到落实。2月中旬，省考核组对宁波市和象山县的粮食供需平衡、粮食生产、粮食生产保护、粮食储备和应急措施落实进行了检查考核，宁波市粮食安全责任制2010年度考核获得省政府一等奖。3月，市有关部门抽调24人组成4个考核组，由各部门分管领导带队，对8个县（市）区进行检查考核，象山县按省考核结果为准。从汇总情况看，各县（市）区领导重视，责任落实，措施有力，总体执行情况良好。但由于耕地占用矛盾比较突出，有的耕地统计数据存在误差，粮食播种面积和产量存在一定的水分。据抽样调查统计，全市粮食播种面积15.1万公顷，产量88.7万吨。根据现场考评和平时掌握的实际，经过认真评估并报市政府粮食安全责任制领导小组审核批准，考核等次优秀的依次为鄞州区、象山县、慈溪市，其余6个县（市）区为良好。

四　着力推进粮食流通设施建设

一是全面完成宁波庄桥粮油批发市场的续建工程和市场搬迁工作。开展现场办公，建立专项工作班子，派驻专人搞好督促和协调，集中精力协助市场公司破解各种难题，切实抓好各项扫尾工程。市发改委认为，该项目参建各方尽心尽责，组织得力，方案正确，管理有效，确保了质量、安全、进度和文明施工，12月中旬通过工程竣工验收。为了早日发挥该市场的批发交易功能，早在项目初步建成之时，宁波市粮食局经过学习考察和调查摸底，认真制定市场摊位分配方案和整体搬迁计划，做到科学安排、集体研究、民主决策，于8月6日开始试营业。针对实施过程中遇到的矛盾和困难，与有关部门和各类经营户多次开展协调、沟通、磋商，终于得到了妥善处置。目前，粮批市场秩序良好，交易活跃，粮油库存充足，价格基本稳定。

二是全面整合仓储设施，积极筹划中心粮库建设。各县（市）区中心粮库建设全面推进，完成并投入使用的有4个，宁海、象山、余姚二期中心粮库正在建设，镇海、北仑中心粮库已经立项并在落实前期工作。至此，全市中心粮库的建设网络已构建完毕。市本级粮站拆迁形势进一步加剧，已经拆迁3处，即将拆迁4处，白沙粮库也已列入近年拆迁计划。为此，宁波市粮食局在服从城市建设规划大局、落实拆迁补偿事宜的同时，决定抓住机遇，统筹整合仓储资源，积极谋划新建市本级中心粮库，各项筹建工作正在努力推进。鄞州区积极实施"1515"工程，即1个中心库、5个骨干粮站、15个收购网点。各县（市）区加紧整合仓储资源，不断优化本地的粮食收储布局。

三是继续推进粮食物流中心项目建设。粮食物流中心项目已列入宁波市"十二五"规划，鉴于原规划选址的镇海后海塘存在着难以克服的因素，尤其是航泊能力受到限制，经向市政府汇报，与市发改委协商，意向选址改在北仑梅山岛，并与北仑区政府、梅山港管委会多次进行了沟通和对接。12月底，市强港办专题听取了工作汇报，对宁波市粮食局在项目选址问题上所做的思路调整和工作给予充分肯定。同时，积极开展招商引资工作，与中粮、中储粮集团公司等大型国有企业进行联系洽谈，进一步深化了合作意向。

五　努力抓好自身建设和各项管理工作

一是深入推进组织队伍建设。以"三思三创"为主线，紧扣粮食工作实际，运用"四个抓手"解答好思什么、创什么的问题，通过"六个着力点"解决好怎么创、求实效的问题，四项难题解破率达到100%。通过党委中心组、机关和企业党支部、"网上学院"学习和脱产培训，深入学习十七届五中、六中全会精神。坚持民主、公开、竞争、择优原则，搞好机关中层领导干部的选拔竞聘和新提拔企业领导的跟踪考评。各县（市）区加强职工队伍建设，有计划招聘各类专业技术人才，及时为企业输入新鲜血液。认真抓好反腐倡廉工作，建立廉政风险防控机制，落实公开承诺制度。积极培养和发展新党员，组织生活和工会活动更加活跃。

二是努力促进企业稳定发展。认真抓好国有购销企业的考核管理工作，做到年初有目标，年底有考核，全年有督查，着力提高企业的两个效益。完善企业财务管理，堵塞漏洞，充分挖掘内部潜力，搞好增收节支。加强国有资产管理，市场化经营，规范化运作，现实国有资产的保值和增值。全市国有粮食购销企业管理规范，职工队伍稳定，运营情况保持良好，无一家亏损。未被纳入财政包干的庄市粮库，由于航道受限，业务量下降，企业经营一度严重滑坡。为此，深入企业开展工作调研和现场办公，及时调整企业领导班子，建立"服务企业工作领导小组"蹲点指导工作，帮助企业渡过难关，经营形势明显好转。

三是积极营造文明、安全、和谐环境。全市粮食部门结合收购服务、仓储管理等主营业务，动员广大职工创先争优，积极参与精神文明建设。甬北公司、白沙粮库荣膺市文明企业、"和谐企业"称号。全面落实综合治理和安全生产责任制，扎实开展"安全生产月"（年）活动，加大监督力度，强化源头管理。组织开展地毯式安全生产大检查，及时整改事故隐患。全系统未发生一起上报责任事故和刑事案件，确保了一方平安。完成局机关老大楼消防整改和新大楼购置、装修、搬迁任务，在清除消防隐患的同时，明显改善了机关办公环境和条件。认真做好对口扶贫指导、劳动用工管理、信息报道和各类网站建设以及精简退职人员生活补助的申报和政策解释工作。顺利完成粮交会、信访会议等大型活动的接待任务，得到了全国各地嘉宾的广泛好评。认真受理人大建议和政协提案，主动造访，规范办理，真正使代表、委员们满意。

◆ **宁波市粮食局领导班子成员**

杜钧宝　　党委书记、局长

徐常升　　党委委员、副局长

杨久义　　党委委员、副局长

冯沛福　　党委委员、副局长

徐　挺　　党委委员、副局长

2011年1月4日，宁波市粮食局召开全市粮食局长会议，宁波市粮食局局长杜钧宝（中）总结了2010年粮食工作，部署2011年粮食工作任务。

2011年8月2日，浙江省粮食局副局长李立民（右二）一行来宁波市调研指导早稻收购工作，与种粮大户亲切交谈，市粮食局副局长徐章升（右一）陪同调研。

2011年9月28日，宁波市召开粮食工作座谈会，局长杜钧宝（中）出席会议并讲话。

2011年12月8日，宁波市粮食局局长杜钧宝（右三）、副局长冯沛福（右二）一行到余姚市陆埠镇裘岙村调研。

厦门市粮食工作　基本情况

　　厦门地处我国东南沿海、台湾海峡西岸，东临金门诸岛，位于闽南金三角中心，是全国首批经济特区和副省级计划单列市、国际海港风景旅游城市，陆地面积1565平方公里，海域面积300多平方公里。现辖岛内思明区、湖里区和岛外集美区、海沧区、同安区、翔安区6个行政区。2011年末常住人口361万，户籍人口185.26万。全年实现生产总值2535.80亿元，比上年增长15.1%。财政收入651.83亿元，比上年增长26.2%，其中，地方级财政收入370.77亿元，增长32.6%。城镇居民人均可支配收入33565元，比上年增长14.7%；农民人均纯收入11928元，比上年增长18.9%。

　　厦门是粮食纯销区，97%以上的粮食依靠外调。2011年全年农作物播种面积29360公顷，其中粮食播种面积8313.3公顷，产量4.58万吨，比上年增长1.9%。粮食购销、存储总量再创新高，中转贸易数量持续增加，购销两旺趋势保持延续。全社会粮食总供给379.8万吨原粮，比上年增加39.74万吨，增长11.69%。其中国内购进量311.59万吨，进口63.61万吨(增加15.03万吨)；总需求361.53万吨，比上年增加43.84万吨，增长13.8%，其中，总消费146.14万吨，比上年增加17.6万吨，增长13.73%；口粮消费59.45万吨，比上年增加11.11万吨，增长22.98%。全市食用植物油总供给量51.2万吨，比上年增长5.83%，其中，进口6.88万吨，比上年增加3.02吨，增长78.24%；总需求量49.57万吨，比上年增长1.14%，其中，总消费7.98万吨，增长24.69%；口油消费6.54万吨，增长27.73%。全市重点油脂企业食用油总购进量45.71万吨，比上年增长17.69%；总销售44.22万吨，增长13.07%。

　　2011年末，全市粮食经营、加工转化和用粮企业988家，其中具有粮食收购资格企业44家，中央及地方粮食储备企业6家。大中型粮油加工企业31家，其中大米加工13家、面粉加工9家、食用油加工3家，粮食复制品加工7家；骨干粮油加工企业14家，骨干粮店25家。获得国家和省市优质粮油品牌16个，其中国家级2个、省级6个。

2011年粮食工作

　　2011年是"十二五"规划的开局之年，也是厦门经济特区成立30周年。厦门市粮食系统认真学习贯彻党的十七届四、五、六中全会和胡锦涛同志"七一"重要讲话精神，坚持以科学发展观为统领，按照市委、市政府的工作部署，紧紧围绕"保供稳价"这条主线，积极主动采取措施应对粮价上涨，努力在"引粮入厦保安全，加强调控稳市场，保证供应惠民生，壮大产业强实力"等方面下功夫、创实效，促进粮食事业健康发展，粮油市场运行平稳有序，确保了粮食安全。

一　宏观调控能力不断提升

（一）抓好储粮增储与定向销售，全面落实保供稳价工作

　　一是落实储备粮两次增储任务。按厦门市政府要求，通过招标和订单采购，顺利完成2011年新增市级储备粮1.5万吨和追加1万吨储备原粮用于扩增市级成品粮储备的任务。二是抓好两个定向销售。协调安排1.44万吨储备晚籼稻提前轮出，由夏商粮食发展公司负责每月均衡加工，以优惠价(每公斤零售3.6元)定向销售给低收入群体及大伙食团体，发挥了"保供稳价"的积极作用，受到社会各界的好评；2011年轮出早籼稻按上级统一部署实行定向邀标销售，较好地发挥了储备粮轮换参与市场粮价调控、稳定市场粮价的作用。组织对2008年以来定向加工销售执行情况进行检查，夏商集团在具体落实定向供应措施中发挥了积极作用，总体情况较好。

（二）落实储备粮轮换计划，深化仓储规范化管理

　　一是如期完成储备粮轮换任务。坚持早计划、早安排，制定实施储备粮年度轮换方案，顺利完成全年储备粮5.12万吨采购和2.62万吨轮出任务。目前，0.7万吨小麦、1.65万吨早籼稻已履约验收入库，1.93万吨晚籼稻按合同将于今年2月交货。联合制定出台《厦门市粮食风险基金管理办法》，规范基金的管理使用。二是开展仓储规范化管理活动。贯彻执行《粮油仓储管理办法》，总结交流粮油仓储工作经验，开展规范化管理核查。各储粮单位建立健全仓储管理规章，规范作业流程，落实三级查仓制度；积极运用科学保粮、绿色储粮技术，确保储备粮安全，倪岳峰副省长在考察旗山粮库时给予充分肯定。

（三）开展粮食库存检查，搞好粮油供需平衡调查

　　结合春、秋两季粮油安全普查，由局领导带队对市级储备粮油进行全面检查和鉴定评分，受检仓库均达到"一符四无"粮仓标准；开展新中国成立以来最大规模的食用植物油库存大检查，粮油库存账实相符，总体情况良好，受到省联合检查组好评。搞好季度粮食购销平衡统计，组织开展国家粮食统计信息系统升级培训，做好新旧软件衔接工作，并按要求新增大量的统计报表。完成全市36家粮油仓储单位首次备案申请的审核登记和汇总上报。2011年厦门市粮食流通统计监督检查工作获得国家粮食局表彰，厦门市粮食局荣获国家粮食局2010年度执法检查先进单位。

二　粮食流通市场规范有序

（一）加强产销协作，积极引粮入厦

一是协调参加粮食产销协作洽谈会。配合省粮食局做好在厦召开的第七届七省产销协作洽谈会的会务保障，组织厦门市36家粮企参会并达成采购意向数76万吨，现场达成粮食购销合同意向30万吨；组织参加省第十届产销协作洽谈会，现场签订粮食购销合同11.5万吨，并适时跟踪督导签约合同履约到粮情况；协调参加第十一届中国国际粮油产品及设备技术展览会，设立历届最多的7个展位，5家粮油企业参展，3个参展产品获得金奖，市粮食局荣获展览会优秀展出奖、组织奖和优秀联络员奖。二是督促增加市场有效供给。组织元旦、春节和中秋、国庆等重大节日的粮油库存和质量安全大检查，督导粮油加工企业增加市场投放量，确保重大节日和重大活动期间粮油供应足、品种多、质量好。三是协助创建粮源生产基地。与江西宜春市签署产销协作及基地建设协议，强化两市粮食产销合作，协调促成好年东米业当年起在宜春新建富硒水稻生产基地1万亩。

（二）加强监督检查，确保粮油质量

一是加强粮油市场监督检查。积极推进放心粮油进社区、进农村活动，参与治理"餐桌污染"专项检查活动，配合整治"地沟油"专项行动。举办主要粮油企业法人"拒绝非法添加"签约仪式和民营油脂企业抵制"地沟油"倡议。坚持每季度粮油质量考评制度，公布粮食质量状况，接受社会监督。二是加强粮油质量检测。全年抽检140家粮油企业158批次样品，卫生指标均达到国家规定标准。加大对"镉"等重金属的检测力度，确保大米质量。投入使用一批新的粮油专业检测检验仪器，不断提升粮油检测整体实力。市粮油质监站全年完成粮油检验任务580批次，提供检验数据近万项。三是严把粮油市场准入关。制发《深入推进依法行政责任制意见》，做好粮食收购企业资格审查，完成44家企业许可证年审和12家骨干粮食加工企业、22家骨干粮店进行考核年审工作。

（三）搞好粮油价格监测，重视发挥协会作用

一是搞好粮油价格监测。针对2011年粮价持续波动特点加强实时监测，进一步完善粮油价格监控网络，分析预测粮食供求形势及其变化趋势，落实月报、周报、旬报制度。全年共处理报价表格660份，为领导决策提供信息服务。二是注重发挥粮食行业协会作用。协调倡议9家会员企业参加"献爱心赠大米"活动，捐赠5.2吨优质大米帮助社会弱势群体，受到市福利基金会授牌致谢。继续帮助会员单位与银行"对接"，帮助7家企业获得6150万元银行贷款。做好第一批、第二批全国、全省放心粮油示范企业评选的审核推荐工作，全市有4家企业获得第一批全国放心粮油示范企业和8家省级放心粮油示范企业。三是积极宣传粮食科普知识。在同安区举办第30个世界粮食日暨放心粮油进社区、进农村活动，在集美区开展粮食"科技宣传周"和海沧区"食品安全宣传"等活动，采取多种形式帮助市民提高粮油鉴别能力，倡导爱粮节粮新风尚，引导消费者科学、健康、理性消费。

三　军粮供应管理上新水平

（一）提升服务水平，密切军地关系

坚持开展电话预约、送货上门服务，做到随到随供的全天候服务保障，每月定期组织到部队干休所设点服务，全年为部队送货3000多吨。组织召开军地迎新春晚会，开展"八一"建军节走访慰问部

队和征询军供工作意见建议等活动，沟通交流意见，增进军地情谊。厦门市粮食局报送参评国家军粮办举办的迎接中国共产党成立90周年摄影比赛作品获得三等奖。

（二）强化军粮质量管理，争创全国百强军供站

实行军粮质量关口前移，实行军粮采购供应全程监管，全年自检粮油30批次，退回不合格大米3批次。召开军粮质量分析会，完善科技保粮措施，完成厦门市军粮供应地理信息数据的采集上报，确保军粮供应质量。对照争创全国百强军供站考核指标，完善各项管理规章制度，修订应急保障供应预案，并分别接受国家粮食局军粮办的复查和省粮食局的核查巡查。

（三）拓宽服务领域，副营业务再上新台阶

制订实施"主副并进、以副补主"的军粮供应发展思路，发挥"军供"金字招牌和现有场地，积极拓展副营业务，增加供应适销对路的其他粮油食品和日用品，做大食用油等多种经营品种与规模，不断提升军供站经营管理和创收能力。全年实现利润130万元，比上年增长30%。

四　粮食系统建设持续加强

（一）开展中国共产党成立90周年纪念活动，精神文明创建取得新成效

组织召开厦门市粮食系统庆祝中国共产党成立90周年暨表彰大会，表彰一批"先进基层党组织"、"优秀党务工作者"和"优秀共产党员"，并组织推荐参评市直机关党工委"两先一优"。协调开展"学党史、知党情"活动，组织全系统党员进行党史知识测试。督导全系统开展"七个一"活动，举办以"歌颂党的辉煌历程，展现粮食职工风采"为主题的文体活动，先后组织了"红歌大联唱"文艺汇演以及拔河、集体跳绳、运篮球接力等体育比赛，取得了较好效果。组织党建重点课题调研，撰写的党建调研文章《党组织引领粮食系统改革发展的实践与思考》入选厦门市纪念中国共产党成立90周年理论研讨文集，并获三等奖。积极开展争创文明单位活动，指导有关单位迎接文明单位复查。先后组织开展文明单位志愿者、义务植树和"慈善一日捐"、办公场所禁烟等活动。完成粮食系统市级以上文明单位与社区联创共建协议签订工作，并开展联创共建活动。厦门市粮食购销公司连续四届获得省级文明单位称号，厦门市粮食局、市军粮供应站荣获2011年度厦门市文明单位，市粮食局第一分局、第二分局，市粮油质量监督站，翔安和同安粮食购销公司分获2011年度厦门市直机关文明单位。

（二）强化安全生产管理，实现无事故无伤亡目标

围绕"安全生产年"、"责任落实年"活动主线抓好安全生产工作，实行安全生产责任制，逐级签订安全生产《责任书》。抓好安全生产宣传教育，举办以"安全生产、人人有责"为主题演讲比赛，召开全市民营粮食企业安全生产级别评定后巩固提升工作试点现场会，督导应急器材库室建设，不断修订完善应急预案并督导演练，努力提升应急处置能力。坚持安全生产工作季度例会制度，狠抓防火防汛、出租房地、行车安全等隐患的排查治理，扎实开展"安全生产月"、消防安全"五大"、道路交通安全等活动，实现全系统连续8年安全生产无事故无伤亡目标，受到了厦门市政府副市长王小洪带队的市安全生产检查组和市安委会年度检查考评组的充分肯定和高度评价。市粮食局、市粮食购销公司分别被厦门市政府评为2010~2011年度安全生产目标责任制考核先进单位、安全生产先进单位。

（三）重视系统自身建设，机关效能持续加强

落实局党组中心组理论学习计划和局党组年度"一报告两评议"制度，落实党建工作责任制。开展党风廉政教育、《廉政准则》知识测试和执行情况自查；召开局党组民主生活会，认真开展批评与自我批评。上报局机关机构改革"三定"方案，制定粮食行业中长期人才发展规划并在省粮食局作经验介绍。做好干部选拔任用工作，并组织群众评议，督导事业单位绩效工资改革工作。召开机关效能建设部署会，拟制市粮食局绩效管理工作方案和效能建设实施意见，分解绩效考核指标，不断加强机关效能建设。粮食信息工作取得新进步，上报信息被厦门市委、市政府采用近百条，创历史新高，获得2011年度绩效管理指标考核满分的好成绩，并被评为2011年厦门市政务信息工作先进单位。

◆ **厦门市粮食局领导班子成员**

曾耀民　　　党组书记、局长

卢晓东　　　党组副书记、副局长(2011年10月任职)

郭勇鹏　　　党组成员、副局长

林育周　　　党组成员、纪检组长

林勇鹏　　　党组成员、副局长

张伟生　　　党组成员、副局长

2011年7月6日，福建省政府副省长倪岳峰（左三）在厦门市副市长黄菱（左五）的陪同下考察厦门旗山粮库。

2011年7月6日，第七届七省粮食产销协作福建洽谈会在厦门召开。

"七一"前夕，厦门市粮食局机关举行歌咏会纪念中国共产党成立90周年。

厦门市粮食局重视密切军民关系，为厦门荣获"全国双拥模范城"六连冠作贡献。图为厦门市军粮供应站在端午节组织职工到部队手把手教授包粽子。

深圳市粮食工作　基本情况

深圳市于1979年设市，1980年设立经济特区，现为国家副省级计划单列城市。深圳市东临大亚湾和大鹏湾，西濒珠江口，北与东莞、惠州两市接壤，南与我国香港特别行政区一河之隔。全市土地总面积1991.64平方公里，现辖罗湖、福田、南山、盐田、宝安、龙岗及光明新区、坪山新区、龙华新区、大鹏新区等10个行政区，现有户籍、非户籍人口约1400万人。

改革开放以来，深圳市粮食流通体制改革不断深化，粮食购销企业实行了"自主经营、自负盈亏"全国首例经营模式。2009年，深圳市机构改革对粮食行政管理体制作了调整，即由原发改局负责的粮食行政管理调整为由市发改委负责组织制订重要物资（含粮食）储备的计划和政策；由市科工贸信委承担粮食行政管理职责，组织实施粮食等重要物资储备和市场供应，2011年再次改为经济贸易和信息化委员会。

2011年粮食工作

深圳是粮油主销区，2011年，全市所有粮食供给515万吨均从市外购进或进口，其中从省外购进约313万吨，占供给总量的60.80%，主要来自东北三省和江苏、山东等省份；从国外购进约79万吨，占供给总量的15.37%，主要来自泰国、越南等地。食用植物油总供给约75万吨，其中从省外购进约16万吨，占供给的21%，主要来自山东、新疆和江苏等省份；从国外购进约19万吨，占供给总量的25%，主要来自西班牙、马来西亚等，另有6万吨豆油为进口大豆在深圳压榨生产。

一　全面推进保供稳价工作，市场充足稳定有序

为切实承担起全市粮油市场供应和价格稳定的责任，经济贸易和信息化委员会及时调整了粮油市场保供稳价工作小组成员。并由市政府陈彪副市长任组长；发展改革委、经贸信委、财政委、市场监督管理局领导任副组长；成员由经贸信委流通市场处、发展改革委产业协调处、价格处、财政委经贸和金融处、市场监督管理局价格监督检查分局、市粮食集团等有关人员组成。并扎实开展粮食供需平衡调查，深圳市按照《国家粮食局办公室关于做好2011年度社会粮食食用植物油及油料供需平衡调查工作的通知》（国粮办〔2011〕197号）精神，深圳市经济贸易和信息化委员会和深圳市

食品行业协会按万分之五的比例抽取家庭住户1752户发放调查问卷，问卷回收率达到100%，家庭住户的有效问卷数为1924份，有效问卷率为98.85%，非家庭住户的有效问卷数为1486份，有效问卷率达99.07%。通过调查，2011年深圳市粮食总需求约512万吨，其中居民口粮消费约206万吨，占需求总量的40.29%；食品、副食品及酿造业用粮约26万吨，占需求总量的5.13%；饲料用粮113万吨，占22.07%；销往外地158万吨。占总需求30.89%。2011年深圳市粮食总供给约515万吨，略高于需求总量。

2011年末，深圳市全市库存粮食与前几年相比有较大幅度的增加，一方面是政府大幅增加了地方粮食储备规模；另一方面政府加大了对粮食工作的重视力度，通过将骨干企业纳入政府应急保障体系、为企业搭建购销合作平台等一系列措施，调动企业积极性，激励企业增加粮食库存，加强货源保障。

二 加强市场监测，确保粮食质量

一年来，每月进行一次粮油市场供应和价格监测工作，从监测到的情况来看，全市粮食市场较繁荣，粮油供应充足，成品粮价格比较稳定。全市日均口粮消费与总库存完全能满足市场供应；市场粮油零售价格稳中略升，与去年同期相比，涨幅在11.5%以内。为更好地保障深圳市粮油供应，保证产销衔接顺畅，深圳粮油主管部门根据市场需求和粮油企业的需要，积极主动为企业搭台，建立产销合作基地，并由经济贸易和信息化委员会领导率领深圳市食品行业协会及11家粮食骨干企业赴黑龙江省佳木斯市、牡丹江市、绥化市等重点产粮区域进行实地考察，建立产销合作基地，并与黑龙江省粮食局签订了《关于进一步加强粮食产销合作的协议》，标志着深圳市与黑龙江省粮食产销合作长效机制正式建立。通过实地考察并与合作伙伴深入沟通，深圳市11家粮食骨干企业与黑龙江省30多家粮食企业签订采购协议97.8万余吨，有效地保证了粮食供应和粮食安全。同时，2次组织粮食骨干企业参加产粮区域的交易洽谈会，并组织参加中国国际粮油产品及技术设备展览会，为粮食企业营造了一个良好的经营环境。还与国家发改委和铁道部等有关单位保持紧密联系和沟通，确保粮食运输及时到站进库。为了进一步推动粮油行业企业和产品品牌建设，促进产品质量的不断提高和优质产品的生产，保障市场供应和价格稳定，加强粮油企业"品牌"建设，积极鼓励企业出精品。及时做好粮食质量监管工作。为确保储备粮质量安全，深圳市经济贸易和信息化委员会投入18万多元，对全市储备粮进行质量检测。经过检测，储备粮油合格率达100%。在加强粮食安全生产监管工作中，成立了粮食安全生产工作领导小组，建立了粮食监管机构，定期开展安全生产检查，落实了安全生产措施，消除了安全隐患，全市粮油企业没有发生粮食安全生产责任事故。强力推进企业规范化管理，严格按照储备粮规范化管理办法，督促各粮油储备企业加强仓储设施建设，改善仓储条件，做到仓库白化、道路硬化、库区绿化、环境美化。完善相关制度建设，做到仓号备案、制度上墙、人员定岗、职责明确。加强储备粮质量监管，做到仓外清洁卫生、仓里无鼠害虫害，仓房无漏水、粮食出入库有保管记录、保管的粮食有粮温监测和熏蒸通风记录、药品管理实行"双人双锁"。加强储备粮库存监管，健全会计、统计、保管等三本统计台账，做到每月三账必须核对相符、数量真实一致。

三 加强应急保障网点建设，确保粮食安全

为加强粮食应急保障体系建设，规范粮食应急保障网点的认定管理，落实粮食应急加工、运输、

供应，增强粮食应急保障能力，确保粮食安全和社会稳定，深圳市经济贸易和信息化委员会先后认定了32家粮食应急保障网点企业。其中，大米加工企业15家、面粉加工企业3家、油脂加工企业4家、大型经营超市4家、物流运输企业6家。应急保障网点日加工大米1592吨，日库存大米31660吨；日加工面粉2400吨，日库存面粉6600吨；日加工油脂6215吨，日库存油脂95406.28吨；运输车辆340台，核定载重量达11461吨。挂牌的粮食应急保障网点具有点多、线长、面广、机动性强等特点，网点将覆盖全市8个行政区的56个街道和社区。

四　加强经销网络建设，提升"品牌"质量

通过建立粮油市场协议准入制度，索证索票制度，购销台账制度，不合格粮油退市制度，质量档案制度，执行合理最高库存量制度等一系列行的有效手段，引导"粮油配送中心"和经销商超依法经营，促进粮油市场健康发展。另外，为了进一步推动粮油行业企业和产品品牌建设，促进产品质量的不断提高和优质产品的生产，向社会及广大消费者推荐优质产品，保障市场供应和价格稳定，加强粮油企业"品牌"建设，积极鼓励企业出精品。到目前为止，全市粮油企业自有品牌86个。10月14日，由国家粮食局和中国粮食行业协会在浙江宁波举办的"第十一届中国国际粮油产品及设备技术展览会"上，深圳市中泰米业有限公司生产的"泰皇"牌大米和春谷园茉莉香贸易有限公司生产的"北田"牌大米获金奖殊荣。

五　粮食流通基础设施建设进展顺利

一是重点加强地方储备粮库建设。在深圳市编制的重要物资储备规划中，提出建设粮食储备体系相关项目，包括库容17万吨的市属储备库、库容5万吨的宝安区属储备库和库容4万吨的龙岗区属储备库等。市属储备库已于2009年底投入使用，龙岗区属储备库进入分布验收阶段，宝安区属储备库已完成一期主体工程建设。二是注重发挥骨干粮食企业作用，稳步推进基层粮库建设。近年来，深圳市骨干粮食企业通过企业自筹、社会筹集及股份合作等多种形式筹集仓房建设资金3亿多元，用于新建粮库、维修改造旧粮库和更新升级储粮设备等。三是围绕提高粮食流通效率，不断提升仓储设施功能和储粮水平。如总投资3.56亿元的市属储备库，占地面积7.7万平方米，总仓容17万吨，包括4栋楼房仓和10座浅圆仓。粮库采用了先进的粮食储备技术和自动控制系统，能够实现接收、发放、倒仓等一系列作用的自动化控制；配备了粮情监控及防霉变系统、实现温度、湿度控制一体化；还设有粮油检化验实验室，能满足粮油质量和卫生指标检测需要。

六　军粮管理进一步规范

进一步健全和完善了各军供站点的军粮采购制度、军粮质量监管制度、价格核定制度、军供财务管理制度、应急保障供应制度、人员管理制度。对照"十强"军供站的要求，将各项管理制度上墙公示，要求员工严格遵守制度，按制度办事。深圳市各军供站（点）店容店貌整齐、干净、卫生，切实加强了军粮质量各个环节的管理，全面达到了军粮质量管理的各项要求，严格控制了军供粮源，把好了原粮采购加工关。严把了储存检验关，坚持入库出库必检，安全保管无事故。严格售后服务措施，

供应单位反映良好。军供财务管理，做到真实准确，并杜绝了各类失、泄密事故发生。2011年，深圳市粮食集团军供站荣获国家"百强军供站"殊荣。

深圳市粮食市场发展较快，切实做好纯销区市场供应责任重大，深圳市经济贸易和信息化委员会认为，编制体制有待进一步理顺，流通监督有待进一步加强，监管手段还需进一步完善。一是继续做好粮食市场保供应急工作，确保市区储粮及时轮换。夯实市场供应和应急调控基础，严格落实市本级粮油储备，做好应急粮源收购、加工、运输、供应等工作。充分发挥深圳市民营骨干企业的作用，拟将大型民营骨干企业纳入地方储备粮试点工作。二是加强粮食管理，继续完善粮食流通监督检查。组织开展粮食统计、粮食流通市场等专项检查，打击扰乱粮食市场秩序的违法、违规行为，规范粮食市场秩序。重点把握粮食企业最低、最高库存量和统计数据真实性，加强对政策性粮食购销活动的库存专项检查以及新粮入库质量监测等。三是大力推进粮食物流节点项目建设。尽管市政府加大了粮油流通基础设施建设投入力度，但随着深圳经济的快速发展，还存在库容不足和粮食运输中转效率不高等问题。通过在深圳市临港区域打造一个集粮食码头、中转储备库、粮油加工产业、检测及物流配送、交易市场等项目的现代化粮食物流节点，能够大幅提升深圳市粮食接卸、疏港和仓储能力，降低粮食物流成本，密切产销区联系，对促进深圳市粮食行业发展、稳定粮食市场、确保粮食安全有重要意义。目前，该项目已完成可行性分析，达成初步选址意向。四是加强信息平台建设。深圳市信息技术飞速发展，但是多数粮食加工、销售企业管理方式落后、信息化进展缓慢。如建立统一发布粮食质量标准和价格行情等的信息平台，有利于拓宽购销渠道，有利于减少中间环节和降低物流成本，更有利于政府部门的信息监测。

◆ **深圳市经济贸易和信息化委员会领导班子成员**

郭立民	党组书记、主任
彭新叶	党组成员、副主任
贾兴东	党组成员、副主任
邓寿棠	党组成员、副主任
谢建民	党组成员、副主任（分管粮食工作）
颜江凌	党组成员、机关党委书记
高　林	党组成员、副主任
张金生	党组成员、市世贸中心主任
顾宏伟	党组成员、市中小中心主任

第五篇

粮食政策与法规文件

联合发文

关于做好粮食政策性财务挂账核销工作的通知

（财政部　国家粮食局　中国农业发展银行
财建〔2011〕68号　2011年3月17日）

省财政厅、粮食局、农业发展银行：

为切实减轻粮食主产区财政负担，进一步加大对粮食主产区投入和利益补偿，经国务院批准，中央财政一次性帮助你省消化部分粮食政策性财务挂账本金。现将有关事项通知如下：

一、中央财政一次性帮助你省消化1992年4月1日至1998年5月31日形成的粮食政策性财务挂账本金　　万元，资金已于2011年3月7日拨入中国农业发展银行总行账户，且中国农业发展银行已等额核销本次消化挂账贷款的本金。从2011年3月8日起，中国农业发展银行总行及其分支机构停止对这部分挂账占用贷款计息收息，中央财政与地方财政不再负担这部分挂账占用贷款的利息支出。

二、中央财政帮助粮食主产区消化部分粮食政策性财务挂账本金后，你省1992年4月1日至1998年5月31日形成的粮食政策性财务挂账余额为　　万元。剩余的这部分挂账本金继续由地方政府负责消化，利息由地方财政全额负担，仍由地方财政预算单独安排，不得挤占粮食风险基金。你省要尽快安排资金消化剩余的粮食政策性财务挂账。以前年度存在欠拨粮食政策性财务挂账利息的，应尽快补拨到位。

三、你省接到本通知后，要结合本地区实际情况抓紧制定中央财政帮助粮食主产区消化粮食政策性财务挂账本金的具体分解落实方案。按照具体分解落实方案的要求，财政、粮食、农业发展银行三部门要高度重视、密切配合、相互衔接、各司其职。省级财政部门要做好牵头和协调工作；省级粮食行政管理部门要做好核销挂账及账务处理工作；省级农业发展银行要做好核销贷款、核减挂账及账务处理等相关工作。三部门对下分解落实的核销挂账金额不得突破中央财政帮助你省消化数；同时，应认真核对账务，每个基层单位核销政策性挂账数、剩余政策性挂账数及全省汇总数都必须保持一致，不得出现差异。请你省于2011年5月底前，由省级财政部门会同省级粮食、农业发展银行将中央财政帮助你省消化粮食政策性财务挂账本金的分解落实情况，报财政部、国家粮食局、中国农业发展银行备案，备案表见附件2。

四、其他粮食财务挂账处理政策保持稳定，粮食财务挂账本金消化及利息负担继续按现行有关政策规定执行。

（附件略）

关于做好粮食政策性财务挂账核销工作的通知

（财政部　国家粮食局　中国农业发展银行
财建〔2011〕69号　2011年3月17日）

吉林省财政厅、粮食局、农业发展银行：

为切实减轻粮食主产区财政负担，进一步加大对粮食主产区投入和利益补偿，经国务院批准，中央财政一次性帮助你省消化部分粮食政策性财务挂账本金。现将有关事项通知如下：

一、中央财政一次性帮助你省消化粮食政策性财务挂账本金1630602万元，其中：1992年3月31日以前形成的剩余挂账本金135891万元、1992年4月1日至1998年5月31日形成的挂账本金1494711万元，资金已于2011年3月7日拨入中国农业发展银行总行账户，且中国农业发展银行已等额核销本次消化挂账贷款的本金。从2011年3月8日起，中国农业发展银行总行及其分支机构停止对这部分挂账占用贷款计息收息，中央财政与地方财政不再负担这部分挂账占用贷款的利息支出。

二、中央财政帮助粮食主产区消化部分粮食政策性财务挂账本金后，你省1992年4月1日至1998年5月31日形成的粮食政策性财务挂账余额为373678万元。剩余的这部分挂账本金继续由地方政府负责消化，利息由地方财政全额负担，仍由地方财政预算单独安排，不得挤占粮食风险基金。你省要尽快安排资金消化剩余的粮食政策性财务挂账。以前年度存在欠拨粮食政策性财务挂账利息的，应尽快补拨到位。

三、你省接到本通知后，要结合本地区实际情况抓紧制定中央财政帮助粮食主产区消化粮食政策性财务挂账本金的具体分解落实方案。按照具体分解落实方案的要求，财政、粮食、农业发展银行三部门要高度重视、密切配合、相互衔接、各司其职。省级财政部门要做好牵头和协调工作；省级粮食行政管理部门要做好核销挂账及账务处理工作；省级农业发展银行要做好核销贷款、核减挂账及账务处理等相关工作。三部门对下分解落实的核销挂账金额不得突破中央财政帮助你省消化数；同时，应认真核对账务，每个基层单位核销政策性挂账数、剩余政策性挂账数及全省汇总数都必须保持一致，不得出现差异。请你省于2011年5月底前，由省级财政部门会同省级粮食、农业发展银行将中央财政帮助你省消化粮食政策性财务挂账本金的分解落实情况，报财政部、国家粮食局、中国农业发展银行备案，备案表见附件。

四、其他粮食财务挂账处理政策保持稳定，粮食财务挂账本金消化及利息负担继续按现行有关政策规定执行。

（附件略）

关于提高2011年稻谷最低收购价格的通知

（国家发展改革委　财政部　农业部　国家粮食局　中国农业发展银行 发改电〔2011〕60号　2011年2月10日）

各省、自治区、直辖市发展改革委、物价局、财政厅（局）、农业厅（局、委、办）、粮食局、农业 发展银行分行：

　　为落实中央经济工作会议精神，进一步加大对种粮农民的支持力度，保护农民种粮积极性，促 进粮食生产发展，经国务院批准，决定从今年新粮上市起适当提高主产区2011年生产的稻谷最低收购 价水平。每50公斤早籼稻（三等，下同）、中晚籼稻、粳稻最低收购价格分别提高到102元、107元、 128元，比2010年分别提高9元、10元、23元。早籼稻播种在即，各地要做好宣传工作，以调动农民种 粮积极性，促进粮食生产稳定发展。

关于提高2012年小麦最低收购价格的通知

（国家发展改革委　财政部　农业部　国家粮食局　中国农业发展银行
发改电〔2011〕250号　2011年9月28日）

各省、自治区、直辖市发展改革委、物价局、财政厅（局）、农业厅（局、委、办）、粮食局、农业发展银行分行：

为保护农民种粮积极性，进一步促进粮食生产发展，经国务院批准，决定从明年新粮上市起适当提高主产区2012 年生产的小麦最低收购价水平。每50公斤白小麦（三等，下同）、红小麦、混合麦最低收购价格均提高到102元，比2011年分别提高7元、9元、9元。当前正值冬小麦播种季节，各地要做好宣传工作，以调动农民种粮积极性，促进粮食生产稳定发展。

关于印发"十二五"农户科学储粮专项建设规划的通知

（国家发展改革委　国家粮食局
发改经贸〔2011〕587号　2011年3月23日）

各省、自治区、直辖市发展改革委、粮食局：

根据《国家粮食安全中长期规划纲要（2008~2020年）》（国发〔2008〕24号）、《全国新增1000亿斤粮食生产能力建设规划（2009~2020年）》（国办发〔2009〕47号）、《国务院关于当前稳定农业发展促进农民增收的意见》（国发〔2009〕25号）精神，国家发展改革委、国家粮食局编制了《"十二五"农户科学储粮专项建设规划》，现印发给你们，请按照执行。

实施农户科学储粮专项建设工程，是深入贯彻落实科学发展观，加大强农惠农力度、加强农村基础设施建设和民生工程的重要举措，对于促进农民增产增收、节约粮食资源、保障国家粮食安全具有重要意义。省级发展改革部门、粮食行政管理部门要积极协调省级财政部门和地方政府落实地方配套资金，按照规划确定的扶持农户数量和资金需求，将地方配套资金列入年度预算，并结合本地实际制订年度实施计划，完善制度，加强管理，切实做好规划组织实施工作。

附："十二五"农户科学储粮专项建设规划

附件：

"十二五"
农户科学储粮专项建设规划

国家发展改革委
国家粮食局
二〇一一年三月

目 录

前 言

我国农户储粮数量巨大，损失严重。制定实施《"十二五"农户科学储粮专项建设规划》，开发"无形粮田"，是深入贯彻落实科学发展观和党的十七届五中全会精神的重大举措，对于保障国家粮食安全、促进农民减损增收、推进社会主义新农村建设具有重大的现实意义和深远的历史意义，同时对扩大内需、保证民生、实现和谐发展必将产生积极影响。根据《国家粮食安全中长期规划纲要（2008~2020年）》（国发〔2008〕24号）、《全国新增1000亿斤粮食生产能力建设规划（2009~2020年）》（国办发〔2009〕47号）、《国务院关于当前稳定农业发展促进农民增收的意见》（国发〔2009〕25号）等文件要求和国务院领导关于做好农户科学储粮工作的批示精神、国家发展改革委第30次委主任办公会议纪要精神，在2007年试点、2009年扩大试点和2010年正式实施农户科学储粮专项的基础上，围绕建立推广农户科学储粮长效机制，国家发展改革委、国家粮食局联合编制了《"十二五"农户科学储粮专项建设规划》。规划期为2011～2015年。

一　现状和问题

（一）我国农户储粮现状

近年来，我国农户家庭储存的粮食每年约5000亿斤，约占当年全国粮食总产量的50%。根据国家粮食局调查数据，2007年、2008年、2009年全国农户储粮数量分别为4915亿斤、5076亿斤、5357亿斤。以2009年为例，当年粮食总产量10616亿斤，年末农户储粮库存5357亿斤，约占当年粮食总产量的50.5%。据国家统计局统计，目前全国共有乡村户数约2.5亿户，其中种粮和存粮农户约占85%，即2.1亿户。13个主产区共有1.57亿农户，占全国农户63%；2009年年末农户储粮3890亿斤，约占全国同期农户储粮总量的73%，粮农户均储粮约2760斤；其中东北地区等粮食主产区粮农户均存粮数量更大，如黑龙江、吉林等省户均存粮近1万斤。

由于农户储粮装具简陋，保管技术水平低，受鼠害、虫害和霉变等因素的影响造成粮食大量损失，主产区农户储粮损失情况尤为突出。据国家粮食局抽样调查，全国农户储粮损失率平均为8%左右，每年损失粮食约400亿斤，相当于6160万亩良田粮食产量。农户储粮主要粮种中，玉米损失率最高，平均约为11%；稻谷平均损失率约6.5%；小麦平均损失率约4.7%。造成损失的主要原因：因鼠害的损失约占总损失量的49%；因霉变的损失约占总损失量的30%；因虫害的损失约占总损失量的21%。分地区看，农户储粮损失最严重的为东北地区，平均约为10.2%；其次为西北地区，约8.8%；长江中下游地区约7.4%；黄淮海地区约5%。而且，由于农户储粮条件差，科学储粮技术推广不够，造成粮食品质下降严重，甚至发生农药、化肥等对储粮的污染，对我国粮食质量安全和食品安全带来很大隐患。

专栏1　部分省份农户储粮霉变案例

2005年秋河南省玉米收获期间，全省农户收储玉米发生大范围霉变，霉变粒超过国家卫生标准的样品占到33%；黄曲霉毒素B1超标的占10%，最高的超标1倍；呕吐毒素超标的占80%，最高的超标7倍；玉米赤霉烯酮超标的占82%，最高的超标9倍。主要原因：一是受阴雨影响；二是因农户储粮条件较差，农户储粮方式落后。

2008年4月，东北部分地区农民储存玉米霉变严重，吉林、辽宁、黑龙江三省玉米霉变粒超标数量达25亿斤以上，霉变粒最高比例达30%以上，引起国务院领导同志高度重视。主要原因：一是极端灾害天气影响；二是农户储粮方式落后。农户缺乏储粮设施和知识，没有采取庭院降水措施，习惯于将玉米直接堆放在地上以"地趴"方式储存，一旦遇到连续雨雪和气温快速回升，极易生霉和坏粮。

上述玉米霉变现象每年在东北、中南地区均有不同程度发生。

（二）前期工作基础和存在问题

为减少农村粮食产后损失，近年来，国家粮食局采取了一系列措施，积极研发和示范推广农户科学储粮技术，"十一五"期间启动了农户科学储粮专项，国家发展改革委安排中央补助投资7.06亿元，加上地方政府配套和农民自筹，总投资23.7亿元，共为全国25个省（区、市）的近200万个农户配置了新型储粮装具。专项实施取得了显著的成绩，明确了技术路线，规范了仓型标准，探索了资金筹措方式，积累了管理经验，得到了地方政府和农户的一致认可和欢迎。

一是确定了农户科学储粮技术路线和仓型标准。在科技部"粮食丰产科技工程"中专项组织农户科学储粮攻关课题，开发了适用不同地区不同粮种的16种农户储粮仓型，在11个粮食主产区建立了示范区。2007年国家发展改革委安排600万元补助投资在辽宁、山东、四川三省进行适合玉米、小麦、稻谷不同粮种的农户科学储粮专项试点，确定了专项实施的主要仓型，颁布实施了《农户小型粮仓建设标准》，编制了《农户小型粮仓通用图集》，并依托有关科研设计院所对专项实施过程中遇到的问题提供技术支持。

二是进行了大规模的农户新型储粮装具建设推广。2009年进一步扩大农户科学储粮试点，在粮食主产区和西部产粮区14个省区为57.2万农户建设了标准化新型农户粮仓。减损效果显著，深受农民和各级政府的欢迎。在此基础上，2010年23个省区正式实施农户科学储粮专项，为农户配置科学储粮装具138万套，将于2011年夏粮收获前全部投入使用。

三是形成了比较完善且行之有效的农户科学储粮专项建设管理模式。总结前期工作经验，国家粮食局制定了《农户科学储粮专项管理办法（暂行）》，明确了专项投资管理模式。一是多方筹集资金。专项投资按照中央补助投资30%、地方配套30%～50%、农户自筹20%～40%的方式筹集。二是农户自愿参加。参与项目的农户自愿提出申请，入选农户在当地进行公示，并与县级粮食行政主管部门签订协议。三是统一管理办法和建设标准。分别依托国家级和省级技术支持单位，做好仓型筛选、完善和技术服务工作。四是全部公开招标。装具加工单位全部通过公开招投标方式选定。五是严格资金管理。财政资金实行专款专账、专户专人管理，根据工程进度及时核拨，确保专款专用、使用合理合规。六是保证粮仓质量。储粮装具严格按照建设标准加工生产，出厂前和发仓时都要通过质量检验。

"十一五"期间，专项实施已经配置的200万套储粮装具可存储粮食约79亿斤，按平均减损6.5%测算，每年减少储粮损失5.1亿斤，可为农户增收4.8亿元，东北地区农户购置装具投入资金两年即可通过减损收回成本，其他地区农户三年可收回成本，减损增收效果十分显著，取得了良好的社会和经济效益，深受农民和各级政府的欢迎。农民普遍反映，新型粮仓改变了传统储粮方式，推广了科学储粮技术，减少了农户储粮损失，称该项目是"促进农民增收致富的惠民工程"。

目前还存在的主要问题：一是部分地区地方政府对农户科学储粮重视不够，地方财政配套资金落实难度大，致使个别粮食主产区实施专项积极性不高。二是仓型上还需进一步完善，以满足不同农户需要。三是农户科学储粮专项的宣传力度和对农户的技术指导还不够。四是资金管理和拨付程序等需进一步完善。以上问题将在以后的项目实施中予以解决。

专栏2   "十一五"农户科学储粮专项实施效果评价

通过项目实施，不仅实现了农民减损增收，同时还调动了地方和农户的投资积极性，有效推动了农村市场消费。

一是确定了适合我国不同地域的农户储粮新仓型。在华北平原、长江中下游平原粮食主产区，研究开发出了彩钢板组合仓、镀锌钢板仓等主要仓型；在东北平原，开发出了钢网式矩形仓和圆形仓等主要仓型；在新疆地区则开发了木骨架金属网仓等主要仓型。

二是粮仓使用情况良好，减损效果明显。通过抽样检查和问卷调查发现，农户粮仓的使用情况良好，在粮食收获季节，几乎所有的粮仓都装满了粮食，使用新型粮仓后农户储粮损失几乎为零，减损效果明显。通过前期项目的实施，已经建设完成的近200万农户每年可减少储粮损失25.5万吨，相当于增加了49万亩的"无形粮田"，增加了粮食的有效供给，每年可为农户增加直接经济效益4.8亿元。

三是取得了项目组织和建设经验，完善了农户储粮管理体系。通过项目实施，项目实施单位积累了丰富的农户粮仓建设经验和组织管理经验，颁布实施了《农户科学储粮专项管理办法（暂行）》，使专项建设统一规范。组织开发的农户科学储粮的电子档案系统实现了农户信息的快速和及时查询。

四是建立了农户储粮的技术服务体系。在项目的带动下，已经建立起了以国家级粮食科研院所为主的农户科学储粮技术研发基地和以各省级粮食科研机构为支撑的技术服务平台，初步构建起了我国农户储粮技术服务体系。

五是培育了一批新型农户粮仓的专业生产企业。通过项目的实施，已经培育了一批具有规模化生产能力的新型农户粮仓加工骨干企业，为本规划的实施以及农户科学储粮长效机制的建立奠定了基础。

六是转变了农民传统的储粮观念，确保了农户储粮数量和质量安全。通过项目的实施和示范农户的带动作用，农户已经逐步意识到虫、霉、鼠不仅会对粮食造成数量上的损失，而且会对粮食的质量安全产生严重影响，农民传统的储粮观念正在发生变化，科学储粮意识已经大大增强。

（三）"十二五"实施专项的必要性

在我国粮食消费刚性增长、粮食生产持续稳定增产难度日益加大的情况下，通过科学储粮减少产后损失，开发"无形良田"，将对全国粮食增产保障供给产生积极作用，是建设资源节约型、环境友好型社会的具体体现。为此，国务院领导高度重视农户储粮工作，多次作出重要批示。虽然"十一五"期间国家投入补助投资在部分省区启动了农户科学储粮专项，但全国粮农覆盖率不足1%，农户储粮条件改善任务仍然十分艰巨。"十二五"时期将是推进农户储粮工作的攻坚阶段，按照《国务院关于当前稳定农业发展促进农民增收的意见》（国发〔2009〕25号）中关于"从今年起，安排中央补助投资建设资金，实施农户科学储粮专项，为主产区农户改善储粮条件，减少粮食产后损失"的要求，必须进一步加大投资引导和扶持力度，扩大专项实施规模，切实改善储粮条件，减少粮食产后损失，保障国家粮食安全。

二　目标和基本原则

（一）目标

在"十一五"期间为近200万农户配置标准化储粮装具的基础上，经与各省（区、市）充分沟通，综合考虑各地区提出的"十二五"建设需求、粮食生产状况、地方政府资金配套能力、农户积极性和现有工作基础，以及中央补助投资安排规模的可行性，计划在2011~2015年，再为全国粮食主产区和主要产粮区的800万农户配置标准化储粮装具，使项目实施地区的农户储粮损失率降低到2%以内。同时，在粮食主产区开展种粮大户新型储粮设施建设试点，重点建设一批示范性的小型钢板筒仓。并逐步建立国家和省级政府支持农户科学储粮的长效机制，采取政府补贴、市场化购置的方式，为农户配置科学储粮装具。

（二）基本原则

1.统筹规划，突出重点

根据各地区粮食生产状况，建设项目主要安排在粮食主产区和主要产粮县，优先考虑在粮食主产区、地方政府和农户积极性高的地区实施。结合《全国新增1000亿斤粮食生产能力建设规划》确定的800个粮食主产县，在粮食主产省区安排农户总数量的约58%，其他地区约42%。项目县和农户要相对集中。

2.多方筹资，量力而行

项目采取中央补助投资、地方配套和农户自筹相结合的投资方式，中央投资补助比例为30%左右掌握，省级财政配套不低于30%，其余40%左右由农户自筹解决。原则上地方配套应由省级财政列入年度预算，各地根据财政预算，量力而行，合理安排每年建设规模。

3.政府引导，农民自愿

农户科学储粮专项建设是一项公益性事业，既需要国家在政策、资金和服务等方面给予扶持，又要尊重农民意愿，项目农户要自愿提出申请，有明确参与项目建设的意愿并符合相关条件。积极引导和鼓励农民、企业及其他社会组织参与项目建设。

4.控制成本，提高效益

项目采用标准化仓型和设计图纸，通过公开招投标，严格控制单仓造价和建设标准，加强技术服务和质量监督，保证给农民的装具经济实惠，坚固耐用，质量一流。

三　建设任务与投资测算

（一）建设任务

专项主要结合《全国新增1000亿斤粮食生产能力建设规划》确定的粮食主产省区和粮食主产县，在粮食产量大、增产任务重、地方政府和农户积极性高的地区实施。建设内容主要包括：一是在全国为符合项目选点要求的800万农户配置标准化储粮装具；二是试点建设适合规模化生产的农户和农场的小型钢板仓（储粮100吨～300吨）和相应配套设施；三是对农户进行科学储粮技术指导。

1.建设800万户标准化储粮装具

规划期内共为全国26个省（自治区、直辖市）符合条件的800万农户建设各类标准化小粮仓（装具），原则上每户一套。北京、上海、江苏、海南、西藏5省（自治区、直辖市）明确"十二五"期间不实施专项。其中，粮食主产区规划建设465万户，约占规划总数量的58%，农户覆盖率为3%；产销平衡区规划建设260万户，约占规划总数量的33%，农户覆盖率为5%；粮食主销区规划建设75万户，占规划总数量的9%，农户覆盖率为2%。分地区规划建设规模见表1。针对各省（自治区、直辖市）的储粮粮种、储粮习惯以及储粮生态条件等具体情况，根据前期项目取得的成功经验，在规划建设中继续采用彩钢板组合仓、钢骨架矩形仓、钢网式干燥仓、木骨架金属网仓、热浸镀锌钢板仓等仓型的基础上，适当增加新仓型、新材料的推广应用。其中彩钢板组合仓和热浸镀锌钢板仓约590万套，可储粮约125亿斤；东北地区钢骨架矩形仓、钢网式干燥仓约200万套，可储粮约206亿斤；新疆木骨架金属网仓10万套，可储粮约2.4亿斤。

表1　按粮食产区规划建设规模表

序号	地　区		农户总数（万户）	规划农户数量（万户）
合计			25435	800
		小计	15735	465
1	粮食主产区	东北地区	1947	200
		其他地区	13788	265
2	产销平衡区		5699	260
3	粮食主销区		4002	75

表2 规划采用仓型及其适用粮种

采用仓型	单仓仓容（立方米）	单仓造价（元）	储藏粮种
彩钢板组合仓	1.5	430	安全水分稻谷、小麦、玉米等原粮
钢骨架矩形仓	10.8	3000	
	12.3	3200	冬季储存水分低于25%的玉米棒
	22.1	3900	
钢网式干燥仓	12.1	3300	
木骨架金属网仓	1.5	800	安全水分的小麦

2.推广适宜规模化生产农户的储粮设施

针对粮食主产区和粮食主产县种粮大户的需求，开发储粮规模超过100吨的农户储粮粮仓，研究与之相适应的粮食干燥、清理设备，试点建设适合规模化生产的农户和农场的小型钢板仓。重点在吉林、湖北等地的农场和种粮大户建设1000套。

3.逐步建立农户科学储粮技术服务体系

各级粮食行政管理部门要认真做好农户科学储粮的宣传推广工作，结合为800万农户配置储粮装具，引导企业加大为农服务力度，加强对农户储粮装具使用技术指导，加强农户科学储粮知识的培训，加大绿色环保储粮新技术、新装具的研发推广，推广干燥、清理、烘干、防虫、防霉等技术应用。建立以国家级专业科研机构为依托，以省级科研机构为支撑，以基层粮库（站）为基础的农户储粮技术服务体系。

专栏3 农户科学储粮技术服务体系建设

农户科学储粮技术服务体系主要包括三个层面：

一是国家粮食局委托成都粮食储藏研究所作为全国农户储粮专项技术支持单位，提供全面技术支撑：对新研发或完善的仓型进行鉴定并确定专项采用仓型，研发需要的新仓型和新技术，完善仓型图纸，核算单仓造价，控制单仓成本；对专项实施过程中遇到的技术问题提供解决方案；对农户进行技术指导。

二是各省级粮食局委托省级粮食科研院所在总体技术支撑单位的协调下，对本省区项目建设提供技术支持和技术服务（如辽宁、吉林、黑龙江、湖南、山东、新疆、内蒙古等）：根据本地区实际修改完善仓型图纸，指导基层粮库（站）技术人员进行粮仓安装和使用培训，对本省区专项实施过程中遇到的问题提出解决办法，并对农户进行技术指导和服务。

三是项目实施县依靠基层粮库（站）技术人员对农户提供技术指导和技术服务：对农户进行粮仓安装和使用培训，对农户储粮过程中遇到的技术问题进行解答，对农户进行安全储粮知识培训，指导农户进行科学储粮。

（二）投资测算

农户科学储粮建设采取中央投资补助、地方财政配套和农户自筹相结合的方式。按照国家扩大内需的要求，通过中央投资引导，拉动各方面的投资和消费需求，中央投资补助比例按30%左右掌握，省级财政配套不低于30%，其余40%左右由农户自筹解决。

本规划期内总投资约98.4亿元。其中：（1）支持800万户购置储粮装具，总投资约93.4亿元。（2）支持大农户建设储粮设施，总投资约2亿元。（3）技术服务体系建设和农户技术培训费用，约3亿元。具体见表3。

表3　专项建设投资测算表

序号	采用仓型	单仓仓容（立方米）	单仓造价（元）	规划农户数量（万户）	总投资（亿元）
	合计			800	98.4
1	标准化储粮装具	/	/	800	93.4
		/	/	160	54
1.1	钢骨架矩形仓	10.8	3000	70	21
		12.3	3200	30	9.6
		22.1	3900	60	23.4
1.2	钢网式干燥仓	12.1	3300	40	13.2
1.3	彩钢板组合仓	1.5	430	570	24.5
1.4	木骨架金属网仓	1.5	800	10	0.8
1.5	热浸镀锌钢板仓	2	450	20	0.9
2	大农户储粮设施（100吨~300吨）			0.1	2
3	农户科学储粮技术服务体系				3

"十二五"期间国家继续支持农户科学储粮项目建设，中央投资补助具体额度在编制年度计划方案时统筹考虑。

四　效益和风险

（一）经济和社会效益

该专项工程主要为配置装具，建设周期短、见效快，实施期间即可产生经济效益，而且一次性投入，效益可长达15年。预计项目实施期末，在800万个项目点农户中可将储粮损失率减少到2%以内，每年可减少储粮损失约21亿斤，产生的经济效益约20亿元（粮食价格按照0.95元/斤计算）；所有装具有效使用寿命期内（15年）可减少储粮损失近315亿斤，产生的经济效益约300亿元。从农户自筹资金购置装具的投资回收期看，基本可在2~3年内收回成本。

实施农户科学储粮专项工程，不仅能够促进农民减损增收、从源头上保证粮食品质、显著改善农户居住环境，而且是实现国家新增1000亿斤粮食生产能力规划最直接、最现实、最节省、最快捷的途径，是粮食流通节能减排、节省资源的重要措施。据测算，专项实施完成后，每年可以减少化肥使用量7.5万吨、减少农药使用量约1.4万吨，东北地区还将大大减少高水分粮食烘干数量，节省大量的煤、电资源，减少温室气体排放和污染物排放。

专栏4　　减损增效案例

以辽宁省为例，农户科学储粮专项5年内计划建设钢骨架矩形仓70万套，每套装具价格约3000元，总投资约21亿元，使用寿命为15年，可装玉米约84亿斤（每套装玉米粒约6吨）。采用新型储粮装具后储粮损失率可减少7%左右，全部装具每年可减少储粮损失6亿斤。以玉米价格0.95元/斤计算，则装具有效使用寿命期内（15年）可产生的经济效益约85亿元。

另外采用新型储粮装具后，能显著提高农户储粮品质。用新型储粮装具储藏的玉米比传统方式每公斤可多售0.1元，由此每年可产生直接经济效益4.2亿元。同时，新型粮仓的自然通风降水功能减少了烘干费用，每年可节省烘干用标准煤2.6亿斤，节省烘干费用6426万元。

专栏5　　800万农户减损产生的经济效益分析

规划项目实施完成后为800万农户配置安全储粮装具，总仓容可达到333亿斤，东北地区每年可减少农户储粮损失7%，其他地区每年减少农户储粮损失5%以上，全部装具投入使用后每年共可减少粮食损失21亿斤。粮食价格按照每斤0.95元计算，每年可为农户增加直接经济效益20亿元，装具有效使用寿命期内（15年）可增加直接经济效益约300亿元。

投资回收期举例：

1.钢骨架矩形仓：按仓容5吨，每年储粮减损7%，每吨玉米价格按1800元计算，每年可减少损失630元；该仓造价按3000元计算，6年内可收回全部投资，其中农户自筹部分（按40%）可在2年内收回投资。

2.彩钢板组合仓：按仓容1吨，每年储粮减损5%，每吨小麦价格按1900元计算，每年可减少损失95元；该仓造价按450元计算，5年内可收回全部投资，其中农户自筹部分（按40%）可在2年内收回投资。

（二）风险及应对措施

由于农户科学储粮专项涉及千家万户，各地农户储粮习惯和方式具有较大差异，情况复杂，实施难度大。特别是投资方式采取中央补助、地方配套和农户自筹等共同出资的方式，资金筹措和管理难度大，加上粮食生产和流通形势的发展变化，项目实施中可能会存在一些风险和不确定性。主要有以下几个方面：

1.资金落实方面

地方配套和自筹资金不能完全落实，建设规模和投资存在一定的不确定性。特别是西部经济欠发达地区省级财政配套能力弱，落实地方配套资金难度较大，农户自筹资金也有难度。应对措施：可加大农户科学储粮宣传力度，充分调动农户积极性，并与省级财政部门积极沟通，争取将省级配套资金比例提高，并列入年度财政预算。

2.装具生产和价格方面

由于专项所需新型农户储粮装具数量巨大，目前规模化生产装具的制造企业数量较少，初期可能会存在生产供货能力不足的问题；项目实施过程中原材料价格的不确定性，可能会使专项具体实施中存在一定风险；不同地区和农户对储粮装具的仓型、规格等需求的多样化，现有仓型可能不能完全满足实际需要。应对措施：针对部分省区供货能力不足问题，可培育、建立稳定的装具加工生产基地，并形成批量化的生产能力；可采取原材料提前招标锁定价格等方式规避原材料涨价带来的风险；加大仓型的完善和研究开发力度。

3.组织管理方面

由于专项点多面广，且涉及广大农户，实施难度较大。从确定试点农户和到与农户签订补助协议、落实自筹资金，从粮仓招标、制作、运输、安装到对示范农户进行科学储粮培训，工作量十分巨大，操作过程耗时耗力。另外，随着订单农业等粮食产业化生产的发展以及"粮食银行"等业务开展，农户储粮方式和数量将会出现变化，这也将给专项的实施带来一定影响。针对上述问题，应逐级分解任务、明确责任，及早落实项目县、乡（镇）和村（组）及项目农户，在下一个年度计划任务下达前完成项目农户的确定工作，为项目顺利实施打好基础。

五　保障措施

（一）加强领导，明确责任

各级政府及发改、粮食部门要提高对农户科学储粮专项建设重要性的认识，真正把专项建设作为促进农民增收和为农民办实事的重要举措来抓，采取切实有效措施，健全管理机构，强化组织保障。按照《农户科学储粮专项管理办法》的规定，逐级落实责任。

（二）规范招标，强化监督

项目实施过程中，要严格按照有关规定进行项目公开招标或政府采购，公开招标结果和采购价格、数量等做到公开透明，接受全社会的监督。粮食行政管理部门要会同发展改革、财政、纪检监察等部门做好专项建设的监督检查工作。项目实行受益公示制，项目县应对项目点农户装具型号、中标价格、补贴金额等以及自愿参加的农户张榜公示，接受群众监督。建立农户科学储粮专项档案信息系统，对项目实施情况进行有效统计和跟踪。

（三）严格标准，保证质量

各省必须按照《农户小型粮仓通用图集》组织招标、生产和供货，质量产品应符合《农户小型粮仓建设标准》规定的技术要求。省级粮食行政管理部门根据本省实际情况进一步完善仓型，提高科技含量，保证质量，方便使用。原则上小型粮仓使用年限应达到15年或者20年以上；同时符合食品卫生安全、环保、节能等方面要求。在满足农户需求、保证粮仓质量的前提下，尽量降低单仓造价，用同样的资金配置更多的粮仓。

（四）专项引导，培育市场

通过"十二五"专项大范围的示范和带动作用，争取到"十二五"末，将逐渐形成有稳定的农户需求和质量可靠的制作企业供应市场，积极争取有关部门将标准化农户科学储粮装具纳入农机具补贴范围，政府对指定的装具在销售环节给予一定的财政补贴，逐步推进农户科学储粮装具购置市场化和政府支持长效化。

附表1 2009年农户数量和存粮情况表

单位: 亿斤/万户/斤

省份	农户数量	粮食产量	农户年末存粮	户均存粮
全国	25435	10574	5357	2106
一、主产区	15735	7983	3890	2472
河北	1462	581	358	2449
内蒙古	357	426	246	6891
辽宁	701	372	263	3752
吉林	395	568	310	7848
黑龙江	494	845	472	9555
江苏	1488	635	254	1707
安徽	1365	605	261	1912
江西	820	392	204	2488
山东	2079	852	482	2318
河南	2033	1073	307	1510
湖北	1038	445	285	2746
湖南	1517	561	163	1074
四川	1986	628	285	1435
二、产销平衡区	5699	1943	1145	2009
山西	650	206	107	1646
广西	991	279	102	1029
重庆	718	231	159	2214
贵州	814	232	219	2690
云南	900	304	234	2600
西藏	43	19	16	3721
陕西	704	222	85	1207
甘肃	466	178	87	1867
青海	80	20	16	2000
宁夏	100	66	27	2700
新疆	233	186	93	3991
三、主销区	4002	649	322	805
北京	177	25	10	1017
大津	125	30	20	1600
上海	102	23	16	1569
浙江	1227	155	84	685
福建	681	130	52	764
广东	1574	249	126	801
海南	116	37	6	517

附表2　各省（区、市）专项规划实施农户规模表

单位：万户

省(区、市)	规划实施农户数量
合计	800
一、主产区	465
河北	35
内蒙古	20
辽宁	70
吉林	70
黑龙江	40
江苏	0
安徽	30
江西	30
山东	50
河南	10
湖北	40
湖南	20
四川	50
二、产销平衡区	260
山西	40
广西	15
重庆	50
贵州	50
云南	50
西藏	0
陕西	20
甘肃	10
青海	5
宁夏	10
新疆	10
三、主销区	75
北京	0
天津	10
上海	0
浙江	20
福建	30
广东	15
海南	0

公 告

**（卫生部 工业和信息化部 商务部 国家工商总局 国家质检总局
国家粮食局 国家食品药品监管局
2011 年第4号 2011 年2月11日）**

根据《食品安全法》关于食品添加剂应当在技术上确有必要且经过风险评估证明安全可靠，方可列入允许使用范围的规定，经审查，食品添加剂过氧化苯甲酰、过氧化钙已无技术上的必要性，现决定予以撤销并公告如下：

一、自2011年5月1日起，禁止在面粉生产中添加过氧化苯甲酰、过氧化钙，食品添加剂生产企业不得生产、销售食品添加剂过氧化苯甲酰、过氧化钙；有关面粉（小麦粉）中允许添加过氧化苯甲酰、过氧化钙的食品标准内容自行废止。此前按照相关标准使用过氧化苯甲酰和过氧化钙的面粉及其制品，可以销售至保质期结束。

二、面粉生产企业和食品添加剂生产企业要按照本公告要求依法组织生产经营，做好自查自纠工作。相关行业协会要加强行业管理和行业自律，引导企业不断规范面粉和食品添加剂生产经营活动。

三、各级食品安全监管部门要加大监督执法力度，加强食品安全监督检查，依法查处将过氧化苯甲酰、过氧化钙作为食品添加剂进行生产、销售和使用的违法行为。

特此公告。

关于加快发展面向农村的职业教育的意见

**（教育部　国家发展改革委　科技部　财政部　人力资源和社会保障部
水利部　农业部　国家林业局　国家粮食局
教职成〔2011〕13号　2011年10月25日）**

各省、自治区、直辖市教育厅（教委）、发展改革委、科技厅（局）、财政厅（局）、人社厅（局）、水利厅（局）、农业厅（局）、林业厅（局）、粮食厅（局）：

为贯彻落实《国民经济和社会发展第十二个五年规划纲要》和《国家中长期教育改革和发展规划纲要（2010~2020年）》，现就加快发展面向农村的职业教育提出如下意见。

一　加快发展农村职业教育，服务社会主义新农村建设

（一）加快发展面向农村的职业教育意义重大

面向农村的职业教育是服务农业、农村、农民的职业教育，包括办在农村的职业教育、农业职业教育和为农村建设培养人才的职业教育与技能培训，其中"农业"包括农、林、牧、副、渔、水利、粮食以及农业社会化服务等涉农产业。加快发展面向农村的职业教育，对在工业化、城镇化深入发展中同步推进农业现代化，推进社会主义新农村建设，推动城乡统筹发展，建设教育强国和人力资源强国，具有重大而深远的意义。

（二）进一步明确农村职业教育改革发展的目标任务

农村职业教育要以推动县域经济社会发展为目标，坚持学校教育与技能培训并举、全日制与非全日制并重，大力开发农村人力资源，逐步形成适应县域经济社会发展要求，体现终身教育理念的现代农村职业教育体系。

（三）着力改善办学条件，大幅提升农村职业教育基础能力

各地要以职业学校设置标准等文件为依据，努力改善农村职业学校办学条件，切实加强农村职业学校实训基地建设、教学信息化和现代化建设。职业教育基础能力建设项目要积极推动农村职业学校发展。强化职业教育资源的统筹协调和综合利用，推进城乡、区域合作，组织开展城市对农村职业教育的对口支持，在符合有关规定的前提下，动员相关企业、高等学校和科研院所以技术、人才、项目、资金、设备等方式支持农村职业学校建设，增强服务"三农"能力。

（四）紧密结合县域经济社会发展需求，深化农村职业教育改革创新

改革农村职业教育办学模式，推动"政府主导、行业指导、企业参与"办学。改革农村职业教育培养模式，根据县域主导产业、特色产业和现代农业发展需求，加强优势专业、特色专业和涉农专业建设，使农村职业教育深度融入当地产业链；推进学分制等弹性学习制度，允许学生通过送教下乡、工学交替等多种形式完成学业；改革农村职业教育教学模式，大力推进具有县域特色的工学结合、校企合作和顶岗实习；围绕农村生产实践，推进项目教学、生产一线教学；充分利用现代教育技术手

段，不断提升教学质量。改革农村职业教育评价制度，建立健全以学生为中心、以能力为本位，多元主体参与的教育质量评价体系。

二　加强农业职业学校和涉农专业建设，提升支撑现代农业发展能力

（五）重点办好一批农业职业学校和涉农专业

探索有关部门通过合作共建加快发展农业职业教育的工作机制，以农村实用人才带头人和农村生产经营型人才为重点，每年培养农村实用人才100万人，实现2020年农村实用人才总量达到1800万人的目标。服务现代农业和新一轮"米袋子"、"菜篮子"工程建设，优先扶持中等农业职业学校创建国家级中等职业教育改革发展示范学校，办好1000个涉农专业点，普遍提升农业职业学校办学水平，使其成为培养农业技能型人才的重要基地；13个粮食主产省、21个重点市和800个产粮大县，600个大城市郊区和蔬菜优势产区要重点办好一批农业职业学校和涉农专业；加快建立农业类高等学校、科研院所对口帮扶农业职业学校和涉农专业点的机制。特别是要加大对水利、林业和粮食等行业职业教育的支持力度。

围绕新时期国家加快水利改革发展的需要，办好一批水利职业学校和水利类专业。支持水利职业学校和水利类专业点建设，加强水利专业技术人才和管理人才培养；在职业学校及农村人口中开展水情教育，提高水患意识、节水意识、水资源保护意识。

按照生态文明建设和产业发展需求，服务十大生态屏障和十大主导产业建设，办好一批林业职业学校和林业类专业，大力开展针对林农的职业培训。

围绕保障国家粮食安全的要求，服务现代粮食流通产业发展，办好一批粮食职业学校和粮食类专业。依据粮食产业结构优化需求，在粮食主产省办好一批粮食类职业学校。

（六）组建一批农业职业教育集团

充分发挥农业类行业企业、高等学校、示范（骨干）高等职业学校、科研院所作用，推动农业职业学校和涉农专业点建设。按照以服务现代农业为目标、以行业产业为纽带、以资源共享为核心、以互利共赢为基础的原则，在人才需求分析、优质教学资源共享、教师培养培训、学生实习就业、企业职工在职培训和产教研一体化等方面开展合作，促进产教深度合作，共同推进农业产业发展，提高为区域经济发展的贡献率。

（七）增强农业职业教育吸引力

落实好国家中等职业学校学生助学金和涉农专业学生免学费政策，吸引更多学生接受农业职业教育；完善招生考试制度，提高职业学校涉农专业学生对口升学比例；制定实施优惠政策，提高职业学校涉农专业学生到农业类企事业单位的就业巩固率；推动地方各级人民政府落实和完善各项创业扶持政策，改善创业环境，积极引导职业学校涉农专业毕业生创业，符合税收法律法规规定的，依法给予税收优惠政策。

三　坚持三教统筹、农科教结合，努力培育新型农民

（八）加强三教统筹，推进农科教结合

农村基础教育、职业教育、成人教育要分工协作，形成合力，共同培育"有文化、懂技术、会

经营"的新型农民。农村中小学在巩固提高九年义务教育水平的同时，要充分利用师资、设备、场所支持开展农民教育培训；农村职业教育要大力培养现代农业专业人才、经营人才、创业人才和新型农民，扩大农村实用人才规模，提升队伍整体素质；农村成人教育要积极开展农村实用技术培训、农村劳动力转移培训和农民学历继续教育，提升农村主要劳动年龄人口就业创业能力。在城市确定一批职业学校、成人学校、社区学校和培训机构作为农民工培训基地，开展农民工职业教育与技能培训。每年开展各类农民和农民工培训8000万人次。

（九）健全县域职业教育培训网络，加强农民教育培训

办好县级中等职业学校，使其成为指导县域新型农民培养培训、农村人力资源开发、农村劳动力转移培训、新技术培训与推广、扶贫开发和普及高中阶段教育的重要基地。推动乡镇人民政府办好已有的乡村成人文化技术学校和农业科技推广站，使其成为乡村农民教育培训的重要阵地；没有举办成人文化技术学校的乡镇，要依托乡镇初中、中心小学的师资和远程教育设施以及乡镇文化站、村文化室等开展农民教育培训，依托农村中小学校布局调整后闲置的学校资源发展农村成人教育。各级农村职业教育培训机构要配备专兼职管理人员，组织引导农民参加教育培训。要充分利用现代远程教育网络，切实发挥现代教育手段在农民教育培训中的作用。

（十）实施分类培训，增强培训实效性

继续开展农村实用技术培训，提高农民从事现代农业生产和经营服务能力；继续开展农村转移劳动力就业技能培训，提高农村富余劳动力转移就业能力，改善农村民生；开展生产技能加文化基础的农民学历继续教育工程，有效提升农民的受教育年限；开展思想道德、时事政策、文化、卫生、科普常识和社会生活等方面的教育培训，提高全体农民综合素质。针对农民学习特点，采取集中培训与个人自学相结合，课堂教学与生产实践相结合，远程教育与现场指导相结合，脱产、半脱产和短期脱产学习等方式开展农民培训，依托卫星电视、计算机网络、中国教育卫星宽带传输网开展远程教育，推广"送教下乡"、"流动课堂车"等培训新模式。努力做到培训一批农民，推广一批技术，发展一项产业，振兴一方经济。

四　加强师资队伍建设，加大经费投入，建立稳定、长效的保障机制

（十一）加强农村、农业职业学校师资队伍建设

各省（区、市）主管部门要采取积极措施，吸引优秀人才和高等学校优秀毕业生到农村、农业职业学校任教。支持农业技术推广部门、农业企业等组织中具有一定理论水平和丰富实践经验的技术骨干、带头人补充到职业学校涉农专业师资队伍。农村、农业职业学校专业教师和实习指导教师占专任教师的比例应不低于70%，兼职教师承担的专业教学任务原则上不少于工作总量的30%，建立一支结构合理、素质优良、相对稳定、专兼结合的教师队伍，使农业职业学校和职业学校涉农专业点教师配备生师比逐步达到20：1。

（十二）加强农村、农业职业学校教师培养培训

"职业学校教师素质提高计划"要向农村、农业职业学校倾斜。各省（区、市）要加快组织对农村、农业职业学校专业教师的轮训。建立教师到高等学校、科研院所、企业和生产合作组织实践的基地，完善教师到企业和生产一线实践制度，促进农村、农业职业学校"双师型"教师队伍建设。各职业学校要积极开展校本培训。建立和完善教师考评奖励制度，把师德师风、专业发展、服务学生作

为教师考核、职务聘任、选派进修和评优奖励的重要依据。鼓励教师通过"送教下乡"、技能竞赛、在职攻读相关硕士学位等方式，提升专业水平和实践能力。各级教育行政部门要积极创造条件，有计划、有组织地选派农村、农业职业学校教师到国内外高等学校、科研院所和企业进修学习，造就一批农村、农业职业教育专业带头人和骨干教师。

（十三）深化人事制度改革，努力提高教师待遇

各地要结合农村、农业职业学校专业设置实际，逐步完善农村、农业职业学校教师管理制度，全面推行教职工聘用制度和岗位管理制度，探索固定岗和流动岗相结合、专职和兼职相结合的设岗和用人办法，建立充满活力的学校用人机制。积极推进农村、农业职业学校做好工资收入分配，保证教师合理的工资待遇，稳定教师队伍。职业学校教师表彰要适当向农村、农业职业学校倾斜。

（十四）加大公共财政对农村、农业职业教育投入

督促各级人民政府增加对农村、农业职业教育投入，推动各省（区、市）研究制订农村、农业职业教育生均经费标准，确保农村、农业职业学校生均预算内教育事业费和生均预算内公用经费较大幅度增长。各地要加大对与职业教育相关的农业新品种、新技术推广应用以及农村科技普及的支持力度。依法督促农村、农业职业学校举办者按时足额拨付办学经费。各地在安排职业教育基础能力建设项目时，要重点支持农村、农业职业学校。进一步落实和完善国家中等职业教育助学金和免学费政策，加快推进农村中等职业教育免费进程。推动省级人民政府按照统筹规划、集中使用、提高效益的要求统筹安排农村成人教育经费。

（十五）加强资金管理，多种渠道筹资办学

督促地方各级人民政府确保农村、农业职业学校事业性收入全额用于学校发展，各有关部门不得收取调节基金，不得冲抵财政拨款，不得截留或挪作他用，不得乱收费、滥罚款、乱集资和乱摊派。规范中等职业学校国家助学金和免学费资金的发放与管理工作。企业、学校应当按照规定按时足额向实习学生支付报酬，不得拖欠、克扣，企业支付给实习学生的报酬，符合税收法律法规规定的，可以在企业所得税前据实扣除。鼓励企业事业组织、社会团体、其他社会组织和公民个人捐助面向农村的职业教育，捐赠必须用于指定用途，不得挪用、克扣，符合税收法律法规规定的公益性捐赠支出可以在计算应纳税所得额时扣除。

五　切实加强领导，健全管理体制，营造良好发展环境

（十六）建立健全有关部门合作共建、共同推进农业职业教育的工作机制

推动有关部门定期研究、协调解决农业职业教育发展重大问题。落实农业、林业、水利和粮食等行业主管部门指导本行业职业教育责任，推动农业职业学校基础能力建设、师资队伍培养、校企合作和人才培养等方面的工作。发挥农业职业教育行业指导委员会在人才需求预测、专业设置、课程开发、教材建设和督导评价等方面的指导作用。有关部门要统筹培训经费和项目，充分发挥职业学校在行业培训中的重要作用。

（十七）推动地方各级人民政府把发展农村职业教育纳入当地经济社会和教育发展规划，切实解决农村职业教育发展中的实际困难和问题

强化发展农村职业教育省级政府宏观指导、市（地）级政府统筹发展、县级政府为主管理的责任。推动省级人民政府调控各市（地）职业教育资源布局和发展规模。充分发挥市（地）级人民政府

在区域内的统筹规划和协调管理作用，按照"今后一个时期总体保持普通高中和中等职业学校招生规模大体相当"原则，调整招生比例，优化高中阶段教育结构，合理整合各县（市、区）职业教育资源，规划中等职业学校和专业布点。落实县级人民政府管理和发展本地职业教育的责任，根据需要办好县级职教中心（职业学校）。没有举办中等职业学校的县要努力办好职业培训机构，面向城乡劳动者积极开展职业技能培训和农村实用技术培训。

（十八）推动县级人民政府加强统筹新型农民培训工作的力度

要成立专门领导机构，整合培训资源，制订培训规划并纳入县域经济社会发展总体规划，建立健全新型农民培训管理规章制度。农业、科技、教育、人社、扶贫等部门要按照职责分工，充分发挥各自优势，密切配合，形成政府统筹、明确分工、落实责任、齐抓共管，共同培育新型农民的工作机制。有关部门要依托现有的职业学校、成人学校和培训机构，遴选一批培训规模大、培训质量高、培训效益好的基地。

（十九）建立统筹城市与农村职业学校发展的机制

要积极争取各方面支持，推动农村职业学校与城市职业学校、用工企业签订对口合作办学协议。在联合招生、师资培训、教学资源、学生实习、毕业生就业等方面开展深入、稳定的合作。积极推动实行农村学生第一年在农村职业学校学习，第二年和第三年到城市对口职业学校学习的制度，充分发挥城市职业学校在组织教学、实习和毕业生就业等方面的优势，推动农村职业教育增强培养能力，提高教学质量。

（二十）加强督导和宣传，形成发展面向农村的职业教育的良好社会环境

国家有关部门要对部分省（区、市）面向农村的职业教育工作开展联合督查。各省（区、市）要对面向农村的职业教育的发展规划、经费投入和办学水平等开展专项督导，并作为对市、县教育工作督导评估和教育领导干部工作考核的重要内容。研究制订农村职业教育和成人教育示范县评估标准，组织开展国家级"农村职业教育和成人教育示范县"创建活动。按照国家有关规定，表彰面向农村的职业教育的先进单位和个人。广泛宣传优秀农村实用人才和优秀学员在社会主义新农村建设中的重要贡献，提高他们的经济收入和社会地位，形成全社会重视、支持面向农村的职业教育的良好社会环境和舆论氛围。

国家粮食局文件
局发文部分

关于同意"武汉国家稻米交易中心"更名为"武汉国家粮食交易中心"的复函

（国家粮食局　国粮政〔2011〕15号　2011年1月26日）

湖北省人民政府：

你省《关于恳请将"武汉国家稻米交易中心"更名为"武汉国家粮食交易中心"的函》（鄂政函〔2010〕399号）收悉。

武汉国家稻米交易中心成立以来，认真贯彻执行国家粮食宏观调控政策，在促进你省粮食生产发展和产销衔接，搞活粮食流通等方面发挥了积极作用。目前，武汉国家稻米交易中心业务范围不断拓展，现有交易品种已经涵盖了稻谷、小麦、玉米等粮食品种。为推进你省粮食市场更好更快发展，充分发挥合理配置粮食资源、服务粮食宏观调控的作用，同意将"武汉国家稻米交易中心"更名为"武汉国家粮食交易中心"。

专此函复。

关于同意建立重庆国家粮食交易中心的复函

（国家粮食局 国粮政〔2011〕23号 2011年2月17日）

重庆市人民政府：

你市《关于恳请支持重庆市粮油批发市场申报为国家粮油交易中心的函》（渝府函〔2010〕195号）收悉。

为贯彻落实《国务院关于完善粮食流通体制改革政策措施的意见》（国发〔2006〕16号）和《全国新增1000亿斤粮食生产能力规划》中有关"重点建设和扶持大宗粮食品种的区域性、专业性批发市场和大中城市成品粮油批发市场"的精神，根据《全国粮食市场体系建设"十一五"规划》中组建国家粮食交易中心的有关规定，同意你市在重庆市粮油批发市场基础上组建"重庆国家粮食交易中心"。重庆市是西南地区的综合交通枢纽和粮食物流的重要结点，组建"重庆国家粮食交易中心"，有利于整合粮食流通基础设施和相关资源，发挥你市交通和区位优势，促进粮食产销衔接和粮食省际间顺畅流动，在搞活粮食流通、调节粮食供求、服务国家宏观调控、保障国家粮食安全方面发挥积极作用。

专此函复。

关于开展全国食用植物油库存检查工作的通知

（国家发展和改革委员会 国家粮食局 财政部 中国农业发展银行
国粮检〔2011〕32号 2011年3月8日）

各省、自治区、直辖市及新疆生产建设兵团发展改革委、粮食局、财政厅（局）、农业发展银行分行、中国储备粮管理总公司、中粮集团有限公司、中国华粮物流集团公司、中国中纺集团公司：

为切实加强食用植物油（以下简称"油脂"）库存监管，夯实宏观调控物质基础，做好粮油保供稳价工作，推动油脂库存检查工作科学化、规范化、制度化，经国务院同意，决定对2011年全国油脂库存进行检查。现就有关事项通知如下：

一 检查范围和内容

重点检查中央储备油、国家临时存储油、地方储备油（以下统称"政策性油脂"）库存，以及上述政策性油脂承储企业的商品油库存。同时，对纳入粮食流通统计范围，但未存储政策性油脂的其他企业的商品油库存进行摸底调查核实。在油脂库存检查过程中，必要时，应对相关企业油料库存进行延伸检查。具体内容为：

（一）油脂库存账实相符、账账相符情况

重点检查油脂库存的数量、品种、性质情况，库存实物与保管账、统计账、会计账账账相符、账实相符情况，以及账务处理是否准确、及时，企业执行政策性油脂购销、加工、储运的政策和计划是否规范，相关购销业务是否真实等。

（二）油脂库存质量卫生情况

重点检查油脂质量指标和主要卫生指标，并随机抽取部分样品进行油脂定性试验或脂肪酸组成检验。同时，检查企业质量检验人员和检化验设施配置，执行油脂定期质量检验及出入库质量检验制度，以及质量档案管理情况。

（三）储备油轮换管理情况

重点检查2010年度中央和地方储备油轮换情况，包括轮换计划下达是否及时规范，轮换任务执行时间以及轮换的库点、品种、数量、质量等级是否与计划一致，是否严格执行轮换验收制度等。

（四）政策性油脂库存费用补贴拨付情况

重点检查2010年度中央储备油和地方储备油保管费、轮换费，国家临时存储油保管费等，是否按规定标准及时足额拨付至实际承储库点。

（五）政策性油脂库贷挂钩情况

重点检查各类政策性油脂库存成本与农发行贷款余额是否一致，相关资金占用是否合理。

（六）油脂仓储管理情况

一是执行油脂仓储管理法规、政策、标准、技术规范情况；二是执行中央储备油代储政策情况，重点检查代储的中央储备油是否存放在取得代储资格的企业和油罐中，资格企业代储条件是否与申报情况一致等；三是储油设施及安全管理情况。

二　检查时点和进度安排

以2011年5月25日为检查时点。检查工作分准备、县级有关部门督导企业自查、省级有关部门普查、国家有关部门联合抽查、总结上报等5个阶段。

（一）准备阶段

1.细化检查工作方案。5月25日前，省级粮食行政管理部门会同中储粮分支机构、农业发展银行分行等有关部门和单位，细化制定本地区自查、普查工作实施方案，明确职责分工，落实检查人员，组织专业培训，督促企业做好自查准备，配齐必需的检查设备和工具，并将油脂库存统计账结报时间统一在5月25日。

2.做好油脂库存分解登统工作。6月5日前，中储粮总公司将分省（区、市）的中央事权油脂（包括中央储备油、国家临时存储油和中储粮系统商品油）库存分解登统表、2010年度中央储备油轮换情况登统表分送相应中储粮分支机构，中储粮分支机构对上述报表进行核对后，抄送省级粮食行政管理部门；省级粮食行政管理部门准备好地方储备油库存分解登统表和地方企业商品油库存分解登统表。6月10日前，省级粮食行政管理部门会同中储粮分支机构，共同对上述报表进行审核、汇总，整合成政策性油脂承储企业油脂库存合并登统表，并分解至辖区内各市（地、州），作为普查依据，同时报送国家粮食局。

为确保报表内容完整准确，中储粮总公司及其分支机构、各省级粮食行政管理部门，应利用4月统计数据组织预报演练。相关报表见附件6。

3.做好跨省储存油脂库存委托检查事项。对纳入检查范围的跨省储存油脂库存，委托、受托双方省级粮食行政管理部门应提前核对确认数量、品种、性质等情况，办理由受托省份代查的手续。

（二）县级有关部门督导企业自查阶段

6月5日前，县级粮食行政管理部门会同有关单位督导辖区内纳入检查范围的油脂企业进行全面彻底自查，指导企业科学运用检查方法，准确填写自查表格，认真编制自查报告，系统整理账务资料，完善各项基础工作，做好普查前的各项准备。

从事油料加工业务的承储企业，应对库存油料进行延伸检查，延伸检查结果单独反映，并详细说明情况，供后续检查参考。

（三）省级有关部门普查阶段

6月25日前，由省级粮食行政管理部门牵头，会同省级有关部门和单位，按照"有库（点）必到、有油必查、查必彻底"的原则，对本省（区、市）纳入检查范围的全部油脂库存进行普查。要采取省内综合交叉的检查方式，对检查人员实行全省统一抽调、混合编组、集中培训、综合交叉、本地回避。各省（区、市）在组织普查时，要充分发挥地（市）级有关部门和单位的重要作用。

普查期间，由国家粮食局标准质量管理办公室统一组织油脂库存质量扦样和检验工作。质量抽样代表数量不低于纳入检查范围政策性油脂库存总量的30％，扦样应涵盖大多数库点，样品要兼顾油脂的性质、品种、批次和储存条件。具体安排另行通知。

对纳入粮食流通统计范围但未存储政策性油脂的其他企业的商品油库存摸底调查核实工作，安排在普查阶段一并进行。相关方法和工作底稿见附件2。

（四）国家有关部门联合抽查阶段

6月底至7月初，国家发展改革委、国家粮食局、财政部、中国农业发展银行派出联合工作组，对重点省份进行抽查，中储粮总公司派员配合。抽查工作随机选点、兼顾重点，抽查比例不低于纳入检查范围库存总量的30%，兼顾不同品种、性质油脂的比例结构。

（五）总结上报阶段

7月下旬，各省（区、市）检查工作结束后，省级粮食行政管理部门会同中储粮分支机构完成普查数据汇总工作，并会同省级有关部门向国家粮食局报送检查工作总结报告。总结报告应包括检查工作基本情况、检查结果、存在的问题及原因、整改措施及落实情况和意见建议等内容，并附库存检查结果汇总表（附件5）。总结报告电子文本通过各地军粮普通密码系统传送，传送途径为"各地资料"—"监督检查司"。

三　经费保障

各地应本着勤俭节约、提高效率的原则，安排落实油脂库存检查工作经费。本次油脂库存检查新发生的必要开支，由中央财政给予适当补助。任何地方和部门不得将检查费用转嫁给被查企业。中央财政补助经费的安排、拨付和管理等事项，由财政部另行通知。

四　相关要求

（一）加强对油脂库存检查工作的组织领导

开展全国油脂库存检查，是加强油脂库存监管，推动监管工作科学化、规范化、常态化，确保油脂库存数量真实、质量良好、储存安全、管理规范的重要措施。本次库存检查由国家发展改革委、国家粮食局、财政部、中国农业发展银行等部门和单位联合部署，国家粮食局负责组织实施。各地要高度重视，精心组织，省级有关部门和单位要成立联合领导组织工作机构，明确分工，落实责任，发挥部门优势，加强协调，形成合力，共同做好辖区内的检查工作。

（二）认真落实检查工作责任制和责任追究制

各省级有关部门和单位要切实做到思想认识到位、人员安排到位、工作措施到位、经费保障到位，确保检查结果真实准确。检查工作要主动接受人大、政协、人民群众和新闻媒体的监督。要切实加强对企业自查的督导，组织好普查工作。企业和地方有关部门主要负责人，要在相关检查工作报告及表格上签字。各环节检查的原始记录必须保证完整、真实、准确，并妥善保存、留底备查，不得擅自篡改、损毁。如发现有检查工作走过场，弄虚作假，或者妨碍检查工作，造成检查结果失实的，要追究当事人和有关领导的责任。

（三）切实加强整改工作

在油脂库存检查的各个阶段，检查人员对检查中发现的问题，要立即下达整改通知书，督促企业限期整改，并按期书面反馈整改结果。对检查发现的问题，特别是由于体制和政策原因造成的企业难以解决的问题，要作为检查结果的重要内容，逐级汇总上报。

（四）严格依规开展检查

油脂库存的实物、账务、质量、仓储管理等检查工作要严格依照本通知要求进行。具体检查方法详见附件1、附件2、附件3、附件4。

委托储存的油脂，库存实物由受托方组织检查。接受省内企业委托储存的油脂，检查结果由受托方统计汇总。接受省外企业委托储存的油脂，检查结果由受托方省级有关部门审核后交委托省，由委托省省级有关部门在汇总全省检查结果时一并统计汇总。

省级普查阶段，对动态储存的地方储备油、包装油及单罐储存量50吨以下的油脂，原则上不安排质量扦样和检验，只进行感官检验。扦取的进口原油样品，溶剂残留量的检验结果实行单独评价。企业自查和国家有关部门抽查阶段，只对油脂质量进行感官检验，发现异常情况的，也可单独扦样检验。

（五）认真做好检查人员培训

培训分国家和省（区、市）两级进行组织。国家有关部门为各地培训师资力量和部分业务骨干，各省（区、市）负责组织对本辖区参加各阶段检查工作的人员进行培训。为保证培训工作的质量，省级培训工作原则上不得下放到市、县。有关事项另行通知。

（六）配齐必需的检查设备工具

各省级有关部门和单位要按照国家有关部门要求，配齐必需的检查设备，确保检查培训工作开始前落实到位，以满足本次及今后油脂库存检查需要。同时，督促企业配备日常检查所必要的设备器具。

（七）切实落实安全防护措施

油脂库存检查难度大，危险性高，各地要高度重视油脂库存检查安全防护工作。加强安全教育，严格遵照相关技术规程及安全管理规章制度，落实好安全、防护措施，为上罐检查人员购买人身保险，配备安全带，在大型油罐设立防护网，按照有关规定酌情给予高温高空作业补贴，确保检查安全，坚决杜绝各类事故发生。

（八）加强保密工作

油脂库存属于国家保密范围，各级粮食行政管理部门和中央企业要严格遵守国家保密制度的规定，做好检查数据录入、汇总、传送等环节保密工作，防止发生失泄密事件。

（附件略）

关于河南工业大学申请
设立全国粮食行业教育培训基地的批复

（国家粮食局 国粮人〔2011〕57号 2011年4月13日）

河南工业大学：

你校《关于申请设立全国粮食行业教育培训基地的请示》（校政函〔2011〕9号）收悉，现批复如下：

一、同意在河南工业大学设立全国粮食行业（郑州）教育培训基地（以下简称郑州培训基地）。

二、郑州培训基地根据国家粮食局制定的全国粮食行业人才培训计划承担有关人才培训工作，侧重做好粮食行业专业技术人才的培训工作。

三、郑州培训基地与国家粮食局无行政隶属关系。培训基地的组织机构、人员配备、师资建设、培训设施、经费投入、行政管理均由河南工业大学负责。

四、国家粮食局对郑州培训基地进行业务指导。郑州培训基地举办的各类培训班及其他业务活动需报请国家粮食局审批同意。

关于武汉工业学院申请
设立全国粮食行业教育培训基地的批复

（国家粮食局 国粮人〔2011〕59号 2011年4月13日）

武汉工业学院：

你校《关于恳请国家粮食局在我校建立粮食行业培训基地的请示》（武工校行文〔2010〕51号）收悉，现批复如下：

一、同意在武汉工业学院设立全国粮食行业（武汉）教育培训基地（以下简称武汉培训基地）。

二、武汉培训基地根据国家粮食局制定的全国粮食行业人才培训计划承担有关人才培训工作，侧重做好粮食行业企业经营管理人才的培训工作。

三、武汉培训基地与国家粮食局无行政隶属关系。培训基地的组织机构、人员配备、师资建设、培训设施、经费投入、行政管理均由武汉工业学院负责。

四、国家粮食局对武汉培训基地进行业务指导。武汉培训基地举办的各类培训班及其他业务活动需报请国家粮食局审批同意。

关于做好2011年粮食质量安全重点工作的通知

（国家粮食局　国粮发〔2011〕61号　2011年4月15日）

各省、自治区、直辖市及新疆生产建设兵团粮食局：

为贯彻落实《国务院办公厅关于印发2011年食品安全重点工作安排的通知》（国办发〔2011〕12号，见附件1）和《国务院食品安全委员会办公室关于2011年食品安全重点工作任务分工的通知》（食安办〔2011〕11号，见附件2）的工作部署，做好收购、储存环节和政策性粮食购销活动中的粮食质量与原粮卫生监管工作，现就2011年粮食质量安全重点工作作出以下安排：

一　建立健全和严格落实粮食质量安全监管责任制

（一）健全各级粮食质量安全监管协调机构

地方各级粮食部门要切实加强对粮食质量安全监管工作的领导，按照《国家粮食局关于进一步加强粮食质量安全监管工作的通知》（国粮发〔2009〕232号）要求，健全各级粮食质量安全监管协调机构，负责组织制定本行政区域粮食质量安全监测、抽查计划，协调处置重大和突发粮食质量安全事件，督促开展粮食质量安全监管工作，协调落实粮食质量监管工作经费。上级粮食部门应定期对下级粮食部门履行质量监管职责情况进行考核。

各省级粮食部门应确定1名质量监管职能处室负责人为省级粮食质量监管工作联络员，主要任务是定期参加国家粮食局质量管理部门（标准质量管理办公室）召开的有关会议，及时传达并协助落实质量监管工作重要安排、通报本省（区、市）粮食质量监管工作重要信息。

（二）建立粮食质量安全工作信息报送制度

根据国务院食品安全委员会办公室《食品安全工作信息报送办法（试行）》（食安办〔2011〕4号，见附件3）的有关规定，建立粮食质量安全工作信息报送制度。各省级粮食部门向国家粮食局质量管理部门报送粮食质量安全工作信息的数量每月不能少于1篇，主要内容包括本行政区域粮食质量安全工作重要动态、新情况和新问题、粮食质量安全突发事故（件）及处置情况、粮食质量安全工作的典型经验、工作意见和建议，以及其他需要报送的重要信息。重大情况随时报告。各省级粮食部门应确定1名熟悉粮食质量监管工作并具有较强文字能力的同志为质量安全信息员。粮食质量安全工作信息主要通过电子邮件发送到指定邮箱，对于不宜公开的重要信息或涉密信息，需要按照规定的保密渠道以纸质文件报送。国家粮食局质量管理部门负责信息整理并报送国务院食品安全委员会办公室。

（三）加强粮食质量安全宣传教育

各级粮食部门要将食品安全法等粮食质量安全管理相关法律法规、制度和标准列为普法宣传教育的重要内容。利用开展《粮食流通管理条例》年度宣传活动、指导农户科学储粮、开展收购动员、日常巡查、例行信息发布、专题培训等各种有利时机，采用多种形式开展食品安全法律知识、粮食质量安全基本常识、粮食收购储存技术规范和质量安全标准的宣传和培训，增强粮食经营者的质量安全责任意识，提高粮食监管队伍依法行政意识和水平，向消费者普及粮食质量安全和健康消费科普知识。以质量安全为核心，深入推进放心粮油工程，大力开展放心粮油进农村进社区活动，搞好放心粮油宣传。

二 切实加强粮食质量安全监管

（一）指导监督粮食经营者严格执行粮食质量管理制度

地方各级粮食部门应全面摸清和掌握本行政区域内粮食收购、储存环节各类粮食经营者的数量和经营状况，建立粮食质量安全监管档案，加快推进和完善粮油仓储单位备案制度，明确质量安全监管责任部门和监管责任人，对所有监管对象定期逐一上门检查，不得出现监管盲区和空白。

要将粮食经营者执行国家粮食收购政策、粮食质量与卫生标准及安全储存技术规范，执行粮食收购入库和销售出库检验制度等列为日常监督检查的重要内容。对列入监管范围的经营者应实行全覆盖检查，并认真做好检查记录。各省级粮食部门应对本行政区域粮食质量安全监管责任落实情况进行督导检查。

（二）加强收获粮食质量安全监测

国家和各省级粮食部门应分别编制国家和省级收获粮食质量安全监测计划，对农户新收获粮食常规质量和重金属、真菌毒素及农药残留等项目进行监测，指导粮食收购工作。

国家级监测一般按每5万吨粮食产量安排采集1份监测样品。国家粮食局质量管理部门委托有关国家粮食检验监测机构，在主要粮食品种收获的第一时间，定点采集样品，采用指定机构检验、集中会检等方式开展常规质量、加工品质、卫生安全项目检验，统一汇总整理数据，及时通报监测结果和发布有关监测信息。

省级监测一般应按每1万～2万吨粮食产量安排采集1份监测样品。在气候异常变化、病虫害多发、收获粮食水分偏高及可能出现污染的区域，应当加大采样密度和检验频次跟踪监测。各省级粮食部门应根据本地区粮食生产实际，编制收获粮食质量安全监测计划，确定主要监测品种（包括主要粮食和油料）、采样数量、检验项目、采样和检验组织方式、信息报送和发布方式等。

（三）加强库存粮食和食用植物油质量安全监督抽查

国家粮食局将统一组织开展2011年全国库存粮食和食用植物油质量安全检查。计划在全国31个省份抽检粮食样品3000份，食用植物油样品1500份。着重检查国有和国有控股粮食企业库存粮食和食用植物油的质量、卫生安全和储存品质状况。

各省级粮食部门应在配合做好国家抽查工作的基础上，按照食品安全监管地方责任制的要求，编制本省（区、市）2011年库存粮食（包括食用植物油）质量安全抽查计划，明确省、市、县各级粮食部门的质量安全抽查任务和要求。省级抽查计划中，抽检库存粮食代表数量一般不低于本行政区域年平均库存量的15%，包括各种性质的粮食；抽查企业数量不少于企业总数的25%，包括各种性质的企业和收储库点。抽检项目和抽样密度，应依据国家粮食质量和卫生标准，结合本地区收获粮食监测结果、库存粮食来源、不同性质粮食的管理要求等统筹安排。对最低收购价等政策性收购粮食，还应注重检查质价相符情况。

销区省份和大中城市粮食部门，要定期对市场销售的成品粮进行抽样监测。

三　建立粮食安全事故应急处置机制

各级粮食部门在收获粮食质量安全监测中，发现区域性粮食污染状况，应立即组织进一步的专项调查，摸清污染范围、数量和程度。在库存检查过程中发现不符合粮食卫生标准的粮食应及时封存，按有关规定处置，严防流入口粮市场。必要时应组织开展进一步排查。发现重大质量安全问题，应及时向同级人民政府和上级粮食部门报告。

销区省份和大中城市粮食部门在市场监测中发现大米和小麦粉中出现重金属、真菌毒素和农药残留等问题，要追溯问题粮食原料来源，及时通报有关部门和地区，加强协同监管。

国家和省级粮食部门应定期公布粮食质量安全日常监督管理信息，并指定专门机构和人员负责监测粮食质量安全舆情。依据职责并按照属地分级管理原则，及时收集掌握和核查处理群众、媒体反映的粮食质量安全问题。对可能存在的粮食质量安全问题，要及时组织调查、抽检和研判，采取有效措施消除安全隐患，稳妥、准确发布粮食质量安全信息，回应社会关切，认真做好解释说明工作。

四　大力推进粮食检验监测体系建设

（一）做好粮食检验监测体系建设"十二五"规划

各省级粮食部门要从全面履行粮食质量安全监管责任的需要出发，按照"机构成网络、监测全覆盖、监管无盲区"的总体要求，重点做好粮食主产区和人口密集区域市、县级粮食检验监测机构建设规划，细化各级检验监测机构的职责任务和检验能力要求，明确机构建设时间进度，加大检验监测机构建设的协调力度，指导和督促规划的实施，确保在"十二五"期间全面消除粮食质量安全监测抽查盲区。要从落实粮食经营者质量安全主体责任的需要出发，结合本地实际，确定各类粮食购销、储存、加工企业和粮食批发市场的质量安全检验能力要求和建设规划，全面提升粮食经营企业质量安全保障能力。

检验监测体系薄弱省份和地区的粮食部门要积极争取各方支持，尽快建立健全粮食检验监测体系，提高检验监测能力。国家粮食局将积极争取有关部门支持，分步实施粮食检验监测能力建设项目，并计划在2011年第2～3季度开展第四批国家粮食质量检验监测机构考核认定。

（二）加强粮油卫生检验技术培训

国家粮食局质量管理部门继续组织国家粮食质量检验监测中心开展粮油卫生检验技术培训和比对考核，着重分析解决近年来卫生检验中存在的问题，并将定期组织专家组对国家粮食质量检验监测中心和区域监测站进行巡查指导、评审。各省级粮食部门要充分发挥省级检验监测中心的作用，组织市县级检验监测机构和粮食企业检验人员进行粮油卫生检验技术培训和比对考核。

五　健全粮油标准体系

全面梳理涉及质量安全的粮油标准，建立粮油安全标准体系框架，组织做好粮油安全标准的研究制订工作。突出做好食用植物调和油、废弃植物油检验鉴定方法等重点粮油标准制修订工作。加强粮油标准基础研究，积极推进粮食收购环节有毒有害物质快速检验方法、粮食安全储存水分、中筋小麦等标准的研究。积极做好国际标准化工作，跟踪国际粮食质量安全标准的最新进展，促进我国标准与国际标准的有机衔接。要进一步加强粮油标准制修订过程管理，充分发挥全国粮油标准化技术委员会和各专业技术工作组的作用，提高粮油标准制修订工作的质量和效率。

地方各级粮食部门要结合本地区实际，组织开展粮油标准研究、宣传和实施工作，围绕粮食工作的重点、难点、热点以及急需解决的问题，提出粮油标准制修订建议。相关科研院所、院校、企业和各级粮食检验机构，要积极承担和参加粮油标准的研究、起草和验证工作。

六　有关工作要求

（一）各省级粮食部门应于2011年5月31日前，将省、市两级质量安全监管协调机构有关信息（见附件4、5）汇总报送国家粮食局质量管理部门。

（二）各省级粮食部门应于2011年5月31日前，将本省（区、市）检验监测机构建设规划、各级检验监测机构职责任务和检验能力要求、机构建设时间进度报送国家粮食局质量管理部门。

（三）各省级粮食部门应于7月31日前，将粮食企业检验能力建设规划报送国家粮食局质量管理部门。

（四）各省级粮食部门应根据本省（区、市）主要粮食品种收获季节，分别在新粮收获后1个月内和2个月内，将新粮常规质量状况监测报告和新粮卫生状况监测报告报送国家粮食局质量管理部门。

（五）各省级粮食部门应将本省（区、市）库存及市场粮食质量安全抽查（监测）报告，按季度汇总报送国家粮食局质量管理部门。

（六）国家粮食质量安全监测抽查任务所需经费由国家粮食局申请中央财政预算安排。地方粮食质量安全监测抽查经费由地方各级粮食部门申请地方财政预算安排。

（七）国家粮食局将结合粮食部门实际，制定《粮食质量安全监管工作评估考核方案》，对省级粮食部门开展质量监管工作情况进行综合考核。

（附件略）

关于同意建立杭州国家粮食交易中心的复函

（国家粮食局 国粮政〔2011〕180号 2011年11月18日）

浙江省人民政府：

你省《关于要求设立杭州国家粮食交易中心的函》（浙政函〔2011〕287号）收悉。

为贯彻落实《国务院关于完善粮食流通体制改革政策措施的意见》（国发〔2006〕16号）和《全国新增1000亿斤粮食生产能力规划》中有关"重点建设和扶持大宗粮食品种的区域性、专业性批发市场和大中城市成品粮油批发市场"的精神，根据《全国粮食市场体系建设"十一五"规划》中组建国家粮食交易中心的有关规定，同意你省在杭州粮食物流中心基础上组建"杭州国家粮食交易中心"。浙江省是全国第二大粮食主销区，在我国粮食流通大格局中具有重要战略地位。组建"杭州国家粮食交易中心"，有利于整合粮食流通基础设施和相关资源，发挥你省交通和区位优势，促进粮食产销衔接和粮食省际间顺畅流动，在搞活粮食流通、调节粮食供求、服务国家宏观调控、保障国家粮食安全方面发挥积极作用。

专此函复。

关于同意建立沈阳国家粮食交易中心的复函

（国家粮食局 国粮政〔2011〕181号 2011年11月18日）

辽宁省人民政府：

你省《关于申请组建沈阳国家粮食交易中心的函》（辽政〔2011〕246号）收悉。

为贯彻落实《国务院关于完善粮食流通体制改革政策措施的意见》（国发〔2006〕16号）和《全国新增1000亿斤粮食生产能力规划》中有关"重点建设和扶持大宗粮食品种的区域性、专业性批发市场和大中城市成品粮油批发市场"的精神，根据《全国粮食市场体系建设"十一五"规划》中组建国家粮食交易中心的有关规定，同意你省在沈阳粮食物流中心基础上组建"沈阳国家粮食交易中心"。辽宁省是全国粮食主产省，沈阳市是沈阳经济区的中心城市，也是我国内地重要的粮食集散地和"北粮南运"的陆路枢纽。组建"沈阳国家粮食交易中心"，有利于整合粮食流通基础设施和相关资源，发挥你省粮食资源优势和交通、区位优势，促进粮食产销衔接和粮食省际间顺畅流动，在搞活粮食流通、调节粮食供求、服务国家宏观调控、保障国家粮食安全方面发挥积极作用。

专此函复。

关于印发《农户科学储粮专项管理办法》的通知

（国家发展改革委　国家粮食局　财政部
国粮展〔2011〕184号　2011年11月23日）

各省、自治区、直辖市发展改革委、粮食局、财政厅：

为推进农户科学储粮专项建设工程顺利实施，改善农民储粮条件，减少粮食产后损失，促进农民增产增收，保障国家粮食安全，国家发展改革委、国家粮食局和财政部联合制定了《农户科学储粮专项管理办法》，现印发给你们，请遵照执行。

"十二五"农户科学储粮专项规划建设任务完成后，请各省级粮食行政管理部门认真总结经验，查找问题和不足，提出改进措施和建议，以及建立农户粮仓配置长效机制的意见报国家粮食局。

农户科学储粮专项管理办法

第一章　总　则

第一条　为加强农户科学储粮专项管理，规范项目建设行为，更好地实施农户科学储粮专项，保障国家粮食安全，促进农民增收和社会主义新农村建设，根据《国务院关于当前稳定农业发展促进农民增收的意见》（国发〔2009〕25号）精神，依据《"十二五"农户科学储粮专项建设规划》（发改经贸〔2011〕587号）要求，在总结专项建设经验的基础上，特制定本办法。

第二条　专项遵循农户自愿申请、共同出资的原则，采取中央投资补助、地方财政资金补助和农户自筹相结合的投资方式。严格控制单仓造价。

加快建立技术服务体系，逐步建立政府支持农户科学储粮的长效机制，将储粮装具推向市场。

第三条　专项建设的农户标准化小型粮仓原则上每户一套。对部分粮食主产区种粮大户提出的建仓需求，可结合实际开展新型储粮设施建设试点，重点建设一批示范性的小型钢板筒仓。

第四条　国家粮食局根据《"十二五"农户科学储粮专项建设规划》和各省级粮食行政管理部门报送的年度实施方案，编制和报送年度投资计划和财政资金预算。省级粮食行政管理部门根据下达的年度投资计划和财政预算安排，会同省级发展改革、财政等部门落实地方财政资金，并负责组织实施专项建设。

第二章　建设内容与资金筹措

第五条　专项的主要建设内容包括：为符合项目选点要求的农户配置新型储粮装具（彩钢板组合仓、钢骨架矩形仓等，以下简称"粮仓"）；为规模化生产的农户和农场建设大容量储粮装具（以下简称"大农户储粮装具");建立农户科学储粮技术服务体系。

第六条 专项投资中，中央投资补助比例按30%左右掌握，省级财政资金补助原则上不低于30%，其余40%左右由农户自筹资金解决。有条件的地（市）、县政府可以自愿安排部分地（市）、县级财政资金补助。大农户储粮装具投资构成比例根据实际情况另行确定。

第三章 实施条件

第七条 专项建设在自愿的基础上优先安排在前期准备工作扎实、积极性高的产粮大县，兼顾有需求的老、少、边、穷等县。项目县的选择要根据本省建设规划，分片集中安排。安排项目的乡镇政府和行政村应具有较好的组织协调能力。

第八条 东北地区（含内蒙古东部）参与项目的农户，其常年储粮数量应在5000公斤以上，其他地区应在1000公斤以上。自愿提出申请参加项目的农户要与县级粮食行政管理部门签订协议，并承诺所购粮仓不得转让或者变卖。

第四章 管理职责与程序

第九条 国家粮食局负责项目监督检查和项目实施后效果评估。

第十条 省级粮食行政管理部门负责制定本省项目建设年度实施方案，协调落实地方财政资金补助；负责项目的组织实施、监督检查和竣工验收；负责建立农户科学储粮技术服务体系。

地（市）级粮食行政管理部门受省级粮食行政管理部门委托，协助做好项目落实、监督检查和验收等工作。

县级粮食行政管理部门负责提报项目农户的粮仓需求类型；负责与农户签订项目补助协议，落实农户配套资金，负责粮仓建设进度和质量监督工作；负责农户科学储粮技术培训；负责填报农户档案资料等。

第十一条 省级粮食行政管理部门于每年7月底前将下一年度建设计划、实施方案以及地方财政资金补助安排意见（或承诺函）以正式文件报送国家粮食局。每年年底前书面报告专项建设工作总结。

第十二条 粮仓供货商或施工企业需通过省级粮食行政管理部门统一组织的公开招投标方式选定。供货商或施工企业的选择要满足本省项目布点和实施的实际需要，尽量方便运输，方便农民提货，节省成本费用。对质量优、成本低、服务好、诚实守信的中标企业，在完成中标合同后可按规定优先选用。中标供货商或施工企业名单由省级粮食行政管理部门于签约后1个月内书面报送国家粮食局备案。

第五章 设计施工与技术服务

第十三条 专项拟建粮仓应符合《农户小型粮仓建设标准》（LS/T8005-2009）的各项要求，并采用经国家粮食局审查鉴定的标准化设计图纸。专项所建粮仓要按照要求进行统一标识（详见附件1）。

第十四条 各省（区、市）需要对已通过鉴定的标准化仓型进行修改、完善的，应向国家粮食局提出申请进行审查鉴定。拟采用粮仓的仓型确定后，由省级粮食行政管理部门将有关规格型号、性能指标和核定造价（概算）等报国家粮食局备案。各地必须按照确定的标准图纸组织招标建设。

第十五条　国家粮食局指定相关科研机构作为全国农户科学储粮专项总体技术支持单位，协助粮食行政管理部门制定粮仓标准和技术规范，设计通用图集，审核仓型及造价，对专项建设进行技术指导、监督检查和验收抽查。同时，根据农户需求情况对粮仓及技术装备进行改进、完善、配套和创新，不断适应农户需要。

各省级粮食行政管理部门可依托总体技术支持单位，或在总体技术支持单位协调下选定一家粮食科研设计单位作为本省（区、市）专项建设技术支持单位，负责本省（区、市）专项的技术服务等工作，与粮食仓储企业等建立省、地（市）、县三级农户科学储粮技术服务体系。省级粮食行政管理部门要与专项技术支持单位签订技术服务合同。

各省级粮食行政管理部门需选定一家监理单位，负责粮仓制造和安装等质量监理。

第十六条　年度下达的单仓造价为最高控制价，通过招标如有节余，应全部用于增加农户规模，不得减少地方财政资金补助比例。国家粮食局可根据原材料、劳动力及运输成本变化情况，适时对单仓造价进行审核。

第十七条　供货或施工单位应严格按照签订的施工或供货合同和标准化设计图纸组织施工、生产和供货，并配合做好售后服务和技术指导。供货或施工单位应对所供粮仓统一编号，按农户登记，以备检查；并按照专项统一标识要求，对所供粮仓刷涂（张贴）永久性统一标识。

第六章　资金管理

第十八条　农户科学储粮专项资金按项目专账管理，专项资金拨付按财政国库管理制度有关规定执行。地方财政补助资金未能按时到位且影响专项整体实施的，取消该省（区、市）当年的建设计划。农户自筹资金的管理可根据实际情况自行确定。

第十九条　为保证专项实施，可按国家有关规定，适当安排部分装具设计、监理、技术服务等项目实施所需的相关费用，所安排的费用由地方财政资金解决。

第二十条　各级粮食行政管理部门应严格按照财政资金管理的有关规定使用项目资金，专账管理、专款专用。对截留、挪用项目资金的省份，一经发现，除按国家有关规定追究责任外，将不再安排农户科学储粮专项建设计划。

第七章　监督检查

第二十一条　国家粮食局纪检监察部门对项目的实施情况进行监督检查。各省（区、市）粮食系统纪检监察部门要及时了解项目实施情况，配合做好监管工作。

第二十二条　专项实行受益公示制。项目县应对受益农户和补助金额等在乡镇或村范围内张榜公示，接受群众监督。

第二十三条　项目县应按要求对粮仓进行登记、编号，建立农户储粮新建粮仓档案。档案使用国家粮食局统一编制的软件填写、汇总、上报。档案内容包括：农户姓名、身份证号码、地址、联系方式、粮仓型号、购置数量、补贴金额、合同编号等。

第二十四条　县级粮食行政管理部门应做到逐户现场检查，监督工程建设质量和技术服务工作；省级粮食行政管理部门应会同地（市）粮食行政管理部门进行抽查。

第二十五条　项目进度实行季度报告制度。各省级粮食行政管理部门应于每季末5日前将项目执行和完成情况报送国家粮食局（详见附件2）。主要内容包括：资金到位和拨付情况、粮仓供货或施工单位招标情况、制造和安装进度、技术服务开展情况等。国家粮食局根据项目进展情况组织专家组进行现场检查。

第二十六条　项目的设计、施工、设备购置、技术服务等都要依法订立合同。各类合同需明确质量要求、履约担保和违约处罚条款，以及双方的权利和义务。

第二十七条　对未按期完成施工、供货任务，或施工、设备质量存在较大问题的中标企业，除按合同依法追究责任外，取消其三年内参与农户科学储粮专项及粮食仓储物流设施建设的投标资格并予以公告。

第八章　验收与总结

第二十八条　专项具备验收的基本条件为：粮仓性能指标符合《农户小型粮仓建设标准》，粮仓全部逐户到位并投入使用，能够满足农户安全储粮需要，项目资金按要求办理结算和竣工决算，建立完整的专项粮仓电子档案。

第二十九条　专项验收按以下程序和要求办理：

（一）县级验收

县级验收由县级粮食行政管理部门组织，必须做到逐户现场验收。原则上，应于年底前完成专项建设任务，并于来年第一季度末完成县级验收，同时向省级粮食行政管理部门提报验收申请报告及农户科学储粮专项验收报批表。验收申请报告主要包括项目实施情况、验收结果、资金使用情况等内容，并提报农户电子档案（详见附件3）。对于验收不合格的粮仓，应责成有关单位在10日内完成整改。

（二）省级验收

省级验收由省级粮食行政管理部门组织地（市）级粮食部门，采取随机抽查方式对全部项目县实行现场验收，抽查数量原则上为实施项目农户总数的1%~5%。省级验收后要形成书面验收结论。

省级验收主要包括专项计划完成情况、成本控制与资金管理、技术服务体系建立情况、粮食减损效果、经济效益分析等内容。省级验收完成后，以省为单位向国家粮食局报送验收总结报告。

项目县未按要求完成农户科学储粮专项粮仓档案管理软件信息录入工作的，不得通过省级验收。

（三）国家粮食局抽查验收

国家粮食局在专项建设期内随时督查，并在省级验收完成后组织抽查验收。

第三十条　各级验收后要形成专项工作总结，对专项建设作出效果评估，并提出意见和建议，同时按有关规定进行资产处理。

第三十一条　对按时完成专项建设任务且效果显著的省级、地（市）级和县级粮食局，由国家粮食局给予表彰。对不能按要求完成建设任务的，由国家粮食局按有关规定向国家发展改革委提出建议，要求调整投资计划和收回中央投资补助，并不再安排下一年度投资计划。

第九章　附　则

第三十二条　各省级粮食行政管理部门可结合本地实际情况，根据本办法规定制定本省（区、市）专项管理实施细则，并报国家粮食局备案。

第三十三条　本办法自颁布之日起实施，原《农户科学储粮专项管理办法（暂行）》同时废止。

（附件略）

关于加强磷化氢熏蒸作业管理的通知

（国家粮食局 国粮展〔2011〕204号 2011年12月14日）

各省、自治区、直辖市及新疆生产建设兵团粮食局，中国储备粮管理总公司、中粮集团有限公司、中国华粮物流集团公司、中国中纺集团公司：

2011年9月13日，江苏中储粮收储经销有限公司金湖粮库发生一起熏蒸作业致4人死亡事故（以下简称"9·13事故"），我局在《关于近期中国储备粮管理总公司发生3起安全生产事故情况的通报》（国粮电〔2011〕18号）中通报了事故情况。最近，我局和中国储备粮管理总公司组织专家对"9·13事故"进行了深入调查分析（见附件）。为避免类似事故的再次发生，现就加强磷化氢熏蒸作业管理工作通知如下：

一　严格执行国家有关管理制度和技术规范

各级粮食行政管理部门和有关公司要督促粮油仓储企业要严格按照《粮油仓储管理办法》等管理办法、标准规范和操作规程开展熏蒸作业，不得使用没有登记注册的药剂，不得超剂量、超范围使用药剂。要严格控制每处放放点药剂数量，防止出现磷化氢燃爆事故。熏蒸作业期间，要做好熏蒸气体浓度、粮温和氧气浓度的监测工作。采取环流熏蒸方式熏蒸作业的，只能采用仓外磷化氢发生器施药、磷化氢钢瓶施药或磷化铝粮面施药3种方法。在有关技术规范修订以前，禁止直接在通风道投放药剂。

二　加强对磷化氢熏蒸作业的管理

各省（区、市）粮食局要按照《粮油仓储管理办法》的规定，抓紧出台熏蒸作业备案管理办法。粮油仓储企业开展熏蒸作业前，必须制订熏蒸作业方案并报当地粮食行政管理部门备案。要严格执行持证上岗制度，所有实施熏蒸作业的人员必须持有粮油保管员职业资格证书，其中熏蒸作业负责人应由高级及以上资格的粮油保管员担任，环流熏蒸设备应由中级及以上资格的粮油保管员操作。

三　进一步加强磷化氢熏蒸作业的安全措施

各级粮食行政管理部门和有关公司要督促各粮油仓储企业加强对"自吸过滤式防毒面具"的使用管理，按照防毒面具产品说明书规定的条件，正确使用防毒面具；做好面具和滤毒罐的日常保管工作，详细记录滤毒罐的使用次数、每次使用时间等情况。企业不得使用不符合国家标准的防毒面具，不得使用已经超过保质期、超过规定使用时间的滤毒罐。不得在仓内氧气浓度低于19.5%时使用"自吸过滤式防毒面具"。在有关部门全面完成事故原因调查之前，各粮油仓储企业如使用本次事故涉及型号的滤毒罐，必须要经安监部门指定机构确认安全有效。有条件的企业可配备"长管呼吸器"或"储气式防毒面具（又称空气呼吸器）"，强化粮油保管员的防护措施。

四　结合备案工作进一步加强粮油仓储企业安全生产管理

各省（区、市）粮食局在开展粮油仓储单位备案工作中，要加强对备案申请单位安全生产条件的审查，不得为不具备基本生产经营条件或存在安全生产隐患的单位办理备案手续。各粮油仓储企业要进一步强化粮油保管员入仓作业的安全措施。自本通知发出之日起，粮油保管员入仓作业至少由两人实施，其中1人负责在仓外监护。粮油保管员入仓前，要检测仓内氧气浓度，在确保安全的情况下方能入仓作业。粮油仓储企业要进一步完善各项安全生产应急预案，提高企业应急管理水平。要注意与当地消防、医疗等部门的沟通协调，共同做好涉及磷化氢生产事故的救援准备工作。

有关粮油仓储企业要加强对"租仓储粮"行为的安全管理，租仓企业必须在仓房所在地设立并常住必要的仓储和安全生产管理机构，必须针对租赁仓房特点制订完善的管理制度。

（附件略）

关于进一步提高农村粮油质量安全保障水平的通知

（国家粮食局　国粮发〔2011〕220号　2011年12月30日）

各省、自治区、直辖市及新疆生产建设兵团粮食局：

为贯彻落实国务院食品安全办《关于严厉打击假劣食品进一步提高农村食品安全保障水平的通知》（食安办〔2011〕29号）有关要求，切实做好农村粮油质量安全工作，进一步提高农村粮油质量安全保障水平，现将有关要求通知如下：

一　提高思想认识，高度重视农村粮油质量安全工作

切实保障农村粮油质量安全，是贯彻落实科学发展观，建设社会主义新农村，实现好、发展好、维护好人民群众切实利益的具体体现。各级粮食行政管理部门要充分认识这项工作的重要意义，以科学发展观为指导，坚持标本兼治、重在治本的工作原则，加快农村粮食流通体系建设，督促粮油经营企业落实主体责任，加强行政监管和市场引导，保障农村粮油供应安全，为广大农村提供数量充足、质量可靠、价格合理的粮油食品，以适应农村市场多层次的消费需求，切实维护广大人民群众的身体健康和合法权益。

二　加强组织领导，有效落实粮油质量安全监管责任

各级粮食部门要进一步加强对粮油质量安全监管工作的领导，建立健全各级粮油质量安全监管协调机构，负责组织制定本行政区域粮油质量安全监测、抽查计划，协调处置重大和突发粮油质量安全事件，督促开展粮油质量安全监管工作，协调落实粮油质量监管工作经费。尽快在粮食部门形成上下对应、快捷高效的质量安全监管协调机制。进一步明确乡镇粮油质量安全监管责任，加强基层粮油质量安全监管队伍建设，提升基层监管能力。各省级粮食行政管理部门要加强对农村粮油质量安全监管工作的督促、指导和检查。对未履行职责或滥用职权、玩忽职守、徇私舞弊的，要依法追究责任。

三　完善多种措施，切实提高农村粮油质量安全水平

（一）加强重点环节粮油质量安全监管

一是督促粮油经营企业落实主体责任。严格粮食收购资格审核制度，确保粮食经营主体具备必要的收购条件。进一步督促和指导粮油经营者在收购、储存和出库销售环节严格执行国家标准和相关政策、制度，加强对收购入库、出库和储存期间粮油质量和储存品质的检验，及时对杂质、水分超标的粮食进行整理，规范使用储粮药剂，建立、完善粮油经营台账和质量档案制度。严厉查处压级压价或抬级抬价等行为。二是加强粮油质量安全监测抽查。各级粮食行政管理部门要突出重点环节、重点领

域、重点品种，制订监测抽查计划，周密部署，合理布点，科学取样，准确检验，严格按国家粮油质量标准和食品安全标准的规定作出客观评价。对检查中发现的问题，要分析原因，查清责任，立即整改。要加强对储粮化学药剂残留和真菌毒素污染的监测。加强防护剂的使用管理，完善储粮化学药剂使用备案制度。加强对高水分粮食的收储和运输管理，及时消除质量安全隐患。三是妥善处置问题粮食。对于监测、抽查中发现的生芽、霉变、真菌毒素污染、农药残留超标和有害重金属污染的粮食，应及时采取全面排查、强制检验、无害化处理、限定用途、定向销售等措施，严防污染粮食的扩散，重点防止劣质粮食和有害成分超标的粮食进入农村消费市场。

（二）继续做好农户科学储粮专项

各级粮食行政管理部门要继续做好"十二五"农户科学储粮专项建设，进一步加强项目管理，提高粮仓设计和制作水平，推广适宜规模化生产的农户储粮设施，逐步建立农户科学储粮技术服务体系，加强农户科学储粮知识的培训和指导。通过项目的实施和示范农户的带动，提高农民的安全储粮意识，改善农户储粮条件，减少粮食产后损失，切实提高农户自储粮食的质量安全水平。

（三）深入推进"放心粮油进农村"活动

各级粮食行政管理部门和粮食行业协会要以放心粮油示范企业和大中型粮油骨干企业为依托，坚持"面向农村、服务农民、支持农业"的原则，了解农民意愿，研究农村市场，开发生产适销对路、安全优质的粮油产品，满足农民需求，深入开展"放心粮油进农村"活动，进一步增加销售服务网点，扩大服务领域，发展"订单粮食"、"两代一换"、连锁配送，开展便民服务，真正把"放心粮油"送进农村千家万户。

四　加强宣传教育，不断提高粮油质量安全意识

各级粮食行政管理部门要大力开展粮油质量安全宣传教育活动，广泛普及粮油质量安全法律法规和科普知识，倡导正确的消费理念。结合食品安全宣传周、粮食科技活动周、放心粮油宣传日、开展收购动员、例行信息发布、日常巡查、专题培训等各种有利时机，通过编印发放粮油质量安全宣传材料、制作张贴宣传海报、建立宣传橱窗、摆放展板、举办知识讲座、接受现场咨询等群众喜闻乐见的形式，宣传普及《食品安全法》、《农产品质量安全法》、《食品安全法实施条例》、《粮食流通管理条例》、《粮食质量安全监管实施办法（暂行）》等粮油质量安全相关法律、法规和政策文件，增强粮油经营者的法治观念和诚信意识，提高农村消费者的维权意识；宣传普及主要粮油品种的营养健康、科学膳食等方面的食品安全知识，以及粮油采购、存放、质量鉴别、危害防范知识，增加农村消费者的食品安全知识和自我保护意识，促进科学消费理念的树立；宣传放心粮油品牌，结合农村市场消费特点，引导消费者自觉抵制劣质粮油，增强放心粮油企业服务"三农"的信心。

关于印发《粮食行业"十二五"发展规划纲要》的通知

(国家发展改革委 国家粮食局
国粮展〔2011〕224号 2011年12月28日)

各省、自治区、直辖市及新疆生产建设兵团、黑龙江省农垦总局发展改革委、粮食局,中国储备粮管理总公司、中粮集团有限公司、中国华粮物流集团公司、中国中纺集团公司:

根据《国家粮食安全中长期规划纲要（2008~2020年）》、《全国新增1000亿斤粮食生产能力规划（2009~2020年）》、《中华人民共和国国民经济和社会发展第十二个五年规划纲要》有关粮食流通工作的总体部署和要求,为充分发挥规划引领作用,国家发展改革委、国家粮食局制定了《粮食行业"十二五"发展规划纲要》。现印发给你们,请结合各地实际,认真组织实施。

"十二五"时期是全面建设小康社会的关键时期,是加快现代粮食流通产业发展的重要战略机遇期,也是全面加强国家粮食安全工作、构建完善的国家粮食安全保障体系的攻坚时期。制定并实施粮食行业"十二五"发展规划纲要,坚持以科学发展为主题,以加快转变经济发展方式为主线,推进产业结构调整,深化改革,创新体制机制,强化科技支撑,加强监督检查,加快发展现代粮食流通产业,提高粮食宏观调控能力,是深入贯彻落实科学发展观,推动粮食流通事业又好又快发展的重要举措,对保持粮食供求基本平衡和价格基本稳定、促进农民增产增收、保障国家粮食安全具有重要意义。

省级发展改革部门、粮食行政管理部门要加强规划实施的沟通协调和支持配合,切实落实责任,细化目标任务,确保规划目标任务的顺利完成。各地要将本地区粮食行业发展规划,以及实施过程中遇到的新情况、新问题及时报送国家发展改革委和国家粮食局。

粮食行业"十二五"发展规划纲要

国家发展和改革委员会
国家粮食局
二〇一一年十二月

目 录

专栏目录

第一章　指导思想、基本原则和主要目标

第一节　面临的形势

"十一五"时期，在党中央、国务院的坚强领导下，我们努力克服全球金融危机的冲击和影响，有效应对国际粮食市场价格剧烈波动的复杂局面，通过不断深化粮食流通体制改革，粮食行业实现了持续稳定发展，基本建立了适应社会主义市场经济发展要求和符合我国国情的粮食流通体制，为保障国家粮食安全和国民经济平稳较快发展作出了重要贡献。

五年来，粮食宏观调控能力进一步增强，粮食市场监测、应急体系不断完善，保供稳价措施有效实施，国内粮食市场基本稳定；粮食仓储设施和物流体系建设加快发展，粮油仓储管理规范化持续推进，粮油加工业不断壮大；以市场化为取向的粮食流通体制改革不断深化，统一开放、竞争有序的粮食市场体系基本形成；粮食科技创新能力明显提高，整体水平迈上新台阶；国有粮食购销企业继续发挥主渠道作用，结构和布局进一步优化，经营管理水平和竞争力显著提高；粮食法规标准体系、监督检查体系和检验监测体系逐步健全和完善，依法管粮有力推进。面向未来，我们已经站在一个新的历史起点上。

专栏1　"十一五"取得的主要成就

指　标	单　位	2005年	2010年	年均增长（％）
粮食仓储企业有效仓容	亿吨	2.6	3.5	6.1
粮食仓储企业食用植物油油罐容量	万吨	719	1410	14.4
粮油加工企业有效仓容	亿吨		1.3	
粮油加工企业食用植物油油罐容量	万吨		1500	
国内跨省散粮运输比例	（％）	20.0	25.0	
粮食烘干能力	万吨/小时	5	7	7.4
散粮中转设施接收能力	万吨/小时	31	59	13.7
实施农户科学储粮专项户数	万户		200	
规模以上粮油加工业总产值	万亿元	0.9	3.0	15.5
具有粮食收购资格经营者数量	万个	4.1	8.7	16.2
粮食批发市场数量	个	569	411	〔-158〕
粮食批发市场成交量	亿吨	0.8	1.4	11.8
国有粮食企业职工总数	万人	113.5	60.3	-11.9
国有粮食企业资产规模	亿元	7939.9	8070.6	0.33
粮食行业科研项目总投入*	亿元	6.8	7.3	〔0.5〕
其中国家科研经费投入*	亿元	1.3	1.7	〔0.4〕
县级以上监督检查机构数量	个	455	2092	〔1637〕
国家粮食质量监测机构数量	个		200	
地方粮食检验机构数量	个	535	737	〔202〕
制（修）订标准数量*	项	331	476	〔145〕

注：带*指标为累计数，〔 〕为五年累计数。

"十二五"时期是全面建设小康社会的关键时期，是加快现代粮食流通产业发展的重要战略机遇期，也是全面加强国家粮食安全工作、构建完善的国家粮食安全保障体系的攻坚时期。

新形势下我们面临着难得的发展机遇。一是居民生活水平不断提高，消费结构升级加快，人们更加注重安全、优质、营养、健康的粮油食品，从而为粮食流通产业发展创造了巨大的需求空间。二是

国家强农惠农政策不断加强，农民种粮积极性进一步提高，粮食稳定发展的长效机制逐步完善，为保障国家粮食安全奠定了坚实基础。三是国家调整经济结构和转变经济发展方式的力度进一步加大，为粮食流通产业结构调整、优化升级提供了重要契机。四是现代科学技术日新月异，战略性新兴产业加快培育，推动传统粮食仓储、物流和加工的技术升级，为粮食流通产业发展提供了有力支撑。五是国家交通运输网络的快速发展和现代物流体系的建立，为降低粮食流通成本、提高粮食流通效率创造了有利条件。六是经济体制改革深入推进，粮食流通体制机制不断完善，为发展现代粮食流通产业提供了制度保障。

同时保障国家粮食安全也面临着严峻挑战。一是保障粮食供求平衡的难度加大。受资源环境约束、种粮成本增加、粮食生产比较效益较低以及人口增长、工业化、城镇化等影响，粮食供求将长期处于偏紧状态。二是粮食供求的区域布局和品种结构矛盾加剧。粮食主销区产消缺口逐年扩大，玉米消费增长较快，大豆及食用植物油对国际市场依赖性不断增加，对粮食供求平衡形成较大压力。三是国际粮食市场波动对国内粮食市场影响日益加剧。受气候变化、生物质能源快速发展和投机行为等因素影响，全球粮食供求偏紧和高价位波动趋势更加明显。四是粮食流通基础设施还有很多薄弱环节。仓储、物流体系不完善、分布不平衡，仓房维修改造资金不足，科技创新能力不强，流通基础设施和科技发展缺乏持续、稳定投入。五是粮食流通监管有待加强。监管制度不健全，监管体系不完善，监管手段和能力不足。六是粮食流通管理体制机制还不适应保障国家粮食安全的新要求。部分地区粮食行政管理机构、队伍、职能有待完善，地方各级政府的粮食安全分级责任制需要加强，粮食省长负责制也有待全面落实。

第二节 指导思想和基本原则

"十二五"时期粮食行业发展的指导思想是：高举中国特色社会主义伟大旗帜，以邓小平理论和"三个代表"重要思想为指导，深入贯彻落实科学发展观，适应国内外粮食流通形势新变化，不断满足城乡居民对粮食需求的新期待，以科学发展为主题，以加快转变经济发展方式为主线，推进产业结构调整，深化改革，创新体制机制，强化科技支撑，加强监督检查，加快发展现代粮食流通产业，提高粮食宏观调控能力，保持粮食供求基本平衡和价格基本稳定，保障国家粮食安全。

"十二五"时期，粮食行业发展要坚持以下原则：

——加强宏观调控。继续推进以市场化为取向的粮食流通体制改革，充分发挥市场配置资源的基础性作用，健全粮食市场调控机制。灵活运用多种手段，增强粮食宏观调控的科学性、预见性、针对性、有效性。

——促进协调发展。统筹兼顾，合理布局，突出重点，加快推进粮食产业结构、产品结构、区域结构调整。实现粮食收购、储存、调运、加工、销售各环节的有效衔接，促进粮食主产区、主销区和产销平衡区的协调发展。

——提高创新能力。应用信息、生物、新材料等高新技术的成果，改造传统粮食产业，推广低碳技术，发展绿色储粮和粮油加工，减少粮食损失，完善创新体系，支撑粮食行业发展方式的转变和推动粮食产业结构升级，走可持续发展之路。

——始终以人为本，以提高人民生活质量和保证食品安全为出发点和落脚点，强化粮食质量安全监管，完善粮食标准与检验监测体系，保障城乡居民粮食质量安全。

第三节 主要目标

根据上述指导思想和基本原则，"十二五"时期粮食行业发展的总体目标是：供给稳定、储备充足、调控有力、运转高效的粮食安全保障体系进一步完善；粮食宏观调控能力、仓储物流能力和科技支撑能力明显提高；推进法制建设，全面实现依法管粮；基本形成布局合理、结构优化、竞争有序、监管有力、质量安全的现代粮食流通格局。

根据以上总体目标的要求，粮食行业发展实现以下具体目标：

——粮食安全基础进一步夯实。中央专项储备不低于既定规模数量，地方粮食储备规模保持在核定规模以上。适当提高稻谷库存比例，小麦和稻谷库存保持在合理水平。粮食应急保障体系更加完善，形成布局合理、运转高效的应急网络。

——粮食流通基础设施明显改善。粮食仓储设施满足粮食增产、保障供给的要求，基层粮库设施条件明显改善，使粮食主产区基本消除长期露天储粮，并建立维修改造长效机制。主要跨省流出通道能力显著增强，推进东北地区散粮火车"入关"，散粮流通比例明显提高。主产区农户储粮条件得到改善，全国种粮农户实现科学储粮的比例5%左右，项目实施地区的农户储粮损失率降低到2%以下。

——粮食市场体系进一步健全。粮食收购服务体系更加规范高效，满足居民日常粮食消费需求的零售供应网络更加健全，全国统一的粮食竞价交易系统更加完善。

——粮油加工业健康发展。产品结构明显改善，区域布局更加合理，自主创新能力明显增强。规模以上粮油加工企业总产值年均增长12%以上。粮油加工关键设备自主化率提高到60%以上。

——国有粮食企业改革进一步深化。企业产权制度更加明晰，经营机制更加灵活，组织结构更加合理，管理水平不断提升，经济效益稳步增长。

——粮食质量标准体系和检验监测体系更加健全。粮食质量标准体系更加完善，粮食质量安全检验监测能力明显增强。制定粮油新标准120项，修订粮油标准300项。

——粮食流通法规体系进一步完善。推进《粮食法》尽快出台，完成《粮食流通管理条例》和《中央储备粮管理条例》的修订。研究制订相关配套制度办法，粮食法制体系建设更加健全。

围绕上述目标，"十二五"时期粮食行业的主要任务是：深化一项改革，健全六大体系，重点建设六大工程。深化一项改革，即继续深化粮食流通体制改革；健全六大体系，即健全粮食宏观调控体系，粮食仓储物流体系，粮油加工体系，粮食市场体系，粮食科技创新体系，粮食监管和标准质量检验监测体系；重点建设六大工程，即粮食仓储设施工程、粮库仓房维修改造工程、粮食现代物流工程、农户科学储粮专项工程、粮油加工业升级工程、粮食质量安全监测体系工程等。

第二章　健全粮食宏观调控体系

进一步完善粮食宏观调控机制，促进粮食生产稳定发展和粮食供求基本平衡，保证粮食市场供应，保持粮食价格基本稳定。

第一节 完善粮食购销体制

构建政府调控和市场调节相结合的购销模式。逐步提高粮食最低收购价格水平，进一步完善最低收购价政策的具体操作办法，保证最低收购价政策的贯彻落实。研究完善主要粮食品种的临时收储政策，保护种粮农民利益。积极探索建立符合市场化要求、适合我国国情的新型粮食价格支持体系。

做好政策性粮食销售工作，根据宏观调控需要和市场价格趋势，适时安排政策性粮食竞价销售，把握好销售节奏和力度，保持粮食价格在合理水平上基本稳定。

完善粮食产销合作长效机制，进一步理顺粮食主产区和主销区的利益关系。逐步建立多形式、深层次、长期稳定的粮食产销合作关系，实现优势互补，促进粮食区域平衡。建立有利于产销合作发展的支持体系，重点保证长三角、珠三角、京津唐、成渝等地区的粮食供应。

第二节　健全储备调节体系

细化中央专项储备和调节储备的功能，建立健全中央储备粮存储、吞吐轮换和进出口有效结合的机制。完善地方粮食储备管理制度，探索销区地方储备粮轮换与产区粮食收购紧密衔接的模式。形成调控有力、运作规范、高效灵活的储备粮管理局面。

充实储备库存，增强宏观调控物质基础。中央专项储备和地方粮食储备达到合理规模，中央调节储备数量根据市场情况和调控需要灵活掌握。

完善储备布局和品种结构，调整优化中央储备粮地区布局，重点向主销区、西部缺粮地区和贫困地区倾斜，增强对大中城市粮食供应的保障能力，地方储备要和中央储备相互衔接补充。中央专项储备和地方储备按照优先保证口粮安全，兼顾其他用粮的原则，优化品种结构，总量上适当提高稻谷库存比例。修改完善中央储备粮轮换管理办法，及时下达中央储备粮轮换、收购、销售计划。积极支持地方加强调控能力建设。

第三节　加强监测预警系统

做好全社会粮食供需平衡调查工作，建立健全统计调查体系，准确反映国内粮食供需状况。完善粮食市场信息监测体系，实现对粮食市场的动态监测和分析。合理确定预警指标，扩大监测预警范围，力争全国粮食市场信息直报点增加到500个左右，提高粮食宏观调控预警能力。发展面向全社会的粮食市场信息服务体系，以多种方式提供市场信息服务，促进粮食流通和市场稳定，引导粮食生产和消费。

第四节　提升粮食应急能力

建立健全中央和地方各级应急体系，加强演练培训。按照有粮可用、有粮可调的要求，充分做好应急物质保障准备。促进粮油购销、调运、储存、加工、供应等各环节的相互衔接，形成布局合理的粮食应急网络。各地要按规定建立和充实成品粮油应急储备，确保随时投放市场，保证应急需要。全国省级粮食应急指定加工企业从1700个增加到2000个，供应企业从4000个增加到5000个。全国大中城市成品粮油应急储备规模应满足15天以上的社会消费需要。

第三章　完善粮食仓储设施

加快粮食流通基础设施建设，完善仓储设施布局，加大仓房维修改造力度，加快烘干设施建设。继续实施农户科学储粮专项，推广科学储粮技术，改善农户储粮条件，减少粮食产后损失。

第一节　加强仓储设施建设

优化粮食仓储设施布局，推广应用粮库信息管理系统，实现仓房设施标准化、技术装备现代化。新建粮食储备仓容2000万吨，增加仓储能力。针对收纳、中转、储备等不同粮食仓储需求合理选用仓型，推广先进实用的新技术、新材料和新装备。36个大中城市建设一批成品粮低温储备设施，长三角、珠三角、京津唐、成渝等地区要优先满足成品粮储备应急保障需要。

第二节　推进仓房维修改造

全国维修改造仓容1亿吨以上。重点对仓房防潮防雨、保温隔热进行维修改造，配置必要的粮情检测、机械通风、环流熏蒸等储粮设施和装卸输送设备，配置检化验仪器，推广低温储粮、气调储粮等绿色储粮新技术。

第三节　完善烘干设施

新建和改造一批粮食烘干设施，淘汰技术落后的烘干能力，使全国烘干能力保持在1.1亿吨以上，其中东北地区9100万吨以上，南方地区2000万吨以上。在东北地区改进烘干工艺和控制技术，节能减排，降低烘干成本，减少环境污染，保证烘后品质。在南方地区推广经济适用的烘干设备。在农垦系统水稻产区推广低温烘干技术。

第四节　实施农户科学储粮专项

继续实施农户科学储粮专项，为800万农户配置标准化储粮装具，项目地区的农户储粮损失率降低到2%以下。在粮食主产区开展种粮大户新型储粮设施建设试点，重点建设一批示范性小型钢板筒仓。

专栏2　农户科学储粮专项

农户科学储粮装具	配置标准化储粮装具800万套，其中主产区465万套，其他地区335万套。
种粮大户储粮设施	在主产区建设一批示范性小型钢板筒仓（单仓储粮100吨以上）及相应配套设施。

第四章　推进粮食现代物流发展

全面实施《粮食现代物流发展规划（2006～2015年）》，加快"北粮南运"主要物流通道建设，加强产销衔接和粮食物流资源整合，重点推进铁路散粮火车在东北区域及全国其他区域的运营，以及铁路与公路、水路的多式联运，实现跨省粮食主要物流通道的散储、散运、散装、散卸，优化和完善粮食物流供应链。

第一节　打通"北粮南运"主通道

重点建设东北地区一批大型粮食装车点，以及与其相衔接的华北、华东、中南、西南等地区一批大型粮食卸车点，并加强与公路集并的衔接，配套建设粮食中转仓储设施。完善东北地区粮食铁水联运物流系统，配套建设东南沿海港口和长江、珠江流域主要物流节点的粮食中转和接卸设施。开展东北地区糙米"入关"集装化（集装箱或集装袋）运输试点和成品粮储运技术示范。

第二节　完善黄淮海等主要通道

建设一批物流节点项目和中转仓储设施，完善黄淮海通道、长江流域通道和京津通道、华东通道、华南通道的中转和接卸发放设施，发展黄淮海地区的散粮汽车运输以及长江、珠江、大运河、淮河等流域的散粮船舶运输。提升西部地区粮食中转、发放设施能力。

第三节　建立粮食现代物流服务体系

加快建立社会化、专业化、信息化的粮食现代物流服务体系，积极发展第三方物流，优先整合和利用现有粮食物流资源。完善粮食供应链管理，建立全国粮食物流配送、交易和管理信息平台，实现粮食物流信息资源共享。支持粮食物流园区有序发展，加强糙米流通、散粮汽车和集装箱运输技术的开发研究，制订和完善相关建设和技术标准规范。

第五章　发展现代粮油加工体系

坚持走中国特色新型工业化道路，发展结构优化、布局合理、安全营养、绿色环保的现代粮油加工体系。保持粮油加工业总产值年均增长12%以上，进一步优化产品结构，引导粮油加工业集聚发展，形成一批具有较强竞争力的加工基地或产业集群。加大淘汰落后产能和节能减排力度，明显提高副产物综合利用率。

第一节　调整产业结构

有效利用粮油资源，提升加工技术水平和产品科技含量。按照安全、优质、营养、健康等要求，加大系列化、多元化粮油产品开发力度，提高优、新、特产品的比重，强化质量安全，加强品牌建设。

鼓励和引导大型企业兼并重组，推动上下游联合协作，培育知名品牌，提高核心竞争力。支持中小型粮油加工企业强化质量诚信体系建设，提高产品质量，增强市场竞争力。强化卫生、环保、安全、能耗等指标的约束作用，加大淘汰落后产能力度，压缩和疏导过剩产能。

第二节　优化区域布局

按照区域主体功能定位，遵循产区为主、兼顾销区和适当考虑重要粮油物流节点的原则，实现粮油加工业基地化、规模化、标准化、集约化。

在长江中下游、东北等稻谷主产区，发展稻谷综合加工基地。在华北、华东、西北等小麦主产区，形成优质专用小麦粉、全麦粉和副产物综合利用加工基地。积极开发玉米食品，严格控制玉米深加工企业的产能扩张和用粮增长。在东北、华北、中西部等杂粮及薯类主产区，建立一批加工基地，提高加工规模和技术水平，加快发展杂粮传统食品和方便食品。在江苏、湖北、湖南、河南等地形成一批粮油加工成套装备制造基地。

充分发挥东北非转基因大豆优势，提升当地大豆油加工产业带建设水平，引导整合资源，提高生产效率；在长江中下游和西部油菜籽主产区，黄淮海花生主产区，黄河、长江流域和西部棉籽主产区，西部葵花籽主产区，结合淘汰落后产能，发展一批菜籽油、花生油、棉籽油、葵花籽油大型加工企业，鼓励建设一线多能、多油料品种加工项目；依托稻谷、玉米主产区大型粮油加工企业、加工园区和产业集聚区，大力发展米糠油、玉米油等特色油脂加工；在长江中游及淮河以南地区，大力发展油茶籽油等木本植物油加工，增强食用植物油供给能力。严格控制大豆压榨及浸出项目，合理控制沿长江地区菜籽油加工产能规模，推进企业兼并重组，促进资源向优势企业集聚。

第三节　加快升级改造

加快利用新技术、新材料、新工艺、新装备改造粮油加工企业，提升粮油加工业整体技术水平，实施粮油加工园区建设、技术改造、食品安全检测能力建设、主食品工业化示范、应急加工供应等工程。

依托现有资源，整合、新建或改扩建一批科技含量高、综合利用全、带动能力强的粮油加工园区。加大粮油加工企业技术改造力度，加快产品升级换代和关键设备自主化，提高节能降耗水平。加强企业食品安全检测能力建设，健全并严格落实食品安全责任制度，建立质量可追溯体系。完善加工标准体系，大力倡导适度加工和健康消费，合理控制大米、小麦粉、食用植物油等产品加工精度。加快传统主食品工业化步伐。加大对大中城市及重点地区粮油应急加工、供应等设施建设和改造力度。

第六章　健全粮食市场体系

加快粮食市场体系建设，形成以粮食收购市场和零售市场为基础、批发市场为骨干、粮食期货交易稳步发展，统一开放、竞争有序的现代粮食市场体系。

第一节　规范收购市场

充分发挥国有粮食企业在粮食收购中的主渠道作用，鼓励各类具有资质的市场主体从事粮食收购活动，搞活粮食流通，构建规范高效的粮食收购服务体系。严格执行收购市场准入制度，规范各类主体的粮食收购行为，维护良好的粮食收购市场秩序。

第二节　完善零售市场

大力发展超市、便民连锁店为主要形式的城乡粮油供应网点，发挥集贸市场在粮食供应中的作用，建立满足居民日常粮食消费需求的零售供应网络。大中城市要确定一批用得上、实力强、效率高的粮食应急供应网点，确保粮食应急供应。鼓励和支持粮食连锁经营、电子商务等现代流通方式向农村延伸，创新经营理念，提高零售网络的服务水平和效率。规范粮食零售市场管理，健全粮食零售经营者诚信档案制度。以深入开展"放心粮油"进农村、进社区活动为重点，进一步扩大"放心粮油"覆盖范围。

第三节　健全批发市场

根据粮食宏观调控的需要，继续选择部分大型区域性粮食批发市场，组建国家粮食交易中心。以国家粮食交易中心为依托，加快健全全国统一粮食竞价交易系统，扩大交易系统的市场联网范围，完善统一交易规则。积极推进中央储备粮及其他政策性粮油进入国家粮食交易中心交易。抓紧制定《粮食批发市场管理办法》。

引导粮食批发市场积极组织开展跨区域的大宗粮食品种的交易，充分发挥其在粮食产销衔接中的作用。加快大中城市成品粮批发市场建设，着力推进特大城市的成品粮批发市场建设。在全国重点指导和扶持一批大中型成品粮批发市场。

全面提升粮食批发市场功能，提高服务水平，加快粮食批发市场基础设施改造升级，重点加强批发市场的信息系统和质量检验检测系统建设。健全市场管理制度，提高粮食批发市场管理水平和从业人员素质。鼓励具备资质的多种所有制粮食市场主体从事粮食市场经营活动。

专栏3　国家粮食交易中心

2004年国务院决定全面放开粮食收购市场后，为保护农民利益和种粮积极性，健全粮食市场体系，提高粮食流通效率，根据粮食省长负责制的要求，由省级人民政府申请，国家粮食局已陆续批准了23个省区市在粮食批发市场的基础上组建国家粮食交易中心，并联网形成全国统一的政策性粮食竞价交易平台，承担国家政策性粮食竞价交易任务。"十一五"期间，全国统一的竞价交易平台共交易了各类政策性粮食2.4亿吨、食用植物油70.2万吨。通过国家粮食交易中心公开交易国家政策性粮食，充分发挥了市场竞争机制，节约了粮食流通成本，提高了粮食宏观调控效率，对保证粮食市场供应、稳定粮食市场价格起到了重要作用。"十二五"时期，国家粮食局将根据省级人民政府申请，继续做好国家粮食交易中心的组建工作，更好地发挥政策性粮食竞价交易平台在宏观调控中的作用。

第四节　稳步发展粮食期货交易

逐步增加粮食期货交易品种，引导粮食企业和农民专业合作组织利用期货市场规避风险。增强现货市场与期货市场的联动性，加强对粮食期货交易的监督管理，规范粮食期货交易行为。

第七章　完善粮食标准与质量检验监测体系

完善粮油标准体系，加大标准化工作实施力度。建成以国家和地方粮食检验监测机构为骨干，以粮食企业为基础，覆盖各省（自治区、直辖市）、各地级市、粮食主产县、粮食购销企业、大型粮食加工企业的粮食检验监测体系。配备仪器设备，改善基础设施，提升粮食质量安全检验监测整体水平和粮食企业质量管理水平，促进粮食企业承担粮食质量安全主体责任，消除监测盲区，保障粮食质量安全。

第一节　健全粮油标准体系

加强粮油标准体系建设，进一步健全粮食收购标准、粮油产品标准、粮食储藏标准和粮油加工标准等。研究制定小麦、稻谷、玉米、大豆等产品质量、检验方法和技术规范新标准120项，对现有300项粮油标准进行复审修订。

专栏4　粮油标准制修（订）主要内容

粮食收购标准	粮食收购检验规程和仪器设备标准、粮食收购快速检测方法标准、粮食收购品质在线检测方法标准、粮食质量调查和安全监测预警技术规范以及粮食收购环节真菌毒素、农药残留等污染物的快速检验方法等。
粮油产品标准	产品及制成品标准、有害物质和非法添加物检测方法标准等。
粮油储藏标准	储油设施设备标准和使用规范、安全储粮技术规范、储粮药剂管理和使用技术规范、磷化氢熏蒸技术规程、储粮品质判定标准、粮油储藏技术规范及质量过程控制标准等。
粮油加工标准	粮油加工过程良好操作规范、粮油加工机械标准、粮油加工质量安全控制标准等。

第二节　提高检验能力

加强粮食检验监测体系建设，以粮食质量安全检验为重点，增强综合检验能力、仲裁检验能力、快速应对粮食质量安全突发事件的检验能力。通过国家和地方的共同努力，配置相应的粮食检验仪器设备、改善基础设施，着力提升国家粮食质量监测机构的粮食卫生指标检验水平和先进快速检验技术的研究应用水平、地方粮食检验监测机构的常规指标和主要卫生指标的检验水平、粮食企业的检验技术水平。

专栏5　粮食质量安全检验监测能力建设

国家粮食质量监测机构能力建设	粮食的农药残留、重金属、真菌毒素等主要有毒有害成分，以及粮食的特征成分、营养及活性物质、添加剂和转基因等成分的定性与定量分析；粮食质量安全快速检测技术的研究和应用。
地方粮食检验监测机构能力建设	粮食常规质量指标、储存品质指标、营养品质指标，以及粮食的农药残留、重金属、真菌毒素等主要有毒有害成分的定性或定量分析；粮食质量安全快速检验技术的研究和应用。
粮食购销企业和大型粮油加工企业检验能力建设	粮食购销企业具备粮油常规质量和储存品质指标等检验能力。大型粮油加工企业具备粮油及其产品相关指标的检验能力。

第三节　强化质量安全监测

建立国家和地方粮食质量安全例行监测制度，定期开展粮食质量安全监测、收获粮食质量调查和品质测报、粮食出入库检验及政策性粮食质量安全抽查检验。加强粮食质量安全追溯体系建设，建立污染区域粮食收购、储存、销售质量安全管理机制和追溯制度。建立粮食质量安全监测预警网络，确保收购环节粮食质量安全。

专栏6　粮食质量安全监测主要内容

收获环节质量调查	对当年收获粮食的质量状况进行抽样调查和检验。
收获环节卫生监测	对当年收获粮食农药残留、重金属、真菌毒素等主要有毒有害成分污染情况进行监测。
储存环节质量安全监测	对库存粮食的质量状况和储粮药剂残留、重金属、真菌毒素等主要有毒有害成分污染情况进行例行监测。
粮食品质测报	对当年收获的小麦、稻谷、玉米、大豆等主要粮食的品质状况进行检验评价。

第八章　加快国有粮食企业改革和发展

以建立现代企业制度为方向，以发挥主渠道作用为重点，进一步推进国有粮食企业战略性重组，健全国有资本有进有退、合理流动机制，加快转变发展方式，切实提高企业市场竞争力和影响力。

第一节　推进现代企业制度建设

进一步理顺和规范政府调控与企业经营的关系，完善粮食政策性业务由政府委托企业代理的市场化运作机制。加强粮食企业国有资产监管，理顺粮食基础设施的产权关系。完善企业法人治理结构，提高企业经营管理水平。充分利用资本市场，推进大型粮食企业兼并重组。

第二节　优化企业布局和结构

逐步培育以大型国有粮食企业为骨干、基层国有粮食企业为基础，优势互补的粮食市场主体，不断提高市场竞争力。积极培育50个左右国有或国有控股的地方大型粮食企业，增强区域粮食市场调控能力。

完善粮食购销网络和产业链条，以粮食主产县（市、区）为单位，以县级粮库为基础，每县保留、组建和培育1～2个国有或国有控股的粮食企业，以及必要的收购网点，作为国家掌握粮源、搞活购销的重要基础。加快国有粮食企业发展方式转变，形成以粮食产业化企业为龙头、农民专业合作组织为纽带、粮食生产基地为依托的粮食产业化经营服务体系。重点扶持150个以上粮食产业化龙头企业。

第九章　增强粮食科技创新能力

加大储藏、物流、加工、检测等关键技术和装备的研发力度，增强粮食科技创新能力。以高新技术为着力点，以节能环保技术为切入点，改造和提升传统产业，提高现代化水平。粮食行业国家科研经费投入明显增加。

第一节　提高研发能力

发展基于物联网技术的现代粮食流通体系，在重点区域开展粮食物流信息采集、追溯技术、公共物流信息平台的应用示范，实现粮食物流的信息资源共享。加大信息化手段在粮食宏观调控中的应用，利用专用传感器等技术，逐步实现对粮食库存信息的智能化监控。

在粮食收购品质检测、储粮环境控制、库存品质监管、有害物质防控等方面，加大信息、生物等高新技术研发。开展生态环境温湿度与粮食品质关系研究，实现对粮食霉菌、害虫等的实时监测。

第二节 改造传统产业

加快节能减排技术应用，研发储藏、干燥等方面的绿色、节能、降耗新技术。推动生物技术应用，研究绿色储粮技术体系。利用现代生物技术，开发替代化学物的高效菌株、酶制剂。研制粮油食品卫生安全快速检测技术和仪器。

推动先进制造技术应用，开发装备智能控制和在线监测技术。开展绿色储粮、仓储信息化技术和装备的集成示范。开发全自动散粮成套接卸输送装备。采用新材料、新工艺，提高粮食加工装备设计和制造水平。

第三节 加强应用基础研究

开展粮食流通环节的生物技术与粮食质量安全基础性、公益性研究。加强生态储粮等关键技术和粮食品质特性及化学机理、物理特性与生态环境关系的规律研究，建立粮食品质特性基础数据库。制订粮食信息安全等新技术标准。

第四节 建设创新体系

强化国家、省、企业三级创新能力。发挥科研院所、大学、企业优势和技术特长，坚持产学研相结合，构建以企业为主体、市场为导向的技术创新体系。完善应用开发和成果转化及产业化的技术推广体系。充分利用现有资源，建设完善国家粮食科技创新平台，加强基础研究，积极培育新兴产业。加强粮食科技人才队伍建设，完善机制，引进高层次人才，培养复合型人才。发挥地方粮食科研院所在区域粮食产业发展中的支撑作用。

专栏7 粮食科技创新重点项目

粮食物流信息技术研发	基于物联网的粮食流通信息化关键技术与设备研究；粮食流通信息技术集成研究与示范；区域粮食应急平台技术研究与应用示范。
粮食检测监管信息技术及装备研发	粮食专用传感器的开发与应用示范；基于生物传感原理的检测新技术与新仪器产品研究开发；粮油质量信息在线实时快速检测技术研究；清仓查库新技术装备研究开发及集成示范；多功能粮情测控系统开发与应用示范；储备粮粮情检测新技术研究与应用示范。
粮食产业节能减排技术研发及应用示范	节能保质、节能烘干、绿色高效热源、智能低碳干燥技术与装备研发；地下绿色节能储粮仓型及成套技术与装备开发；湿热区域低温储粮技术装备的研究开发；粮食高效进出仓成套设备研发；应急成品粮库新仓型及关键技术研究。
粮油加工装备技术研发	低能耗、智能化的主食加工成套装备、关键技术集成、功能营养主食强化产品开发及产业化示范；绿色、高效、低耗的通用加工技术和装备研究开发；粮食加工关键技术和装备研发；食用植物油清洁生产、品质安全及高效利用技术与装备开发。
粮食质量安全技术及设备研发	粮食近红外检测关键技术及装备研究开发；粮油质量快速检测技术研究与装备开发；油料油品收储质量安全关键技术研究开发与示范；储粮质量安全检验与动态监测关键技术研究与示范；储粮生物防霉、脱毒与快速检测技术开发示范；粮油内毒素及抗营养因子检测和控制新技术研发。
粮食科学基础研究	重要储粮害虫种群分布、储粮害虫危害及生态调控机理研究；现代粮仓粮堆传热传质特性及变化规律研究；储粮害虫抗药性机制的分子生物学研究；仓房结构与粮食散体力学关系研究；粮食功能性成分的营养及安全评价体系研究；储粮生态体系作用变化规律与生态数据库研究。

第十章　加强监督检查

建立机构健全、权责明确、行为规范、监督有效、覆盖全面的粮食流通监督检查行政执法体系，巩固监督检查各项制度，使定期检查、专项检查、重点抽查和专案调查等方式得到有效落实，实现政策性粮食检查、粮油库存检查、社会粮食流通检查的常态化、制度化。

第一节　推进体系建设

强化监督检查工作体系，切实做到地方各级粮食行政管理部门监督检查机构、职能、人员、经费"四落实"，全面落实监督检查人员持证上岗制度。加强监督检查队伍建设，重点加强省级以下粮食监督检查行政执法队伍建设，提升执法队伍专业水平，提高依法行政的能力和水平。

健全粮食监督检查法规制度，完善监督检查行政执法程序和工作纪律，建立和完善层级监督制度，加强对地方粮食行政管理部门监督检查工作的指导，落实粮食流通监督检查行政执法责任制。进一步完善政策性粮油监管体系，加强政策性粮油的监督检查力量，对中央储备等政策性粮油的数量、质量和储存安全实施监管。推进粮食流通企业信用体系建设，规范企业经营行为。

建立粮食流通监督检查信息管理系统，包括检查对象基本情况、各级粮食监督检查机构与队伍情况，以及执法信息等内容，统一开发软件，建立信息平台，实现资源共享。配备必要的调查取证器材、车辆和设备等，保证执法需要。

第二节　加强库存检查

完善粮油库存检查办法，优化库存检查组织方式，强化检查工作制衡与约束机制。将例行检查、专项检查、不定期检查等方式进行有效结合，加强对不同性质企业和粮油库存的分类监管，增强监管工作的时效性和针对性。

第三节　强化市场监管

加强对粮食最低收购价、国家临时收储等政策执行情况的监督检查，强化对收购、竞价销售、出库、移库的监督检查。做好退耕还林、水库移民、应急供应、救灾等政策性粮食供应的监督检查，确保政策性粮食供应及时到位。

加强对粮食经营者从事粮食收购、储存、运输、销售等经营活动的监督检查，加强对收购资格、最低最高库存规定、粮食流通统计制度执行情况的监督检查。

实施粮食流通监督检查工作量化考核制度，加强对行政执法工作的层级监督，切实做到公正执法、文明执法。开展监督检查行政执法示范单位创建活动，规范和提升监督检查行政执法的行为和水平。

第十一章　保障措施

第一节　完善政策支持

改善和健全粮食调控机制，引导市场粮价保持在合理水平。完善粮食奖补政策，积极探索与粮食储备订单收购挂钩的补贴办法。健全完善粮食主产区的利益补偿机制，支持主产区发展粮食生产。

加强与铁路、交通等部门的协作，创新粮食物流机制，整合现有粮食物流资源，推进仓储、码头设施社会化和运输服务市场化。建立支持农户科学储粮的长效机制，争取将农户储粮装具及简易仪器设备等纳入农机具补贴范围。

积极发挥农业政策性银行对粮食收购的保障作用，完善粮食收购资金信贷管理办法，支持国有粮食企业开展粮食购销业务，掌握粮源。积极利用企业上市、发行债券和商业银行贷款等多种形式，拓宽企业融资渠道。

落实和完善国有粮食购销企业、粮油加工企业和产业化龙头企业的有关税收政策。研究出台相关政策措施，支持重点粮食产业化龙头企业发展。

争取政策支持，对国有粮食企业产业（物流）园区建设用地优先安排；国有粮食企业产权制度改革中依法取得的资产转让收入和按规定处理企业使用的划拨土地收入，优先留给企业用于缴纳社会保险费和安置职工；加强对国有粮食企业资产管理，对依法出售自有公房、建筑物的收入，优先用于国有粮食企业改革和发展。

第二节　加大投入力度

中央和地方各级政府要加大对符合条件的重要粮食仓储、物流、应急保障等流通基础设施、市场体系建设、加工业升级改造、科技创新、技术引进、质量安全检验监测体系建设等的投入，积极引导多渠道社会资金投向粮食流通领域，并建立稳定的长效机制，明显提升现代粮食流通产业科学发展能力。对粮食净流出省（自治区）和新疆、西藏以及青海、四川、云南、甘肃四省藏区等中央明确给予政策支持地区的粮食流通基础设施建设给予适当倾斜。

第三节　深化改革创新

深化国有粮食购销企业的改革，加快产权制度改革步伐，建立现代企业制度，发挥国有粮食企业主渠道作用。制定和完善促进国有粮食购销企业改革和发展的政策措施，采取多种形式，做好企业经营性挂账的消化处理工作。多渠道筹措资金，解决国有粮食企业富余职工分流安置的资金缺口。理顺国债、世行贷款和地方政府等投资粮食流通基础设施的产权关系。

完善地方各级粮食行政管理体系，落实粮食行政管理部门依法管理全社会粮食流通的职责，重点做好粮食行业管理和指导、市场准入、行政执法和监督检查、监测预警和应急供应、流通统计、新技术推广等工作。实行政企分开，切实转变粮食行政管理部门职能，落实基层粮食行政管理部门人员编制和工作经费。

第四节　严格市场准入

进一步完善粮食收购市场准入和退出制度，规范市场秩序。落实《产业结构调整指导目录》，强化安全、出品率、能耗、质量、环保、土地等指标的约束作用，制定和完善粮油加工行业准入条件和落后产能界定标准，鼓励发展低消耗、低污染的先进产能。按照《外商投资产业指导目录》，完善粮食收购、储存、物流、加工等领域的外商投资管理和并购安全审查机制，保障国家粮食安全。

第五节　强化科技支撑

强化粮食科技对现代粮食购销、仓储、物流、加工产业跨越发展的支撑作用，推进建立稳定的粮食行业科技创新资金支持机制，加强粮食科技国际合作交流，加快科技成果的转化和推广普及。实施知识产权质押等鼓励创新的金融政策，加强知识产权的创造、运用、保护和管理，完善科技成果评价奖励制度，加强科研诚信建设。

大力加强粮食行业行政管理人才、企业经营管理人才、专业技术人才、高技能人才队伍建设，创新人才培养开发机制，加大力度引进高层次人才。大力推进粮食从业人员职业教育，加强粮食行业职业技能培训和鉴定工作，培养造就一支数量充足、结构优化、素质优良、富有竞争优势的行业人才队伍。

第六节　引导爱粮节粮

按照建设资源节约型社会的要求，强化从收获、收购、储存、运输、加工和消费全过程的节粮措施，减少粮食浪费和损耗，提高粮食综合利用率，抑制不合理的粮食需求，保障国家粮食安全。广泛开展爱粮节粮等主题宣传活动，加强粮油食品营养健康知识的宣传、普及，增强公众爱粮节粮和健康消费意识，大力倡导适度加工和科学用粮，引导合理膳食，促进健康消费。

第七节　强化粮食安全责任

建立健全中央和地方保障粮食安全分级责任制，在国家宏观调控下，全面落实粮食省长负责制，强化地方保障区域粮食市场供应和稳定价格的责任，落实地方粮食储备规模，完善应急预案，健全应急机制，加强粮食应急加工、供应体系和网络建设，提高应急保障能力。加强粮食市场监管和监督检查，保证粮食质量安全，维护正常的粮食流通秩序。

第八节　加强规划实施组织领导

加强规划实施的组织领导和统筹协调，强化部门分工协作机制，发挥规划对粮食行业发展的指导性作用。国家发展改革委负责规划实施的综合协调，国家粮食局具体负责规划的组织实施，精心部署，认真贯彻落实中央各项政策，扎实推进各项规划工作，并根据需要编制一批专项规划，细化落实本规划提出的主要任务。

各省级粮食行政管理部门要在省级人民政府统一领导下，主动加强与省级发展改革等部门的沟通协调，提高认识，密切配合，切实落实责任，根据本规划总体要求和本地实际，编制本地区的粮食行业发展规划，明确发展目标，细化落实具体任务，制定促进本地区粮食行业发展政策措施，形成强有力的协作机制，抓好本规划贯彻落实，确保本规划目标任务的顺利完成。

局办公室发文部分

关于建立有关粮食批发交易市场国家政策性粮油竞价交易结算资金运行情况月报制度的通知

（国家粮食局办公室 国粮办财〔2011〕181号 2011年10月10日）

各省、自治区、直辖市粮食局：

为进一步落实《国家粮食局关于进一步完善粮食批发交易市场内部控制制度规范政策性粮油结算资金管理的通知》（国粮财〔2011〕114号）精神，保证政策性粮油交易结算资金安全，经研究，决定建立有关粮食批发交易市场（以下简称"交易市场"）国家政策性粮油竞价交易结算资金运行情况月报制度。现将有关事项通知如下：

一　充分认识建立交易市场国家政策性粮油竞价交易结算资金月报制度的重要性

各地要充分认识建立交易市场国家政策性粮油竞价交易结算资金月报制度对于了解和掌握交易市场财务运行状况，防范财务风险，保障交易资金安全，服务粮食宏观调控的重要性，并将其作为加强行业财务管理的一项常规性和基础性工作抓好抓实，建立长效工作机制。

二　认真做好交易市场国家政策性粮油竞价交易结算资金月报报送工作

承担国家政策性粮油竞价交易任务的交易市场要坚持实事求是的原则，真实、完整、准确、及时地反映政策性粮油竞价交易结算资金运行情况，不得错报、虚报和漏报。从2011年12月1日起，各有关交易市场要按照《国家政策性粮油竞价交易结算资金运行情况月报表》（见附件）格式于每月10日前（遇节假日顺延）将上月数据报送省级粮食行政管理部门，并通过"全国粮食系统纵向网"抄报国家粮食局（省级粮食行政管理部门可不再上报），尚未接入"全国粮食系统纵向网"的省份可通过军粮供应普通密码网报送。

执行中有何情况或建议，请及时与我局财务司联系。

联系人：李红；电话：010-63906836，传真：010-63906802。

电报部分

关于加强粮食收购资格审核 规范粮食收购市场秩序的通知

（国家发展改革委 国家粮食局 国家工商总局
国粮电〔2011〕15号 2011年7月29日）

各省、自治区、直辖市人民政府：

实行粮食收购许可制度是保护粮食生产者和消费者利益、维护粮食市场秩序的重要举措，是国家加强和改善粮食宏观调控、维护粮食市场稳定的重要手段。粮食收购市场放开以后，多元主体快速发展，对搞活流通发挥了积极作用，但由于收购准入门槛较低，进入粮食收购市场的主体过多，经营管理水平良莠不齐，也增加了规范市场秩序的难度。根据国务院有关加强粮食市场调控，完善粮食收购资格审核办法，进一步规范粮食收购市场秩序的精神，现将有关事项通知如下：

一　完善粮食收购资格审核办法

各省级人民政府要认真总结粮食收购资格审核工作的实践经验，按照有利于保护粮食生产者积极性，有利于维护正常的粮食流通秩序，有利于规范多元市场主体收购行为的原则，进一步完善粮食收购资格审核的具体办法。各地可以根据本地实际情况，在符合《粮食流通管理条例》规定的条件下，适当提高粮食收购市场准入的具体标准。对年收购量低于50吨的个体工商户从事粮食收购活动，是否需要取得粮食收购资格的问题，由各地自行确定。各地要结合完善资格审核办法，对粮食收购主体进行清理整顿，恢复受理审核粮食收购资格申请。

二　依法严格审核粮食收购资格申请

各级人民政府要督促粮食行政管理部门按照《粮食流通管理条例》、国家有关规定和省级人民政府批准公布的规定，严格审核粮食收购资格申请，对不符合规定条件、不按法定程序和要求提交申请和履行相关义务的，一律不给予粮食收购资格。要加强对申请者经营场所、仓储设施、检验仪器和设施的实地核查，确保申请者具备必要的粮食质量检验和保管能力，确保粮食收购者落实好国家粮食收购质价政策，保障收购的粮食储存安全。对已经取得粮食收购资格的，粮食行政管理部门要加强指导、服务和监管，并按照国家要求对粮食收购资格定期核查。

| 三 | 加强对粮食收购资格审核工作的指导 |

各级人民政府要加强对粮食行政管理部门粮食收购资格审核制度、程序和管理等工作的指导和督查，既要维护市场主体合法权益，又要及时纠正粮食收购资格审核中的违法、违纪行为。

| 四 | 加强对粮食收购活动的监督检查 |

各地粮食、工商部门要加大监督检查力度，对未按规定取得粮食收购资格而从事粮食收购活动的，要坚决制止。对粮食收购资格有效期届满未申请延续的，要依法予以注销。对已取得粮食收购资格但不再符合条件的，要视情节暂停或取消其粮食收购资格。对涂改、倒卖、出租、出借《粮食收购许可证》，不执行国家粮食质量标准，不及时支付售粮款，违反相关规定代扣、代缴税、费和其他款项，不按制度规定报送有关粮食收购等统计数据，不执行国家政策性粮食的有关政策，以欺骗、贿赂等不正当手段取得粮食收购资格许可等情况的，要依法进行处罚。

| 五 | 及时报送粮食收购资格审核工作有关情况 |

各省级粮食行政管理部门应及时将修订调整后的辖区内粮食收购市场准入标准报国家粮食行政管理部门备案，并将每季度的粮食收购资格审核情况在季度结束后十日内上报。

| 六 | 有关工作要求 |

各地要充分认识加强粮食收购资格审核、规范粮食收购市场秩序的重要意义，高度重视，抓紧完善相关办法，切实加强粮食收购资格审核工作，进一步规范粮食收购市场秩序。粮食、工商、价格等相关部门要密切配合，加强监管，依法查处粮食收购活动中违法违规行为，及时研究解决并报告粮食收购活动中出现的新情况、新问题，共同维护好粮食收购市场秩序。

与粮食有关的文件

关于调整中央政策性粮食保管费补贴标准的通知

（财政部 财建〔2011〕507号 2011年7月18日）

中国储备粮管理总公司：

你公司《关于提高中央储备粮等政策性粮食保管费用补贴标准的请示》（中储粮〔2011〕338号）收悉。考虑到近年来因物价水平上涨等客观原因造成中央政策性粮食保管费补贴难以弥补实际费用支出的实际情况，为确保中央政策性粮食储存安全，经研究，决定调整现行中央政策性粮食保管费补贴标准。现将有关事宜通知如下：

一、自2011年1月1日起，将中央储备粮、最低收购价粮、国家临时收储粮等中央政策性粮食保管费补贴标准统一调整为每年每斤0.05元。

二、调整后的保管费补贴用于你公司负责保管中央政策性粮食所需各项合理费用开支，包括质检、监管等日常费用及损耗。

三、保管费补贴由中央财政对你公司实行包干，超支不补，结余留用。你公司可在包干总额内，根据不同储存条件和实际费用水平，适当调整不同地区、不同品种、不同承储企业的补贴标准。

附　录

2011年大事记

一月

1月6～7日，全国粮食系统机关党建工作情况交流会在广东省广州市召开。会议的主要内容是：总结交流2010年机关党建工作情况，重点是开展创先争优活动、建设学习型党组织、加强机关精神文明建设等方面好的做法和典型经验，做好2011年机关党建工作的设想。张桂凤同志出席会议并讲话。

1月11日，国家粮食局、中国储备粮管理总公司离退休干部工作领导小组会议在北京召开。会议传达了全国老干部局长会议精神，听取离退休干部办公室关于老干部工作情况的汇报，分析研究了老干部工作面临的新情况、新问题，对2011年的离退休干部工作提出指导性意见。曾丽瑛同志出席会议并讲话。

1月14日，中共中央、国务院在北京隆重召开国家科学技术奖励大会，由国家粮食局科学研究院牵头的《粮食储备"四合一"新技术研究开发与集成创新》成果获得国家科技进步一等奖。这是粮食行业近十年来获得的国家科技最高荣誉。由河南工业大学牵头的《大豆磷脂生产关键技术及产业化开发》获得国家科技进步二等奖。

1月20～21日，全国粮食局长会议暨全国粮食系统先进集体和劳动模范（先进工作者）表彰大会在北京召开。会议的主要内容是：认真贯彻落实党的十七届五中全会和中央经济工作会议、中央农村工作会议精神，总结"十一五"以来粮食流通工作，分析当前和今后一个时期面临的新形势，研究提出"十二五"粮食流通工作的基本思路，表彰全国粮食系统先进集体和劳动模范（先进工作者），全面部署2011年粮食流通各项工作。国家粮食局局长聂振邦在会上作了题为《稳市场保安全，强产业惠民生，努力做好"十二五"开局之年的粮食流通工作》的工作报告。郄建伟、任正晓、张桂凤、杨兵、曾丽瑛同志出席大会。

1月27日，根据《国务院关于稳定消费价格总水平保障群众基本生活的通知》精神，国家粮食局等有关部门定向销售部分国家临时存储菜籽油、大豆给指定大型骨干油脂加工企业，加工成小包装食用油投放市场，以保证小包装食用油市场供应和稳定市场价格。同时，国家粮食局等有关部门在安排最低收购价小麦定向销售试点的基础上，适当扩大了小麦定向销售范围。按顺价销售的原则，又定向销售部分小麦给各地推荐的大型骨干小麦粉加工企业，加工小麦粉投放市场，以保证小麦粉市场供应，稳定市场价格。

1月28日，全国人大农业与农村委员会调研组到国家粮食局就《粮食法（草案）》研究起草工作进行调研。国家粮食局法规司负责同志向调研组汇报了《粮食法（草案）》起草工作进展情况。国家粮食局副局长、《粮食法（草案）》起草工作领导小组成员兼工作组组长任正晓表示将继续加强对《粮食法（草案）》起草有关重大问题的调查研究和论证，积极配合全国人大农委做好相关工作。

二月

2月9日、11日，国家粮食局分别召开会议，传达国务院第143次常务会议、全国粮食生产电视电话会议精神，学习温家宝总理重要讲话，结合粮食流通工作实际，研究提出贯彻落实会议精神、搞好粮食宏观调控的措施：一是正确分析粮食市场供求形势；二是切实抓好粮食收购工作；三是认真做好保供稳价工作；四是加强市场监管和监督检查；五是配合国家有关部门做好粮油进出口调控工作。

2月10日，国家为保护农民种粮积极性，进一步促进粮食生产发展，决定继续在稻谷主产区实行最低收购价政策，并适当提高2011年最低收购价水平。2011年生产的早籼稻（三等，下同）、中晚籼稻、粳稻最低收购价分别提高到每50公斤102元、107元、128元，比2010年分别提高9元、10元、23元。

2月10日，国家粮食局党组印发《2011年国家粮食局党风廉政建设和反腐败工作实施意见》。实施意见的主要任务是：严明党的政治纪律，加强监督检查，保证党的十七届五中全会精神和中央重大决策部署的贯彻落实；加强作风建设，认真解决反腐倡廉建设中人民群众反映强烈的突出问题；以完善健全惩治和预防腐败体系为重点，整体推进粮食系统反腐倡廉各项工作。

2月11日，卫生部、国家粮食局等7部门印发《关于撤销食品添加剂过氧化苯甲酰、过氧化钙的公告》。公告指出：自2011年5月1日起，禁止在面粉生产中添加过氧化苯甲酰、过氧化钙，食品添加剂生产企业不得生产、销售食品添加剂过氧化苯甲酰、过氧化钙；有关面粉(小麦粉)中允许添加过氧化苯甲酰、过氧化钙的食品标准内容自行废止。

2月28日至3月1日，全国粮食质量安全监管工作会议在陕西省西安市召开。会议传达贯彻国务院食品安全委员会第三次全体会议精神，总结交流"十一五"期间全国粮食质量安全监管工作的成绩与经验，研究部署当前粮食质量安全监管的重点任务和2011年粮食标准质量工作。任正晓同志出席会议并讲话。

三月

3月2日，国家粮食局会同有关部门印发《关于开展2011年全国粮食库存检查工作的通知》。检查范围包括所有中央储备粮、国家临时存储粮、地方储备粮以及国有和国有控股粮食企业储存的商品粮。检查内容包括粮食库存账实相符、账账相符情况，库存粮食质量和卫生安全情况，储备粮轮换情况，政策性粮食补贴拨付使用情况，粮食仓储管理情况。检查时间以2011年3月末粮食库存统计结报日为检查时点，检查工作分准备、企业自查、省级联合复查、整改汇总等4个阶段进行。

3月6~7日，全国粮食人事处长会议在福建省福州市召开。会议的主要内容是：贯彻落实全国组织部长会议、全国人才工作会议、全国人力资源和社会保障工作会议、全国行政机关公务员管理工作会议、全国粮食局长会议精神，总结"十一五"期间的粮食行业人才工作，分析当前的形势和任务，研讨今后一段时期行业人才工作的思路，并部署2011年工作。

3月15日，国务院印发《2011年食品安全重点工作安排》。其中涉及粮食工作的内容主要有：加强粮食质量安全监测和抽查，防止不符合粮食卫生标准的粮食流入口粮市场；指导监督粮食收购企业严格执行粮食收购入库和销售出库检验制度等。

　　3月23日，国家发展改革委、国家粮食局联合编制并印发《"十二五"农户科学储粮专项建设规划》，规划期为2011～2015年。该专项规划主要结合《全国新增1000亿斤粮食生产能力建设规划》确定的粮食主产省区和粮食主产县，在粮食产量大、增产任务重、地方政府和农户积极性高的地区实施。规划期内将为全国粮食主产区和主要产粮区符合项目选点要求的800万农户配置标准化储粮装具，使项目实施地区的农户储粮损失率降低到2%以内。在粮食主产区开展种粮大户新型储粮设施建设试点，并对农户进行科学储粮技术指导。

　　3月26日，2011年中国小麦和面粉产业年会在河北省石家庄市召开。会议的主要内容是：小麦和面粉产业发展研讨；制粉设备、检测仪器、食品添加剂及小麦加工产品展示；召开中国粮食行业协会小麦分会一届七次理事会；对行业内具有百年经营史的面粉加工企业进行表彰和授牌；向取得我国首批制粉技师资格的人员颁发职业资格证书。张桂凤同志出席年会并讲话。

　　3月30～31日，全国粮食财会工作会议在四川省成都市召开。会议的主要内容是：认真贯彻落实全国粮食局长会议精神，总结"十一五"以来粮食财会工作，会审汇编2010年度国有粮食企业会计报表，研究和布置2011年粮食财会工作。任正晓同志出席会议并讲话。

四月

　　4月7～8日，全国粮食调控与统计工作会议在海南省海口市召开。会议全面总结了2010年粮食调控与统计工作，系统分析了当前我国粮食供求情况和粮食调控工作面临的形势，并对2011年的工作提出五个方面的要求：一是认真分析国内外粮食供求形势，适时适度做好粮食宏观调控工作；二是切实抓好粮食收购工作，保护好种粮农民利益；三是切实保障市场供应，坚决维护市场稳定；四是完善粮食储备调节体系，增强宏观调控物质基础；五是扎实做好统计调查分析和监测工作，为宏观调控提供可靠服务。曾丽瑛同志出席会议并讲话。

　　4月20～21日，全国粮食系统纪检监察工作会议在天津召开。会议的主要内容是：传达中纪委十七届六次全会和国务院第四次廉政工作会议精神，学习胡锦涛总书记、温家宝总理的重要讲话和贺国强同志的工作报告，回顾总结2010年工作，部署2011年全国粮食系统党风廉政建设和反腐败工作。聂振邦同志对2011年粮食系统党风廉政建设和反腐败工作作出部署，任正晓、杨兵同志出席会议并讲话。

　　4月21日，中国粮食行业协会和中国粮食经济学会理事会暨常务理事会在北京举行。本届理事会的主要内容是：审议协会和学会工作、财务报告，增选协会和学会理事、常务理事，增选协会副会长。张桂凤同志出席会议并讲话。

　　4月27～29日，国家粮食局会同有关部门在云南省昆明市召开全国食用植物油库存检查动员培训会议，对2011年食用植物油库存检查工作作出安排部署。来自全国各地1300多名检查业务骨干和师资人员进行了认真培训。会议深入分析了当前国际国内经济和粮油供求形势，从增强国家宏观调控和保供稳价能力、确保国家粮食安全、推动经济又好又快发展和维护社会和谐稳定的高度，统一了对开展粮油库存大检查重要意义的认识，提出了全国食用植物油库存大检查工作的具体任务和要求。任正晓同志出席会议并作动员讲话。

　　4月29日，全国粮食流通监督检查工作会议在云南省昆明市召开。会议回顾总结了"十一五"

时期，特别是2010年全国粮食流通监督检查工作，安排部署2011年的工作。聂振邦同志对此次会议作出重要批示，充分肯定"十一五"时期全国粮食流通监督检查工作所取得的显著成绩，并对做好2011年粮食流通监督检查工作提出了明确要求。任正晓同志出席会议并讲话。

五月

5月5日，国家粮食局党组书记、局长聂振邦同志主持召开全局干部大会，宣布中央关于国家粮食局领导班子调整的决定。国家发展和改革委员会党组成员、副主任张晓强同志出席会议并讲话；国家粮食局党组成员、副局长任正晓、张桂凤同志，党组成员、纪检组长杨兵同志出席会议。中央决定：吴子丹同志任国家粮食局党组成员、副局长，免去郄建伟同志国家粮食局党组成员、副局长职务，退休。

5月10～11日，全国人大农业与农村委员会在江苏省南京市召开部分省（区、市）人大农委立法工作研讨会。会上，全国人大农委的领导同志对切实做好《粮食法（草案）》起草制定工作作了重要讲话，提出明确要求。国家粮食局副局长、《粮食法（草案）》起草工作领导小组成员兼工作组组长任正晓汇报了《粮食法（草案）》起草工作的进展情况，并认真听取与会全国人大代表、省（区、市）人大农委主任和国家有关部门代表对《粮食法（草案）》起草的意见、建议。

5月10～12日，国家粮食局十年定点扶贫开发总结会议在安徽省合肥市召开。会议认真总结了国家粮食局十多年来定点扶贫开发工作的情况，进一步认清形势，理清下一步扶贫工作的思路。同时，组织定点扶贫地区的干部到安徽参观考察社会主义新农村建设情况，以开阔视野，拓宽思路，提高领导贫困地区脱贫致富的能力。张桂凤同志出席会议并讲话。

5月12日，由科技部、国家粮食局等10部门共同主办的"振兴老区、服务三农、科技列车沂蒙行"大型科技服务活动发车仪式在北京举行。活动以"携手建设创新型国家"、"科学发展、携手创新、建设和谐新农村"和"科技挺进沂蒙，创新引领发展"为主题，努力促进沂蒙老区科技进步和经济社会发展。国家粮食局随本次科技列车为当地农民带去200套新型农户储粮仓。

5月15日，全国粮食科技活动周主会场开幕式活动在黑龙江省哈尔滨市举行。本届粮食科技活动周的主题是"你了解大米吗？"。活动周通过丰富多彩的活动内容及宣传形式，提出统筹利用稻谷资源，引导大米科学加工与消费，树立了民众健康、正确、节约的消费理念。

5月17日，夏季粮油收购工作座谈会在甘肃省兰州市召开。会议对2011年夏季粮油收购工作作出具体部署：一是要正确认识和准确把握市场形势，加强引导和组织协调，积极稳妥做好夏季粮油的收购工作，切实维护粮油市场稳定。二是要认真落实小麦最低收购价和油菜籽托市收购政策，保护种粮农民利益。三是要发挥国有企业主渠道作用，引导各类企业理性入市收购。四是要提前做好仓容、罐容、器材等准备工作，保证粮油收购需要，确保储存安全。五是要密切关注粮食市场形势变化，及时跟踪掌握收购进展情况，妥善解决好收购资金问题。六是要加大监督检查力度，加强对企业入市收购资格和收购行为的监督检查，规范收购市场秩序。曾丽瑛同志出席会议并讲话。

5月20日，国家发展改革委、国家粮食局等6部门联合印发《2010年小麦最低收购价执行预案》。预案规定了2011年小麦最低收购价格水平，白小麦（国标三等，下同）每市斤0.95元，红小麦和混合麦每市斤0.93元。执行区域为河北、江苏、安徽、山东、河南、湖北等6个主产省。执行期限为2011年5月21日至9月30日。

5月30日，国家粮食局在河北省石家庄市召开《粮食流通管理条例》颁布实施七周年座谈会，总结交流粮食部门贯彻落实《条例》和推进依法行政的主要做法和成功经验，研究讨论粮食部门贯彻落实全国依法行政工作会议精神和国务院《关于加强法治政府建设的意见》的措施建议。

5月30日，国家粮食局印发《关于切实做好2011年食品安全宣传周活动的通知》。通知要求：紧紧围绕宣传周"人人关心食品安全，家家享受健康生活"的主题，做好粮食质量安全宣传工作，积极参与本地区食品安全宣传周活动，认真开展粮食质量安全"进社区、进学校、进农村、进企业"活动。

5月31日，重点联系成品粮批发市场会议在辽宁省沈阳市召开。会议交流了各重点联系成品粮批发市场2010年以来的经营发展情况，总结了市场建设发展的经验，探讨了发展趋势，研究了当前面临的困难和问题，提出了成品粮批发市场发展的思路。会议还专题讨论修改了《粮食批发市场管理办法（征求意见稿）》，并对进一步完善国家粮食局重点联系成品粮批发市场制度提出了意见。

六月

6月7日，为做好《粮食流通管理条例》颁布实施七周年宣传活动，国家粮食局党组书记、局长聂振邦接受国家粮食局政府网站专访，就《条例》宣传主题、维护市场秩序、稳定粮食市场价格、政策性粮食拍卖出库、调动农民种粮积极性、做好夏粮收购、保障粮食质量安全以及贯彻落实《条例》赋予粮食行政管理部门的职责等问题，在线回答记者提问。

6月15日，全国放心粮油进农村进社区经验交流会在天津市召开。会议总结交流了十年来实施放心粮油工程、推进放心粮油进农村进社区的经验和做法，研究部署在新形势下进一步做好这项工作的办法和措施，并为第二批放心粮油示范企业和信用评价试点企业授牌。聂振邦、张桂凤同志出席会议。

6月17日，国家粮食局在京召开粮食质量安全专题新闻通气会，向媒体通报粮食部门近年来粮食质量安全工作开展情况及取得的成效，以及粮食行业教育培训、政策性粮食收购和销售质量把关、粮食收购环节质量安全保障制度、粮食流通监督检查、粮食仓储管理和农户科学储粮、粮食收获和库存粮食质量安全状况、放心粮油工程实施情况。曾丽瑛同志主持了通气会。

6月21～29日，根据全国食用植物油库存检查工作总体安排，国家发展改革委、财政部、国家粮食局等有关部门派出8个联合抽查工作组，对上海、江苏、安徽、山东、湖北、广东、四川、陕西等8个重点省份食用植物油库存情况进行了抽查。共抽查了26个地（市）的50个政策性油脂储存库点，检查库存油脂106.9万吨；扦取样品165份，代表数量43万吨。

6月23日，国家粮食局局长聂振邦和副局长吴子丹在国家粮食局科学研究院会见了来访的日本佐竹公司常务副社长、董事福森武一行，并出席国家粮食局科学研究院与日本佐竹公司《科技合作框架协议》签字仪式。吴子丹副局长和佐竹公司福森武常务副社长分别在签字仪式上致辞。国家粮食局科学研究院任保中副院长和佐竹公司福森武常务副社长分别代表院和公司在《科技合作框架协议》文本上签字。新的科技合作协议的签订，预示着中日两国在粮食科技领域的交流与合作进入了一个新的阶段。

七月

7月1日，国家粮食局召开庆祝中国共产党成立90周年大会。聂振邦、任正晓、张桂凤、曾丽瑛、吴子丹等局领导与局机关和直属联系单位全体干部职工、部分离退休党员400余人欢聚一堂，隆重庆祝中国共产党成立90周年。大会表彰了8个先进基层党组织、26名优秀共产党员、19名优秀党务工作者和1名巾帼建功先进个人。24名新党员进行了入党宣誓。

7月1日，国家发展改革委、国家粮食局等6部门联合印发2011年早籼稻最低收购价执行预案。《预案》规定：2011年早籼稻最低收购价每市斤1.02元。执行区域为安徽、江西、湖北、湖南、广西等5省（区）。执行期限为2011年7月16日至9月30日。

7月4日，全国人大常委会委员、农业与农村委员会主任委员王云龙、副主任委员孙文盛、尹成杰、刘振伟和全国人大农业与农村委员会委员包克辛等一行15人赴北京调研粮食工作，听取地方政府和企业对《粮食法》立法工作的意见和建议。调研组考察了北京市粮油食品检验所，了解粮油食品质量标准及检测情况，又实地考察北京古船食品有限公司。考察结束后，调研组听取北京市粮食局、京粮集团的工作汇报和对《粮食法》的有关意见、建议。聂振邦、任正晓同志陪同参加了调研。

7月7日，部分省区粮食安全生产工作会议在吉林省延吉市召开。会议传达了国务院有关文件精神和全国安全生产工作会议精神，通报了近期发生的几起典型事故案例。江西、四川两省的代表介绍了本地区安全生产监管工作经验。会议要求各地区各单位牢固树立安全发展理念，严格制度、严格管理、严格考核。会议达到了统一思想、提高认识、明确目标、落实责任、强化管理的目的。吴子丹同志出席会议并讲话。

7月12日，科技部、农业部、财政部和国家粮食局共同召开"十二五"粮食丰产科技工程启动会议。吴子丹副局长代表国家粮食局出席会议，并与9个粮食主产省副省长签署了"十二五"国家粮食丰产科技工程分省实施协议。国家粮食局在粮食产后减损领域，先后在1000多个大型粮库中开发和推广了以粮情计算机测控、智能机械通风、低剂量环流熏蒸和高效谷物冷却低温储粮等技术为核心的"四合一"储粮新技术集成创新，减少储粮损耗1600多万吨。

7月14～17日，全国人大常委会委员、农业与农村委员会主任委员王云龙、副主任委员尹成杰等赴黑龙江调研粮食工作，听取地方政府、企业、种粮农民对《粮食法》立法工作的意见和建议。任正晓同志陪同参加调研。

7月19日，国家粮食局在福建省厦门市召开早籼稻收购工作座谈会。会议对早籼稻收购工作作出具体部署：一是正确把握形势，积极稳妥做好今年早籼稻收购工作。二是认真落实早籼稻最低收购价政策，切实保护种粮农民利益。三是发挥国有粮食企业主渠道作用，引导各类粮食企业理性入市收购，切实维护粮食市场稳定。四是提前做好仓容、器材等准备工作，保证收购需要，确保粮食储存安全。五是要密切关注粮食市场形势变化，及时跟踪掌握收购进展情况。六是加大监督检查力度，规范收购市场秩序。曾丽瑛同志出席会议并讲话。

7月19～20日，国家粮食局在陕西省西安市召开全国粮食政策法规工作座谈会。会议内容是：深入贯彻落实全国粮食局长会议精神，总结一年来的全国粮食政策法规工作，研究讨论下一阶段的粮食政策法规工作的总体思路。聂振邦同志出席会议并讲话。会议期间，局长聂振邦与陕西省委书记、人大常委会主任赵乐际就粮食流通工作进行了商谈；与陕西省委常委、常务副省长娄勤俭就加强粮食流通工作等问题交换了意见。

7月21日，国家粮食局局长聂振邦会见了来访的阿根廷农牧渔业部胡立安·多明戈斯部长一行。双方一致认为，在已有中国国家粮食局科学研究院和阿根廷农牧业技术研究院前期合作备忘录的基础上，切实加强粮油科技领域具体项目合作。

八月

8月22日，国家粮食局发布河北、山西、江苏、安徽、河南、山东、湖北、四川、陕西9省小麦质量调查会检报告和湖北、四川、湖南、安徽、江苏、江西6省油菜籽质量调查会检报告。9省共采集检验小麦样品1954份，样品覆盖92个市的421个县。6省共采集油菜样品185份，涉及6省34市的76个主产县（区）。

8月23日，部分省区市粮食局机关党建工作座谈会在黑龙江省哈尔滨市召开。会议认真学习贯彻胡锦涛总书记"七一"重要讲话精神，交流了开展创先争优活动、加强学习型党组织建设、促进机关党建的经验和做法，对深入开展创先争优活动的重点难点问题进行了探讨。张桂凤同志围绕如何深入学习贯彻胡总书记重要讲话，提高机关党建科学化水平作了讲话。

九月

9月5日，国家发展改革委、财政部、农业部、国家粮食局、农业发展银行、中储粮总公司联合印发2011年中晚稻最低收购价执行预案。执行本预案的中晚稻主产区为辽宁、吉林、黑龙江、江苏、安徽、江西、河南、湖北、湖南、广西、四川11省（区）。中晚籼稻最低收购价每市斤1.07元，粳稻最低收购价每市斤1.28元，以2011年生产的国标三等中晚稻为标准品，具体质量标准按稻谷国家标准（GB1350—2009）执行。执行最低收购价的中晚稻为2011年生产的等内品。相邻等级之间等级差价按每市斤0.02元掌握。

9月7日，中晚稻收购工作座谈会在江苏省南京市召开。会议对2011年中晚稻收购工作作出具体部署：一是正确把握形势，积极稳妥地做好中晚稻收购工作。二是认真落实中晚稻最低收购价政策，保护种粮农民利益。三是发挥国有粮食企业主渠道作用，引导各类企业理性入市收购，维护好粮食市场秩序。四是提前做好仓容、器材等准备工作，保证粮油收购需要和储存安全。五是密切关注粮食市场形势变化，及时跟踪掌握收购进展情况。六是加大监督检查力度，规范收购市场秩序。七是要认真落实各项调控措施，保证市场供应和价格基本稳定。聂振邦同志出席会议并讲话。

9月9日，国家粮食局发布江西、湖南、广东、广西、湖北、安徽6省（区）早籼稻质量调查会检报告。6省（区）共采集检验早籼稻样品554份，样品覆盖60市183县。全部样品检测结果表明：与上年相比，南方6省（区）早籼稻整体质量有所提高。出糙率平均值77.5%。符合国家中等（三等）以上要求的比例占89%，较上年提高2个百分点。未发现真菌毒素超标样品。江西、湖南、广西、湖北整体质量正常，安徽中等以上比例较低，广东整体质量为近年来最低。

9月15～16日，全国食用植物油库存检查工作座谈会在江西省井冈山市召开。会议全面回顾总结了2011年全国食用植物油库存检查工作，深入分析粮食流通工作面临的形势，就进一步做好粮食流通监督检查工作提出了要求。据统计，这次油脂库存大检查共培训专业人员8692名，抽调检查人员10923人次，普查政策性储油库点1693个，摸底调查非政策性油脂企业3550家。任正晓同志出席会议并讲话。

9月20日，由国家粮食局发展交流中心和教育部基础教育一司共同组织的全国中小学爱粮节粮教育社会实践基地建设座谈会在湖南省长沙市召开。为贯彻党中央、国务院有关文件精神，进一步落实《国家中长期教育改革和发展规划纲要（2010～2020年）》和《国务院办公厅关于进一步加强节约粮食反对浪费工作的通知》精神，教育部、国家粮食局决定依托国有大型产粮基地、粮食加工、仓储、物流企业、粮食院校、科研机构、粮食检化验等机构，建立"中小学爱粮节粮教育社会实践基地"。张桂凤同志出席会议并讲话。

9月28日，为保护农民种粮积极性，进一步促进粮食生产发展，国家继续在小麦主产区实行最低收购价政策，并适当提高2012年最低收购价水平。经报请国务院批准，2012年生产的白小麦（三等，下同）、红小麦和混合麦最低收购价均提高到每50公斤102元，比2011年分别提高7元、9元和9元。

十月

10月13～14日，第十一届中国国际粮油产品及设备技术展览会在浙江省宁波市举办。来自国内28个省（区、市）、计划单列市以及日本、瑞士、意大利、韩国等国家的800余家粮油粮机企业参加了展览会。据组委会统计，展会期间各类参展企业共实现成交金额41.66亿元，比上届展会增长5.1%。其中粮油产品交易总量88.18万吨，交易金额39.39亿元，与上年基本持平；粮机设备产品交易总量1720台套，交易金额2.14亿元，分别比上年增长了2.6倍和3.3倍。全国粮食系统爱粮节粮反对浪费工作经验交流会、全国粮食行业院校人才培养成果展示暨人才供需见面会、全国粮食行业职业院校校长座谈会、中日稻谷适度加工与营养、品质、节能研讨会等活动与展会同期举行。张桂凤、曾丽瑛同志出席展会。

10月16日，由农业部、教育部、国家粮食局和联合国粮农组织共同主办的"2011年世界粮食日——烛光守夜暨全国爱粮节粮宣传周"活动在浙江省宁波市举办。围绕"粮食价格，走出危机、实现稳定"的宣传主题，参加活动的领导、嘉宾和来自宁波市的400余名工人、农民、学生、解放军战士以及社区居民代表一起，点燃了在宁波国际会展中心前广场精心布置的蜡烛，并在爱粮节粮长卷上郑重签下了自己的名字，共同为全世界9亿多仍在忍受饥饿的人守夜祈福。国家粮食局副局长张桂凤和联合国粮农组织驻华代表杰西·米西卡一起为首任中国"世界粮食日"和"全国爱粮节粮宣传周活动"形象大使张国立先生颁发了聘书，并和出席活动的其他嘉宾一起为部分省市中小学生爱粮节粮征文比赛获奖学生代表颁发了由联合国粮农组织驻华代表亲笔签名的奖状、奖牌。

10月19日，国家粮食局召开党组扩大会议，传达学习贯彻党的十七届六中全会精神和胡锦涛总书记的重要讲话，研究落实会议精神的措施，部署做好粮食流通保障市场供给工作。会议研究提出四季度和2012年做好粮食流通工作的总体要求：一是认真学习贯彻六中全会精神，进一步加强粮食调控和保障市场供给工作，为保持我国经济平稳较快发展作出积极贡献。二是集中力量抓好秋粮收购，重点抓好东北地区的玉米、粳稻，华北、黄淮地区的玉米，长江流域及以南地区的中晚稻收购。三是根据宏观调控需要和市场价格情况，继续安排好政策性粮食竞价销售，掌握好节奏和力度，保证市场供应和价格基本稳定。四是调整优化中央储备粮地区布局和品种结构。五是严格实施控制玉米深加工过快发展政策，保证玉米供应和价格基本稳定。加大物流和仓储设施建设力度，确保粮食流通顺畅。六是继续做好粮食流通监督检查，进一步加强粮食质量安全检验监测体系建设，确保库存粮食质量和卫生安全。

10月25日至11月3日，根据国务院食品安全委员会的统一安排部署，国家粮食局副局长任正晓带领由国务院有关部门共同组成的食品安全工作第七督查组先后赴吉林、黑龙江、辽宁三省督促检查食品安全工作。督查组严格按照国务院食安办确定的督查工作方案，分别听取了吉林、黑龙江、辽宁省政府关于近年来食品安全工作的情况汇报，核查了有关文件档案资料，深入吉林省长春、辽源市，黑龙江省哈尔滨、绥化市和辽宁省沈阳、鞍山市及其所辖的13个县市区，实地明查暗访了62个食品生产经营企业和监管执法机构，共召开8个专题座谈会，并走访了街道、社区，认真听取消费者的意见和建议。督查组分别向三省政府反馈了督查情况与意见。

10月27～28日，全国粮食流通基础设施建设工作会议在广西壮族自治区南宁市召开。会议分析了当前面临的新形势、新任务，研究部署"十二五"粮食流通基础设施建设重点工作。会议期间，吴子丹同志分别与广西壮族自治区党委副书记陈际瓦、自治区人民政府副主席陈章良就有关粮食流通工作交换了意见。

10月31日，为进一步充实旱灾地区粮食库存，保证市场供应和价格稳定，国家发展改革委、国家粮食局、财政部、铁道部、农发行和中储粮总公司联合印发通知，下达2011年第二批国家政策性粮食跨省移库计划100万吨，其中稻谷55万吨，小麦45万吨。调出地区为江苏、江西、安徽、河南、湖北、新疆等地，调入地区为贵州、广西、重庆、四川、云南、甘肃等受旱灾严重的地区。

十一月

11月1日，2011版《小麦—规格》国际标准（ISO7970：2011 Wheat-Specification）正式发布。《小麦—规格》国际标准是我国首次作为项目承担国承担修订任务的粮食行业国际标准。小麦规格国际标准的发布，标志着我国继承担国际标准化组织谷物与豆类分委员会秘书处工作以来，实质性地参与国际标准化工作又迈出了新的一步。

11月3日，国家粮食局召开了防治"小金库"长效机制建设工作会议。会议部署：一是继续加强思想教育，从观念上杜绝小金库的产生；二是加强收入管理，杜绝资金账外循环；三是加强支出管理，防止虚列支出；四是加强资产管理，防止形成账外资产；五是强化监督，将防治"小金库"与预防腐败和党风廉政建设工作紧密结合。

11月6～7日，由教育部、国家发展改革委、科技部、财政部、人力资源和社会保障部、水利部、农业部、国家林业局和国家粮食局等9部门联合召开的"全国加快发展面向农村的职业教育工作会议"在陕西省西安市召开。大会专门举行了"全国示范性粮食行业职业教育集团成立签约仪式"，中粮集团与安徽、四川、黑龙江、江西、河南、陕西等省6所粮食职业教育院校签订了合作办学协议。任正晓同志出席会议并发言。

11月8日，中央决定：赵中权同志任中央纪委驻国家粮食局纪检组组长、国家粮食局党组成员，免去杨兵同志中央纪委驻国家粮食局纪检组组长、国家粮食局党组成员职务，退休。

11月9～10日，全国粮食流通监督检查行政执法培训班在浙江省杭州市举办。来自各省、自治区、直辖市及部分地（市）、县（市）粮食行政管理部门的监督检查人员和业务骨干参加了这次集中培训。培训班上，国务院法制办的专家、国家粮食局监督检查司、调控司有关负责同志和业务骨干以及有关省粮食局的负责同志，就行政执法的基本理论与实务、国家粮油购销政策、粮油库存管理与检查、粮食监督检查行政执法实务及执法案例分析等进行了课堂讲授。培训结束前还组织了结业考试并对考试合格人员颁发了结业证书。

11月12日，由农业部、国家粮食局、浙江省人民政府和中国农业技术推广协会共同主办的"第十届中国优质稻米博览交易会、第三届中国（衢州）农博会粮交会"在浙江省衢州市召开。第三届中国（衢州）农博会粮交会与第十届中国优质稻米博览交易会三会合一，同期同地举办，是这次会展活动的探索和创新，这种形式有利于整合资源，从大粮食、大农业的角度出发，深化产销对接，探索粮食交易模式创新，推动粮食物流现代化，是推动粮食流通产业科学发展的重要举措。张桂凤同志出席会议并致辞。

11月16日，第13届中国国际高新技术成果交易会开幕仪式在深圳市举行。本届高交会以"发展新一代信息技术，加快经济社会信息化"为主题，国家粮食局组织航天信息等单位，设立"感知粮食·粮食安全与信息化支撑"主题展览，突出展示近几年粮库信息化所取得的科研成果。开幕式后，中共中央政治局委员、广东省委书记汪洋，全国人大常委会副委员长、民盟中央主席蒋树声和国家发展改革委副主任张晓强等同志视察了国家粮食局的展览展位。

11月16日，玉米购销工作座谈会在黑龙江省哈尔滨市召开。会议部署：一是要正确把握形势，积极稳妥做好玉米收购工作，确保收购工作平稳有序进行；二是认真落实好秋粮收购各项政策措施，坚持以稳为主的原则，切实规范粮食收购活动，保持农产品价格合理水平；三是发挥国有粮食企业主渠道作用，引导各类企业理性入市收购，维护好粮食市场秩序；四是提前做好仓容、器材等准备工作，保证粮油收购需要和储存安全；五是密切关注粮食市场形势变化，及时跟踪掌握收购进展情况，妥善解决好收购资金问题；六是加强对粮食收购等政策落实情况的监督检查，维护市场秩序。曾丽瑛同志主持会议并讲话。

11月18日，粮食物联网技术示范应用合作签约暨粮食信息化示范单位授牌仪式在深圳高交会会展中心举行。会上，江苏省粮食局与航天信息股份有限公司举行了粮食物联网技术示范应用合作协议签约仪式；会议宣读了《国家粮食局关于确定江苏常州城北国家粮食储备库和江苏无锡粮食科技物流中心为粮食信息化示范单位的通知》，并为江苏常州城北国家粮食储备库和无锡粮食科技物流中心颁发了牌匾。吴子丹同志出席仪式，并为首批粮食信息化示范单位授牌。

11月23日，国家发展改革委、国家粮食局、财政部联合印发《农户科学储粮专项管理办法》。该办法是根据《国务院关于当前稳定农业发展促进农民增收的意见》精神，依据《"十二五"农户科学储粮专项建设规划》要求，在总结专项建设经验的基础上制定的。该办法旨在加强农户科学储粮专项管理，规范项目建设行为，更好地实施农户科学储粮专项，保障国家粮食安全，促进农民增收和社会主义新农村建设。

11月28日，经国务院批准，国家发展改革委、国家粮食局、财政部、中国农业发展银行联合下发《关于2011年国家临时存储大豆收购等有关问题的通知》，继续安排在内蒙古、辽宁、吉林、黑龙江等省、自治区实行大豆临时收储政策。通知明确，国家临时存储大豆挂牌收购价格（国标三等质量标准）为2.00元/斤，相邻等级之间差价按每市斤0.02元掌握；收购期限为2011年11月23日至2012年4月30日；收购入库的大豆为2011年国产新大豆，符合国标等内品质量标准。

11月30日，为进一步促进粮食流通领域的国际交流与合作，国家粮食局外事司、流通与科技发展司、科学研究院组织部分外国粮食机构和跨国公司驻华代表参观了科学研究院的实验室。参加此次活动的21位代表来自美国、加拿大等10个国家的15个外国粮食机构和跨国公司。代表们参观了国家粮食局科学研究院的粮油增值加工技术、粮油质量安全检测技术、粮油储藏技术等实验室以及国家粮食局粮油质量检验测试中心。吴子丹同志会见了各国机构和企业代表。

十二月

12月2日，国家统计局发布关于2011年粮食产量数据的公告：2011年全国粮食播种面积110572千公顷，比2010年增加696千公顷，增长0.6%。2011年全国粮食单位面积产量5166公斤/公顷，比2010年增加192公斤/公顷，提高3.9%。2011年全国粮食总产量57121万吨（11424亿斤），比2010年增产2473万吨（495亿斤），增长4.5%。我国粮食产量实现"八连增"。

12月2日，江苏省人民政府、国家粮食局共建南京财经大学协议签字仪式在江苏省南京市举行，江苏省人民政府省长李学勇、国家粮食局局长聂振邦出席仪式并分别代表双方签署了共建协议。江苏省副省长曹卫星、国家粮食局副局长吴子丹在签字仪式上讲话。仪式由江苏省人民政府秘书长毛伟明主持。国家粮食局和江苏省相关部门领导、南京财经大学党政领导及师生代表共同见证了签字仪式。

12月5～6日，全国粮食系统办公室主任会议在海南省海口市召开。这次会议的主题是深入贯彻落实全国粮食局长会议精神，研究推进粮食信息化建设工作，交流探讨做好新形势下全国粮食系统办公室工作。会议通报了"金宏"、"金农"两项工程的建设进展情况，并对2012年的信息化工作作了部署和安排。

12月9日，由国家粮食局主办，中国粮食行业协会和武汉工业学院共同承办的首期全国农村粮油购销员（粮食经纪人）师资培训班在湖北省武汉市开班。此次培训班邀请了行业内权威专家授课，主要对学员进行粮食经纪人执业道德规范、粮油商品基础知识、服务规程及相关法律法规方面的培训。来自全国各省（区、市）和有关中央企业的71名学员参加了为期6天的学习。

12月10日，国家粮食局与河南省人民政府在北京就支持中原经济区建设加快现代粮食流通产业发展战略合作协议举行签字仪式。国家粮食局局长聂振邦、河南省省长郭庚茂分别代表双方签署合作协议。国家粮食局副局长任正晓、河南省副省长刘满仓分别致辞。国家粮食局副局长曾丽瑛、吴子丹以及相关单位和河南省有关部门负责同志出席签字仪式。协议重点围绕"增强国家在河南省的粮食宏观调控能力、建立和完善粮食调出利益补偿机制、共同促进粮油工业特别是主食产业发展、大力发展粮食现代物流、支持粮食流通基础设施建设、促进粮食产业转型升级、努力推进科技创新、加快粮食质量检验检测体系建设"等8个方面开展合作，共同推进河南省现代粮食流通产业发展，支持河南省为保障国家粮食安全作出新的更大贡献。

12月12日，全国粮食行业高层次专业技术人才研修班在全国粮食行业（郑州）教育培训基地开班。本期研修班由国家粮食局主办、全国粮食行业（郑州）教育培训基地承办，是国家粮食局自成立以来首次举办的此类研修班。学员均是由各省（区、市）和有关中央企业推荐的本地区、本单位优秀的专业技术人才。研修班历时5天，邀请了全国知名的科研管理专家和有关院士前来授课，并安排学员进行科研考察和交流研讨。吴子丹同志出席开班仪式并讲话。

12月14日，国家发展改革委、国家粮食局、财政部、中国农业发展银行联合下发《关于2011年国家临时存储玉米收购等有关问题的通知》，部署国家临时存储玉米收储工作。通知明确，国家临时存储玉米挂牌收购价格（国标三等质量标准）为：内蒙古、辽宁1.00元/斤，吉林0.99元/斤，黑龙江0.98元/斤，相邻等级之间差价按每市斤0.02元掌握；收购期限为2011年12月14日至2012年4月30日，收购入库的玉米为2011年国产新玉米，符合国标等内品质量标准。

12月15日，国家发展改革委、国家粮食局、财政部联合发出《关于做好2012年元旦和春节期间粮油市场供应等工作的通知》，安排部署粮油保供稳价工作。通知要求：一要高度重视当前粮油市场保供稳价工作。二要保证节日期间粮油市场供应。三要加强粮食产销合作和跨省移库。四要加强市场监测适时投放储备。五要充实成品粮油储备做好应急准备。六要积极做好粮食收购工作。七要加强市场监管正确引导舆论。

12月19日，教育部、国家粮食局联合印发《首批全国中小学爱粮节粮教育社会实践基地名单的通知》。经各地教育行政部门和粮食部门推荐，教育部和国家粮食局联合组织专家评审和实地考察验收，确定湖南粮食集团有限责任公司、金雁粮食购销有限公司、沈阳香雪面粉股份有限公司、宿迁市粮食物流发展有限公司、安徽粮食工程职业学院、河南省谷物储贸有限公司、湖北粮油食品质量监测站、湖北粮油储备公司直属库、西藏拉萨国家粮食储备库、米全粮油购销有限公司等10家单位为首批全国中小学爱粮节粮教育社会实践基地。

12月23日，国家发展改革委召开第82次委主任办公会，对《粮食法（草案）》进行审议并原则通过。《粮食法（草案）》起草工作领导小组工作组汇报了草案起草工作情况。聂振邦、任正晓同志出席会议。

12月26日，国务院在北京人民大会堂举行全国粮食生产表彰奖励大会。中共中央政治局常委、国务院总理温家宝出席大会。会议对全国200个产粮大县、300名突出贡献农业科技人员、300名种粮售粮大户和100名先进工作者给予表彰，对粮食生产工作成绩突出的省级人民政府给予通报表扬。会议强调，要把发展粮食生产摆在经济社会发展的突出位置，进一步强化粮食和农业基础设施建设，持续增加农业补贴资金，持续提高粮食最低收购价，持续加大产粮大县奖励力度，切实让重农抓粮者、支农兴粮者、务农种粮者政治上有荣誉、经济上有实惠、工作上有动力，充分调动各方面积极性，确保粮食生产长期稳定发展。

12月28日，国家发展改革委、国家粮食局联合印发《粮食行业"十二五"发展规划纲要》。纲要指出"十二五"时期粮食行业的主要任务是：深化一项改革，健全六大体系，重点建设六大工程。深化一项改革，即继续深化粮食流通体制改革；健全六大体系，即健全粮食宏观调控体系、粮食仓储物流体系、粮油加工体系、粮食市场体系、粮食科技创新体系、粮食监管和标准质量检验监测体系；重点建设六大工程，即粮食仓储设施工程、粮库仓房维修改造工程、粮食现代物流工程、农户科学储粮专项工程、粮油加工业升级工程、粮食质量安全监测体系工程等。

国家粮食局2011年度
优秀软科学研究成果获奖项目名单

一等奖

项目名称：粮食安全背景下的科技支撑体系研究
项目单位：中国粮食研究培训中心

项目名称：构筑上海粮食质量安全追溯体系研究
项目单位：上海市粮食局

项目名称：关于推进优势粮食企业兼并重组的研究
项目单位：江苏省粮食局

项目名称：广东粮食安全报告
项目单位：广东国际经济协会 广东省粮食行业协会

二等奖

项目名称：关于健全和完善粮食行政执法体制的研究
项目单位：国家粮食局办公室

项目名称：做大做强国有粮食企业 促进国家粮食宏观调控研究
项目单位：国家粮食局财务司

项目名称：加快辽宁省粮食流通产业科学发展问题的研究
项目单位：辽宁省农村经济委员会（辽宁省粮食局）

项目名称：优质稻快速发展对湖北储备粮储存稳定性的影响分析
项目单位：湖北省粮食局

项目名称：推进我国现代粮食流通产业科技发展的政策措施研究
项目单位：湖南商学院　湖南省粮食局

项目名称：广东粮食流通产业发展研究
项目单位：广东省粮食局

项目名称：粮食质量安全预警体系建设研究
项目单位：河南工业大学

项目名称：我国粮食主产区建设投入和利益补偿机制研究
项目单位：南京财经大学

三等奖

项目名称：关于粮食流通行政管理体制改革的思考
项目单位：国家粮食局人事司

项目名称：国际粮食价格波动、成因及对策建议
项目单位：国家粮食局外事司

项目名称：我国粮食批发市场体系建设与发展研究
项目单位：国家粮食局政策法规司

项目名称：稻谷加工产业政策研究报告
项目单位：国家粮食局流通与科技发展司

项目名称：我国粮食安全预警和应急保障体系研究
项目单位：中国粮食研究培训中心

项目名称：主要跨国粮食企业经营发展模式分析
项目单位：国家粮食局科学研究院

项目名称："粮食银行"是惠农便民的崭新服务平台
项目单位：中国粮食经济学会　中国粮食行业协会

项目名称：首都粮食市场安全保障机制研究
项目单位：北京市粮食局

项目名称：河北省粮食流通与生产能力关系分析
项目单位：河北省粮食局

项目名称：国内玉米产销形势分析及未来产销对策建议
项目单位：吉林省粮食局

项目名称："中国优质稻米之乡——五常"大米品牌保护与开发战略研究
项目单位：黑龙江省粮食局　黑龙江省五常市人民政府

项目名称：关于完善新形势下粮食收购政策的研究
项目单位：江苏省粮食局

项目名称：关于加强粮食产销合作有关政策措施的研究
项目单位：浙江省粮食局

项目名称：关于广西粮食行政管理部门职能发挥问题的研究
项目单位：广西壮族自治区粮食局

项目名称：四川省粮食应急体系建设研究
项目单位：四川省粮食局

项目名称：促进现代粮食流通产业科学发展研究
项目单位：武汉工业学院

国家粮食局2011年度
粮食工作优秀调研报告获奖名单

一等奖

调研报告题目：关于完善粮食直补具体操作办法的调研报告
调研单位：国家粮食局政策法规司

调研报告题目：关于贵州省秋粮收购、灾区粮食供应情况调研报告
调研单位：国家粮食局监督检查司

调研报告题目：全国部分城镇及乡村粮油消费环节损失浪费情况调查
　　　　　　　报告
调研单位：国家粮食局发展交流中心

调研报告题目：关于我市粮食管理体制运行情况的调查报告
调研单位：天津市粮食局

调研报告题目：做政府所想　谋百姓所需　紧贴区域经济社会发展大局
　　　　　　　做好粮食流通工作——关于抚宁县粮食局工作情况的调查
调研单位：河北省粮食局

调研报告题目：江苏省机构改革后优化粮食行政管理的调查研究
调研单位：江苏省粮食局

调研报告题目：关于我省粮食供求和价格变化有关情况的调研报告
调研单位：广东省粮食局

调研报告题目：创新体制机制深化企业改革——关于我省国有粮食企业改革发展的探索与思考

调研单位：陕西省粮食局

二等奖

调研报告题目：关于黑龙江河北粮食领域外资进入情况的调研报告

调研单位：国家粮食局政策法规司

调研报告题目：关于政策性粮食销售出库有关问题的调研报告

调研单位：国家粮食局监督检查司

调研报告题目：关于安徽、河北两省夏季粮油收购资金情况的调研报告

调研单位：国家粮食局财务司

调研报告题目：兰西县国有粮食企业改革和经营情况的调查报告

调研单位：国家粮食局财务司

调研报告题目：关于外资企业进入粮食市场及与地方国有粮食购销企业开展合作经营有关情况的调研报告

调研单位：国家粮食局流通与科技发展司　国家粮食局科学研究院

调研报告题目：关于北京等一些主销区粮食保供稳价情况的调研报告

调研单位：中国粮食研究培训中心

调研报告题目：关于河北省军粮应急保障工作的专题调研报告

调研单位：国家粮食局军粮供应服务中心

调研报告题目：创建新型城乡一体化寒地绿色生态粳稻产业特区——关于黑龙江农垦总局建三江垦区发展粳稻产业的调研报告

调研单位：中国粮食行业协会　中国粮食经济学会　中国粮食行业协会大米分会

调研报告题目：完善仓储物流体系建设　推进粮油产业快速发展
调研单位：江苏省粮食局

调研报告题目：全省粮食产业园区发展情况调查报告
调研单位：安徽省粮食局

调研报告题目：促进安徽粮油资源大省向加工业强省跨越的调查与思考
调研单位：安徽省粮食局

调研报告题目：关于江西省政策性粮食销售出库有关问题解析
调研单位：江西省粮食局

调研报告题目：关于我省省级储备粮轮出网上竞价交易的调查报告
调研单位：江西省粮食局

调研报告题目：陕西省粮食批发市场体系建设调研报告
调研单位：陕西省粮食局

三等奖

调研报告题目：粮食行业职业教育调研报告
调研单位：国家粮食局人事司

调研报告题目：农户科学储粮专项建设情况调研报告
调研单位：国家粮食局流通与科技发展司

调研报告题目：水酶法提油技术的未来发展之路
调研单位：国家粮食局科学研究院

调研报告题目：北京市2010年度粮食供需平衡调查
调研单位：北京市粮食局

调研报告题目：关于《北京市储备粮管理办法》实施情况的调查
调研单位：北京市粮食局

调研报告题目：辽宁省粮食市场体系建设情况的调研报告
调研单位：辽宁省农村经济委员会（辽宁省粮食局）

调研报告题目：湖北关于当前粮食最低收购价执行情况的调研报告
调研单位：湖北省粮食局

调研报告题目：当前四川粮食市场保供稳价形势及对策
调研单位：四川省粮食局

调研报告题目：关于2011年四川稻谷和油菜籽产销成本利润情况的
　　　　　　　调查报告
调研单位：四川省粮食局

调研报告题目：滇中粮食贸易（集团）有限公司做强做优的路径选择
调研单位：云南省粮食局

调研报告题目：青海省放心粮油工程调研报告
调研单位：青海省粮食局

调研报告题目：关于新疆食用植物油产业化发展问题的思考
调研单位：新疆维吾尔自治区粮食局

调研报告题目：浅议粮食企业改制过程遗留问题及其解决途径
调研单位：河北省石家庄市粮食局

调研报告题目：济南市农户储粮情况调查报告
调研单位：山东省济南市粮食局

调研报告题目：三门峡市粮食安全问题调研报告
调研单位：河南省三门峡市粮食局

调研报告题目：区域性粮食质量检测机构发展现状及前景初探——对区
　　　　　　　域性粮食质量检测机构发展现状和前景展望的调查报告
调研单位：河南省濮阳市粮油质量检测中心

调研报告题目：株洲市粮油加工及物流产业调研报告
调研单位：湖南省株洲市粮食局

调研报告题目：浅谈哈密地区粮食流通监督检查工作中存在的问题
　　　　　　　及建议

调研单位：新疆维吾尔自治区哈密地区发展改革委

粮食行业统计资料

| 表1 | | 全国主要农作物播种面积(1978~2011年) | | | | |

单位：千公顷

年 份	粮食	稻谷	小麦	玉米	大豆	油料
1978	120587	34421	29183	19961	7144	6222
1979	119263	33873	29357	20133	7247	7051
1980	117234	33878	28844	20087	7226	7928
1981	114958	33295	28307	19425	8024	9134
1982	113462	33071	27955	18543	8419	9343
1983	114047	33136	29050	18824	7567	8390
1984	112884	33178	29576	18537	7286	8678
1985	108845	32070	29218	17694	7718	11800
1986	110933	32266	29616	19124	8295	11415
1987	111268	32193	28798	20212	8445	11181
1988	110123	31987	28785	19692	8120	10619
1989	112205	32700	29841	20353	8057	10504
1990	113466	33064	30753	21401	7560	10900
1991	112314	32590	30948	21574	7041	11530
1992	110560	32090	30496	21044	7221	11489
1993	110509	30355	30235	20694	9454	11142
1994	109544	30171	28981	21152	9222	12081
1995	110060	30744	28860	22776	8127	13102
1996	112548	31406	29611	24498	7471	12555
1997	112912	31765	30057	23775	8346	12381
1998	113787	31214	29774	25239	8500	12919
1999	113161	31283	28855	25904	7962	13906
2000	108463	29962	26653	23056	9307	15400
2001	106080	28812	24664	24282	9482	14631
2002	103891	28202	23908	24634	8720	14766
2003	99410	26508	21997	24068	9313	14990
2004	101606	28379	21626	25446	9589	14431
2005	104278	28847	22793	26358	9591	14318
2006	104958	28938	23613	28463	9304	11738
2007	105638	28919	23721	29478	8754	11316
2008	106793	29241	23617	29864	9127	12825
2009	108986	29627	24291	31183	9190	13652
2010	109876	29873	24257	32500	8516	13890
2011	110573	30057	24270	33542	7889	13855

数据来源：国家统计局统计资料。其中粮食一项不包括杂粮等其他作物。

表2		全国主要农作物产量(1978～2011年)				

单位：万吨

年份	粮食	稻谷	小麦	玉米	大豆	油料
1978	30476.5	13693.0	5384.0	5594.5	756.5	521.8
1979	33211.5	14375.0	6273.0	6003.5	746.0	613.5
1980	32055.5	13990.5	5520.5	6260.0	794.0	769.1
1981	32502.0	14395.5	5964.0	5920.5	932.5	1020.5
1982	35450.0	16159.5	6847.0	6056.0	903.0	1181.7
1983	38727.5	16886.5	8139.0	6820.5	976.0	1055.0
1984	40730.5	17825.5	8781.5	7341.0	969.5	1191.0
1985	37910.8	16856.9	8580.5	6382.6	1050.0	1578.4
1986	39151.2	17222.4	9004.0	7085.6	1161.4	1473.8
1987	40297.7	17426.2	8590.2	7924.1	1246.5	1527.8
1988	39408.1	16910.7	8543.2	7735.1	1164.5	1320.3
1989	40754.9	18013.0	9080.7	7892.8	1022.7	1295.2
1990	44624.3	18933.1	9822.9	9681.9	1100.0	1613.2
1991	43529.3	18381.3	9595.3	9877.3	971.3	1638.3
1992	44265.8	18622.2	10158.7	9538.3	1030.4	1641.2
1993	45648.8	17751.4	10639.0	10270.4	1530.7	1803.9
1994	44510.1	17593.3	9929.7	9927.5	1599.9	1989.6
1995	46661.8	18522.6	10220.7	11198.6	1350.2	2250.3
1996	50453.5	19510.3	11056.9	12747.1	1322.4	2210.6
1997	49417.1	20073.5	12328.9	10430.9	1473.2	2157.4
1998	51229.5	19871.3	10972.6	13295.4	1515.2	2313.9
1999	50838.6	19848.7	11388.0	12808.6	1424.5	2601.2
2000	46217.5	18790.8	9963.6	10600.0	1540.9	2954.8
2001	45263.7	17758.0	9387.3	11408.8	1540.6	2864.9
2002	45705.8	17453.9	9029.0	12130.8	1650.5	2897.2
2003	43069.5	16065.6	8648.8	11583.0	1539.3	2811.0
2004	46946.9	17908.8	9195.2	13028.7	1740.1	3065.9
2005	48402.2	18058.8	9744.5	13936.5	1634.8	3077.1
2006	49804.2	18171.8	10846.6	15160.3	1508.2	2640.3
2007	50160.3	18603.4	10929.8	15230.0	1272.5	2568.7
2008	52870.9	19189.6	11246.4	16591.4	1554.2	2952.8
2009	53082.1	19510.3	11511.5	16397.4	1498.2	3154.3
2010	54647.7	19576.1	11518.1	17724.5	1508.3	3230.1
2011	57120.8	20100.1	11740.1	19278.1	1448.5	3306.8

数据来源：国家统计局统计资料。其中粮食一项不包括杂粮等其他作物。

表3		全国主要农作物单位面积产量(1978～2011年)				

单位：公斤/公顷

年 份	粮食	稻谷	小麦	玉米	大豆	油料
1978	2527.3	3978.1	1844.9	2802.7	1059.0	838.6
1979	2784.7	4243.8	2136.8	2981.9	1029.4	912.7
1980	2734.3	4129.6	1913.9	3116.4	1098.8	970.0
1981	2827.3	4323.7	2106.9	3047.9	1162.2	1117.2
1982	3124.4	4886.3	2449.3	3265.9	1072.6	1264.8
1983	3395.7	5096.1	2801.7	3623.3	1289.8	1257.4
1984	3608.2	5372.6	2969.1	3960.3	1330.6	1372.5
1985	3483.0	5256.3	2936.7	3607.2	1360.5	1337.7
1986	3529.3	5337.6	3040.2	3705.1	1400.2	1291.1
1987	3621.7	5413.1	2982.9	3920.6	1476.0	1366.5
1988	3578.6	5286.7	2968.0	3928.1	1434.1	1243.3
1989	3632.2	5508.5	3043.0	3877.9	1269.3	1233.1
1990	3932.8	5726.1	3194.1	4523.9	1455.1	1479.9
1991	3875.7	5640.2	3100.5	4578.3	1379.5	1421.0
1992	4003.8	5803.1	3331.2	4532.7	1427.0	1428.4
1993	4130.8	5847.9	3518.8	4963.0	1619.1	1619.0
1994	4063.2	5831.1	3426.3	4693.4	1734.9	1646.9
1995	4239.7	6024.8	3541.5	4916.9	1661.4	1717.6
1996	4482.8	6212.4	3734.1	5203.3	1770.2	1760.7
1997	4376.6	6319.4	4101.9	4387.3	1765.1	1742.5
1998	4502.2	6366.2	3685.3	5267.8	1782.5	1791.0
1999	4492.6	6344.8	3946.6	4944.7	1789.2	1870.5
2000	4261.2	6271.6	3738.2	4597.5	1655.7	1918.7
2001	4266.9	6163.3	3806.1	4698.4	1624.8	1958.1
2002	4399.4	6189.0	3776.5	4924.5	1892.9	1962.0
2003	4332.5	6060.7	3931.8	4812.6	1652.9	1875.2
2004	4620.5	6310.6	4251.9	5120.2	1814.8	2124.6
2005	4641.6	6260.2	4275.3	5287.3	1704.5	2149.2
2006	4745.2	6279.6	4593.4	5326.3	1620.9	2249.3
2007	4748.3	6433.0	4607.7	5166.7	1453.7	2270.0
2008	4950.8	6562.5	4762.0	5555.7	1702.8	2302.3
2009	4870.6	6585.3	4739.0	5258.5	1630.2	2310.5
2010	4973.6	6553.0	4748.4	5453.7	1771.2	2325.6
2011	5165.9	6687.3	4837.2	5747.5	1836.3	2386.7

数据来源：国家统计局统计资料。其中粮食一项不包括杂粮等其他作物。

| 表4 | 各地区粮食播种面积（2010～2011年） | | | |

单位：千公顷

地　区	2010年	2011年	2011年比2010年增加	
			绝对数	%
全国总计	109876.1	110573.0	690.9	0.6
东部地区	24841.1	24899.6	58.5	0.2
中部地区	32112.4	32421.0	308.6	1.0
西部地区	33796.4	34034.7	238.3	0.7
东北地区	19126.2	19217.8	91.5	0.5
北　京	223.5	209.4	−14.1	−6.3
天　津	311.8	310.8	−1.0	−0.3
河　北	6282.2	6286.1	3.9	0.1
山　西	3239.2	3287.9	48.6	1.5
内 蒙 古	5498.7	5561.5	62.8	1.1
辽　宁	3179.3	3169.8	−9.5	−0.3
吉　林	4492.2	4545.1	52.8	1.2
黑 龙 江	11454.7	11502.9	48.2	0.4
上　海	179.2	186.3	7.2	4.0
江　苏	5282.4	5319.2	36.8	0.7
浙　江	1275.8	1254.1	−21.7	−1.7
安　徽	6616.4	6621.5	5.1	0.1
福　建	1232.3	1226.8	−5.5	−0.4
江　西	3639.1	3650.1	10.9	0.3
山　东	7084.8	7145.8	61.0	0.9
河　南	9740.2	9859.9	119.7	1.2
湖　北	4068.4	4122.1	53.7	1.3
湖　南	4809.1	4879.6	70.5	1.5
广　东	2531.9	2530.4	−1.5	−0.1
广　西	3061.1	3072.8	11.7	0.4
海　南	437.2	430.6	−6.6	−1.5
重　庆	2243.9	2259.4	15.5	0.7
四　川	6402.0	6440.5	38.5	0.6
贵　州	3039.5	3055.6	16.1	0.5
云　南	4274.4	4326.9	52.5	1.2
西　藏	170.2	170.2	0.0	0.0
陕　西	3159.7	3134.9	−24.8	−0.8
甘　肃	2799.8	2833.7	33.9	1.2
青　海	274.5	279.4	4.9	1.8
宁　夏	844.1	852.4	8.4	1.0
新　疆	2028.6	2047.5	18.9	0.9

数据来源：国家统计局统计资料。

表5	各地区粮食总产量（2010~2011年）		

单位：万吨

地 区	2010年	2011年	2011年比2010年增加	
			绝对数	%
全国总计	54647.7	57120.8	2473.1	4.5
东部地区	13869.9	14315.6	445.7	3.2
中部地区	16720.7	17251.7	531.0	3.2
西部地区	14436.4	14776.5	340.1	2.4
东北地区	9620.7	10777.1	1156.4	12.0
北 京	115.7	121.8	6.1	5.3
天 津	159.7	161.8	2.1	1.3
河 北	2975.9	3172.6	196.7	6.6
山 西	1085.1	1193.0	107.9	9.9
内 蒙 古	2158.2	2387.5	229.3	10.6
辽 宁	1765.4	2035.5	270.1	15.3
吉 林	2842.5	3171.0	328.5	11.6
黑 龙 江	5012.8	5570.6	557.8	11.1
上 海	118.4	122.0	3.6	3.0
江 苏	3235.1	3307.8	72.7	2.2
浙 江	770.7	781.6	10.9	1.4
安 徽	3080.5	3135.5	55.0	1.8
福 建	661.9	672.8	10.9	1.6
江 西	1954.7	2052.8	98.1	5.0
山 东	4335.7	4426.3	90.6	2.1
河 南	5437.1	5542.5	105.4	1.9
湖 北	2315.8	2388.5	72.7	3.1
湖 南	2847.5	2939.4	91.9	3.2
广 东	1316.5	1361.0	44.5	3.4
广 西	1412.3	1429.9	17.6	1.2
海 南	180.4	188.0	7.7	4.2
重 庆	1156.1	1126.9	−29.2	−2.5
四 川	3222.9	3291.6	68.7	2.1
贵 州	1112.3	876.9	−235.4	−21.2
云 南	1531.0	1673.6	142.6	9.3
西 藏	91.2	93.7	2.5	2.8
陕 西	1164.9	1194.7	29.8	2.6
甘 肃	958.3	1014.6	56.3	5.9
青 海	102.0	103.4	1.4	1.3
宁 夏	356.5	359.0	2.4	0.7
新 疆	1170.7	1224.7	54.0	4.6

数据来源：国家统计局统计资料。

| 表6 | 各地区粮食单位面积产量（2010～2011年） | | | |

单位：公斤/公顷

地 区	2010年	2011年	2011年比2010年增加	
			绝对数	%
全国总计	4973.6	5165.9	192.3	3.9
东部地区	5583.5	5749.3	165.9	3.0
中部地区	5206.9	5321.1	114.2	2.2
西部地区	4271.6	4341.6	70.0	1.6
东北地区	5030.1	5607.9	577.8	11.5
北　京	5176.5	5815.7	639.2	12.3
天　津	5123.5	5207.1	83.6	1.6
河　北	4737.0	5047.0	310.0	6.5
山　西	3349.9	3628.5	278.6	8.3
内 蒙 古	3924.9	4292.9	368.0	9.4
辽　宁	5552.8	6421.5	868.7	15.6
吉　林	6327.6	6976.8	649.3	10.3
黑 龙 江	4376.2	4842.8	466.6	10.7
上　海	6607.9	6544.5	−63.4	−1.0
江　苏	6124.3	6218.5	94.2	1.5
浙　江	6040.5	6232.2	191.7	3.2
安　徽	4655.8	4735.3	79.5	1.7
福　建	5371.2	5484.2	113.0	2.1
江　西	5371.3	5624.0	252.7	4.7
山　东	6119.7	6194.2	74.5	1.2
河　南	5582.1	5621.3	39.1	0.7
湖　北	5692.2	5794.5	102.3	1.8
湖　南	5921.0	6023.8	102.7	1.7
广　东	5199.5	5378.3	178.8	3.4
广　西	4613.8	4653.5	39.7	0.9
海　南	4125.8	4366.9	241.1	5.8
重　庆	5152.2	4987.6	−164.6	−3.2
四　川	5034.2	5110.8	76.6	1.5
贵　州	3659.5	2869.9	−789.6	−21.6
云　南	3581.8	3867.9	286.1	8.0
西　藏	5360.0	5508.7	148.7	2.8
陕　西	3686.7	3811.0	124.3	3.4
甘　肃	3422.8	3580.5	157.8	4.6
青　海	3715.7	3699.2	−16.5	−0.4
宁　夏	4223.7	4210.9	−12.8	−0.3
新　疆	5771.0	5981.5	210.5	3.6

数据来源：国家统计局统计资料。

| 表7 | | 2011年各地区分季粮食播种面积和产量(一) | | | | |

单位：千公顷;万吨;公斤/公顷

地 区	全 年 粮 食 总 计			1. 夏 收 粮 食		
	播种面积	总 产 量	每公顷产量	播种面积	总 产 量	每公顷产量
全国总计	110573.0	57120.8	5165.9	27557.6	12638.7	4586.3
东部地区	24899.6	14315.6	5749.3	9201.2	4857.1	5278.7
中部地区	32421.0	17251.7	5321.1	10070.9	5088.1	5052.3
西部地区	34034.7	14776.5	4341.6	8221.4	2649.8	3223.0
东北地区	19217.8	10777.1	5607.9	64.1	43.7	6817.5
北 京	209.4	121.8	5815.7	58.2	28.4	4882.2
天 津	310.8	161.8	5207.1	112.3	54.2	4827.6
河 北	6286.1	3172.6	5047.0	2431.6	1290.1	5305.5
山 西	3287.9	1193.0	3628.5	730.8	242.2	3314.2
内 蒙 古	5561.5	2387.5	4292.9	0.0	0.0	0.0
辽 宁	3169.8	2035.5	6421.5	64.1	43.7	6817.5
吉 林	4545.1	3171.0	6976.8	0.0	0.0	0.0
黑 龙 江	11502.9	5570.6	4842.8	0.0	0.0	0.0
上 海	186.3	122.0	6544.5	70.5	28.3	4018.4
江 苏	5319.2	3307.8	6218.5	2361.5	1117.2	4730.8
浙 江	1254.1	781.6	6232.2	182.2	64.8	3557.8
安 徽	6621.5	3135.5	4735.3	2425.7	1221.2	5034.5
福 建	1226.8	672.8	5484.2	88.4	33.9	3831.3
江 西	3650.1	2052.8	5624.0	61.2	8.9	1453.8
山 东	7145.8	4426.3	6194.2	3595.5	2104.7	5853.8
河 南	9859.9	5542.5	5621.3	5353.3	3131.5	5849.6
湖 北	4122.1	2388.5	5794.5	1304.3	425.8	3265.0
湖 南	4879.6	2939.4	6023.8	195.7	58.5	2989.3
广 东	2530.4	1361.0	5378.3	228.1	106.5	4668.3
广 西	3072.8	1429.9	4653.5	87.0	27.1	3112.3
海 南	430.6	188.0	4366.9	73.0	29.0	3970.6
重 庆	2259.4	1126.9	4987.6	520.4	156.3	3002.3
四 川	6440.5	3291.6	5110.8	1804.0	577.0	3198.4
贵 州	3055.6	876.9	2869.9	972.6	210.4	2163.6
云 南	4326.9	1673.6	3867.9	1157.9	251.2	2169.4
西 藏	170.2	93.7	5508.7	0.0	0.0	0.0
陕 西	3134.9	1194.7	3811.0	1314.7	455.1	3461.7
甘 肃	2833.7	1014.6	3580.5	1032.3	319.5	3095.2
青 海	279.4	103.4	3699.2	0.0	0 0	0.0
宁 夏	852.4	359.0	4210.9	229.8	65.5	2852.3
新 疆	2047.5	1224.7	5981.5	1102.8	587.7	5329.2

数据来源：国家统计局统计资料。

| 表7 | 2011年各地区分季粮食播种面积和产量(二) |

单位:千公顷;万吨;公斤/公顷

地 区	2.早 稻			3.秋 粮		
	播种面积	总产量	每公顷产量	播种面积	总产量	每公顷产量
全国总计	5749.5	3275.4	5696.9	77266.9	41200.7	5333.1
东部地区	1384.2	792.3	5723.9	14314.2	8666.2	6054.3
中部地区	3382.1	1926.2	5695.4	18968.0	10237.3	5397.2
西部地区	983.3	556.9	5663.9	24830.0	11569.8	4659.6
东北地区	0.0	0.0	0.0	19153.7	10733.4	5603.8
北 京	0.0	0.0	0.0	151.2	93.4	6174.7
天 津	0.0	0.0	0.0	198.5	107.6	5421.6
河 北	0.0	0.0	0.0	3854.5	1882.5	4883.9
山 西	0.0	0.0	0.0	2557.1	950.8	3718.3
内 蒙 古	0.0	0.0	0.0	5561.5	2387.5	4292.9
辽 宁	0.0	0.0	0.0	3105.7	1991.8	6413.4
吉 林	0.0	0.0	0.0	4545.1	3171.0	6976.8
黑 龙 江	0.0	0.0	0.0	11502.9	5570.6	4842.8
上 海	0.0	0.0	0.0	115.8	93.6	8081.8
江 苏	0.0	0.0	0.0	2957.7	2190.6	7406.4
浙 江	111.8	68.3	6111.3	960.2	648.5	6753.7
安 徽	256.2	137.2	5354.6	3939.7	1777.1	4510.8
福 建	204.1	122.8	6014.6	934.3	516.2	5524.7
江 西	1384.3	785.6	5675.3	2204.7	1258.3	5707.4
山 东	0.0	0.0	0.0	3550.4	2321.6	6539.0
河 南	0.0	0.0	0.0	4506.5	2411.0	5350.0
湖 北	346.4	197.1	5689.3	2471.4	1765.6	7144.1
湖 南	1395.3	806.4	5779.4	3288.6	2074.5	6308.0
广 东	927.9	527.4	5683.6	1374.5	727.1	5290.1
广 西	941.3	530.4	5634.9	2044.5	872.4	4267.2
海 南	140.4	73.9	5259.6	217.2	85.2	3923.1
重 庆	0.0	0.0	0.0	1739.0	970.65	5581.8
四 川	1.1	0.7	6363.6	4635.4	2713.9	5854.7
贵 州	0.0	0.0	0.0	2083.0	666.5	3199.6
云 南	40.9	25.8	6312.7	3128.1	1396.6	4464.6
西 藏	0.0	0.0	0.0	170.2	93.7	5508.7
陕 西	0.0	0.0	0.0	1820.2	739.6	4063.3
甘 肃	0.0	0.0	0.0	1801.4	695.1	3858.7
青 海	0.0	0.0	0.0	279.4	103.4	3699.2
宁 夏	0.0	0.0	0.0	622.7	293.4	4712.2
新 疆	0.0	0.0	0.0	944.7	637.0	6743.0

数据来源:国家统计局统计资料。

| 表8 | | | 2011年各地区分品种粮食播种面积和产量(一) | | | |

单位：千公顷;万吨;公斤/公顷

| 地 区 | 谷 物 | | | (一)稻 谷 | | |
	播种面积	总 产 量	每公顷产量	播种面积	总 产 量	每公顷产量
全国总计	91015.8	51939.4	5706.6	30057.0	20100.1	6687.3
东部地区	22570.2	13383.8	5929.8	6576.4	4533.2	6893.2
中部地区	28756.9	16413.4	5707.7	12290.0	8004.5	6513.0
西部地区	24902.6	12335.2	4953.4	6894.3	4371.7	6341.0
东北地区	14786.2	9806.9	6632.5	4296.4	3190.7	7426.4
北 京	200.8	119.3	5943.2	0.2	0.2	6521.7
天 津	296.8	159.5	5375.3	14.2	10.7	7528.1
河 北	5836.2	3032.3	5195.7	83.0	60.2	7248.9
山 西	2774.3	1138.4	4103.4	1.0	0.5	4902.0
内 蒙 古	3819.3	2012.2	5268.5	90.0	77.9	8657.4
辽 宁	2943.3	1933.5	6569.2	659.6	505.1	7657.7
吉 林	3976.9	3015.3	7581.8	691.2	623.5	9019.9
黑 龙 江	7865.9	4858.2	6176.2	2945.6	2062.1	7000.7
上 海	179.0	119.6	6680.1	106.1	88.9	8378.6
江 苏	4926.6	3186.4	6467.6	2248.6	1864.2	8290.2
浙 江	1033.0	704.6	6821.3	894.8	649.0	7253.6
安 徽	5485.0	2974.0	5422.2	2230.8	1387.1	6217.8
福 建	895.0	533.2	5956.9	845.3	514.1	6082.2
江 西	3359.6	1964.3	5846.8	3317.7	1950.1	5877.8
山 东	6739.0	4194.9	6224.9	124.5	104.0	8347.5
河 南	9055.4	5308.1	5861.8	638.0	474.5	7437.3
湖 北	3627.7	2249.2	6199.9	2036.2	1616.9	7941.0
湖 南	4455.0	2779.5	6239.1	4066.3	2575.4	6333.5
广 东	2121.6	1178.5	5554.9	1940.9	1096.9	5651.4
广 西	2665.8	1333.2	5001.2	2078.5	1084.1	5215.7
海 南	342.2	155.4	4541.7	318.6	145.1	4554.9
重 庆	1316.4	799.2	6070.9	686.5	493.50	7188.8
四 川	4787.1	2753.7	5752.3	2007.9	1527.1	7605.5
贵 州	1829.0	615.6	3365.7	681.5	303.9	4459.8
云 南	3118.4	1368.9	4389.8	1073.5	668.7	6229.2
西 藏	163.1	91.0	5581.3	1.0	0.6	6000.0
陕 西	2582.4	1069.8	4142.5	120.9	84.5	6987.3
甘 肃	1956.9	750.9	3837.1	0.0	0.0	0.0
青 海	159.1	59.4	3735.9	0.0	0.0	0.0
宁 夏	589.1	309.7	5257.7	83.9	70.8	8429.6
新 疆	1916.1	1171.7	6114.8	70.6	60.6	8590.5

数据来源：国家统计局统计资料。

| 表8 | | 2011年各地区分品种粮食播种面积和产量(二) | | | | |

单位：千公顷;万吨;公斤/公顷

地 区	(二)小 麦			其中：冬小麦		
	播种面积	总 产 量	每公顷产量	播种面积	总 产 量	每公顷产量
全国总计	24270.4	11740.1	4837.2	22601.6	11095.7	4909.3
东部地区	8408.6	4538.0	5396.9	8398.4	4532.5	5398.1
中部地区	9481.4	4936.2	5206.2	9480.9	4935.9	5206.2
西部地区	6072.5	2157.1	3552.2	4724.3	1627.2	3444.4
东北地区	307.9	108.8	3535.0	0.0	0.0	0.0
北 京	58.1	28.4	4883.0	58.1	28.4	4883.0
天 津	112.3	54.2	4827.6	103.8	50.7	4879.6
河 北	2396.1	1276.1	5325.9	2392.4	1274.2	5326.0
山 西	710.1	240.3	3383.9	709.6	240.1	3383.0
内 蒙 古	567.9	170.9	3010.0	0.0	0.0	0.0
辽 宁	6.9	3.7	5362.3	0.0	0.0	0.0
吉 林	3.2	1.3	4213.8	0.0	0.0	0.0
黑 龙 江	297.8	103.8	3485.4	0.0	0.0	0.0
上 海	59.8	24.1	4031.1	59.8	24.1	4031.1
江 苏	2112.4	1023.2	4843.5	2112.4	1023.2	4843.5
浙 江	72.6	27.0	3720.0	72.6	27.0	3720.0
安 徽	2383.0	1215.7	5101.6	2383.0	1215.7	5101.6
福 建	2.8	0.8	2883.4	2.8	0.8	2883.4
江 西	10.9	2.2	2011.0	10.9	2.2	2011.0
山 东	3593.5	2103.9	5854.7	3593.5	2103.9	5854.7
河 南	5323.3	3123.0	5866.6	5323.3	3123.0	5866.6
湖 北	1013.6	344.8	3401.5	1013.6	344.8	3401.5
湖 南	40.4	10.2	2524.8	40.4	10.2	2524.8
广 东	1.0	0.3	3000.0	1.0	0.3	3000.0
广 西	1.5	0.2	1418.9	1.5	0.2	1418.9
海 南	0.0	0.0	0.0	0.0	0.0	0.0
重 庆	138.4	42.4	3063.4	138.4	42.4	3063.4
四 川	1259.3	436.0	3462.2	1250.4	433.8	3469.3
贵 州	257.6	50.4	1955.6	257.6	50.4	1955.6
云 南	437.9	98.9	2257.8	437.9	98.9	2257.8
西 藏	37.6	24.9	6625.0	27.9	19.2	6868.5
陕 西	1136.7	410.9	3615.0	1136.7	410.9	3615.0
甘 肃	861.6	247.5	2872.6	595.4	135.5	2275.8
青 海	94.0	35.4	3760.5	0.0	0.0	0.0
宁 夏	202.1	63.0	3116.3	106.8	20.9	1952.4
新 疆	1078.0	576.6	5349.3	771.8	415.2	5379.7

数据来源：国家统计局统计资料。

| 表8 | | 2011年各地区分品种粮食播种面积和产量(三) |

单位：千公顷;万吨;公斤/公顷

地 区	(三) 玉 米			(四) 谷 子		
	播种面积	总 产 量	每公顷产量	播种面积	总 产 量	每公顷产量
全国总计	33541.7	19278.1	5747.5	745.4	156.7	2102.5
东部地区	7029.9	4152.4	5906.8	184.3	49.8	2700.9
中部地区	6392.9	3388.9	5301.0	242.0	31.5	1303.3
西部地区	10262.6	5361.7	5224.5	210.3	39.6	1882.9
东北地区	9856.2	6375.1	6468.1	108.8	35.8	3290.6
北 京	140.5	90.3	6429.4	1.5	0.3	2162.2
天 津	169.0	94.4	5584.3	0.1	0.0	2500.0
河 北	3035.8	1639.6	5401.1	164.5	43.5	2643.8
山 西	1646.7	854.6	5189.7	206.0	26.2	1272.0
内 蒙 古	2669.6	1632.1	6113.7	137.3	27.8	2027.4
辽 宁	2134.6	1360.3	6372.6	63.5	22.1	3480.3
吉 林	3134.2	2339.0	7462.8	35.1	10.2	2913.4
黑 龙 江	4587.4	2675.8	5832.9	10.2	3.5	3408.4
上 海	4.2	2.8	6603.3	0.0	0.0	0.0
江 苏	414.3	226.2	5458.6	0.0	0.0	2500.0
浙 江	30.9	14.6	4715.6	0.0	0.0	0.0
安 徽	818.8	362.6	4428.1	0.1	0.0	0.0
福 建	42.6	16.6	3903.7	0.1	0.0	3124.7
江 西	25.7	10.5	4089.7	0.0	0.0	0.0
山 东	2995.9	1978.7	6604.7	17.8	5.8	3271.6
河 南	3025.0	1696.5	5608.3	35.9	5.3	1477.6
湖 北	549.7	276.2	5024.9	0.1	0.0	6666.7
湖 南	327.1	188.5	5762.8	0.0	0.0	0.0
广 东	173.1	78.9	4559.6	0.3	0.1	2666.7
广 西	565.9	244.7	4324.6	2.7	0.7	2481.8
海 南	23.5	10.3	4375.5	0.0	0.0	0.0
重 庆	466.9	257.0	5504.0	0.0	0.0	0.0
四 川	1363.1	701.6	5147.1	0.0	0.0	0.0
贵 州	787.8	243.7	3093.6	1.7	0.2	1046.5
云 南	1409.0	598.2	4245.7	0.3	0.0	1071.4
西 藏	4.2	2.8	6626.5	0.0	0.0	0.0
陕 西	1177.8	550.7	4675.7	62.7	10.5	1667.6
甘 肃	838.7	425.6	5074.3	0.0	0.0	0.0
青 海	20.5	15.2	7420.6	0.0	0.0	0.0
宁 夏	231.1	172.4	7461.1	5.2	0.4	686.7
新 疆	728.0	517.7	7110.9	0.3	0.1	1764.7

数据来源：国家统计局统计资料。

表8		2011年各地区分品种粮食播种面积和产量(四)			

单位：千公顷;万吨;公斤/公顷

地 区	(五)高 粱			(六)大 豆		
	播种面积	总产量	每公顷产量	播种面积	总产量	每公顷产量
全国总计	500.2	205.1	4100.1	7888.5	1448.5	1836.3
东部地区	21.6	7.5	3458.2	710.0	175.1	2466.0
中部地区	40.5	8.9	2194.5	1818.7	279.9	1538.9
西部地区	259.3	103.4	3988.8	1733.0	339.4	1958.4
东北地区	178.8	85.3	4770.9	3626.8	654.2	1803.7
北 京	0.3	0.1	2963.0	5.4	1.1	2011.2
天 津	1.0	0.2	1900.0	12.4	1.7	1366.2
河 北	14.2	5.0	3546.8	136.1	29.5	2169.2
山 西	29.5	5.4	1833.6	198.0	16.2	820.0
内 蒙 古	118.1	60.9	5154.9	687.6	137.2	1995.8
辽 宁	58.9	36.3	6163.0	120.2	34.1	2836.9
吉 林	100.8	37.9	3757.8	304.8	78.8	2584.7
黑 龙 江	19.1	11.1	5821.1	3201.7	541.3	1690.6
上 海	0.0	0.0	0.0	3.4	0.9	2674.4
江 苏	0.0	0.0	3000.0	219.7	57.6	2622.1
浙 江	0.0	0.0	0.0	51.1	14.0	2747.7
安 徽	1.0	0.2	2000.0	885.9	107.5	1213.4
福 建	1.4	0.6	4036.9	62.5	15.3	2441.7
江 西	1.3	0.5	3636.4	95.2	20.7	2178.4
山 东	4.6	1.6	3376.9	156.2	40.6	2599.3
河 南	3.2	0.3	888.9	445.7	88.0	1975.5
湖 北	3.0	1.4	4782.6	101.6	23.9	2348.7
湖 南	2.6	1.1	4230.8	92.3	23.5	2546.0
广 东	0.1	0.0	3750.0	59.7	13.5	2258.9
广 西	2.3	0.7	2863.2	111.9	20.1	1797.9
海 南	0.0	0.0	0.0	3.6	0.9	2494.8
重 庆	15.9	4.6	2927.1	95.4	18.7	1955.0
四 川	50.8	17.8	3503.9	225.0	48.0	2133.3
贵 州	50.4	11.6	2306.0	131.3	7.1	541.5
云 南	2.7	0.3	1048.7	125.3	24.3	1942.2
西 藏	0.0	0.0	0.0	0.2	0.1	3529.4
陕 西	9.0	2.9	3255.6	174.4	37.7	2162.8
甘 肃	0.0	0.0	0.0	91.0	15.8	1740.1
青 海	0.0	0.0	0.0	0.0	0.0	0.0
宁 夏	0.1	0.0	1980.2	13.2	3.2	2444.3
新 疆	10.1	4.6	4572.6	77.8	27.1	3485.4

数据来源：国家统计局统计资料。

| 表9 | | | 2011年各地区油料作物播种面积和产量(一) | | | |

单位：千公顷;吨;公斤/公顷

地区	2010年			2011年		
	播种面积	总 产 量	每公顷产量	播种面积	总 产 量	每公顷产量
全国总计	13889.6	32301308	2325.6	13855.1	33067571	2386.7
东部地区	2571.1	8026701	3121.9	2520.1	7999026	3174.1
中部地区	6057.1	14005548	2312.3	6064.5	13984072	2305.9
西部地区	4443.8	8293305	1866.3	4484.8	8958655	1997.5
东北地区	817.7	1975753	2416.3	785.6	2125819	2705.8
北 京	5.4	15528	2880.9	4.9	13922	2852.9
天 津	2.2	6437	2939.3	2.2	6631	2960.3
河 北	464.4	1402880	3021.0	453.1	1417786	3128.8
山 西	157.0	175892	1120.7	150.0	187044	1247.2
内 蒙 古	693.6	1281483	1847.7	717.0	1338765	1867.2
辽 宁	347.4	995980	2866.7	392.0	1197565	3054.7
吉 林	303.1	704449	2324.3	245.1	695563	2838.5
黑 龙 江	167.2	275324	1647.1	148.6	232691	1566.4
上 海	10.3	22929	2226.1	8.6	18647	2178.4
江 苏	574.4	1519720	2646.0	552.3	1440526	2608.2
浙 江	208.8	394701	1890.8	196.0	398538	2033.5
安 徽	944.3	2276036	2410.4	878.3	2137502	2433.7
福 建	111.7	266442	2386.2	112.5	274630	2440.3
江 西	731.7	1075715	1470.1	732.4	1135852	1551.0
山 东	815.9	3421584	4193.5	806.7	3410001	4227.0
河 南	1564.1	5407248	3457.1	1578.9	5323635	3371.7
湖 北	1448.7	3118038	2152.3	1429.6	3047171	2131.5
湖 南	1211.4	1952619	1611.9	1295.5	2152868	1661.9
广 东	337.4	881616	2612.8	343.3	918994	2676.6
广 西	192.9	458067	2374.6	202.7	501400	2473.9
海 南	40.7	94864	2331.0	40.4	99351	2458.6
重 庆	255.0	444499	1743.2	257.1	465073	1808.9
四 川	1218.9	2685235	2203.0	1232.8	2784476	2258.7
贵 州	529.1	603365	1140.3	536.1	788503	1470.7
云 南	333.3	342253	1026.9	342.9	607467	1774.7
西 藏	24.0	58647	2441.6	24.0	63515	2644.3
陕 西	301.2	560750	1861.5	300.8	589665	1960.1
甘 肃	345.7	640537	1852.8	351.1	635194	1809.1
青 海	177.9	343816	1933.0	167.9	332854	1982.1
宁 夏	98.8	208453	2109.8	88.7	184097	2076.7
新 疆	273.4	666200	2437.0	264.3	667647	2526.2

数据来源：国家统计局统计资料。

| 表9 | 2011年各地区油料作物播种面积和产量（二） |

单位：千公顷;吨;公斤/公顷

地 区	其中：花生			油菜籽		
	播种面积	总 产 量	每公顷产量	播种面积	总 产 量	每公顷产量
全国总计	4581.4	16046363	3502.5	7347.4	13425000	1827.7
东部地区	1755.8	6382125	3634.8	668.5	1480685	2214.8
中部地区	1677.3	6607774	3939.4	3881.0	6696932	1725.6
西部地区	630.3	1473974	2338.5	2797.0	5245878	1875.6
东北地区	517.9	1582490	3055.3	0.9	2071	2364.2
北　京	4.4	13228.0	2986.0	0.0	6.0	150.0
天　津	1.5	5195.0	3558.2	0.0	0.0	0.0
河　北	360.2	1289166	3578.9	21.0	30203	1436.2
山　西	8.9	21799	2443.9	5.9	5888	991.2
内 蒙 古	17.6	30552	1738.9	218.7	240235	1098.7
辽　宁	377.1	1165363	3090.5	0.4	758	2071.0
吉　林	118.5	360189.0	3040.6	0.0	0.0	0.0
黑 龙 江	22.4	56938	2540.7	0.5	1313	2574.5
上　海	0.8	2132	2665.0	7.6	16385	2150.3
江　苏	100.2	369975	3692.0	441.3	1052453	2385.0
浙　江	19.0	53577	2819.8	171.6	335900	1958.0
安　徽	188.9	843418	4464.9	640.4	1227783	1917.2
福　建	99.6	257026	2581.2	11.6	15903	1369.0
江　西	157.9	437498	2771.3	542.6	666568	1228.4
山　东	797.1	3385850	4247.7	8.7	21895	2525.4
河　南	1010.6	4297921	4252.9	383.5	773187	2016.4
湖　北	192.2	687422	3577.2	1141.4	2203900	1930.9
湖　南	118.9	319716	2688.7	1167.2	1819606	1558.9
广　东	334.4	908468	2716.4	6.7	7940	1181.3
广　西	179.5	474564	2644.3	15.5	16084	1037.8
海　南	38.6	97508.0	2525.3	0.0	0.0	0.0
重　庆	50.4	101123	2007.2	196.2	351400	1791.0
四　川	258.6	627455	2426.4	964.2	2143669	2223.2
贵　州	38.9	60654	1559.2	489.0	718090	1468.5
云　南	48.6	70407	1447.8	272.9	518445	1899.7
西　藏	0.1	239	2390.4	23.9	63276	2645.3
陕　西	32.1	92771	2894.6	203.3	383621	1886.8
甘　肃	1.1	2956	2711.9	184.8	331446	1793.9
青　海	0.0	0	0.0	163.6	326924	1998.6
宁　夏	0.0	0	0.0	0.4	900	2142.9
新　疆	3.5	13253	3767.8	64.5	151789	2354.4

数据来源：国家统计局统计资料。

| 表9 | | 2011年各地区油料作物播种面积和产量（三） | | | | |

单位：千公顷;吨;公斤/公顷

| 地　区 | 胡麻籽 | | | 向日葵籽 | | |
	播种面积	总产量	每公顷产量	播种面积	总产量	每公顷产量
全国总计	322.1	358641	1113.5	940.2	2312751	2459.7
东部地区	35.4	28535	805.2	27.9	55524	1991.2
中部地区	63.9	60332	944.0	53.0	76543	1445.5
西部地区	222.7	269774	1211.2	695.9	1775188	2550.9
东北地区	0.0	0.0	0.0	163.5	405496	2480.1
北　京	0.0	0.0	0.0	0.4	659	1882.9
天　津	0.0	0.0	0.0	0.5	1090	2270.8
河　北	35.4	28535	805.2	26.9	53401	1986.6
山　西	63.9	60302	943.6	39.4	56122	1426.2
内蒙古	56.3	32026	568.9	412.0	1029741	2499.5
辽　宁	0.0	0.0	0.0	12.0	25917	2161.6
吉　林	0.0	0.0	0.0	111.1	310961	2797.9
黑龙江	0.0	0.0	0.0	40.4	68618	1699.7
上　海	0.0	0.0	0.0	0.0	0.0	0.0
江　苏	0.0	0.0	0.0	0.1	238	2380.0
浙　江	0.0	0.0	0.0	0.0	0.0	0.0
安　徽	0.0	0.0	0.0	0.0	16	1230.8
福　建	0.0	0.0	0.0	0.0	67	1477.9
江　西	0.0	30.0	0.0	0.0	33	1100.0
山　东	0.0	0.0	0.0	0.0	69	2300.0
河　南	0.0	0.0	0.0	7.4	11142	1507.7
湖　北	0.0	0.0	0.0	6.1	9197	1497.9
湖　南	0.0	0.0	0.0	0.0	33	1100.0
广　东	0.0	0.0	0.0	0.0	0.0	0.0
广　西	0.0	0.0	0.0	2.7	4630	1719.9
海　南	0.0	0.0	0.0	0.0	0.0	0.0
重　庆	0.0	0.0	0.0	3.6	5672	1570.4
四　川	2.7	3733.0	1379.5	0.0	0.0	0.0
贵　州	0.0	22	1466.7	7.4	7616	1035.6
云　南	0.0	33	817.5	5.2	10242	1962.1
西　藏	0.0	0.0	0.0	0.0	0.0	0.0
陕　西	2.8	2632	930.0	28.8	45504	1581.6
甘　肃	100.9	138259	1369.9	35.8	114982	3208.2
青　海	4.4	5930	1363.2	0.0	0.0	0.0
宁　夏	47.7	74805	1566.9	36.8	103214	2805.5
新　疆	7.8	12334	1574.8	163.7	453586	2771.7

数据来源：国家统计局统计资料。

表10			2011年各地区粮油产量及人均占有量排序				

单位：万吨、吨、公斤

地 区	粮食产量		粮食人均占有量		油料产量		油料人均占有量	
	绝对数	位次	绝对数	位次	绝对数	位次	绝对数	位次
全国总计	57120.8		425.2		3307		24.61	
北 京	121.8	29	61	30	1	30	0.70	30
天 津	161.8	27	122	29	1	31	0.50	31
河 北	3172.6	6	440	12	142	8	19.66	17
山 西	1193.0	19	333	19	19	25	5.22	28
内 蒙 古	2387.5	11	964	3	134	9	54.07	3
辽 宁	2035.5	13	465	8	120	10	27.35	11
吉 林	3171.0	7	1154	2	70	14	25.31	13
黑龙江	5570.6	1	1453	1	23	24	6.07	27
上 海	122.0	28	52	31	2	29	0.80	29
江 苏	3307.8	4	420	13	144	7	18.28	18
浙 江	781.6	23	143	27	40	21	7.31	26
安 徽	3135.5	8	526	7	214	6	35.87	5
福 建	672.8	24	182	26	27	23	7.41	25
江 西	2052.8	12	459	10	114	11	25.40	12
山 东	4426.3	3	461	9	341	2	35.49	6
河 南	5542.5	2	590	4	532	1	56.66	2
湖 北	2388.5	10	416	14	305	3	53.08	4
湖 南	2939.4	9	447	11	215	5	32.71	8
广 东	1361.0	16	130	28	92	12	8.78	24
广 西	1429.9	15	309	22	50	19	10.84	23
海 南	188.0	26	216	24	10	27	11.39	22
重 庆	1126.9	20	388	17	47	20	16.03	19
四 川	3291.6	5	409	15	278	4	34.61	7
贵 州	876.9	22	253	23	79	13	22.71	15
云 南	1673.6	14	363	18	61	17	13.17	21
西 藏	93.7	31	311	21	6	28	21.05	16
陕 西	1194.7	18	320	20	59	18	15.78	20
甘 肃	1014.6	21	396	16	64	16	24.80	14
青 海	103.4	30	183	25	33	22	58.87	1
宁 夏	359.0	25	565	5	18	26	29.00	10
新 疆	1224.7	17	558	6	67	15	30.42	9

数据来源：国家统计局统计资料。

表11	农产品生产价格指数（2005～2011年）						

(上年＝100)

指　标	2005年	2006年	2007年	2008年	2009年	2010年	2011年
农产品生产价格指数	101.4	101.2	118.5	114.1	97.6	110.9	116.5
农业产品	101.6	104.5	109.8	108.4	102.9	116.6	107.8
谷物	99.2	102.1	109.0	107.1	104.9	112.8	109.7
小麦	96.4	100.1	105.5	108.7	107.9	107.9	105.2
稻谷	101.6	102.0	105.4	106.6	105.2	112.8	113.3
玉米	98.0	103.0	115.0	107.3	98.5	116.1	109.9
大豆	94.2	99.2	124.2	119.7	92.3	107.9	106.3
油料	91.3	104.8	133.4	128.0	94.2	112.1	112.1
棉花	111.8	97.1	109.6	90.6	111.8	157.7	79.5
糖料	111.6	121.1	100.0	98.4	101.5	106.0	125.5
蔬菜	107.2	109.3	106.9	104.7	111.8	116.8	103.4
水果	107.4	111.4	101.3	101.4	107.0	118.9	106.2
林业产品	104.8	112.8	104.4	108.5	94.9	122.8	114.9
畜牧产品	100.5	94.3	131.4	123.9	90.1	103.0	126.2
猪 (毛重)	97.6	90.6	145.9	130.8	81.6	98.3	137.0
牛 (毛重)	101.7	100.6	117.5	123.6	101.0	104.7	108.1
羊 (毛重)	101.7	101.8	121.0	118.8	101.1	108.7	115.7
家禽 (毛重)	105.6	97.2	117.0	111.9	102.2	107.0	112.0
蛋类	106.4	96.0	115.9	112.2	102.8	107.5	112.6
奶类	99.6	102.9	106.2	125.5	91.6	115.3	108.1
渔业产品	104.7	103.9	108.1	111.2	99.0	107.6	110.0
海水养殖产品							111.5
海水捕捞产品							111.2
淡水养殖产品							109.5
淡水捕捞产品							103.7

数据来源：国家统计局统计资料。

表12		各地区农产品生产价格指数（2005～2011年）					

（上年=100）

地 区	2005年	2006年	2007年	2008年	2009年	2010年	2011年
全 国	101.4	101.2	110.6	114.1	97.6	110.9	116.5
北 京	103.5	99.1	111.1	112.3	98.3	106.5	110.7
天 津	103.4	103.4	107.8	107.1	103.0	110.1	105.0
河 北	102.5	100.2	116.2	109.0	99.7	115.1	110.9
山 西	103.5	100.2	113.0	109.2	100.4	110.2	111.0
内蒙古	103.2	103.6	114.9	111.0	99.8	111.4	112.8
辽 宁	101.5	105.8	116.6	109.8	102.9	110.6	114.2
吉 林	100.3	104.6	114.0	104.5	103.8	111.8	116.8
黑龙江	101.0	100.0	119.9	117.0	98.1	109.2	116.5
上 海	105.7	101.9	110.2	109.7	102.2	107.1	110.9
江 苏	100.3	99.9	112.6	114.3	99.9	108.8	112.1
浙 江	105.9	102.7	108.6	112.9	100.3	114.8	113.6
安 徽	98.7	99.3	114.1	114.7	99.1	110.8	112.8
福 建	103.9	102.7	112.6	110.7	98.0	111.5	113.3
江 西	100.5	101.4	115.0	114.2	96.8	107.5	114.3
山 东	102.9	103.4	114.0	112.5	101.2	118.8	109.7
河 南	100.7	100.9	117.7	115.0	99.1	112.5	111.5
湖 北	100.3	99.5	117.0	117.0	96.3	112.3	111.7
湖 南	99.5	100.7	130.6	126.7	90.6	109.9	121.9
广 东	103.5	102.6	109.7	113.9	95.0	107.6	112.4
广 西	100.0	106.8	121.5	113.0	89.3	107.6	124.5
海 南	102.2	105.6	104.7	112.5	101.9	107.9	115.3
重 庆	100.0	93.6	121.8	120.2	89.0	103.2	120.2
四 川	103.2	102.7	120.8	118.4	96.9	105.9	117.8
贵 州	101.8	101.4	113.0	115.5	96.1	106.7	120.3
云 南	104.0	106.6	117.5	115.5	96.5	112.5	117.9
西 藏							
陕 西	104.9	103.2	115.4	111.2	95.8	121.7	113.8
甘 肃	103.1	102.6	111.4	114.0	100.2	113.8	111.3
青 海	103.3	104.5	119.0	114.9	94.6	124.3	117.3
宁 夏	103.3	101.2	115.0	118.7	99.4	117.0	111.3
新 疆	108.3	98.4	114.7	119.8	92.9	131.5	103.7

数据来源：国家统计局统计资料。

表13		人均主要农业产品产量（1978～2011年）				
						单位：公斤
年 份	粮食	棉花	油料	糖料	水果	水产品
1978	318.7	2.3	5.5	24.9	6.9	4.9
1980	326.7	2.8	7.8	29.7	6.9	4.6
1985	360.7	3.9	15.0	57.5	11.1	6.7
1990	393.1	4.0	14.2	63.6	16.5	10.9
1995	387.3	4.0	18.7	65.9	35.0	20.9
1996	414.4	3.5	18.2	68.7	38.2	27.0
1997	401.7	3.7	17.5	76.3	41.4	25.4
1998	412.5	3.6	18.6	78.8	43.9	27.2
1999	405.8	3.1	20.8	66.5	49.8	28.5
2000	366.0	3.5	23.4	60.5	49.3	29.4
2001	355.9	4.2	22.5	68.1	52.3	29.8
2002	357.0	3.8	22.6	80.4	54.3	30.9
2003	334.3	3.8	21.8	74.8	112.7	31.6
2004	362.2	4.9	23.7	73.8	118.4	32.8
2005	371.3	4.4	23.6	72.5	123.6	33.9
2006	379.9	5.7	20.1	76.4	130.4	35.0
2007	380.6	5.8	19.5	92.5	137.6	36.0
2008	399.1	5.7	22.3	101.3	145.1	37.0
2009	398.7	4.8	23.7	92.2	153.2	38.4
2010	408.7	4.5	24.2	89.8	160.0	40.2
2011	425.2	4.9	24.6	93.2	169.5	41.7

注：2003年起水果产量含果用瓜。
数据来源：国家统计局统计资料。

表14			居民消费价格指数（2005～2011年）				

(上年=100)

项 目	2005年	2006年	2007年	2008年	2009年	2010年	2011年
居民消费价格指数	101.8	101.5	104.8	105.9	99.3	103.3	105.4
食品	102.9	102.3	112.3	114.3	100.7	107.2	111.8
#粮食	101.4	102.7	106.3	107.0	105.6	111.8	112.2
油脂	94.3	98.6	126.7	125.4	81.7	103.8	113.4
肉禽及其制品	102.5	97.1	131.7	121.7	91.3	102.9	122.6
蛋	104.6	96.0	121.8	104.3	101.6	108.3	114.2
水产品	105.9	101.2	105.1	114.2	102.5	108.1	112.1
菜	109.1	108.2	107.9	111.0	113.6	118.5	101.1
糖	104.0	111.2	101.6	104.0	102.5	108.3	111.2
茶及饮料	100.1	101.0	101.5	103.7	101.8	101.3	104.0
干鲜瓜果	102.2	117.9	102.2	110.8	107.1	114.6	115.9
液体乳及乳制品	100.9	100.9	102.7	117.0	101.5	102.8	105.1
烟酒及用品	100.4	100.6	101.7	102.9	101.5	101.6	102.8
#烟草	100.4	100.2	100.8	100.4	100.4	100.5	100.3
酒	100.6	101.2	103.5	107.5	103.4	103.6	106.7
衣着	98.3	99.4	99.4	98.5	98.0	99.0	102.1
#服装	98.1	99.0	99.4	98.3	97.8	99.1	102.4
鞋袜帽	98.3	100.2	99.0	98.2	97.8	98.2	100.7
家庭设备用品及维修服务	99.9	101.2	101.9	102.8	100.2	100.0	102.4
#耐用消费品	98.8	100.8	101.6	101.2	98.1	98.5	100.4
室内装饰品	99.5	100.0	100.3	100.2	99.7	99.9	101.0
家庭服务及加工维修服务	104.4	105.8	107.2	109.0	105.2	106.7	111.4
医疗保健和个人用品	99.9	101.1	102.1	102.9	101.2	103.2	103.4
医疗保健	99.5	100.2	102.1	102.2	101.4	103.3	102.9
个人用品及服务	100.8	103.2	102.1	104.4	100.8	103.0	104.4
交通和通信	99.0	99.9	99.1	99.1	97.6	99.6	100.5
交通	101.5	103.2	100.8	102.2	98.6	101.7	102.6
通信	96.6	96.4	97.1	95.6	96.3	97.3	97.5
娱乐教育文化	102.2	99.5	99.0	99.3	99.3	100.6	100.4
文娱用耐用消费品及服务	93.8	94.2	93.1	92.3	90.6	94.3	93.7
教育	105.1	100.0	99.6	100.5	101.6	101.4	101.3
文化娱乐	101.2	101.0	101.0	101.3	102.5	101.0	101.1
旅游	99.6	103.1	102.3	101.1	97.5	104.9	103.8
居住	105.4	104.6	104.5	105.5	96.4	104.5	105.3
建房及装修材料	102.6	103.9	105.1	107.1	100.2	103.3	104.7
住房租金	101.9	102.7	104.2	103.5	101.6	104.9	105.3
自有住房	105.6	103.7	107.0	102.8	85.3	103.6	106.5
水电燃料	108.6	105.9	103.0	106.4	97.9	105.5	103.5

数据来源：国家统计局统计资料。

表15	粮食成本收益变化情况表（1991～2011年）

单位：元

年份	每50公斤平均出售价格				每亩总成本				每亩净利润			
	粮食平均	稻谷	小麦	玉米	粮食平均	稻谷	小麦	玉米	粮食平均	稻谷	小麦	玉米
1991	26.1	28.5	30.0	21.1	153.9	188.4	138.4	135.3	34.3	62.4	6.3	34.0
1992	28.4	29.3	33.1	24.3	163.8	192.3	149.3	150.6	44.0	67.7	21.2	42.3
1993	35.8	40.4	36.5	30.2	178.6	211.2	169.8	155.2	92.3	145.1	35.6	95.8
1994	59.4	71.2	56.5	48.2	239.4	298.1	213.2	206.7	190.7	316.7	82.3	173.3
1995	75.1	82.1	75.4	67.0	321.8	391.4	281.7	292.2	223.9	311.1	130.5	230.1
1996	72.3	80.6	81.0	57.2	388.7	458.3	359.5	351.2	155.7	247.5	92.9	123.8
1997	65.1	69.4	70.1	55.8	386.1	450.2	349.5	358.4	105.4	171.8	74.8	69.8
1998	62.1	66.9	66.6	53.8	383.9	437.4	357.5	356.6	79.3	155.9	−6.2	88.2
1999	53.0	56.6	60.4	43.7	370.7	425.2	351.5	337.2	25.6	75.8	−12.1	11.2
2000	48.4	51.7	52.9	42.8	356.2	401.7	352.5	330.6	−3.2	50.1	−28.8	−6.9
2001	51.5	53.7	52.5	48.3	350.6	400.5	323.6	327.9	39.4	81.4	−27.5	64.3
2002	49.2	51.4	51.3	45.6	370.4	415.8	342.7	351.1	4.9	37.6	−52.7	30.8
2003	56.5	60.1	56.4	52.7	368.3	419.1	339.6	347.6	42.9	94.9	−30.3	62.8
2004	70.7	79.8	74.5	58.1	395.5	454.6	355.9	375.7	196.5	285.1	169.6	134.9
2005	67.4	77.7	69.0	55.5	425.0	493.3	389.6	392.3	122.6	192.7	79.4	95.5
2006	72.0	80.6	71.6	63.4	444.9	518.2	404.8	411.8	155.0	202.4	117.7	144.8
2007	78.8	85.2	75.6	74.8	481.1	555.2	438.6	449.7	185.2	229.1	125.3	200.8
2008	83.5	95.1	82.8	72.5	562.4	665.1	498.6	523.5	186.4	235.6	164.5	159.2
2009	91.3	99.1	92.4	82.0	630.3	716.7	592.0	582.3	162.4	217.6	125.5	144.2
2010	103.8	118.0	99.0	93.6	672.7	766.6	618.6	632.6	227.2	309.8	132.2	239.7
2011	115.4	134.5	104.0	106.1	791.2	897.0	712.3	764.2	250.8	371.3	117.9	263.1

数据来源：国家发展改革委统计资料。

| 表16 | | | | 2011年粮食收购价格分月情况表 | | | | |

单位：元/50公斤

月份	三种粮食平均	稻谷				小麦	玉米	大豆
		平均	早籼稻	晚籼稻	粳稻			
1月	105.1	120.1	104.6	115.3	119.1	102.8	92.3	192.6
2月	105.4	120.7	104.6	116.4	141.2	102.9	92.5	192.5
3月	108.7	122.9	107.1	119.1	142.5	104.7	98.5	192.4
4月	110.2	124.6	108.7	121.7	143.5	104.8	101.3	191.2
5月	110.6	124.8	108.7	122.5	143.4	104.5	102.4	189.2
6月	111.3	125.0	109.6	123.6	141.9	103.4	105.6	191.6
7月	112.3	126.9	112.3	125.8	142.8	102.2	107.7	192.1
8月	113.6	130.4	119.4	128.1	143.7	100.7	109.8	192.6
9月	115.1	132.3	123.9	129.4	143.5	100.7	112.2	194.3
10月	115.1	132.4	124.8	129.6	142.8	102.7	110.2	200.1
11月	114.3	133.8	126.0	131.6	143.7	103.8	105.4	201.7
12月	113.7	133.4	125.8	132.8	141.7	104.2	103.3	201.9
全年平均	111.3	127.3	114.6	124.7	142.6	103.1	103.4	194.3

数据来源：国家发展改革委统计资料。

表17		2011年成品粮零售价格分月情况表		

单位：元/500克

月份	标一晚籼米	标一粳米	标准粉	富强粉
1月	2.11	2.44	1.88	2.17
2月	2.13	2.46	1.88	2.18
3月	2.17	2.50	1.90	2.20
4月	2.19	2.52	1.91	2.21
5月	2.21	2.52	1.92	2.22
6月	2.23	2.53	1.92	2.22
7月	2.28	2.54	1.95	2.24
8月	2.29	2.55	1.97	2.26
9月	2.31	2.57	1.97	2.27
10月	2.32	2.57	1.97	2.27
11月	2.32	2.57	1.97	2.27
12月	2.34	2.59	1.98	2.27
全年平均	2.24	2.53	1.94	2.23

数据来源：国家发展改革委统计资料。

| 表18 | 2011年粮食主要品种批发市场价格表 |

单位: 元/吨

月份	二等白小麦	二等黄玉米	标一早籼米	标一晚籼米	标一粳米	二等大豆
1月	2008	1987	3291	3560	4087	3900
2月	2059	1997	3330	3633	4078	3988
3月	2096	2067	3420	3760	4184	3988
4月	2089	2069	3503	3792	4104	3962
5月	2073	2120	3513	3772	4155	3937
6月	2062	2164	3569	3837	4216	3915
7月	2043	2208	3555	3878	4234	3973
8月	2042	2302	3541	3878	4196	3968
9月	2039	2354	3571	3852	4325	3973
10月	2074	2354	3630	3912	4316	4046
11月	2121	2256	3652	3996	4244	4000
12月	2097	2202	3675	4002	4197	4016
全年平均	2070	2173	3521	3822	4186	3979

数据来源: 国家发展改革委统计资料。

表19	2011年国内期货市场小麦、玉米、早籼稻、大豆分月价格表						

单位：元/吨

品种	小麦1	小麦2	玉米	早籼稻	大豆1	大豆2	豆粕
1月	2100	2491	2068	2293	4062	4676	3425
2月	2096	2541	2071	2272	4250	4560	3222
3月	2100	2620	2223	2260	4328	4614	3161
4月	1978	2550	2200	2210	4160	4705	3007
5月	2107	2580	2339	2301	4167	4797	2973
6月	2050	2520	2216	2257	4100	4742	3050
7月	2039	2636	2293	2461	4232	4870	3360
8月	1965	2551	2345	2484	4283	5070	3205
9月	2078	2463	2398	2409	4041	4650	2940
10月	2114	2391	2371	2430	4000	4750	2770
11月	2079	2269	2155	2422	4008	4650	2710
12月	2053	2265	2254	2500	4070	4646	2850

注：1.小麦1为郑州商品交易所硬冬白小麦，小麦2为郑州商品交易所优质强筋小麦。
   2.玉米为大连商品交易所玉米。
   3.早籼稻为郑州商品交易所早籼稻。
   4.大豆1为大连商品交易所国产大豆，大豆2为大连商品交易所进口大豆。
   5.豆粕为大连商品交易所豆粕。
   6.均为最近交割期月末收盘价格，按整数四舍五入计算。
数据来源：国家粮油信息中心统计资料。

| 表20 | 2011年美国芝加哥商品交易所谷物和大豆分月价格表 | | | |

单位：美元/吨

品种	小麦	大米	玉米	大豆
1月	300	312	259	519
2月	300	313	287	502
3月	294	315	276	522
4月	294	329	298	512
5月	306	332	265	501
6月	215	306	248	480
7月	255	375	276	509
8月	261	376	283	493
9月	259	392	285	508
10月	229	367	252	467
11月	234	330	253	442
12月	214	307	230	419

注：1.各品种均为美国芝加哥商品交易所标准品。
　　2.按美元整数四舍五入计算。
　　3.均为最近交割期每月中旬收盘价格。
数据来源：国家粮油信息中心统计资料。

| 表21 | 全国国有粮食企业主要粮食品种收购量（1978～2011年） | | | | | |

单位：贸易粮，万吨

年份	粮食合计	小麦	大米	玉米	大豆	其他
1978	5110.15	1176.80	1995.70	1046.65	216.00	675.00
1979	5925.00	1562.55	2200.95	1280.95	205.00	675.55
1980	5882.10	1396.10	2214.50	1357.75	296.50	617.25
1981	6255.50	1418.30	2421.05	1408.00	412.60	595.55
1982	7367.45	1933.60	2900.30	1427.40	401.65	704.50
1983	9879.55	2763.30	3312.40	2337.75	409.80	1056.30
1984	11165.85	3427.00	3858.10	2588.05	382.35	910.35
1985	7925.50	2666.10	3012.90	1374.20	503.30	369.00
1986	9453.20	2842.00	3258.70	2183.10	653.70	515.70
1987	9920.10	2816.20	3143.70	2848.60	609.70	501.90
1988	9430.40	2673.90	3185.90	2414.70	693.50	462.40
1989	10040.20	2855.50	3622.90	2587.70	620.00	354.10
1990	12364.50	3646.60	4316.00	3372.80	661.20	367.90
1991	11423.00	3392.45	3810.00	3338.40	582.20	299.95
1992	10414.35	3841.40	3272.60	2621.70	406.10	272.55
1993	9233.95	3373.10	2505.00	2469.95	606.20	279.70
1994	9226.41	3230.41	2697.60	2185.00	732.20	381.20
1995	9443.80	3125.00	3061.40	2435.60	522.50	299.30
1996	11919.80	3614.80	3382.15	4224.65	437.80	260.40
1997	11535.40	4600.20	3510.55	2692.15	515.20	217.30
1998	9654.50	2795.60	2562.00	3867.40	351.00	78.50
1999	12807.70	3863.30	3186.10	5425.10	246.60	86.60
2000	11695.10	4018.20	3327.30	4019.20	237.90	92.50
2001	11784.15	4437.85	2798.80	4128.20	326.80	92.50
2002	10826.25	4201.30	2189.60	4181.95	140.40	113.00
2003	9717.05	3682.00	2109.80	3702.45	120.30	102.50
2004	8919.45	3448.10	2138.05	3158.10	91.00	84.20
2005	11493.75	3745.20	2572.25	4529.90	506.00	140.40
2006	12256.50	6039.95	2153.45	3424.70	492.20	146.20
2007	10167.40	4733.15	1985.05	3008.30	321.45	119.45
2008	15470.88	6712.73	3604.84	4754.18	313.47	85.65
2009	15223.00	6833.95	2637.45	4988.45	653.00	110.15
2010	12406.00	6177.70	2135.95	3333.65	648.80	109.90
2011	11442.65	4650.40	2799.30	3428.10	465.65	99.20

注：1978～2002年粮食购销存数字按粮食年度统计，粮食年度是指当年4月1日至翌年3月31日。从2003年开始，粮食统计年度改为日历年度。年度数字均为国有粮食企业收购量。
数据来源：国家粮食局统计资料。

表22		2011年国有粮食企业粮食收购情况统计表					
							单位：万吨
	原粮	贸易粮	小麦	大米	玉米	大豆	其他
全国合计	12672.05	11442.65	4650.40	2799.30	3428.10	465.65	99.20
北 京	150.95	149.15	44.20	3.50	99.75	0.20	1.50
天 津	64.70	63.60	46.10	2.50	14.90		0.10
河 北	840.10	839.50	350.55	1.70	485.05	1.20	1.00
山 西	318.90	318.85	84.20	0.15	229.05		5.45
内蒙古	320.60	320.30	44.10	0.60	205.05	67.90	2.65
辽 宁	577.75	523.05	9.15	126.95	377.50	2.70	6.75
吉 林	602.70	561.15		91.30	442.30	15.90	11.65
黑龙江	1769.30	1502.95	43.30	600.20	492.30	361.20	5.95
上 海	51.10	38.10	6.30	30.30			1.50
江 苏	1363.10	1218.75	795.55	336.85	64.80	2.10	19.45
浙 江	91.05	64.30	6.25	57.35	0.20	0.40	0.10
安 徽	889.00	794.10	512.95	221.45	49.50	5.50	4.70
福 建	70.30	49.70	0.60	48.15	0.95		
江 西	507.25	361.10	6.80	341.00	13.05	0.25	
山 东	895.50	893.80	584.35	4.30	301.25	3.70	0.20
河 南	1554.45	1544.25	1235.85	23.75	282.50	1.00	1.15
湖 北	529.00	431.75	188.30	226.95	12.55		3.95
湖 南	320.85	229.20	4.70	213.85	10.35		0.30
广 东	155.45	119.70	16.00	77.00	26.70		
广 西	126.50	89.70	2.25	85.95	1.50		
海 南	12.55	8.95		8.95			
重 庆	129.40	101.10	23.00	55.15	14.55	0.30	8.10
四 川	292.00	234.05	87.60	124.55	18.35		3.55
贵 州	58.70	47.95	9.90	24.65	4.85		8.55
云 南	119.05	102.15	10.20	39.00	48.35		4.60
西 藏	1.35	1.35	0.20	0.05			1.10
陕 西	257.90	255.20	142.20	5.70	105.70	0.85	0.75
甘 肃	166.20	164.75	83.30	3.35	72.90	0.10	5.10
青 海	7.90	7.90	6.90		0.65		0.35
宁 夏	47.25	41.20	15.85	13.60	11.75		
新 疆	381.20	365.05	289.75	30.50	41.75	2.35	0.70

数据来源：国家粮食局统计资料。

| 表23 | 全国国有粮食企业主要粮食品种销售量（1978～2011年） |

单位：贸易粮，万吨

年份	粮食合计	小麦	大米	玉米	大豆	其他
1978	5343.45	1869.50	1773.90	876.10	162.45	661.50
1979	5679.05	1940.30	1826.00	1067.90	179.80	665.05
1980	6416.80	2256.75	2014.30	1301.45	204.40	639.90
1981	7223.25	2563.50	2122.90	1622.25	239.00	675.60
1982	7710.40	2858.05	2289.45	1596.70	271.80	694.40
1983	8003.20	3005.90	2497.65	1458.50	288.75	752.40
1984	10417.85	3699.65	3438.50	1931.95	355.25	992.50
1985	8564.90	3078.50	3006.30	1328.10	322.90	829.10
1986	9347.70	3618.10	3243.90	1357.00	321.30	807.40
1987	9190.80	3643.30	3080.00	1423.80	355.50	688.20
1988	10091.00	3885.20	3038.00	1898.60	406.70	862.50
1989	8931.10	3521.80	2566.20	1846.10	346.50	650.50
1990	9033.30	3574.90	2770.50	1723.10	341.70	623.10
1991	10433.00	4085.00	3267.40	1046.30	1402.60	631.70
1992	9000.00	3247.00	3044.43	1637.30	256.80	814.47
1993	6700.30	2848.50	2128.50	1088.20	229.90	405.20
1994	7648.40	3328.20	2609.40	1121.30	234.00	355.50
1995	9264.20	3707.60	2896.80	1570.00	620.30	469.50
1996	7340.55	3090.25	2259.48	1346.72	356.80	287.30
1997	6830.65	2439.29	2042.94	1632.34	429.40	286.70
1998	6115.95	2137.10	1795.45	1648.50	348.60	186.30
1999	9353.25	3137.15	2420.90	3197.60	439.40	158.20
2000	12556.90	3961.88	3029.80	4718.50	645.50	201.20
2001	8528.70	3225.60	2155.60	2574.90	439.20	133.40
2002	12070.00	4733.00	3155.50	3551.50	510.50	119.50
2003	13453.70	5500.30	3559.05	3800.85	422.20	171.30
2004	11944.00	4640.60	3246.20	3574.50	309.30	173.40
2005	12138.30	4276.90	2556.75	4348.75	841.70	114.20
2006	12034.15	4246.10	2671.35	4133.20	847.60	135.90
2007	12958.25	5104.00	2896.00	3890.35	892.75	175.15
2008	15324.79	7352.83	3120.00	3985.40	755.91	110.65
2009	16693.18	7094.24	3054.12	5261.36	1145.71	137.75
2010	18911.25	7569.00	3047.63	6454.77	1662.90	176.94
2011	18922.45	7342.20	3609.45	5839.05	1992.20	139.55

注：1978～2002年粮食购销存数字按粮食年度统计，粮食年度是指当年4月1日至翌年3月31日。从2003年开始，粮食统计年度改为日历年度。年度数字均为国有粮食企业销售量。

数据来源：国家粮食局统计资料。

表24		2011年国有粮食企业粮食销售情况统计表					
							单位：万吨
	原粮	贸易粮	小麦	大米	玉米	大豆	其他
全国合计	20513.80	18922.45	7342.20	3609.45	5839.05	1992.20	100.55
北 京	766.50	748.50	171.15	29.70	273.65	270.90	3.10
天 津	297.15	292.30	100.20	11.15	26.80	154.05	0.10
河 北	984.55	977.05	355.50	18.35	581.30	20.90	1.00
山 西	423.10	421.25	128.40	4.15	275.55	0.30	12.85
内蒙古	302.35	298.60	62.95	7.70	191.85	34.30	1.80
辽 宁	1034.45	1002.50	48.80	74.25	650.85	225.10	3.50
吉 林	634.70	617.50	3.30	35.30	459.00	113.10	6.80
黑龙江	1465.90	1320.15	41.00	312.35	594.95	366.90	4.95
上 海	510.80	486.80	79.90	57.40	243.90	100.90	4.70
江 苏	2554.20	2377.00	1376.30	413.70	336.75	216.50	33.75
浙 江	332.10	273.65	52.90	126.25	88.05	2.25	4.20
安 徽	910.50	777.20	376.35	311.15	82.05	2.75	4.90
福 建	476.85	422.75	97.95	126.15	165.95	32.60	0.10
江 西	773.95	561.45	5.90	496.05	59.50		
山 东	1571.70	1567.65	943.00	9.30	527.40	87.75	0.20
河 南	2409.50	2367.35	2034.90	98.05	230.60	3.10	0.70
湖 北	701.05	536.55	125.60	383.75	26.95		0.25
湖 南	511.75	389.75	29.85	284.70	71.40	0.45	3.35
广 东	875.20	780.00	137.45	205.20	273.00	159.45	4.90
广 西	380.95	341.90	33.80	91.30	65.80	151.00	
海 南	64.40	55.80	2.75	21.40	31.25	0.30	0.10
重 庆	271.25	231.70	73.85	78.30	55.35	15.30	8.90
四 川	661.15	564.40	158.85	216.10	156.45	22.95	10.05
贵 州	109.65	92.85	30.45	38.40	16.50		7.50
云 南	195.10	160.35	14.50	80.35	58.65	0.10	6.75
西 藏	10.55	9.50	4.95	2.50	0.05		2.00
陕 西	504.95	497.25	326.40	17.95	142.00	9.30	1.60
甘 肃	254.30	251.60	153.40	6.65	81.35	0.20	10.00
青 海	35.70	35.20	32.15	1.00	1.65		0.40
宁 夏	103.60	91.20	33.50	26.00	31.60		0.10
新 疆	385.90	372.70	306.20	24.85	38.90	1.75	1.00

数据来源：国家粮食局统计资料。

| 表25 | | | 全国粮油进口情况表（1992~2011年） | | | | | | | | | |

单位：万吨

年份	粮食	谷物	小麦	大米	玉米	大麦	大豆	食用植物油	豆油	菜籽油	棕榈油	花生油
1992	1182.1	1152.0	1058.1	10.4	0.0	0.0	0.0	37.6	18.3	18.9	0.0	0.5
1993	16.3	0.7	0.6	0.0	0.0	0.0	0.0	23.6	7.6	15.0	0.0	0.8
1994	925.1	913.4	729.9	51.4	0.1	0.0	0.0	160.8	106.3	52.9	0.0	1.4
1995	2082.5	2035.7	1158.6	164.2	518.1	0.0	0.0	213.5	148.2	63.1	0.0	1.4
1996	1105.6	1078.1	824.6	76.1	44.1	0.0	0.0	162.7	129.5	31.6	0.0	0.5
1997	738.4	410.4	186.1	32.6	0.0	187.4	287.6	159.1	122.5	35.1	0.0	1.1
1998	742.0	382.4	148.9	24.4	25.1	151.9	319.2	112.7	83.2	28.5	0.0	0.9
1999	808.8	333.8	44.8	16.8	7.0	226.9	431.9	88.7	80.4	6.9	0.0	1.0
2000	1390.7	312.4	91.0	23.9	0.3	196.1	1041.9	41.4	30.6	7.5	1.5	1.0
2001	1950.4	344.3	73.9	26.9	3.9	236.8	1393.9	149.2	7.0	4.9	136.0	0.9
2002	1605.1	284.9	63.2	23.6	0.8	190.7	1131.4	266.3	87.0	7.8	169.5	0.4
2003	2525.8	208.0	44.7	25.7	0.1	136.3	2074.1	441.2	188.4	15.2	232.8	0.7
2004	3351.5	974.5	725.8	75.6	0.2	170.7	2023.0	529.1	251.6	35.3	239.0	0.0
2005	3647.0	627.1	353.9	51.4	0.4	217.9	2659.0	471.9	169.4	17.8	283.8	0.0
2006	3713.8	358.2	61.3	71.9	6.5	213.1	2823.7	581.3	154.3	4.4	418.7	0.0
2007	3731.0	155.5	10.1	48.8	3.5	91.3	3081.7	767.5	282.3	37.5	438.7	1.1
2008	4130.6	154.0	4.3	33.0	5.0	107.6	3743.6	752.8	258.6	27.0	464.7	0.6
2009	5223.1	315.0	90.4	35.7	8.4	173.8	4255.1	816.2	239.1	46.8	511.4	2.1
2010	6695.4	570.7	123.1	38.8	157.3	236.7	5479.8	687.2	134.1	98.5	431.4	6.8
2011	6390.0	544.6	125.8	59.8	175.4	177.6	5263.7	656.8	114.3	55.1	470.1	6.1

数据来源：国家发展改革委统计资料。

表26	2011年国有粮食企业粮食进口情况统计表						
							单价：万吨
	原粮	贸易粮	小麦	大米	玉米	大豆	其他
全国合计	1618.57	1618.37	9.10	1.60	151.50	1454.07	2.10
北 京	249.80	249.80				249.80	
天 津	206.40	206.40	0.70			205.70	
河 北	12.34	12.34				12.34	
山 西							
内蒙古							
辽 宁	185.40	185.40			12.70	172.70	
吉 林	112.30	112.30				111.40	0.90
黑龙江							
上 海	90.86	90.86			15.60	75.26	
江 苏	295.36	295.36			12.00	283.06	0.30
浙 江	29.47	29.47	7.30		18.10	3.17	0.90
安 徽	1.10	1.10				1.10	
福 建	35.08	34.98	0.20	0.90	16.50	17.38	
江 西	3.00	3.00			3.00		
山 东	27.24	27.24	0.70			26.54	
河 南							
湖 北							
湖 南	9.00	9.00		0.10	8.90		
广 东	113.24	113.14	0.20	0.40	36.50	76.04	
广 西	209.07	209.07		0.10	15.30	193.67	
海 南	3.00	3.00			3.00		
重 庆	25.90	25.90				25.90	
四 川	3.70	3.70			3.70		
贵 州	5.90	5.90			5.90		
云 南	0.40	0.40		0.10	0.30		
西 藏							
陕 西							
甘 肃							
青 海							
宁 夏							
新 疆							

数据来源：国家粮食局统计资料。

| 表27 | | | | | 全国粮油出口情况表(1992~2011年) | | | | | | |

单位: 万吨

年份	粮食	谷物	小麦	大米	玉米	大麦	大豆	食用植物油	豆油	菜籽油	花生油
1992	1390.8	1193.9	0.3	95.3	1034.0	0.0	0.0	6.4	0.4	5.3	0.6
1993	151.5	1.3	0.0	0.1	1.1	0.0	0.0	13.2	1.5	5.8	5.0
1994	1306.3	1087.7	10.7	151.9	874.0	0.0	0.0	26.7	7.3	16.1	3.0
1995	162.2	43.2	1.6	4.7	11.3	0.0	0.0	25.2	6.6	17.1	1.1
1996	134.9	67.6	0.0	26.5	15.9	0.0	0.0	30.8	12.7	17.4	0.6
1997	878.1	788.5	0.1	93.9	661.7	0.7	18.6	71.0	55.6	14.1	0.9
1998	939.0	860.7	0.6	373.7	468.6	0.8	17.0	27.0	18.6	7.3	1.0
1999	840.3	721.2	0.1	270.8	430.5	0.6	20.4	9.2	5.3	2.6	1.3
2000	1452.4	1359.4	18.8	294.8	1029.4	0.0	21.1	11.0	3.5	5.4	1.5
2001	991.2	875.6	71.3	185.9	600.0	0.1	24.8	13.5	6.0	5.4	1.4
2002	1619.6	1482.2	97.7	198.2	1167.5	0.1	27.6	9.7	4.7	1.8	1.1
2003	2354.6	2194.7	251.4	260.5	1640.1	0.5	26.7	6.0	1.1	0.5	2.5
2004	620.4	473.4	108.9	89.8	232.4	0.2	33.5	6.5	1.9	0.5	1.4
2005	1182.3	1013.7	60.5	67.4	864.2	0.3	39.6	22.5	6.3	3.1	2.0
2006	774.4	605.2	151.0	124.0	309.9	0.6	37.9	39.9	11.8	14.5	1.3
2007	1169.5	986.7	307.3	134.3	492.1	11.8	45.6	16.6	6.6	2.2	1.0
2008	378.9	181.2	31.0	97.2	27.3	1.5	46.5	24.8	13.4	0.7	1.1
2009	328.3	131.7	24.5	78.0	13.0	1.4	34.6	11.4	6.9	0.9	1.0
2010	275.1	119.9	27.7	62.2	12.7	1.3	16.4	9.2	5.9	0.4	0.8
2011	287.5	116.4	32.8	51.6	13.6	0.6	20.8	12.2	5.1	0.3	0.9

数据来源: 国家发展改革委统计资料。

表28		2011年国有粮食企业粮食出口情况统计表					
							单位：万吨
	原粮	贸易粮	小麦	大米	玉米	大豆	其他
全国合计	35.70	20.00	1.80	15.90		2.90	8.20
北 京							
天 津							
河 北							
山 西	0.10	0.10					0.10
内蒙古							
辽 宁	0.50	0.40		0.40			
吉 林	2.10	2.10					2.10
黑龙江							
上 海							
江 苏	4.00	4.00					4.00
浙 江							
安 徽							
福 建							
江 西	22.20	15.50		15.50			
山 东	0.70	0.70	0.70				
河 南							
湖 北							
湖 南							
广 东	1.00	1.00	1.00				
广 西							
海 南							
重 庆							
四 川	0.10	0.10	0.10				
贵 州							
云 南							
西 藏							
陕 西	5.00	4.90				2.90	2.00
甘 肃							
青 海							
宁 夏							
新 疆							

数据来源：国家粮食局统计资料。

| 表29 | | | | | **2011年全国国有粮食企业改革情况调查表** | | | | | | | | | | |

截至2011年11月30日　　单位：个，人

| 省份及单位 | 1.企业数 | 2.改制企业数 | | | | 3.粮食产业化龙头企业数 | 4.职工人数 | | | 5.粮食部门新增就业岗位 | | 6.安置企业富余职工再就业人数 | | | |
| | | 当年改制企业数 | | 现有企业中已改制企业数 | | | (1) | (2) | (3) | 当年数 | 1998~2011年 | 当年安置数 | | 1998~2011年 | |
		小计	其中:股份制公司制	小计	其中:股份制公司制		小计	在岗人数	不在岗人数			小计	其中:粮食部门	累计	其中:粮食部门
总　计	15472	1252	159	10353	3706	1012	596353	387693	208660	11057	166257	16784	10708	1341054	821739
北　京	122	0	0	12	2	1	8292	6704	1588	433	2787	18	18	5896	5028
天　津	136	1	0	37	4	6	4343	2873	1470	91	506	151	147	6026	5540
河　北	628	230	19	445	276	50	30951	15557	15394	120	4390	292	116	98051	57177
山　西	909	23	4	175	105	25	29025	16689	12336	216	4316	291	284	11158	8403
内蒙古	279	20	7	219	33	13	6756	6029	727	90	2006	162	74	26302	9259
辽　宁	524	28	1	265	39	39	9854	7627	2227	210	2952	416	261	20308	19084
吉　林	111	0	0	44	0	4	4544	4420	124	0	0	0	0	26444	9094
黑龙江	752	12	1	593	492	26	35416	26339	9077	324	7292	571	251	115104	81531
上　海	196	3	0	132	94	4	9081	6042	3039	2	4627	130	57	16615	12658
江　苏	1551	22	5	1120	259	58	34336	21652	12684	397	32782	611	466	75004	49539
浙　江	302	0	0	302	0	24	12074	9777	2297	0	0	0	0	30862	17196
安　徽	724	48	1	601	135	57	34183	28623	5560	67	10217	59	59	50105	38010
福　建	475	24	0	187	37	15	8879	6522	2357	30	1143	772	312	15917	5924
江　西	1183	253	0	1104	46	37	33519	19907	13612	1238	6373	2230	1130	52689	32974
山　东	819	22	2	810	349	72	65259	23514	41745	798	17658	793	611	92820	63875
河　南	1224	130	30	1174	793	65	87248	45890	41358	1241	21096	1492	1143	147955	101051
湖　北	503	108	34	274	79	35	18930	11687	7243	133	4563	1157	321	157176	63306
湖　南	327	42	13	295	148	73	13958	8689	5269	169	3515	216	169	85169	51578
广　东	604	77	0	242	10	16	13696	10166	3530	235	3092	316	290	51451	25802
海　南	54	0	0	53	0	2	1045	958	87	21	465	27	27	4211	2365
广　西	805	25	1	448	17	11	10784	7206	3578	272	1637	476	348	10191	7777
四　川	704	82	26	455	146	148	17523	14970	2553	329	13865	4376	2847	72540	52549
重　庆	312	0	0	311	311	22	5343	4534	809	216	435	1	1	25518	18462
贵　州	304	22	4	177	14	43	10135	5024	5111	213	4504	267	256	12041	9869
云　南	249	15	0	197	59	41	6538	5100	1438	200	2913	613	548	9950	8760
西　藏	97	0	0	0	0	0	1434	1373	61	25	124	15	15	24	24
陕　西	414	48	9	323	133	53	12470	9248	3222	1719	5119	424	296	75009	30953
甘　肃	176	4	2	171	91	19	7875	5118	2757	356	1270	452	430	25003	17957
青　海	68	0	0	59	4	2	1073	795	278	7	207	36	7	4121	3774
宁　夏	103	0	0	39	0	15	1360	1055	305	15	90	30	30	4255	3755
新　疆	133	13	0	66	19	22	8299	6483	1816	166	1561	212	157	10161	7151
兵　团	55	0	0	13	1	2	1946	1946	0	0	87	62	12	2350	1250
中　储	432	0	0	0	0	6	26839	23129	3710	0	0	0	0	0	0
中　粮	133	0	0	1	1	6	16108	16009	99	1724	4665	116	25	628	64
华　粮	64	0	0	9	9	0	7237	6038	1199	0	0	0	0	0	0

数据来源：国家粮食局相关统计资料。

表30　2011年全国国有粮食购销企业改革情况调查表

截至2011年11月30日　　　　　　　　　　　　　　　　　　　　　　　　　　单位：个，人

省份及单位	1.企业数	2.改制企业数 当年改制企业数 小计	其中:股份制公司制	现有企业中已改制企业数 小计	其中:股份制公司制	3.粮食产业化龙头企业数	4.职工人数 (1)小计	(2)在岗人数	(3)不在岗人数	5.粮食部门新增就业岗位 当年数	1998~2011年	6.安置企业富余职工再就业人数 当年安置数 小计	其中:粮食部门	1998~2011年累计	其中:粮食部门
总　计	10938	859	98	7650	2884	747	450282	308303	141979	5796	115641	9202	5779	885278	573025
北　京	44	0	0	4	0	1	5145	3856	1289	109	954	13	13	3430	3333
天　津	80	0	0	12	0	4	3164	2439	725	27	161	25	25	2348	1858
河　北	478	211	8	403	233	49	23276	14396	8880	128	3946	274	110	68313	42480
山　西	303	1	0	126	73	19	17954	11587	6367	186	4240	184	182	9683	7830
内蒙古	238	19	3	191	34	10	6409	5678	731	64	1915	60	58	22426	8847
辽　宁	394	13	1	200	27	24	8298	6360	1938	207	2770	380	225	17318	15477
吉　林	52	0	0	44	0	4	1307	1307	0	0	0	0	0	26152	7706
黑龙江	590	11	1	533	462	24	29833	22727	7106	136	6287	547	233	78679	62453
上　海	106	1	0	78	77	1	3802	2601	1201	2	891	189	118	6401	4443
江　苏	1277	19	3	939	181	22	27702	18764	8938	366	16941	561	433	53367	36349
浙　江	122	0	0	122	0	22	7150	6550	600	0	0	0	0	12997	6827
安　徽	611	36	1	484	128	54	32886	25332	7554	65	9050	52	52	30876	28956
福　建	226	15	0	84	29	7	6596	4929	1667	25	832	486	97	10475	3699
江　西	895	130	0	750	26	30	28080	17445	10635	697	5684	1327	675	30834	17834
山　东	556	20	2	540	238	25	38349	11662	26687	268	6865	550	356	52940	34659
河　南	700	0	0	700	560	45	63997	38655	25342	1374	17639	1113	821	65626	64015
湖　北	413	104	33	239	77	29	16502	10616	5886	115	3512	733	192	89857	36328
湖　南	258	28	12	240	138	69	11983	7390	4593	146	2879	148	138	72546	44936
广　东	484	79	1	208	10	15	10757	7927	2830	207	2401	209	185	40322	22140
海　南	48	0	0	46	0	2	1015	933	82	21	441	35	35	2227	1398
广　西	483	13	0	304	11	8	7287	5716	1571	167	1221	413	362	6214	5525
四　川	524	77	23	384	99	130	14999	12875	2124	171	12162	211	127	55525	40450
重　庆	205	0	0	204	204	18	4714	4032	682	148	281	1	1	18227	13236
贵　州	151	8	1	122	10	26	6522	4174	2348	115	3882	127	116	9193	7625
云　南	197	15	0	160	44	40	6100	4850	1250	39	2450	594	452	8654	7800
西　藏	87	0	0	0	0	0	1124	1093	31	24	67	15	15	24	24
陕　西	402	42	7	243	112	23	8910	6778	2132	244	3158	253	158	56455	22459
甘　肃	162	4	2	158	72	19	6770	4482	2288	341	1246	437	415	23417	16319
青　海	55	0	0	49	3	1	795	711	84	7	207	23	7	2322	2316
宁　夏	84	0	0	19	13	0	1167	968	199	16	86	16	6	1992	1813
新　疆	108	13	0	55	14	16	6842	5607	1235	166	1529	204	150	6247	3699
兵　团	0	0	0	0	0	0	0	0	0	0	0	0	0	0	0
中　储	432	0	0	0	0	6	26839	23129	3710	0	0	0	0	0	0
中　粮	109	0	0	0	0	4	6771	6696	75	215	1944	22	22	191	191
华　粮	64	0	0	9	9	0	7237	6038	1199	0	0	0	0	0	0

数据来源：国家粮食局统计资料。

| 表31 | | 2011年全国粮食仓储企业数量表 | | | |

单位：户

| 地区或单位 | 合计 | 其中非国有 | 分规模企业构成 | | | |
			2.5万吨以下	2.5万~5万吨	5万~10万吨	10万吨以上
全国总计	18226	6044	14068	2133	1310	715
一、地方小计	17729	6044	14047	2076	1138	468
北 京	98	21	49	20	17	12
天 津	65	9	33	8	11	13
河 北	584	168	381	113	62	28
山 西	664	43	595	29	30	10
内蒙古	752	457	580	97	59	16
辽 宁	799	416	652	78	45	24
吉 林	880	419	677	112	63	28
黑龙江	1160	485	810	195	122	33
上 海	97	35	65	9	8	15
江 苏	1364	312	1111	149	79	25
浙 江	164	42	89	28	30	17
安 徽	1028	381	711	205	77	35
福 建	757	180	680	51	18	8
江 西	1409	262	1307	68	27	7
山 东	934	539	754	76	77	27
河 南	1821	295	1379	251	127	64
湖 北	892	479	700	115	51	26
湖 南	591	329	436	89	51	15
广 东	535	192	413	68	34	20
广 西	302	31	255	25	14	8
海 南	42	5	37	2	3	
重 庆	118	30	85	18	10	5
四 川	746	226	577	115	45	9
贵 州	165	15	141	23	1	
云 南	277	98	241	21	9	6
西 藏	91	4	91			
陕 西	398	137	330	45	18	5
甘 肃	276	87	236	24	13	3
青 海	63	15	56	3	3	1
宁 夏	212	83	190	9	11	2
新 疆	368	214	312	27	23	6
新疆兵团	77	8	74	3		
二、中央单位小计	497		21	57	172	247
中储粮	351		2	25	124	200
中粮	78		15	12	24	27
华粮	56			16	21	19
中纺	12		4	4	3	1

注：2.5万吨以下不包括2.5万吨，2.5万~5万吨包括2.5万吨，5万~10万吨包括5万吨，10万吨以上包括10万吨。
数据来源：国家粮食局统计资料。

表32　2011年取得中央储备粮代储资格企业名单

序号	企业名称	类别	取得资格仓/罐容（单位：万吨）	取得资格仓/罐号	证书编号	备注
	北京					
1	北京市顺义大孙各庄粮食收储库	粮	1.0204	东库区32-33	11000200-1	
2	北京市平谷官庄粮食收储库	粮	1.5066	28-30	11000200-4	
3	北京市昌平粮食收储库	粮	3.8094	2号仓房-5号仓房、7号仓房、8号仓房	11000300-2	
4	北京市顺义平各庄粮食收储库	粮	2.5000	1分库：12号	11004100	
5	北京市房山窦店粮食收储库	粮	5.5704	1-8	11002800-1	
6	北京大兴青云店粮食收储库	粮	6.6287	1-16	11004200	
7	北京宝益粮油储备库	粮	2.4253	1分库7-13、65-90	11000100-1-Ⅰ	编号11000100-1证书作废
8	北京市平谷官庄粮食收储库	粮	1.5818	23-26	11000200-1-Ⅰ	编号11000200-1证书作废
9	北京市延庆粮食收储库	粮	1.8424	立筒仓7-24、平房仓25-32	11000800-1-Ⅰ	编号11000800-1-A证书作废
10	北京市通州粮食收储库	粮	6.6765	主库区：平房仓3、5、7，2分库：平房仓1-9、立筒仓13-51	11001400-1-Ⅰ	编号11001400-1证书作废
11	北京市东北郊粮食收储库	粮	2.4408	1分库16-19	11001800-1	
12	北京市西北郊粮食收储库	粮	15.9824	1-26、1分库主洞、1分库支洞、2分库	11000900-3	
13	北京市南郊粮食收储库	粮	6.6296	17-20	11002600-2	
14	北京市西南郊粮食收储库	粮	3.9171	主库区：32-36	11001600-2	
15	北京怀柔国家粮食储备库	粮	13.0444	主库区：立筒仓25-36、39-40；1分库：平房仓102、103、107、109-112、立筒仓113-170；2分库：平房仓201-208，立筒仓209-213；3分库：301-334；4分库：立筒仓401-436，平房仓437-444	11000500-2Ⅰ	编号11000500-2、11000500-3、11000500-4、11000500-5证书作废
	天津					
16	天津塘沽国家粮食储备库	粮	10.4620	1-4、5-6、8-13、15-20、23	12003100-1	
17	天津市宝坻京东粮油储运贸易有限公司	粮	13.2603	1-35	12003300	
18	天津静海国家粮食储备库	粮	11.1378	8、10、12、14、16、18-34、37-39	12000900-1-Ⅰ	编号12000900-1证书作废
19	天津西青国家粮食储备库	粮	4.2231	7-34、39-63	12001900-Ⅰ	编号12001900证书作废
20	天津雍阳粮食储备库	粮	10.7912	1-24	12002000-Ⅰ	编号12002000证书作废
21	天津静海国家粮食储备库	油	10.2858	1-14	12003401	
22	蓟县马伸桥粮库	粮	5.2995	普通平房仓1-18，钢板平房仓19-21；1分库1-4	12002300-Ⅰ	编号12002300、12002300-1证书作废
	河北					
23	河北石家庄国家粮食储备有限责任公司	粮	8.3090	新库区：新1-2、新5-6、新9、新10、新12、新14-新17	13006300-1	
24	河北省天元国有粮食收储库有限责任公司	粮	3.0721	赵县分库8-15	13006700-2	
25	文安县国家粮食储备库	粮	2.6365	1-5	13017300	
26	邯郸市鑫兴粮油购销有限公司	粮	6.8838	1-10	13017400	
27	大名县城西粮食购销有限公司	粮	3.5720	1-8	13017500	
28	邢台市粮食储备库	粮	6.0060	东库区：13-24	13005900-2	
29	河北柏乡国家粮食储备库	粮	3.4740	58-61	13002600-1	
30	霸州市益津粮油购销第一有限公司	粮	1.6917	17-20	13012200-1	
31	栾城县粮食购销有限公司	粮	2.5920	1-16	13017600	
32	河北唐山国家粮食储备库	粮	4.8362	1-9、17-20	13009900-1	
33	晋州市金谷粮食购销有限公司	粮	2.5200	1-12	13017700	
34	吴桥县安陵粮库	粮	2.5110	1-8	13017800	
35	秦皇岛骊都粮油有限公司	粮	2.6910	钢板平房仓1-6、49-50、56-60，普通平房仓7-13、44-48，普通立筒仓14-43、51-55	13011800-Ⅰ	编号13011800证书作废
36	河北省昌黎县安山粮库	粮	3.7191	1-26、33-35、浅园仓52-53、55-56	13011900-Ⅰ	编号13011900、13011900-1、13011900-2证书作废
37	河北省唐海省级粮食储备库	粮	3.7404	1-18	13012000-Ⅰ	编号13012000证书作废

续表

序号	企业名称	类别	取得资格仓/罐容（单位：万吨）	取得资格仓/罐号	证书编号	备注
38	秦皇岛天惠粮食有限公司	粮	3.5907	1-52	13012100-Ⅰ	编号13012100-A、13012100-1-A证书作废
39	霸州市益津粮油购销第一有限公司	粮	2.5107	1-16	13012200-Ⅰ	编号13012200证书作废
40	三河市皇庄粮库	粮	3.2030	1-16	13012300-Ⅰ	编号13012300证书作废
41	怀安县天丰省级粮食储备有限公司	粮	2.6099	主库区1-19、一分库1-4	13012400-Ⅰ	编号13012400证书作废
42	清苑国家粮食储备库	粮	11.75	1-22	13012700-Ⅰ	编号13012700证书作废
43	廊坊安邦粮油储备有限公司	粮	2.5163	1-7	13012900-Ⅰ	编号13012900证书作废
44	保定市粮食局直属库	粮	5.3040	1-8	13003300-Ⅰ	编号13003300-1证书作废
45	吴桥县宋门粮库	粮	3.6420	主库区：普通平房仓1-10、12-20；1分库：普通平房仓1-14	13013400-Ⅰ	编号13013400-A、13013400-1证书作废
46	河北鹿鸿粮食储备有限公司	粮	3.3000	西院1-2、东院17-24	13013200-Ⅰ	编号13013200证书作废
47	河北省油脂储备库	油	1.9622	1-12，X0-X3	13014201-Ⅰ	编号13014201证书作废
	山西					
48	定襄县粮食局河边粮油食品购销站	粮	2.65	1-12	14005000-Ⅰ	编号14005000证书作废
49	平遥县粮食局直属仓库	粮	2.5	1-8、33-34	14005100-Ⅰ	编号14005100证书作废
50	山西晋城国家粮食储备库	油	0.3084	1-6	14006301	
51	繁峙县粮食局直属二库	粮	2.5000	主库区：普通平房仓1-7；1分库：普通平房仓1-1、1-2；2分库：地下仓2-1、2-2、2-3、2-4	14005400-Ⅰ	编号14005400证书作废
	内蒙古					
52	内蒙古开鲁东来国家粮食储备库	粮	5.3600	1-10	15004400-1	
53	赤峰桥头内蒙古自治区粮食储备库	粮	4.7460	1-10	15005500-1	
54	鄂伦春自治旗大杨树龙丰农副产品经销有限责任公司	粮	6.0000	1-6	15010100	
55	科尔沁左翼中旗欧里中心粮库	粮	4.2180	1-10	15004100-1	
56	莫力达瓦达斡尔族自治旗京达米业有限责任公司	粮	2.5352	1、2	15010200	
57	内蒙古包头东河国家粮食储备库有限责任公司	粮	5.7148	22、23、30-39	15007300-2	
58	内蒙古赤峰东城国家粮食储备库	粮	2.6663	7-16	15006400-1	
59	包头市土右粮食购销有限责任公司	粮	3.6200	萨拉齐粮库01-14号	15007800-1	
60	内蒙古金宝屯国家粮食储备库	粮	3.0000	1、9、10	15004800-1	
61	扎赉特旗海仓粮油贸易有限公司	粮	5.2000	钢立筒仓1-8	15010400	
62	内蒙古林西国家粮食储备库	粮	2.7120	1-5	15004300-1	
63	内蒙古天山国家粮食储备库	粮	3.8912	1-8	15004200-1	
64	内蒙古通辽市洽安国家粮食储备库	粮	2.6112	0P1-0P8	15010500	
65	内蒙古哲里木协尔苏国家粮食储备库	粮	3.0000	1-6	15004700-1	
66	锡林郭勒东乌内蒙古自治区粮食储备库	粮	2.5510	01-08	15008300-1	
67	内蒙古通辽双泡子国家粮食储备库	粮	3.2305	1-5、8-12	15007500-1	
68	内蒙古赤峰林东国家粮食储备库	粮	6.0000	1-12	15010600	
69	内蒙古华蒙粮油有限公司	油	1.0056	Y1-Y2	15010701	
70	内蒙古扎鲁特鲁北国家粮食储备库	粮	3.1638	1-6	15005700-Ⅰ	编号15005700证书作废
71	突泉县杜尔基粮油贸易公司	粮	5.7000	4、5	15010800	
72	扎兰屯市腾达粮贸有限责任公司	粮	3.6900	9-21	15010900	
73	扎赉特旗巨宝粮库	粮	5.6303	1-13	15011400	
74	扎赉特旗巴彦高勒粮库	粮	4.1800	1-11、18-24	15011000	
75	内蒙古鄂温克伊敏河国家粮食储备库	粮	1.0169	6502	15006300-1	
76	内蒙古大板国家粮食储备库	粮	4.7950	1-10	15011100	
77	呼伦贝尔市泰极粮食购销有限责任公司	粮	2.7036	1-19	15011200	
78	鄂伦春旗大杨树中兴农副产品有限责任公司	粮	5.7236	1-3	15011300	
79	内蒙古华蒙粮油有限公司	油	1.0056	Y3-Y4	15010701-1	

序号	企业名称	类别	取得资格仓/罐容 （单位：万吨）	取得资格仓/罐号	证书编号	备注
80	内蒙古包头东河国家粮食储备库有限 责任公司	粮	8.8985	2、3、5、8、12、15-20、22、23、30-39	15007300-1I	编号15007300-1-A、 15007300-2证书作废
	辽宁					
81	辽宁朝中国家粮食储备库	粮	3.2540	P1-P8	21008900-1	
82	辽宁朝阳八宝国家粮食储备库	粮	3.5080	D1-D10	21010D100	
83	沈阳市第三粮食收储库	粮	4.4910	P1-P4	21002800-2	
84	丹东蛤蟆塘粮库	粮	3.2411	平房仓1-5、7-9，立筒仓1-29	21008000-I	编号21008000证书作废
85	丹东第三粮库	粮	2.9462	立筒仓1-22，平房仓1-5	21008400-I	编号21008400证书作废
86	辽宁省大石桥水源粮食储备库	粮	4.1316	Q101-Q109、Q201-Q215、Q301-Q314、Q401-Q420、 Q501-Q525、Q601-Q622、Q801-Q817、Q901-Q920	21008600-I	编号21008600证书作废
87	凤城市通远堡粮库	粮	2.7355	T21-30，P1-P7	21012300	
88	康平县山东屯粮食储备库	粮	2.9528	P1-P2	21012200	
89	宽甸满族自治县第二粮库	粮	2.6117	P1-P5	21012400	
90	北镇市恒信粮食购销有限责任 公司	粮	2.6288	P1-P7	21011700-1	
91	凤城市第二粮库	粮	3.6656	P1-P3，T1-T10	21000500-2	
92	辽宁大连金州国家粮食储备库	粮	7.5000	P1（1-1、1-2）、P2、P3-4（3-1、3-2、4-1、4-2）、P5 （5-1、5-2）、P6-7（6-1、6-2、7-1、7-2）、P8-9（8-1、 8-2、9-1、9-2）	21012500	
93	辽宁锦州驻大连湾国家粮食储备库	粮	3.377	P-1号、P-2号、P-3号	21009400-I	编号21009400证书作废
94	辽宁省凌源三十家子粮食储备库	粮	2.5747	普通平房仓1-31号，浅圆仓32-37	21009300-I	编号21009300证书作废
	吉林					
95	舒兰市莲花粮库	粮	4.7582	1-8	22009300-1	
96	舒兰市吉舒粮库	粮	2.6700	8号标准库-12号标准库	22010900	
97	梨树县梨树一粮库	粮	6.1500	1-10	22006700-1	
98	长春市直属东湖粮食储备库	粮	2.5000	1-9	22011000	
99	吉林市搜登站粮库	粮	2.5310	5-8	22011100	
100	九台市沐石河粮食储备库	粮	4.3450	1-5、8-11	22011200	
101	延边粮食局直属粮库有限公司	粮	4.2000	8、10、14-17	22011300	
102	吉林省双辽粮食中心库	粮	2.7700	1-7	22011400	
103	农安开安粮食储备库	粮	8.3158	1-17	22011500	
104	洮南市野马粮食储备库	粮	3.0000	1-8	22011600	
105	通化市新曙光米业有限责任公司	粮	2.7200	钢板平房仓1、2、5，普通平房仓3、4	22011700	
106	洮南市永茂粮食储备库	粮	2.6400	1-3	22011800	
107	洮南市向阳粮食储备库	粮	3.0000	1、2	22011900	
108	洮南市黑水粮食储备库	粮	6.0000	1-10	22012000	
109	吉林省储备粮管理有限公司	粮	7.5924	1-18	22012100	
	黑龙江					
110	黑河市振兴粮库东库	粮	2.5500	1、2	23025000	
111	宾县胜利粮库	粮	3.1200	1-12	23025100	
112	木兰县第二粮库有限责任公司	粮	2.9295	1-5	23025200	
113	萝北县军川粮库	粮	0.8000	立筒仓11-18	23002200-2	
114	庆安县石尹粮库有限公司	粮	3.8900	1-6	23025300	
115	大兴安岭岭南粮库有限责任公司	粮	2.0000	11、12	23010000-1	
116	大庆市粮食局立志粮库	粮	2.8838	12-16	23025500	
117	大庆市宏伟粮食储备库	粮	4.1500	5、6	23025600	
118	泰来县红旗粮库有限公司	粮	4.0000	钢板浅圆仓51-58	23025700	
119	抚远县浓桥粮库有限责任公司	粮	3.0000	1、2	23025800	

序号	企业名称	类别	取得资格仓/罐容（单位：万吨）	取得资格仓/罐号	证书编号	备注
120	大庆市粮食局第三粮库	粮	3.0000	立筒仓01-16，平房仓3、6、7	23025900	
121	绥棱县双岔河粮库有限公司	粮	2.5000	ZL61-01、ZL61-03、ZL61-04、ZL61-06、ZL85-02、ZL85-05、ZL85-07、ZL85-08、ZL85-09、ZL85-10、ZL85-11	23026000	
122	双城市水泉粮库	粮	2.6000	钢板立筒仓1-6、钢板平房仓2-4	23026100	
123	双城市第三粮库	粮	2.6037	1-5	23026200	
124	拜泉县兴农粮库有限公司	粮	2.5000	平房仓1-2、7、10，钢板平房仓11-12、立筒仓16-21	23018300-Ⅰ	编号23018300－A证书作废
125	讷河市九井粮库	粮	2.5400	立筒仓1-6、平房仓1-11	23018400-Ⅰ	编号23018400证书作废
126	黑龙江宾县新甸国家粮食储备库	粮	2.5000	主库区1-8、12-13	23019100-Ⅰ	编号23019100证书作废
127	双城市韩甸粮库	粮	2.9893	1-20	23019200-Ⅰ	编号23019200证书作废
128	勃利县双河粮库有限责任公司	粮	4.5817	平房仓1-16、钢立筒仓21-26	23019300-Ⅰ	编号23019300-A、23019300-1证书作废
129	鹤岗市第八粮库有限责任公司	粮	2.7120	11-13	23002000-2	
130	七台河新兴国家粮食储备库有限责任公司	粮	3.4012	1-15，T1-T6	23026300	
131	鹤岗市新华粮库有限公司	粮	3.0000	4-5	23021200-1	
132	绥化市三河粮库有限公司	粮	2.7413	7-9	23026400	
133	鹤岗市宝泉粮库有限责任公司	粮	4.5000	1-3	23026500	
134	勃利县杏树粮库有限责任公司	粮	4.0435	11、13-21	23026600	
135	宾县马家粮库	粮	2.5112	1-7	23026700	
136	宾县常安粮库	粮	3.1784	1-7	23028000	
137	桦南县八虎力粮食经销有限责任公司	粮	2.6500	钢板立筒仓1-8、普通立筒仓9-16、钢板平房仓17	23026800	
138	饶河县西丰粮食储备有限责任公司	粮	3.8400	1-24	23026900	
139	明水县双兴粮库有限公司	粮	2.5600	1-8	23027000	
140	明水县爱国粮库有限公司	粮	2.5000	1-8	23027100	
141	富锦市兴隆粮库有限责任公司	粮	4.7966	T1-8，P1-6	23027200	
142	宾县宁远粮库	粮	2.5173	01-07	23027300	
143	黑河市龙丰粮库	粮	3.7000	1号-3号	23028100	
144	双城市单城粮库	粮	4.8000	1-4	23027400	
145	依兰县三道岗粮库有限责任公司	粮	3.0000	新1-4	23027500	
146	绥化市长发粮库有限公司	粮	2.6736	钢板立筒仓201-208、钢板平房仓111	23027600	
147	延寿县中和粮库	粮	3.1050	1、4-6	23027700	
148	五常市背荫河粮库	粮	4.3000	39#、40#	23006000-1	
149	克山县涌泉粮库	粮	3.0000	1-6	23027800	
150	依兰县愚公粮库	粮	2.5000	1-5	23027900	
151	集贤县红兴隆粮食储备有限公司	粮	5.1200	立筒仓1-32	23020100-Ⅰ	编号23020100证书作废
	上海					
152	上海松江粮油购销有限公司	粮	12.7139	1号-30号	31001300	
	江苏					
153	建湖县高作粮油经营管理所	粮	2.5992	1-28	32008900-Ⅰ	编号32008900证书作废
154	新沂市时集粮库	粮	3.5074	3-8、10-16、18-32，钢板平房仓35-38	32009100-Ⅰ	编号32009100、32009100-1证书作废
155	新沂市新大地粮油收储有限公司	粮	7.0771	主库区1-25，祥源分库1-18	32009300-Ⅰ	编号32009300-A、32009300-1、32009300-2证书作废
156	新沂市瓦窑粮油管理所	粮	3.4976	主库区：1-30	32009800-Ⅰ	编号32009800-A、32009800-1、32009800-2证书作废
157	新沂市徐塘粮油管理所	粮	6.3144	主库区：1-14、16-21，2分库：1-5	32009900-Ⅰ	编号32009900、32009900-1、32009900-2证书作废
158	江苏无锡新安国家粮食储备库	粮	5.42	1-19	32010000-Ⅰ	编号32010000证书作废
159	江苏省姜堰粮食储备直属库	粮	7.6962	1-19、21-34	32010100-Ⅰ	编号32010100、32010100-1、32010100-2证书作废

序号	企业名称	类别	取得资格仓/罐容（单位：万吨）	取得资格仓/罐号	证书编号	备注
160	宿迁洋北国家粮食储备库	粮	2.7268	1-9	32018900	
161	徐州苏鲁粮食现代物流中心	粮	4.5200	1-16	32019000	
162	泗洪县界集粮食购销有限责任公司	粮	2.0110	1-10	32019100	
163	宿迁市宿城区第一粮食储备库	粮	2.5007	1-10	32019200	
164	江苏宿迁国家粮食储备库	粮	3.4164	1分库：1-12	32003000-3	
165	如东县栟茶粮食储备库	粮	2.5728	1-11	32019300	
166	江苏无锡国家粮食储备库	粮	8.6095	1-39	32000300-1	
167	连云港市灌云北郊国家粮食储备库	粮	5.0820	16-29	32019500	
168	泰州市东风路粮库	粮	5.9066	1分库：1-25	32007200-2	
169	江苏中苏储油脂仓储有限公司	油	3.6919	201-202、301-302、501-505	32019601	
170	江苏无锡国家粮食储备库	油	0.8874	Y1-Y9	32019401	
171	淮安市清浦区粮食购销总公司	粮	4.2139	主库区：1-3、2-2、3-3、4-3、5-3、6-5、7-2、8-2、9-1、9-2、10-1、10-2、11-1、12-1、12-2；分库区：1-2、2-3.3-2	32010700-I	编号32010700、32010700-1证书作废
	浙江					
172	衢州市粮食收储有限责任公司	粮	6.5793	0P1-0P21	33003300	
173	奉化市粮食购销有限公司	粮	4.4350	1-17	33003400	
174	浙江嘉善银粮国家粮食储备库有限公司	粮	3.6500	河东1-6、8-9、11，河西1-7	33000600-I	编号33000600证书作废
175	浙江宁波庄市国家粮食储备库	粮	3.6000	1-8	33000700-I	编号33000700证书作废
176	浙江宁波镇海国家粮食储备库	粮	2.5600	101-108	33000300-1	
177	桐乡市粮食收储有限公司	粮	2.9738	1分库：1P1-1P10	33001200-2	
178	宁波市鄞州中心粮库	粮	5.6380	1-18	33003500	
179	龙游县粮食收储公司	粮	4.6980	主库区：0p1-0p20	33000800-1	
180	开化县粮食收储有限责任公司	粮	2.9550	0p1-0p8、0p12-0p19	33003600	
181	嘉兴市粮食收储有限公司	粮	2.5860	1分库：1P01-1P06、1P11-1P14	33001000-2	
182	杭州余杭区粮食收储有限责任公司	粮	2.9988	1分库：11-18	33001600-1	
183	淳安县国有粮食收储有限公司	粮	4.5872	1-21	33003700	
	安徽					
184	宣城市宣州区金亭粮油购销有限责任公司	粮	2.6400	1-6	34011800	
185	铜陵市北斗山粮库	粮	4.9412	1-16	34001400-1	
186	蚌埠市粮食局第三仓库	粮	4.1136	1-12	34000700-1	
187	宁国省级粮食储备库	粮	2.9035	主库区1-4，一分库1-11	34008800-I	编号34008800-A证书作废
188	安徽涡阳北关省级粮食储备库	粮	2.7100	1-25	34009200-I	编号34009200证书作废
189	灵璧县金粮丰夏楼粮食储备库	粮	4.0400	4#-9#	34011900	
190	蚌埠市粮食局第一仓库	粮	0.8000	1分库：1P13、1P14	34006600-1	
191	安徽皖粮购销有限责任公司	粮	3.6000	1-8	34012000	
192	安徽黄山省级粮食储备库	粮	3.0588	主库区：1-12	34005400-1	
193	安徽现代粮食物流中心库	油	2.0000	1-6	34012101	
194	六安天业国家粮食储备库	粮	6.6286	1-11、13-17	34009700-I	编号34009700-A证书作废
195	安徽六安金安国家粮食储备库	粮	4.2000	1-12	34009600-I	编号34009600证书作废
196	六安三农粮油食品发展有限公司	粮	5.7392	1-12	34009500-I	编号34009500、34009500-1证书作废
	福建					
197	诏安县粮食购销有限公司	粮	1.8669	9-22	35000900-I	编号35000900证书作废
198	福建省建宁县粮食购销有限公司	粮	2.5587	701-720	35001000-I	编号35001000证书作废

序号	企业名称	类别	取得资格仓/罐容（单位：万吨）	取得资格仓/罐号	证书编号	备注
199	南靖县靖城粮食购销有限责任公司	粮	2.2662	九美2号、5-7号、九美新仓	35001100-Ⅰ	编号35001100、35001100-1证书作废
200	福建浦城县粮食购销有限公司	粮	2.5491	301-326	35001200-Ⅰ	编号35001200证书作废
201	福建建阳国家粮食储备库	粮	2.752	平房仓201-208、217-224、229-236，楼房仓209-216、226-228	35001300-Ⅰ	编号35001300证书作废
202	福建省三明市荆西粮油储运站	粮	6.0109	101-133	35001400-Ⅰ	编号35001400、35001400-1证书作废
203	福建省三明市粮食购销有限公司	粮	3.9016	平房仓1、2、8，楼房仓7上、7下，0P1-0P10	35001500-Ⅰ	编号35001500、35001500-1证书作废
204	福建省连江县储备粮管理有限公司	粮	2.6018	1-14	35001600-Ⅰ	编号35001600证书作废
205	福建省明溪县粮食购销有限公司	粮	3.8043	浅圆仓1-10、平房仓11-23	35001700-Ⅰ	编号35001700、35001700-1证书作废
206	福建省平潭县粮食收储有限公司	粮	2.5143	5-13、15-26	35001800-Ⅰ	编号35001800证书作废
207	福州市粮食购销有限公司	粮	5.3512	平房仓201-206、楼房仓101-106	35001900-Ⅰ	编号35001900、35001900-1证书作废
208	福建邵武水北国家粮食储备库	粮	2.708	水北库区101-111、城郊库区112-127	35002000-Ⅰ	编号35002000证书作废
209	龙海市粮食储备库	粮	2.5301	福河1-7、月港1-4	35002100-Ⅰ	编号35002100证书作废
210	厦门市粮食购销有限责任公司	粮	12.9897	楼房仓101-136	35000100-1	
211	泉州市泉港区中心粮库	粮	2.5161	1-6	35003300	
212	莆田市粮食购销有限责任公司	粮	2.5983	0p1、0p2、0p4-0p7	35002200-Ⅰ	编号35002200证书作废
	江西					
213	江西吉安敦厚国家粮食储备库	粮	5.7836	1-28	36010400-Ⅰ	编号36010400证书作废
214	上饶市信州区粮食直属库	粮	3.2156	1-26	36010500-Ⅰ	编号36010500证书作废
215	江西南昌横岗国家粮食储备库	粮	7.2670	普通平房仓8-11、13-27	36000400-1Ⅰ	编号36000400-1证书作废
216	江西崇仁国家粮食储备库	粮	5.9596	普通平房仓5-26	36002800-1Ⅰ	编号36002800-1证书作废
217	宜春国家粮食储备库	粮	1.6400	普通平房仓7-10	36009900-1Ⅰ	编号36009900-1-A、36009900-2证书作废
	山东					
218	菏泽旺达粮油购销储运有限公司	粮	2.7696	1-8	37014700	
219	东平县东昇粮油收储中心	粮	5.7035	商老庄粮库：0P1-0P14，干鱼头粮库：1P1-1P9	37014800	
220	诸城市中丰粮油物流有限公司	粮	10.0480	1-28	37014900	
221	枣庄市薛城永丰粮食储备库	粮	3.0300	1-15	37015000	
222	菏泽市金谷粮食收储有限公司	粮	2.9810	1-9	37015100	
223	山东文登国家粮食储备库	粮	5.5356	1-42	37004200-2	
224	临沂市兰山区粮食收储公司	粮	2.5712	1-8	37015200	
225	济宁市润泽粮油收储站	粮	3.3188	梁山库1-9	37015300	
226	济南第三粮库	粮	8.7750	1-16、25-38	37002900-2	
227	菏泽市粮油购销储运公司	粮	4.5576	一分库1-9	37012300-1	
228	单县粮食收储有限公司	粮	2.8124	1-4	37015400	
229	菏泽粮油仓储物流中心	粮	9.5210	1-19	37015500	
230	山东平原龙门粮食储备库	粮	4.2294	17-28	37015600	
231	山东苗宝储运有限公司	粮	4.2108	1-11	37015700	
232	菏泽正信粮食购储有限公司	粮	3.3145	1-4、7-12	37015800	
233	枣庄市市中区粮食收储管理中心	粮	3.4144	金禾粮食储备库1-12	37015900	
234	郓城县华尔粮油购销有限公司	粮	4.7462	J长储备库1-12、19-24	37016000	
235	菏泽华瑞粮食收储有限公司	粮	2.5427	1-7	37016100	
236	烟台市润通油脂有限公司	油	3.6574	1-11、10-10	37004900-Ⅰ	
237	山东滨州国家粮食储备库	粮	1.1601	34-36	37001300-1-Ⅰ	编号37001300-1证书作废
238	山东高密国家粮食储备库	粮	5.06	1-33	37009400-Ⅰ	编号37009400、37009400-1、37009400-2证书作废
239	山东鲁北国家粮食储备库	粮	10.0440	1-32	37009500-Ⅰ	编号37009500证书作废

序号	企业名称	类别	取得资格仓/罐容（单位：万吨）	取得资格仓/罐号	证书编号	备注
240	潍坊市寒亭区粮食收储中心	粮	2.5800	1-6	37016200	
241	临沂市地方储备粮管理中心	粮	4.5000	5-11	37016300	
242	山东临沂国家粮食储备库	粮	5.4615	主库区：1-8；1分库：1-6	37009100-4	
243	菏泽华瑞粮食储备库	粮	4.1110	1-9	37010600	
244	山东平原国家粮食储备库	粮	3.1392	主库区：28-29；2分库：1-4	37001400-2	
245	栖霞市粮食收储管理中心	粮	2.5772	1-8	37016500	
246	山东省军粮储备库	粮	7.6632	1-24	37017000	
247	山东临清国家粮食储备库	粮	6.0424	1-32	37016600	
248	山东省寿光粮食储备库	粮	2.7273	1-10	37016700	
249	山东昊泰食品有限公司	粮	2.6364	01-12	37016800	
250	莱州市粮食收储管理中心	粮	3.3548	15-29	37016900	
	河南					
251	长葛09——河南省粮食储备库有限责任公司	粮	6.7965	1-11	41022800	
252	临颍县龙堂粮食收储有限公司	粮	4.1565	16、19、22-28	41020200-2	
253	信阳金牛粮油储备库	粮	6.4602	1、2、5-10	41022900	
254	焦作隆丰粮食储备有限公司	粮	5.2730	1-10	41023000	
255	开封城南国家粮食储备有限责任公司	粮	2.6687	1分库：21-29、31-33	41000600-Ⅰ	
256	河南郑州国家油脂储备库	油	1.6930	1-7	41023101	
	湖北					
257	湖北襄樊樊东国家粮食储备库	粮	4.4992	张家集分库：2P01－2P16	42000400-1	
258	湖北康宏粮油食品有限公司	粮	1.8250	1-13	42010200-1	
259	湖北团风国家粮食储备库	粮	3.0810	1-6	42011500	
260	荆州市粮食储备库	粮	6.1920	1号仓-16号仓	42011600	
261	武汉市大花岭粮食储备库	粮	8.0100	1-27	42011700	
262	湖北孝感国家粮食储备库	粮	6.0000	1分库1-3、2分库1-8	42008200-1	
263	湖北云梦国家粮食储备库	粮	2.5880	1-13	42005700-1	
264	湖北家意粮油科技有限公司	油	4.8000	A1-A4、B1-B4、C1-C3、D1-D6	42011801	
265	沙洋汇龙新星粮油收储有限公司	油	0.8360	环星油库14-16	42011201-1	
266	黄石市油脂公司	油	0.9832	11-17	42008901-1	
267	十堰市粮油储备公司	粮	3.151	1-8、10、15	42000800-1-Ⅰ	编号42000800-1证书作废
268	湖北荆州郝穴国家粮食储备库	粮	4.9089	1、4-10、13、14、18-21，1分库29-34	42007700-Ⅰ	编号42007700、42007700-1证书作废
269	湖北老河口国家粮食储备库	粮	2.555	主库区：1-10；1分库：1-10	42007900-Ⅰ	编号42007900证书作废
270	武汉市川龙粮食储备库	粮	3.2903	1-13	42008500-Ⅰ	编号42008500证书作废
271	湖北咸宁横沟国家粮食储备库	粮	2.7655	1-18	42008600-Ⅰ	编号42008600证书作废
272	湖北赤壁国家粮食储备库	粮	6.7864	主库区1-20，1分库21-34	42009000-Ⅰ	编号42009000证书作废
273	利川市粮食储备库	粮	3.063	1-10	42009100-Ⅰ	编号42009100证书作废
274	湖北新洲阳逻国家粮食储备库	粮	2.7894	1-15	42009300-Ⅰ	编号42009300证书作废
275	黄石市油脂公司	油	0.6	1-8	42008901-Ⅰ	编号42008901证书作废
276	湖北省龙感湖天丰粮油购销有限公司	粮	4.3000	1-11	42011900	
277	武汉市第六粮库	粮	5.5850	3-15	42012000	
278	十堰市粮油储备公司	粮	5.0616	1分库：1-12	42000800-2	
	湖南					
279	湖南天人谷业有限公司	粮	2.7767	P1-P3、L1-1、L1-2、L2-1、L2-2、T1-T4	43010500	
280	湖南粮食集团有限责任公司	粮	13.8492	主库区：0L013-2、0L014-2、0L015-2、0L016-2、0Q0101-0Q0106，1分库：1Q0104、1Q0106-1Q0109、1Q0111	43010600	

续表

序号	企业名称	类别	取得资格仓/罐容（单位：万吨）	取得资格仓/罐号	证书编号	备注
281	常德市鼎城马鞍山湖南省粮食储备库	粮	2.9983	P1-P13、P15-P17	43007800-Ⅰ	编号43007800证书作废
282	攸县新市国家粮食储备库	粮	4.2962	主库区：1-17	43008500-Ⅰ	编号43008500证书作废
283	湖南衡阳三塘国家粮食储备库	粮	4.8885	P11-P27	43010800	
284	湖南精为天粮油有限公司	油	0.3132	1Y1-1Y6	43010701	
	广东					
285	汕头市华星粮油储备库实业有限公司	粮	3.2867	4-9	44001700	
286	高州市粮食收储公司	粮	2.9489	1-16、18-22	44001200-Ⅰ	编号44001200-A证书作废
287	高要裕丰粮食储备有限公司	粮	2.593	主库区：1-6,1分库：1-4	44001300-Ⅰ	编号44001300证书作废
	广西					
288	桂林市第三粮库	粮	2	25	45000400-1-Ⅰ	编号45000400-1证书作废
289	桂林市第一粮库	粮	0.9578	43、45、 50	45001500-2	
	海南					
290	海口铁龙粮食储备库	粮	3.0000	1—6	46000500-Ⅰ	编号46000500证书作废
	重庆					
291	重庆涪陵国家粮食储备库	粮	7.3080	1分库：007-033	50001100-1	
	四川					
292	四川简阳国家粮食储备库	粮	3.1158	方家寺分库：1P1-1P6、1P8-1P12	51007300-1	
293	资阳市粮食储备库	粮	2.5233	1-6	51014600	
294	四川广汉国家粮食储备库	粮	0.6884	主库区：0P35-0P36	51002000-1	
295	四川资阳城关省粮食储备库	粮	2.5799	1仓-10仓	51014700	
296	四川通江国家粮食储备库	粮	2.6636	1-8、13-21	51007700-1	
297	四川什邡方亭省粮食储备库	粮	2.5108	马井新仓分库：1-10	51014800	
298	南江县粮油购销总公司	粮	2.5186	乐坝库：1P1-1P7	51014900	
299	四川粮油批发中心直属储备库	油	0.6048	22-27	51006801-2	
300	四川合江城区国家粮食储备库	粮	5.2018	主库区：1-7,1分库：1-6	51002400-Ⅰ	编号51002400-1-A、51002400-2证书作废
301	四川凉山国家粮食储备库	粮	1.7046	1-9	51009100-Ⅰ	编号51009100证书作废
302	金阳县粮油收储公司	粮	0.5024	1-8	51009700-Ⅰ	编号51009700证书作废
303	四川遂宁仁里国家粮食储备库	粮	2.5776	主库区：1-19	51015300	
304	乐山市沙湾粮油购销公司	粮	4.1462	主库区：1-12	51015000	
305	广元市军粮供应站	粮	2.8324	P1-P8	51015100	
306	资阳市粮食储备库	油	0.2200	Y07	51012901-1	
307	四川剑阁国家粮食储备库	油	0.2145	7-9	51006901-1	
308	达州市中贸粮油总公司	油	0.6000	15-17	51001800-1	
309	四川省南充火车站粮食储备库	粮	2.6928	1—7	51015000-Ⅰ	编号51009700证书作废
310	四川丹棱城关省粮食储备库	粮	2.5772	主库区：1-17；1分库：1-14	51010300-Ⅰ	编号51010300证书作废
311	眉山市东坡区省粮食储备库	粮	2.5506	1—21	51009900-Ⅰ	编号51009900证书作废
312	梓潼县观义粮油收储站	粮	2.5959	1—37	51010200-Ⅰ	编号51010200证书作废
	贵州					
313	贵州铜仁国家粮食储备库	粮	4.6684	016-023、101-122	52001800-Ⅰ	编号52001800证书作废
314	福泉市黔福粮油储备有限公司	粮	2.518	1、2-1、2-2、3、4、5-2、5-3、6-1、6-2、7-1、7-2、8、9-1、9-2、9-3、10、11、圆1-圆4	52001900-Ⅰ	编号52001900证书作废
	云南					
315	云南大理粮油储备总公司	粮	2.76	0P1-0P6	53001800-Ⅰ	编号53001800证书作废
316	昆明市东川粮油购销有限公司	粮	2.1	1-15	53002100-Ⅰ	编号53002100-A证书作废
317	曲靖市麒麟区粮油购销有限责任公司	粮	2.5805	3-8、11-14、16-17	53002300-Ⅰ	编号53002300证书作废

序号	企业名称	类别	取得资格仓/罐容（单位：万吨）	取得资格仓/罐号	证书编号	备注
318	昆明国家粮食储备有限公司	粮	8.1388	74-80、Q1-Q6	53000100-1	
319	昆明西山粮食购销有限责任公司	粮	2.6500	主库区：地下仓1-13，普通平房仓1-6；1分库：4-6	53002500-Ⅰ	编号53002500证书作废
320	迂小县粮油购销公司	粮	0.0021	主库区：地下仓1-6，普通平房仓1-8；1分库：普通平房仓1-9	53002600-Ⅰ	编号53002600证书作废
321	宣威市嘉穗粮油购销有限公司	粮	0.0050	干库区：普通平房仓1-11，1分库：普通平房仓4	00000101-Ⅱ	编号53000100证书作废
	陕西					
322	澄城国家粮食储备库	粮	2.1	1-7、11	61000100-1-Ⅰ	编号61000100-1证书作废
323	宝鸡市陈仓区第六寨粮库	粮	4.7216	1-19	61001700-1-Ⅰ	编号61001700-1证书作废
324	陕西洋县国家粮食储备库	粮	2.84	1-18	61002100-Ⅰ	编号61002100证书作废
325	陕西城固国家粮食储备库	粮	2.445	1-19	61002200 Ⅰ	编号61002200-A证书作废
326	陕西大荔丰图义仓粮食储备库	粮	0.5	普通平房仓1-2，普通浅圆仓22-26、28-47	61002400-Ⅰ	编号61002400证书作废
327	渭南市明光峪粮库	粮	3.3527	地下仓330-339，平房仓340-354	61002700-Ⅰ	编号61002700证书作废
328	陕西兴平国家粮食储备库	粮	3.2132	地下仓1-19，平房仓23、24	61002800-Ⅰ	编号61002800证书作废
329	陕西汉中北关省粮食储备库	油	0.55	1-7	61002301-Ⅰ	编号61002301证书作废
	甘肃					
330	兰州花庄粮食储备库有限公司	粮	1.6344	1-6	62002600-2	
331	平凉市十里铺粮库	油	0.5317	王寨油库1-7	62005201	
332	平凉市十里铺粮库	粮	6.9889	1分库：地下仓3-10	62003400-Ⅰ	编号62003400证书作废
333	景泰县北滩粮库	粮	3.2175	1-9	62004800-1	
334	平凉市窑店粮库	粮	2.8000	1-12	62005400	
335	景泰县北滩粮库	油	1.0676	10-15	62004501-1	
336	甘肃省白银粮油储备库有限公司	油	0.4078	Y9-Y15	62002301-1	
337	甘肃省皋兰粮油储备库有限公司	粮	0.9782	普通平房仓17-18	62001600-1Ⅰ	编号62001600-1-A证书作废
	青海					
338	互助县粮食购销总公司	粮	2.5200	2库区1-7	63000700-1	
	宁夏					
339	宁夏石嘴山国家粮食储备库	粮	5	9、12、14-17、19、23-27、29-36	64000400-1Ⅰ	编号64000400-1证书作废
	新疆					
340	莎车县粮食储备库	粮	1.7823	主库区1，1分库7-12	65001200-1-Ⅰ	编号65001200-1证书作废
341	洛浦县粮油收储有限责任公司	粮	2.6	主库区1-6，1分库1-6	65002500-Ⅰ	编号65002500证书作废
342	叶城县粮食收储公司	粮	2.5	1-9	65002900-Ⅰ	编号65002900证书作废
343	疏附县粮食收储公司	粮	2.67	主库区1-12，1分库1-4	65003400-Ⅰ	编号65003400证书作废
344	麦盖提县粮食收储公司	粮	2.5000	主库区：普通平房仓1-15；1分库：普通平房仓1-4	65004000-Ⅰ	编号65004000证书作废
345	乌鲁木齐市粮食储备库	粮	5.8506	主库区：普通平房仓1—3；1分库：钢板浅圆仓001-004，普通平房仓005-016	65001400-1Ⅰ	编号65001400-1证书作废
346	新疆粮油集团北站收储有限责任公司	粮	2.8024	主库区：普通平房仓1—17；1分库：普通平房仓18—20	65003700-Ⅰ	编号65003700证书作废
	国家物资储备局					
347	新疆储备物资管理局九七六处	粮	4.9001	地下仓1-17、19-23、32-38、40-44	65000560	
	中国华粮物流集团公司					
348	中国华粮物流集团双辽粮库	粮	2.7764	浅圆仓1-4	22007000-2	
349	中国华粮物流集团九台国家粮食储备库	粮	2.7000	浅圆仓1-4	22002370	
350	中国华粮物流集团东丰国家粮食储备库	粮	9.7000	浅圆仓1-8、平房仓9-14	22002470	
351	中国华粮物流集团通辽粮库	粮	3.189	1-3、17、19-20	15008500-Ⅰ	编号15008500-A证书作废
352	中国华粮物流集团桦南粮库	粮	3.05	1-6、10-12、61-68	23003300-1-Ⅰ	编号23003300-1-A证书作废
353	中国华粮物流集团富锦粮库	粮	2.49	钢板浅圆仓21-23	23010500-1-Ⅰ	编号23010500-1-A证书作废

续表

序号	企业名称	类别	取得资格仓/罐容（单位：万吨）	取得资格仓/罐号	证书编号	备注
354	中国华粮物流集团克东国家粮食储备库	粮	2.5756	钢板浅圆仓1-4	23019800-I	编号23019800-A证书作废
355	中国华粮物流集团讷河国家粮食储备库	粮	2.0035	普通平房仓2-6、17，钢板平房仓1、9	23001200-1I	编号23001200-1-A证书作废
	黑龙江农垦					
356	黑龙江农垦东安粮库有限责任公司	粮	2.5000	1-2	23000350	
357	黑龙江农垦前进粮库有限责任公司	粮	5.0000	9-13	23014300-1	
358	黑龙江农垦建三江粮库有限责任公司	粮	10.0000	1-7	23014100-2	

数据来源：国家粮食局统计资料。

表33							

2011年粮油加工业企业数汇总表

单位：个

项目类别	企业数量	按生产能力规模（吨/天）						
		30以下	30~50（含30）	50~100（含50）	100~200（含100）	200~400（含200）	400~1000（含400）	1000以上（含1000）
全国总计	18138	1971	2103	4326	4613	3021	1507	510
其中：国有及国有控股企业	1447	179	164	317	394	229	103	55
外商及港澳台商投资企业	610	112	26	40	51	117	143	114
民营企业	16081	1680	1913	3969	4168	2675	1261	341
一、稻谷加工业	9394	408	1484	3142	2922	1131	254	53
其中：国有及国有控股企业	827	49	113	233	279	120	25	8
外商及港澳台商投资企业	41	2	1	8	10	9	7	4
民营企业	8526	357	1370	2901	2633	1002	222	41
二、小麦加工业	3233	314	286	565	767	790	417	94
其中：国有及国有控股企业	299	29	27	44	78	75	37	9
外商及港澳台商投资企业	46	1	1	1	—	13	18	12
民营企业	2888	284	258	520	689	702	362	73
三、食用植物油加工业	1636	317	84	195	344	351	173	172
其中：国有及国有控股企业	123	32	11	15	17	8	16	24
外商及港澳台商投资企业	113	8	—	6	7	16	18	58
民营企业	1400	277	73	174	320	327	139	90
四、玉米加工业	407	62	19	27	52	80	87	80
其中：国有及国有控股企业	26	3	3	4	2	2	6	6
外商及港澳台商投资企业	36	3	—	—	3	3	7	20
民营企业	345	56	16	23	47	75	74	54
五、粮食食品加工业	795	593	61	67	42	21	9	2
其中：国有及国有控股企业	51	44	2	3	2	—	—	—
外商及港澳台商投资企业	131	89	17	8	9	7	1	—
民营企业	613	460	42	56	31	14	8	2
六、杂粮及薯类加工业	276	112	29	36	39	33	19	8
其中：国有及国有控股企业	22	10	1	1	2	1	3	4
外商及港澳台商投资企业	10	3	1	—	3	1	2	—
民营企业	244	99	27	35	34	31	14	4
七、饲料加工业	2310	165	140	294	447	615	548	101
其中：国有及国有控股企业	93	12	7	17	14	23	16	4
外商及港澳台商投资企业	226	6	6	17	19	68	90	20
民营企业	1991	147	127	260	414	524	442	77
八、粮机设备制造业	87	—	—	—	—	—	—	—
其中：国有及国有控股企业	6	—	—	—	—	—	—	—
外商及港澳台商投资企业	7	—	—	—	—	—	—	—
民营企业	74	—	—	—	—	—	—	—

数据来源：国家粮食局统计资料。

表34				2011年分地区粮油加工企业数量表					

单位：个

地区	合计	稻谷加工业	小麦加工业	食用植物油加工业	玉米加工业	粮食食品加工业	杂粮加工业	饲料加工业	粮机设备制造业
全国总计	18138	9394	3233	1636	407	795	276	2310	87
北　京	86	19	11	5	1	12	1	37	
天　津	70	12	18	12		5		23	
河　北	621	36	250	45	71	26	38	151	4
山　西	207	2	155	8	11	4	8	19	
内蒙古	181	17	40	24	22	4	25	49	
辽　宁	852	491	10	27	39	24	14	246	1
吉　林	480	368	3	27	25	2	4	51	
黑龙江	1813	1381	83	160	61	30	33	64	1
上　海	210	49	6	13	3	105	1	31	2
江　苏	1047	514	201	128	7	45	16	111	25
浙　江	336	174	11	37	1	13	2	96	2
安　徽	1121	658	199	102	10	71	11	63	7
福　建	419	249	43	34	3	23		66	1
江　西	1610	1431	1	42	1	40	3	90	2
山　东	1244	62	551	116	57	82	15	359	2
河　南	1159	150	756	82	23	31	7	106	4
湖　北	1584	1072	117	179	15	62	27	86	26
湖　南	1194	921	5	81	3	59	17	105	3
广　东	642	365	22	70		43	3	138	1
广　西	382	270	3	17	1	15	4	72	
海　南	69	55	1	2				11	
重　庆	309	209	17	24	3	14	1	41	
四　川	717	352	83	91	14	37	9	127	4
贵　州	216	140	4	39	3	11	2	17	
云　南	278	173	32	23		4		46	
西　藏	14	1	6	4			3		
陕　西	296	67	128	44	11	7	1	37	1
甘　肃	195	2	128	22	6	3	13	21	
青　海	22		5	15				2	
宁　夏	274	109	80	25	9	22	17	11	1
新　疆	490	45	264	138	7	1	1	34	

数据来源：国家粮食局统计资料。

表35	2011年粮油加工业年生产能力汇总表

单位：万吨

项目类别	合计	按生产能力规模（吨/天）						
		30以下	30~60（含30）	60~100（含50）	100~200（含100）	200~400（含200）	400~1000（含400）	1000以上（含1000）
一、稻谷加工业	28423	138	1323	5054	9124	7028	3346	2410
其中：国有及国有控股企业	3068	16	100	373	886	744	325	624
外商及港澳台商投资企业	380	1	1	18	32	67	138	123
民营企业	24975	121	1222	4663	8206	6217	2883	1663
二、小麦加工业	17822	102	252	895	2572	5156	5520	3324
其中：国有及国有控股企业	1633	10	26	73	261	465	451	348
外商及港澳台商投资企业	775		1	1		83	286	404
民营企业	15415	92	225	822	2310	4608	4784	2573
三、食用植物油加工业	–	–	–	–	–	–	–	–
（一）油料处理	15081	66	75	295	1071	2276	2205	9093
其中：国有及国有控股企业	1798	8	11	31	58	60	163	1467
外商及港澳台商投资企业	4158			9	8	86	58	3997
民营企业	9125	58	64	254	1005	2130	163	3630
（二）油脂精炼	4504	65	99	345	652	675	1312	1356
其中：国有及国有控股企业	535	5	3	14	26	70	172	245
外商及港澳台商投资企业	1573	2	1	3	33	70	589	876
民营企业	2396	58	96	327	593	536	551	234
（三）小包装油脂灌装	962	25	23	68	98	243	251	255
其中：国有及国有控股企业	111	3	2	5	9	39	26	25
外商及港澳台商投资企业	347		1	1	20	32	112	180
民营企业	504	21	20	62	68	171	113	50
四、玉米加工业	7207	10	20	60	213	692	1522	4681
其中：国有及国有控股企业	525		5	8	7	36	99	369
外商及港澳台商投资企业	1530	1		2	16	23	124	1364
民营企业	5152	15	15	50	191	633	1298	2947
五、粮食食品加工业	1884	144	127	248	308	436	254	367
其中：国有及国有控股企业	58	13	8	17	8	12		
外商及港澳台商投资企业	344	17	24	33	51	73	59	87
民营企业	1483	115	95	198	249	351	195	280
六、杂粮及薯类加工业	1007	31	29	59	139	213	249	287
其中：国有及国有控股企业	250	1	1	1	6	8	46	187
外商及港澳台商投资企业	61	1	1		14	15	30	
民营企业	696	29	27	58	120	190	172	100
七、饲料加工业	17866	74	127	514	1491	4245	8053	3362
其中：国有及国有控股企业	687	9	6	42	51	181	218	180
外商及港澳台商投资企业	2642	3	7	29	66	487	1414	637
民营企业	14538	62	114	443	1375	3577	6422	2545

注：稻谷加工业、小麦加工业、食用植物油加工业以及玉米加工业的生产能力指年设计处理原料量；粮食食品加工业、饲料加工业生产能力指年设计生产产品量；生产能力规模：稻谷加工业、小麦加工业、食用植物油加工业、玉米加工业均按日处理原料的能力划分；粮食食品加工业和饲料加工业按日生产产品能力划分。

数据来源：国家粮食局统计资料。

| 表36 | | 2011年分地区粮油加工业年生产能力汇总表（一） | | | | | | | | | |

单位：万吨

地区	处理稻谷	处理小麦	处理油料	其中：处理大豆	其中：处理菜籽	油脂精炼	其中：豆油精炼	其中：菜油精炼	灌装小包装油脂	大豆分离蛋白	大豆浓缩蛋白
全国总计	28421	17822	15081	8131	2971	4504	1857	1151	962	7	16
北　京	180	104	8	5	3	15	8	1	11		
天　津	62	91	330	325		261	148	5	2		
河　北	117	1354	584	470		134	94		9		
山　西	10	342	64	38		12	8		5		
内蒙古	70	147	211	80	59	38	11	18			
辽　宁	1212	74	631	538	34	118	108		38		
吉　林	1178	17	295	260	5	47	46		4		
黑龙江	5091	268	1580	1455		169	142		11		1
上　海	138	48	99	8	4	122	15	7	3		
江　苏	1884	1722	2227	1218	451	773	326	191	122		
浙　江	507	110	345	260	25	104	68	6	18		
安　徽	3136	1594	509	66	272	157	17	84	43		
福　建	732	253	336	156		84	51		58		
江　西	3564	11	143	2	33	65	1	10	6		
山　东	144	3310	1880	1289		408	263	10	124	6	14
河　南	645	5136	682	223	135	185	46	80	60		
湖　北	3745	583	1394	128	961	526	68	361	82		1
湖　南	2393	46	364	12	247	147		105	107		
广　东	655	337	881	755	83	430	205	58	33		
广　西	560	35	585	525	58	148	104	25	42		
海　南	66	5									
重　庆	331	48	117	76	17	61	33	8	49		
四　川	1094	355	357	75	189	122	24	68	47		
贵　州	220	14	137		105	40	4	26	8		
云　南	230	53	72	13	44	32	8	19	15		
西　藏		7	2		2	1					
陕　西	116	596	247	82	110	80	24	25	61		
甘　肃	5	428	88	3	37	26	5	16	2		
青　海		19	72	1	44	22		14			
宁　夏	221	164	18	3		7			2		
新　疆	116	557	824	68	54	171	33	15	3		

数据来源：国家粮食局统计资料。

表36　2011年分地区粮油加工业年生产能力汇总表（二）

单位：万吨、台（套）

地区	处理大米	处理杂粮	生产挂面	生产方便面	生产饼干	生产米粉（米线）	生产速冻米面制品	生产面包糕点等	其他食品	加工饲料	粮机制造
全国总计	7207.0	1007.0	513.0	371.0	116.0	109.0	107.0	61.0	610.0	17866.0	363087
北　京	2	1	1	3	2			2	1	212	
天　津			1	24	7			1		160	
河　北	851	85	61	65	3	3	2	3	5	771	3800
山　西	141	31	5	10						200	
内蒙古	501	84					5		7	346	
辽　宁	392	33	4	9				1	3	1443	18
吉　林	1179	3								381	
黑龙江	1020	330	4	4				1	54	435	30
上　海	4		3	1	6		10	16	55	134	3738
江　苏	134	79	21	15	3	12	8	5	44	1036	138286
浙　江	5	5	3		1	1	2	4	15	560	14500
安　徽	328	12	56	30	16	17	6	3	123	592	11370
福　建	23		10	16	3	1	1	8	6	609	850
江　西	17	4	18	3		17			25	1003	2700
山　东	1481	44	61	25	15		1	3	24	2595	15120
河　南	422	4	110	102	10	20	49	4	4	835	84587
湖　北	32	93	39	19	30	10		5	116	664	96821
湖　南	15	39	44	8	3	14	11	3	44	1121	5798
广　东		30	4	13	9	6	3	1	38	1573	40
广　西	4	25	6			5	3		10	849	
海　南	9									144	
重　庆	36	3	9	2				1	2	323	
四　川	126	14	30	9	5	2	4		31	1003	4984
贵　州	1	3	6	2						72	
云　南			3							248	
西　藏		1									
陕　西	253	1	7	6	2			1	1	173	400
甘　肃	42	30		1						117	
青　海										7	
宁　夏	136	49	7		1					71	45
新　疆	53	6	1	4						190	

数据来源：国家粮食局统计资料。

| 表37 | | | | 2011年分地区粮油加工产品产量情况表 | | | | |

单位：万吨、台（套）

地区	大米	小麦粉	食用植物油	玉米加工产品	粮食食品	杂粮及薯类	饲料	粮机设备
全国总计	8216.0	8519.0	3436.0	3598.0	1481.0	286.0	13503.0	400144
北 京	42.0	64.0	11.0		8.0		173.0	
天 津	15.0	41.0	237.0		43.0		133.0	
河 北	29.0	793.0	141.0	429.0	97.0	25.0	468.0	3402
山 西	1.0	72.0	13.0	93.0	3.0	19.0	107.0	
内蒙古	12.0	33.0	20.0	204.0	13.0	13.0	248.0	
辽 宁	240.0	33.0	99.0	124.0	17.0	8.0	964.0	18
吉 林	265.0	2.0	42.0	625.0		1.0	245.0	
黑龙江	926.0	68.0	88.0	276.0	6.0	24.0	245.0	
上 海	54.0	30.0	148.0	10.0	113.0		125.0	2993
江 苏	608.0	945.0	516.0	82.0	63.0	39.0	711.0	105836
浙 江	165.0	62.0	70.0	1.0	15.0	4.0	415.0	10834
安 徽	1099.0	907.0	99.0	165.0	229.0	12.0	450.0	9449
福 建	293.0	139.0	127.0	10.0	39.0		449.0	955
江 西	1011.0		44.0	4.0	34.0	2.0	874.0	1613
山 东	21.0	1466.0	408.0	987.0	83.0	28.0	2053.0	12009
河 南	267.0	2536.0	116.0	261.0	288.0	3.0	513.0	112437
湖 北	1311.0	298.0	244.0	9.0	140.0	28.0	488.0	130656
湖 南	750.0	25.0	112.0	7.0	93.0	16.0	905.0	5798
广 东	272.0	197.0	432.0		87.0	25.0	1472.0	40
广 西	141.0	20.0	139.0	1.0	16.0	3.0	780.0	
海 南	13.0	1.0					170.0	
重 庆	90.0	20.0	49.0	5.0	11.0	1.0	195.0	
四 川	372.0	144.0	99.0	50.0	58.0	7.0	713.0	3796
贵 州	57.0	4.0	15.0		7.0	1.0	58.0	
云 南	36.0	10.0	15.0		2.0		189.0	
西 藏		2.0				1.0		
陕 西	37.0	275.0	72.0	159.0	9.0		127.0	263
甘 肃		124.0	5.0	23.0	1.0	17.0	66.0	
青 海		6.0	4.0				2.0	
宁 夏	66.0	56.0	8.0	55.0	3.0	9.0	38.0	45
新 疆	20.0	146.0	64.0	18.0	3.0	3.0	127.0	

数据来源：国家粮食局统计资料。

表38		2011年分地区粮油加工企业主要经济指标情况表				

单位：亿元

地区	工业总产值	工业增加值	产品销售收入	出口交货值	利税总额	利润总额
全国总计	19205.2	2464.3	19222.0	216.8	750.9	494.5
北 京	129.1	19.5	142.5	3.2	6.1	4.7
天 津	374.5	36.5	386.5	0.3	20.1	8.6
河 北	1008.7	130.5	1027.9	13.6	58.9	36.9
山 西	121.7	18.9	118.5	2.9	11.5	9.4
内蒙古	241.2	29.2	229.7	0.4	23.1	14.1
辽 宁	647.0	64.9	639.7	5.1	16.0	7.7
吉 林	807.1	84.8	803.8	26.7	38.5	22.9
黑龙江	882.0	120.0	926.1	8.7	23.0	12.7
上 海	339.1	50.6	385.5	1.4	14.9	10.2
江 苏	1717.7	217.2	1709.2	32.2	64.4	44.3
浙 江	362.2	30.9	371.5	0.4	6.7	3.4
安 徽	1328.7	152.3	1318.1	15.9	57.8	39.7
福 建	563.2	51.8	539.7	0.8	15.5	7.9
江 西	777.0	78.0	781.2	1.7	18.4	13.9
山 东	2442.0	316.5	2481.5	60.3	113.8	73.1
河 南	1527.8	177.5	1511.6	4.8	55.4	40.5
湖 北	1412.7	344.9	1362.2	5.1	45.1	33.3
湖 南	825.0	101.9	807.1	1.1	33.8	25.4
广 东	1308.8	123.6	1318.4	11.3	36.4	24.9
广 西	568.6	53.8	562.4	1.3	14.8	9.6
海 南	46.3	2.8	48.5		0.4	0.3
重 庆	193.2	24.5	200.7		11.5	6.9
四 川	684.2	111.3	675.3	0.1	31.5	19.7
贵 州	77.0	7.9	71.7		2.3	1.7
云 南	96.6	10.4	104.0		2.6	1.9
西 藏	4.4	1.2	5.3		0.2	0.2
陕 西	307.5	30.6	295.8	0.3	10.0	7.9
甘 肃	80.2	14.4	80.2	0.7	2.6	1.5
青 海	7.0	1.2	6.5		0.1	0.1
宁 夏	138.6	28.1	127.9	17.6	14.8	11.9
新 疆	186.3	28.5	183.2	0.8	0.7	−0.8

数据来源：国家粮食局统计资料。

| 表39 | | | | | | 2011年全国粮食质量情况表 | | | |

单位：个，%，克，克/升

粮食种类	地区	样品数	覆盖市、县数	出糙率	中等以上	平均值	整精米率其中≥50的比例	其中≥44的比例	不完善粒
早籼稻	6省（区）合计	554	60市183县	77.5	89	61.8	89	96	6.1
	安徽	27	3市8县	76.2	74	61.3	89	96	6.6
	江西	160	11市41县	77.6	92	58.9	85	95	6.9
	湖南	160	12市46县	77.8	92	65.2	93	97	5.5
	湖北	41	10市17县	77.0	85	65.6	98	98	6.1
	广东	76	10市29县	76.4	76	61.1	92	99	7.2
	广西	90	14市42县	78.2	98	60.2	86	95	4.7
中晚籼稻	8省（区）合计	1576	93市341县	77.8	91	61.9	91	96	4.5
	安徽	170	8市25县	78.2	96	61.1	94	98	3.9
	江西	220	6市31县	77.5	92	60.3	86	94	4.6
	河南	84	1市8县	78.0	98	62.1	93	99	4.2
	湖北	276	15市40县	78.1	95	62.6	91	97	3.8
	湖南	350	14市71县	77.2	85	60.3	90	95	5.4
	广东	94	16市42县	78.5	96	69.3	99	100	4.0
	广西	82	15市33县	78.1	96	63.6	91	95	4.5
	四川	300	18市91县	77.6	88	62.1	90	97	4.5

粮食种类	地区	样品数	覆盖市、县数	出糙率	中等以上	平均值	整精米率其中≥61的比例	其中≥55的比例	不完善粒
粳稻	5省合计	864	47市130县25农场	81.2	97	69.9	89	96	3.4
	辽宁	100	11市17县	80.3	93	68.6	95	99	3.3
	吉林	104	8市25县	80.7	99	63.8	68	82	3.6
	黑龙江	313	12市42县25农场	80.2	96	66.7	86	98	1.3
	江苏	300	13市42县	82.7	97	76.5	100	100	5.1
	安徽	47	3市4县	80.7	100	66.0	77	81	6.9

粮食种类	地区	样品数	覆盖市、县数	千粒重	容重	中等以上	不完善粒率	白麦比例	降落数值
小麦	9省合计	1954	92市421县	42.2	780	93	3.1	80	324
	河南	608	18市105县	42.7	785	95	2.7	83	324
	山东	388	16市78县	42.3	779	94	2.7	92	355
	河北	245	6市67县	43.2	788	99	3.0	99	341
	安徽	227	8市25县	40.1	773	91	3.0	69	330
	江苏	211	13市42县	40.4	779	95	1.8	64	341
	湖北	71	8市21县	41.5	765	79	3.0	85	307
	陕西	77	5市28县	41.8	787	99	0.7	92	273
	山西	42	7市19县	42.2	787	95	3.0	100	336
	四川	85	11市36县	46.3	753	57	11.0	19	157

续表

粮食种类	地区	样品数	覆盖市、县数	容重	中等以上	不完善粒率		蛋白质	淀粉
						总量	其中≤8		
玉米	9省（区）合计	2342	100市471县29农场	715	97	4.4	85	72.5	10.4
	河北	290	11市88县	720	100	4.8	85	72.8	10.1
	山西	130	11市43县	717	98	5.0	81	72.1	10.4
	内蒙古	198	7市25县	705	98	2.2	97	–	–
	辽宁	190	13市38县	738	99	1.2	100	–	–
	吉林	367	8市33县	742	99	1.7	99	–	–
	黑龙江	385	11市54县29农场	702	88	3.1	94	–	–
	山东	365	16市78县	704	99	6.0	77	72.4	10.5
	河南	312	15市75县	699	99	9.6	52	72.6	10.4
	陕西	105	8市37县	707	97	5.5	73	71.8	11.0

粮食种类	地区	样品数	覆盖市、县数	完整粒率	中等以上	损伤粒率		粗脂肪	粗蛋白
						总量	其中≤3		
大豆	3省（区）合计	258	18市65县	87.5	72.1	7.7	14.0	38.6	18.5
	内蒙古	28	1市3县	87.4	78.6	8.1	10.7	40.2	18.0
	吉林	30	4市10县	89.6	83.3	9.3	6.7	38.6	18.7
	黑龙江	200	13市52县	87.2	69.5	7.4	15.5	38.4	18.6

注：数据来源为国家粮食局2011年度全国收获粮食质量会检。

| 表40 | 2011年中央和地方储备粮质量与储存品质情况统计表 | | | | | |

地区	样品份数	中央储备粮质量达标率	宜存率	样品份数	地方储备粮质量达标率	宜存率
全国总计	1209	98.4%	99.6%	798	96.5%	99.2%
北　京	31	100.0%	100.0%	30	100.0%	100.0%
天　津	34	100.0%	100.0%	15	100.0%	100.0%
河　北	87	99.0%	100.0%	23	100.0%	100.0%
山　西	34	100.0%	100.0%	25	100.0%	100.0%
内蒙古	27	94.5%	100.0%	15	100.0%	100.0%
辽　宁	22	100.0%	100.0%	19	95.9%	100.0%
吉　林	10	100.0%	100.0%	13	100.0%	100.0%
黑龙江	47	100.0%	100.0%	10	60.9%	100.0%
上　海	14	100.0%	100.0%	23	100.0%	100.0%
江　苏	48	100.0%	100.0%	28	100.0%	100.0%
浙　江	16	100.0%	100.0%	47	93.0%	100.0%
安　徽	69	96.5%	98.2%	20	69.9%	100.0%
福　建	24	100.0%	100.0%	26	95.7%	95.7%
江　西	64	100.0%	100.0%	18	100.0%	100.0%
山　东	90	100.0%	100.0%	49	87.7%	100.0%
河　南	152	99.3%	100.0%	97	96.7%	100.0%
湖　北	69	100.0%	100.0%	38	100.0%	100.0%
湖　南	42	100.0%	100.0%	16	100.0%	100.0%
广　东	20	100.0%	90.9%	50	99.6%	100.0%
广　西	17	100.0%	100.0%	5	100.0%	100.0%
海　南	17	100.0%	100.0%	24	100.0%	100.0%
重　庆	16	95.8%	96.9%	7	100.0%	100.0%
四　川	39	97.2%	97.5%	28	100.0%	98.4%
贵　州	16	46.1%	100.0%	10	91.8%	83.7%
云　南	15	100.0%	100.0%	14	100.0%	79.8%
西　藏	66	100.0%	100.0%	67	100.0%	100.0%
陕　西	40	97.5%	100.0%	24	93.9%	100.0%
甘　肃	32	100.0%	100.0%	17	100.0%	100.0%
青　海	8	76.1%	100.0%	5	100.0%	100.0%
宁　夏	8	87.5%	100.0%	15	100.0%	100.0%
新　疆	35	100.0%	100.0%	20	100.0%	100.0%

数据来源：国家粮食局标准质量中心统计资料。

表41	2011年库存食用植物油质量情况统计表			
地 区	中央储备油		地方储备油	
	样品份数	质量合格率	样品份数	质量合格率
全国总计	564	100.0%	502	07.7%
北 京	23	100.0%	20	100.0%
天 津	16	100.0%	11	100.0%
河 北	25	100.0%	17	100.0%
山 西	15	100.0%	9	99.0%
内蒙古	9	100.0%	10	100.0%
辽 宁	10	100.0%	35	100.0%
吉 林	14	100.0%	10	100.0%
黑龙江	10	100.0%	2	100.0%
上 海	18	100.0%	22	100.0%
江 苏	29	100.0%	36	99.5%
浙 江	28	100.0%	17	100.0%
安 徽	24	100.0%	13	100.0%
福 建	14	100.0%	18	99.2%
江 西	25	100.0%	2	100.0%
山 东	31	100.0%	23	98.4%
河 南	20	100.0%	21	98.6%
湖 北	20	100.0%	27	100.0%
湖 南	50	100.0%	1	100.0%
广 东	9	100.0%	19	100.0%
广 西	6	100.0%	8	45.1%
海 南	/	/	3	100.0%
重 庆	2	100.0%	6	100.0%
四 川	38	100.0%	84	99.5%
贵 州	21	100.0%	10	97.1%
云 南	22	100.0%	12	100.0%
西 藏	2	100.0%	9	100.0%
陕 西	29	100.0%	28	100.0%
甘 肃	17	100.0%	5	100.0%
青 海	22	100.0%	7	100.0%
宁 夏	4	100.0%	1	100.0%
新 疆	11	100.0%	76	85.7%

数据来源：国家粮食局标准质量中心统计资料。

表42　　2011年发布粮油国家标准和行业标准统计表

序 号	标准名称	标准号	实施日期
1	粮油检验 小麦粉加工精度检验	GB/T5504-2011	2011-11-1
2	粮油检验 粉类粮食含砂量测定	GB/T5508-2011	2011-11-1
3	粮油检验 粮食、油料脂肪酸值测定	GB/T5510-2011	2011-12-1
4	粮油检验 粮食运动粘度测定 毛细管粘度计法	GB/T5516-2011	2011-11-1
5	粮油检验 籽粒发芽试验	GB/T5520-2011	2011-11-1
6	粮油名词术语 制粉工业	GB/T8872-2011	2011-11-1
7	粮油检验 小麦沉淀指数测定 SDS法	GB/T15685-2011	2011-11-1
8	粮油加工环境要求	GB/T26433-2010	2011-6-1
9	粮油机械 重力谷糙分离机	GB/T26590-2011	2011-9-1
10	粮油机械 糙米精选机	GB/T26591-2011	2011-9-1
11	粮油检验 大豆异黄酮含量测定 高效液相色谱法	GB/T26625-2011	2011-11-1
12	动植物油脂 水分含量测定 卡尔费休法(无吡啶)	GB/T26626-2011	2011-11-1
13	粮油检验 小麦谷蛋白溶胀指数测定 第1部分：常量法	GB/T26627.1-2011	2011-11-1
14	粮油检验 储粮真菌标准图谱 第1部分：曲霉属	GB/T 26628.1-2011	2011-11-1
15	粮食收获质量调查和品质测报技术规范	GB/T 26629-2011	2011-11-1
16	大米加工企业良好操作规范	GB/T 26630-2011	2011-11-1
17	粮油名词术语 理化特性和质量	GB/T 26631-2011	2011-11-1
18	粮油名词术语 粮油仓储设备与设施	GB/T 26632-2011	2011-11-1
19	工业用高粱	GB/T 26633-2011	2011-11-1
20	动植物油脂 脱色能力指数(DOBI)的测定	GB/T 26634-2011	2011-11-1
21	动植物油脂 生育酚及生育三烯酚含量测定 高效液相色谱法	GB/T 26635-2011	2011-11-1
22	动植物油脂 聚合甘油三酯的测定 高效空间排阻色谱法(HPSEC)	GB/T 26636-2011	2011-11-1
23	粮油储藏 平房仓隔热技术规范	GB/T 26879-2011	2011-12-1
24	粮油储藏 就仓干燥技术规范	GB/T 26880-2011	2011-12-1
25	粮油储藏 通风自动控制系统基本要求	GB/T 26881-2011	2011-12-1
26	粮油储藏 粮情测控系统 第1部分：通则	GB/T 26882.1-2011	2011-12-1
27	粮油储藏 粮情测控系统 第2部分：分机	GB/T 26882.2-2011	2011-12-1
28	粮油储藏 粮情测控系统 第3部分：软件	GB/T 26882.3-2011	2011-12-1
29	粮油储藏 粮情测控系统 第4部分：信息交换接口协议	GB/T 26882.4-2011	2011-12-1
30	粮油机械 单螺旋榨油机	GB/T 26883-2011	2011-12-1
31	粮油机械 浸出器	GB/T 26884-2011	2011-12-1
32	粮油机械 螺旋清仓机	GB/T 26885-2011	2011-12-1
33	粮油机械 压力曲筛	GB/T 26886-2011	2011-12-1
34	粮油机械 蒸脱机	GB/T 26887-2011	2011-12-1
35	粮油机械 磁选器	GB/T 26888-2011	2011-12-1
36	粮油机械 淀粉气流干燥机	GB/T 26889-2011	2011-12-1
37	粮油机械 磨辊磨光拉丝机	GB/T 26890-2011	2011-12-1
38	粮油机械 双螺旋榨油机	GB/T 26891-2011	2011-12-1
39	粮油机械 玉米破糁脱胚机	GB/T 26892-2011	2011-12-1
40	粮油机械 圆筒初清筛	GB/T 26893-2011	2011-12-1
41	粮油机械 振动清理筛	GB/T 26894-2011	2011-12-1
42	粮油机械 重力分级去石机	GB/T 26895-2011	2011-12-1

序　号	标准名称	标准号	实施日期
43	粮油机械 砻碾组合米机	GB/T 26896—2011	2011-12-1
44	粮油机械 铁辊碾米机	GB/T 26897—2011	2011-12-1
45	北方小麦粉加工精度标准样品 特制一等	LS/T 15112：1—2011	2011-2-1
46	北方小麦粉加工精度标准样品 特制二等	LS/T 15112：2—2011	2011-2-1
47	北方小麦粉加工精度标准样品 标准粉	LS/T 15112：3—2011	2011-2-1
48	南方小麦粉加工精度标准样品 特制一等	LS/T 15111：1—2011	2011-2-1
49	南方小麦粉加工精度标准样品 特制二等	LS/T 15111：2—2011	2011-2-1
50	南方小麦粉加工精度标准样品 标准粉	LS/T 15111：3—2011	2011-2-1
51	粳米加工精度标准样品 一级	LS/T 15123：1—2011	2011-2-1
52	粳米加工精度标准样品 二级	LS/T 15123：2—2011	2011-2-1
53	粳米加工精度标准样品 三级	LS/T 15123：3—2011	2011-2-1
54	粳米加工精度标准样品 四级	LS/T 15123：4—2011	2011-2-1
55	晚籼米加工精度标准样品 一级	LS/T 15122：1—2011	2011-2-1
56	晚籼米加工精度标准样品 二级	LS/T 15122：2—2011	2011-2-1
57	晚籼米加工精度标准样品 三级	LS/T 15122：3—2011	2011-2-1
58	晚籼米加工精度标准样品 四级	LS/T 15122：4—2011	2011-2-1
59	早籼米加工精度标准样品 一级	LS/T 15121：1—2011	2011-2-1
60	早籼米加工精度标准样品 二级	LS/T 15121：2—2011	2011-2-1
61	早籼米加工精度标准样品 三级	LS/T 15121：3—2011	2011-2-1
62	早籼米加工精度标准样品 四级	LS/T 15121：4—2011	2011-2-1

数据来源：国家粮食局标准质量中心统计资料。

表43

2011年粮食行业机构与从业人员情况年报表

填报单位：全国　　　　　2011年度　　　　　单位：个、人

项目	粮食行业机构 机构总数	按层次划分 中央	省、自治区、直辖市	省辖市、自治州、行署	县（市、区）及以下	从业人员 人员总数	其中：女	其中：少数民族	其中：中共党员	1、在岗职工	其中：企业经营管理人员	其中：专业技术人员	其中：技术工人	按用工期限划分 长期职工	临时职工	2、其他从业人员	按层次划分 中央	省、自治区、直辖市	省辖市、自治州、行署	县（市、区）及以下	按学历划分 研究生	大学本科	大学专科	中专	高中	初中及以下	按年龄划分 35岁及以下	36岁至45岁	46岁至54岁	55岁及以上
甲	1	2	3	4	5	6	7	8	9	10	11	12	13	14	15	16	17	18	19	20	21	22	23	24	25	26	27	28	29	30
总　计	44916	594	721	4582	39019	1016545	296059	47830	248179	982557	136292	117958	167579	911192	71365	33988	65668	41260	168315	741302	6154	82251	178215	170466	321205	258254	308924	386296	256701	64624
一、行政管理部门	2826	2	42	413	2369	47870	11624	4015	38394	47709	0	818	4599	47464	245	161	144	1901	9027	36798	1374	13960	20268	5546	5191	1531	5171	13219	22471	7009
二、事业单位	2934	9	205	658	2062	37021	12908	2501	19428	36620	0	11428	7545	36022	598	401	422	6569	7835	22195	1022	8944	12213	5263	7155	2424	8319	12683	12713	3306
三、粮食经营企业单位	39156	583	474	3511	34588	931654	271527	41314	190357	898228	136292	105712	155435	827706	70522	33426	65102	32790	151453	682309	3758	59347	145734	159657	308859	254299	295434	360394	221517	54309
其中：国有及国有控股企业	15151	583	363	1367	12818	464280	142748	20709	140472	447158	88885	63000	80546	431308	15850	17122	65102	28137	74396	296645	2088	31374	86497	87410	152891	104020	129905	187864	127202	28309

注：

1. "机构总数"：指具有法人资格的独立核算单位。
2. "从业人员"：指报告期期末最后一天，在粮食行业各级国家机关、政党机关、事业单位或社会团体企业、社会团体中工作，取得工资或其他形式劳动报酬的全部人员。包括在岗职工、其他从业人员、聘用的离退休人员、民办教师以及在各单位中工作的外方人员和港澳台方人员、兼职人员，以及有工作岗位、但由单位支付工资的人员。
   "在岗职工"：指在本单位工作并由单位支付工资的人员，以及有工作岗位、但由单位支付工资的在岗职工，如临时招用的待岗职工、实习工等。
3. "其他从业人员"：是指劳动关系不在本单位工作并取得劳动报酬的人员。包括：聘用和留用的离退休人员；聘用的外籍人员和港澳台方人员；使用外单位留用职工，不包括领取劳动报酬的在校学生；临时因需要使用用工期限在一年以内的在岗职工，包括签订一年以内的劳动合同或使用劳动合同制性、季节性。
4. "其他从业人员"：是指劳动关系不在本单位工作并取得劳动报酬的人员，兼职人员和从事第二职业者，使用外单位留职职工，不包括领取劳动报酬的在校学生；兼职人员，兼职工作岗位，并已不在本单位从事其他工作。
5. "离开本单位仍保留劳动关系的职工"：指由于各种原因，已经离开本单位工作岗位，但仍与本单位保留劳动关系的人员。包括：内部退养、长期病休、长期休假、长期停薪、停职留薪和临时到外单位工作等。
6. "学历"：指在国家认可的各类学校接受正规教育取得学习经历，有国家认可的毕业证书，含在职教育、全日制教育。其中，研究生含博士研究生、硕士研究生。参加各种课程进修班学习获得结业证书的，不作为学历依据。
7. "粮食经营企业单位"：指粮食行业内的各类从事粮食收购、销售、存储、加工、进出口等经营活动的企业单位。

数据来源：国家粮食局统计资料。

表44

2011年粮食行业取得国家职业资格证书人员统计表

（2011年1月1日～12月31日）　单位：人数

省份	合计	粮油保管员					粮油质量检验员					粮油竞价交易员				制米工					制粉工					制油工				
		初级	中级	高级	技师	高级技师	初级	中级	高级	粮油质量检验师	高级粮油质量检验师	粮油竞价交易员	助理粮油竞价交易师	粮油竞价交易师	高级粮油竞价交易师	初级	中级	高级	技师	高级技师	初级	中级	高级	技师	高级技师	初级	中级	高级	技师	高级技师
总　计	7030	1757	1633	439	99	36	1167	1142	273	65	28			18		70	121					122	49				11			
北京	105	47		21			26																				11			
天津	97	30	28					16								23													
河北	86		86																										
山西	150	110					40																						
内蒙古	133	102					31																						
辽宁	413	187	11				164	51																					
吉林	584		178				177	158									71												
黑龙江	472	172	35				144	35								41	45												
上海	85	5	29	51																									
江苏	443	142	124				77	100																					
浙江	180	20	30				28	31	20																				
安徽	668	198	90	21	32		115	45	77	16												34							
福建	124		79	20				25																					
江西	115		37	41				14	11																				
山东	851	325	184	89		36	46	148	23																				
河南	393	82	54				46	44	34					18								66	49						
湖北	119		29	6				57			28																		
湖南	86		36				39																						
广东	210	89	121																										
海南																													
广西	173	69	51				19	28								6													
四川	179	48	82	10				28																					
重庆	63	17	36																										
贵州	25							25																					
云南	140	19	46				15		1								5												
西藏	55	37					17																						
陕西	113	11	23				11	57	6																				
甘肃	74		29					33																					
青海	3		2				1																						
宁夏	29		14	15																									
新疆	193	21	60	18			21	19	9																				
新疆生产建设兵团																													
中储粮总公司	487		91	80	67			126	74	49																			
中粮集团	160	33	48				14	58	7													22							
华粮物流集团	22	22																											

数据来源：国家粮食局统计资料。

表45	国民经济与社会发展总量指标（1978～2011年）(一)					
指 标	单 位	1978年	1990年	2000年	2010年	2011年
人 口						
年末总人口	万人	96259	114333	126743	134091	134735
城镇人口	万人	17245	30195	45906	66978	69079
乡村人口	万人	79014	84138	80837	67113	65656
就业和失业						
就业人员	万人	40152	64749	72085	76105	76420
#城镇就业人员	万人	9514	17041	23151	34687	35914
城镇登记失业人员	万人	530	383	595	908	922
国民经济核算						
国内生产总值	亿元	3645.2	18667.8	99214.6	401512.8	471563.7
第一产业	亿元	1027.5	5062.0	14944.7	40533.6	47712.0
第二产业	亿元	1745.2	7717.4	45555.9	187383.2	220591.6
第三产业	亿元	872.5	5888.4	38714.0	173596.0	203260.1
支出法国内生产总值	亿元	3605.6	19347.8	98749.0	402818.7	465998.7
最终消费支出	亿元	2239.1	12090.5	61516.0	194115.0	224740.8
资本形成总额	亿元	1377.9	6747.0	34842.8	193603.9	229102.4
货物和服务净出口	亿元	−11.4	510.3	2390.2	15099.8	12155.5
固定资产投资						
全社会固定资产投资总额	亿元		4517.0	32917.7	278121.9	311021.9
城 镇	亿元		3274.4	26221.8	241430.9	301932.8
#房地产开发	亿元		253.3	4984.1	48259.4	61739.8
农 村	亿元		1242.6	6695.9	36691.0	39366.6
对外贸易和实际利用外资						
货物进出口总额	亿美元	206.4	1154.4	4742.9	29740.0	36420.6
出口额	亿美元	97.5	620.9	2492.0	15777.5	18986.0
进口额	亿美元	108.9	533.5	2250.9	13962.4	17434.6
外商直接投资	亿美元		34.9	407.2	1057.3	1160.1
外商其他投资	亿美元		2.7	86.4	30.9	16.9
财政和金融						
国家财政收入	亿元	1132.3	2937.1	13395.2	83101.5	103740.0
国家财政支出	亿元	1122.1	3083.6	15886.5	89874.2	108929.7
金融机构人民币各项	亿元	1155	13943	123804	718238	809368
存款余额						
金融机构人民币各项	亿元	1890	17511	99371	479195.6	547947
贷款余额						
主要农业、工业产品产量						
粮食	万吨	30476.5	44624.3	46217.5	54647.7	57120.8
棉花	万吨	216.7	450.8	441.7	596.1	658.9
油料	万吨	521.8	1613.2	2954.8	3230.1	3306.8
肉类	万吨			6013.9	7925.8	7957.8
原煤	亿吨	6.18	10.80	13.84	32.35	35.20
原油	万吨	10405	13831	16300	20241	20288
水泥	万吨	6524	20971	59700	188191	208500
粗钢	万吨	3178	6635	12850	63723	68388
发电量	亿千瓦小时	2566	6212	13556	42071.6	47000.69

数据来源：国家统计局统计资料。

表45		国民经济与社会发展总量指标（1978~2011年）(二)				
指 标	单 位	1978年	1990年	2000年	2010年	2011年
建筑业						
建筑业企业从业人员	万人		1011	1994	4160	4311
建筑业总产值	亿元		1345	12498	96031	117734
交通和邮电						
客运量	万人	253993	772682	1478573	3269508	3526319
货运量	万吨	248946	970602	1358682	3241807	3696961
沿海主要港口货物吞吐量	万吨	19834	48321	125603	548358	616292
邮电业务总量	亿元	34.1	155.5	4792.7	31978.5	13379.2
年末移动电话用户	万户		1.8	8453.3	85900.3	98625.3
年末固定电话用户	万户	192.5	685.0	14482.9	29434.2	28511.5
国内贸易和旅游						
社会消费品零售总额	亿元	1559	8300	39106	156998	183919
入境过夜旅游者人数	万人次	71.6	1048.4	3122.9	5566.5	5758.1
国际旅游外汇收入	亿美元	2.6	22.2	162.2	458.1	484.6
教育、科技、卫生.文化						
在校学生数						
#普通本、专科	万人	85.6	206.3	556.1	2231.8	2308.5
普通中学	万人	6548.3	4586.0	7368.9	7703.2	7519.0
普通小学	万人	14624.0	12241.4	13013.3	9940.7	9926.4
研究与试验发展经费支出	亿元			895.7	7062.6	8610.0
技术市场成交额	亿元		75	651	3907	4764
医院数	个	9293.0	14377.0	16318.0	20918.0	21979.0
医院床位数	万张	110.0	186.9	216.67	338.7	370.5
执业(助理)医师	万人	97.8	176.3	207.5843	241.3	246.6
图书总印数	亿册(张)	38	56	63	72	77
期刊总印数	亿册	7.6	17.9	29.4	32.2	32.7
报纸总印数	亿份	127.8	211.3	329.3	452.1	466.8

注：1.由于计算误差的影响，按支出法计算的国内生产总值不等于按生产法计算的国内生产总值。
　　2.2011年起，城镇固定资产投资数据发布口径改为固定资产投资（不含农户）。
　　3.本表价值量指标中，邮电业务总量2000年及以前按1990年不变价格计算，2001年起按2000年不变价格计算，其余指标按
　　　当年价格计算。
数据来源：国家统计局统计资料。

表46	2011年国民经济与社会发展速度指标 (一)						
指　标	2011年为下列各年%				平均每年增长%		
	1978年	1990年	2000年	2010年	1979～ 2011年	1991～ 2011年	2001～ 2011年
人 口							
年末总人口	140.0	117.8	106.3	100.5	1.0	0.8	0.6
城镇人口	400.6	228.8	150.5	103.1	4.3	4.0	3.8
乡村人口	83.1	78.0	81.2	97.8	−0.6	−1.2	−1.9
就业和失业							
就业人员	190.3	118.0	106.0	100.4	2.0	0.8	0.5
#城镇就业人员	377.5	210.8	155.1	103.5	4.1	3.6	4.1
城镇登记失业人员	174.0	240.7	155.0	101.5	1.7	4.3	4.1
国民经济核算							
国内生产总值	2249.2	798.4	296.0	109.2	9.9	10.4	10.4
第一产业	437.8	229.6	158.1	104.5	4.6	4.0	4.2
第二产业	3537.0	1163.1	327.0	110.6	11.4	12.4	11.4
第三产业	3013.5	832.2	315.2	108.9	10.9	10.6	11.0
固定资产投资							
全社会固定资产投资总额		6885.6	944.8	123.6		22.6	22.9
#城　镇		8296.3	1036.0	123.8		23.8	24.4
#房地产开发		24374.2	1238.7	127.9		30.8	25.6
对外贸易和实际利用外资							
货物进出口总额	17645.6	3154.9	767.9	122.5	17.0	17.9	20.4
出口额	19472.8	3057.8	761.9	120.3	17.3	17.7	20.3
进口额	16009.7	3268.0	774.6	124.9	16.6	18.1	20.5
外商直接投资		3327.0	284.9	109.7		18.2	10.0
外商其他投资		629.5	19.5	54.6		9.2	−13.8
财政收支							
国家财政收入	9162.2	3532.1	774.5	124.8	14.7	18.5	20.5
国家财政支出	9707.7	3532.6	685.7	121.2	14.9	18.5	19.1
主要农业、工业产品产量							
粮食	187.4	128.0	123.6	104.5	1.9	1.2	1.9
棉花	304.1	146.2	149.2	110.5	3.4	1.8	3.7
油料	633.7	205.0	111.9	102.4	5.8	3.5	1.0
肉类			132.3	100.4			2.6
原煤	569.6	325.9	254.3	108.8	5.4	5.8	8.9
原油	195.0	146.7	124.5	100.2	2.0	1.8	2.0
水泥	3195.9	994.2	349.2	110.8	11.1	11.6	12.0
粗钢	2151.9	1030.7	532.2	107.3	9.7	11.7	16.4
发电量	1831.7	756.6	346.7	111.7	9.2	10.1	12.0

数据来源：国家统计局统计资料。

表46	国民经济与社会发展速度指标 (二)						
指 标	2011年为下列各年%				平均每年增长%		
	1978年	1990年	2000年	2010年	1979~2011年	1991~2011年	2001~2011年
建筑业							
建筑业企业从业人员		426.5	216.2	103.6		7.2	7.3
建筑业总产值		8753.5	942.1	122.6		23.7	22.6
交通和邮电							
客运量	1388.4	456.4	238.5	107.9	8.3	7.5	8.2
货运量	1485.0	380.9	272.1	114.0	8.5	6.6	9.5
沿海主要港口货物吞吐量	3107.3	1275.4	490.7	112.4	11.0	12.9	15.6
邮电业务总量	146883.6	32191.0	1044.7	116.7	24.7	31.6	23.8
年末移动电话用户		5479183	1166.7	114.8		68.1	25.0
年末固定电话用户	14807.8	4162.1	196.9	96.9	16.4	19.4	6.4
国内贸易和旅游							
社会消费品零售总额	11800.2	2215.9	470.3	117.1	15.6	15.9	15.1
入境过夜旅游者人数	8042.0	549.2	184.4	103.4	14.2	8.4	5.7
国际旅游外汇收入	18425.9	2184.9	298.8	105.8	17.1	15.8	10.5
教育、科技、卫生、文化							
在校学生数							
#普通本、专科	2696.9	1119.0	415.1	103.4	10.5	12.2	13.8
普通中学	114.8	164.0	102.0	97.6	0.4	2.4	0.2
普通小学	67.9	81.1	76.3	99.9	−1.2	−1.0	−2.4
研究与试验发展经费支出			961.3	121.9			22.8
技术市场成交额		6343.0	732.0	121.9		21.8	19.8
医院数	236.5	152.9	134.7	105.1	2.6	2.0	2.7
医院床位数	336.8	198.2	171.0	109.4	3.7	3.3	5.0
执业(助理)医师	252.1	139.9	118.8	102.2	2.8	1.6	1.6
图书总印数	203.7	136.2	122.5	107.1	2.2	1.5	1.9
期刊总印数	430.3	182.7	111.2	101.6	4.5	2.9	1.0
报纸总印数	365.3	220.9	141.8	103.3	4.0	3.8	3.2

注：本表价值量指标中，国内生产总值和邮电业务总量按可比价格计算，其他按当年价格计算；固定资产投资2011年速度按可比口径计算，平均每年增长速度按累计法计算。
数据来源：国家统计局统计资料。